파생상품의 이해

윤평식

Understanding Derivatives

도서출판 탐진

"사랑하는 경심, 수현, 태홍에게"

머리말

저자는 김철중교수와 1997년에 존 헐 교수의 "Fundamentals of Futures and Options Markets"을 "파생상품의 평가와 헷징전략"으로 번역하였으며 충남대학교에서의 파생상품 강의를 바탕으로 2011년 "파생상품의 원리"를 출간하였다. 이 책은 지난 7년 동안 학부생들과 실무자들의 기본서로서 사용되었으며 명확한 설명과 풍부한 예시로 독자들로부터 환영을 받았다.

파생상품의 원리가 주요 파생상품인 선도, 선물, 스왑, 옵션의 기본 원리를 설명하였으며, 예시, Why?, Insight, Tip 등을 이용하여 독자들이 쉽게 이해할 수 있도록 배려하였지만 학부 입문서로 쓰기에는 다소 내용이 많고 어려운 부분이 포함되어 있으며 또한 연습문제의 경우 일부 문제에 대해서만 모범답안을 제공하여 학생들이 스스로 공부하기 어려웠다.

저자는 이런 문제점을 보완하여 이번에 "파생상품의 이해"를 출간하게 되었다. 이 책의 특징은 다음과 같다.

1. 제목이 암시하듯이, 주요 파생상품인 선도, 선물, 스왑, 옵션의 가장 기본이 되는 내용만을 독자들이 이해하기 쉽도록 정리하였다.
2. 대학교 학부생을 대상으로 파생상품 입문서 강의에 적합하도록 총 12개 장으로 구성되어 한 학기에 충분히 강의할 수 있는 양으로 축약하였다.
3. 충분한 연습문제와 모범답안을 제공한다. 모든 장에서 충분한 객관식 문제와 주관식 문제를 제공하고 모든 문제에 대한 모범답안을 제시하여 학생들이 스스로 공부할 수 있도록 배려하였다. 또한 공인회계사 기출문제 중에서 아주 난해한 문제를 제외한 모든 문제를 포함하였다. 12개 장에서 제공하는 문제는 객관식 195개와 주관식 58개이다.

이 책은 3부로 구성되어 있다. 1부 서론은 파생상품을 소개하는 1장과 복제, 헤지, 그리고 차익거래의 개념을 설명하는 2장으로 구성된다. 2부인 3장부터 6장까지는 선형파생상품인 선물과 스왑계약의 구조와 가격결정 및 활용사례를 설명한다. 3부인 7장부터 12장까지는 옵션의 구조, 가격조건, 가격결정, 투자전략에 관한 내용이 설명되어 있다.

이 책은 "파생상품의 원리"에서 다소 난해한 부분을 제외하고 연습문제를 보완하여 완성되었으며 도움을 받은 책은 John Hull의 "Fundamentals of Futures and Options Markets", Robert McDonald의 "Fundamentals of Derivatives Markets", 그리고 Sundaram과 Das의 "Derivatives"이다.

이 책을 집필하면서 도움을 주신 모든 분들에게 감사를 드린다. 좋은 책을 만들고자 항상 노력하는 최재범 사장님과 편집업무를 맡은 이용호씨에게 감사드린다. 특히 학교 연구실에서 많은 시간을 보내는 저자를 이해하고 불편을 참아준 사랑하는 아내 경심, 딸 수현, 그리고 아들 태홍에게 고마운 마음을 전한다.

저자는 오류를 수정하기 위하여 많은 노력을 하였으나 남은 오류는 전적으로 저자의 책임임을 밝혀둔다. 다른 책을 참고하거나 또는 내용을 인용한 경우 출처를 표시하고자 최대한 노력하였으나 만약 빠진 부분이 있다면 이는 고의가 아닌 저자의 실수이며 향후 이를 보완할 것을 약속드린다. 이 책을 이용하여 파생상품을 공부하는 독자 여러분 모두에게 좋은 결과가 있기를 기원한다. 많은 비판과 조언을 기대하며...

E-mail : psyoon@cnu.ac.kr

2018년 8월 15일

충남대학교 경상대학 중정원을 바라보는 연구실에서

윤평식

차 례

Chapter 3 • 선물계약

Chapter 4 • 선물가격의 결정

Chapter 5 • 선물을 이용한 차익거래와 헤지

Chapter 6 • 스왑

Chapter 8 · 옵션가격과 차익거래

Chapter 9 · 옵션투자전략

Chapter 10 • 이항옵션가격결정모형

Chapter 11 • 블랙-숄즈 모형

Chapter 12 • 옵션가격결정모형의 응용

CHAPTER 1

파생상품 소개

CONTENTS

학습 주안점

1장에서는 파생상품인 선도계약, 선물계약, 옵션계약, 스왑계약을 간단히 소개하고 파생상품이 어떻게 활용될 수 있는지 설명한다.

이 장에서 여러 분이 숙지해야 할 내용은 다음과 같다.

❶ 파생상품은 어떻게 정의되는가? 파생상품을 선형과 비선형, 그리고 거래소상품과 장외상품으로 분류할 수 있는가?

❷ 한국거래소에 상장된 파생상품은 무엇인가?

❸ 선도계약은 무엇인가? 매입자와 매도자의 이득은 어떻게 계산되는가?

❹ 콜옵션과 풋옵션의 이득과 이익은 각각 무엇인가?

❺ 파생상품의 용도를 이해하는가?

1 파생상품의 정의 및 유형

파생상품(derivatives)은 그것의 가치가 다른 자산(즉, 기초자산)의 가치에 의해서 결정되는 금융상품이다.[1] 즉, 파생상품은 기초자산으로부터 파생되었으므로 파생상품의 가치가 기초자산의 가치에 의해 결정되고 파생상품 가격결정공식을 도출할(derive) 수 있다는 의미이다.

예를 들어, 당신이 당신 친구와 다음과 같은 계약을 한다고 하자. 만일 1년 후 사과 1개의 가격이 3,000원을 초과하면 당신이 친구에게 1,000원을 지급하고, 만일 가격이 3,000원 아래로 내려가면 당신이 1,000원을 친구로부터 수취한다. 당신이 친구와 체결한 계약은 가치가 사과의 가격에 의해 결정되므로 일종의 파생상품이다. 만약 당신이 사과농장을 가지고 있고 친구가 사과쥬스를 만드는 사업을 한다고 하면 두 사람은 모두 계약을 통하여 불리한 결과에 대해 보호받을 수 있다(이를 헤지한다고 함). 예를 들어, 사과가격이 2,000원이면 당신은 1,000원을 받아 3,000원에 매도한 셈이고, 가격이 5,000원이면 1,000원을 지급하고 4,000원에 매도한 셈이 된다. 이 경우 당신은 가격하락 위험을 감소시킬 수 있고 친구는 가격상승 위험을 감소시킬 수 있다. 반면에 사과농장을 소유하지도 않고 사과주스를 만들지도 않는 투자자는 이런 계약을 이용하여 사과가격에 대하여 투기를 할 수 있다.

위의 예시는 위험을 줄이거나 투기하는 것이 계약 자체에 의해 결정되는 것이 아니라 계약을 어떻게 이용하는가에 의해 결정된다는 것을 보여준다. 파생상품 이용자는 크게 헤저(hedger), 차익거래자(arbitrageur), 투기자(speculator)로 구분된다. 헤저는 파생상품을 이용하여 위험을 제거하거나 또는 감소시키고자 하는 거래자이다. 차익거래자는 가격 불균형이 있을시 포지션을 취하여 위험이 없는 이익을 얻고자 하는 거래자이다. 그리고 투기자는 파생상품을 이용하여 이익을 극대화하고자 하는 거래자이다,

파생상품은 크게 선형파생상품(linear derivative)과 비선형파생상품(non-linear derivative)으로 구분된다. 선형파생상품에는 선물, 선도, 스왑 계약이 있으며 비선형파생상품에는 옵션계약이 있다. 다시 선형파생상품은 선물과 같은 거래소상품과 선도 및 스왑과 같은 장외상품이 있으며, 비선형파생상품에는 거래소표준옵션과 이색장외옵션이 있다.

---

1) derivatives는 derive에서 유래되었는데 derive A from B 또는 A derives from B는 A가 B에서 유래하다 또는 파생하다는 뜻이다. 즉 파생상품의 가치가 기초자산의 가치에서 나온다는 의미이다. 파생(派生)의 사전적 정의는 "사물이나 현상이 본체로부터 갈려나와 생기는 것"을 말한다.

그림 1-1 파생상품의 구분

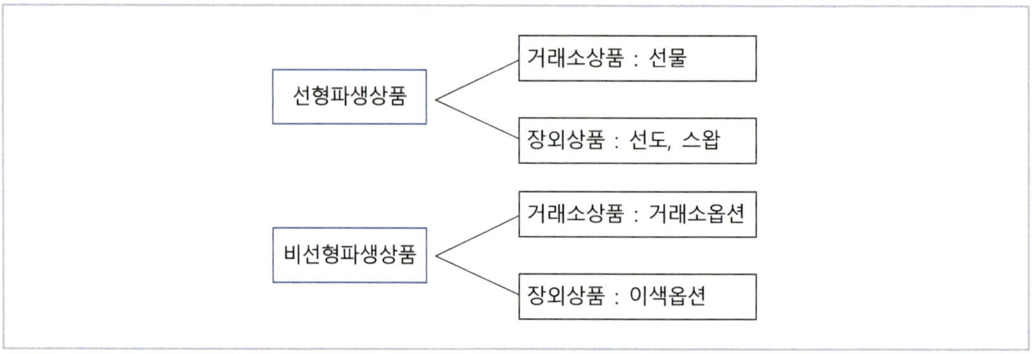

선도, 선물, 스왑 계약에서 두 당사자(매입자와 매도자)는 각각 의무(obligation)를 갖기 때문에 이득이 선형패턴을 갖는다. "선형(linear)"이라는 의미는 만기일에서의 기초자산 가격과 옵션이득이 항상 일정한 대응관계를 갖는다는 의미이다. 예를 들어 기초자산가격이 1원 상승하면 매입포지션의 이득도 1원 상승하고, 기초자산가격이 1원 하락하면 이득도 1원 하락하는 구조이다([그림 1-1]에서 선도, 선물, 스왑의 이득).

그러나 옵션계약에서 매입자는 프리미엄(premium)을 지불하고 권리(right)를 획득하므로 이득이 비선형패턴을 갖는다. "비선형(non-linear)"은 기초자산가격과 옵션 이득이 항상 일정한 대응관계를 갖지 않는다는 의미이다. 예를 들어, 기초자산가격이 1원 변할 때 매입포지션의 이득이 1원만큼 변하기도 하지만 기초자산가격에 따라 이득이 변하지 않을 수도 있는 구조이다([그림 1-2]에서 콜옵션과 풋옵션의 이득). 여기서 이득(payoff)은 파생상품 만기일에서의 순현금흐름 또는 계약의 가치를 의미한다.

그림 1-2 선형이득과 비선형이득

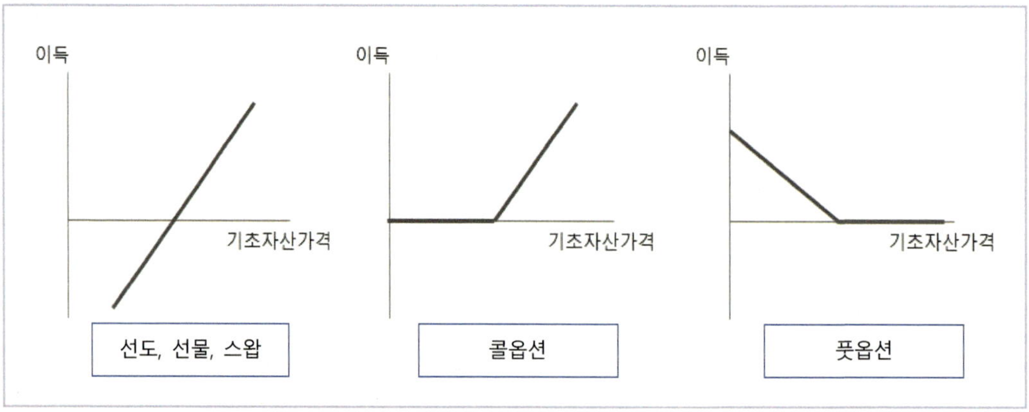

거래소시장(exchange)은 표준화된 상품을 거래하는 시장이며 거래자를 보호하기 위한 규제가 엄격하다. 거래소에서 거래되는 파생상품인 거래소파생상품 또는 장내파생상품은 거래가 용이하도록 표준화되어 있으며 거래소가 거래의 이행을 보장하므로 상대방의 신용리스크(credit risk)가 없는 상품이다. 장내 파생상품 거래는 Chicago Mercantile Exchange(CME)가 1972년 통화선물을 처음 거래하면서 시작되었다. 반면에 장외시장(over-the-counter(OTC) market)은 일반투자자가 아닌 전문가들이 활동하는 시장이므로 거래소시장에 비하여 상대적으로 규제가 약하며, 거래규모는 거래소시장의 규모보다 훨씬 더 크다. 장외파생상품은 사적인 계약이므로 계약의 유동성이 매우 낮고 거래자들은 상대방 신용리스크에 직접 노출된다.

주요 결과 #1

파생상품은 가치가 다른 자산의 가치에 의해 결정되는 금융상품이다. 파생상품에는 선도, 선물, 스왑과 같은 선형파생상품과 옵션과 같은 비선형파생상품이 있다. 선형 이득패턴은 의무에 의해 발생하며 기초자산가격변화와 파생상품가격변화가 항상 일정한 대응관계(예를 들어 1:1)를 갖는다. 반면에 비선형 이득패턴은 권리에 의해 발생하며 기초자산가격변화와 파생상품가격변화가 항상 일정한 대응관계를 갖지 않는다.

2 파생상품 거래 현황

2.1 글로벌 거래 현황

[그림 1-3]은 1998년부터 2015년까지의 거래소상장 파생상품 규모와 장외파생상품 시장 규모를 보여준다. 특히 장외파생상품시장(OTC)의 규모는 2007년까지 폭발적으로 성장하였으나 2008년의 글로벌 금융위기로 인해 거래잔액이 처음으로 감소하였으며 이후 거래량은 성장하지 못하고 오히려 약간 감소하는 답보 상태이다. 2008년 12월 말 기준 장외시장의 규모는 약 600조 달러이고 2011년 12월 말 기준 규모는 650조 달러이다. 대체로 거래소시장의 규모는 약 60~70조 달러 수준이며, 거래잔액 기준으로 거래소파생상품시장은 장외파생상품시장의 약 10%에 지나지 않는다.

2016년 기준 글로벌 선물과 옵션의 거래량은 252억 계약으로 선물이 63%, 옵션이 37%를 점유한다. 국가별로는 미국의 거래량이 40%로 1위를 차지하고 뒤를 이어 중국(17%), 인도(12%), 러시아(8%), 독일(7%) 순이며 우리나라는 3%로 7위를 차지한다.[2)]

그림 1-3 장외파생상품과 거래소파생상품 시장규모(1998년부터 2015년까지)

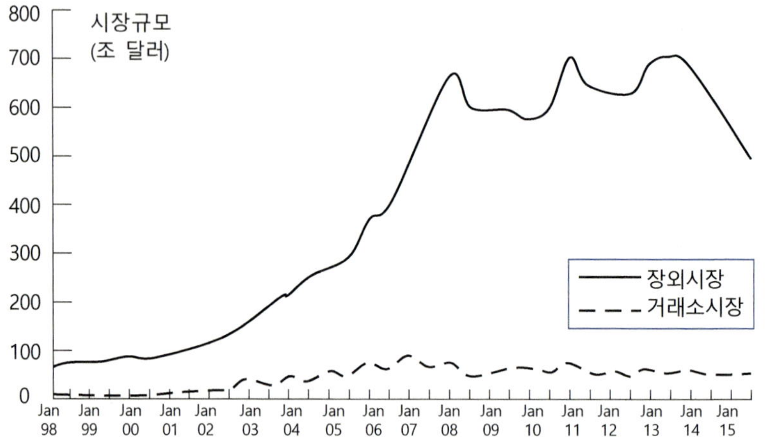

(자료: John Hull, Options, Futures, and Other Derivatives, 10th ed. p5.)

파생상품의 경우 계약원금은 파생상품의 가치와 동일하지 않다. 예를 들어, 1년 후에 미국 통화 1억 달러를 원화로 매입하는 통화선도계약의 경우 원금은 1억 달러이지만 계약의 가치는 1만 달러에 불과할 수 있다. 국제결제은행은 2008년 12월말 현재 미결제된 장외파생상품의 총 시장가치가 34조 달러라고 추정하고 있다.

2008년 6월 말 현재, 장외파생상품의 기초자산별 거래잔액은 [표 1-1]과 같다.[3] 기초자산별로는 이자율관련 상품의 비중이 67%로 가장 높고 그 다음으로 통화관련 상품 비중이 9%이다. CDS(신용부도스왑)의 잔액 비중은 2008년 들어 약간 감소하기는 했으나 8.4%로 금액으로는 57조 달러에 이른다.[4]

▸ ▸ 〈표 1-1〉 전세계 장외파생상품 기초자산별 잔액 및 비중(단위: 십억 달러)

구 분	2006년 12월	2007년 12월	2008년 6월
주식관련	7,488(1.8%)	8,469(1.4%)	10,177(1.5%)
주식선도 및 스왑	1,767	2,233	2,657
주식옵션	5,720	6,236	7,520

2) 한국거래소 발간 파생상품시장(2017) 56쪽에서 인용함.

3) 우리나라의 경우 2008년 9월 말 기준으로 장외파생상품시장의 잔액은 약 5.8조 달러로 전세계에서 차지하는 비중이 0.8%에 불과하다. 이는 미국 시장규모의 3.2% 수준이고, 일본 시장규모의 21% 수준이다.

4) 신용부도스왑은 부도 등과 같은 신용사건 발생시 매도포지션이 매입포지션에게 손실을 보전하는 일종의 신용파생상품이다.

이자율관련	291,582(70.3%)	393,138(66.0%)	458,304(67.0%)
금리선도	18,668	26,599	39,370
금리스왑	229,693	309,588	356,772
금리옵션	43,221	56,951	62,162
통화관련	40,271(9.7%)	56,238(9.4%)	62,983(9.2%)
선도 및 외국환스왑	19,882	29,144	31,966
통화스왑	10,792	14,317	16,307
통화옵션	9,597	12,748	14,710
상품관련	7,115(1.7%)	8,455(1.4%)	13,229(1.9%)
금	640	595	649
기타 상품	6,475	7,861	12,580
CDS	28,650(6.9%)	57,894(9.7%)	57,325(8.4%)
기타	39,740(9.6%)	71,146(12.0%)	81,708(12.0%)
합계	414,845(100.0%)	595,341(100.0%)	683,725(100.0%)

(자료: BIS)

2.2 우리나라 거래 현황

우리나라에서 선물거래는 증권거래소에 1996년 5월 3일에 주가지수선물시장이 개설됨으로써 시작되었으며, 주가지수옵션은 1997년 7월 7일에 처음 거래되었다. 기초자산은 코스피200지수로 한국증권거래소에 상장된 주식 중 시장대표성, 업종대표성 및 유동성을 감안하여 선정된 200개 주식으로 구성되었다. 1999년 2월 6일 한국선물거래소가 설립되었으며 그해 4월에 미달러선물 및 옵션, 금선물이 상장되었다. 그리고 2005년 1월 29일 한국증권선물거래소가 설립됨에 따라 우리나라의 선물시장과 증권시장이 통합되었다(2009년 2월 한국거래소로 개명함).

전세계적으로 파생상품시장이 급속히 성장함에 따라 그 규모가 현물시장을 크게 능가하고 있다. 예를 들어, 2009년도 한국거래소에서 거래된 주식의 일평균 거래금액이 약 8조원인데 반하여 코스피200선물의 일평균 거래금액은 30조원으로써 주식 거래금액의 3.8배에 이른다.

2017년 6월말 현재, 한국거래소에서 거래되는 파생상품은 다음과 같다. 상장된 선물상품은 30개이고(섹터지수선물은 10개, 배당지수선물은 2개임) 옵션상품은 4개이다.

▸ ▸ 〈표 1-2〉 한국거래소에 상장된 선물과 옵션 현황(2017년 6월말 현재)

기초자산 유형	상 품	비 고
주가지수상품	코스피200선물 미니코스피200선물 코스피200섹터지수선물 (10개 섹터) 유로스톡스50선물 배당지수선물(2개) 코스피200옵션 미니코스피200옵션 코스닥150선물	코스닥50지수선물(2005.11.7 상장폐지) 코스닥50지수옵션(2005.11.7. 상장폐지) 스타지수선물(2015.11.13. 상장폐지)
변동성지수상품	코스피200변동성지수선물	
개별주식상품	주식선물 주식옵션	
ETF상품	ARIRANG고배당주선물 KODEX삼성그룹주선물 TIGER헬스케어선물	
금리상품	3년국채선물 5년국채선물 10년국채선물	CD금리선물(2007.12.26 상장폐지) 3년국채선물옵션(2007.12.26 상장폐지) 통안증권금리선물(2011.02.14 상장폐지)
통화상품	미국달러선물 미국달러옵션 엔선물 위안선물 유로선물	
Commodity상품	금선물 돈육선물	

상장된 상품 중에서 활발히 거래되는 상품은 코스피200선물, 코스피200옵션, 3년국채선물, 10년국채선물, 미국달러선물 등이다. 2016년 거래량 기준으로 가장 많이 거래된 상품은 전체 거래량의 53%를 차지한 코스피200옵션이다. 반면에 거래대금 기준으로 가장 거래금액이 큰 거래는 41%를 차지한 코스피200선물이다. 파생상품시장 상품별 거래량 및 거래대금 비중은 [그림 1-4]와 같다.

그림 1-4 파생상품시장 상품별 거래량 및 거래대금 비중

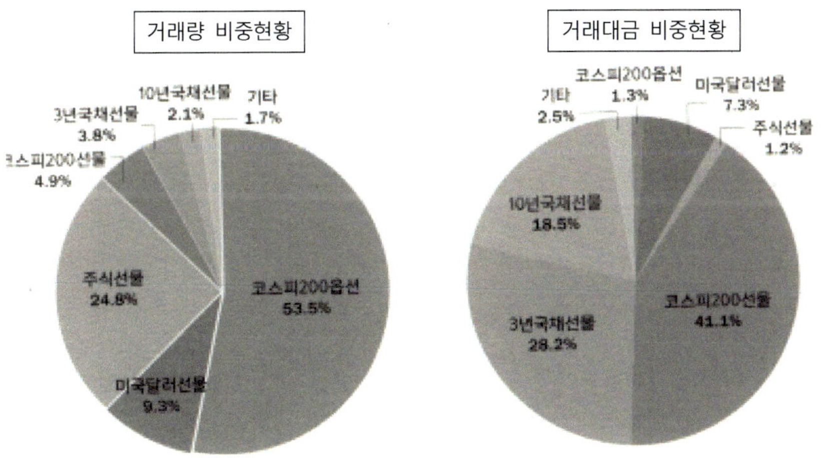

(자료: 한국거래소 발간 파생상품시장(2017), 56쪽)

우리나라 파생상품시장은 거래량 기준으로 2011년에 세계 1위를 차지하기도 하였지만 그 규모가 2012년 시행된 파생상품시장 규제 이후 점진적으로 하락하여 2016년 기준으로 세계 12위에 있다([표 1-3] 참조).[5] [그림 1-5]는 2007년부터 2016년까지 국내 파생상품시장 일평균 거래대금의 추이를 보여준다.

▸ ▸ 〈표 1-3〉 거래소별 거래량 순위

순위	거래소	국가	2016년 거래량(백만 계약)
1	CME	미국	3,942
2	NSE	인도	2,119
3	ICE	미국	2,038
4	MOEX	러시아	1,950
5	Eurex	독일	1,728
6	SHFE	중국	1,680
7	Nasdaq	미국	1,576
8	DCE	중국	1,537

5) 우리나라 자본시장법에서는 파생상품시장을 "장내파생상품의 매매를 위해 거래소가 개설한 시장"으로 정의하므로 파생상품시장은 사실상 한국거래소가 운영하는 시장을 의미한다.

9	BM&FBovespa	브라질	1,487
10	CBOE	미국	1,185
11	ZCE	중국	901
12	KRX	한국	693

그림 1-5 파생상품시장 일평균 거래대금(2007년부터 2016년까지)

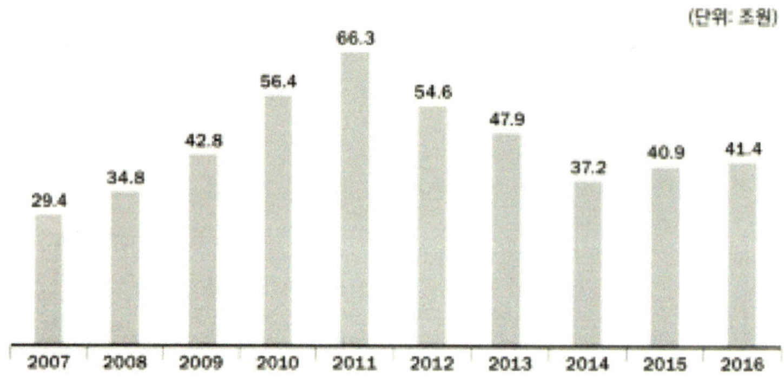

(자료: 한국거래소 발간 파생상품시장(2017), 59쪽)

거래량과 미결제약정수량은 2012년 크게 감소하였는데 이유는 2012년에 시행된 장내파생상품시장에 대한 직접적인 규제 때문이다. 예를 들어, 감독당국은 주가지수옵션의 거래승수를 10만원에서 50만원으로 인상하였으며 이로 인해 많은 개인투자자들이 시장을 떠나게 되었다. 감독당국이 이처럼 시장을 규제하게된 동기는 2010년 11월 11일에 발생한 소위 '11.11쇼크' 때문이다. 이날은 마지막 거래일로서 장마감 직전에 2조 4천억원대의 매도물량이 한꺼번에 시장에 나오면서 코스피지수가 전일 대비 53.12 포인트 하락하였는데 이는 풋옵션을 미리 매수한 한국도이치증권과 도이치은행 홍콩지점이 시세조정한 것으로 판명되었다. 규제 결과, 세계파생상품거래소 순위에서 1위였던 한국거래소의 거래량이 크게 감소하였으며 최근 한국거래소는 파생상품 거래를 활성화하기 위해 여러 조치를 강구하기 시작하였다(예를 들어 2017년 3월 27일부터 코스피200 파생상품의 거래승수를 50만원에서 25만원으로 조정함).

우리나라 파생상품시장은 외국의 시장과는 달리 개인의 비중이 매우 큰 기형적인 시장이다(이는 투기의 비중이 크다는 것을 의미함). 예를 들어, 2000년 기준으로 개인투자자의 비중은 코스피200선물에서 51% 그리고 코스피200옵션에서 71%를 점유하였다. 이후 개인의 비중은 지속적으로 하락하고 있으나 여전히 높은 수준이다(2016년 기준으로 개인투자자의 비중은 코스피200선물에서 22%와 코스피200옵션에서 28%를 차지함).

국내 장외파생상품과 거래소파생상품의 거래잔액은 [표 1-4]와 같다. 금융감독원 자료에 의하면 2014년 말 현재 전체 장외파생상품 거래잔액은 7,404조원이다. 통화 관련 상품이 32%를 점유하고, 금리 관련 상품이 65%를 점유하고 있다. 선진국에 비하여 통화 관련 상품의 비중이 상대적으로 높은데, 이는 우리나라의 대외의존형 경제구조와 원화의 낮은 국제화 수준에 기인한 것으로 판단된다.

국내 거래소파생상품의 거래잔액은 2014 말 현재 92조원으로, 통화 관련 상품이 10%, 금리 관련 상품이 40%, 주식 관련 상품이 49%를 점유하고 있다.

▸ ▸ 〈표 1-4〉 국내 장외파생상품과 거래소파생상품 거래잔액(단위: 10억원)

구 분		2012년말	2013년말	2014년말
장외파생상품	통화 관련	2,011,402	2,025,273	2,388,373
	금리 관련	4,645,157	4,648,880	4,825,291
	주식 관련	74,647	82,532	108,055
	신용 관련	42,128	53,940	71,297
	기타	8,370	10,079	10,637
	합계	6,781,704	6,820,705	7,403,653
거래소파생상품	통화 관련	11,763	10,313	9,482
	금리 관련	36,832	30,426	37,062
	주식 관련	27,161	42,114	45,097
	기타	430	387	661
	합계	76,186	83,240	92,302

(자료: 금융감독원)

주요 결과 #2

글로벌 파생상품시장은 지난 10년 동안 폭발적으로 성장하였다. 거래잔액 기준으로 거래소파생상품시장은 장외파생상품시장의 약 10%이다. 기초자산별로는 이자율관련 상품의 비중이 가장 높고, 그 다음으로 통화관련 상품이다. 우리나라 파생상품시장은 거래량 기준으로 세계 1위를 차지하기도 하였지만 2012년 규제가 실시된 이후 거래가 급격하게 감소하였으며, 개인투자자의 비중이 매우 높은 시장이다.

참고 자본시장통합법에 의한 금융상품 분류

'자본시장과 금융투자업에 관한 법률'(통상 자본시장법으로 불림)은 금융상품을 원금손실 가능성 여부에 의해 금융상품(원금손실 가능)과 비금융상품(원금손실 불가능)으로 구분한다. 그리고 금융상품은 원금초과손실 가능성 여부에 의해 파생상품(원금초과손실 가능)과 증권(원금초과손실 불가능)으로 구분한다. 증권은 다시 지분증권, 채무증권, 수익증권, 증권예탁증권, 파생결합증권, 투자계약증권으로 구분한다. 그리고 파생상품은 다시 장내파생상품과 장외파생상품으로 구분한다. 자본시장법 제5조 2항에 의하면 장내파생상품은 "파생상품으로서 파생상품시장(즉, 한국거래소 파생상품시장)에서 거래되는 것 또는 해외파생상품시장에서 거래되는 것"으로 정의된다. 장외파생상품은 거래소에서 거래되는 상품을 제외한 모든 상품을 의미한다. (자료: 알기 쉬운 증권파생상품시장 지표 해설)

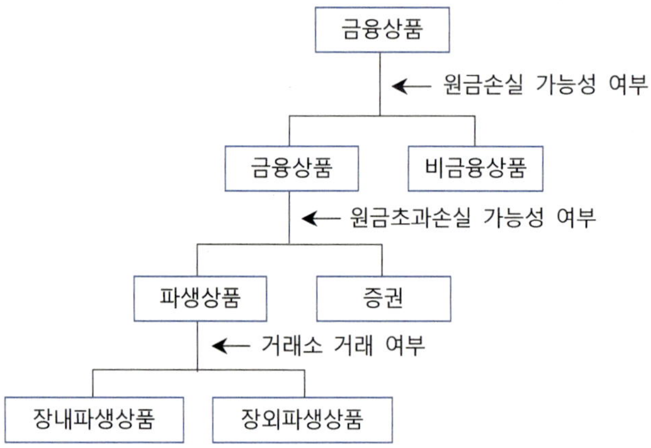

3 선도계약

선도계약(forward contract)은 미래 일정일(만기일)에 미리 정한 가격(즉, 선도가격)으로 기초자산을 사거나 팔아야 하는 의무가 부여된 계약이다(계약을 체결하는 시점에서의 선도가격으로 인수도가 이루어지므로 이를 인도가격이라고도 함). 즉, 선도거래는 오늘 가격을 결정하여 계약을 체결하고, 일정 시간이 경과한 후에 기초자산의 인수도와 대금결제가 이루어지는 거래이다. 이는 오늘 계약체결과 인수도 및 대금결제가 동시에 이루어지는 현물거래(cash transaction 또는 spot transaction)와는 상이하다.[6]

인수도의 대상이 되는 자산을 기초자산(underlying asset), 사거나 파는 가격을 인도가격,

6) 우리가 주위에서 흔히 볼 수 있는 선도거래의 대표적인 예가 밭떼기 또는 입도선매(立稻先賣)이다. 밭떼기는 재배농가와 유통업자 간에 농작물 출하시점의 가격과 수량을 미리 정하는 계약이다. 밭떼기 계약이 이루어지면 재배농가는 출하시점에서의 실제 가격과 무관하게 계약에 약정된 가격으로 농작물을 유통업자에게 인도해야 한다.

기초자산을 인수도하기로 약정한 시점을 만기일(expiration date 또는 maturity date)이라고 한다. 인도가격(delivery price)은 계약 체결시 두 당사자에게 계약의 가치가 0이 되도록 하는 선도가격(forward price)이다. 인도가격은 F로 표시된다.

대표적인 선도계약으로 외국통화를 기초자산으로 하는 통화선도계약(시장에서 선물환으로 불림)과 선도금리계약(forward rate agreement: FRA)이 있다.

선도계약의 특성은 다음과 같다.

- 선도계약은 쌍방계약(bilateral contract)이다. 즉, 매입자와 매도자간에 직접적으로 이루어지는 계약이다.
- 선도계약은 두 당사자가 계약의 모든 조건을 협의하여 결정할 수 있는 고객맞춤형(customized) 계약이다.
- 선도계약의 당사자는 상대방의 부도리스크(default risk)를 직접 부담한다.
- 선도계약의 당사자는 일방적으로(unilaterally) 계약을 해지하거나 또는 제3자에게 양도할 수 없다.

선도계약은 두 당사자간의 사적인 계약인데, 이를 표준화하여 거래소에서 거래하면 선물계약(futures contract)이 된다. 선도계약과 선물계약은 근본적으로 동일하므로 특별히 따로 명시하지 않는 한 선도가격과 선물가격을 혼용하기로 한다.

선도거래 매입자와 매도자는 다음과 같은 의무를 갖는다. 선도계약은 두 당사자에게 동등한 수준의 의무를 부여하므로 선도계약을 체결할 시 어떤 비용도 지불하지 않는다(수수료 등의 거래비용은 발생함).

- 매입포지션(long position): 선도계약에서 기초자산을 매입하기로 약속한 당사자로서 인도가격에 기초자산을 인수할 의무를 갖는다. 실무에서는 매수포지션이라는 용어를 사용한다.
- 매도포지션(short position): 선도계약에서 기초자산을 매도하기로 약속한 당사자로서 인도가격에 기초자산을 인도할 의무를 갖는다.

주식 1주를 기초자산으로 하는 선도계약을 고려해 보자(계약을 체결하는 시점의 선도가격인 인도가격은 $F = 500$원으로 가정함). 만기일의 현물가격을 S_T라고 하자. 만기일에 매입포지션은 주식을 500원에 매입해야 하므로 이득은 $S_T - 500$이다. 만일 $S_T > 500$이면 이익을 얻고, $S_T < 500$이면 손해를 본다. 반면에 매도포지션을 취한 투자자의 경우 이득은 $500 - S_T$이며, $S_T < 500$이면 이익을 얻고, $S_T > 500$이면 손해를 본다.

만기일에서의 주가별 매입포지션과 매도포지션의 손익은 다음과 같다. [표 1-5]가 보여 주듯이, 선도계약과 선물계약은 매입포지션의 이익(손실)이 매도포지션의 손실(이익)이 되는 제로섬게임(zero-sum game)이다(물론 옵션계약도 제로섬게임임).

▸ ▸ 〈표 1-5〉 선도계약 매입포지션과 매도포지션의 이익

만기일에서의 주가 S_T	매입포지션 이익 : $S_T - 500$	매도포지션 이익 : $500 - S_T$
…	…	…
400	− 100	+ 100
450	− 50	+ 50
500	0	0
550	+ 50	− 50
600	+ 100	−100
…	…	…

이 책에서 사용하는 이득과 이익을 명확하게 정의해 보자. 이득(payoff)은 만기일에서의 계약의 가치이고, 이익(profit)은 포지션을 취하는데 소요되는 비용을 이득에 가감하여(더하거나 빼서) 산출한다. 옵션 매수포지션을 취하기 위하여 옵션프리미엄을 대가로 지불하는 것과는 달리, 거래당사자가 모두 의무를 갖는 선도계약을 체결하는데 (거래비용을 제외한) 어떤 비용도 발생하지 않으므로 이득과 이익은 동일하다.

그림 1-6 선도계약 매입포지션과 매도포지션의 이득패턴/이익패턴(F = 500)

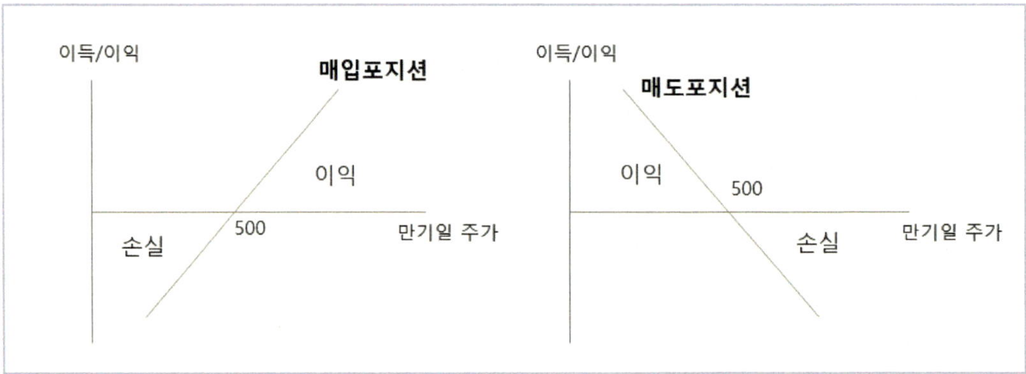

[그림 1-6]이 보여 주듯이, 선도계약은 이득패턴/이익패턴이 직선으로 표현되는 선형(linear) 파생상품이다(기울기는 45도 또는 +1임). 즉, 기울기가 1이면 기초자산의 가격이 1

원 상승하면 매입포지션의 이익도 항상 1원 상승한다(반면에 매도포지션의 손실도 항상 1원 증가함).

주요 결과 #3

선도계약은 미래 일정일에 미리 정한 가격으로 기초자산을 사거나 팔아야 하는 의무가 부여된 계약이다. 선도계약은 부도리스크를 직접 부담하고 유동성이 낮은 고객맞춤형 쌍방계약이다. 선도매입의 이득은 만기일 기초자산가격에서 선도가격을 차감한 $S_T - F$이고 선도매도의 이득은 이와 정반대이다. 선도계약을 체결하는데 비용이 발생하지 않으므로 선도계약의 경우 이득과 이익이 동일하다. 이득은 만기일에서의 가치만을 반영하고, 이익은 포지션을 취하는데 소요된 비용까지 고려한다.

주요 결과 #4

선도, 선물, 옵션거래는 매입포지션의 이익(손실)이 매도포지션의 손실(이익)이 되는 제로섬게임이다.

4 옵션계약

4.1 옵션 용어

옵션(option)은 특정 자산을 약정된 기일 또는 그 기일 내에 미리 약정된 가격으로 일정량을 사거나 팔 수 있는 권리를 부여하는 계약이다. 계약의 대상이 되는 자산을 기초자산(underlying asset), 미리 약정된 가격을 행사가격(strike price 또는 exercise price), 약정된 기일을 만기일(expiration date 또는 maturity date)이라고 한다. 옵션 소유자는 자기에게 유리한 상황에서만 권리를 행사하므로 옵션은 조건부 청구권(contingent claim)이다.

옵션은 권리의 내용과 행사기간에 따라 다음과 같이 구분된다.

- 콜옵션과 풋옵션 : 옵션이 특정 자산을 특정 가격에 살 수 있는 권리를 부여하면 이 옵션을 콜옵션(call option)이라고 하고, 반대로 팔 수 있는 권리를 부여하면 풋옵션(put option)이라고 한다.
- 유로피언옵션과 아메리칸옵션 : 권리행사가 오직 만기일에서만 가능하면 유로피언옵션

또는 유럽형 옵션(European option)으로, 반면에 권리행사가 만기일을 포함하여 항상 가능하면 아메리칸옵션 또는 미국형 옵션(American option)으로 불린다. 우리나라에서 거래되는 모든 옵션은 유로피언옵션이다.

그리고 옵션계약의 두 당사자는 다음과 같다.

- 매입자 또는 매수자(buyer): 옵션을 매입한 사람으로 옵션소유자의 포지션을 매입포지션(long position)이라고 함
- 매도자(seller) 또는 발행자(writer): 옵션을 발행한 사람으로 옵션발행자의 포지션을 매도포지션(short position)이라고 함

전통적인 옵션을 표준형 옵션(standard option 또는 plain vanilla option)이라고 하며, 이 외의 옵션을 총칭하여 이색옵션(exotic option)이라고 한다. 이색옵션은 주로 장외시장에서 거래된다.

옵션은 소유자가 유리한 경우에 한해 권리를 행사하므로 손실위험(downside risk)에 대한 보호기능을 제공한다(즉, 기초자산 가격이 불리하게 변하더라도 만기일의 가치가 0이 되지 마이너스가 되지는 않음). 따라서 옵션은 일종의 보험기능을 수행하므로 옵션가격을 옵션프리미엄(option premium)이라고 한다(premium은 보험료를 의미함). 프리미엄은 발행자로 하여금 포지션을 취하도록 유인하는 역할을 하며 발행자가 만기일에 불리해지는 것에 대한 일종의 보상으로 간주될 수 있다. 다른 보험료와 마찬가지로, 옵션프리미엄도 기대 보상금의 크기와 보상금을 지급확률 등에 의해 결정된다(옵션의 경우 보상금은 옵션을 행사하여 얻는 이득을 의미함).

예시 1-1 주식옵션과 경영자스톡옵션의 차이

주식옵션(개별주식옵션)의 경우 옵션은 기초자산의 발행기업과 무관하며 옵션의 행사는 발행주식수에 영향을 미치지 않는다. 예를 들어, 삼성전자 주식을 기초자산으로 하는 주식옵션은 이 옵션을 이용하여 헤지, 투기, 차익거래 등을 시행하고자 하는 개인 및 금융회사에 의해 발행된다. 반면에 삼성전자 경영자에게 부여되는 경영자스톡옵션(executive stock option) 또는 주식선택매수권은 삼성전자가 발행하며 이 경영자스톡옵션이 행사되면 삼성전자의 발행주식수는 증가한다. 경영자스톡옵션은 회사가 발행하며 기간이 장기이고 자유로운 매매가 불가능하다는 점에서 옵션(정확하게는 콜옵션)과 상이하다. 경영자스톡옵션은 주주와 대리인(경영자)간의 이해상

충 현상인 대리인문제(agency problem)를 해결하여 주주가치의 극대화를 실현하기 위한 하나의 방법으로 이용되고 있다. 또한 최근 정부는 벤처기업을 활성화하기 위한 방안으로 경영자스톡옵션을 적극 활용하는 방안을 모색하고 있다.

참고 옵션거래의 기원

최초의 옵션거래로 탈레스의 압착기 거래를 든다. 탈레스(Thales)는 기원전 6세기경 그리스의 밀레투스(Miletus)에 살았던 철학자이다. 탈레스는 BC585년에 일어난 일식을 정확히 예측하였으며 천문학과 항해술에 능한 철학자였다. 탈레스는 매우 가난하여 철학은 쓸모없는 학문이라는 주위의 놀림을 받곤 했다. 그는 가난한 것은 단지 선택이었다는 것을 보여주기 위하여 올리브가 대풍작일 것을 예측하고 올리유를 짜는데 필요한 압착기를 독점하였다. 즉, 압착기 소유자에게 선금을 주고 미래에 정한 가격으로 압착기를 임대할 수 있는 권리를 매수하였다. 탈레스의 예측대로 올리브가 대풍작이 되었고 압착기가 필요한 사람들은 매우 비싼 가격으로 탈레스로부터 압착기를 임대할 수 밖에 없었다. 이 이야기는 아리스토텔레스의 저서 'The Politics' 31쪽에 있는 내용이다.

4.2 콜옵션

유로피언 콜옵션은 만기일에 기초자산을 행사가격에 살 수 있는 권리이므로, 콜옵션 소유자는 만기일에 기초자산가격(S_T)이 행사가격(K)을 초과하면 권리를 행사하여, 기초자산가격이 행사가격을 초과한 만큼의 이득을 얻는다.[7] 반면에 기초자산가격이 행사가격보다 낮으면 콜옵션 소유자는 권리를 포기하고, 이 때 콜옵션의 가치는 0이다.

현재 주가가 3,000원인 주식에 대한 6개월 만기, 행사가격 2,800원인 유로피언 콜옵션의 가격이 500원이라고 하자. 만일 $S_T > 2{,}800$이면 콜옵션 소유자는 옵션을 행사하여(즉, 주식을 2,800원에 매입하여) 이득은 $S_T - 2{,}800$이고, $S_T \le 2{,}800$이면 옵션을 행사하지 않으므로 이득은 0이다. 이득이 0보다 작을 수 없으므로 하나의 식으로 표현하면 $\max(S_T - 2{,}800, 0)$이 된다. 이익은 이득에서 500원을 차감한 값, 즉 $\max(S_T - 2{,}800, 0) - 500$이다(투자자가 옵션프리미엄 500원을 지불하고 권리를 획득하므로 500원을 차감함). 그리고 수익률(return)은 이익을 투자금액 500원으로 나눈 값이다.

만기일의 주가가 2,800원 이하이면 수익률이 －100%인 최악의 상황이 발생한다(매입포

---

7) 설명을 간결하게 하기 위하여, 특별히 명시하지 않는 한 기초자산이 무배당 주식인 유로피언옵션을 가정하기로 한다.

지션의 최대손실은 옵션프리미엄으로 제한됨). 반면에 주가가 2,800원을 초과하는 경우 주가가 1원 상승할 때마다 이득도 1원씩 증가한다. 주가가 3,300원이 되면 투자금액 500원을 회수하여 손익분기점(break-even point)에 도달하고(즉, 수익률이 0%), 이후 주가가 상승하면 레버리지 효과로 인해 수익률은 빠른 속도로 증가한다. 만일 주가가 2배인 6,000원이 되면 수익률은 $\frac{6,000-2,800-500}{500}=540\%$가 된다.

▸ ▸ 〈표 1-6〉 콜옵션 매입포지션의 이득과 이익($K=2,800, C=500$)

만기일의 주가(S_T)	콜옵션 매입포지션		
	이득	이익	수익률
2,000	0	− 500	− 100%
2,500	0	− 500	− 100%
2,800	0	− 500	− 100%
3,000	200	− 300	− 60%
3,300	500	0	0%
3,500	700	200	40%
4,000	1,200	700	140%
4,500	1,700	1,200	240%

그림 1-7 콜옵션 매입포지션의 이득패턴과 이익패턴($K=2,800, C=500$)

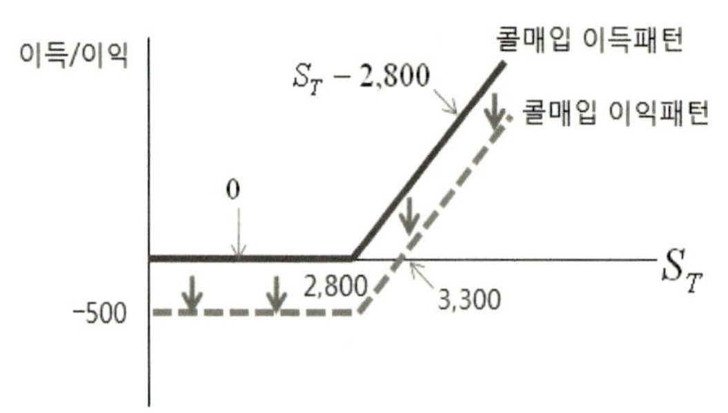

콜옵션의 이득패턴은 선도계약의 이득패턴처럼 선형이 되지 않고 비선형(non-linear)의 모양을 갖는다. 이 이득패턴은 만기일의 주가가 행사가격을 초과하면 옵션을 행사하고, 반대의

경우 옵션을 행사하지 않는다는 사실을 반영한 것이다. 콜옵션 매도자(발행자)의 손익은 매입자의 손익과 정반대이므로 옵션도 선도계약처럼 제로섬게임(zero-sum game)이다.

예시 1-2 콜옵션의 이득과 이익

현재 주가가 9,800원인 주식에 대한 6개월 만기, 행사가격 10,000원인 유로피언 콜옵션의 가격이 500원이다. 콜옵션 매입자의 이득은 max(S_T − 10,000, 0)이고 이익은 이득에서 500원을 차감한 값이다. 그리고 수익률은 이익을 투자금액 500원으로 나눈 값이다.

주가(S_T)	9,000	9,500	10,000	10,300	10,800	12,000	15,000
이득	0	0	0	300	800	2,000	5,000
이익	−500	−500	−500	−200	300	1,500	4,500
수익률	−100%	−100%	−100%	−40%	60%	300%	900%

4.3 풋옵션

풋옵션은 기초자산을 행사가격에 팔 수 있는 권리이므로, 풋옵션 소유자는 만기일에 기초자산가격이 행사가격보다 낮으면 옵션을 행사하여, 행사가격이 기초자산가격을 초과하는 만큼의 이득을 얻는다. 반대의 경우 풋옵션 소유자의 이득은 0이다.

예를 들어, 현재 주가가 3,000원인 주식에 대한 6개월 만기, 행사가격 2,800원인 유로피언 풋옵션의 가격이 200원이라고 하자. 만일 S_T < 2,800이면 풋옵션 소유자는 옵션을 행사하여(즉, 주식을 2,800원에 매도하여(만일 주식을 소유하지 않으면 시장에서 매입하여 인도함)) 이득은 2,800 − S_T이고, $S_T \geq$ 2,800이면 옵션을 행사하지 않으므로 이득은 0이다. 이득이 0보다 작을 수 없으므로 하나의 식으로 표현하면 max(2,800 − S_T,0)이 된다. 이익은 이득에서 200원을 차감한 값이고 수익률은 이익을 투자금액 200원으로 나눈 값이다.

만기일의 주가가 2,800원을 초과하면 옵션을 행사하지 않으므로 투자자의 수익률은 − 100%이다(투자금액인 옵션프리미엄을 전혀 회수하지 못하는 경우가 최악의 경우임). 주가가 2,600원이면 투자원금을 회수한 상태이고(2,600원이 손익분기점임), 그 이하로 하락하면 주가가 1원 하락할 때마다 매입자의 이익도 1원 증가한다. 극단적으로, 주가가 1,000원으로 하락하면 투자자의 수익률은 $\frac{2,800 - 1,000 - 200}{200}$ = 800%이다.

▸ ▸ 〈표 1-7〉 풋옵션 매입포지션의 이득과 이익($K = 2{,}800, P = 200$)

만기일의 주가	풋옵션 매입포지션		
	이득	이익	수익률
1,000	1,800	1,600	800%
1,500	1,300	1,100	550%
2,000	800	600	300%
2,500	300	100	50%
2,600	200	0	0%
2,800	0	− 200	− 100%
3,000	0	− 200	− 100%
3,500	0	− 200	− 100%

그림 1-8 풋옵션 매입포지션의 이득패턴과 이익패턴($K = 2{,}800, P = 200$)

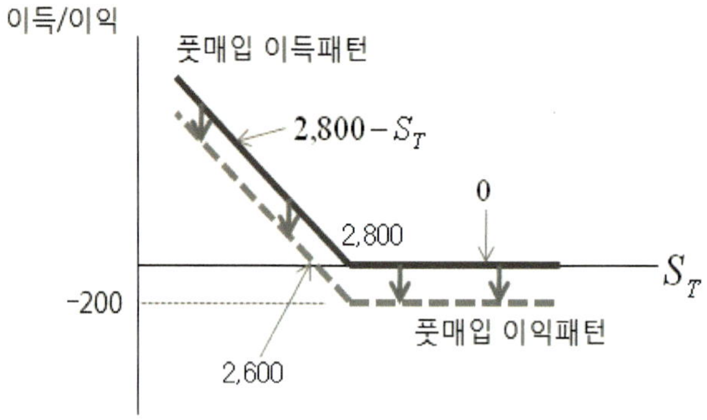

예시 1-3 풋옵션의 이득과 이익

현재 주가가 6,500원인 주식에 대한 6개월 만기, 행사가격 7,000원인 유로피언 풋옵션의 가격이 700원이다. 풋옵션 매입자의 이득은 max(7,000 − S_T,0)이고 이익은 이득에서 700원을 차감한 값이다. 그리고 수익률은 이익을 투자금액 700원으로 나눈 값이다.

주가(S_T)	3,000	5,000	6,000	6,500	7,000	7,500	8,000
이득	4,000	2,000	1,000	500	0	0	0
이익	3,300	1,300	300	− 200	− 700	− 700	− 700
수익률	471%	186%	43%	− 29%	− 100%	− 100%	− 100%

주요 결과 #5

옵션은 특정 자산을 약정된 기일 또는 그 기일 내에 미리 약정한 가격으로 일정량을 사거나 팔 수 있는 권리로, 살 수 있는 권리를 콜옵션으로, 팔 수 있는 권리를 풋옵션으로 부른다. 콜옵션 소유자의 이득은 max(만기일 주가 − 행사가격, 0)이고, 풋옵션 소유자의 이득은 max(행사가격 − 만기일 주가, 0)이다.

예시 1-4 우리나라 파생상품 역사상 가장 높은 수익률

옵션은 선물계약보다 훨씬 높은 레버리지를 가질 수 있다. 9-11 테러가 발생한 2001년 9월 11일 코스피200 지수는 66.55포인트에서 58.59포인트로 11.96% 하락하였으며 코스피200 지수선물의 가격은 66.75포인트에서 60.10포인트로 9.96% 하락하였다. 선물매도포지션을 취한 투자자는 6.7배의 레버리지로 66.73%의 수익률을 얻었다(당시의 위탁증거금은 15%임). 행사가격이 62.5포인트인 풋옵션 가격은 하루만에 0.01포인트에서 5.05포인트로 무려 50,400% 상승하였으며 이는 종가 기준으로 우리나라 파생상품 역사상 가장 높은 수익률이다.

5 스왑

스왑(swap)은 두 당사자가 미래에 정기적으로 현금흐름을 교환하는 계약이다. 스왑에는 금리스왑, 통화스왑, 상품스왑, 주식스왑, 신용부도스왑 등이 있다.

금리스왑(interest rate swap)은 정해진 원금에 대해 한 당사자는 고정금리이자를 지급하고 다른 당사자는 변동금리이자를 지급함으로써 미래에 정기적으로 현금흐름을 교환하는 계약이다. 예를 들어, [그림 1-9]에서 원금 100억원에 대해 A기업은 5%의 고정금리를, B은행은 91일물 CD금리를 향후 5년 동안 매 3개월마다 지급한다.

그림 1-9 금리스왑에서 고정금리와 변동금리의 교환

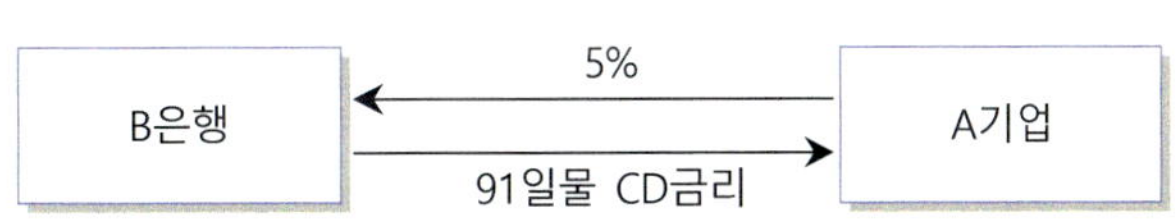

금리스왑은 자금조달비용을 절약하기 위하여, 자산과 부채의 성격을 전환하기 위하여, 이자율 변동에 따른 위험을 제거하기 위하여, 그리고 금융회사의 자산과 부채 간 만기불일치를

관리하기 위하여 사용된다. 금리스왑이 이처럼 광범위하게 사용될 수 있으므로 금리스왑의 거래규모가 전체 장외파생상품 거래규모의 절반에 해당된다는 사실은 그리 놀랄 일이 아니다.

통화스왑(currency swap)은 한 나라 통화기준의 차입원금 및 이자를 다른 나라 통화기준의 그것과 교환하는 계약이다. 금리스왑과 달리 통화스왑에서 원금은 교환된다.

6 파생상품의 용도

파생상품은 여러 용도로 이용되는데 대표적인 용도 6가지를 소개하면 다음과 같다.

- 위험관리(risk management): 파생상품은 위험을 제거하거나 또는 줄이는데 사용된다. 예를 들어, 쌀 가격의 하락위험에 노출된 농부가 쌀 가격 하락시 이익이 발생하는 계약(즉, 파생상품)에 포지션을 취하여 가격하락위험을 줄일 수 있는데 이런 행위를 헤지(hedge)라고 한다.[8] 같은 논리로 쌀을 가공하여 제품을 생산하는 기업은 가격상승위험에 노출되며, 가격 상승시 이익이 발생하는 파생상품에 포지션을 취하여 가격상승위험을 헤지할 수 있다.

- 투기(speculation): 파생상품은 높은 레버리지를 갖기 때문에 투자수익률을 극대화할 수 있다. 예를 들어, 주가지수가 상승할 것으로 예상하는 경우 주가지수를 모방하는 펀드를 직접 매입하기보다는, 주가지수를 기초자산으로 하는 지수선물 또는 지수옵션에 투자함으로써 훨씬 높은 수익률을 달성할 수 있다(물론 주가가 예상과 달리 움직이면 손실도 큼).

  헤지는 기초자산과 연관된 가격위험에 노출된 투자자가 위험을 감소시키기 위하여 파생상품을 이용하는데 반하여, 투기는 기초자산과 연관된 위험을 부담하지 않는 투자자가 단순히 이익을 극대화하기 위하여 파생상품을 이용하는 것이다.

- 차익거래(arbitrage): 차익거래는 자기자본의 투자없이 위험을 전혀 부담하지 않으면서 이익을 얻는 거래이다. 파생상품의 가치는 기초자산의 가치에 의해 결정되므로 기초자산 가격, 선물가격(선도가격), 옵션가격 간에 여러 균형 관계가 성립하는데, 만일 이런 균형 관계가 성립하지 않으면 시장에 차익거래 기회가 생기게 된다. 예를 들어, 선물가격이 현물가격에 비하여 상대적으로 저렴한 경우 차익거래자는 선물을 매입하고 현물을 매도하여 무위험 차익을 얻을 수 있다.[9]

---

8) 헤지는 가축을 보호하기 위해 만든 낮은 키의 나무 울타리를 뜻하는 그리스어 'hecke'에서 유래되었다.

- 새로운 금융상품 개발: 파생상품을 이용하여 새로운 위험-이익의 구조를 갖는 신금융상품을 개발할 수 있다. 예를 들어, 채권과 옵션을 이용하여 원금보장형 ELS를 개발할 수 있고, 옵션간 결합을 통해 새로운 이익패턴을 창출할 수 있다.
- 거래비용(transaction costs) 감소: 금융기관이 주식을 매도하고 채권을 매입하기를 원한다고 가정하자. 실제로 채권을 매입하고 주식을 매도하는 과정에서 많은 거래비용(즉, 수수료(fee)와 매매호가차이(bid-ask spread))이 발생한다. 그러나 파생상품을 이용하면 적은 거래비용으로 주식을 매도하고 채권을 매입하는 효과를 얻을 수 있다. 즉, 주식을 계속 보유하면서 주식선물을 매도하면 채권 매입포지션을 만들 수 있다(이 내용은 4장에 자세히 설명되어 있음).
- 규제차익거래(regulatory arbitrage): 규제차익거래는 감독당국의 규제, 세금, 회계규정 등을 피하기 위하여 파생상품을 이용하는 거래를 말한다. 예를 들어, 주식을 보유하고 있는 투자자가 주식 매도시의 자본이득에 대한 세금을 피하고자 한다고 하자. 투자자는 파생상품을 이용하여 주식매도포지션을 합성함으로써 의결권을 그대로 보유하면서 주식보유에 따른 위험을 피함과 동시에 자본이득에 대한 세금을 연기시킬 수 있다.

파생상품을 이런 여러 용도로 활용할 수 있는 근본적인 이유는 파생상품을 이용하여 다른 증권의 이득패턴(payoff pattern)을 복제(replication)하는 것이 용이하기 때문이다. 여기서 이득패턴을 복제한다는 것은 미래에 동일한 현금흐름을 제공하는 포지션을 만드는 것을 말한다. 그리고 이로 인해 금융공학이 발달하게 되었다. 금융공학은 1980년대 초에 투자은행들이 고객들의 자금조달 및 위험관리와 관련된 문제들을 해결하기 위하여 새로운 상품들을 개발하면서 시작되었다. 금융공학에 대한 설명은 2장을 참고하라.

주요 결과 #6

파생상품은 헤지, 투기, 차익거래, 신금융상품 개발, 비용감소, 규제회피 등의 목적으로 이용된다. 파생상품을 여러 용도로 활용할 수 있는 이유는 파생상품을 이용하여 다른 증권의 이득패턴을 복제하는 것이 용이하기 때문이다.

9) 여기서 "선물가격이 현물가격에 비하여 상대적으로 저렴하다"는 말은 선물가격이 현물가격보다 작다는 의미가 아니다. 만일 시장에서의 선물가격이 균형선물가격보다 작으면 이는 선물가격이 현물가격에 비하여 상대적으로 저렴한 상태이다.

예시 1-5 환리스크에 노출된 수출기업의 파생상품 이용 예시

3개월 후에 100만 달러를 수령할 예정인 우리나라 수출기업을 고려해 보자. 이 기업은 3개월 후에 달러를 수령할 예정이므로 원/달러 환율 리스크에 노출되어 있다. 이 기업은 다음 세 가지 대안을 고려하고 있다. 현물환율은 1달러에 1,100원이고, 3개월 선도환율은 1,105.35원이다. 그리고 만기가 3개월이고 행사가격이 1,100원인 통화풋옵션의 가격이 65원이다.

① 아무 행동도 취하지 않는다. 즉, 기업은 3개월 후 달러를 수령하면 그 시점에서의 현물환율로 달러를 원화로 전환한다. 기업은 환위험에 그대로 노출된다. 환율이 상승하면 이익을 얻고, 환율이 하락하면 손해를 본다.

그림 1-10 환위험을 그대로 부담하는 경우

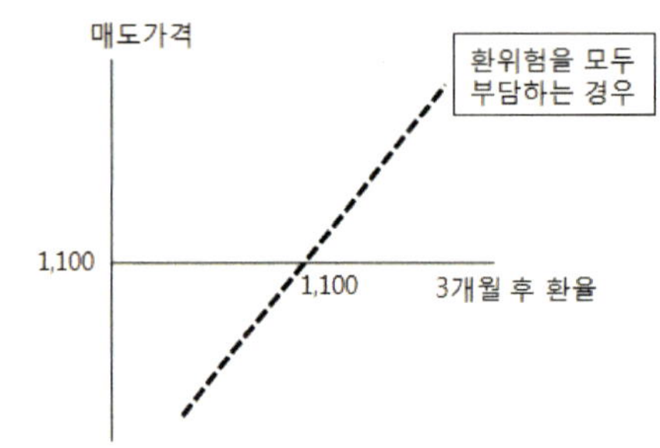

② 통화선도계약(선물환) 또는 선물계약을 이용한다. 즉, 기업은 만기가 3개월인 선도계약 매도포지션을 취하여 3개월 후 환율과 무관하게 달러의 매도가격을 1,105.35원으로 확정시킨다(헤지포지션의 적용 환율은 점선으로 표시함).

그림 1-11 선도계약을 매도하여 환위험을 헤지한 경우

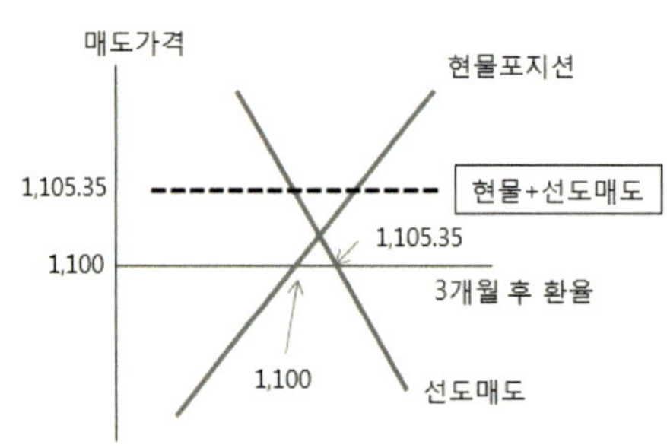

③ 통화풋옵션을 매입한다. 즉, 기업은 만기가 3개월이고 행사가격이 1,100원인 풋옵션을 개당 65원에 매입하여 달러의 원화금액이 1,035원 이하로 하락하는 것을 방지하면서 환율 상승 시의 혜택을 그대로 얻을 수 있다.

그림 1-12 통화풋옵션을 매입하여 환위험을 헤지한 경우

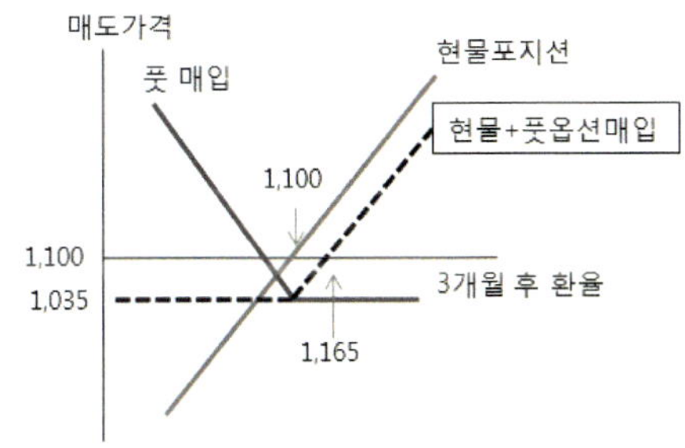

세 전략을 비교하면 다음과 같다.

전략	환율 상승시	환율 하락시	비용	현금흐름 불확실성
환위험 부담전략	이익	손실	0	매우 큼
선도매도전략	손익상쇄, 선도환율로 확정		0	없음
풋옵션매입전략	이익	보호됨	프리미엄	중간 수준

그림 1-13 세 전략의 비교

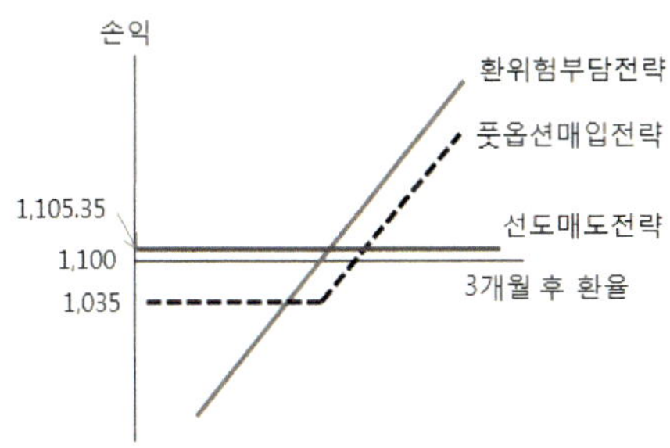

핵심용어 정리

- 파생상품(derivatives)
- 선형파생상품(linear derivatives)
- 비선형파생상품(non-linear derivatives)
- 거래소파생상품(exchange derivatives)
- 장외파생상품(OTC derivatives)
- 선도계약(forward contract)
- 부도리스크(default risk)
- 선물계약(futures contract)
- 매입포지션(long position)
- 매도포지션(short position)
- 옵션계약(option contract)
- 콜옵션(call option)
- 풋옵션(put option)
- 유로피언옵션(European option)
- 아메리칸옵션(American option)
- 옵션프리미엄(option premium)
- 스톡옵션(stock option)
- 이득패턴(payoff pattern)
- 이익패턴(profit pattern)
- 제로섬게임(zero-sum game)
- 레버리지(leverage)
- 스왑(swap)
- 규제차익거래(regulatory arbitrage)
- 투기(speculation)
- 헤지(hedge)
- 차익거래(arbitrage)

주요결과 정리

주요 결과 #1

파생상품은 가치가 다른 자산의 가치에 의해 결정되는 금융상품이다. 파생상품에는 선도, 선물, 스왑과 같은 선형파생상품과 옵션과 같은 비선형파생상품이 있다. 선형 이득패턴은 의무에 의해 발생하며 기초자산가격변화와 파생상품가격변화가 항상 일정한 대응관계(예를 들어 1:1)를 갖는다. 반면에 비선형 이득패턴은 권리에 의해 발생하며 기초자산가격변화와 파생상품가격변화가 항상 일정한 대응관계를 갖지 않는다.

주요 결과 #2

글로벌 파생상품시장은 지난 10년 동안 폭발적으로 성장하였다. 거래잔액 기준으로 거래소파생상품시장은 장외파생상품시장의 약 10%이다. 기초자산별로는 이자율관련 상품의 비중이 가장 높고, 그 다음으로 통화관련 상품이다. 우리나라 파생상품시장은 거래량 기준으로 세계 1위를 차지하기도 하였지만 2012년 규제가 실시된 이후 거래가 급격하게 감소하였으며, 개인투자자의 비중이 매우 높은 시장이다.

주요 결과 #3

선도계약은 미래 일정일에 미리 정한 가격으로 기초자산을 사거나 팔아야 하는 의무가 부여된 계약이다. 선도계약은 부도리스크를 직접 부담하고 유동성이 낮은 고객맞춤형 쌍방계약이다. 선도매입의 이득은 만기일 기초자산가격에서 선도가격을 차감한 $S_T - F$이고 선도매도의 이득은 이와 정반대이다. 선도계약을 체결하는데 비용이 발생하지 않으므로 선도계약의 경우 이득과 이익이 동일하다. 이득은 만기일에서의 가치만을 반영하고, 이익은 포지션을 취하는데 소요된 비용까지 고려한다.

주요 결과 #4

선도, 선물, 옵션거래는 매입포지션의 이익(손실)이 매도포지션의 손실(이익)이 되는 제로섬게임이다.

주요 결과 #5

옵션은 특정 자산을 약정된 기일 또는 그 기일 내에 미리 약정한 가격으로 일정량을 사거나 팔 수 있는 권리로, 살 수 있는 권리를 콜옵션으로, 팔 수 있는 권리를 풋옵션으로 부른다. 콜옵션 소유자의 이득은 max(만기일 주가 − 행사가격, 0)이고, 풋옵션 소유자의 이득은 max(행사가격 − 만기일 주가, 0)이다.

주요 결과 #6

파생상품은 헤지, 투기, 차익거래, 신금융상품 개발, 비용감소, 규제회피 등의 목적으로 이용된다. 파생상품을 여러 용도로 활용할 수 있는 이유는 파생상품을 이용하여 다른 증권의 이득패턴을 복제하는 것이 용이하기 때문이다.

개념체크

1 파생상품을 정의할 수 있는가?

2 선형이득과 비선형이득은 어떻게 다른가? 그래프에서 그릴 수 있는가?

3 이득이 선형과 비선형으로 나오는 이유는 무엇인가?

4 거래소시장과 비교하여 장외시장의 특성은 무엇인가?

5 글로벌 거래현황에서 거래규모가 가장 큰 상품은 무엇인가?

6 한국거래소에 가장 먼저 상장된 상품은? 상장된 상품 중 비교적 거래가 활발한 상품은 무엇인가?

7 우리나라 파생상품시장에서 개인투자자의 비중이 외국과 비교하면 어떤가? 이유는 무엇인가?

8 자본시장통합법에서 파생상품은 어떻게 분류되는가?

9 선도계약이란 무엇인가? 매수포지션과 매도포지션의 이득은 어떻게 계산하는가? 이를 그래프에 그릴 수 있는가? 이익이 이득과 같은 이유는 무엇인가?

10 선물계약이란 무엇인가?

11 옵션을 정의할 수 있는가? 콜옵션, 풋옵션, 유로피언옵션, 아메리칸옵션, 행사가격, 조건부 청구권 등을 정의할 수 있는가?

12 옵션 매입포지션의 반대는 무엇인가?

13 옵션가격을 옵션프리미엄으로 부르는 이유는 무엇인가?

14 콜옵션의 이득, 이익, 수익률을 계산할 수 있는가?

15 풋옵션의 이득, 이익, 수익률을 계산할 수 있는가?

16 콜옵션과 풋옵션의 이득과 이익의 패턴을 그릴 수 있는가?

17 스왑계약이란 무엇인가?

18 본문에 소개한 파생상품의 용도 6가지를 이해하는가?

19 "돼지 가격의 하락위험에 노출된 축산농가가 돈육선물에 매도포지션을 취하여 가격하락위험을 헤지할 수 있다" 이해하는가? 반대로 축산가공업자는 어떤 위험에 노출되며 어떻게 이 위험을 헤지할 수 있는가?

20 투기와 헤지의 차이는 무엇인가?

21 규제차익거래란 무엇인가?

22 파생상품 이용 예시에서 환위험 부담전략, 선도매도전략, 풋옵션 매입전략의 기본 구조를 대략 이해하는가?

CHAPTER

01 연습문제

객관식 유형

1 다음 중 선형 파생상품이 아닌 것은?

① 선도계약 ② 옵션계약
③ 선물계약 ④ 스왑계약

2 다음 중 장외파생상품이 아닌 것은?

① 선도계약 ② 스왑계약
③ 이색옵션계약 ④ 선물계약

3 우리나라의 파생상품 거래에 대한 일반적인 설명으로 적절하지 않은 것은?

① 외국과 비교하여 개인투자자의 비중이 상대적으로 높다.
② 주가지수상품, 개별주식상품, 통화상품, 금리상품 중에서 거래가 가장 활발한 상품은 개별주식상품이다.
③ 국내의 선물거래는 1996년에 처음 시작되었다.
④ 현재 상장된 선물계약수가 옵션계약수보다 많다.

4 다음 중 원금초과 손실이 가능한 상품은?

① 파생상품 ② 수익증권
③ 비금융상품 ④ 증권

5 주식 1주를 기초자산으로 하는 선도계약의 인도가격이 1,500원이라고 가정하자. 만약 만기일에 기초자산 가격이 2,000원이면 선도계약 매도포지션의 이익은 얼마인가?

① 500원 ② 0원
③ −500원 ④ 정답 없음

6 투자자가 행사가격이 20,000원인 유럽식 콜옵션을 1,300원에 매입하였다. 만기일에 기초자산 가격이 25,000원이면 이익은 얼마인가?

① 3,700원 ② 0원
③ −1,300원 ④ 정답 없음

7 투자자가 행사가격이 20,000원인 유럽식 풋옵션을 700원에 매입하였다. 만기일에 기초자산 가격이 15,000원이면 수익률은 얼마인가? 정수로 답할 것.

① 714% ② −100%
③ 500% ④ 정답 없음

8 다음 중 이득이 0인 경우는?

① 만기일에 기초자산가격이 12,000원일 때 행사가격이 10,000원인 콜옵션의 이득
② 만기일에 기초자산가격이 12,000원일 때 행사가격이 10,000원인 풋옵션의 이득
③ 만기일에 기초자산가격이 12,000원일 때 인도가격이 10,000원인 선도계약의 이득
④ 정답 없음

9 다음 포지션에서 주가가 하락하면 유리한 포지션은?

① 콜옵션 매입포지션
② 선도계약 매입포지션
③ 풋옵션 매입포지션
④ 정답 없음

10 삼성전자 주식을 보유하고 있는 투자자가 3개월 후에 주식을 매도할 계획이다. 이 투자자는 미래의 주가하락위험에 노출되는데 이 위험을 헤지하기 위한 포지션은?

① 콜옵션 매입포지션
② 콜옵션 발행포지션
③ 풋옵션 매입포지션
④ 풋옵션 발행포지션

주관식 유형

1 다음의 독립된 3개의 질문에 답하라.

❶ 기초자산을 10,000원에 인도하기로 약정한 선도계약의 매입포지션과 매도포지션의 이익을 만기일에서의 기초자산가격이 6,000원, 8,000원, 10,000원, 12,000원, 15,000원일 때 계산하고 이를 그래프에 표시하라.

❷ 행사가격이 12,000원인 유로피언 콜옵션을 1,000원에 매입한 투자자를 고려해 보자. 만기일의 주가가 각각 11,000원, 12,000원, 13,000원, 14,000원, 15,000원일 때 이익과 수익률을 계산하고 이를 그래프에 표시하라.

❸ 행사가격이 12,000원인 유로피언 풋옵션을 800원에 매입한 투자자를 고려해 보자. 만기일의 주가가 각각 9,000원, 10,000원, 11,000원, 12,000원, 13,000원일 때 이익과 수익률을 계산하고 이를 그래프에 표시하라.

2 당신이 삼성전자 주식 100주를 소유하고 있다. 당신은 향후 3개월 동안에 발생할 수 있는 주가하락위험으로부터 보호받고자 한다.

❶ 어떻게 풋옵션을 이용할 수 있는지 설명하라.

❷ 삼성전자 주가는 현재 100만원이고, 만기가 3개월이고 행사가격이 100만원인 풋옵션 프리미엄이 6만원이다. 헤지하지 않은 경우와 헤지하는 경우의 성과를 그래프를 이용하여 비교 설명하라. x축은 삼성전자 주가이고 y축은 포지션의 가치로 설정할 것.

❸ 사후적으로 판단할 때 헤지하는 것이 상대적으로 유리한 경우는 만기일의 주가가 얼마인 경우인가?

3 만기가 3개월이고 행사가격이 7,500원인 유로피언 콜옵션의 가격이 현재 650원이다.

❶ 어떤 조건 하에서 옵션소유자가 권리를 행사하는가?

❷ 어떤 조건에서 옵션소유자의 이익이 0보다 큰가?

❸ 다음 표를 완성하라.

만기일의 주가(S_T)	콜옵션 매입포지션		
	이득	이익	수익률
6,000			
7,000			

7,500			
7,700			
8,000			
8,150			
8,500			
9,000			
12,000			

4 3에 제시된 만기일의 주가에 대하여 콜옵션 발행자의 이득과 이익을 계산하라.

5 콜옵션 매입자와 발행자의 이익패턴을 그래프에 그려라.

4 만기가 5개월이고 행사가격이 15,000원인 유로피언 풋옵션의 가격이 현재 2,000원이다.

1 어떤 조건 하에서 옵션소유자가 권리를 행사하는가?

2 어떤 조건에서 옵션소유자의 이익이 0보다 큰가?

3 다음 표를 완성하라.

만기일의 주가(S_T)	풋옵션 매입포지션		
	이득	이익	수익률
8,000			
11,000			
12,000			
13,000			
14,000			
15,000			
16,000			

4 3에 제시된 만기일의 주가에 대하여 풋옵션 발행자의 이득과 이익을 계산하라.

5 풋옵션 매입자와 발행자의 이익패턴을 그래프에 그려라.

CHAPTER

01 연습문제 풀이

객관식 유형

1 ②

옵션은 비선형상품이다.

2 ④

선물은 거래소상품이다.

3 ②

우리나라에서 가장 활발하게 거래되는 상품은 주가지수상품이다.

4 ①

파생상품은 원금의 초과손실이 가능한 상품이다. 증권은 원금손실은 가능하지만 초과손실은 불가능한 상품이다.

5 ③

매수포지션의 이익은 만기일의 기초자산가격에서 인도가격을 차감한 500원이므로 매도포지션의 이익은 −500원이다.

6 ①

이득은 25,000 − 20,000 = 5,000원이고 이익은 5,000 − 1,300 = 3,700원이다.

7 ④

수익률은 (20,000 − 15,000 − 700)/700 = 614%이다.

8 ②

②의 경우는 풋옵션이 외가격에 있는 경우이므로 이득이 0이다. ①과 ③의 경우 이득은 2,000원이다. 참고로 매입/매도 포지션이 명시되지 않으면 매입포지션을 의미한다.

9 ③

주가가 하락하면 유리한 포지션은 풋옵션 매입포지션이다.

10 ③

주가가 하락하면 주식포지션에서 손실이 발생한다. 따라서 필요한 포지션은 주가 하락시 이익이 발생하는 풋옵션 매수포지션이다.

주관식 유형

1 해답 및 해설

1 매입포지션의 이익은 $S_T - F$이고 매도포지션의 이익은 $F - S_T$이다($F = 10{,}000$).

가격	6,000원	8,000원	10,000원	12,000원	15,000원
선도매입	−4,000	−2,000	0	2,000	5,000
선도매도	+4,000	+2,000	0	−2,000	−5,000

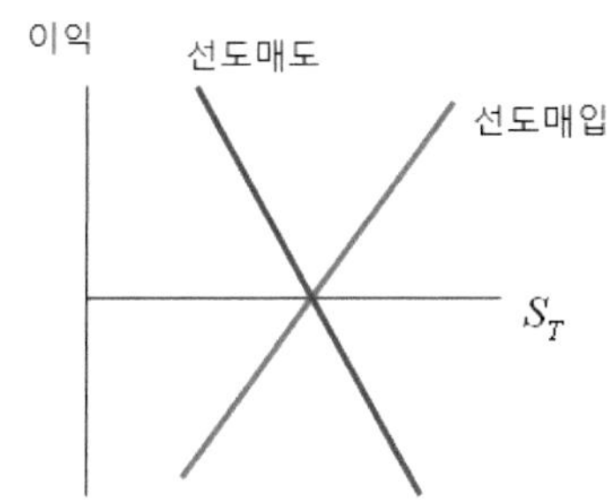

2 콜매입의 이익은 $\max(S_T - 12{,}000, 0) - 1{,}000$이다.

주가	11,000원	12,000원	13,000원	14,000원	15,000원
이익	−1,000	−1,000	0	1,000	2,000
수익률	−100%	−100%	0%	100%	200%

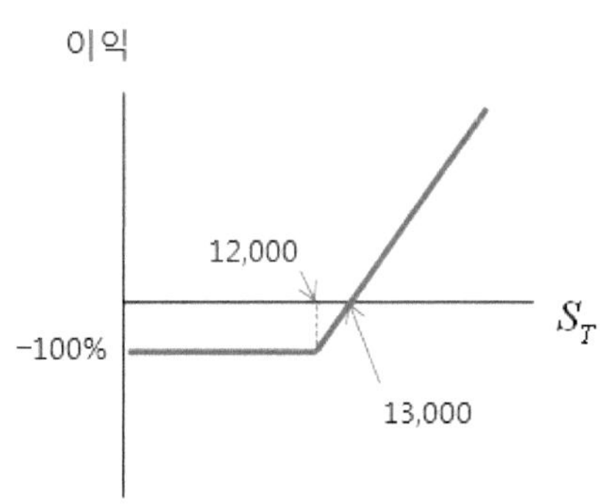

❸ 풋매입의 이익은 $\max(12{,}000 - S_T, 0) - 800$이다.

주가	9,000원	10,000원	11,000원	12,000원	13,000원
이익	2,200	1,200	200	−800	−800
수익률	275%	150%	25%	−100%	−100%

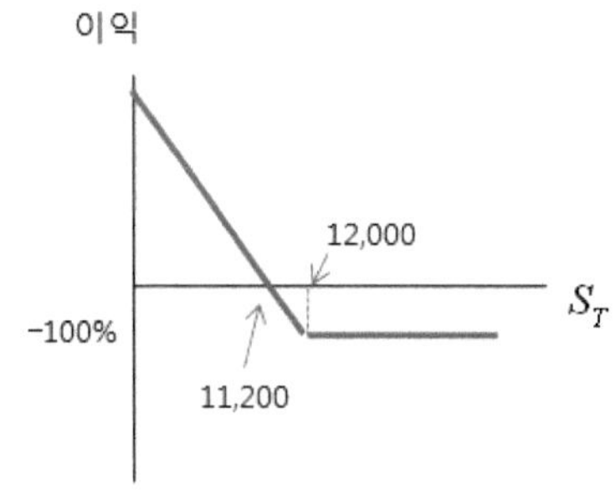

2 해답 및 해설

❶ 풋옵션을 매입하여 주가하락시의 손실을 풋옵션의 이익으로 상쇄시킬 수 있으며 동시에 주가상승시의 혜택을 그대로 누릴 수 있다.

❷

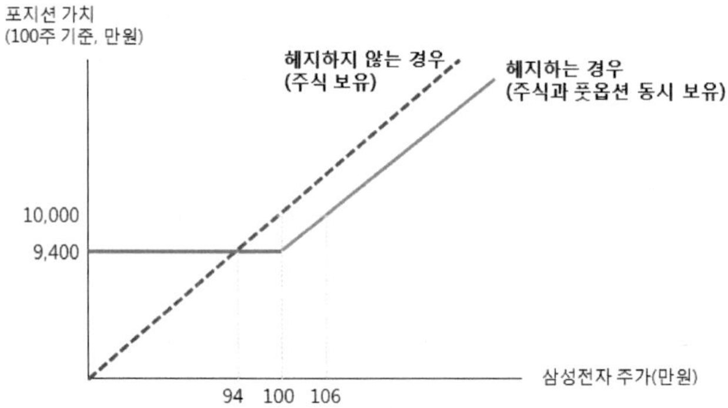

❸ 만기일의 주가가 94만원 이하이면 헤지하는 것이 상대적으로 유리하다.

3 해답 및 해설

❶ 만기일의 주가가 행사가격을 초과하면 권리를 행사한다.

❷ 만기일의 주가가 행사가격에 콜옵션 가격을 합산한 금액인 8,150원을 초과하면 이익이 발생한다.

❸ 이득은 $\max(S_T - 7{,}500, 0)$이고 이익은 이득에서 650원을 차감한 값이다.

만기일의 주가(S_T)	콜옵션 매입포지션		
	이득	이익	수익률
6,000	0	−650	−100%
7,000	0	−650	−100%
7,500	0	−650	−100%
7,700	200	−450	−69%
8,000	500	−150	−23%
8,150	650	0	0%
8,500	1,000	350	54%
9,000	1,500	850	131%
12,000	4,500	3,850	592%

4 발행자의 이득과 이익은 소유자의 이득과 이익에 (−1)을 곱한 값이다.

만기일의 주가(S_T)	콜옵션 매도포지션	
	이득	이익
6,000	0	650
7,000	0	650
7,500	0	650
7,700	−200	450
8,000	−500	150
8,150	−650	0
8,500	−1,000	−350
9,000	−1,500	−850
12,000	−4,500	−3,850

5

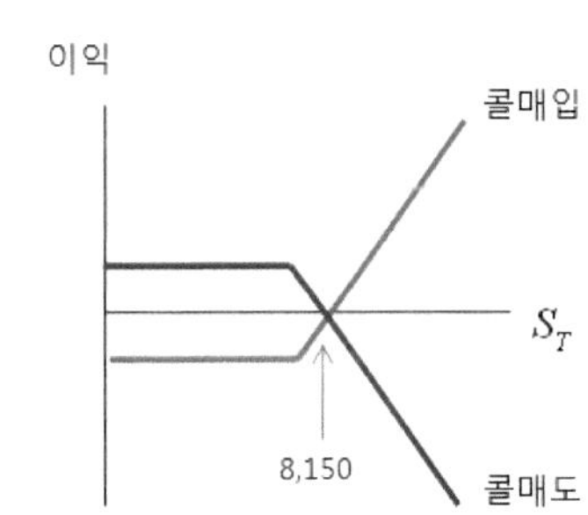

4 해답 및 해설

❶ 소유자는 만기일의 주가가 15,000원보다 작으면 권리를 행사한다.

❷ 만기일의 주가가 13,000원보다 작으면 이익을 얻는다.

❸ 풋매입의 이득은 max(15,000 − S_T,0)이고 이익은 이득에서 2,000원을 차감한 값이다.

만기일의 주가(S_T)	풋옵션 매입포지션		
	이득	이익	수익률
8,000	7,000	5,000	250%
11,000	4,000	2,000	100%
12,000	3,000	1,000	50%
13,000	2,000	0	0%
14,000	1,000	−1,000	−50%
15,000	0	−2,000	−100%
16,000	0	−2,000	−100%

❹ 풋발행(풋매도)의 이득과 이익은 풋매입의 이득과 이익에 (−1)을 곱한 값이다.

만기일의 주가(S_T)	풋옵션 매도포지션	
	이득	이익
8,000	−7,000	−5,000
11,000	−4,000	−2,000
12,000	−3,000	−1,000
13,000	−2,000	0
14,000	−1,000	1,000
15,000	0	2,000
16,000	0	2,000

❺

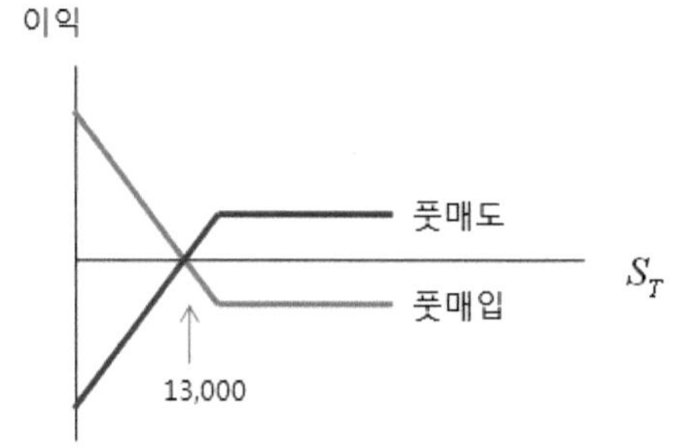

CHAPTER 2

복제, 헤지 및 차익거래

CONTENTS

학습 주안점

2장에서는 헤지와 차익거래의 기본개념을 설명하기로 한다. 헤지와 차익거래는 복제를 전제하므로 복제포트폴리오의 구성 방법을 예를 들어 설명하기로 한다. 그런데 복제하기 위해서는 자산의 매입포지션뿐만 아니라 공매도포지션을 필요로 하므로 공매도 포지션에 대한 기본개념을 먼저 설명하기로 한다.

헤지 차익거래 ← 복제 ← 공매도

이 장에서 여러 분이 숙지해야 할 내용은 다음과 같다.

❶ 미래가치와 현재가치를 계산할 수 있는가? 복리계산과 단리계산의 차이를 이해하는가?
❷ 무위험이자율의 대용치는 무엇인가? Libor란 무엇인가?
❸ 환매계약의 기본 구조를 이해하는가?
❹ 공매도 포지션이란 무엇인가?
❺ 주식과 채권의 매입/공매도 포지션의 이득패턴과 이익패턴을 이해하는가?
❻ 금융공학이란 무엇인가?
❼ 복제란 무엇인가? 복제포트폴리오를 구성하는 방법을 이해하는가? 복제할 수 있다는 것은 무엇을 의미하는가?
❽ 헤지란 무엇인가? 어떻게 헤지할 수 있는가?
❾ 차익거래란 무엇인가?

1 이자율

1.1 미래가치와 현재가치 계산

만약 이자율이 연간복리 기준으로 표현되면 이자가 연 1회 계산된다는 의미이다. 예를 들어 연간복리 기준 10%의 이자율은 오늘의 10,000원이 1년 후 11,000원이 됨을 의미한다.

$$10{,}000 \times 1.1 = 11{,}000$$

만약 이자율 10%가 반년복리 기준이라면 6개월간의 이자율이 5%이고 이 이자율로 이자가 재투자되므로 10,000원의 1년 후의 가치는 11,025원이다.

$$10{,}000 \times \left(1 + \frac{0.1}{2}\right) \times \left(1 + \frac{0.1}{2}\right) = 10{,}000 \times 1.05^2 = 11{,}025$$

그리고 이자율이 분기복리 기준이면 10.000원의 1년 후의 가치는 11,038원이다.

$$10{,}000 \times \left(1 + \frac{0.1}{4}\right)^4 = 10{,}000 \times 1.025^4 = 11{,}038$$

이를 일반화해 보자. 이자율이 r%이고 연간 이자지급횟수를 m이라고 하면, 1원의 1년 후의 가치는

$$\left(1 + \frac{r}{m}\right)^m \tag{2.1}$$

이고, T년 후의 가치는

$$\left(1 + \frac{r}{m}\right)^{mT} \tag{2.2}$$

이다. 예를 들어 100만원을 10% 이자율로 5년 투자하고 이자계산이 매일 이루어진다고 가정하면 100만원은 5년 후 $100 \times \left(1 + \frac{0.1}{365}\right)^{365 \times 5} = 164.86$만원이 된다.

특수한 경우로 $m \to \infty$이면(즉, 이자계산이 연속적으로 이루어지는 연속복리의 경우) 1

원의 T년 후의 가치는 다음과 같다(e는 2.71828...임).

$$e^{rT} \tag{2.3}$$

예를 들어, 연속복리의 경우 10,000원의 1년 후 가치는 $10{,}000e^{0.1} = 11{,}052$원이고 10년 후 가치는 $10{,}000e^{0.1\times10} = 27{,}183$원이다.

이 과정을 역으로 생각하면 현재가치가 계산된다. 즉, T년 후에 수령하는 1원의 현재가치는 이자지급회수가 m인 경우

$$\frac{1}{\left(1+\frac{r}{m}\right)^{mT}} \tag{2.4}$$

이고, 연속복리의 경우 다음과 같다.

$$e^{-rT} \tag{2.5}$$

예를 들어, 10년 후에 100만원이 필요한 경우 오늘 예금해야 하는 금액은 분기복리의 경우 $\frac{100}{\left(1+\frac{0.05}{4}\right)^{4\times10}} = 60.84$만원이고(이자율은 5%로 가정함) 연속복리의 경우 $100e^{-0.05\times10} = 60.65$만원이다.

지금까지의 이자계산은 복리(compound interest) 계산에 기초한다. 그러나 만기가 1년 미만인 경우 이자계산은 단기금융시장의 관행에 의해 단리(simple interest)로 이루어진다. 국제금융시장에서 광범위하게 이용되는 Libor금리도 단기금융시장 일수계산관행(money market day-count convention)에 의해 공시되는데, 우리나라를 비롯하여, 캐나다, 영국, 호주 등에서는 "실제경과일수/365" 기준으로 가격이 공시된다.

실제경과일수/365 기준이 이용되면 현재의 PV원은 #days일 후에 FV의 금액이 된다.

$$FV = PV \times \left(1 + r \times \frac{\#days}{365}\right) \tag{2.6}$$

이는 단리 기준으로 $\#days$일 후의 미래가치 FV는 현재가치로 다음과 같다.

$$PV = \frac{FV}{\left(1 + r \times \frac{\#days}{365}\right)} \tag{2.7}$$

예시 2-1 일수계산을 이용한 현재가치와 미래가치 계산

3개월 만기 예금에 적용되는 이자율이 연 4%인 경우, 10,000원을 예금하면 3개월 후 가치는 10,099.73원이고(91일 가정),

$$10{,}000 \times \left(1 + 0.04 \times \frac{91}{365}\right) = 10{,}099.73$$

181일 후 지급될 10,000원의 현재가치는 9,805.50원이다.

$$\frac{10{,}000}{\left(1 + 0.04 \times \dfrac{181}{365}\right)} = 9{,}805.50$$

주요 결과 #1

복리 계산시 복리빈도를 고려하여 $PV \times \left(1 + \frac{r}{m}\right)^{mT}$ 로 계산한다. 투자기간이 1년 미만인 경우 단기금융시장 관행에 의해 단리 계산을 한다 : $PV \times \left(1 + r \times \frac{\#days}{365}\right)$. 우리나라에서는 “실제경과일수/365” 방식을 이용한다.

1.2 무위험이자율의 종류

이자율은 차입자가 대출자에게 지급해야 하는 금액을 결정한다. 이자율은 신용위험에 의해 결정되고 이 위험이 클수록 이자율이 증가한다. 신용위험(credit risk)은 차입자가 채무불이행(default)하여 약속한 원리금을 지급하지 못할 위험이다.

파생상품 투자자에게 중요한 이자율은 무위험이자율(risk-free rate)이다. 금융시장에서 무위험이자율의 대용치(proxy)로 사용할 수 있는 이자율은 다음과 같다.

(1) 국채이자율

국채는 정부가 자국통화로 차입할 때 발행하는 채권으로, 국채이자율은 정부가 발행한 국채에 투자해서 얻는 이자율이다.[1] 정부가 자국통화 채무에 대해 채무불이행할 가능성이 거의 없으므로 국채는 부도위험(default risk)이 없는 상품으로 간주되어 국채이자율은 완전한 무위험이자율이다.

우리나라에서 발행되는 국채에는 국고채권, 국민주택채권 1종, 2종, 공공용지보상채권 등

1) 각국의 국채는 고유한 이름으로 표기된다. 예를 들어, 미국의 국채는 T-bills, T-notes, T-bonds로, 영국의 국채는 Gilts, 독일의 국채는 Bunds, 프랑스의 국채는 OATs와 BTANs로, 일본의 국채는 JGBs로, 우리나라의 국채는 KTB로 불린다.

이 있으며 현재 국고채권(1년, 3년, 5년, 10년, 20년, 30년 만기)이 국채의 거의 대부분을 점유하고 있다. 현재 3년 만기 국고채 수익률이 실세금리 또는 지표금리로 이용된다.

(2) Libor

Libor는 런던은행간 대출금리(London Interbank Offer Rate)로서, 특정 은행이 공시한 Libor는 그 은행이 다른 은행에 대규모 예금을 할 때 수용할 수 있는 이자율이다. 대형 은행들은 1개월, 3개월, 6개월, 그리고 12개월 Libor를 공시한다.[2] 은행예금은 대출로 간주될 수 있으므로 은행이 다른 은행으로부터 Libor로 예금을 받기 위해서는 AA의 신용등급을 유지해야 한다. Libor는 유로시장(Euro market)에서 결정되며 이 시장은 어떤 정부의 규제도 받지 않는다.[3]

AA등급의 금융회사는 Libor를 자본의 기회비용으로 간주한다. AA등급의 금융회사는 다른 금융회사가 공시한 Libor로 단기자금을 차입할 수 있으며, 자신이 공시한 Libor는 다른 금융회사에게 자금을 대여할 때 적용하는 이자율이다. Libor가 AA등급의 금융회사에게 적용되는 이자율이므로 부도위험이 전혀 없는 것은 아니지만 부도위험이 극히 작으므로 시장에서는 실질적인 무위험이자율로 간주된다. 특히 미국의 경우 국채이자율을 무위험이자율로 사용하지 않는데 그 이유는 미국 국채가 외국자본의 안전자산 투자대상이 되므로 (가격이 너무 높아) 국채이자율이 종종 너무 낮게 되는 문제점이 발생하기 때문이다.

Libor는 변동금리의 기준금리(reference rate)로 많이 이용된다. 그러나 원화는 국제통화가 아니므로 원화 Libor가 존재하지 않고, 국내에서 적용되는 변동금리의 기준금리로는 91일물 CD금리가 주로 이용된다.[4]

(3) 환매이자율

환매조건부채권매매(repo(repurchase agreement) 또는 RP)는 일정 기간이 경과한 후 미리 정한 가격으로 환매하는 조건으로 채권을 매매하는 것을 말한다(환매는 매수한 상품을 매도하거나 또는 매도한 상품을 매수하는 행위임). 처음 증권의 매매가 이루어지는 날을 매입일(purchase date)이라고 하고 환매가 이루어지는 날을 환매일(repurchase date)이라고 한다. 그리고 각각의 가격을 매입가와 환매가라고 한다.[5] 매입일에 증권을 매도하고 매입가를 수취하는 것을 "RP매도"

2) Libor가 12개월까지의 만기에 대해 공시되므로, 1년 이상의 경우 swap rate가 무위험이자율의 대용치로 이용된다. swap rate(스왑이자율)는 금리스왑에서 Libor와 교환되는 고정금리이다(6장 참고).

3) 대형 은행은 Libor와 함께 Libid를 공시한다. Libid는 London Interbank Bid Rate의 약자로서 런던은행간 예금이자율이다. Libid는 다른 은행으로부터 예금을 받을 때 적용하는 이자율이며, Libor가 Libid보다 높다.

4) CD는 certificate of deposit의 약자로서 양도성예금증서를 의미한다. CD는 정기예금과 유사하나 유통시장에서 타인에게 양도가 가능하여 유동성이 높은 상품이다. 대부분의 CD는 1개월부터 6개월까지의 만기를 갖는다.

라고 하고, 반대로 매입가를 지급하고 증권을 매입하는 것을 "RP매수"라고 한다.

법적으로 RP거래는 약정기간 동안 대상증권의 법적 소유권이 RP매도자에서 RP매수자로 이전되는 증권의 매매거래이다. 그런데 실질적으로 RP거래는 일정 기간 동안 매도자가 매수자에게 증권을 담보로 제공하고 자금을 차입하는 증권담보부대출의 성격을 갖는다. 보유채권을 담보로 제공하므로 비교적 낮은 비용으로 자금을 조달할 수 있다. 이런 측면에서 매도자와 매수자는 각각 자금차입자와 자금제공자이다.

매도기관이 지금 채권을 매도하고 나중에 약간 높은 가격으로 매입하게 되는데, 환매가 $P_{환매}$가 매입가 $P_{매입}$보다 크다. 이 가격차이가 매수기관의 이자소득이며 이때 적용되는 이자율을 환매이자율(repo rate)이라고 한다.

환매가($P_{환매}$) = 매입가($P_{매입}$) + 약정이자

두 가격과 환매이자율(repo rate) r_{repo}은 다음과 같은 관계를 갖는다.[6)]

$$P_{환매} = P_{매입} \times \left[1 + r_{repo} \times \frac{\#days}{365} \right] \rightarrow r_{repo} = \left[\frac{P_{환매}}{P_{매입}} - 1 \right] \times \frac{365}{\#days} \quad (2.8)$$

RP거래는 채권을 담보로 하는 담보부 대출이므로 신용위험을 거의 부담하지 않는다. 왜냐하면 차입자가 미래에 원금과 이자를 지급하겠다는 약정을 뒷받침하기 위하여 채권을 담보로 제공하였기 때문이다. 만일 차입자가 의무를 이행하지 못하면 매수자는 채권을 소유하면 되고, 매수자가 의무를 이행하지 못하면 차입자는 현금을 소유하면 된다.

그림 2-1 환매계약의 구조

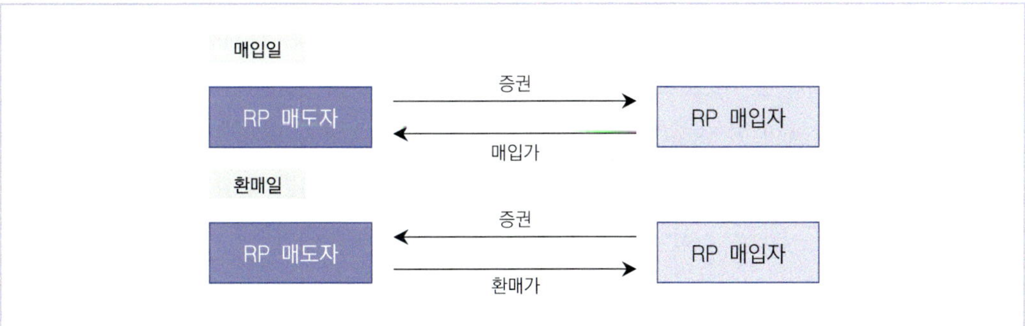

5) 환매가 이루어지는 날을 환매일 또는 repurchase date라고 한다면 처음 증권의 매매가 이루어지는 날을 매도일이라고 생각할 수 있는데 실무에서는 매입일 그리고 가격을 매입가라고 표현한다.

6) 만약 $\#days = 365$이면 $r_{repo} = \frac{P_{환매} - P_{매입}}{P_{매입}} = \frac{P_{환매}}{P_{매입}} - 1$이다.

주요 결과 #2

파생상품투자자에게 중요한 무위험이자율은 국채이자율, Libor, 환매이자율이다. Libor는 런던은행간 대출금리로서, 특정 은행이 공시한 Libor는 그 은행이 다른 은행에 대규모 예금을 할 때 수용할 수 있는 이자율이며, AA등급의 금융회사는 Libor를 자본의 기회비용으로 간주한다. 환매조건부채권매매는 일정 기간이 경과한 후 미리 정한 가격으로 환매하는 조건으로 채권을 매매하는 것이며, 두 가격 차이에 반영된 이자율을 환매이자율이라고 한다. 환매계약은 단기자금의 조달과 운용 수단으로 이용된다.

2 매입포지션과 공매도포지션

지금 자산을 매입하면 현재 시점에서 현금유출이 발생하고, 미래에 그 자산을 매도하여 현금유입이 발생하므로 현금흐름의 패턴이 (−, +)이고, 그 기간 동안 자산가격이 상승하면 이익이 발생한다.

반면, 자산을 빌려서 지금 매도하고 차후에 시장에서 동일한 자산을 매입하여 원소유자에게 상환하는 것을 공매도(short selling)라고 한다.[7)] 자산에 공매도포지션을 취하면 현재 시점에서 현금유입이 발생하고 미래에 자산을 상환하는 시점에서 현금유출이 발생하므로 현금흐름의 패턴이 (+, −)이고, 공매도 기간 동안 자산가격이 하락하면 이익이 발생한다. 즉, 매입포지션은 가격상승으로부터 이익을 얻는 포지션이고, 공매도포지션은 가격하락으로부터 이익을 얻는 포지션이다.

삼성전자 주가가 80만원일 때 매입하여 미래에 주식을 매도한다고 하자. 매입포지션의 이득(payoff)은 원점에서 출발하는 45도의 우상향 직선으로 표시되는데(기울기가 +1임), 여기서 이득은 미래에 주식을 매도하는 시점에서의 현금흐름만으로 정의되므로 항상 0보다 크다. 그리고 매입포지션의 이득에서 매입가격을 차감하고 이를 매입포지션의 이익(profit)으로 정의한다(즉, 그래프에서 이득패턴을 80만원 하향이동하면 이익패턴이 됨). 매입포지션의 이득패턴과 이익패턴은 [그림 2-2]의 (a)와 같다.

7) 주식을 빌려서 매도한 후 차후에 다시 매입하여 상환하는 것을 차입공매도(covered short sale)라고 한다. 반면에 주식을 빌리지 않고 보유하지 않은 주식을 매도하는 무차입공매도(naked short sale)는 원칙적으로 허용되지 않는다.

그림 2-2 주식 매입포지션과 공매도포지션의 이득패턴과 이익패턴

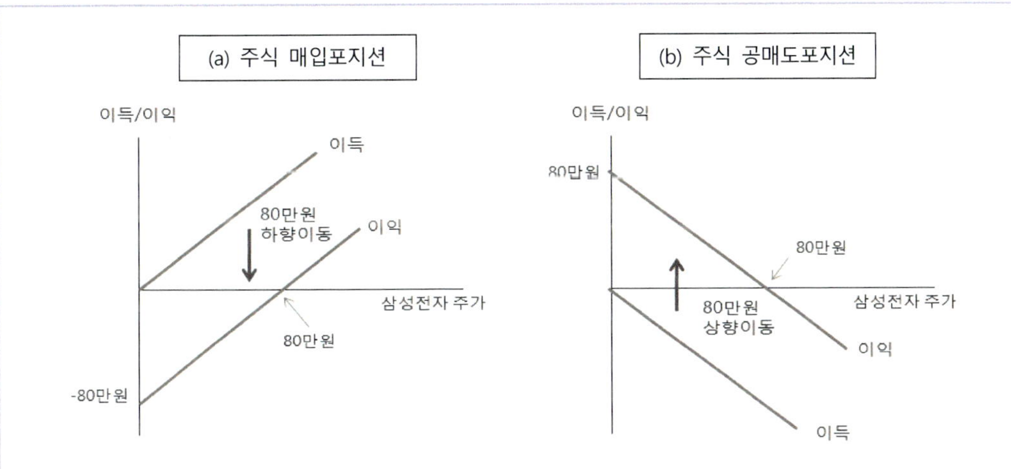

이번에는 주가가 80만원일 때 주식을 빌려서 매도하고 미래에 주식을 매입하여 공매도포지션을 마감한다고 하자. 공매도포지션의 이득은 공매도포지션을 마감하는 시점에서의 현금흐름만을 반영하므로 원점에서 출발하는 45도의 우하향 직선(기울기는 −1임)이다(주식을 매입하기 위하여 현금을 지불하므로 이득은 항상 0보다 작음). 그리고 이득에 공매도포지션을 취하는 시점에서의 현금흐름을 가산하면 공매도포지션의 이익이 계산된다(즉, 이익은 이득을 80만원 상향이동한 것임). 공매도포지션의 이득패턴과 이익패턴은 [그림 2-2]의 (b)와 같다.

공매도 기간 동안 현금소득이 발생하면, 즉 주식이 현금배당을 실시하거나 또는 채권이 이자를 지급하면 공매도자는 이를 원소유자에게 돌려줘야 한다. 따라서 공매도포지션의 이익은 다음과 같이 계산한다.

$$\text{공매도포지션의 이익} = \text{기초주가} - \text{기말주가} - \text{현금소득} \tag{2.9}$$

주요 결과 #3

공매도는 자산을 빌려서 지금 매도하고 차후에 시장에서 자산을 매입하여 원소유자에게 상환하는 거래이다. 공매도포지션은 가격하락으로부터 이익을 얻으며, 이익은 기초주가에서 기말주가와 현금소득의 합을 차감한 값이다.

예시 2-2 매입포지션과 공매도포지션의 이익

$t = 0$에서 주가가 10,000원이고 $t = 1$에서(즉, 1년 후) 배당 1,000원이 지급되었으며 주가가 12,000원으로 상승한다고 하자. $t = 0$에서 매입포지션을 취했던 투자자가 $t = 1$에서 매도하면 현금흐름은 (−10,000, 13,000)이고, 이익은 (12,000 + 1,000) − 10,000 = 3,000원이다. 반면에 $t = 0$에서 공매포지션을 취했던 투자자가 $t = 1$에서 공매포지션을 청산하면 현금흐름은 (10,000, −13,000)이고, 이익은 10,000 − 12,000 − 1,000 = −3,000원이다.

채권의 예를 들어보자. 1년 후 800원, 2년 후 10,800원의 현금흐름을 제공하는 채권의 현재가치가 9,800원인 경우, 이 채권에 매입포지션을 취하면 현금흐름은 (−9,800, +800, +10,800)이고(2년 후인 만기일에서의 채권가치는 원금과 동일하며 현금흐름은 원금에 마지막 액면이자를 더한 금액임), 공매도포지션을 취하면 현금흐름은 (+9,800, −800, −10,800)이다(2년 후 공매도포지션을 마감한다고 가정함). 공매도포지션의 현금흐름은 매입포지션의 현금흐름과 항상 정반대이다(즉, 금액은 동일하고 부호만 반대임).

매입포지션의 현금흐름이 (−, +)이므로 이는 대출(lending) 또는 투자(investment)와 동등한 반면에, 공매도 포지션의 현금흐름이 (+, −)이므로 이는 차입(borrowing)과 동등하다(−는 현금유출을, +는 현금유입을 의미함).[8] 차이점은 주식에 매입포지션과 공매도포지션을 취하는 경우 수익률이 확정되지 않지만 대출과 차입의 경우 이자율이 확정된다는 점이다. 예를 들어, 이자율이 5%이고 사용기간이 1년이면 대출의 현금흐름은 (−80만원, +84만원)이고 차입의 현금흐름은 (+80만원, −84만원)이다. 반면에 주식매입포지션의 현금흐름은 (−80만원, 매도가격)이고, 공매도포지션의 현금흐름은 (+80만원, −매입가격)이다.

그런데 매입(공매도)하는 증권이 무이표채이고 만기일에 매도(매입)포지션을 취하면 현재와 미래의 모든 현금흐름이 확정되므로 이는 대출(차입)과 정확히 동일하다.

대출(lending) = 무이표채 매입
차입(borrowing) = 무이표채 공매도

만기가 1년이고 원금이 100원인 무이표채의 현재 가격이 90원이라고 하자(수익률은 11.11%임). 이 채권을 매입하면 현금흐름이 (−90, 100)이고 매입포지션의 이득과 이익은 [그림 2-3]의 (a)와 같다. (−90, 100)의 현금흐름은 90원을 11.11%로 대출한 경우의 현금흐름과 동일하다.

채권을 공매도하면 1년 후 가격이 100원인 채권을 매입해야 하므로 현금흐름이 (+90, −100)이

8) 이 책에서 대출(lending)은 차입의 반대말로써 자금을 대여하거나 투자하는 행위를 의미한다.

고 이는 90원을 차입한 경우의 현금흐름과 동일하다. 그런데 공매도시 90원을 수령하였으므로 90원만큼 상향이동하면 이익이 −10원이 된다. 이는 [그림 2-3]의 (b)와 같다. 채권 매입포지션의 이득과 이익은 모두 양수이고 공매도포지션의 이득과 이익은 모두 음수이다. 매입포지션에서 발생한 10원의 이익은 수령한 이자를 의미하고 공매도포지션에서 발생한 −10원의 이익(즉, 10원의 손실)은 지급한 이자를 의미한다.

그림 2-3 채권 매입포지션과 공매도포지션의 이득패턴과 이익패턴

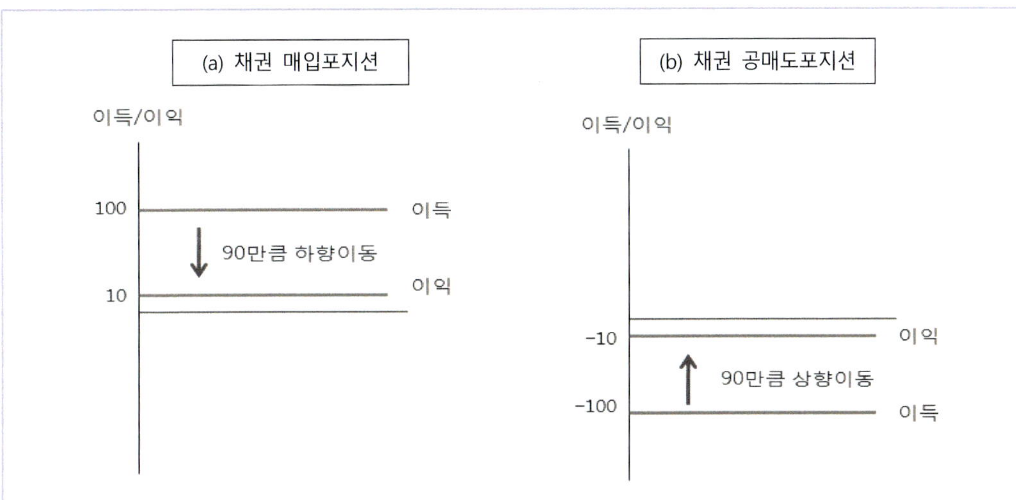

주요 결과 #4

매입포지션의 현금흐름이 (−, +)의 패턴을 가지므로 대출과 동등하고, 공매도포지션의 현금흐름이 (+, −)의 패턴을 가지므로 차입과 동등하다. 대출은 무이표채 매입과 그리고 차입은 무이표채 공매도와 정확히 동일하다.

공매도 포지션을 취하는 이유는 다음과 같다.

① 투기 : 가격이 하락하는 경우 이익을 얻기 위해 공매도 포지션을 취한다. 공매도하는 경우는 먼저 비싸게 매도하고 미래에 싸게 매입할 수 있을 것으로 기대한다. (반면에 매입하는 경우는 먼저 싸게 매입하고 미래에 비싸게 매도할 수 있을 것으로 기대한다.)

② 자금조달 : 공매도 포지션을 취하는 것은 자금을 차입하는 것과 동등하다.

③ 헤지 : 주식매입에 따른 위험과 주식옵션의 위험을 상쇄하기 위하여 주식에 공매도 포지션을 취한다.

공매도에는 대체로 수수료가 수반되고, 거래량 제한, 업틱룰(uptick rule)(공매도는 가격하락을 야기할 수 있으므로 가장 최근 가격보다 높은 가격에만 공매도 포지션을 허용함) 적용, 공매도한 금액을 즉각적으로 이용할 수 없는 등의 규제가 수반된다.[9] 따라서 주식과 채권에 공매도포지션을 취하는 것은 이들 자산에 매입포지션을 취하는 것만큼 용이하지 않다. 그러나 파생상품의 경우 매도포지션을 취하는 것은 매입포지션을 취하는 것만큼 용이하다.

3 복제와 헤지 및 차익거래

3.1 금융공학이란?

금융공학(financial engineering)은 기존의 금융상품을 요소별로 분해한 다음, 분해된 각 요소들을 재결합하여 혁신적인 금융상품을 개발하거나 기존의 상품을 파생상품으로 복제하는 분야이다. 피너티(Finnerty)는 금융공학을 “재무적 문제를 해결하기 위하여 혁신적인 금융상품, 프로세스, 및 창조적 해결책을 디자인하고 개발하며 실행하는 것”이라고 정의한다. 그리고 갈리츠(Galitz)는 “기존 금융상품의 프로파일을 재구성하여 보다 바람직한 속성을 갖는 금융상품으로 전환하는 것“이라고 정의한다.[10]

금융공학은 금융상품을 복제하고 분해하는 기법을 많이 이용하므로 여기서 복제(replication)의 개념을 설명하기로 한다. 예를 들어, A증권과 B증권을 함께 소유하면 C증권과 동일한 미래 현금흐름(cash flow : CF)을 얻을 수 있다고 하자($CF_A + CF_B = CF_C$). 이 경우 당연히 두 증권가격의 합은 C증권의 가격과 동일해야 한다($P_A + P_B = P_C$). 이 관계를 다음과 같이 표현해 보자.

$$A + B = C$$

9) 우리나라에는 공매도와 유사한 거래로 대차거래와 대주거래가 있다. 대주거래는 투자자가 매도에 필요한 주식을 증권금융회사 또는 증권회사로부터 대여받아 매도하고 일정기간이 지난 후에 매수상환하는 거래이다. 대차거래는 장외시장에서의 기관투자자와 회사간 거래를 의미한다. 대주거래와 대차거래는 공매도를 위해 주식을 빌려오는 거래를 의미하므로 대주 및 대차거래량과 공매도량은 상이하다.

10) 금융공학이란 용어는 Bank of America가 1986년 리스크관리팀을 광고하면서 처음 사용한 것으로 알려져 있다. 공학(engineering)이란 기초과학을 산업에 응용하는 학문을 의미하므로, 금융공학(financial engineering)은 물리학, 수학 등의 기초과학이 금융 분야에서 응용되어 금융과 연관된 제반 문제를 해결한다는 의미이다.

이 식의 의미는 A증권 1개와 B증권 1개를 함께 소유하면 C증권 1개가 복제된다는 의미이다. 여기서 A증권과 B증권을 C증권의 복제포트폴리오(replicating portfolio)라고 말한다(또는 A증권과 B증권을 결합하면 C증권이 복제된다고 말함). 여기서 복제가 성립하려면 현금흐름의 시점과 크기가 정확히 동일해야 한다. 식에서 +는 매입 또는 매수를 의미하고 반대로 −는 매도 또는 공매도를 의미한다.

주요 결과 #5

금융공학은 기존의 금융상품을 요소별로 분해한 다음, 분해된 각 요소들을 재결합하여 혁신적인 금융상품을 개발하거나 기존의 상품을 파생상품으로 복제하는 분야이다. 또는 금융공학은 재무적 문제를 해결하기 위하여 혁신적인 금융상품, 프로세스, 및 창조적 해결책을 디자인하고 개발하며 실행하는 것으로 정의되기도 한다.

주요 결과 #6

특정 증권의 미래 현금흐름과 완벽하게 동일한 현금흐름을 제공하는 포트폴리오를 복제포트폴리오라고 한다. 복제포트폴리오는 증권의 가치평가, 헤지 및 차익거래에 이용된다.

이 식은 C증권 1개를 분해하면 A증권 1개와 B증권 1개를 만들 수 있다는 의미로도 해석된다 : C = A + B

이 식을 변형하면 A증권 복제포트폴리오의 구성방법을 알 수 있다. 즉, C증권을 매입함과 동시에 B증권을 공매도하면 A증권이 복제된다.

$$A = C - B$$

같은 논리로, C증권을 매입함과 동시에 A증권을 공매도하면 B증권이 복제된다.

$$B = C - A$$

그리고 B증권 공매도포지션을 복제하려면 C증권을 공매도함과 동시에 A증권을 매입한다.

$$-B = -C + A$$

예시 2-3 금융상품의 복제

이 책에서 도출되는 두 개의 중요한 식은 다음과 같다.

Futures = Stock − Bond

Stock + Put − Call = Bond

여기서 "+Bond"는 채권매입(또는 대출)으로, " −Bond"는 채권공매도(또는 차입)로 해석된다. "+Stock"은 주식매입으로, "−Stock"은 주식공매도로 해석된다. 그리고 같은 논리로, "+Put"은 풋옵션매입으로, "−Call"은 콜옵션매도로, "+Futures"는 선물매입으로 해석된다.
첫 번째 식으로부터 Stock = Futures + Bond이다. 그리고 두 번째 식으로부터 Stock = Bond + Call − Put이다. 따라서 주식을 복제하는 두 방법은 다음과 같다:

① 선물매입 + 채권매입
② 채권매입 + 콜옵션매입 + 풋옵션매도

이번에는 채권을 복제해 보자. Bond는 첫 번째 식으로부터 Stock − Futures이고 두 번째 식으로부터 Stock + Put − Call이다. 따라서 채권을 복제하는 두 방법은 다음과 같다.

① 주식매입 + 선물매도
② 주식매입 + 풋옵션매입 + 콜옵션매도

두 식에 관한 자세한 설명은 4장과 8장을 참고하라.

3.2 복제포트폴리오의 구성 예시

한국의 피겨 요정 김연아와 일본의 아사다 마오가 3개월 후 스위스에서 열리는 국제피겨그랑프리대회에서 우승 경쟁을 한다고 가정하자. 대회에는 두 선수만 참가하며 다음과 같은 YA증권(연아증권)과 MO증권(마오증권)이 거래된다고 가정하자. YA증권은 김연아 선수가 우승하면 100원을 지급하고 아사다 마오 선수가 우승하면 아무 것도 지급하지 않는 증권이다. 그리고 MO증권은 아사다 마오 선수가 우승하면 100원을 지급하고 김연아 선수가 우승하면 아무 것도 지급하지 않는 증권이다. 또한 국채(Treasury)에 99원을 투자하면 3개월 후에 100원이 된다고 하자.

만일 투자자가 YA증권과 MO증권을 함께 소유하면 김연아 선수가 우승하든 아사다 마오 선수가 우승하든 3개월 후 정확히 100원을 수령하게 된다. 이는 투자자가 99원을 국채에 투자하여 3개월 후 100원을 수령하는 것과 동일하므로 YA증권과 MO증권 가격의 합은 정확히 국채가격과 동일한 99원이어야 한다. 따라서 다음 관계가 성립한다.

$$YA + MO = Treasury$$

이는 YA증권과 MO증권을 매수하여 구성한 포트폴리오가 국채를 매수하는 것과 동일하다는 것을 의미한다(즉, 국채의 복제포트폴리오는 YA증권 매입과 MO증권 매입임).

윗 식을 다음과 같이 변형하면 YA증권의 복제포트폴리오가 구성된다.

$$YA = Treasury - MO$$

즉, YA증권을 매입하는 것은 국채를 매입하고 MO증권을 공매도하는 것과 동일하다. 따라서 YA증권의 복제포트폴리오는 국채매입과 MO증권 공매도로 구성된다. 만일 국채가격이 99원이고 MO증권의 가격이 39원이면 YA증권의 가격은 당연히 60원이어야 한다(두 증권의 가격은 두 선수의 우승확률을 반영하여 결정됨).

[표 2-1]이 보여주듯, YA증권과 복제포트폴리오의 미래 현금흐름이 완전히 일치하므로 현재 시점에서도 동일한 가치를 가져야 한다. 만약 완벽하게 동일함에도 불구하고 가격괴리가 존재하면 이는 무위험 차익거래기회(arbitrage opportunity)를 제공하게 된다.

▸ ▸ 〈표 2-1〉 YA증권과 복제포트폴리오의 현금흐름 비교: YA = Treasury - MO

포지션		현재 현금흐름	3개월 후 현금흐름	
			김연아 승리	아사다 마오 승리
YA증권 매입		−60	100	0
복제 포지션	국채 매입	−99	100	100
	MO증권 공매도	+39	0	−100
	합계	−60	100	0

YA증권을 소유하고 있는 투자자는 자신의 위험을 어떻게 헤지할 수 있는가? (여기서 위험은 손실을 본다는 의미가 아니라 미래의 현금흐름이 확정되어 있지 않고 불확실하다는 의미이고, 위험을 헤지하게 되면 누가 승리하든 미래 현금흐름이 동일하게 된다.) 헤지는 특정 포지션의 위험을 제거 또는 감소시키기 위하여 특정 포지션과 반대되는 포지션을 취하는 행위이다. 먼저 YA증권 매입포지션의 위험은 YA증권 공매도포지션으로 헤지할 수 있다. 또는 YA증권을 기초자산으로 하는 주식선물이 존재한다면 여기에 매도포지션을 취하여 헤지할 수 있다. 또 다른 방안은 [표 2-2]와 같이 YA증권의 복제포트폴리오에 매도포지션을 취하면 YA증권 매입포지션의 위험이 완벽하게 헤지된다.[11] 이는 헤지포지션이 복제포지션의 반대

임을 의미한다.

▸ ▸ 〈표 2-2〉 YA증권의 헤지 : YA − Treasury + MO = 0

포지션		현재 현금흐름	3개월 후 현금흐름	
			김연아 승리	아사다 마오 승리
YA증권 매입		−60	100	0
복제포트폴리오 매도	국채 공매도	+99	−100	−100
	MO증권 매입	−39	0	+100
합계(무위험 헤지포지션)		0	0	0

만약 YA증권이 55원에 거래되면 어떤 차익거래가 가능한가? YA증권이 55원에 거래되는데 복제포트폴리오를 구성하는데 소요되는 비용은 60원이다. 즉, YA증권이 5원만큼 과소평가되었으므로 차익거래자는 YA증권을 매입하고 YA증권의 복제포트폴리오를 매도하여 무위험 이익을 얻을 수 있다.[12] 현재 기준으로 무위험 이익은 5원이고 이는 YA증권이 과소평가된 금액과 정확히 동일하다.

▸ ▸ 〈표 2-3〉 YA증권이 과소평가된 경우의 차익거래: YA − Treasury + MO ≠ 0

포지션		현재 현금흐름	3개월 후 현금흐름	
			김연아 승리	아사다 마오 승리
YA증권 매입		−55	+100	+0
복제포트폴리오 매도	국채 공매도	+99	−100	−100
	MO증권 매입	−39	+0	+100
합 계		+5	0	0

[표 2-2]의 헤지거래와 [표 2-3]의 차익거래는 정확히 동일하다. 차이점은 헤지는 가격불균형이 존재하지 않는 경우이고, 차익거래는 가격불균형이 존재하는 경우이다. 즉, 차익거래는 가격불균형이 존재하는 경우의 헤지거래이다.

11) 복제포트폴리오가 국채매입과 MO증권 공매도이므로 복제포트폴리오를 매도한다는 것은 국채공매도와 MO증권매입을 의미한다.
12) YA < Treasury − MO이므로 과소평가된 YA증권을 매입하고 상대적으로 과대평가된 복제포트폴리오를 매도한다.

예시 2-4　MO증권의 복제포트폴리오

"YA + MO = Treasury"의 관계로부터 "MO = Treasury − YA"의 관계가 유도된다. 즉, MO증권 매입포지션은 국채를 매입하고 YA증권을 공매도함으로써 복제된다.

▸ ▸ 〈표 2-4〉 MO증권의 복제포트폴리오 : MO = Treasury - YA

포지션		현재 현금흐름	3개월 후 현금흐름	
			김연아 승리	아사다 마오 승리
MO증권 매입		−39	0	100
복제 포지션	국채 매입	−99	100	100
	YA증권 공매도	+60	−100	0
	합계	−39	0	100

금융상품을 복제할 수 있다는 것은 여러 함의(implication)를 갖는다.

첫째, 헤지포지션을 쉽게 취할 수 있다. 예를 들어, 선물환(통화선도계약)을 매입한 금융기관은 선물환 매입 복제포트폴리오에 반대포지션을 취함으로써(즉, 선물환 매도포지션을 취하는 셈임) 위험을 헤지할 수 있다.

둘째, 차익거래의 이행이 보다 용이해 진다. 특정 자산과 그 자산의 복제포트폴리오가 상이한 가격에 거래된다면 차익거래자는 상대적으로 저렴한 자산을 매입하고 상대적으로 비싼 자산을 매도하여 무위험 차익을 얻을 수 있다.

셋째, 파생상품의 가격을 구하는 경우, 복제포지션의 가치평가로 이를 대체할 수 있다. 예를 들어, 블랙-숄즈의 옵션가격결정모형은 옵션의 가치를 복제포트폴리오를 구성하여 평가한다.

넷째, 특정 포지션을 여러 방법으로 복제할 수 있다면 금융회사는 감독당국의 규제를 피하여 계속적으로 규제차익거래(regulatory arbitrage)를 행할 수 있다(1장의 규제차익거래에 대한 설명을 참고할 것).

3.3 차익거래

차익거래는 상대적으로 과소평가된 자산을 매입함과 동시에 상대적으로 과대평가된 자산을 매도하여 자신의 비용을 들이지 않고 위험을 부담하지 않으면서 확실한 이익을 얻는 거

래를 의미한다.[13)][14)] 차익거래가 성립하려면 다음 세 가지 조건이 충족되어야 한다.[15)]

① 자기투자 없음(no equity investment) 또는 자체조달(self-financing)

② 무위험(zero risk)

③ 확실한 이익(sure profit)

자본시장에서 차익거래기회는 오래 지속될 수 없으므로 차익거래에 의해 증권의 가격은 균형가격으로 빠르게 회복된다. 이러한 논리를 무차익원칙(no arbitrage principle) 또는 일물일가의 법칙(law of one price)이라고 한다.[16)]

주요 결과 #7

차익거래는 과소평가된 자산을 매입함과 동시에 과대평가된 자산을 매도하여 자신의 비용을 들이지 않고 위험을 부담하지 않으면서 확실한 이익을 얻는 거래이다.

다음의 자료를 이용하여 차익거래의 개념을 설명해 보자. 1년 후 10원, 2년 후 110원의 현금흐름을 제공하는 A증권의 가치가 현재 107원이다. 1년 후 30원, 2년 후 30원의 현금흐름을 제공하는 B증권의 가치가 현재 55원이다. 그러면 1년 후 50원, 2년 후 250원의 현금흐름을 제공하는 C증권의 가치는 얼마이어야 하는가?

C증권은 A증권 2개와 B증권 1개로 구성된 포트폴리오와 동일한 미래 현금흐름을 제공하므로 다음 식이 성립한다.

$$CF_C = 2\,CF_A + CF_B$$

미래에 현금흐름이 동일하면 현재 시점에서도 동일한 가치를 가져야 하므로 C증권의 가격은 269원이어야 하며 $2A+B=C$ 의 관계가 성립한다.

13) 차익거래를 재정거래 또는 재정차익거래라고도 한다.

14) 차익거래는 매입 또는 매도하는 자산의 가격이 모두 정확하게 평가되지 않음을 반드시 전제하지 않는다. 예를 들어, 매입하는 증권의 가격은 과소평가되었지만 매도하는 증권의 가격은 정확하게 평가될 수 있다. 반대로 매도하는 증권의 가격은 과대평가되었지만 매입하는 증권의 가격은 정확하게 평가될 수 있다. 중요한 것은 하나는 상대적으로 과소평가되었고 다른 하나는 상대적으로 과대평가되었다는 점이다.

15) 만일 현재의 순투자금액을 0으로 하면 확실한 이익은 미래에 발생할 것이다. 반대로 미래의 순현금흐름을 0으로 조정하면 현재 시점에서 확실한 현금유입이 발생해야 한다.

16) 유명한 재무학자인 로스(Stephen Ross)는 1987년 American Economic Review에 기고한 글에서 "'공급'과 '수요'라는 두 단어가 앵무새를 박식한 경제학자로 만들 수 있다면, '차익거래'라는 단어 하나가 앵무새를 박식한 재무학자로 만들 수 있다"고 하여 재무학에서의 차익거래의 중요성을 강조하였다. 재무학의 주요 이론인, MM의 자본구조이론, 자산가격결정모형 및 옵션가격결정모형이 모두 차익거래의 논리에 기초한다. 또한 금융시장에서의 다양한 차익거래는 금융시장을 효율적으로 만드는데 크게 기여한다.

$$P_C = 2P_A + P_B = 269$$

만일 C증권의 가치가 269원이 아니면 차익거래가 발생한다. 예를 들어, P_C가 280원이면 차익거래는 다음과 같이 과소평가된 A증권과 B증권을 매입하고 과대평가된 C증권을 공매도하는 것이다. 현재 시점에서의 무위험이익은 과대평가된 금액인 11원이다. 그리고 1년과 2년 후 시점에서의 현금흐름이 매칭되어 순현금흐름이 0이므로 차익거래자는 위험에 전혀 노출되지 않는다.

▸ ▸ 〈표 2-5〉 C증권이 과대평가된 경우(즉, $P_C = 280$)의 차익거래

거 래	현금흐름		
	현재	1년 후	2년 후
C증권 공매도	+280	−50	−250
A증권 2개 매입	−214	+20	+220
B증권 1개 매입	−55	+30	+30
합 계	11	0	0

반대로 P_C가 269원보다 작은 260원이면 반대전략을 이행하여(즉, C증권을 매입하고 A증권과 B증권을 공매도함) 무위험이익 9원을 얻을 수 있다(여기서 무위험이익 9원은 정확히 과소평가된 금액임).

▸ ▸ 〈표 2-6〉 C증권이 과소평가된 경우(즉, P_C = 260)의 차익거래

거 래	현금흐름		
	현재	1년 후	2년 후
C증권 매입	−260	+50	+250
A증권 2개 공매도	+214	−20	−220
B증권 1개 공매도	+55	−30	−30
합 계	9	0	0

예시 2-5 **차익거래 예시**

1년 후 100원의 현금흐름을 제공하는 D증권의 가격이 94.663원이고 2년 후 100원의 현금흐름을 제공하는 E증권의 가격이 88.667원이라고 하자. 이 경우 1년 후 50원, 2년 후 250원의 현금흐름을 제공하는 C증권의 가격은 얼마인가?

먼저 C증권은 1년 후 50원의 현금흐름을 제공하는 증권과 2년 후 250원의 현금흐름을 제공하는 증권으로 분해된다. D증권의 가격이 94.663원이므로 1년 후 50원을 제공하는 증권의 가격은 $94.663 \times 0.5 = 47.3315$원이다. 이는 50×0.94663으로도 계산된다(94.663원은 100원의 94.663%이므로). 같은 논리로 2년 후 250원의 현금흐름을 제공하는 증권의 가격은 E증권의 가격을 기준으로 $250 \times 0.88667 = 221.6675$원이다. 합산하면 C증권의 가격은 269원이다. 이 과정을 하나의 식으로 쓰면 다음과 같다.[17)]

$$50 \times 0.94663 + 250 \times 0.88667 = 269$$

무위험이라는 것은 조금의 불확실성도 없이 미래의 현금흐름을 완벽하게 상쇄시키거나 채무를 완전히 상환할 수 있음을 의미한다. 만약 과소(과대) 평가된 자산이 존재하면 그 자산을 매입(매도)하고 상대적으로 비싼(저렴한) 복제포트폴리오를 매도(매입)한다. 특정 자산과 복제포트폴리오는 완벽하게 동일한 미래 현금흐름을 제공하는데 포지션이 반대이므로 완벽하게 서로 상쇄된다.

앞에서 설명했듯이, 금융상품을 복제할 수 있으면 복제포트폴리오에 반대포지션을 취하여 금융상품의 가격리스크를 헤지할 수 있다. 결국 헤지와 차익거래는 복제할 수 있음을 전제로 한다. 차이점은 가격불균형이 존재하면 차익거래가 가능하고 헤지는 가격균형을 전제로 하여 반대포지션을 취하는 행위이다.

주요 결과 #8

차익거래와 헤지는 복제가 가능함을 전제로 한다. 만약 여러 증권의 합성 패키지로 특정 증권의 미래현금흐름을 복제할 수 있다면 합성 패키지는 복제포트폴리오가 되고, 특정 증권과 복제포트폴리오는 동일한 가격으로 거래되어야 한다. 만약 과소(과대) 평가된 자산이 존재하면 그 자산을 매입(매도)하고 상대적으로 비싼(저렴한) 복제포트폴리오를 매도(매입)한다.
헤지는 특정 증권과 복제포트폴리오에 반대 포지션을 취하여 위험을 제거하는 행위이다. 그리고 증권과 복제포트폴리오간에 가격괴리가 발생하면 차익거래기회가 존재하게 된다. 즉, 차익거래는 가격괴리가 존재하는 경우의 헤지거래이다. 시장에서 무위험 차익거래기회가 오래 존속할 수 없으므로 결국 가격이 동일하게 되는데 이 논리를 무차익원칙이라고 한다.

---

17) 이는 1년 만기 수익률이 $y_1 = 5.64\%$이고 2년 만기 수익률이 $y_2 = 6.20\%$임을 의미한다. 계산에 사용된 식은 다음과 같다 : $94.663 \times (1 + y_1) = 100$, $88.667 \times (1 + y_2)^2 = 100$. 확인하면 C증권의 가격은 269원이다.

$$P_C = \frac{50}{1.0564} + \frac{250}{1.0620^2} = 269$$

핵심용어 정리

- 단기금융시장 일수계산관행(money market day-count convention)
- 런던은행간 대출금리(London Interbank Offer Rate)
- 환매이자율(repo rate)
- 환매조건부채권매매(repurchase agreement)
- 공매도(short selling)
- 금융공학(financial engineering)
- 복제(replication)
- 복제포트폴리오(replicating portfolio)
- 차익거래(arbitrage)
- 무차익원칙(no abritrage principle)
- 일물일가의 법칙(law of one price)

주요결과 정리

주요 결과 #1

복리 계산시 복리빈도를 고려하여 $PV\times\left(1+\frac{r}{m}\right)^{mT}$ 로 계산한다. 투자기간이 1년 미만인 경우 단기금융시장 관행에 의해 단리 계산을 한다: $PV\times\left(1+r\times\frac{\#days}{365}\right)$. 우리나라에서는 "실제경과일수/365" 방식을 이용한다.

주요 결과 #2

파생상품투자자에게 중요한 이자율은 국채이자율, Libor, 환매이자율이다. Libor는 런던은행간 대출금리로서, 특정 은행이 공시한 Libor는 그 은행이 다른 은행에 대규모 예금을 할 때 수용할 수 있는 이자율이며, AA등급의 금융회사는 Libor를 자본의 기회비용으로 간주한다. 환매조건부채권매매는 일정 기간이 경과한 후 미리 정한 가격으로 환매하는 조건으로 채권을 매매하는 것이며, 두 가격 차이에 반영된 이자율을 환매이자율이라고 한다. 환매계약은 단기자금의 조달과 운용 수단으로 이용된다.

주요 결과 #3

공매도는 자산을 빌려서 지금 매도하고 차후에 시장에서 자산을 매입하여 원소유자에게 상환하는 거래이다. 공매도포지션은 가격하락으로부터 이익을 얻으며, 이익은 기초주가에서 기말주가와 현금 소득의 합을 차감한 값이다.

주요 결과 #4

매입포지션의 현금흐름이 (−, +)의 패턴을 가지므로 대출(lending)과 동등하고, 공매도포지션의 현금흐름이 (+, −)의 패턴을 가지므로 차입(borrowing)과 동등하다. 대출은 무이표채 매입과 그리고 차입은 무이표채 공매도와 정확히 동일하다.

주요 결과 #5

금융공학은 기존의 금융상품을 요소별로 분해한 다음, 분해된 각 요소들을 재결합하여 혁신적인 금융상품을 개발하거나 기존의 상품을 파생상품으로 복제하는 분야이다. 또는 금융공학은 재무적 문제를 해결하기 위하여 혁신적인 금융상품, 프로세스, 및 창조적 해결책을 디자인하고 개발하며 실행하는 것으로 정의되기도 한다.

주요 결과 #6

특정 증권의 미래 현금흐름과 완벽하게 동일한 현금흐름을 제공하는 포트폴리오를 복제포트폴리오라고 한다. 복제포트폴리오는 증권의 가치평가, 헤지 및 차익거래에 이용된다.

주요 결과 #7

차익거래는 과소평가된 자산을 매입함과 동시에 과대평가된 자산을 매도하여 자신의 비용을 들이지 않고 위험을 부담하지 않으면서 확실한 이익을 얻는 거래이다.

주요 결과 #8

차익거래와 헤지는 복제가 가능함을 전제로 한다. 만약 여러 증권의 합성 패키지로 특정 증권의 미래현금흐름을 복제할 수 있다면 합성 패키지는 복제포트폴리오가 되고, 특정 증권과 복제포트폴리오는 동일한 가격으로 거래되어야 한다. 만약 과소(과대) 평가된 자산이 존재하면 그 자산을 매입(매도)하고 상대적으로 비싼(저렴한) 복제포트폴리오를 매도(매입)한다.

헤지는 특정 증권과 복제포트폴리오에 반대 포지션을 취하여 위험을 제거하는 행위이다. 그리고 증권과 복제포트폴리오간에 가격괴리가 발생하면 차익거래기회가 존재하게 된다. 즉, 차익거래는 가격괴리가 존재하는 경우의 헤지거래이다. 시장에서 무위험 차익거래기회가 오래 존속할 수 없으므로 결국 가격이 동일하게 되는데 이 논리를 무차익원칙이라고 한다.

개념체크

1 일정 금액을 T년 투자할 때 이자계산이 연 1회, 4회, 12회, 365회, 그리고 연속적으로 이루어지는 경우 미래가치를 계산할 수 있는가?

2 만기가 1년 미만인 금융상품에 적용되는 단리계산 방식으로 미래 현금흐름의 현재가치를 계산할 수 있는가?

3 Libor란 무엇인가? Libor는 어떤 신용등급의 이자율을 의미하는가?

4 환매계약이란 무엇인가? 환매계약이 자금의 조달과 운용 수단으로 이용될 수 있는 이유는 무엇인가? 그리고 위험이 작은 이유는 무엇인가?

5 환매이자율을 계산할 수 있는가?

6 공매도포지션이란 무엇인가? 현금흐름패턴은 무엇인가? 어떤 경우에 이익이 발생하며 어떻게 계산하는가?

7 주식 매입포지션과 공매도포지션의 이득패턴과 이익패턴을 이해하며 이를 그래프에 그릴 수 있는가?

8 채권 매입포지션과 공매도포지션의 이득패턴과 이익패턴을 이해하며 이를 그래프에 그릴 수 있는가?

9 대출이 무이표채 매입과 동등함을 설명할 수 있는가? 같은 맥락에서 차입이 무이표채 공매도와 동등함을 이해하는가?

10 공매도 포지션을 취하는 이유 세 가지는 무엇인가?

11 금융공학의 정의는 무엇인가? 금융공학이라는 용어는 어떻게 생겼는가?

12 복제란 무엇인가?

13 A + B = C의 식이 성립하는 경우 이 식을 이용하여 A, B, C증권 각각의 매입포지션과 공매도포지션을 복제할 수 있는가?

14 "Futures = Stock − Bond"의 관계를 이용하여 주식, 채권, 선물의 복제포트폴리오를 구성할 수 있는가? "Stock + Put − Call = Bond"의 관계를 이용하여 주식, 채권, 콜옵션, 풋옵션의 복제포트폴리오를 구성할 수 있는가?

15 금융상품의 복제가 갖는 네 가지 함의는 무엇인가?

16 차익거래란 무엇인가? 차익거래의 세 가지 조건은 무엇인가?

17 "과소(과대) 평가된 자산이 존재하면 그 자산을 매입(매도)하고 상대적으로 비싼(저렴한) 복제포트폴리오를 매도(매입)한다." 이를 이해하는가?

18 "헤지와 차익거래는 복제를 전제로 한다." 이해하는가?

19 "차익거래는 가격괴리가 존재하는 경우의 헤지거래이다." 이 표현의 의미는 무엇인가?

20 무차익원칙과 일물일가의 법칙이란 무엇인가?

CHAPTER

02 연습문제

객관식 유형

1 10,000원을 10% 이자율로 10년 투자하는 경우 이자계산이 매월 이루어진다면 미래가치는 얼마인가?

① 25,937원　　② 33,004원
③ 27,070원　　④ 정답 없음

2 182일 후에 10,000원을 지급할 예정인 금융상품의 현재 가격은 얼마인가? 적용되는 이자율은 연 4.3%이고 일수계산은 실제일수/365의 관행을 따른다.

① 9,793원　　② 9,825원
③ 9,807원　　④ 정답 없음

3 만기가 10일인 RP에서 매입가가 9,890원이고 환매가가 9,920원이면 환매이자율은 얼마인가?

① 10.72%　　② 10.95%
③ 11.02%　　④ 11.07%

4 주가가 10,000원일 때 주식을 공매도하고 1년 후 13,000원일 때 공매도 포지션을 마감한다. 마감 직전에 500원의 현금배당이 지급되었다. 투자자의 손실은 얼마인가?

① 3,000원　　② 3,500원
③ 2,500원　　④ 정답 없음

5 A − B = −C의 관계가 성립한다면 B증권 복제포트폴리오는 어떻게 구성되는가?

① A증권 매입, C증권 공매도
② A증권 공매도, C증권 매입

③ A증권 매입, C증권 매입

④ A증권 공매도, C증권 공매도

6 1년 후 100원의 현금흐름을 제공하는 A증권의 가격이 90원이고 2년 후 100원의 현금흐름을 제공하는 B증권의 가격이 80원이다. 차익거래 기회를 배제하려면, 1년 후 50원, 2년 후 250원의 현금흐름을 제공하는 C증권의 가격은 얼마이어야 하는가?

① 245원 ② 240원

③ 250원 ④ 정답 없음

7 "Stock + Put − Call = Bond"의 관계를 이용하여 콜옵션 복제포트폴리오를 구성하라.

① 주식매입, 풋옵션 매입, 채권 매입

② 주식 공매도, 풋옵션 매입, 채권 매입

③ 주식 공매도, 풋옵션 매도, 채권 공매도

④ 주식 매입, 풋옵션 매입, 채권 공매도

8 1년 만기 차입과 동등한 포지션은?

① 1년 만기 무이표채 매입 ② 1년 만기 무이표채 공매도

③ 주식에 1년 투자함 ④ 정답 없음

9 주식 공매도 포지션을 취하는 이유로 가장 거리가 먼 것은?

① 가격이 하락할 것을 예상하여 이익을 얻기 위하여

② 자금조달의 수단으로 이용

③ 주식 매입 포지션의 위험을 상쇄하기 위하여

④ 주식 매입포지션보다 위험이 작으므로

10 본문의 예시에서 국채 공매도 포지션을 복제하는 방법은 무엇인가?

① YA증권 공매도, MO증권 공매도 ② YA증권 매입, MO증권 공매도

③ YA증권 공매도, MO증권 매입 ④ 정답 없음

11 어떤 등급의 금융회사가 Libor를 자본의 기회비용으로 간주하는가?

① AAA ② A
③ AA ④ BBB

주관식 유형

1 공매도포지션에 관한 다음 세 개의 독립된 질문에 답하라.

1 현재 현대자동차 주가는 25만원이다. 이 가격에 포지션을 취하고 1년후 포지션을 마감한다고 가정하자. 매입포지션과 공매도포지션의 이득패턴과 이익패턴을 그래프에 그려라.

2 만기가 1년이고 원금이 10,000원인 무이표채의 가격이 현재 9,400원이다. 이 채권의 매입포지션과 공매도포지션의 이득패턴과 이익패턴을 그래프에 그려라. 1년 후 포지션을 청산한다고 가정한다.

3 만기가 4년이고 액면이자율이 5%이고 원금이 10,000원인 이표채의 가격이 현재 11,000원이다. 이 이표채를 지금 공매도하고 만기일에 공매도포지션을 마감한다면 미래 현금흐름은 어떻게 되는가?

2 차익거래에 관한 다음 세 개의 독립된 질문에 답하라.

1 액면이자율이 5%이고 원금이 10,000원이고 만기가 3년인 채권의 가격이 9,700원이다. 그리고 1년 후 100원을 제공하는 증권의 가격이 95원이고, 2년 후 100원을 제공하는 증권의 가격이 88원이고, 3년 후 100원을 제공하는 증권의 가격이 82원이다. 어떤 차익거래가 가능한가?

2 1년 만기 무이표채의 가격이 원금의 95%이고 2년 만기 무이표채의 가격이 84%이다. 만기가 2년이고 액면이자율이 7.5%인 채권이 99%에 거래되고 있다면 어떤 차익거래가 가능한가? 원금은 10,000원으로 가정할 것.

3 본문의 설명에서 YA증권이 60원, MO증권이 39원, 국채가 98원이라고 가정하자. 어떤 차익거래가 가능한가?

3 3개월 Libor 이자율이 연 5%인 경우 100만원을 3m Libor로 예금하면 91일 후 가치는 얼마인가? 그리고 6m Libor가 5.2%인 경우 181일 후 지급될 100만원의 현재가치는 얼마인가? 실제일수/365를 이용할 것.

4 복제포트폴리오에 관한 다음 세 개의 독립된 질문에 답하라.

1. "Futures = Stock − Bond"의 관계를 이용하여 채권매입포지션과 채권매도포지션의 복제포트폴리오를 주식과 선물을 이용하여 구성하라.
2. "Stock + Put − Call = Bond"의 관계를 이용하여 주식매입포지션과 주식공매도포지션의 복제포트폴리오를 콜옵션, 풋옵션, 채권을 이용하여 구성하라.
3. 본문의 예시를 이용하여 MO증권 공매도포지션을 복제하라.

CHAPTER

02 연습문제 풀이

객관식 유형

1 ③

$$10{,}000 \times \left(1 + \frac{0.1}{12}\right)^{12 \times 10} = 27{,}070$$

2 ④

$$\frac{10{,}000}{\left(1 + 0.043 \times \frac{182}{365}\right)} = 9{,}790.09$$

3 ④

$\left(\frac{9{,}920}{9{,}890} - 1\right) \times \frac{365}{10} = 11.07\%$ 또는 $9{,}920 = 9{,}890 \times \left(1 + r \times \frac{10}{365}\right)$을 만족시키는 이자율은 11.07%이다.

4 ②

$$10{,}000 - 13{,}000 - 500 = -3{,}500$$

5 ③

$A + C = B$이므로 B증권을 복제포트폴리오는 A증권 매입과 C증권 매입으로 구성된다.

6 ①

$$50 \times 0.9 + 250 \times 0.8 = 245$$

7 ④

$Call = Stock + Put - Bond$이므로 콜옵션 복제포트폴리오는 주식매입, 풋옵션 매입, 채권 공매도로 구성된다.

8 ②

차입은 동일 만기의 무이표채 공매도와 동등하다.

9 ④

주식 공매도 포지션의 위험은 주식 매입포지션의 위험보다 결코 작지 않다. 주식 매입포지션의 최대 손실은 주가로 제한되지만 공매도 포지션의 최대 손실은 무제한이다.

10 ①

YA증권 + MO증권 = 국채이므로 "−국채 = −YA증권 − MO증권"이다. 따라서 국채 공매도포지션은 두 증권을 모두 공매도함으로써 복제할 수 있다.

11 ③

AA등급

주관식 유형

1 해답 및 해설

1

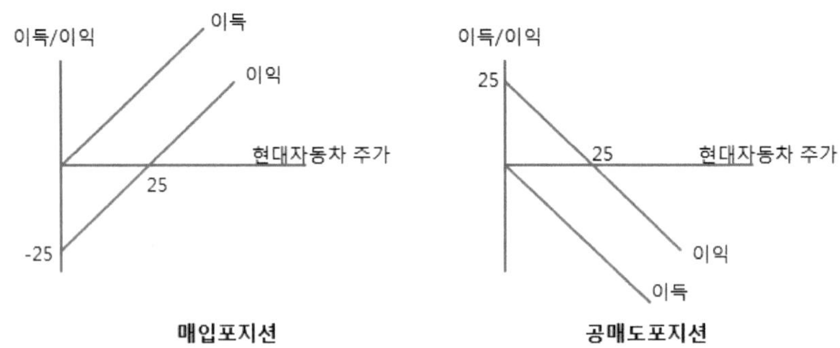

2

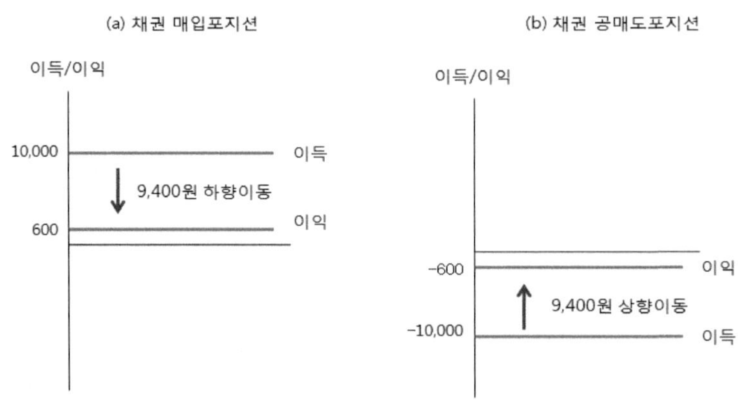

❸ 이표채를 공매도하면 오늘 11,000원이 유입된다. 그리고 1년 후 500원, 2년 후 500원, 3년 후 500원, 4년 후 10,500원의 현금유출이 발생한다.

2 해답 및 해설

❶ 채권의 적정 가격은 다음과 같이 9,525원이다.

$$500 \times 0.95 + 500 \times 0.88 + 10{,}500 \times 0.82 = 9{,}525$$

그런데 시장가격이 9,700원이므로 차익거래 포지션은 과대평가된 3년 만기 채권을 공매도하고 상대적으로 과소평가된 1년 만기 무이표채(원금 500원), 2년 만기 무이표채(원금 500원), 3년 만기 무이표채(원금 10,500원)를 매입하는 것이다. (만약 원금 500원의 무이표채가 존재하지 않으면 원금이 10,000원인 무이표채 0.05개를 매입한다.)

❷ 이표채의 적정 가격이 97.425%이므로 이표채가 상대적으로 과대평가되어 있다.

$$7.5\% \times 0.95 + 107.5\% \times 0.84 = 97.425\%$$

따라서 차익거래자는 2년 만기 이표채를 공매도하고, 1년 만기 무이표채와 2년 만기 무이표채를 매입한다.

❸ 국채가 과소평가되었으므로 국채를 매입하고 국채의 복제포트폴리오를 매도하면 무위험차익 1원을 얻을 수 있다.

포지션		현재 현금흐름	3개월 후 현금흐름	
			김연아 승리	아사다 마오 승리
국채 매입		−98	+100	+100
국채 복제포트폴리오 매도	YA증권 공매도	+60	−100	0
	MO증권 공매도	+39	0	−100
합 계		+1	0	0

3 해답 및 해설

91일 후의 미래가치는 101.2466만원이다. 그리고 5.2%로 181일 할인한 현재가치는 97.4862만원이다.

$$100 \times \left(1 + 0.05 \times \frac{91}{365}\right) = 101.2466$$

$$100 \div \left(1 + 0.052 \times \frac{181}{365}\right) = 97.4862$$

4 해답 및 해설

1 "Bond = Stock − Futures"이므로 채권매입은 주식매입과 선물매도로 복제된다. "−Bond = Futures − Stock"이므로 채권공매도는 선물매입과 주식공매도로 복제된다.

2 "Stock + Put − Call = Bond"에서 "Stock = Call − Put + Bond"이므로 주식매입은 콜매입, 풋매도, 채권매입으로 복제된다. 그리고 "−Stock = Put − Call − Bond"이므로 주식공매도는 풋매입, 콜매도, 채권공매도로 복제된다.

3 MO증권 공매도의 복제포트폴리오는 다음과 같다.

포지션		현재 현금흐름	3개월 후 현금흐름	
			김연아 승리	아사다 마오 승리
MO증권 공매도		+39	0	−100
복제 포지션	국채 공매도	+99	−100	−100
	YA증권 매입	−60	+100	0
	합계	+39	0	−100

CHAPTER 3

선물계약

CONTENTS

학습 주안점

3장에서는 선물계약이 왜 필요하며 선도계약과 어떻게 상이한지를 설명한 후에 선물거래 제도에 관하여 자세히 설명하기로 한다. 또한 청산소의 역할과 증거금제도의 운영방법에 대해서도 자세히 기술하기로 한다.

이 장에서 여러분이 숙지해야 할 내용은 다음과 같다.

❶ 선물계약은 선도계약과 어떤 측면에서 상이하며 선물계약이 필요한 이유는 무엇인가?
❷ 현재 한국거래소에 상장된 선물상품은 무엇인가?
❸ 선물계약은 어떻게 표준화되는가?
❹ 미결제계약수는 무엇이며 이는 거래량과 어떻게 상이한가? 언제 미결제계약수가 변하는가?
❺ 세 가지 결제방법인 실물인수도, 현금결제, 반대주문은 각각 무엇인가?
❻ 청산소는 어떤 역할을 하는가?
❼ 증거금은 어떻게 운용되는가? 개시증거금, 유지증거금, 마진콜, 추가증거금은 각각 무엇인가?
❽ 한국거래소에 상장된 개별주식선물, 주가지수선물, 변동성선물과 ETF선물, 통화선물, 금리선물, 상품선물의 기본적인 내용을 숙지하는가?

1 선도계약과 선물계약

1.1 선도계약

1장에서 설명했듯이, 선도계약(forward contract)은 만기일에 미리 정한 가격, 즉 선도가격으로 기초자산을 사거나 팔아야 하는 의무가 부여된 계약이다. 계약시점의 공정한 선도가격인 F가 선도계약의 인도가격이 된다.

매입포지션(long position)은 만기일에 선도가격을 지불하고 기초자산을 인수하므로 이득은 만기일의 기초자산가격에서 선도가격을 차감하여 구한다. 즉,

$$\text{선도매입포지션의 이득} = \text{만기일의 현물가격} - \text{인도가격(선도가격)}$$
$$Payoff_{long\ forward} = S_T - F \quad (3.1)$$

$S_T - F$는 F를 지불하고 S_T를 수령함(기초자산을 인수함)을 의미한다. 반면에 선도계약 매도포지션(short position)의 이득은 다음과 같이 반대로 정의된다. 즉, 매입포지션의 이득에 (−1)을 곱하면 매도포지션의 이득이 계산된다. $F - S_T$는 F를 수령하고 S_T(기초자산)를 인도함을 반영한다.

$$\text{선도매도포지션의 이득} = \text{인도가격(선도가격)} - \text{만기일의 현물가격}$$
$$Payoff_{short\ forward} = -(S_T - F) = F - S_T \quad (3.2)$$

선도계약을 체결하는데 (거래비용을 제외한) 어떤 비용도 발생하지 않으므로 이득과 이익은 동일하다. 선도계약의 이득과 이익패턴은 [그림 3-1]과 같다. 매도자의 이득은 매입자의 이득을 x축에 대하여 대칭이동하여 구한다.

그림 3-1 선도계약의 이득과 이익패턴

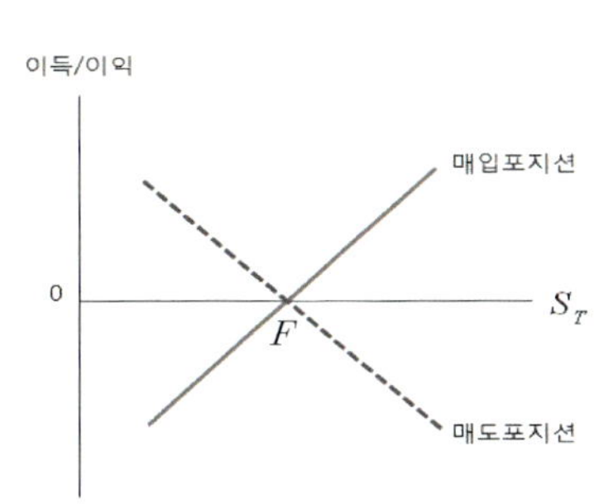

대표적인 선도계약에는 선도금리계약(forward rate agreement: FRA)과 외국통화를 기초자산으로 하는 통화선도계약이 있다. 통화선도계약은 통상 시장에서 선물환으로 불린다. 선물환에는 만기일에 기초자산(외국통화)의 인수도가 발생하는 일반 선물환 거래와 (기초자산의 인수도는 이루어지지 않고) 만기일의 현물환율과 선도환율간의 차이를 차액결제하는 차액결제선물환(non-deliverable forward: NDF)으로 구분된다.[1)]

1.2 선물계약의 필요성

선물계약(futures contract)은 미리 정한 가격으로 만기일에 기초자산을 사거나 팔아야 할 의무가 부여된 계약이다. 선물계약은 선도계약을 표준화하여 거래소에서 거래되도록 한 계약이므로 선물계약의 정의는 선도계약의 정의와 정확하게 동일하다. 선도계약에서는 거래당사자들이 자유스럽게 계약의 조건과 내용을 결정하고 장소와 무관하게 거래할 수 있다. 반면에 선물계약은 계약내용이 표준화되어 있고 공식적인 거래소에서만 거래가 이루어진다. 최초의 현대적인 선물거래소는 1848년에 설립된 시카고상품거래소(Chicago Board of Trade : CBOT)이다.[2)]

1장에서 설명했듯이, 파생상품은 헤지(hedge), 투기(speculation), 차익거래(arbitrage) 목적으로 거래된다. 선도계약이 어떻게 헤지 용도로 사용되는지 통화선도계약(즉, 선물환)을 이용하여 설명해 보자. 미래에 달러를 지급하거나 또는 수령할 예정인 기업들은 환율변동의 위험으로부터 벗어나고자 지급 또는 수령할 달러의 원화금액을 확정시키고자 할 것이다. 기업의 재무담당자는 미래의 적용 환율을 확정시키는 선물환 거래를 은행과 체결하여 환리스크를 완전히 제거할 수 있다. 선물환 계약을 체결할 때 기업은 금액과 만기일을 원하는 내용으로 결정할 수 있다. 예를 들어, 1년 후에 100만 달러를 수령할 예정인 수출기업은 1달러에 1,200원의 환율로 선물환을 매도하여 1년 후 수령할 100만 달러를 12억원으로 확정시킬 수 있다. 반면에 6개월 후에 100만 달러를 지급할 예정인 수입기업은 1달러에 1,190원의 환율로 선물환을 매입하여 6개월 후 지급할 100만 달러를 11억 9천만원으로 확정시킬 수 있다.

선도계약이 헤지, 투기, 차익거래 목적으로 이용될 수 있는데, 일부 선도계약이 선물계약으로 발전한 이유는 무엇인가? 선도계약은 고객 맞춤형 상품이므로 고객이 원하는 조건을 다 충족시킬 수 있어 유연성이 높은 계약이지만 계약체결에 따른 비용이 매우 큰 단점을 갖

1) 선도금리계약은 6장의 부록을, 그리고 차액결제선물환은 3장의 부록을 참고하라.

2) 선물거래가 최초로 이루어진 거래소로 17세기경 일본의 도쿠가와 막부시절에 설립된 일본 도지마 쌀 거래소가 지명되기도 한다. 오사카 근교 도지마 지역의 거상의 집에 많은 상인들이 모여 정보를 교환하고 물표를 매매하였는데, 일본 최초의 상품거래소인 도지마거래소는 지금의 선물거래소와 같지는 않지만 매우 유사한 기능을 수행하였다.

는다. 또한 일단 금융회사와 계약을 체결하면 기업이 노출된 위험의 본질이 변경되더라도(예를 들어, 금액 또는 시점이 계약 체결 이후에 수정될 수 있음) 기업은 계약체결에 따른 의무를 완수해야한다. 선도계약은 사적인 계약이므로 자신의 포지션을 맡아 줄 제3의 당사자를 찾기가 어렵다. 다시 말해서 선도계약 체결 이후의 미래의 상황변화에 따른 대응을 하기가 어렵다. 따라서 거래비용을 줄이고 유동성을 높여 거래를 활발하게 만들 필요성이 대두되었으며 이를 해결하기 위하여 선도계약을 표준화한 선물계약의 형태로 발전되었다.

선도계약과 선물계약을 비교하면 두 계약의 차이는 [표 3-1]과 같이 요약된다.

▸ ▸ 〈표 3-1〉 선물계약과 선도계약의 비교

구 분	선물계약	선도계약
거래의 표준화 여부	표준화됨	비표준화됨(당사자간의 합의)
거래장소	거래소	장외시장
결제 시점	일일정산	만기일에 결제
결제 형식	대부분 만기일 이전에 반대매매로 마감함	만기일 현물 인수도
유동성	유동성이 높음	사적인 계약이므로 유동성이 낮음
상대방 신용 리스크 노출	없음(거래소가 부담함)	직접 노출됨

2017년 6월말 현재, 한국거래소에 상장된 선물상품은 [표 3-2]와 같다.3) 코스피200섹터지수선물에는 코스피200건설선물, 코스피200경기소비재선물, 코스피200금융선물, 코스피200산업재선물, 코스피200생활소비재선물, 코스피200에너지/화학선물, 코스피200정보기술선물, 코스피200중공업선물, 코스피200철강/소재선물, 코스피200헬스케어선물 등 10개가 있다. 그리고 배당지수선물에는 코스피고배당50선물과 코스피배당성장50선물이 있다.

3) 참고로 코스닥50지수선물, CD금리선물, 통안증권금리선물, 스타지수선물은 각각 2005년 11월 7일, 2007년 12월 26일, 2011년 2월 14일, 2015년 11월 13일에 상장폐지되었다. 그리고 코스피200지수옵션은 1997.07.07일에, 달러옵션은 1999.04.23일에, 그리고 주식옵션은 2002.01.28일에 각각 상장되었으며, 코스닥50지수옵션은 2005.11.07일에, 3년국채선물옵션은 2007.12.26일에 각각 상장 폐지되었다.

▸ ▸ 〈표 3-2〉 한국거래소 상장 선물상품 현황(2017년 6월말 기준)

기초자산 유형	상품	
주가지수상품(16)	코스피200선물 코스피200섹터지수선물(10) 코스닥150선물	미니코스피200선물 배당지수선물(2) 유로스톡스50선물
변동성지수상품(1)	코스피200변동성지수선물	
개별주식상품(1)	주식선물	
ETF상품(3)	ARIRANG고배당주선물 TIGER헬스케어선물	KODEX삼성그룹주선물
금리상품(3)	3년국채선물 10년국채선물	5년국채선물
통화상품(4)	미국달러선물 위안선물	엔선물 유로선물
Commodity상품(2)	금선물	돈육선물

주요 결과 #1

선물계약은 만기일에 미리 정한 가격으로 기초자산을 사거나 팔아야 할 의무가 부여된 계약으로, 선도계약을 표준화하여 거래소에서 거래되도록 한 계약이다. 선물계약은 거래비용을 줄이고 상대방 신용위험을 제거하고 유동성을 높여 거래를 활발하게 만들 필요성에 의해 탄생되었다.

2 선물 거래제도

2.1 표준화

선물계약에서는 기초자산의 종류, 수량 및 품질, 1계약의 크기, 만기일 등이 표준화되어 있다.

(1) 결제월

만기일은 결제월(선물과 옵션거래의 최종거래일이 속한 월)로 구분하여, 예를 들어 3월에 만기가 되는 계약은 3월물로 부른다. 상장결제월은 선물계약에 따라 수요자의 필요, 기초자산의 시장 관행, 국제적 적합성 등을 고려하여 거래소가 상품별로 정한다. 상품별 최종거래일과 결제월 및 결제월 수는 한국거래소의 홈페이지를 참고하라.

예를 들어, 우리나라에서 활발히 거래되는 상품인 코스피200선물의 경우 상장결제월은 3년 이내의 7개 결제월이다(3월물 1개, 9월물 1개, 6월물 2개, 12월물 3개). 2017년 5월말 기준으로 상장된 결제월은 2017년 6월물, 9월물, 12월물, 2018년 3월물, 6월물, 12월물, 그리고 2019년 12월물이다. 특정 결제월의 최종거래일이 도래하여 거래가 종료되면 다음 결제월이 자동적으로 상장된다. [그림 3-2]는 7개의 결제월이 언제 상장되어 언제 종료되는지 보여준다.

그림 3-2 코스피200선물 결제월(2017.5.31. 기준)

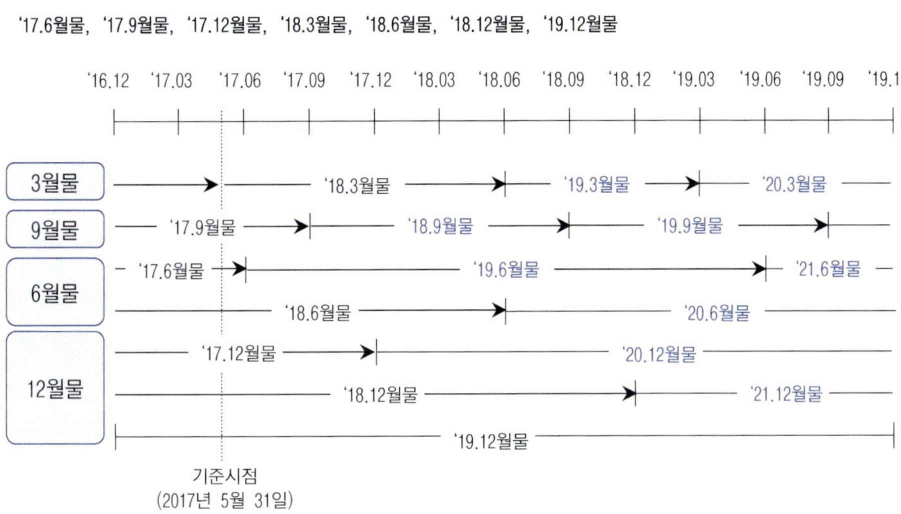

(자료: 한국거래소 발간 파생상품시장(2017), 75쪽)

코스피200선물의 최종거래일은 각 결제월의 두 번째 목요일이다.[4] 거래단위는 KOSPI200지수 × 250,000만원이고 호가가격 단위는 0.05포인트이다(최소 가격변화는 0.05 × 250,000 = 12,500원임).[5] 가격제한폭은 기준가격의 20%이고 매매시간은 09:00 – 15:45(6시간 45분 거래)이다.

거래되고 있는 선물계약의 결제월이 여러 개인 경우 근월물, 원월물이라는 표현을 사용한다.

4) 쿼드러플 위칭데이(quadruple witching day)는 주가지수선물, 주가지수옵션, 개별주식선물, 개별주식옵션 등 4개의 파생상품 만기일이 겹치는 날로써, 매년 3월, 6월, 9월, 12월 두 번째 목요일이다. 4개 종목의 파생상품이 동시에 만기가 되므로 현물시장과 파생상품시장이 크게 영향을 받을 수 있다고 해서 이를 "네 마녀가 심술 부리는 날"이라는 비유적 표현을 사용한다. 프로그램매매가 보통 하루 거래금액의 10% 정도를 차지한다면 선물과 옵션 만기일에는 그 비율이 30%까지 상승하기도 한다.

5) 거래승수는 2017년 3월 27일에 변경되었다. 이에 따라 코스피200 지수선물과 지수옵션의 거래승수는 25만원으로 그리고 미니코스피200 지수선물과 지수옵션의 거래승수는 5만원으로 절반 인하되었다.

근월물(nearby month contract)은 동일한 기초상품을 대상으로 하는 선물이나 옵션 중 현재 시점에서 최종 결제일이 상대적으로 가까운 결제월의 종목을 말한다. 그리고 가장 가깝다는 것을 강조하기 위해 최근월물이라는 표현을 사용하기도 한다. 예를 들어, 현재 시점이 1월일 경우 주가지수선물의 최근월물은 3월물이 된다. 반대로 원월물(distant month contract)은 최종 결제일이 상대적으로 먼 결제월의 종목을 말하며 이 중에서 가장 먼 종목을 최원월물이라고 한다.

(2) 거래승수

거래승수(multiplier)는 선물 1계약의 크기(contract size)이고, 선물 1계약의 금액은 선물가격에 거래승수를 곱한 값으로 명목금액(notional value)이라고도 한다. 명목금액은 시장가치(market value)와는 다른 개념이다. 포지션을 취하는 시점에서의 시장가치는 대체로 0이며 이후 시장가치는 1계약 기준으로 Δ가격 × 거래승수로 계산된다. 선물계약별 거래승수는 [표 3-3]과 같다.

국채선물은 액면 100원당 원화(백분율 방식)로, 달러선물은 1달러당 원화로, 엔선물은 100엔당 원화로, 위안선물은 1위안당 원화로, 유로선물은 1유로당 원화로, 금선물은 1g당 원화로, 그리고 돈육선물은 1kg당 원화로 표시된다.

▸ ▸ 〈표 3-3〉 선물계약별 1계약의 금액

선물계약	1계약의 금액
코스피200선물	가격 × 250,000원
코스피200섹터지수선물	가격 × 10,000원
유로스톡스선물	가격 × 50,000원
배당지수선물	가격 × 2,000원
미니코스피200선물	가격 × 50,000원
코스피200 변동성지수선물	가격 × 250,000원
코스닥150선물	가격 × 10,000원
ETF선물	가격 × 100원
개별주식선물	가격 × 10주
3년, 5년, 10년 국채선물	가격 × 1,000,000원
달러선물	가격 × 10,000달러
엔선물	가격 × 10,000엔
위안선물	가격 × 100,000위안

선물계약	1계약의 금액
유로선물	가격 × 10,000유로
금선물	가격 × 100g
돈육선물	가격 × 1,000kg

예를 들어, "KOSPI200 201806" 종목(코스피200선물 2018년 6월물)에 282포인트의 가격으로 30계약에 매입포지션을 취한 투자자의 포지션은 금액 기준으로 282 × 250,000 × 30 = 2,115,000,000원이다(21.15억원). 그리고 만약 선물가격이 2포인트 상승하면 투자자의 이익은 2 × 250,000 × 30 = 15,000,000원이다. 호가가격 단위인 0.05포인트는 12,500원에 해당된다.

(3) 가격변동 제한폭

대부분의 선물거래소는 일일 가격변동 제한폭(daily price movement limit)을 명시한다. 일단 선물가격이 상한폭 또는 하한폭까지 변동하면 당일의 선물거래는 중단된다. 가격변동 제한폭을 두는 목적은 투기로 인한 심한 가격변동을 방지하는데 있다. 그러나 이 제도는 기초자산의 가격이 급격히 변할 때 발생하는 선물거래까지도 인위적으로 막아 가격발견을 지연시킨다는 단점을 갖는다. 코스피200선물의 가격제한폭은 ±20%이다.[6)]

(4) 포지션한도

대부분의 선물거래소는 포지션한도(position limit)를 명시한다. 포지션한도란 투기자가 취할 수 있는 최대의 선물계약수를 의미하는데 이는 특정 투기자가 지나친 영향력을 행사하지 못하도록 하기 위함이다.

(5) 현금결제와 실물인수도

달러선물, 엔선물, 위안선물, 유로선물은 실물인수도 방식으로 결제되지만 나머지 상품은 모두 현금결제된다. 실물인수도(physical delivery)는 해당 기초자산을 직접 인도하고 현금을 수수하는 결제방식이다.

현금결제되는 상품의 경우 최종결제일은 최종거래일 다음 거래일이다. 반면에 실물인수도 방식으로 결제되는 상품의 경우 최종결제일은 최종거래일로부터 기산하여 3일째 거래일이다.

6) 코스피200선물의 경우 최초 가격제한폭은 5%이었으나 98년에 7%와 10%로 상향되었으며 현재의 20%는 2017년 3월 27일부터 적용되고 있다.

주요 결과 #2

선물계약은 표준화된 선도계약이므로 결제월, 거래시간, 호가단위, 최종거래일, 결제방법, 거래승수, 가격변동 제한폭, 포지션한도 등이 구체적으로 규정되어야 한다.

2.2 미결제계약수

미결제계약수 또는 미결제약정수량(open interest)은 청산되지 않고 현재 남아있는 계약의 수(즉, 매입포지션의 수 또는 매도포지션의 수)를 의미한다. 거래량(volume)이 거래된 계약의 수로 시장유동성(market liquidity)의 지표인 반면에, 미결제계약수는 미결제된 매입포지션 또는 매도포지션의 수로 측정되며 시장에서의 수요(demand)를 반영한다.

거래가 처음 시작되는 초기에는 거래량도 적고 미결제계약수도 미미하다. 시간이 지나 근월물이 되면서 미결제계약수가 점점 증가하여 대략 만기일 2주 전에 최고점에 도달한 후, 만기일에 접근하면서 반대매매로 청산되는 계약이 늘어나 미결제계약수는 급격히 감소하게 된다.

예를 들어, 2011년 3월물 코스피200선물의 경우(최초거래일은 2010년 3월 12일이고 최종거래일은 2011년 3월 10일임) 최종거래일 3개월 전인 2010년 12월초부터 거래량이 급격히 증가하고(이는 대략적으로 3월물이 최근월물이 되는 시점임), 최종거래일 직전에 반대매매를 통해 거의 대부분 마감된다. 미결제약정수량의 최고점은 2011년 2월 24일의 115,848계약이다.

그림 3-3 미결제약정수량의 변화(2011년 3월물 코스피200선물)

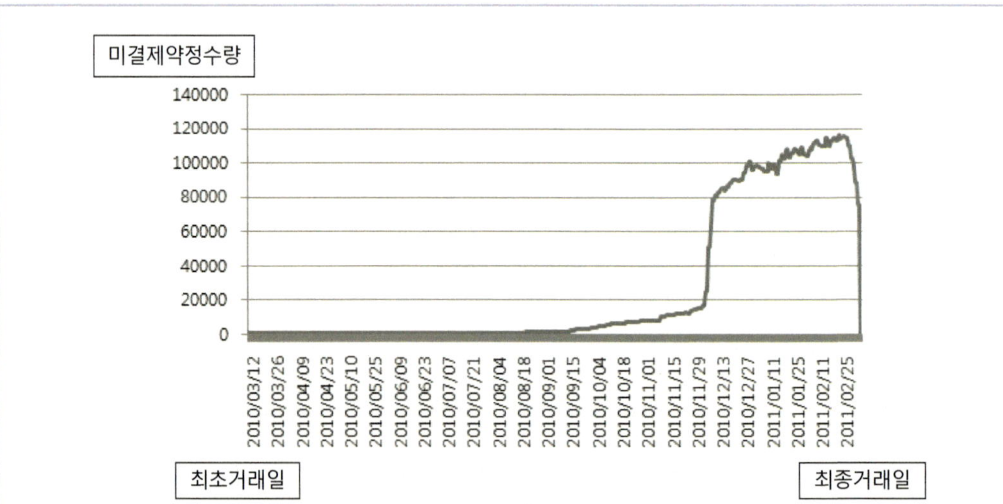

예시 3-1 미결제계약수와 거래량의 계산

다음은 특정 선물계약이 거래되기 시작한 후, 투자자 A, B, C, D, E간의 거래에 의해 거래량과 미결제계약수가 어떻게 계산되는지 보여준다.

▸ ▸ 〈표 3-4〉 거래량과 미결제계약수의 계산

일자	매입	매도	거래 내역		미결제 매입포지션	미결제 매도포지션	거래량	미결제 계약수
			매입	매도				
1							0	0
2	A(2)	B(2)	신규2	신규2	A(2)	B(2)	2	2
3	C(1)	D(1)	신규1	신규1	A(2), C(1)	B(2), D(1)	1	3
4	B(1)	E(1)	반대1	신규1	A(2), C(1)	B(1), D(1), E(1)	1	3
5	D(1)	C(1)	반대1	반대1	A(2)	B(1), E(1)	1	2
6	E(1)	A(1)	반대1	반대1	A(1)	B(1)	1	1
7	B(1)	A(1)	반대1	반대1			1	0

계약의 두 당사자가 모두 신규매매를 하는 경우 미결제약정수는 증가하고, 두 당사자가 모두 반대매매를 하는 경우 미결제약정수는 감소한다. 그리고 한 쪽은 신규매매이고 다른 한쪽은 반대매매이면 미결제계약수는 변하지 않는다. 이를 정리하면 다음과 같다.

▸ ▸ 〈표 3-5〉 거래내역과 미결제계약수의 변화

거래내역	거래량	미결제계약수
신규매매와 신규매매	1	1계약 증가
반대매매와 반대매매	1	1계약 감소
신규매매와 반대매매	1	변하지 않음

주요 결과 #3

미결제계약수는 계약이 청산되지 않고 현재 남아있는 계약의 수(즉, 매입포지션의 수 또는 매도포지션의 수)로 시장에서의 수요를 반영한다. 계약의 두 당사자가 모두 신규매매를 하는 경우 미결제약정수는 증가하고, 두 당사자가 모두 반대매매를 하는 경우 미결제약정수는 감소한다.

2.3 결제 방법

선물계약을 결제하는 방법에는 다음 세 가지 방법이 있다.

① 실물인수도(physical delivery settlement) : 기초자산을 직접 인수도하는 방법

② 현금결제 : 주가지수처럼 기초자산을 직접 인수도하는 것이 불가능하거나 또는 가능하더라도 실물인수도의 불편을 피하기 위하여 현금결제(cash settlement)함

③ 반대주문(offsetting order) : 동일계약(즉, 기초자산과 만기일이 동일한 계약)에 대하여 반대포지션(offsetting position 또는 reversing position)을 취함으로써 최초의 포지션을 청산하는 방법이다. 최초의 매입포지션을 매도포지션으로 마감하는 것을 전매도(long liquidation)라고 하고, 최초의 매도포지션을 매입포지션으로 마감하는 것을 환매수(short covering)라고 한다. 대부분의 국가에서 선물계약의 95% 이상이 반대매매로 마감된다.

여기서 실물인수도와 현금결제는 만기일까지 포지션을 유지하여 만기일에서 이루어지는 결제방법을 의미한다. 그러나 반대주문은 최초의 포지션을 취한 후 만기일 이전에 반대매매로 최초의 포지션을 청산하는 것을 의미한다.

최초의 선물포지션이 매입포지션이든 매도포지션이든, 반대매매로 포지션을 마감하는 경우의 이익은 다음과 같다.[7)]

$$\text{이익} = \text{선물매도가격} - \text{선물매입가격} \tag{3.3}$$

거래자의 계약수와 거래승수까지 고려하면 이익은 다음과 같이 계산된다.

$$\text{이익} = (\text{선물매도가격} - \text{선물매입가격}) \times \text{거래승수} \times \text{계약수} \tag{3.4}$$

그리고 만기일에 실물인수도 또는 현금결제되는 경우 매입포지션의 이익은 $S_T - F$이고 매도포지션의 이익은 $F - S_T$이다(S_T는 만기일의 현물가격임).

$$\begin{aligned} profit_{long\,futures} &= (S_T - F) \times \text{거래승수} \times \text{계약수} \\ profit_{short\,futures} &= (F - S_T) \times \text{거래승수} \times \text{계약수} \end{aligned} \tag{3.5}$$

7) 포지션을 마감하는 시점에서의 선물가격을 F_t, 계약을 처음 체결하는 시점에서의 선물가격을 F_0라고 하자. 최초의 매입포지션을 매도포지션으로 마감하는 경우의 이익은 $F_t - F_0$이고, 최초의 매도포지션을 매입포지션으로 마감하는 경우의 이익은 $F_0 - F_t$이다. 즉, 포지션의 방향과 무관하게 선물계약에서의 이익은 선물매도가격에서 선물매입가격을 차감하여 구한다.

선도계약과 마찬가지로, 선물계약의 이익도 이득과 동일하다. 여기서 F는 선물계약에 포지션을 취하는 시점에서의 선물가격으로 이 가격이 인도가격이 된다. 선물계약의 이익패턴은 [그림 3-1]의 선도계약 이익패턴과 정확히 동일하다.

주요 결과 #4

선도계약은 만기일에 실물인수도 또는 현금결제되지만, 선물계약의 경우 대부분 만기일 전에 반대주문으로 마감된다. 만기일에 매입포지션의 이익은 $S_T - F$이고 매도포지션의 이익은 $F - S_T$이다. 반대주문의 경우 전매도든 환매수든 이익은 매도가격에서 매입가격을 차감하여 구한다.

예시 3-2 선물포지션의 청산과 이익/손실

$t = 0$에서의 현물가격이 800원, 선물가격이 850원이라고 가정하자. $t = 0$에서 A거래자가 1계약을 매입하고 B거래자가 1계약을 매도하였다. $t = 1$에서 현물가격이 900원이고 선물가격이 930원일 때 A거래자가 1계약을 매도하는 반대매매를 하였고 C거래자가 1계약을 매입하였다고 하자. A거래자의 이익은 얼마인가?

A거래자는 반대매매를 취하여 930 − 850 = 80원의 이익을 실현하고 최초의 포지션을 청산하였다. 반면에 B거래자는 아직 포지션을 마감하지는 않았으나 $t = 1$시점 기준으로 80원의 손실이 발생하였으므로 B거래자의 증거금계정의 잔액은 80원만큼 감소하였을 것이다(증거금계정에 대한 설명은 3절을 참고할 것). 만일 만기일에 현물가격이 810원이면 B거래자의 이익은 $F - S_T = 850 - 810 = 40$원이다.

2.4 청산소의 역할

선도계약은 두 당사자간의 사적인 계약이므로 매입자와 매도자는 서로 상대방의 신용위험(신용리스크)에 직접 노출된다([그림 3-4]의 A패널 참조).

선물계약에서 청산소(clearing house)는 거래참여자에게 계약이행을 보장하여 거래가 원활하게 이루어지도록 하는 역할을 수행한다. 청산소는 [그림 3-4]의 B패널에서와 같이 모든 거래자의 상대방 역할(즉, 매입자에게는 매도자의 역할 그리고 매도자에게는 매입자의 역할)을 담당함으로써 매매당사자들이 상대방의 신용위험에 대한 염려 없이 안심하고 거래할 수 있도록 도와준다.

청산소의 순포지션은 0이므로 청산소는 선물시장의 가격변동위험에 노출되지 않는다. 그러나 청산소가 매매당사자의 신용위험에 직접 노출되므로 이를 줄이기 위하여 증거금제도와 일일정산제도를 운용한다.

그림 3-4 선도계약과 선물계약의 구조 비교

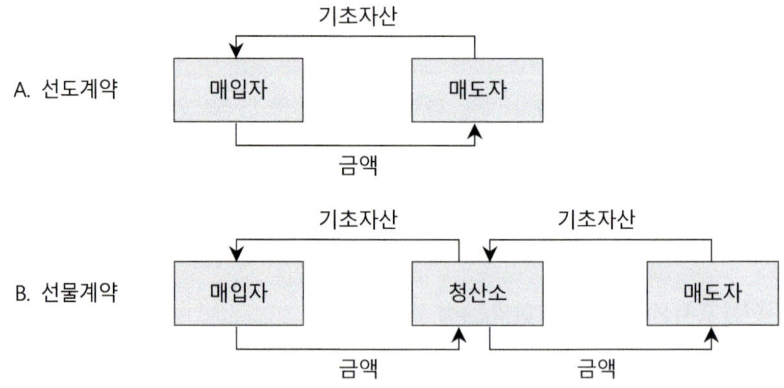

3 증거금의 운용

증거금의 손익계산이 이루어지는 계정을 증거금계정(margin account)이라고 하며 선물가격이 매일 변함에 따라 발생하는 손익을 반영하는 정산을 일일정산(marking-to-market)이라고 한다. 일일정산은 결제금액이 커져 부도위험이 무한정 확대되는 것을 방지하기 위하여 선물가격 변동으로 발생하는 손익을 매일 결제하는 선물거래제도이다.

증거금(margin)은 파생상품거래에서 미래에 발생 가능한 손실에 대비하여 일정 금액을 미리 예탁하고 손실이 실제로 발생하면 이 손실을 보전하는데 사용할 수 있도록 하는 일종의 보증금 성격을 갖는다. 거래소는 기초자산의 변동성을 고려하여 증거금의 크기를 결정한다.

증거금은 크게 위탁증거금(customer margin)과 거래증거금(member margin)으로 구분된다. 위탁증거금은 투자자가 거래소 회원사에 납부하는 증거금이고, 거래증거금은 회원사가 거래소에 예탁해야 하는 위탁증거금의 일부이다.

- 개시증거금(initial margin): 거래의 시작시 요구되는 증거금으로 통상 위탁증거금을 의미함
- 유지증거금(maintenance margin): 증거금계정의 잔액이 유지해야 하는 최소한의 수준으로 위탁유지증거금으로 불리기도 함

- 마진콜(margin call): 잔액이 유지증거금 아래로 하락하면 개시증거금 수준으로 회복시키도록 거래자에게 보내는 요청으로 증거금납입요청이라고도 함
- 추가증거금(variation margin): 거래자가 마진콜을 받으면 납입해야 하는 금액으로 변동증거금이라고도 함

[그림 3-5]는 증거금계정의 잔액이 변함에 따라 언제 마진콜이 발생하는지 보여준다(마진콜은 t_1과 t_2 시점에서 2번 발생함). 그리고 개시증거금을 초과하는 금액에 대해서는 인출이 가능하다.

그림 3-5 증거금계정 잔액과 마진콜

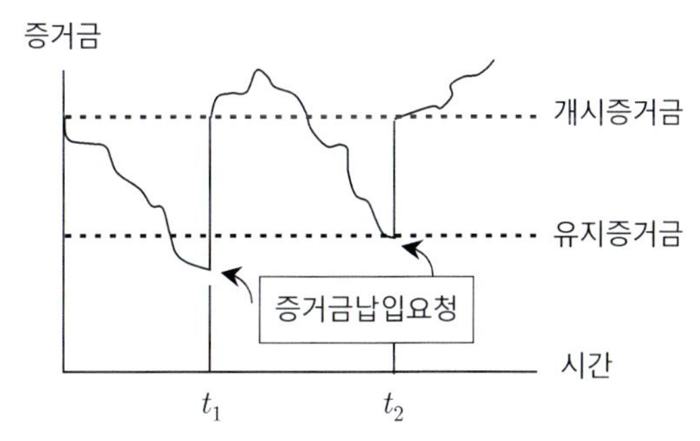

일일정산은 선물계약이 만기일에 한꺼번에 결제되지 않고 매일 결제되는 효과를 제공한다. 매일의 거래가 종료되면 투자자의 손익은 증거금계정에서 가감된다. 이는 선물계약의 가치를 다시 0으로 되돌리는 효과가 있다. 결국 거래자는 선물계약을 매일 마감하고 새로운 가격으로 재계약을 체결하는 셈이다. 반면에, 선도계약의 경우 총손익이 만기일에 한꺼번에 실현된다.

매입포지션과 매도포지션에 대해 요구되는 증거금은 동일하다. 왜냐하면 매입포지션을 취하는 것만큼 매도포지션을 취하는 것이 용이할 뿐만 아니라 매입포지션과 매도포지션의 위험이 동일하기 때문이다(방향만 반대임).

선물계약에 포지션을 취할 시 필요한 금액은 개시증거금으로 제한된다. 선물거래가 증거금거래이므로 선물계약의 레버리지는 개시증거금 비율의 역수로 계산된다. 주가지수선물의 경우 개시증거금이 현재 7.5%이므로 레버리지는 13.3배이다.

$$\text{선물계약의 레버리지} = \frac{1}{\text{개시증거금 비율}} \tag{3.6}$$

현재, 코스피200선물의 개시증거금은 7.5%이고 유지증거금은 5%이다(유지증거금은 항상 개시증거금의 2/3 수준임). 한국거래소는 기초자산 가격변동성을 기초로 적정 수준의 위험관리를 위해 일부 품목의 증거금율을 비정기적으로 필요시 조정한다. 돈육선물의 개시증거금은 21%로 선물상품 중에서 가장 높다.

주요 결과 #5

선물시장의 중요한 제도 중의 하나가 증거금제도이다. 증거금은 선물과 옵션 거래자에게 요구되는 현금이다. 증거금계정에서 가격변동에 따른 손익을 매일 정산하는 것을 일일정산이라고 한다. 일일정산은 선물계약을 매일 마감하고 새로운 가격으로 재계약을 체결하는 효과를 제공한다. 거래의 시작시 요구되는 증거금은 개시증거금으로 기초자산의 변동성 수준을 반영하며, 잔액이 유지해야 하는 최소한의 증거금인 유지증거금은 대체로 개시증거금의 2/3 수준이다. 매입포지션과 매도포지션에 적용되는 증거금은 동일하며 선물계약의 레버리지는 개시증거금 비율의 역수이다. 잔액이 유지증거금 아래로 하락하면 투자자는 증거금납입요청을 받으며 추가증거금을 납입하여 잔액을 개시증거금 수준으로 회복시키지 못하면 거래는 강제로 종료된다.

예시 3-3 증거금의 운용

코스피200지수선물 1계약에 매입포지션을 취하는 경우 선물가격 변화에 따른 일일정산은 다음과 같이 이루어진다(개시증거금 15%, 유지증거금 10%를 가정함). 코스피200지수선물 1계약의 크기는 선물가격에 500,000원을 곱한 금액으로 가정하자. 현재의 선물가격이 200포인트라고 하면 1계약의 개시증거금(15%)은 1,500만원이고 유지증거금(10%)은 1,000만원이다.

개시증거금 : $200 \times 500{,}000 \times 0.15 = 15{,}000{,}000$
유지증거금 : $200 \times 500{,}000 \times 0.10 = 10{,}000{,}000$

[표 3-6]에서 1일차에 선물가격이 195포인트로 하락하면 매입포지션의 가치는 $(200 - 195) \times 500{,}000 =$ 250만원 감소하여 증거금계정의 잔액은 1,250만원으로 감소한다. 2일차에 선물가격이 205포인트로 반등하면 가치가 $(205 - 195) \times 500{,}000 =$ 500만원 상승하여 잔액이 1,750만원이 된다. 만약 3일차에 선물가격이 20포인트 하락하면 잔액이 1,000만원 이하로 하락하므로 투자자는 마진콜을 받게 되고 추가증거금 750만원을 납부해야 한다(납부하지 않으면 청산소가 거래를 마감함).

▸ ▸ 〈표 3-6〉 증거금계정의 운영(매입포지션)

(단위: 만원)

일 자	선물가격	일일손익	누적손익	잔 액	추가증거금
0	200.00			1,500	
1	195.00	−250	−250	1,250	
2	205.00	+500	+250	1,750	
3	185.00	−1,000	−750	750	750
4	200.00	+750	0	2,250*	

(* 추가증거금 750만원이 반영된 금액임)

마진콜을 받는 가격(F_{mc})은 다음의 식을 만족시키는 190.00포인트이다.[8] 여기서 F는 선물포지션을 취하는 시점에서의 선물가격이다.

$$\text{개시증거금} - \text{유지증거금} = 1\text{계약의 크기} \times (F - F_{mc})$$
$$15{,}000{,}000 - 10{,}000{,}000 = 500{,}000 \times (200 - F_{mc}) \rightarrow F_{mc} = 190.00 \quad (3.7)$$

선물가격이 200포인트에서 185포인트로 7.5% 하락하면 증거금계정의 잔액은 1,500만원에서 750만원으로 50% 하락하므로 수익률은 −50%이다.

$$\text{수익률} = \frac{\text{손익}}{\text{개시증거금}} = \frac{(185 - 200) \times 500{,}000}{15{,}000{,}000} = -0.5$$

50%는 7.5%의 6.67배이다. 개시증거금을 15%로 가정하므로 레버리지는 $\frac{1}{0.15} = 6.67$로 계산된다.

매도자가 마진콜을 받는 선물가격은 210포인트이며 매도포지션의 증거금계정은 매입포지션과 반대로 움직인다.

▸ ▸ 〈표 3-7〉 증거금계정의 운영(매도포지션)

(단위: 만원)

일 자	선물가격	일일손익	누적손익	잔 액	추가증거금
0	200.00			1,500	
1	195.00	+250	+250	1,750	
2	205.00	−500	−250	1,250	

8) 매도포지션의 경우 만족시켜야 하는 식은 다음과 같다.

$$\text{개시증거금} - \text{유지증거금} = 1\text{계약의 크기} \times (F_{mc} - F)$$

일 자	선물가격	일일손익	누적손익	잔 액	추가증거금
3	185.00	+1,000	+750	2,250	
4	200.00	−750	0	1,500	

4 선물의 유형

선물은 크게 개별주식선물, 주가지수선물, 변동성선물, ETF선물, 통화선물, 금리선물, 상품선물로 구분된다. 보다 자세한 내용은 한국거래소 홈페이지를 참고하라.

4.1 개별주식선물(또는 주식선물)

우리나라에서 개별주식선물(single stock futures)은 2008년 5월 6일에 처음 상장되었으며, 2017년 6월말 현재, 한국거래소에는 유가증권시장 주식 113개, 코스닥시장 주식 19개에 대해 주식선물이 상장되어 있다. 주식선물 1계약의 금액은 선물가격에 10을 곱한 값이다(즉, 거래승수는 10주).

개별주식선물 매도포지션은 주식 공매도를 취한 것과 동일한 효과를 제공한다. 주식 공매도를 취하는데 많은 제약조건이 있지만, 투자자는 개별주식선물을 이용하여 저렴한 비용으로 쉽게 공매도 수요를 충족시킬 수 있다.

4.2 주가지수선물

한국거래소에 상장되어 있는 주가지수선물(stock index futures)은 주가지수를 기초자산으로 하는 코스피200선물, 코스피200섹터지수선물, 미니코스피200선물, 코스닥150선물, 배당지수를 기초자산으로 하는 배당지수선물, 유로스톡스50선물 등으로 구성된다.

코스피200선물은 우리나라의 파생상품 중 가장 먼저 상장된 상품이다(상장일 : 1996년 5월 3일). 코스피200선물은 코스피200을 기초자산으로 하는 주가지수선물이다. 코스피200은 한국거래소가 선물과 옵션의 대상지수로 사용하기 위하여 상장기업 200개의 시가총액을 기준으로 산출한 주가지수이다(기준시점은 1990년 1월 3일이고 그 때의 지수를 100으로 함).

코스피200선물 1계약의 금액은 선물가격에 거래승수 250,000원을 곱한 값이다. 결제월은 3년 이내 7개 결제월이고 최종거래일은 각 결제월의 두 번째 목요일이다. 최종결제일은 최종거래일의 다음 거래일이고 현금결제된다. 위탁증거금은 7.5%이고 호가단위는 0.05포인트(또는 0.05 × 250,000 = 12,500원)이다.

코스피200 섹터지수선물은 10개 섹터(건설, 경기소비재, 금융, 산업재, 생활소비재, 에너지/화학, 정보기술, 중공업, 철강/소재, 헬스케어)의 지수를 기초자산으로 하는 지수선물이다. 배당지수선물은 유가증권시장 50개 종목의 배당수익률 가중방식으로 산출된 지수를 기초자산으로 하는 지수선물로, 코스피고배당50선물과 코스피배당성장50선물이 있다. 미니코스피200선물은 코스피200선물과 동일하나 계약금액을 1/5로 축소하여 소액투자가 가능하게 만든 선물계약이다. 코스닥150선물은 코스닥시장의 기술주 섹터에 중점을 두면서 코스닥 종합지수의 흐름을 잘 따라가도록 시장대표성, 섹터대표성, 유동성 등의 기준으로 선정된 150개 종목으로 구성된 코스닥150지수(산출기준시점은 2010년 1월 4일이고 이때의 지수를 1,000포인트로 함)를 기초자산으로 하는 지수선물이다. 유로스톡스50선물의 기초자산은 유로스톡스50지수인데, 이 지수는 유로존 주요 12개국의 50종목을 대상으로 스톡스(STOXX)가 산출한 지수이다.

다음은 2010년 9월 14일 한국경제신문에 게재된 코스피200선물(13일 종가) 가격시세표의 일부이다.

▸ ▸ 〈표 3-8〉 코스피200선물 가격시세표

(단위: 포인트, 계약, 만주)

구 분	이론가	종가	등락	거래량	미결제량
KOSPI200	–	236.34	+2.41	11,696	–
2010년 12월	237.85	238.00	+2.15	257,103	85,647
2011년 3월	236.95	236.70	+2.35	210	1,672
2011년 6월	238.32	236.50	+1.00	–	200
2011년 9월	239.52	236.10	–	–	21

시세표로부터 몇 가지 사실을 확인할 수 있다.[9] 첫째, 12월 결산법인의 경우 1월 첫 거래일이 배당락일이므로 차근월물인 3월물의 이론가격이 최근월물인 12월물의 이론가격보다 작다. 이후 만기가 길수록 이론선물가격이 커진다(4장 참고). 둘째, 최근월물을 제외하면 유동성이 매우 낮음을 알 수 있다. 특히, 6월물과 9월물의 경우 거래가 거의 없으므로 가격에 어떤 의미를 부여하기 어렵다. 셋째, 최근월물의 가격은 이론가격에 비하여 0.15포인트 고평가

9) 거래되지 않은 원월물의 경우 종가는 "(원월물 이론가격 − 최근월물 이론가격) + 최근월물 전일 종가"로 계산된다.

되어 있다(그러나 거래비용과 차익거래에 수반되는 위험으로 인해 이 가격은 차익거래가 가능한 가격은 아닐 것으로 생각됨).

4.3 변동성선물과 ETF선물

코스피200 변동성지수선물은 코스피200 옵션가격을 이용하여 미래 30일 동안의 코스피200의 변동성을 나타낸 지수(V-KOSPI)를 기초자산으로 하는 지수선물이다(V-KOSPI에 대한 설명은 11장을 참고할 것). ETF선물은 거래소에 상장되어 있는 ETF 중에서 거래량이 많은 ETF 3개 종목을 기초자산으로 하는 선물계약이다. 3개의 ETF는 ARIRANG고배당주, KODEX삼성그룹주, TIGER헬스케어이다(ETF에 대한 설명은 부록을 참고할 것).

4.4 통화선물

현재 상장되어 있는 통화선물(currency futures)은 달러선물, 엔선물, 위안선물, 유로선물이다. 달러선물은 1999년 4월 23일에, 엔선물과 유로선물은 2006년 5월 26일에, 그리고 위안선물은 2015년 10월 5일에 각각 상장되었다. 거래단위, 가격표시방법, 최소호가단위, 결제월, 최종거래일과 결제일, 결제방법 등은 [표 3-9]와 같이 요약된다.

▸ ▸ 〈표 3-9〉 달러선물, 엔선물, 위안선물, 유로선물 상품 내역

	달러선물	엔선물	위안선물	유로선물
상장일	1999년 4월 23일	2006년 5월 26일	2015년 10월 5일	2006년 5월 26일
거래대상	미국 달러(USD)	일본 엔(JPY)	중국 위안(CNY)	유로(EUR)
거래단위	USD 10,000	JPY 1,000,000	CNY 100,000	EUR 10,000
가격표시방법	1 USD당 원화	100 JPY당 원화	1 CNY당 원화	1 EUR당 원화
최소호가단위	0.1 또는 0.01(위안선물)(1틱의 가치는 1,000원임)			
결제월	당월물 포함 연속 3개월 + 3,6,9,12월 (항상 6개 결제월 상장)			
최종거래일	결제월 세 번째 월요일			
최종결제일	최종거래일 이후 2영업일			
결제방법	실물인수도 (최종결제일에 외국통화와 원화를 교환하며 최종거래일 기장 종료시점의 최종결제가격을 인수도 금액으로 함)			

통화선물에 대응되는 선도계약이 선물환(또는 통화선도계약)이다. 통화선물은 표준화되어

거래소에서 불특정 다수간에 거래되며 제도적으로 거래소가 거래의 이행을 보장하는 거래소 상품이다. 반면에 선물환은 딜러가 시장조성자의 역할을 하는 장외거래로서, 딜러가 거대상대방의 신용위험을 직접 부담하며 대체로 거래규모가 크며, 협상에 의해 거래조건이 결정된다.[10)]

거래자는 달러선물 이외에 FX마진거래, 차액결제선물환, 원달러 ETF 등을 통하여 환투기와 환헤지를 할 수 있다(FX마진거래와 차액결제선물환에 대한 설명은 부록을 참고할 것).

4.5 금리선물(채권선물)

금리선물(interest rate futures)은 이자율 또는 이자율에 의해 가격이 결정되는 채권을 기초자산으로 하는 선물계약이다. 이자율에 의해 가치가 결정되는 상품의 가격변동위험을 헤지하거나, 미래 일정기간의 이자율을 확정시키거나, 또는 이자율의 변화방향에 대한 베팅을 하는 목적으로 금리선물이 이용된다.

현재 한국거래소에 상장되어 있는 금리선물은 1999년, 2003년, 2008년에 각각 상장된 3년국채선물, 5년국채선물, 10년국채선물 등 3개이다. 미국의 대표적인 금리선물에는 미국 CME에서 거래되는 T-bill선물과 유로달러선물, T-Bond선물, T-Note선물 등이 있다.

4.6 상품선물

상품선물(commodity futures)은 농산물, 축산물, 금속, 에너지 등 다양한 상품을 기초자산으로 하는 선물계약이다. 선물계약이 설정되어 있는 상품은 옥수수, 원면, 밀, 대두 등의 곡물, 돼지, 소 등의 축산물, 금, 은, 동, 백금 등의 금속, 원유, 난방유, 휘발유 등의 에너지로 매우 다양하다.

현재 한국거래소에 거래되고 있는 상품선물은 2008년에 상장된 돈육선물, 2015년에 새로 상장된 금선물(이는 1999년에 상장된 금선물과 2010년에 상장된 미니금선물을 통합한 계약임) 등 두 가지이다. 돈육선물과 금선물은 현금결제된다.

---

10) 현물환은 거래일 당시의 환율로 거래하며, 통상 거래일 이틀 이내에 당사자들이 실제로 외국통화를 주거나 받는 거래를 말한다.

핵심용어 정리

- 선물계약(futures contract)
- 근월물(nearby month contract)
- 원월물(distant moth contract)
- 거래승수(multiplier)
- 일일 가격변동 제한폭(daily price movement limit)
- 포지션한도(position limit)
- 실물인수도(physical delivery)
- 현금결제(cash settlement)
- 반대주문(offsetting order)
- 미결제약정수(open interest)
- 청산소(clearing house)
- 증거금계정(margin account)
- 환매수(short covering)
- 일일정산(marking-to-market)
- 개시증거금(initial margin)
- 유지증거금(maintenance margin)
- 마진콜(margin call)
- 추가증거금(variation margin)
- 개별주식선물(single stock futures)
- 주가지수선물(stock index futures)
- 변동성선물(volatility futures)
- 통화선물(currency futures)
- 금리선물(interest rate futures)
- 상품선물(commodity futures)
- 전매도(long liquidation)

주요결과 정리

주요 결과 #1

선물계약은 만기일에 미리 정한 가격으로 기초자산을 사거나 팔아야 할 의무가 부여된 계약으로, 선도계약을 표준화하여 거래소에서 거래되도록 한 계약이다. 선물계약은 거래비용을 줄이고 상대방 신용위험을 제거하고 유동성을 높여 거래를 활발하게 만들 필요성에 의해 탄생되었다.

주요 결과 #2

선물계약은 표준화된 선도계약이므로 결제월, 거래시간, 호가단위, 최종거래일, 결제방법, 거래승수, 가격변동 제한폭, 포지션한도 등이 구체적으로 규정되어야 한다.

주요 결과 #3

미결제계약수는 계약이 청산되지 않고 현재 남아있는 계약의 수(즉, 매입포지션의 수 또는 매도포지션의 수)로 시장에서의 수요를 반영한다. 계약의 두 당사자가 모두 신규매매를 하는 경우 미결제약정수는 증가하고, 두 당사자가 모두 반대매매를 하는 경우 미결제약정수는 감소한다.

주요 결과 #4

선도계약은 만기일에 실물인수도 또는 현금결제되지만, 선물계약의 경우 대부분 만기일 전에 반대주문으로 마감된다. 만기일에 매입포지션의 이익은 $S_T - F$이고 매도포지션의 이익은 $F - S_T$이다. 반대주문의 경우 전매도든 환매수든 이익은 매도가격에서 매입가격을 차감하여 구한다.

주요 결과 #5

선물시장의 중요한 제도 중의 하나가 증거금제도이다. 증거금은 선물과 옵션 거래자에게 요구되는 현금이다. 증거금계정에서 가격변동에 따른 손익을 매일 정산하는 것을 일일정산이라고 한다. 일일정산은 선물계약을 매일 마감하고 새로운 가격으로 재계약을 체결하는 효과를 제공한다. 거래의 시작시 요구되는 증거금은 개시증거금으로 기초자산의 변동성 수준을 반영하며, 잔액이 유지해야 하는 최소한의 증거금인 유지증거금은 대체로 개시증거금의 2/3 수준이다. 매입포지션과 매도포지션에 적용되는 증거금은 동일하며 선물계약의 레버리지는 개시증거금 비율의 역수이다. 잔액이 유지증거금 아래로 하락하면 투자자는 증거금납입요청을 받으며 추가증거금을 납입하여 잔액을 개시증거금 수준으로 회복시키지 못하면 거래는 강제로 종료된다.

개념체크

1 선도계약(선물계약)의 매입자와 매도자의 이득과 이익은 각각 어떻게 계산되는가? 이를 그래프에 그릴 수 있는가?

2 대표적인 선도계약에는 어떤 계약이 있는가?

3 선도계약이 선물계약으로 발전한 이유는 무엇인가?

4 수출기업과 수입기업이 선물환을 이용하여 환위험을 헤지하는 방법을 설명할 수 있는가?

5 선도계약과 선물계약은 어떻게 상이한가?

6 한국거래소에 상장되어 있는 선물상품은 무엇인가?

7 가장 거래가 활발한 코스피200선물의 결제월은 무엇인가?

8 근월물과 원월물의 의미는 무엇인가?

9 특정 시점 기준으로 거래되고 있는 코스피200선물의 결제월을 파악할 수 있는가?

10 거래승수는 무엇인가?

11 가격변동 제한폭과 포지션한도는 무엇이며 설정하는 이유는 무엇인가?

12 미결제계약수는 무엇이며 거래량과 어떻게 상이한가? 미결제계약수가 변하는 경우는 언제인가?

13 세 가지 결제방법인 실물인수도, 현금결제, 반대주문이란 각각 무엇인가?

14 전매도와 환매수는 각각 무엇을 의미하는가?

15 선물계약을 만기일에 현금결제하는 경우와 만기일 전에 반대매매하는 경우 매입포지션과 매도포지션의 이익을 계산할 수 있는가?

16 청산소는 어떤 역할을 하는가? 청산소가 거래상대방 신용리스크를 제거할 수 있는 메카니즘은 무엇인가?

17 청산소가 선물가격 변동위험을 부담하지 않는 이유는 무엇인가? 순포지션이 0이라는 의미는 무엇인가?

18 일일정산이란 무엇인가?

19 개시증거금, 유지증거금, 마진콜, 추가증거금은 각각 무엇인가?

20 마진콜을 받고 추가증거금을 납입하지 않으면 어떻게 되는가?

21 언제 마진콜이 발생하며 이때 납입해야 하는 추가증거금의 규모는 무엇인가?

22 "일일정산이 선물계약의 가치를 0으로 되돌리는 효과가 있다"는 의미는 무엇인가?

23 매입포지션과 매도포지션에 대해 요구되는 증거금이 동일한 이유는 무엇인가?

24 선물계약의 레버리지는 어떻게 계산하는가?

25 유지증거금은 개시증거금의 어느 정도인가?

26 매입포지션과 매도포지션의 경우 마진콜을 발생시키는 가격을 계산할 수 있는가?

27 선물상품별로 개시증거금이 다른 이유는 무엇인가?

CHAPTER
03 연습문제

객관식 유형

1 선물계약에서 개시증거금이 10%이면 선물계약의 레버리지는 얼마인가?

① 5배 ② 10배
③ 20배 ④ 정답 없음

2 다음 중 미결제계약수가 변하지 않는 경우는?

① 신규매매와 신규매매 ② 신규매매와 반대매매
③ 반대매매와 반대매매 ④ 정답 없음

3 코스피200선물 1계약에 매도포지션을 취한 투자자를 고려해 보자(거래승수 50만원 가정). 현재 선물가격이 280포인트이고 1계약의 개시증거금은 9%이고 유지증거금은 6%이다. 선물가격이 어떻게 변할 때 투자자는 증거금납입요청을 받게 되는가?

① 288.4포인트 ② 285.7포인트
③ 271.6포인트 ④ 정답 없음

4 미국 투자자가 향후 2개월 동안에 파운드화가 달러화에 대하여 강세를 보일 것으로 예상하여 선물 1계약을 매입하는 투기포지션을 취하였다. 현재의 환율은 1파운드에 1.6470달러이고 만기가 2개월인 선물가격은 1.6410이다. 선물 1계약의 기초자산은 62,500파운드이다. 2개월 후에 환율이 1.6000으로 하락하였다. 미국 투자자의 수익률은 얼마인가? 1계약의 위탁증거금은 25,000달러로 가정한다.

① −11.75% ② +11.75%
③ −10.25% ④ +10.25%

5 선물계약의 경우 가장 많이 이용되는 결제 방법은?

① 실물인수도　　② 반대매매
③ 현금결제　　④ 기초자산 인수도

6 최초의 매입포지션을 매도포지션으로 마감하는 것을 (　　　)이라고 한다. 반대로 최초의 매도포지션을 매입포지션으로 마감하는 것을 (　　　)이라고 한다. 괄호에 가장 적절한 것은?

① 전매도, 환매수　　② 환매수, 전매도
③ 전매수, 환매도　　④ 환매도, 전매수

7 선도계약과 선물계약에 대한 설명으로 가장 거리가 먼 것은?

① 선도계약은 비표준화된 계약이고 선물계약은 표준화된 계약이다.
② 거래자는 선도계약에서 상대방의 신용리스크를 부담하지만 선물계약에서는 부담하지 않는다.
③ 선물계약에서도 대부분의 계약이 만기일에 실물인수도 되거나 현금결제된다.
④ 선도계약은 유동성이 낮은 반면에 선물계약은 유동성이 높다.

8 다음 중 한국거래소에 현재 상장된 선물이 아닌 것은?

① 배당지수선물　　② 스타지수선물
③ 코스피200 변동성지수선물　　④ 돈육선물

9 코스피200선물의 최소가격변화는 얼마인가?

① 12,500원　　② 25,000원
③ 50,000원　　④ 정답 없음

10 코스피200선물의 최종 거래일은 언제인가?

① 결제월의 세 번째 화요일　　② 결제월의 세 번째 월요일
③ 결제월의 두 번째 목요일　　④ 결제월의 두 번째 금요일

11 증거금제도와 관련된 설명으로 가장 적절하지 않은 것은?

① 선물상품의 경우 매입포지션과 매도포지션에 대해 요구되는 증거금은 동일하다.
② 선물계약의 레버리지는 유지증거금 비율의 역수이다.
③ 한국거래소의 경우 유지증거금은 개시증거금의 2/3 수준이다.
④ 증거금계정의 잔액이 유지증거금 아래로 하락하면 거래자는 개시증거금 수준으로 잔액을 회복시켜야 한다.

12 다음 네 가지 선물계약 중에서 개시증거금이 가장 큰 계약은?

① 주가지수선물 ② 달러선물
③ 개별주식선물 ④ 돈육선물

13 거래자가 최초에 200포인트에 선물을 매도하고 차후에 210포인트에 매입하면 거래자의 이익은 몇 포인트인가?

① 10포인트 ② −10포인트
③ 5포인트 ④ 정답 없음

14 코스피200선물의 2021년 12월물이 처음 상장되는 시점은?

① 2020년 12월 두 번째 금요일
② 2019년 12월 두 번째 금요일
③ 2018년 12월 두 번째 금요일
④ 2017년 12월 두 번째 금요일

주관식 유형

1 투자자가 12월 만기 금선물 2계약에 매입포지션을 취하였다. 개시증거금은 계약당 2,000달러이고 유지증거금은 1,500달러이다. 현재 선물가격은 온스당 900달러이고, 1계약은 100온스이다. 다음 표를 완성하라(2계약 기준).

	선물가격	일일 손익	누적 손익	증거금계정 잔액	증거금납입요청
현재	900.00			4,000	
1일	897.00				
2일	896.10				
3일	898.20				
4일	897.10				
5일	896.70				
6일	895.40				
7일	893.30				
8일	893.60				
9일	891.80				
10일	892.70				

2 어떤 기업이 코스피200선물 1계약에 매도포지션을 취하였다. 현재 선물가격이 280포인트이고 1계약의 개시증거금은 15%이고 유지증거금은 10%이다. 거래승수는 50만원으로 가정한다.

❶ 선물가격이 어떻게 변할 때 투자자는 증거금납입요청을 받게 되는가?

❷ 선물가격이 10% 상승하면 증거금계정의 잔액은 어떻게 영향을 받는가? 이 값은 레버리지와 어떤 관계를 갖는가?

❸ 선물가격이 어떻게 변할 때 투자자는 증거금계정으로부터 300만원을 인출할 수 있는가?

3 일별 거래량과 미결제약정수량을 계산하라. 'A3'는 A거래자의 3계약을 의미한다.

일자	매입	매도	미결제 매입포지션	미결제 매도포지션	거래량	미결제 계약수
1					0	0
2	A3,B2	C1,D1,E1,F2				
3	G2,H1	A1,I1,J1				
4	F1	A1				
5	K1,D1,I1	G1,L2				
6	E1,F1	B2				
7	C1,L1	A1,G1				
8	J1,L1	H1,K1				

CHAPTER

03 연습문제 풀이

객관식 유형

1 ②

$$\frac{1}{0.1} = 10.$$

2 ②

신규매매와 반대매매의 경우 미결제계약수가 변하지 않는다.

3 ①

$280 \times 500{,}000 \times (0.09 - 0.06) = 500{,}000 \times (F_{mc} - 280)$으로부터 $F_{mc} = 288.4$이다.

4 ③

$$\frac{62{,}500 \times (1.6 - 1.641)}{25{,}000} = -10.25\%.$$

5 ②

6 ①

7 ③

선물계약에서 대부분의 계약은 반대매매로 만기일 이전에 마감된다.

8 ②

스타지수선물은 2015년 11월 13일에 상장폐지되었다.

9 ①

호가가격 단위가 0.05포인트이고 거래승수가 250,0000원이므로 최소가격변화는 12,500원이다.

10 ③

11 ②

레버리지 비율은 개시증거금 비율의 역수이다.

12 ④

13 ②

매도가격에서 매입가격을 차감한 −10포인트이다.

14 ③

2018년 12월 두 번째 금요일에 처음 상장되어 3년 동안 거래되고 2021년 12월 두 번째 목요일까지 거래된다.

주관식 유형

1 해답 및 해설

	선물가격	일일 손익	누적 손익	증거금계정 잔액	증거금납입요청
현재	900.00			4,000	
1일	897.00	−600	−600	3,400	
2일	896.10	−180	−780	3,220	
3일	898.20	420	−360	3,640	
4일	897.10	−220	−580	3,420	
5일	896.70	−80	−660	3,340	
6일	895.40	−260	−920	3,080	
7일	893.30	−420	−1,340	2,660	1,340
8일	893.60	60	−1,280	4,060	
9일	891.80	−360	−1,640	3,700	
10일	892.70	180	−1,460	3,880	

2 해답 및 해설

1 투자자가 매도포지션을 취하였으므로 선물가격이 상승하면 손해가 발생한다. 증거금납입요청을 야기시키는 선물가격은 다음 식을 만족시키는 F_{mc}이다. 선물가격이 280포인트일 때 개시증거금은 $280 \times 50 \times 0.15 = 2{,}100$만원이고 유지증거금은 $280 \times 50 \times 0.1 = 1{,}400$만원이므로 F_{mc}는 294포인트이다.

$$2{,}100 - 1{,}400 = 50 \times (F_{mc} - 280) \rightarrow F_{mc} = 294$$

2 선물가격이 10% 상승하여 308포인트가 되면 증거금계정의 잔액은 28×50 = 1,400만원 감소하여 700만원이 된다. 잔액이 67% 하락하는데 이는 선물가격변화율 10%의 6.7배이다. 6.7배는 레버리지비율로 개시증거금비율의 역수 1/0.15이다.

$$\frac{700}{2,100} - 1 = -67\%$$

3 선물가격이 6포인트 하락하여 274포인트가 되면 증거금계정의 잔액이 300만원 증가하므로 투자자는 300만원을 계정으로부터 인출할 수 있다.

3 해답 및 해설

일자	매입	매도	미결제 매입포지션	미결제 매도포지션	거래량	미결제 계약수
1					0	0
2	A3,B2	C1,D1,E1,F2	A3,B2	C1,D1,E1,F2	5	5
3	G2,H1	A1,I1,J1	A2,B2,G2,H1	C1,D1,E1,F2,I1,J1	3	7
4	F1	A1	A1,B2,G2,H1	C1,D1,E1,F1,I1,J1	1	6
5	K1,D1,I1	G1,L2	A1,B2,G1,H1,K1	C1,E1,F1,J1,L2	3	6
6	E1,F1	B2	A1,G1,H1,K1	C1,J1,L2	2	4
7	C1,L1	A1,G1	H1,K1	J1,L1	2	2
8	J1,L1	H1,K1			2	0

부록 3A: FX마진거래, 차액결제선물환, ETF

3A.1 FX마진거래

FX마진거래(FX margin trade)는 외국통화의 매수 및 매도를 통하여 환차익을 추구하는 거래이다(외환(foreign exchange)을 FX 또는 FOREX라고 함). FX마진거래는 이종 통화 간 현물환 거래로, 현물이 오고 가지 않는 차액결제 방식을 이용한다. FX마진거래는 계약금액의 5%를 증거금으로 납부하므로 레버리지는 20배이다(즉, 500달러로 20배인 100,000달러까지 거래할 수 있음). 만약 환율이 유리하게(불리하게) 3% 변하면 투자자의 실제 수익률은 20배인 60%(−60%)가 된다.

FX마진거래에서 개인 투자자가 국내 증권회사 또는 선물회사를 통해 주문을 넣으면, 해당 주문은 해외파생상품시장회원을 통해 은행으로 넘어가고, 은행은 국제은행간 시장에서 타 은행과 거래하게 된다. 개인투자자들은 HTS(Home Trading System)을 통해 24시간 거래를 할 수 있다.

FX마진거래는 "기준통화/상대통화"를 한 쌍으로 묶어 거래한다. FX마진거래 매수는 기준통화를 매수하고 상대통화를 매도하는 것이다. FX마진거래 매도는 기준통화를 매도하고 상대통화를 매수하는 것이다.

3A.2 차액결제선물환

차액결제선물환(non-deliverable forward: NDF)은 통상적인 선물환 거래와 달리 만기시 현물환율과의 차액만을 미 달러화로 정산하는 선물계약을 말한다. 차액만을 결제하므로 결제금액이 훨씬 적어 선물환보다 비용측면에서 유리하다. 예를 들어, 3개월 후 100만 달러를 NDF환율 1,150원에 매도하기로 체결하는 경우, 만기일의 환율이 1,000원이 되면 투자자는 $\frac{(1,150-1,000)\times 1,000,000}{1,000}$ = 150,000달러를 상대방으로부터 수취한다.

NDF거래는 주로 역외세력(외국은행과 외국인 투자자)에 의해 이루어진다. 이유는 우리 금융자산에 투자한 외국인들이 환헤지는 하되 직접 원화를 주고 받는 것을 원하지 않기 때문이다. 또한 많은 외국 거래자들이 단순 환율전망을 기초로 투기적인 외환거래를 하기 때문이다. 원/달러 NDF시장은 매우 활발하게 거래가 이루어지는 시장이며 60~80%가 투기거래인 것으로 알려져 있다.

국내은행이 외국인과 NDF거래를 하면 국내은행의 단기차입규모가 증가하게 된다. 원화절상의 기대심리가 강한 경우 외국인들은 NDF매도를 하고 국내은행이 NDF매입을 하면 은행의 외환포지션은 매입초과포지션이 된다. 은행은 이를 상쇄하기 위하여 외화자산을 매도하거나 또는 외화부채를 늘려야 한다. 외화를 현금으로 가지고 있지 않은 은행은 외국은행의 국내지점으로부터 달러를 차입하여 팔 수밖에 없게 되고, 이런 과정에서 단기차입이 증가하게 된다. (출처 : 조선일보, 2011년 6월 3일, 다시 풀어 읽는 경제기사)

3A.3 ETF

ETF는 exchange-traded fund의 약자로 상장지수집합투자기구(또는 간략히 상장지수펀드)로 번역된다. ETF는 코스피200과 같은 특정 지수 및 특정 자산의 가격 움직임과 수익률이 연동되도록 설계된 펀드로서 거래소에 상장되어 주식처럼 거래되는 펀드이다.

주식의 성격을 갖게 되는 ETF는 개별주식의 장점인 매매 편의성과 인덱스펀드의 장점인 분산투자, 낮은 거래비용뿐만 아니라 투명성 또한 높다.

ETF의 효시는 1993년 AMEX에 상장된 SPDR S&P 500으로 S&P 500 지수를 추종하도록 설계되었다. 국내에는 2002년 10월 코스피200과 코스피50을 기초지수로 하는 4개의 ETF가 처음으로 도입된 이후 2016년 7월말 현재 종목수 220개, 순자산 총액 26조원으로 성장하였다.

부록 3B: 코스피200 지수선물 관련 증권사 제공 화면 캡처

(2011년 6월 2일 자료, 화면제공: 삼성증권)

그림 3B-1 선물과 옵션 종합시세

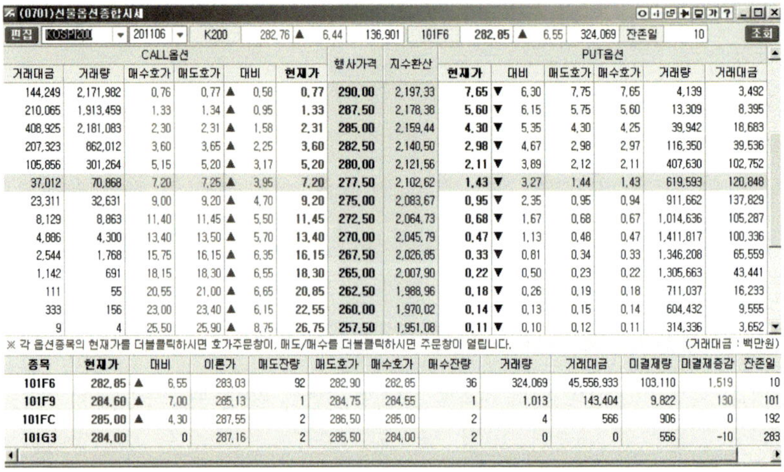

(0701)선물옵션종합시세

편집 KOSPI200 201106 K200 282.76 ▲ 6.44 136,901 101F6 282.85 ▲ 6.55 324,069 잔존일 10 조회

CALL옵션						행사가격	지수환산	PUT옵션					
거래대금	거래량	매수호가	매도호가	대비	현재가			현재가	대비	매도호가	매수호가	거래량	거래대금
144,249	2,171,982	0.76	0.77	▲ 0.58	0.77	290.00	2,197.33	7.65	▼ 6.30	7.75	7.65	4,139	3,492
210,065	1,913,459	1.33	1.34	▲ 0.95	1.33	287.50	2,178.38	5.60	▼ 6.15	5.75	5.60	13,309	8,395
408,925	2,181,083	2.30	2.31	▲ 1.58	2.31	285.00	2,159.44	4.30	▼ 5.35	4.30	4.25	39,942	18,683
207,323	862,012	3.60	3.65	▲ 2.25	3.60	282.50	2,140.50	2.98	▼ 4.67	2.98	2.97	116,350	39,536
105,856	301,264	5.15	5.20	▲ 3.17	5.20	280.00	2,121.56	2.11	▼ 3.89	2.12	2.11	407,630	102,752
37,012	70,868	7.20	7.25	▲ 3.95	7.20	277.50	2,102.62	1.43	▼ 3.27	1.44	1.43	619,593	120,848
23,311	32,631	9.00	9.20	▲ 4.70	9.20	275.00	2,083.67	0.95	▼ 2.35	0.95	0.94	911,662	137,829
8,129	8,863	11.40	11.45	▲ 5.50	11.45	272.50	2,064.73	0.68	▼ 1.67	0.68	0.67	1,014,636	105,287
4,886	4,300	13.40	13.50	▲ 5.70	13.40	270.00	2,045.79	0.47	▼ 1.13	0.48	0.47	1,411,817	100,336
2,544	1,768	15.75	16.15	▲ 6.35	16.15	267.50	2,026.85	0.33	▼ 0.81	0.34	0.33	1,346,208	65,559
1,142	691	18.15	18.30	▲ 6.55	18.30	265.00	2,007.90	0.22	▼ 0.50	0.23	0.22	1,305,663	43,441
111	55	20.55	21.00	▲ 6.65	20.85	262.50	1,988.96	0.18	▼ 0.26	0.19	0.18	711,037	16,233
333	156	23.00	23.40	▲ 6.15	22.55	260.00	1,970.02	0.14	▼ 0.13	0.15	0.14	604,432	9,555
9	4	25.50	25.90	▲ 8.75	26.75	257.50	1,951.08	0.11	▼ 0.10	0.12	0.11	314,336	3,652

※ 각 옵션종목의 현재가를 더블클릭하시면 호가주문창이, 매도/매수를 더블클릭하시면 주문창이 열립니다. (거래대금 : 백만원)

종목	현재가	대비	이론가	매도잔량	매도호가	매수호가	매수잔량	거래량	거래대금	미결제량	미결제증감	잔존일
101F6	282.85	▲ 6.55	283.03	92	282.90	282.85	36	324,069	45,556,933	103,110	1,519	10
101F9	284.60	▲ 7.00	285.13	1	284.75	284.55	1	1,013	143,404	9,822	130	101
101FC	285.00	▲ 4.30	287.55	2	286.50	285.00	2	4	566	906	0	192
101G3	284.00	0	287.16	2	285.50	284.00	2	0	0	556	-10	283

그림 3B-2 선물과 옵션의 차트

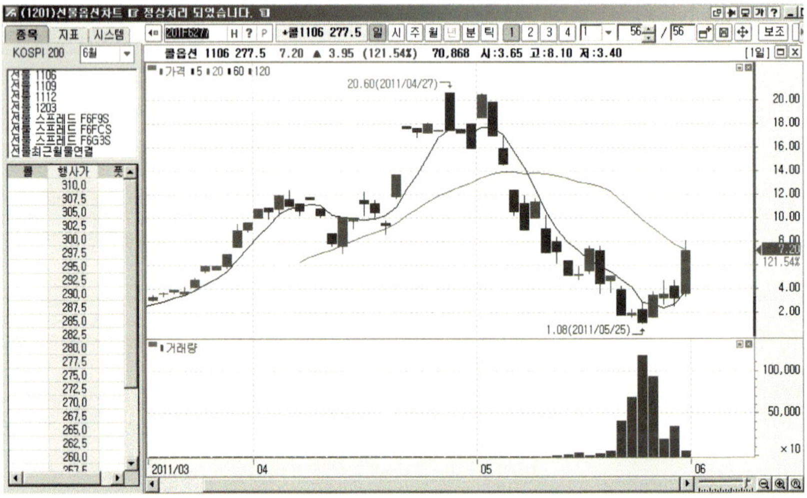

그림 3B-3 미결제약정수량

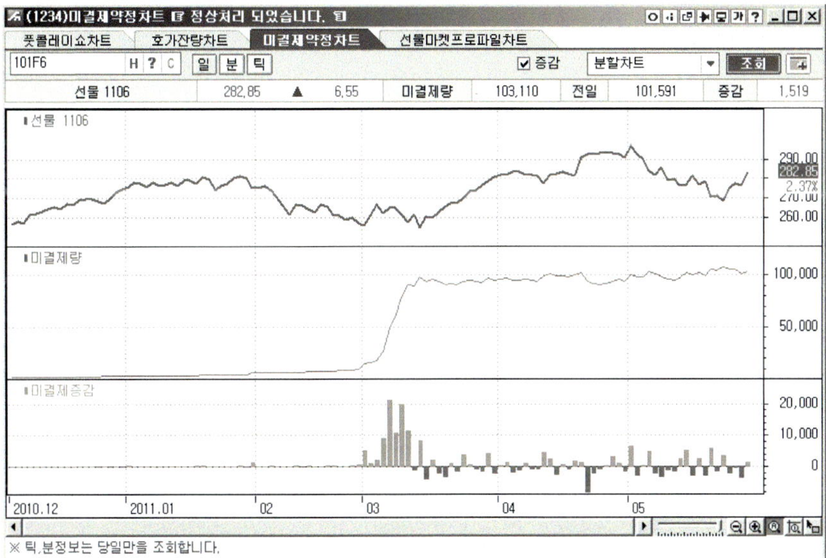

그림 3B-4 가격스프레드

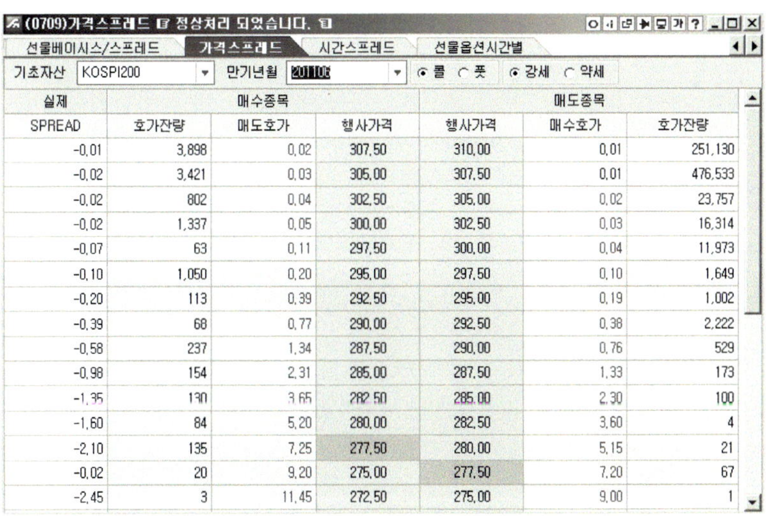

실제	매수종목			매도종목		
SPREAD	호가잔량	매도호가	행사가격	행사가격	매수호가	호가잔량
-0.01	3,898	0.02	307.50	310.00	0.01	251,130
-0.02	3,421	0.03	305.00	307.50	0.01	476,533
-0.02	802	0.04	302.50	305.00	0.02	23,757
-0.02	1,337	0.05	300.00	302.50	0.03	16,314
-0.07	63	0.11	297.50	300.00	0.04	11,973
-0.10	1,050	0.20	295.00	297.50	0.10	1,649
-0.20	113	0.39	292.50	295.00	0.19	1,002
-0.39	68	0.77	290.00	292.50	0.38	2,222
-0.58	237	1.34	287.50	290.00	0.76	529
-0.98	154	2.31	285.00	287.50	1.33	173
-1.35	130	3.65	282.50	285.00	2.30	100
-1.60	84	5.20	280.00	282.50	3.60	4
-2.10	135	7.25	277.50	280.00	5.15	21
-0.02	20	9.20	275.00	277.50	7.20	67
-2.45	3	11.45	272.50	275.00	9.00	1

CHAPTER 4

선물가격의 결정

CONTENTS

학습 주안점

선물가격은 현물가격과 일정한 균형 관계를 가져야 한다. 4장은 무차익논리와 복제포트폴리오의 논리로 선물가격이 결정되는 원리를 설명한다. 기초자산의 유형에 따라 4가지 경우로 나누어 선물가격 공식을 유도하고 마지막으로 베이시스, 백워데이션, 콘탱고, 합성 대출 및 차입 포지션에 대하여 설명하기로 한다.

이 장에서 여러분이 숙지해야 할 내용은 다음과 같다.

❶ 선물가격이 너무 높은 경우와 낮은 경우 어떤 차익거래가 가능한가?
❷ 선물계약의 복제포트폴리오는 무엇인가?
❸ 현물-선물 패리티란 무엇인가?
❹ 보유비용이란 무엇인가?
❺ 기초자산의 유형에 따라 어떤 선물가격 공식이 유도되는가?
❻ 베이시스란 무엇인가? 만기일에 베이시스가 0인 이유는 무엇인가?
❼ 백워데이션과 콘탱고는 각각 무엇인가?
❽ 대출포지션과 차입포지션을 합성하는 방법은 무엇인가?

① 선물가격의 결정

여기서는 균형 선물가격(또는 이론 선물가격)을 결정하는 두 가지 방법을 설명하기로 한다. 첫 번째 방법은 차익거래를 배제하는 유일한 선물가격이 존재하는데 이 가격이 균형 선물가격이다. 두 번째 방법은 선물계약을 기초자산과 채권으로 복제하여 균형 선물가격을 도출하는 방법이다.

1.1 무차익원칙에 의한 선물가격 결정

2장에서 우리는 차익거래에 대하여 자세히 설명하였다. 차익거래는 "상대적으로 과소평가된 자산을 매입함과 동시에 상대적으로 과대평가된 자산을 매도하여 자신의 비용을 들이지 않고 위험을 부담하지 않으면서 확실한 이익을 얻는 거래"로 정의된다. 무차익원칙(no arbitrage principle)을 이용하여 선물가격을 결정하기 위하여 다음과 같이 가정하자.

① 거래비용(거래수수료와 매매호가차이), 증거금, 세금이 없다.
② 무위험이자율로 차입과 대출이 가능하다. 즉, 차입이자율과 대출이자율이 동일하다.
③ 차익거래 기회가 존재하면 거래자들은 이를 즉각적으로 이용한다.
④ 공매도 포지션을 취하는데 제약조건이 없으며 공매도한 금액은 즉각적으로 이용이 가능하다.
⑤ 신용리스크(부도리스크)가 없다. 즉, 거래자는 계약대로 거래를 이행한다.

일반적으로 무위험이자율은 정부가 발행한 국채의 이자율을 의미한다. 그러나 외국의 파생상품시장에서의 거래자들은 무위험이자율로 Libor/swap rate를 이용한다. Libor는 런던은행간 대출금리(London Interbank Offer Rate)로서 특정 은행이 공시한 Libor는 그 은행이 다른 은행에 대규모 예금을 할 때 수용할 수 있는 이자율이다. 대형 은행들은 1개월, 3개월, 6개월, 그리고 12개월 Libor를 공시한다. 그리고 1년 이상의 경우 swap rate이 무위험이자율의 대용치로 이용되는데, swap rate(스왑이자율)는 금리스왑에서 Libor와 교환되는 고정금리이다.

삼성전자 주식 1주를 기초자산으로 하는 1년 만기 선물계약(또는 선도계약)을 고려해 보자. 주식은 1년 동안 현금배당을 지급하지 않을 것으로 예상되며, 주가는 현재 50만원이고 무위험이자율은 연 6%이다. 적정 선물가격은 얼마인가? 적정 선물가격(이론 선물가격 또는 균형 선물가격)은 53만원인데 먼저 선물가격이 균형 선물가격보다 높거나 낮은 경우 어떤 차익거래가 발생하는지 살펴보자.

(1) F = 55만원의 경우

선물가격이 너무 높으므로 차익거래자는 선물계약을 매도하고 동시에 50만원을 차입하여 기초자산을 매입한다. 차익거래자는 만기일에 55만원에 기초자산을 인도하고 원리금 $50 \times 1.06 = 53$만원을 상환하여 2만원의 무위험 이익을 얻는다. 차익거래자는 기초자산을 미리 매입하였고 매도가격이 확정되었기 때문에 위험에 전혀 노출되지 않는다. 선물가격은 차익이 0이 되는 53만원까지 하락해야 한다.

(2) F = 51만원의 경우

선물가격이 너무 낮으므로 차익거래자는 선물계약을 매입하고 동시에 기초자산을 매도한다(주식을 공매도하여 50만원을 6%로 투자함). 차익거래자는 만기일에 51만원을 지급하고 기초자산을 인수하여 공매도포지션을 마감하면 $50 \times 1.06 - 51 = 2$만원의 무위험 이익을 얻게 된다. 주식을 공매도하여 받은 금액을 무위험자산에 투자하였고 공매도 포지션 청산에 필요한 주식의 매입가격이 확정되었기 때문에 차익거래자는 위험에 전혀 노출되지 않는다. 선물가격은 차익이 0이 되는 53만원까지 상승해야 한다.

이상의 설명으로부터 차익거래를 배제하는 유일한 선물가격은 53만원임을 알 수 있다(즉, 53만원이 아니면 차익거래기회가 발생함). 균형선물가격은 현물가격에 만기일까지의 이자비용(또는 자금조달비용)을 가산한 $F = 50 \times 1.06 = 53$만원이다. 현물가격이 S이고 만기가 T인 선물계약의 균형선물가격은 다음과 같이 산출된다(r은 무위험이자율이고 기초자산이 현금소득을 제공하지 않는다고 가정함).

$$F = S(1 + r)^T \tag{4.1}$$

이 선물가격은 차익거래를 배제하는 유일한 가격으로 도출되었으므로 투자자의 위험에 대한 태도 및 기초자산의 위험 크기와 무관하게 성립한다.

예시 4-1 주식매입과 선물매도

본문의 예시에서 만약 삼성전자 주식을 소유하고 있는 투자자가 균형가격 53만원에 선물계약 매도포지션을 취하면 어떻게 되는가?

투자자는 만기일에 소유하고 있는 주식을 인도하고 53만원을 수령한다. 투자자가 처음 포지션을 취하는 시점에서의 주가가 50만원이었으므로 투자자는 만기일의 주가와 상관없이 항상 3만원의 이익을 얻을 수 있다. 주식을 소유하고 있는 투자자가 선물을 매도하면 투자자의 포지션은 위험이 없는 헤지포지션이 되고 이 경우 투자자는 무위험이자율에 해당되는 6%의 이익, 즉 30,000원의 이익을 얻게 된다.[1)] 이 상황은 [그림 4-1]과 같다.

만약 이 상황에서 주식을 보유하고 있지 않은 투자자가 현물을 매입하고 선물을 매도하면 얼마의 이익이 발생하는가? 투자자는 50만원을 차입하여 현물을 매입하고 만기일에 현물을 인도하고 선물가격 53만원을 수령하여 원리금을 상환하면 이익은 당연히 0이 된다. 즉, 선물가격이 균형가격이므로 무위험 차익은 0이 되어야 한다.

그림 4-1 주식매입과 선물매도(헤지포지션)

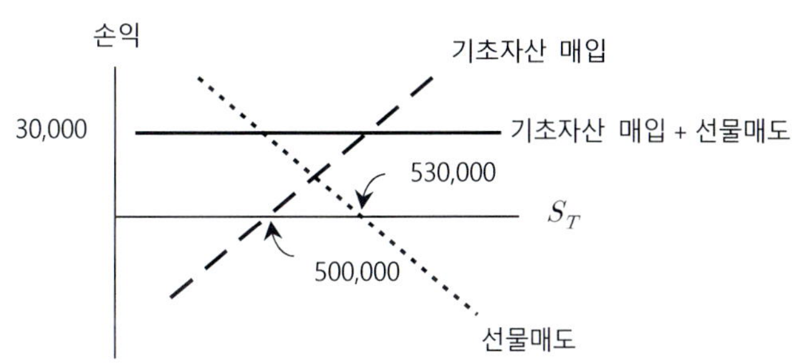

주요 결과 #1

선물가격이 균형선물가격보다 높으면 선물계약을 매도함과 동시에 기초자산을 매입하는 차익거래를 시행하고, 선물가격이 균형선물가격보다 낮으면 선물계약을 매입함과 동시에 기초자산을 공매도하는 차익거래를 시행함으로써, 결국 선물가격은 균형선물가격과 같아지게 된다. 기초자산이 현금소득을 제공하지 않으면 균형선물가격은 $F = S(1+r)^T$ 이다. 이 관계는 투자자의 위험에 대한 태도 및 기초자산의 위험 크기와 무관하게 성립한다.

1) 이 장 뒤에 설명되어 있듯이, "Futures = Stock − Bond"이므로, Stock − Futures = Bond이다. 즉, 주식매입과 선물매도가 결합되면 무위험 채권포지션이 합성된다.

1.2 복제포트폴리오에 의한 선물가격 결정

선물계약을 복제하기 위하여 다음의 두 전략을 고려해 보자.

- 전략1 : 선물계약 매입포지션(만기는 T이고 선물가격은 F임)
- 전략2 : 무위험채권(만기 T, 원금 F인 무이표채)을 공매도하고 기초자산(만기일까지 현금소득 없음)을 매입함

두 전략은 다음과 같이 만기일에 $S_T - F$의 동일한 가치를 갖는다.

- 전략1 : F를 지불하고 가치가 S_T인 기초자산을 인수하므로 가치는 $S_T - F$임
- 전략2 : 무위험채권 공매도 포지션을 마감하기 위하여 만기일에 무위험채권을 매입하고 (만기일에서의 채권가격은 원금과 동일하므로 F임), 기초자산은 계속 보유함. 이 전략의 만기일에서의 가치는 $S_T - F$임

두 전략의 만기일에서의 가치가 동일하므로 차익거래를 배제하려면 현재 시점에서도 동일한 가치를 가져야 한다.

전략1의 선물계약에 포지션을 취하는데 비용이 발생하지 않으므로(또는 선물계약의 가치가 0이므로) 전략2의 비용도 0이어야 한다. 즉, 기초자산을 매입하고 채권을 공매도하는데 소요되는 비용이 0이어야 한다.[2)]

$$S - \frac{F}{(1+r)^T} = 0 \tag{4.2}$$

이로부터 다음과 같은 현물가격과 선물가격간 관계가 유도된다. 무위험이자율은 r이고 선물계약의 만기는 T이다. 옵션과 달리 선물가격은 기초자산의 변동성(또는 위험의 크기)에 의해 영향을 받지 않는다.

$$F = S(1+r)^T \tag{4.3}$$

2) [표 4-1]에서 확인할 수 있듯이 전략2의 현재시점의 현금흐름은 $PV(F) - S$이고 전략2의 가치 또는 포지션을 취하는 비용은 $S - PV(F)$이다. 즉, 현재시점은 포지션을 취하는 시점이므로 현금흐름은 가치와 반대 부호를 갖는다(예를 들어, 100만원의 가치를 갖는 자산을 구입하려면 100만원을 지불해야 함). 그러나 만기일에서는 가치와 현금흐름이 동일한 부호를 갖는다. 즉, 만기일에 자산의 가치가 100만원이면 이를 매도하여 100만원을 수령하기 때문이다.

▸ ▸ 〈표 4-1〉 선물계약 복제포트폴리오의 구성

		현재시점의 현금흐름	만기일의 현금흐름
전략1 : 선물계약 매입		0	$S_T - F$
전략2 (복제전략)	무위험채권 공매도	$\frac{F}{(1+r)^T}$	$-F$
	기초자산 매입	$-S$	S_T
	소계	$\frac{F}{(1+r)^T} - S$	$S_T - F$

두 전략이 동일한 현금흐름을 제공하므로 "무위험채권 공매도 + 기초자산매입"을 선물계약(또는 선도계약) 매입포지션의 복제포트폴리오(replicating portfolio) 또는 합성포지션(synthetic position)으로 간주할 수 있다(채권의 만기는 선물계약의 만기와 동일함). 즉,

$$
\begin{aligned}
\text{Futures} &= \text{Stock} - \text{Bond} \\
\text{선물매입} &= \text{현물매입} + \text{채권공매도} \\
\text{선물매입} &= \text{현물매입} + \text{차입}
\end{aligned}
\tag{4.4}
$$

"선물매입 = 현물매입 + 채권공매도"의 관계를 그래프를 이용하여 증명해 보자. 이득은 만기일에서의 현금흐름만을 반영한다(현물 투자기간, 채권 만기, 선물 만기가 모두 동일하다고 가정함). 현물매입의 이득은 매도시점에서의 현금흐름만을 반영하므로 원점에서 시작하는 우상향 직선이다. 그리고 채권공매도의 이득은 공매도 마감시점에서의 현금흐름만을 반영하므로 채권매입가격의 지급을 표시하는 금액이다(이 채권이 원금이 F인 무이표채이면 공매도의 이득은 $-F$임, 2장 참조). 따라서 현물매입과 채권공매도를 결합하면 $-F$에서 시작하는 45도의 우상향 직선이 되는데 이는 선물매입(선물가격 F)의 이득패턴과 정확히 동일하다.

그림 4-2 현물매입 + 채권공매도 = 선물매입

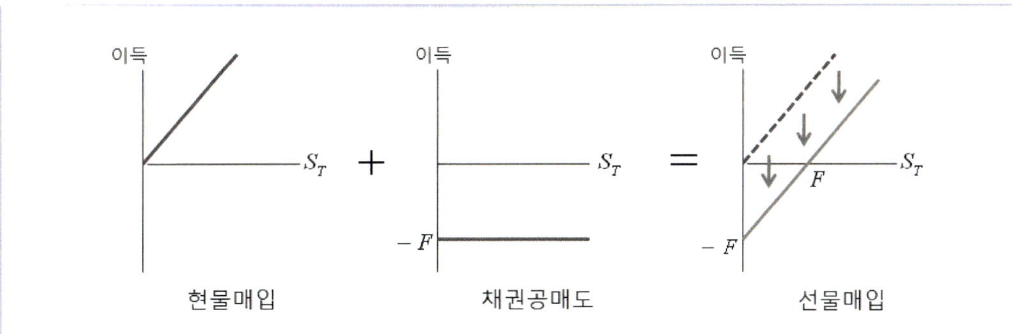

주요 결과 #2

기초자산을 매입하고 무위험채권을 공매도하면 선물계약 매입포지션이 복제되므로 "Futures = Stock − bond"의 관계가 성립한다.

2 현물 - 선물 패리티

"선물가격 = 현물가격 + 이자비용"의 관계를 일반화시키면 "선물가격 = 현물가격 + 보유비용"의 관계가 된다. 우리가 앞에서 고려한 예시는 기초자산이 현금소득을 제공하지 않고 동시에 기초자산의 보관에 따른 비용이 없으며 단지 이자비용만 발생하는 아주 단순한 경우이다.[3] 보유비용(cost of carry : CC)이란 지금 현물을 매입하여 만기일까지 보유하는데서 발생하는 비용으로, 금융비용(이자비용 또는 자금조달비용), 보관비용, 현금소득 등을 의미한다. 즉,

$$\text{보유비용} = \text{이자비용} + \text{보관비용} - \text{현금소득} \tag{4.5}$$

여기서 기초자산이 제공하는 현금소득은 사실상 현물보유에 따른 수익이므로 앞에 마이너스를 붙여준다. 결국, 선물가격(또는 선도가격)과 현물가격 사이에 다음과 같은 가격 관계인 현물-선물 패리티(spot-futures parity)가 성립하게 된다.

$$\begin{aligned} &F = S + CC \\ &\text{선물가격} = \text{현물가격} + \text{보유비용} \\ &\text{선물가격} = \text{현물가격} + (\text{이자비용} + \text{보관비용} - \text{현금소득}) \end{aligned} \tag{4.6}$$

그리고 이처럼 현물가격에 보유비용을 조정하여 선물가격을 결정하는 모형을 보유비용모형(cost of carry model)이라고 한다. 만일 이 관계가 성립하지 않으면 차익거래기회가 발생한다.

보유비용모형에 의한 선물가격 결정은 가격 불균형이 발생하면 차익거래가 가능하고 이로 인해 선물가격이 균형가격(이론가격)에 수렴한다는 논리에 기초한다. 따라서 실제 시장에서 차익거래가 활발하면 시장가격은 이론가격에 근접하지만, 여러 가지 이유로 차익거래를 실제로 이행하기가 어려우면 선물가격은 이론가격과 멀어질 수 있다.

---
3) 금융상품의 경우 보관비용이 발생하지 않지만 상품선물의 경우에는 보관비용이 발생한다.

예시 4-2 보유비용모형에 의한 선물가격 결정

우표를 이용하여 선도가격의 결정 문제를 접근해 보자. 철수는 대한민국 우정국이 발행한 희귀한 우표를 가지고 있다. 이 우표의 현재 가격은 500만원이다. 우표수집가인 영국은 철수에게 우표를 사겠다고 하면서 1년 후에 우표를 받고 돈을 지불하겠다고 제안하였다. 채무불이행 가능성은 없다고 가정하자. 무위험이자율은 연 4%이다. 영국의 제안은 사실상 선도계약이다. 철수와 영국이 서로 합의할 수 있는 선도가격(또는 선물가격)은 얼마인가?

(1) 경우1 : 소유로 인한 소득과 비용이 전혀 없는 경우

철수가 오늘 우표를 팔면 500만원을 받게 되고 이를 4%로 투자하면 1년 후에 520만원을 갖게 된다. 따라서 철수는 520만원 미만의 제안을 거절할 것이다. 반면에, 영국은 오늘 우표를 사면 500만원을 지불해야 하고 또한 1년 후에 지불하는 것에 비하여 20만원의 이자도 포기해야 한다. 따라서 영국은 1년 후에 520만원 이상을 결코 지불하지 않을 것이다. 철수와 영국의 입장을 정리하면 다음과 같다.

철수 : 520만원 또는 그 이상
영국 : 520만원 또는 그 이하

따라서 철수와 영국이 합의할 수 있는 유일한 선도가격은 520만원이다.

선도가격 = 현물가격 + 자금조달비용

(2) 경우2 : 소유로 인한 소득이 있는 경우

기초자산이 현금소득을 제공하는 경우를 만들기 위하여 우표전시회에서 1개월간 우표를 전시하면 1년 후에 10만원을 받을 수 있다고 가정하자. 철수가 지금 팔면 1년 후에 520만원을 갖게 되는 반면에 선도계약을 매도하면 선도가격과 10만원을 받게 된다. 따라서 철수는 선도가격으로 적어도 510만원을 요구할 것이다. 반면에 영국은 1년 후에 510만원 이상을 결코 지불하지 않을 것이다. 왜냐하면 지금 매입하면 500만원을 지불하고 20만원의 이자를 포기하는 대신에 10만원의 소득이 발생하기 때문이다. 따라서 선도가격은 다음과 같이 결정된다.

선도가격 = 현물가격 + 자금조달비용 − 현금소득

(3) 경우3 : 소득과 보관비용이 있는 경우

기초자산이 상품인 경우 보관비용이 발생한다. 위에서 현물가격에서 현금소득을 차감하여 선도가격을 결정한다면 보관비용은 반대로 가산해야 한다. 따라서 현금소득과 보관비용이 동시에 발생하면 선도가격은 다음과 같이 결정된다.

선도가격 = 현물가격 + 자금조달비용 − 현금소득 + 보관비용

주요 결과 #3

선물가격(또는 선도가격)과 현물가격 사이에 성립해야 하는 균형관계를 "현물-선물 패리티"라고 한다. 이는 "선물가격 = 현물가격 + 보유비용"의 관계이며, 보유비용은 "이자비용 + 보관비용 − 현금소득"으로 계산된다.

3 다양한 선물가격의 결정

식 (4.6)에 의하면 선물가격은 현물가격에 보유비용을 가산하여 계산하고, 보유비용은 자금조달비용과 보관비용의 합에서 현금소득을 차감하여 구한다. 여기서는 기초자산의 유형에 따라 보유비용의 구성이 달라지므로 기초자산의 유형을 크게 4가지로 구분하고, 각 경우의 선물가격을 현물가격과 보유비용의 함수로 표현하기로 한다.

3.1 현금소득과 보관비용이 없는 경우

현금소득과 보관비용이 없는 경우는 이미 앞에서 살펴보았다. 이 경우 선물가격은 현물가격에 만기일까지의 이자비용을 가산한 값으로 만기가 T이면 선물가격은 다음과 같이 계산된다.[4] 외국의 T-bill선물과 유로달러선물 및 무배당 주식에 대한 개별주식선물은 이 유형에 속한다.

$$F = S\left(1 + r \cdot \frac{\#days}{365}\right) \text{ 또는 } F = S(1+r)^T \tag{4.7}$$

여기서 $T = \dfrac{\#days}{365}$ 이고 $\#days$는 만기일까지 남은 일수(number of days)이다.

3.2 보관비용이 발생하는 경우

보관비용이 발생하는 상품선물의 경우 보유비용은 이자비용과 보관비용의 합이다. 따라서 선물가격은 다음과 같이 계산된다.

4) $F = S\left[1 + r \cdot \frac{\#days}{365}\right]$는 단리 계산을 적용한 것이고 $F = S(1+r)^T$ 는 복리 계산을 적용한 것이다.

$$F = (S+U)\left(1 + r \cdot \frac{\#days}{365}\right) \text{ 또는 } F = (S+U)(1+r)^T \qquad (4.8)$$

여기서 U는 보관비용의 현재가치이다. 투자목적의 상품선물(예를 들어, 금선물)은 이 유형에 속한다. 만약 보관비용(u)이 %이면 선물가격은 $S(1+r+u)^T$로 표시된다.

예시 4-3 금선물 가격의 결정

금 가격 50,000원(1그램 기준), 이자율 연 7%, 만기 1년, 보관비용 1,000원(1년 후 지급)의 경우 적정 선물가격은 54,500원이다.

$$\text{상품 선물가격}F = \left(50{,}000 + \frac{1{,}000}{1.07}\right) \times (1.07) = 54{,}500$$

54,500원에 선물 3계약을 매입한 투자자가 만기 3개월 전에 $F = 56{,}552$의 가격으로 반대매매를 하면 투자자의 이익은 6,156,000원이다(금선물의 거래승수는 1,000이고 가격은 1그램 기준으로 공시됨).

$$\text{이익} = (56{,}552 - 54{,}500) \times 1{,}000 \times 3 = 6{,}156{,}000$$

3.3 현금소득이 발생하는 경우

현금소득이 발생하는 개별주식선물, 주가지수선물, 채권선물, 통화선물의 경우 보유비용은 이자비용에서 현금소득을 차감한 값이다. 현금소득은 개별주식선물과 주가지수선물의 경우 배당수입이고, 채권선물의 경우 이자수입이고, 통화선물의 경우 외국통화의 이자수입이다. 현금소득이 금액으로 계산되면 선물가격은 다음과 같다.

$$F = (S-I)\left(1 + r \cdot \frac{\#days}{365}\right) \text{ 또는 } F = (S-I)(1+r)^T \qquad (4.9)$$

여기서 I는 현금소득의 현재가치이다.

주가지수선물의 경우 현금배당을 기초자산 가격으로 나눈 비율인 배당수익률(dividend yield) q를 이용하여 선물가격을 다음과 같이 계산한다.[5)]

$$F = S\left[1 + (r-q) \cdot \frac{\#days}{365}\right] \text{ 또는 } F = S(1+r-q)^T \qquad (4.10)$$

5) 주식과 달리 주가지수의 경우 실제로 배당을 받지 않지만 배당금의 지급은 주가를 하락시키므로 이를 반영해야 한다.

우리나라에서 주가지수선물의 경우 통상적으로 $F = S\left[1 + (r - q) \cdot \frac{\#days}{365}\right]$이 이용된다.[6] 주가지수선물의 경우 대부분의 기간에 $r > q$이므로 $F > S$이다. 그러나 12월 결산법인이 배당을 지급하는 시점이 가까워지면 남은 잔존기간에 대하여 $r < q$가 가능하므로 이론선물가격이 현물가격보다 작을 수 있다.

주가지수가 배당수익률을 제공하는 것처럼 외국통화도 외국의 무위험이자율을 제공한다. 따라서 배당수익률을 이용한 주가지수선물 가격공식과 통화선물의 가격공식이 동일하다. 통상적으로, 통화선물의 경우 이자율패리티(interest rate parity)로부터 유도된 다음의 식이 보편적으로 이용된다.

$$F = S\left(\frac{1 + r \cdot \frac{\#days}{365}}{1 + r_f \cdot \frac{\#days}{365}}\right) \text{ 또는 } F = S\left(\frac{1 + r}{1 + r_f}\right)^T \qquad (4.11)$$

여기서 r_f는 외국의 무위험이자율이고 r는 자국의 무위험이자율이다.

만약 자국의 이자율이 외국의 이자율보다 높으면(즉, $r > r_f$이면) 선물가격은 현물가격보다 크며, 만기가 길수록 선물가격은 증가한다. 반면에 자국의 이자율이 외국의 이자율보다 낮으면(즉, $r < r_f$이면) 선물가격은 현물가격보다 작으며, 선물가격은 만기의 감소함수가 된다.

예시 4-4 이자율패리티 식의 유도

이자율패리티 식을 직접 유도해 보자. 이 식을 유도하기 위하여 미화 100달러를 보유하고 있는 투자자를 고려해 보자. T년 후 원화로 전환시키는 방법은 두 가지이다. 하나는 100달러를 미국의 무위험이자율 r_f로 T년간 투자함과 동시에 T년 후 달러를 매도하는 선물계약을 체결하는 방법(선물가격 F)이다. 이 방법에 의해 T년 후 얻을 수 있는 금액은 $100(1 + r_f)^T F$원이다. 다른 하나는 현물시장에서 100달러를 원화로 바꾸고(현물환율 S) 이를 국내 무위험이자율 r로 T년 투자하는 방법이다. 이 방법으로 T년 후 얻을 수 있는 금액은 $100S(1 + r)^T$원이다. 이 두 가지 방법을 그림으로 표시하면 다음과 같다.

---

6) 예를 들어, 한국거래소는 코스피200선물의 이론가격을 다음과 같이 산정한다.

$$F = S \times \left(1 + r \times \frac{\#days}{365}\right) - \sum_{j=1}^{n} Div \times \left(1 + r \times \frac{nd_j}{365}\right)$$

단, S는 코스피200 지수, r은 만기가 91일인 양도성예금증서(CD)의 연간 수익률(금융투자협회에서 산출함), $\#days$는 산출일부터 만기일까지의 일수, Div는 만기일 이내에 배당락일이 예상되는 코스피200 지수종목의 전기 현금배당금을 기준으로 산출한 이론배당락폭, nd_j는 j번째 종목의 배당락일부터 만기일까지의 일수이다.

그림 4-3 외국통화를 자국통화로 바꾸는 두 가지 방법

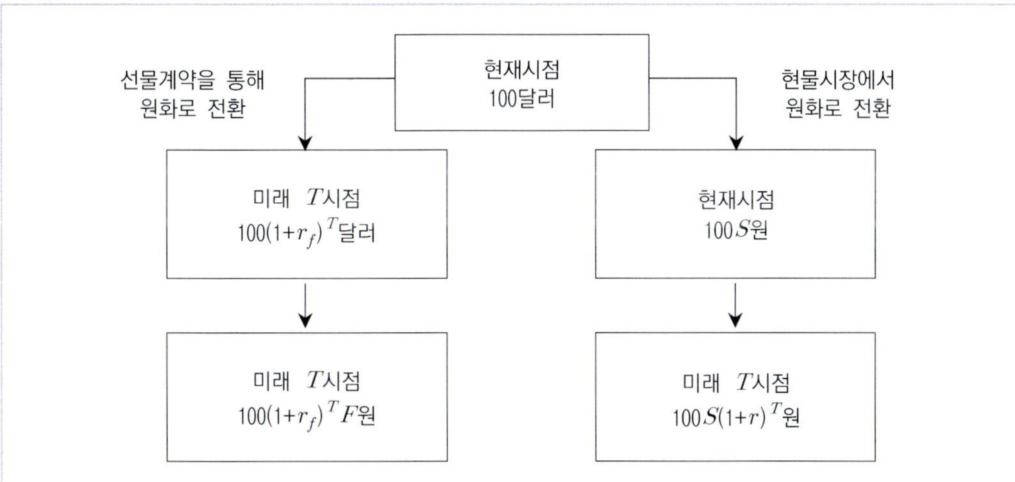

차익거래기회가 존재하지 않는 효율적 시장에서 두 가지 방법으로 T시점에서 얻게 되는 원화 금액이 같아야 하므로 다음 식이 성립한다.

$$100(1+r_f)^T \times F = 100S(1+r)^T \rightarrow F = S\left(\frac{1+r}{1+r_f}\right)^T$$

이 식을 이자율패리티(interest-rate parity) 식이라고 한다.

주요 결과 #4

주가지수선물의 경우 통상적으로 $F = S\left[1+(r-q)\cdot\frac{\#days}{365}\right]$이 이용되고, 통화선물의 경우 이자율패리티로부터 유도된 $F = S\left(\frac{1+r}{1+r_f}\right)^T$ 이 이용된다.

3.4 보관비용과 보유편익이 함께 발생하는 경우

소비목적의 상품이 기초자산인 상품선물의 경우 보관비용과 보유편익이 모두 발생한다. 여기서 보유편익률(convenience yield)은 상품사용자가 실제로 상품을 보유함으로써 느끼는 편익의 정도를 의미하며, 선물계약 보유시에는 이런 편익을 느낄 수 없다. 보유편익은 일시적 상품부족시 얻는 이익과 생산공정을 지속적으로 유지함으로써 얻는 이익 등을 포함한다. 보유편익률은 현물가격의 변동성과 미래 상품부족 확률에 의해 크게 영향을 받는다.

소비목적 상품의 경우 보유편익으로 인해 선물가격이 $F = (S+U)(1+r)^T$에 의한 가격보다 낮게 결정되는게 일반적이다. 그러나 금과 같은 투자목적의 상품의 경우 선물가격은 대체로 보관비용만으로 결정된다.

보유편익은 현물을 보유함으로써 발생하는 편익이므로 선물가격을 구할 때 차감하는 값이다. 만약 보관비용이 u%이고 보유편익이 y%이면 선물가격은 다음과 같이 계산된다.

$$F = S\left[1+(r+u-y)\cdot\frac{\#days}{365}\right] \text{ 또는 } F = S[1+(r+u-y)]^T \qquad (4.12)$$

이상의 네 경우를 요약하면 다음과 같다.[7)]

▸ ▸ 〈표 4-2〉 선물가격의 네 가지 유형

경 우	선물가격	기 호	선물계약
현금소득과 보관비용이 발생하지 않는 경우	$F=S(1+r)^T$	r : 무위험이자율	T-bill 선물 유로달러선물 개별주식선물(무배당)
현금소득이 발생하는 경우	$F=S(1+r-q)^T$	q : 배당수익률 또는 외국의 무위험이자율	금리선물 주가지수선물 개별주식선물(배당) 통화선물
보관비용이 발생하는 경우	$F=S(1+r+u)^T$	u : 보관비용	상품선물 (투자목적)
보관비용과 보유편익이 발생하는 경우	$F=S(1+r+u-y)^T$	y : 보유편익률	상품선물 (소비목적)

7) 한국거래소가 정한 주가지수선물, 통화선물, 상품선물 등의 이론가격 공식이 단리 계산방식에 기초하지만, 대부분의 국내외 파생상품 전문서적이 복리 계산방식을 이용하므로 이 책도 특별히 명시하지 않는 한 1년 이내의 현금흐름에도 복리 계산방식을 적용하기로 한다. 계산방식에 따라 약간의 차이가 발생하지만 그 차이는 아주 미미하다.

예시 4-5 선물가격의 계산

(1) KOSPI 200지수 200, 무위험이자율 4%, 배당수익률 1.5%, 만기 52일(단리 계산 적용)

$$주가지수선물가격\ F = 200\left(1 + (0.04 - 0.015) \times \frac{52}{365}\right) = 200.71$$

(2) 개별주식 가격 500,000, 무위험이자율 6%, 만기 1년, 배당금 2,000원(6개월 후)

$$개별주식선물가격\ F = \left(500{,}000 - \frac{2{,}000}{1.06^{0.5}}\right)(1 + 0.06) = 527{,}941$$

(3) 국채(원금 10,000원, 만기 5년, 액면이자율 5%, 연1회 이자지급) 가격 10,000원, 무위험이자율 5%, 채권선물 만기 2년

$$채권선물가격\ F = \left(10{,}000 - \frac{500}{1.05} - \frac{500}{1.05^2}\right)(1.05)^2 = 10{,}000$$

(4) 미국의 이자율 5%, 자국의 이자율 4%, 현재 환율 $1 = ₩1,200, 만기 6개월

$$통화선물가격\ F = 1{,}200\left(\frac{1.04}{1.05}\right)^{0.5} = 1{,}194.27$$

4 베이시스와 백워데이션/콘탱고

베이시스(basis)는 선물가격에서 현물가격을 차감한 값으로 정의된다. 이는 보유비용(cost of carry)과 동일하다.[8)]

$$basis = F - S \tag{4.13}$$

일반적으로 만기가 짧아질수록 베이시스는 감소하는 경향이 있다. 그리고 이론적으로 선물의 만기일에 베이시스는 반드시 0이어야 한다(즉, $F_T = S_T$). 만일 만기일에서 베이시스가 0이 아니면 차익거래가 발생한다.[9)] 예를 들어, 만기일에 $F_T > S_T$이면 현물을 매입하고 선물을 매도함과 동시에 현물을 인도하여 F_T를 수령하면 무위험 이익 $F_T - S_T$을 얻을 수 있다.

8) 베이시스는 반대로 (현물가격 − 선물가격)으로 정의되기도 한다. 예를 들어, 파생상품의 평가와 헷징전략(John Hull저, 윤평식·김철중 공역)에서 베이시스는 반대로 정의된다.

9) 1절에 명시한 가정이 성립하면 만기일의 베이시스는 정확히 0이 된다. 그러나 거래비용, 매매호가차이 등이 존재하므로 실제로 만기일 베이시스가 0이 되지 않으며, 베이시스가 0이 아니라고 해서 항상 차익거래가 발생하는 것은 아니다. 주가지수선물의 경우 2009년 3월물부터 2013년 9월물까지 19개 결제월의 만기일 평균 베이시스는 −0.13포인트였다(최고치는 1.06포인트이고 최저치는 −2.78포인트임). 그리고 달러선물의 경우 2011년 1월물부터 2013년 9월물까지 33개 결제월의 만기일 평균 베이시스는 −0.87원이었다(최고치는 5.20원이고 최저치는 −20.50원임).

만기일 전의 베이시스는 양(+) 또는 음(−)의 값을 갖는다. 선물가격이 현물가격보다 상대적으로 크게 증가하면 베이시스는 커지는데 이를 강세베이시스라고 한다. 반대로, 선물가격이 현물가격보다 상대적으로 작게 증가하면 베이시스는 작아지는데 이를 약세베이시스라고 한다. 선물가격과 현물가격이 밀접한 관계를 갖는다고 앞에서 설명했지만, 두 가격은 계속 변동하고 시장의 상황에 따라 변동폭이 반드시 일정하지 않기 때문에 베이시스도 일정하게 움직이지 않는다.

주가지수선물의 경우 선물가격이 현물가격에 금융비용(또는 이자비용)을 가산하고 현금배당을 차감한 값이므로 베이시스는 자금조달비용과 현금배당의 차이와 같다.

$$\text{주가지수선물의 베이시스} = \text{금융비용} - \text{현금배당} = \text{보유비용} \quad (4.14)$$

[그림 4-4]는 2013년 9월물 코스피 200선물의 2013년 5월 31일부터 9월 12일(최종거래일)까지의 베이시스 변화를 보여준다. 주가지수선물의 경우 보유비용이 대체로 양(+)이므로 선물가격이 현물가격보다 높은 양의 베이시스가 일반적이지만 여러 가지 이유로 인해 국내에서는 음의 베이시스가 자주 발생한다. 특히, 2013년 6월 20일에 선물가격이 현물가격보다 2.66포인트 낮아짐에 따라 현물을 매도하고 선물을 매수하는 프로그램 매도차익거래가 활발했을 것으로 추정된다. 그리고 만기일에 접근함에 따라 베이시스가 감소하는 경향이 있다(만기일에서 실제로 베이시스는 0.08포인트였음).

그림 4-4 2013년 9월물 코스피200선물

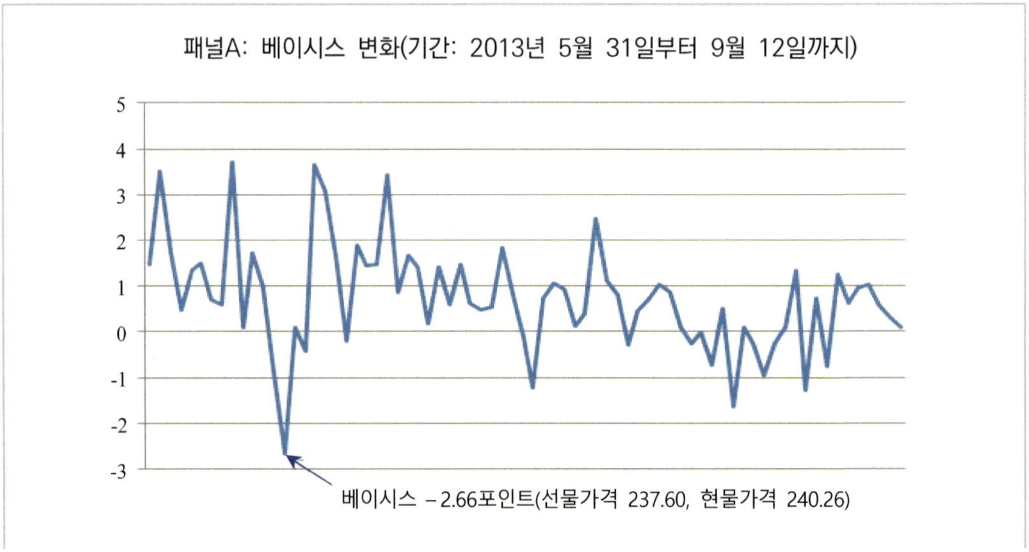

패널B: 선물가격과 현물가격의 변화

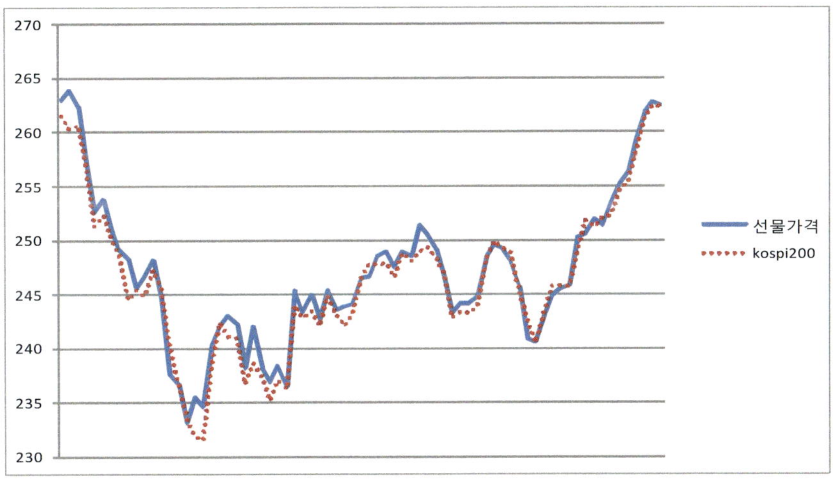

주요 결과 #5

베이시스는 선물가격에서 현물가격을 차감한 값으로 정의되고 이는 보유비용과 동일하다. 만기가 짧을수록 베이시스는 감소하는 경향이 있으며, 선물계약의 만기일에 베이시스는 반드시 0이어야 한다. 만일 만기일에서 베이시스가 0이 아니면 차익거래가 발생한다.

실무에서는 선물가격이 현물가격보다 높으면 이를 콘탱고(contango)라고 한다. 반대로 선물가격이 현물가격보다 낮으면 이를 백워데이션(backwardation)이라고 한다.[10)]

주가지수선물의 경우 선물가격과 현물가격간의 차이인 베이시스가 금융비용과 현금배당의 차이와 동일하므로 이론적으로 선물가격이 현물가격보다 높은 콘탱고가 일반적이다. 그리고 보유편익률이 높지 않은 상품(예를 들어, 금)의 경우에도 콘탱고가 일반적이므로, 선물가격이 현물가격보다 크며 선물가격이 만기의 증가함수인 경우를 정상시장(normal market)이라고 한다.

그러나 보유편익률이 큰 상품선물의 경우(예를 들어, 원유) 선물가격이 현물가격보다 작은 백워데이션이 발생하기도 한다. 특히 원유선물의 경우 선물가격이 만기의 감소함수로 나타나는데 이를 역조시장(inverted market)이라고 한다.

우리나라에서 주가지수선물의 경우 백워데이션이 종종 발생하는데 이유는 대규모 선물 매

10) 참고로, 선물가격이 기대현물가격보다 낮으면(즉, $F < E(S_T)$ 이를 '정상 백워데이션'이라 하고, 반대로 $F > E(S_T)$이면 이를 '정상 콘탱고'라고 한다.

도거래가 발생하였으나 차익거래(선물매입, 현물매도)를 실행하기가 어렵거나 또는 현물 매수가 꾸준히 이루어지는 등의 수급 사정으로 현물-선물간 가격 균형관계가 성립하지 못하기 때문이다.

주요 결과 #6

실무에서는 선물가격이 현물가격보다 높으면 이를 콘탱고(contango)라고 하고, 반대로 선물가격이 현물가격보다 낮으면 이를 백워데이션(backwardation)이라고 한다. 주가지수선물의 경우 이론적으로 선물가격이 현물가격보다 높은 콘탱고가 일반적이며 콘탱고의 경우를 정상시장(normal market)이라고 한다.

5 합성대출포지션과 합성차입포지션

앞에서 우리는 선물매입포지션을 주식매입과 채권공매도의 포트폴리오로 복제할 수 있다고 설명하였다. 즉, “Futures = Stock − Bond"이다. 이 식을 현물매입을 중심으로 변형하면 "Stock = Futures + Bond"이므로 다음 관계가 성립한다. 이는 선물과 채권을 매입하면 주식매입포지션이 복제됨을 의미한다.

$$\text{현물매입} = \text{선물매입} + \text{채권매입} = \text{선물매입} + \text{대출} \tag{4.15}$$

같은 논리로 다음과 같이 현물과 선물의 매도포지션을 합성할 수 있다.

$$\begin{aligned} \text{선물매도} &= \text{현물매도} + \text{채권매입} \\ \text{현물매도} &= \text{선물매도} + \text{채권공매도} \end{aligned} \tag{4.16}$$

선물(futures), 현물(stock), 채권(bond)의 매입포지션과 매도포지션을 합성하는 방법을 정리하면 [그림 4-5]와 같다. 다양한 복제포트폴리오를 구성하는 방법은 기본식 “Futures = Stock − Bond”로부터 유도된다.

그림 4-5 선물, 현물, 채권간의 관계

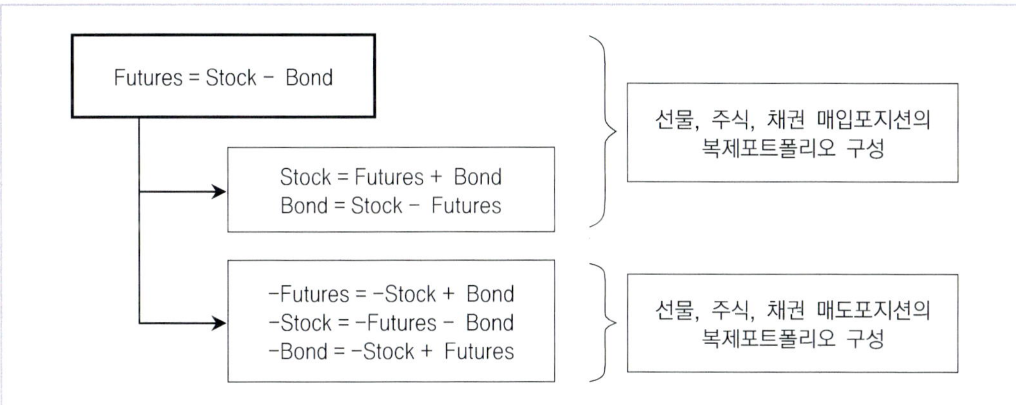

"선물매도 + 현물매입 = 채권매입"이고(−Futures + Stock = Bond) 채권매입이 대출과 동등하므로 선물을 매도하고 현물을 매입하면 합성대출포지션(synthetic lending position) 또는 합성채권매입포지션(synthetic long bond position)이 구성된다([그림 4-6] 참고).

그림 4-6 합성대출포지션의 이득패턴: Stock − Futures = Bond

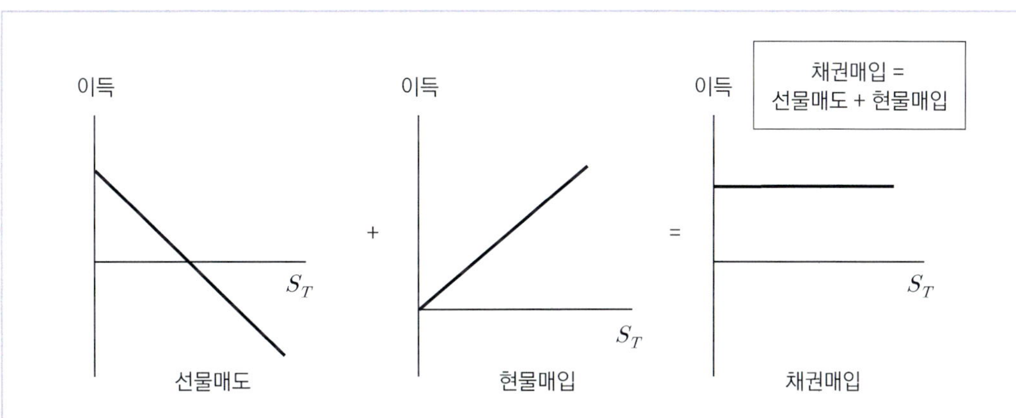

합성대출포지션(현물매입, 선물매도)을 취하면 현물을 매입하기 위하여 S를 지급하고 만기일에(여기서는 1년 후) 현물을 인도하고 F를 수취하므로 현금흐름이 $(-S, F)$이고, 수익률 또는 대출이자율은 $\frac{F}{S} - 1$이다. 만약 1년 만기의 경우 $\frac{F}{S} - 1 = r$이 성립하지 않으면(즉, $F \neq S(1 + r)$이면) 차익거래가 가능하다. 앞의 [예시 4-1]에서 현물을 보유하고 있는 투자자가 선물을 매도하면 투자자가 무위험이자율을 얻게 되는데 이는 투자자가 사실상 합성대출포지션을 취한 셈이다.

예시 4-6 합성대출포지션

현재 현물가격은 20,000원이고 1년 만기 선물가격은 21,000원이다(무위험이자율은 5%임). 선물을 매도하고 현물을 매입하면 이는 무위험 채권(원금 21,000원, 만기 1년, 수익률 5%, 현재가격 20,000원)을 매입하는 것과 동일하다(또는 20,000원의 대출을 실시하고 1년 후 21,000의 원리금을 받는 것과 동등함).

	현재 현금흐름	만기일 현금흐름
선물매도(F = 21,000)		$21{,}000 - S_T$
현물매입	−20,000	S_T
합 계	−20,000	21,000

같은 논리로, "선물매입 + 현물매도 = −채권"이고 채권공매도가 차입과 동등하므로 선물을 매입하고 현물을 매도하면 합성차입포지션(synthetic borrowing position) 또는 합성채권매도포지션(synthetic short bond position)이 구성된다([그림 4-7] 참고).

그림 4-7 합성차입포지션의 이득패턴: Futures-Stock=-Bond

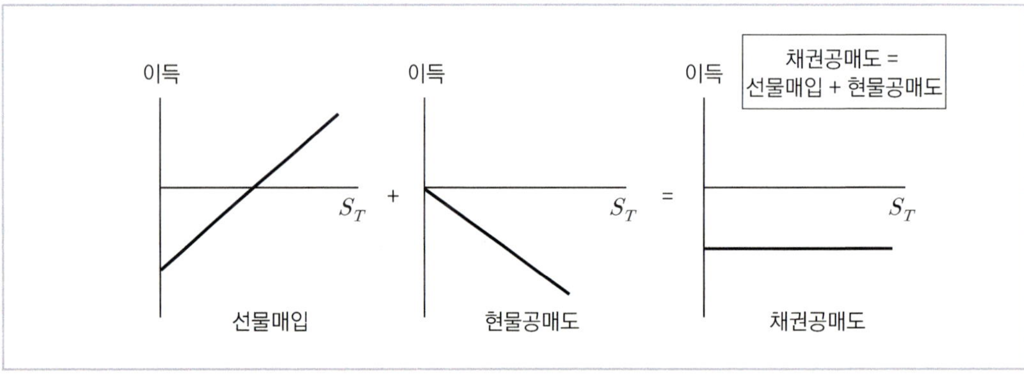

합성차입포지션(현물 공매도, 선물매입)을 취하면 현물을 공매도하여 S가 유입되고, 만기일에 F를 지급하고 현물을 인수하여 공매도포지션을 마감하므로 현금흐름이 $(+S, -F)$이다. 이 경우 차입이자율은 $\frac{F}{S} - 1$이다(1년 만기 가정). 만약 $\frac{F}{S} - 1 = r$이 성립하지 않으면(즉, $F \neq S(1 + r)$이면) 차익거래가 가능하다.

주요 결과 #7

"Stock − Futures = Bond"에 의해 주식을 매입하고 선물을 매도하면 합성대출포지션이 구성된다. "Futures − Stock = −Bond"에 의해 선물을 매입하고 주식을 공매도하면 합성차입포지션이 구성된다. $\frac{F}{S} - 1 = r$이 성립하지 않으면, 즉 $F = S(1+r)$이 성립하지 않으면 차익거래가 가능하다(만기 1년 가정).

핵심용어 정리

- 합성매입포지션(synthetic long position)
- 현물-선물 패리티(spot-futures parity)
- 보유비용(cost of carry)
- 보유비용모형(cost of carry model)
- 이자율패리티(interest rate parity)
- 보유편익률(convenience yield)
- 베이시스(basis)
- 합성대출포지션(synthetic lending position)
- 합성차입포지션(synthetic borrowing position)
- 백워데이션(backwardation)
- 콘탱고(contango)
- 정상시장(normal market)
- 역조시장(inverted market)

주요결과 정리

주요 결과 #1

선물가격이 균형선물가격보다 높으면 선물계약을 매도함과 동시에 기초자산을 매입하는 차익거래를 시행하고, 선물가격이 균형선물가격보다 낮으면 선물계약을 매입함과 동시에 기초자산을 공매도하는 차익거래를 시행함으로써, 결국 선물가격은 균형선물가격과 같아지게 된다. 기초자산이 현금소득을 제공하지 않으면 균형선물가격은 $F = S(1+r)^T$이다. 이 관계는 투자자의 위험에 대한 태도 및 기초자산의 위험 크기와 무관하게 성립한다.

주요 결과 #2

기초자산을 매입하고 무위험채권을 공매도하면 선물계약 매입포지션이 복제되므로 "Futures = Stock − bond"의 관계가 성립한다.

주요 결과 #3

선물가격(또는 선도가격)과 현물가격 사이에 성립해야 하는 균형관계를 "현물-선물 패리티"라고 한다. 이는 "선물가격 = 현물가격 + 보유비용"의 관계이며, 보유비용은 "이자비용 + 보관비용 − 현금소득"으로 계산된다.

주요 결과 #4

주가지수선물의 경우 통상적으로 $F = S\left[1 + (r-q)\cdot\frac{\#days}{365}\right]$이 이용되고, 통화선물의 경우 이자율패리티로부터 유도된 $F = S\left(\frac{1+r}{1+r_f}\right)^T$이 이용된다.

주요 결과 #5

베이시스는 선물가격에서 현물가격을 차감한 값으로 정의되고 이는 보유비용과 동일하다. 만기가 짧을수록 베이시스는 감소하는 경향이 있으며, 선물계약의 만기일에 베이시스는 반드시 0이어야 한다. 만일 만기일에서 베이시스가 0이 아니면 차익거래가 발생한다.

주요 결과 #6

실무에서는 선물가격이 현물가격보다 높으면 이를 콘탱고(contango)라고 하고, 반대로 선물가격이 현물가격보다 낮으면 이를 백워데이션(backwardation)이라고 한다. 주가지수선물의 경우 이론적으로 선물가격이 현물가격보다 높은 콘탱고가 일반적이며 콘탱고의 경우를 정상시장(normal market)이라고 한다

주요 결과 #7

"Stock − Futures = Bond"에 의해 주식을 매입하고 선물을 매도하면 합성대출포지션이 구성된다. "Futures − Stock = −Bond"에 의해 선물을 매입하고 주식을 공매도하면 합성차입포지션이 구성된다. $\frac{F}{S}-1=r$이 성립하지 않으면, 즉 $F=S(1+r)$이 성립하지 않으면 차익거래가 가능하다(만기 1년 가정).

개념체크

1 차익거래의 논리를 이용하여 선물가격을 결정하기 위해 필요한 가정은 무엇인가?

2 현재의 선물가격이 적정 선물가격보다 높은 경우 어떤 차익거래가 가능한가? 차익거래시 투자자가 위험에 전혀 노출되지 않는 이유는 무엇인가?

3 현재의 선물가격이 적정 선물가격보다 낮은 경우 어떤 차익거래가 가능한가? 차익거래시 투자자가 위험에 전혀 노출되지 않는 이유는 무엇인가?

4 2와 3에서 얼마의 무위험 차익이 언제 발생하는가?

5 기초자산이 무배당 주식인 경우 선물가격에 영향을 미치는 요인 세 가지는 무엇인가?

6 주식을 소유하고 있는 투자자가 선물을 매도하면 헤지포지션이 구성되는 이유는 무엇인가? 이를 그래프로 설명할 수 있는가?

7 선물계약을 복제하는 방법은 무엇인가? 복제포트폴리오가 기초자산매입과 채권 공매도로 구성됨을 설명할 수 있는가?

8 "Futures = Stock - Bond"가 의미하는 것은 무엇인가? 이 식을 이용하여 선물매도, 기초자산매입 및 공매도, 채권 매입 및 공매도 포지션의 복제 방법을 설명할 수 있는가?

9 "Futures=Stock-Bond"의 관계가 성립함을 이득패턴을 이용하여 증명할 수 있는가?

10 현물 - 선물 패리티란 무엇인가?

11 보유비용을 구성하는 요소는 무엇인가?

12 현금소득과 보관비용이 없는 경우 선물가격은 어떻게 구하는가?

13 현금소득이 있는 개별주식선물, 주가지수선물, 통화선물의 경우 선물가격은 어떻게 계산하는가?

14 보관비용이 존재하는 경우 선물가격은 현물가격과 어떤 관계를 갖는가?

15 이자율패리티를 유도하는 방법을 이해하는가?

16 보관비용과 보유편익이 함께 존재하는 경우 선물가격은 어떻게 구하는가? 보유편익률이란 무엇인가?

17 베이시스란 무엇인가? 만기와 베이시스는 어떤 관계를 갖는가?

18 만기일에 베이시스가 0이 아니면 어떤 차익거래가 가능한가? 예를 들어, 만기일에 베이시스가 양이면 어떤 포지션을 취하여 차익거래를 하는가?

19 강세베이시스와 약세베이시스는 각각 무엇인가?

20 국내 주가지수선물의 경우 양의 베이시스가 일반적이지만 음의 베이시스도 자주 발생하게 되는 이유는 무엇인가?

21 콘탱고와 백워데이션은 각각 무엇인가? 정상시장과 역조시장은 각각 무엇인가?

22 1년 만기의 경우 $\frac{F}{S}-1=r$이 성립하지 않으면 어떤 차익거래가 가능한가?

23 대출포지션 또는 채권매입포지션을 합성하는 방법은 무엇인가?

24 차입포지션 또는 채권공매도포지션을 합성하는 방법은 무엇인가?

25 현물을 매입하고 선물을 매도하면 현금흐름이 $(-S,+F)$임을 설명할 수 있는가?

CHAPTER
04 연습문제

객관식 유형

1 선물계약 매입의 복제포지션은 무엇인가?

① 현물매입, 채권공매도 ② 현물공매도, 채권매입
③ 현물매입, 채권매입 ④ 현물공매도, 채권공매도

2 삼성전자 주식을 기초자산으로 하는 1년 만기 개별주식선물의 적정 가격은 얼마인가? 삼성전자 주식은 향후 1년 동안 배당을 지급하지 않으며 무위험이자율은 5%이다. 현재 삼성전자의 주가는 130만원이다.

① 130만원 ② 135만원
③ 145만원 ④ 정답 없음

3 현물-선물 패리티 식으로 옳은 것은?

① 선물가격 = 현물가격 + 이자비용 + 보관비용 + 현금소득
② 선물가격 = 현물가격 − 이자비용 − 보관비용 + 현금소득
③ 선물가격 = 현물가격 + 이자비용 + 보관비용 − 현금소득
④ 정답 없음

4 선물계약의 만기는 2년이고, 기초자산은 액면이자율 9%, 만기 5년, 액면 10,000원의 무위험채권이다. 무위험이자율이 8%이면 적정 선물가격은 얼마인가? 채권은 연 1회 이자를 지급한다. 단, 무위험채권 가격을 소수 두 자리로 구할 것.

① 10,257.71원 ② 10,030.19원
③ 10,399.27원 ④ 정답 없음

5 코스피200 지수가 현재 150포인트이고 무위험이자율은 연 4.5%이며 배당수익률은 1.2%로 예상된다. 만기가 81일인 코스피200선물의 적정 가격은 얼마인가? 단, 단리 계산식을 적용할 것.

① 151.10포인트 ② 151.50포인트
③ 151.08포인트 ④ 정답 없음

6 합성차입포지션으로 가장 적절한 것은?

① 선물매도, 현물매입 ② 선물매입, 현물매도
③ 선물매입, 현물매입 ④ 선물매도, 현물매도

7 미국의 이자율은 2%이고 한국의 이자율은 2.8%이다. 현재 원/달러 환율은 1달러에 1,230원이다. 만기가 6개월인 통화선물의 적정 가격은 얼마인가?

① 1,225.20 ② 1,233.84
③ 1,234.81 ④ 정답 없음

8 베이시스, 콘탱고, 백워데이션에 대한 설명으로 가장 적절하지 않은 것은?

① 이론적으로 만기일에 베이시스는 반드시 0이어야 한다.
② 선물가격이 현물가격보다 크며 또한 만기가 증가할 때 선물가격이 증가하면 이는 정상시장이다.
③ 선물가격이 현물가격보다 낮으면 이를 콘탱고라고 한다.
④ 대체로 만기일에 접근할수록 베이시스는 감소하는 경향이 있다.

9 금의 현재가격이 온스당 1,500달러이다. 연간 보관비용이 온스당 12달러이며 기간 초에 지불해야 한다. 무위험이자율이 5%이면 만기가 9개월인 금 선물가격은 얼마인가?

① 1,543.91달러 ② 1,543.70달러
③ 1,542.83달러 ④ 1,568.35달러

10 다음 설명 중 가장 적절하지 않은 것은?

① 무위험채권(만기 T, 원금 F인 무이표채)을 공매도하고 기초자산을 매입하면 이 포트폴리오의 만기일 T에서의 가치는 $S_T - F$이다.

② 주식 공매도 포지션을 복제하는 방법은 선물을 매도하고 채권을 공매도하는 것이다.

③ 선물가격은 현물가격과 보유비용의 합으로 계산된다.

④ 기초자산의 위험이 증가하면 선물가격도 증가해야 한다.

11 (주)베타의 현재 주가는 10,000원이다. 이 주식을 기초자산으로 하며 만기가 6개월인 선물이 선물시장에서 11,000원에 거래되고 있다. 이 기업은 앞으로 6개월간 배당을 지급하지 않으며 현물 및 선물의 거래에 따른 거래비용은 없다고 가정한다. 무위험이자율인 연 10%로 대출과 차입이 가능할 때 차익거래에 관한 다음의 설명 중 옳은 것은? (CPA2008)

① [주식 공매 + 대출 + 선물 매입] 전략을 이용해 차익거래이익을 얻을 수 있다.

② [주식 공매 + 차입 + 선물 매입] 전략을 이용해 차익거래이익을 얻을 수 있다.

③ [주식 매입 + 대출 + 선물 매도] 전략을 이용해 차익거래이익을 얻을 수 있다.

④ [주식 매입 + 차입 + 선물 매도] 전략을 이용해 차익거래이익을 얻을 수 있다.

⑤ 차익거래 기회가 없다.

12 (주)대한은 3,300만원의 투자자금을 보유하고 있다. 현재 현물환율은 KRW1,100/US$1이다. 미국의 금리는 연 10%이고 국내의 금리는 연 5%이다. 외환시장에서 선물환율(forward exchange rate)이 금리평가이론(interest rate parity theorem)에 의하여 결정된다고 하자. 현시점에서 1년 만기 선물환계약과 함께 미국의 단기금융시장에 총 3,300만원을 투자할 경우 1년 만기 선물환율과 투자회수총액의 조합으로 가장 적절한 것은? (CPA2011)

	1년 만기 선물환율(KRW/US$1)	투자회수총액 (만원)
①	1,025	3,275
②	1,050	3,465
③	1.075	3,585
④	1,100	3,660
⑤	1,125	3,685

주관식 유형

1 다음 각각의 자산을 기초자산으로 하는 경우 적정 선물가격을 얼마인가? 선물계약의 만기는 6개월이고 무위험이자율은 연 5%이다.

1. 무배당 주식의 가격이 50,000원인 경우
2. 주식의 가격이 50,000원이고 2개월 후에 1,000원의 배당을 예상하는 경우
3. 주가지수가 현재 280포인트이고 배당수익률이 연 3%인 경우(단리 계산 적용)
4. 달러당 원화 환율이 현재 1,060원이고 외국의 무위험이자율이 연 3%인 경우
5. 금가격이 온스당 1,000달러이고, 보관비용이 연 2%인 경우

2 무배당 주식의 가격이 40,000원이고 무위험이자율이 5%이다. 주식선물의 만기는 1년이다.

1. 적정 선물가격은 얼마인가?
2. 만일 선물가격이 41,000원이면 어떤 차익거래가 가능한가?
3. 만일 선물가격이 43,000원이면 어떤 차익거래가 가능한가?
4. 만일 주식을 보유하고 있는 투자자가 적정 균형가격에 선물을 매도하면 투자자의 1년 수익률은 얼마인가? 그렇게 계산되는 이유는 무엇인가?
5. 만약 6개월 후에 1,500원의 현금배당이 예상된다면 적정 선물가격은 얼마인가?

3 무배당 주식의 가격이 100,000원이다. 그리고 만기가 1년인 주식선물의 가격이 105,000원이다.

1. 합성대출포지션을 구성하고 표를 이용하여 현재와 만기일의 현금흐름을 보여라.
2. 합성차입포지션을 구성하고 표를 이용하여 현재와 만기일의 현금흐름을 보여라.
3. 만약 만기가 1년인 무이표채가 원금의 96%에 거래되고 있으면 어떤 차익거래가 가능한가?

4 다음의 독립된 두 개의 질문에 답하라.

1. 금의 현재가격이 온스당 1,500달러이다. 연간 보관비용이 온스당 12달러이며 분기 초에 지불해야 한다. 무위험이자율이 5%이면 만기가 9개월인 금 선물가격은 얼마인가?
2. [예시 4-6]에서 무위험 채권이 19,500원에 거래되면 어떤 차익거래가 가능한가?

CHAPTER

04 연습문제 풀이

객관식 유형

1 ①

Futures = Stock − Bond이므로 현물매입과 채권공매도로 복제된다.

2 ④

선물가격은 $F = 130 \times 1.05 = 136.5$만원이다.

3 ③

4 ①

무위험채권의 가격(P_0)은 10,399.27원이고 선물가격은 10,257.71원이다.

$$P_0 = \frac{900}{1.08} + \frac{900}{1.08^2} + \frac{900}{1.08^3} + \frac{900}{1.08^4} + \frac{10,900}{1.08^5} = 10,399.27$$

$$F = \left(10,399.27 - \frac{900}{1.08} - \frac{900}{1.08^2}\right)(1.08)^2 = 10,257.71$$

5 ①

$$F = 150 \times \left(1 + (0.045 - 0.012) \times \frac{81}{365}\right) = 151.098$$

6 ②

$$-\text{Bond} = \text{Futures} - \text{Stock}$$

7 ③

$$F = 1,230 \times \left(\frac{1.028}{1.02}\right)^{0.5} = 1,234.81$$

8 ③

콘탱고는 선물가격이 현물가격보다 높은 경우이다.

9 ④

$$F = (1{,}500 + 12)(1.05)^{0.75} = 1{,}568.35$$

10 ④

선물가격은 기초자산의 위험크기와 무관하다.

11 ④

적정 선물가격이 $F = 10{,}000 \times 1.1^{0.5} = 10{,}488$원이므로 선물이 과대평가된 경우이다. 차익거래는 선물을 매도하고 현물을 매입한다(이를 위해 차입함).

12 ②

균형 선물환율은 $F = 1{,}100 \times \left(\dfrac{1.05}{1.1}\right) = 1{,}050$이다. 현재 3,300만원으로 $\dfrac{33{,}000{,}000}{1{,}100} = 30{,}000$ 달러를 매입할 수 있고 이를 미국 이자율 10%로 예금하면 33,000달러가 된다. 이를 선물환을 이용하여 원화로 전환하면 투자회수금액은 3,465만원이다.

주관식 유형

1 해답 및 해설

각각의 경우 선물가격은 다음과 같다. 이자율 계산 방식에 따라 약간 다른 답도 가능하다.

1. $F = 50{,}000 \times 1.05^{0.5} = 51{,}234.75$
2. $F = \left(50{,}000 - \dfrac{1{,}000}{1.05^{2/12}}\right) \times 1.05^{0.5} = 50{,}218.36$
3. $F = 280\left(1 + (0.05 - 0.03) \times \dfrac{1}{2}\right) = 282.8$
4. $F = 1{,}060 \times \left(\dfrac{1.05}{1.03}\right)^{0.5} = 1{,}070.24$
5. $F = 1{,}000 \times (1 + 0.05 + 0.02)^{0.5} = 1{,}034.41$

2 해답 및 해설

1. $F = 40{,}000 \times 1.05 = 42{,}000$
2. 선물가격이 너무 낮으므로 차익거래자는 선물을 매입하고 주식을 공매도한다. 공매도한 금액 40,000원을 1년 투자한다. 만기일에 41,000원을 지급하고 주식을 매입하여 공매도포지션을 마감한다. 무위험 이익은 1,000원이다.
3. 선물가격이 너무 높으므로 차익거래자는 선물을 매도하고 주식을 매입한다. 매입에 필요한 자

금 40,000원은 차입한다. 만기일에 주식을 인도하고 43,000원을 수령한 후 원리금 42,000원을 상환하면 무위험 이익은 1,000원이다.

4 주식을 보유하고 있는 투자자가 42,000원에 선물을 매도하면 만기일에 소유하고 있는 주식을 인도하고 42,000원을 수령한다. 포지션을 취하는 시점에서의 주가가 40,000원이고 만기일의 주가와 무관하게 만기일에 42,000원을 보유하므로 투자자의 수익률은 5%이다. 주식을 보유한 투자자가 선물을 매도하는 것은 투자자의 포지션을 헤지하는 것이므로 당연히 무위험이자율의 수익률을 얻어야 한다.

5 $F = \left(40{,}000 - \frac{1{,}500}{1.05^{0.5}}\right) \times 1.05 = 40{,}462.96$

3 해답 및 해설

1 "Stock − Futures = Bond"에 의해 선물을 매도하고 현물을 매입하면 합성대출포지션이 구성된다. 합성대출포지션의 현금흐름은 (−100,000, +105,000)이다.

	현재 현금흐름	만기일 현금흐름
선물매도(F = 105,000)		$105{,}000 - S_T$
현물매입	−100,000	S_T
합 계	−100,000	+105,000

2 "Futures − Stock = −Bond"에 의해 선물을 매입하고 현물을 공매도하면 합성차입포지션이 구성된다. 합성차입포지션의 현금흐름은 (+100,000, −105,000)이다.

	현재 현금흐름	만기일 현금흐름
선물매입(F = 105,000)		$S_T - 105{,}000$
현물공매도	100,000	$-S_T$
합 계	100,000	−105,000

3 무위험채권의 수익률이 $\frac{100}{96} - 1 = 4.17\%$인데 합성대출포지션에 내재된 수익률이 5%이므로 차익거래자는 4.17%로 자금을 조달하여 5% 수익률을 얻음으로써 무위험 이익을 확정시킬 수 있다, 즉, 과대평가된 채권(원금은 105,000원)을 공매도하여 105,000×0.96=100,800원을 조달하고, 합성대출포지션을 매입하여 5% 수익률을 얻음으로써 무위험 이익 800원을 얻을 수 있다.

	현재 현금흐름	만기일 현금흐름
채권공매도	+100,800	−105,000
선물매도(F = 105,000)		$105{,}000 - S_T$
현물매입	−100,000	S_T
합 계	+800	0

만일 공매도하는 채권의 가치가 100,000원이면 현재 현금흐름은 0이고 만기일의 현금흐름은 −104,160.67원이 되어 만기일의 차익은 833.33원이 된다.

4 해답 및 해설

1 보관비용의 현재가치가 $3 + \frac{3}{1.05^{0.25}} + \frac{3}{1.05^{0.5}} = 8.89$이다(연간 보관비용이 12달러이므로 분기별 보관비용은 3달러임). 따라서 만기가 9개월인 선물가격은 1,565.13달러이다.

$$F = (1{,}500 + 8.89) \times 1.05^{0.75} = 1{,}565.13$$

2 만약 무위험채권이 19,500원에 거래되고 있다고 가정하면 수익률이 $\frac{21{,}000}{19{,}500} - 1 = 0.0769$이다. 반면에 현물매도과 선물매입에 내재된 차입이자율이 $\frac{21{,}000}{20{,}000} - 1 = 0.05$이므로 차익거래가 가능하다. 차익거래자는 과소평가된 채권을 매입하여 7.69%의 수익률을 얻고 합성채권포지션을 매도하여(즉, 현물을 공매도하고 선물을 매입하여 5%로 차입하므로) 500원의 무위험 차익을 얻을 수 있다.

	현재 현금흐름	만기일 현금흐름
채권매입	−19,500	+21,000
선물매입(F = 21,000)		S_T−21,000
현물공매도	+20,000	$-S_T$
합 계	+500	0

CHAPTER 5

선물을 이용한 차익거래와 헤지

CONTENTS

학습 주안점

5장에서는 선물계약을 이용한 차익거래와 헤지거래에 대하여 설명한다. 기초자산 유형별로 매수차익거래와 매도차익거래를 예시를 이용하여 설명한 후, 헤지시 최적 선물계약수, 매입헤지와 매도헤지 그리고 베이시스위험에 대해서도 설명하기로 한다.

이 장에서 여러분이 숙지해야 할 내용은 다음과 같다.

❶ 매수차익거래와 매도차익거래란 무엇이며 어떻게 시행하는가?

❷ 통화선물 복제포트폴리오는 어떻게 구성하는가?

❸ 선물간 차익거래는 언제 가능하며 어떻게 시행하는가?

❹ 매입헤지와 매도헤지는 무엇인가? 어떤 기업이 하는가?

❺ 베이시스와 베이시스위험은 무엇인가?

❻ 불완전헤지는 무엇이며 완전헤지와 어떻게 상이한가?

❼ 불완전헤지에서 유효가격은 어떻게 결정되는가?

❽ 최소분산헤지비율이란 무엇이며 최적 계약수는 어떻게 결정되는가?

1 현물 - 선물 차익거래

현물-선물 패리티(spot-futures parity)가 성립하지 않는 경우, 즉 현재의 선물가격(F)이 균형선물가격(F^*)보다 높거나 또는 낮은 경우 다음과 같은 차익거래가 가능하다.

1.1 $F > F^*$: 현재 선물가격 > 균형선물가격

예를 들어, 무배당 주식의 가격이 현재 100만원이고 그 주식을 기초자산으로 하는 개별주식 선물의 만기가 1년이며 무위험이자율은 4%이다. 적정 선물가격은 100 × 1.04 = 104만원이다. 만약 현재의 선물가격이 106만원이면 투자자는 선물을 매도하고 동시에 100만원을 차입하여 주식을 매입한다. 투자자는 4%로 차입한 자금을 투자하여 $\frac{106-100}{100}$ = 6%의 투자수익률을 얻는다. 투자자의 주식관련 현금흐름은 (− 100, + 106)로 확정되어 있으므로 채권매입포지션과 동등하다. 보유하고 있는 주식을 106만원에 매도하고 원리금 104만원을 상환하면 투자자는 만기일에 2만원의 무위험 차익을 얻는다. 투자수익률을 의미하는 내재환매이자율 6%가 차입이자율(무위험이자율) 4%보다 크므로 차익거래가 가능하다.

위에 제시된 예시를 체계적으로 정리해 보자. 선물가격이 이론적인 선물가격(현물가격 + 보유비용)보다 크면 과대평가된 선물을 매도하고 과소평가된 기초자산을 매입한다(필요한 자금은 차입함). 이러한 차익거래를 매수차익거래(cash-and-carry arbitrage)라고 하며 T시점에서의 차익거래이익(arbitrage profit: AP)은 $AP_T = F - F^* = F - S(1+r)^T$이다.[1)]

선물계약의 만기가 1년이고 기초자산이 현금소득을 제공하지 않는다고 가정하자($T = 1$). S의 가격에 기초자산을 매입하고 F의 가격으로 선물을 매도하면 차익거래자는 투자수익률 또는 대출이자율(lending rate)을 $\frac{F-S}{S}$로 고정시킬 수 있다.[2)] 4장에서 설명했듯이 Futures = Stock − Bond로부터 Bond = Stock − Futures가 유도되므로 현물(기초자산)을 매입하고 선물을 매도하면 현금흐름이 ($-S$, $+F$)이므로 채권매입포지션(또는 대출포지션)이 복제된다. 여기서 $\frac{F}{S} - 1$ 또는 $\frac{F-S}{S}$가 두 가격에 내재된 이자율이므로 내재환매이자율(implied repo repo rate: r_{repo})이라고 부른다.

---

1) 균형선물가격과 선물가격간의 차이가 무위험 차익이 되는데 이 금액은 만기일 기준이다. 이유는 선물가격이 현재 시점에서 결정되지만 만기일에서 적용되는 금액이기 때문이다. 반면에 옵션의 경우 균형가격과 시장가격간의 차이는 현재 시점에서의 무위험 차익이다.

2) 만기가 T년이면 환매이자율은 $\left(\frac{F}{S}\right)^{\frac{1}{T}} - 1$ 또는 $\frac{F-S}{S} \times \frac{1}{T}$로 계산된다.

$$r_{repo} = \frac{F-S}{S} \tag{5.1}$$

내재환매이자율로 부르는 이유는 기초자산과 선물을 이용한 차익거래의 현금흐름이 환매계약의 현금흐름과 동일하기 때문이다.[3)]

기초자산매입과 선물매도에 내재된 환매이자율인 투자수익률이 차입이자율인 무위험이자율 r보다 크다는 것은 선물가격이 균형선물가격보다 크다는 것을 의미한다.

$$\frac{F-S}{S} > r \rightarrow F > S(1+r)$$

매수차익거래는 [표 5-1]과 같이 정리된다.

▸ ▸ 〈표 5-1〉 투자수익률이 무위험이자율(차입이자율)보다 큰 경우의 차익거래

(만기 1년 가정): $\frac{F-S}{S} > r$ 또는 $F > S(1+r)$인 경우의 차익거래		
포지션	현재현금흐름	만기일의 현금흐름
선물매도	0	$-(S_T - F)$
기초자산 매입	$-S$	S_T
차입	$+S$	$-S(1+r)$
합계(차익거래이익)	0	$F - S(1+r) > 0$

1.2 $F < F^*$: 현재 선물가격 < 균형선물가격

선물가격이 이론적인 선물가격(현물가격 + 보유비용)보다 작으면 과소평가된 선물을 매입하고 과대평가된 기초자산을 공매도한다(유입된 자금은 대출하거나 또는 무위험채권에 투자함). 이러한 차익거래를 매도차익거래(reverse cash-and-carry arbitrage)라고 하는데 차익거래 이익은 $AP_T = F^* - F = S(1+r)^T - F$이다.

S의 가격에 기초자산을 공매도하고 F의 가격으로 선물을 매입하면($T = 1$ 가정) 현금흐름은 $(+S, -F)$이므로 차익거래자는 차입이자율을 $\frac{F-S}{S}$로 고정시킬 수 있다. 만약 내재환매이자율인 차입이자율이 무위험이자율 r보다 작으면(또는 선물가격이 균형선물가격보다 작으면) [표 5-2]와 같은 차익거래가 가능하다(여기서 무위험이자율은 대출이자율(lending rate)의 역할을 함). 결국 차익거래를 피하기 위해서는 $\frac{F-S}{S} = r$의 조건(또는 $F = S(1+$

3) 환매계약(repurchase agreement 또는 repo)은 증권의 보유자가 지금 증권을 금융기관에 매도하고 차후에 그 증권을 약간 높은 가격으로 재매입하는 계약이다. 즉, 환매계약은 금융기관이 증권 보유자에게 대출을 제공하는 계약이고 이때 적용되는 이자율을 환매이자율(repo rate)이라고 한다. 매수차익거래(매도차익거래)의 현금흐름은 RP의 매수자(매도자) 현금흐름과 동일하다.

r)의 조건)이 성립해야 한다.

▶ ▶ 〈표 5-2〉 차입이자율이 무위험이자율(대출이자율)보다 작은 경우의 차익거래

(만기 1년 가정): $\frac{F-S}{S} < r$ 또는 $F < S(1+r)$인 경우의 차익거래		
포지션	현재현금흐름	만기일의 현금흐름
선물매입	0	$(S_T - F)$
기초자산 매도	$+S$	$-S_T$
대출	$-S$	$S(1+r)$
합계(차익거래이익)	0	$S(1+r) - F > 0$

예를 들어, 무배당 주식의 가격이 현재 100만원이고 그 주식을 기초자산으로 하는 개별주식선물의 만기가 1년이며 무위험이자율은 4%이다. 적정 선물가격은 100 × 1.04 = 104만원이다. 만약 현재의 선물가격이 102만원이면 투자자는 선물을 매입함과 동시에 주식을 공매도하고 100만원을 4%로 대출(또는 투자)한다. 투자자의 주식관련 현금흐름은 (+100, −102)로 확정되어 있으므로 $\frac{102-100}{100}$ = 2%로 차입한 셈이지만 4%의 투자수익률을 얻는다. 만기일에 확보된 104만원 중에서 102만원으로 선물계약에 의해 주식을 매입하여 공매도포지션을 마감하면 투자자는 만기일에 2만원의 무위험 차익을 얻는다. 차입이자율을 의미하는 내재환매이자율 2%가 대출이자율(무위험이자율) 4%보다 작으므로 차익거래가 가능하다.

이상의 현물-선물 차익거래를 정리하면 [표 5-3]과 같다. 기초자산이 현금소득을 제공하게 되면 차익거래는 다소 복잡해지는데 이 경우는 [예시 5-1]을 참고하라.

▶ ▶ 〈표 5-3〉 현물-선물 차익거래 요약(만기 T, 기초자산이 현금소득을 제공하지 않음)

구 분	상 황	포지션	차 익
매수차익거래 (cash-and-carry arbitrage) 현금흐름: $(-S, +F)$	$F > F^*$ 또는 $r_{repo} > r$	선물매도, 현물매입 (필요자금 차입)	$AP_T = F - F^*$ $= F - S(1+r)^T$
	r_{repo}는 대출이자율을 의미하고 r는 차입이자율을 의미함 (대출이자율이 r_{repo}로 확정됨)		
매도차익거래 (reverse-cash-and-carry arbitrage) 현금흐름: $(+S, -F)$	$F < F^*$ 또는 $r_{repo} < r$	선물매입, 현물공매도 (유입자금 대출)	$AP_T = F^* - F$ $= S(1+r)^T - F$
	r_{repo}는 차입이자율을 의미하고 r는 대출이자율을 의미함 (차입이자율이 r_{repo}로 확정됨)		

주요 결과 #1

현물-선물 패리티가 성립하지 않으면 차익거래가 가능하다. 선물가격이 이론적인 선물가격보다 크면 과대평가된 선물을 매도하고 과소평가된 기초자산을 매입하는 매수차익거래가 가능하다. 반대로, 선물가격이 이론적인 선물가격보다 작으면 과소평가된 선물을 매입하고 과대평가된 기초자산을 공매도하는 매도차익거래가 가능하다.

주요 결과 #2

매수차익거래는 $F > F^*$인, 즉 $r_{repo} > r$인 경우로 대출이자율을 의미하는 내재환매이자율 $r_{repo} = \frac{F-S}{S}$이 차입이자율인 무위험이자율보다 큰 경우이다. 반대로, 매도차익거래는 $F < F^*$인, 즉 $r_{repo} < r$인 경우로 차입이자율을 의미하는 내재환매이자율이 대출이자율인 무위험이자율보다 작은 경우이다.

예시 5-1 현물-선물 차익거래(배당을 지급하는 경우)

기초자산의 가격이 10,000원이고 6개월 후에 500원의 배당이 지급될 예정이다. 선물계약의 만기가 1년이고 무위험이자율이 연 10%이면 균형선물가격은 10,475.6원이다.

$$F^* = \left(10{,}000 - \frac{500}{1.1^{0.5}}\right)(1.1) = 10{,}000(1.1) - 500(1.1)^{0.5} = 10{,}475.6$$

① 만일 선물가격이 10,800원이면 다음과 같은 차익거래가 가능하다. 선물이 과대평가된 경우이므로 선물을 매도하고 10,000원을 차입하여 기초자산을 매입한다. 6개월 후에 배당금 500원을 수령하고 만기일의 이익은 324.4원이다. 이 금액은 선물계약이 과대평가된 금액과 정확히 일치한다.

$$AP_T = 10{,}800 - 10{,}000(1.1) + 500(1.1)^{0.5} = 324.4$$

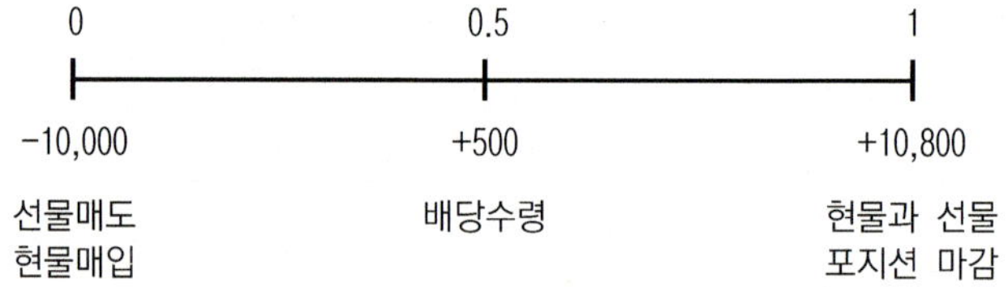

배당금이 지급되는 경우 내재환매이자율은 다음과 같이 배당금의 만기일 기준의 미래가치를 분자에 가산하여 계산한다.

$$r_{repo} = \frac{F + FV_T(Div) - S}{S} \tag{5.2}$$

이 경우 투자수익률의 의미를 갖는 내재환매이자율 13.24%가 차입이자율인 r=10%보다 크므로 차익거래기회가 존재한다.

$$r_{repo} = \frac{10{,}800 + 500(1.1)^{0.5} - 10{,}000}{10{,}000} = 13.24\% > 10\%$$

② 만일 선물가격이 10,200원이면 다음과 같은 차익거래가 가능하다. 선물이 과소평가된 경우이므로 선물을 매입하고 기초자산을 공매도한다. 공매도하고 받은 10,000원 중에서 $\frac{500}{1.1^{0.5}} = 476.73$원은 6개월 투자되어 배당금 500원을 원주인에게 지급하는데 사용되고, 남은 9,523.27원은 1년 투자된다. 만기일의 이익은 275.6원이다.[4] 아래 식에서 $(476.73 \times 1.1^{0.5} - 500)$는 0이다.

$$AP_T = 9{,}523.27 \times 1.1 - 10{,}200 + (476.73 \times 1.1^{0.5} - 500) = 275.6$$

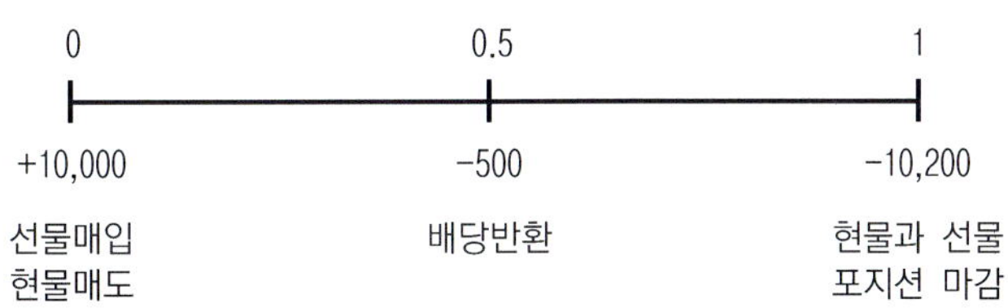

차입이자율의 의미를 갖는 내재환매이자율 7.24%가 대출이자율인 r = 10%보다 작으므로 (즉, 7.24%로 차입하여 10%로 운용하므로) 차익거래기회가 존재한다.

$$r_{repo} = \frac{F + FV_T(Div) - S}{S} = \frac{10{,}200 + 500(1.1)^{0.5} - 10{,}000}{10{,}000} = 7.24\% < 10\%$$

1.3 지수차익거래

기초자산이 개별 주식이 아닌 주가지수의 경우에도 현물-선물간 차익거래는 가능하다. 실무에서는 주가지수선물의 시장가격과 균형가격(또는 이론가격)간의 괴리를 이론가격으로 나누어 백분율로 전환한 괴리율을 이용한다.

4) 다음과 같이 간단히 계산할 수도 있다. 여기서 차감하는 금액은 배당금의 미래가치이다.

$$AP_T = 10{,}000(1.1) - 10{,}200 - 500(1.1)^{0.5} = 275.6$$

$$\text{괴리율} = \frac{F - F^*}{F^*} \tag{5.3}$$

괴리율이 0보다 크면(즉, $F > F^*$이면) 선물이 고평가되고 현물이 저평가된 경우이므로 매수차익거래(프로그램매수)가 시행되고, 괴리율이 0보다 작으면(즉, $F < F^*$이면) 반대로 매도차익거래(프로그램매도)가 시행된다. 이런 지수차익거래전략(index arbitrage strategy)을 이행할 때, 현실적으로 주가지수에 포함된 모든 주식을 사거나 팔 수 없으므로 주가지수와 상관성이 매우 높은 주식포트폴리오를 구성하고 이를 매입 또는 매도하게 되는데 이를 프로그램매매(program trading)라고 한다.

프로그램매매는 일반적으로 시장분석을 통하여 전략을 미리 수립하고 그 내용을 컴퓨터에 프로그래밍하여 설정된 상황이 실제 발생하면 컴퓨터로 자동으로 처리하는 거래기법이다. 한국거래소는 프로그램매매를 "모든 지수차익거래와, 동일인이 코스피200 지수에 포함된 15개 종목 이상의 주식을 한 번에 거래하는 비차익거래"로 정의한다.[5] 거래자는 프로그램매매를 반드시 거래소에 신고해야 하며 거래소는 일별로 프로그램매매 거래통계를 발표한다.

한국거래소는 지수차익거래를 "포트폴리오의 매수와 동시에 선물을 매도하는 거래, 포트폴리오의 매도와 동시에 선물을 매입하는 거래, 포트폴리오의 매수(매도) 후 선물의 매도(매수) 거래, 선물의 매도(매수) 후 포트폴리오의 매수(매도) 거래"로 정의한다.

지수차익거래는 주가지수와 주식포트폴리오간의 오차로 인해 위험이 수반되는 차익거래이다. 최근 시장지수를 추적하는 ETF(exchange-traded fund)의 출현으로 과거에 비하여 지수차익거래에 따른 위험이 크게 감소하였다.

주요 결과 #3

지수차익거래전략을 이행할 때, 주가지수와 상관성이 매우 높은 주식포트폴리오를 구성하고 이를 매입 또는 매도하게 되는데 이를 프로그램매매라고 한다. 프로그램매매는 일반적으로 시장분석을 통하여 전략을 미리 수립하고 그 내용을 컴퓨터에 프로그래밍하여 설정된 상황이 실제 발생하면 컴퓨터로 자동으로 처리하는 거래기법이다.

5) 2016년 상반기의 경우 비차익거래가 프로그램매매의 98%를 점유한다(거래대금 기준). 그리고 외국인이 프로그램매매의 대부분(2016년 상반기 82%)을 점유하고 있다.

1.4 통화선물의 복제와 차익거래

선물환율이 균형선물환율과 동일하지 않은 경우의 차익거래는 다음과 같이 요약된다.[6)]

▸ ▸ 〈표 5-4〉 통화선물을 이용한 차익거래(외국통화는 달러임)

경 우	차익거래 포지션
$F > F^*$ (현재 선물환율이 균형 선물환율보다 높은 경우)	• 선물 매도 • 선물복제포트폴리오 매입 (원화차입, 달러매입, 달러투자)
$F < F^*$ (현재 선물환율이 균형 선물환율보다 낮은 경우)	• 선물 매입 • 선물복제포트폴리오 매도 (달러차입, 원화매입, 원화투자)

다음의 예시를 이용하여 통화선물 복제포트폴리오의 구성방법을 설명해 보자. 1년 후 10,000달러를 매입하기로 한 통화선물 매입포지션을 복제해 보자. 현물환율은 ₩1,100/$이고, 한국의 이자율은 3.1%이고 미국의 이자율은 2.5%이다. 균형 선물환율은 $1,100 \times \frac{1.031}{1.025} = 1,106.44$원이다.

통화선물 매입포지션은 1년 후(만기일에) 10,000달러를 11,064,400원에 매입하게 되는데 이를 다음과 같이 세 포지션으로 복제할 수 있다.

① 원화차입 10,731,717원(이 금액은 11,064,400원의 현가임 : $\frac{11,064,400}{1.031} = 10,731,717$)

② 달러매입 9,756.11달러(이는 10,731,717원으로 매입한 달러임 : $\frac{10,731,717}{1,100} = 9,756.11$)

③ 달러투자 9,756.11달러(이 금액은 1년 후 10,000달러가 됨 : $9,756.11 \times 1.025 = 10,000$)

현재 시점에서 10,731,717원과 9,756.11달러는 동등한 금액이므로 동일 금액의 유입과 유출은 서로 상쇄되어, 그림에서 +$10,000, −₩11,064,400만 남게 되는데 이는 통화선물을 매입한 경우의 현금흐름이다(그림에서 위의 현금흐름은 유입이고 아래 현금흐름은 유출임).

6) 선물환율이 균형선물환율보다 높으면 차익거래기회는 선물을 매도하고 현물을 매입하는 것이다. 현물을 매입하는 것은 달러를 매입하는 것이다. 그런데 달러를 매입하려면 원화를 차입해야 하고, 달러 매입 후 달러를 투자해야 한다. 따라서 현물매입은 "원화 차입, 달러매입, 달러투자"로 구성된다. 이를 선물복제포트폴리오라고 한다. 반대로 선물환율이 균형선물환율보다 낮으면 차익거래자는 선물을 매입함과 동시에 현물을 매도한다. 여기서 현물매도는 "달러차입, 달러매도(원화매입), 원화투자"와 동등하다. 이를 선물복제포트폴리오 매도포지션이라고 한다.

그림 5-1 통화선물의 복제 방법

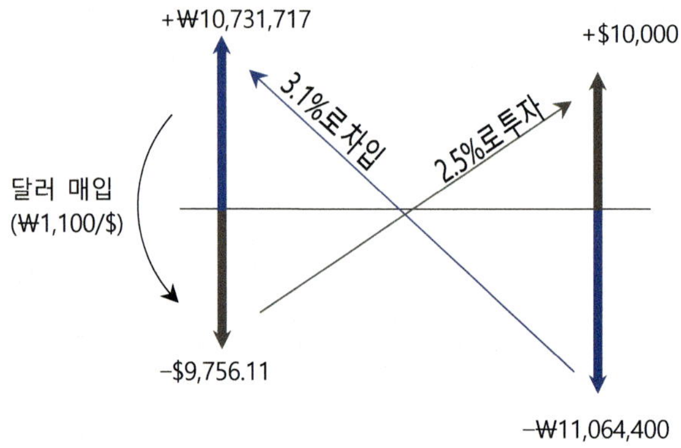

따라서 다음 두 식이 성립한다.

$$\text{통화선물 매입} = \text{원화차입} + \text{달러매입} + \text{달러투자}$$
$$\text{통화선물 매도} = \text{달러차입} + \text{원화매입} + \text{원화투자} \quad (5.4)$$

주요 결과 #4

통화선물 복제포트폴리오는 원화차입, 달러매입, 달러투자로 구성된다. 따라서 현재 선물환율이 균형 선물환율보다 낮으면 차익거래자는 선물을 매입하고 선물복제포트폴리오를 매도한다(즉, 달러차입, 원화매입, 원화투자).

예시 5-2 현물-선물 차익거래(통화선물)

미국의 무위험이자율은 연 5%이고 한국의 무위험이자율은 연 4%이다. 3월 1일 현재 환율은 1달러가 1,150원이다. 선물계약의 만기는 3개월이다. 만약 선물가격이 1,155원이면 어떤 차익거래가 가능한가? 선물 1계약(50,000달러 가정)을 기준으로 무위험 차익을 계산해 보자. (이 예시는 다소 복잡하므로 독자는 꼼꼼하게 설명을 따라가야 한다.)

균형 선물가격은 $F^* = 1{,}150 \times \left(\frac{1.04}{1.05}\right)^{0.25} = 1{,}147.2521$원이다. 선물가격이 과대평가되었으므로 선물을 매도하고($F = 1{,}155$) 선물복제포트폴리오를 매입한다(원화차입, 달러매입, 달러투자). 즉, $\frac{50{,}000 \times 1{,}147.2521}{1.04^{0.25}} = 56{,}802{,}903$원을 연 4%의 이자율로 3개월 차입하고 이를 현재의 환율

을 이용하여 $\frac{56,802,903}{1,150}$ = 49,393.83달러로 전환한다. (여기서 차입하는 금액이 $\frac{50,000 \times 1,155}{1.04^{0.25}}$ = 57,186,518이 아님에 주의하자. 균형환율을 이용하지 않으면 3개월 후에 50,000달러가 되지 않는다.) 그리고 49,393,83달러를 연 5%의 이자율로 3개월 투자하면 $49,393.83 \times (1.05)^{0.25}$ = 50,000,000달러가 된다.

F = 1,155의 가격으로 선물을 매도하였으므로 1달러를 1,155원으로 매도하면 50,000달러가 50,000 × 1,155 = 57,750,000원으로 전환된다. 상환해야 하는 원리금이 $56,802,903 \times 1.04^{0.25}$ = 57,362,605원이므로 차익거래를 통해 실현한 무위험 이익은 57,750,000 − 57,362,605 = 387,395원이다(차익은 만기일 기준 금액임).

복제포지션을 이용하여 균형선물환율인 1,147.2521의 가격으로 달러를 매입하고 이를 1,155의 가격으로 매도하므로 이익은 다음과 같이 직접 계산할 수도 있다.

$$(1,155 - 1,147.2521) \times 50,000 = 387,395$$

이를 정리하면 다음과 같다(여기서 S_T는 선물계약 만기일의 원/달러 현물환율임).[7)]

▸ ▸ 〈표 5-5〉 통화선물 차익거래 예시(선물가격이 너무 높은 경우)

거 래	현재시점의 현금흐름(원)	3개월 후 현금흐름(원)
56,802,903원 차입(@4%)	+ 56,802,903	$-56,802,903 \times 1.04^{0.25} = -57,362,605$
달러로 전환하여 예금	− 56,802,903 (또는 − 49,393.83달러)	$49,393.83 \times (1.05)^{0.25} \times S_T = 50,000S_T$
선물 매도 (F = 1,155)	0	$50,000 \times (1,155 - S_T) = 57,750,000 - 50,000S_T$
합 계	0	387,395

정리하면, 차익거래자는 복제포지션을 이용하여 균형환율(1,147.2521)로 달러를 매입하지만 달러매도는 이보다 높은 1,155원에 이루어진다. 현물시장에서 선물포지션을 복제하는데 57,362,605원이 소요되지만 50,000달러를 선불매도포지션을 이용하여 F = 1,155의 가격으로 매도하면 57,750,000원이 유입되므로 차익거래의 이익은 387,395원이다.

반대로 현재의 선물가격이 균형 선물가격보다 낮으면 선물이 과소평가되었으므로 선물을 매입하고 선물복제포트폴리오를 매도(즉, 달러차입, 원화매입, 원화투자)한다.

7) 여기서 56,802,903원은 만기일에 50,000달러를 매입하기 위해 지불해야 하는 원화금액의 현재가치이다.

2 스프레드거래

만기가 상이한 선물가격간에 균형관계가 성립한다. 예를 들어, 기초자산이 무배당 주식으로 가격이 10,000원이고 만기가 T_1=1년과 T_2=2년인 개별주식선물을 고려해 보자. 무위험이자율이 5%이면 만기가 1년과 2년인 균형 선물가격 F_1^*, F_2^*은 다음과 같다.

$$F_1^* = S(1+r)^{T_1} = 10,000(1.05) = 10,500.00$$
$$F_2^* = S(1+r)^{T_2} = 10,000(1.05)^2 = 11,025.00$$

두 가격 차이인 525원이 2차연도의 보유비용이고 F_2^*를 F_1^*으로부터 직접 계산하는 것도 가능하다.

$$F_2^* = F_1^* \times (1+r)^{T_2 - T_1} = 10,500 \times 1.05 = 11,025.00 \quad (5.5)$$

만일 $F_2 > F_2^*$이면 원월물을 매도하고 근월물을 매입하여 차익거래이익 $AP_{T_2} = F_2 - F_2^*$를 만기일에 실현할 수 있다. 반대로 $F_2 < F_2^*$이면 원월물을 매입하고 근월물을 매도하여 차익거래이익 $AP_{T_2} = F_2^* - F_2$를 만기일에 실현할 수 있다. 이와 같이 결제월이 다른 두 선물가격간에 불균형이 발생하면 상대적으로 과소평가된 선물을 매입하고 상대적으로 과대평가된 선물을 매도한다(차익거래 예시는 주관식 연습문제 5번을 참고할 것). 특정 만기의 선물을 매입함과 동시에 다른 만기의 선물을 매도하는 거래를 스프레드거래(spread trading)라고 한다. 스프레드거래는 차익거래 이외에도 롤오버하거나 또는 스프레드 예측에 기초한 투자포지션을 취할 때에도 이용된다.

스프레드거래는 선물 만기일(또는 최종거래일)이 도래하기 전에 최근월물 미결제약정을 차근월물 미결제약정으로 교체하기 위하여 한 종목을 매도함과 동시에 다른 종목을 매입할 때 이루어지기도 하는데 이를 롤오버(rollover)라고 한다. 예를 들어, 주식포트폴리오를 보유하고 있는 투자자가 주가하락위험을 헤지하기 위하여 코스피200선물 3월물에 매도포지션을 취하고 있다고 하자. 3월물의 최종거래일이 다가옴에 따라 투자자가 헤지기간을 연장하고자 하면 3월물을 매입하고(최초의 매도포지션을 마감함) 동시에 6월물을 매도하는 스프레드거래를 하여 롤오버할 수 있다.

또한 투자자는 근월물 가격과 원월물 가격간의 차이인 스프레드가 확대될 것으로 예상하면(원월물 가격이 상승하고 근월물 가격이 하락할 것으로 예상하여) 근월물을 매도하고 원월물을 매입하는 스프레드거래를 시행할 수 있다(이를 스프레드거래를 매수한다고 함).[8] 반대로 스프레드가 축소될 것으로 예상하면 투자자는 스프레드거래를 매도한다(근월물 매입, 원월물 매도).

주요 결과 #5

만기가 상이한 선물가격간에 균형관계인 $F_2^* = F_1^* + CC$의 관계가 성립해야 한다(CC는 보유비용임). 만일 $F_2 > F_2^*$이면 원월물을 매도하고 근월물을 매입하는 차익거래를 시행하고, 반대로 $F_2 < F_2^*$이면 원월물을 매입하고 근월물을 매도하는 차익거래를 시행하여 두 가격 차이를 만기일에 실현한다. 스프레드거래는 차익거래, 롤오버, 그리고 스프레드 예측에 기초한 투자포지션을 취하는데 이용된다.

3 헤지거래

헤지(hedge)란 현물의 가격변동 위험을 제거하거나 또는 줄이기 위하여 선물시장에서 현물과 반대되는 포지션을 취하는 것을 말한다. 다시 말해서 현물포지션의 이익(손실)을 선물포지션의 손실(이익)로 상쇄시킴으로써 미래의 가격변화와 무관하게 수익을 현재 시점에서 확정시키는 거래이다. 사후적으로 판단할 때 헤지하는 것이 헤지하지 않은 경우와 비교하여 유리할 수도 있고 불리할 수도 있다.

3.1 매입헤지와 매도헤지

(1) 매입헤지(long hedge)

현물시장에서 매도포지션을 취하고 있어 가격이 상승하면 현물포지션에서 손실이 발생한다. 여기서 현물 매도포지션은 미래에 특정 자산을 매입할 의무가 있는 포지션이다. 예를 들어 미래에 달러를 지급할 의무가 있는 수입기업은 환율이 상승하면 더 많은 원화가 필요하므로 손해를 보고 환율이 하락하면 이익을 얻는 상황에 있다.

매입헤지는 현물 매도포지션으로부터 발생하는 손실을 제거하기 위하여 선물 매입포지션

8) 근월물을 매도하고 원월물을 매입하면 스프레드거래를 매수한다고 표현하고 반대로 근월물을 매입하고 원월물을 매도하면 스프레드거래를 매도한다고 표현한다. 일반적으로 만기가 길수록 가격이 상승하므로 가격이 높은 원월물을 기준으로 구분한다.

을 취하는 거래이다. 매입헤지는 현물의 매입가격을 확정시키는 역할을 한다([그림 5-2] A패널 참조). 그림에서 x축은 원/달러 환율이고 y축은 기업의 손익을 의미한다.

그림 5-2 매입헤지와 매도헤지

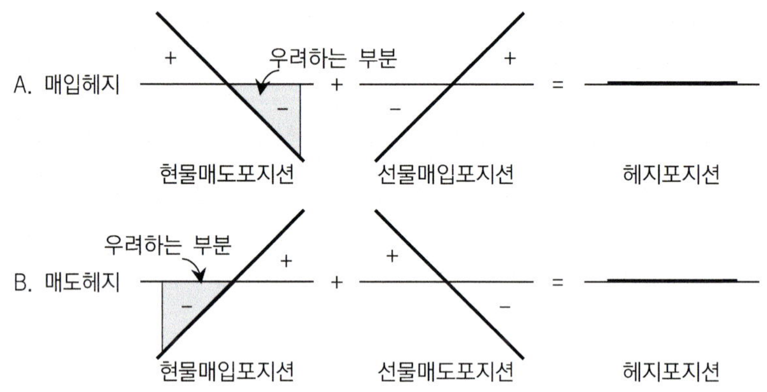

(2) 매도헤지(short hedge)

현물거래에서 매입포지션을 취하고 있어 가격이 하락하면 현물포지션에서 손실이 발생한다. 여기서 현물 매입포지션은 미래에 특정 자산을 매도할 예정인 포지션이다. 예를 들어 미래에 달러를 매도할 예정인 수출기업은 환율이 상승하면 더 많은 원화를 수령하므로 이익을 얻고 환율이 하락하면 손실을 보는 상황에 있다.

매도헤지는 현물 매입포지션에서 발생하는 손실을 제거하기 위하여 선물 매도포지션을 취하는 거래이다. 매도헤지는 현물의 매도가격을 확정시키는 역할을 한다([그림 5-2] B패널 참조).

예시 5-3 선물계약을 이용한 매입헤지와 매도헤지

7월 1일 현재 수입기업은 미국으로부터 상품을 수입하고 대금 100만 달러를 9월말에 결제할 예정이다. 반면에 수출기업은 미국으로 상품을 수출하고 대금 100만 달러를 9월말에 받을 예정이다. 현재 미화 1달러는 950원이고 9월 선물가격은 940원이다. 달러통화선물의 거래승수는 10,000달러이다. 완전헤지를 위해 선물계약의 만기일이 달러의 지급일 또는 수령일과 일치한다고 가정한다(또는 선물환 계약을 이용함).

① 수입기업(미래에 달러를 매입할 예정인 기업)은 달러의 매입가격을 확정시키기 위하여 매입 헤지를 한다. 즉, 9월 선물 100계약에 매입포지션을 취하고 만기일에 100만 달러에 940원의 선물환율을 적용하여 매입가격으로 9억 4,000만원을 지불한다. 만일 9월말에 원/달러 환율이 940원을 초과하면 헤지한 것에 대해 만족할 것이지만 환율이 940원 이하가 되면 헤지한 것을 후회할 것이다(F = 940원이 적용되므로 적용환율은 항상 940원이며, 선물 매입포지션의 이익은 $S_T - F$임).

S_T	910	920	930	940	950	960	970
선물이익	−30	−20	−10	0	10	20	30
적용환율	940	940	940	940	940	940	940
결 과	헤지를 후회함				헤지에 만족함		

② 수출기업(미래에 달러를 매도할 예정인 기업)은 달러의 매도가격을 확정시키기 위하여 매도 헤지를 한다. 즉, 9월 선물 100계약에 매도포지션을 취하고 만기일에 100만 달러에 940원의 선물환율을 적용하여 매도가격으로 9억 4,000만원을 수령한다. 만일 9월말에 원/달러 환율이 940원을 초과하면 헤지한 것을 후회할 것이지만 환율이 940원 이하가 되면 헤지한 것에 대해 만족할 것이다(선물 매도포지션의 이익은 $F - S_T$이고 적용환율은 항상 F = 940원임).

S_T	910	920	930	940	950	960	970
선물이익	30	20	10	0	−10	−20	−30
적용환율	940	940	940	940	940	940	940
결 과	헤지에 만족함				헤지를 후회함		

이처럼 헤지전략이 사후적으로 항상 유리한 결과를 제공하는 것은 아니지만 헤지전략은 미래의 불확실성을 제거해 준다.

주요 결과 #6

헤지는 현물의 가격변동위험을 제거하거나 또는 줄이기 위하여 선물시장에서 현물과 반대되는 포지션을 취하는 것이다. 즉, 현물포지션의 이익(손실)을 선물포지션의 손실(이익)로 상쇄시킴으로써 미래의 가격변화와 무관하게 수익을 현재 시점에서 확정시키는 거래이다.

주요 결과 #7

미래에 특정 자산을 매입할 의무가 있으면 선물을 매입하는 매입헤지를 실시하고, 반대로 특정 자산을 매도할 의무가 있으면 선물을 매도하는 매도헤지를 실시한다. 사후적으로 판단할 때 헤지는 헤지하지 않은 경우와 비교하여 유리할 수도 있고 불리할 수도 있다. 헤지의 효과는 불확실성을 제거하는 것이다.

3.2 헤지와 베이시스위험

[예시 5-3]처럼 선물계약의 만기일에 달러를 매입 또는 매도하게 되면 헤저는 정확히 F의 가격으로 매입 또는 매도 가격을 확정할 수 있다. 그러나 만기일 이전에 달러를 매입 또는 매도하게 되면 F의 가격으로 확정되지 않는다. 예를 들어, [예시 5-3]의 수출기업이 9월말에 달러를 매도하지만 선물의 만기일이 10월말이라고 하자(7월 1일에 매도한 10월물 선물가격이 940원이라고 가정함). 9월말에 현물가격이 929원이고 10월물 선물환율이 930원이라고 하자. 수출기업이 9월말에 선물가격 930원에 반대매매로 원래의 선물 매도포지션을 마감하면 선물포지션의 이익은 매도가격에서 매입가격을 차감한 $940 - 930 = 10$원이다. 그리고 수출기업은 수령한 달러를 시장에서 929원에 매도하면 결국 $929 + 10 = 939$원에 매도한 셈이 된다. 이 경우 수출기업에 최종적으로 적용되는 환율은 940원으로 확정되지 않고 9월말의 선물가격과 현물가격에 의해 영향을 받게 된다.

체계적으로 설명하기 위하여 베이시스와 유효가격을 정의해 보자. 베이시스(basis: b)는 헤지에 이용된 자산의 선물가격에서 헤지대상자산의 현물가격을 차감한 값으로 정의된다.

$$b = F - S \tag{5.6}$$

t_1시점을 헤지하는 시점으로, t_2시점을 헤지를 종료하는 시점으로 정의하자. 선도계약의 경우처럼, 헤지대상자산과 선물의 기초자산이 동일하고 또한 t_1에서 체결한 선물계약의 만기일이 헤지를 종료하는 시점인 t_2시점과 일치하면 완전헤지(perfect hedge)가 가능하다. 즉, [예시 5-3]의 경우처럼 t_2시점에서의 베이시스가 0인 완전헤지에서는 매입 또는 매도가격을 t_1시점에서의 선물가격인 F_1으로 확정시킬 수 있다.

그러나 헤지대상자산과 선물의 기초자산이 상이하거나 또는 선물계약의 만기일이 헤지종료시점과 상이하면 베이시스가 0이 되지 않으므로 헤저는 t_2시점에서의 베이시스(b_2)의 불확실성에 노출된다. 이런 불완전헤지(imperfect hedge)에서는 매입 또는 매도가격이 $F_1 - b_2$로

결정되는데 이를 유효가격(effective price)이라고 한다.[9)]

$$\text{유효가격} = F_1 - b_2 \qquad (5.7)$$
$$b_2 = F_2 - S_2$$

여기서 F_2는 t_2시점에서의 선물가격이고 S_2는 t_2시점에서의 현물가격이다.

매입헤지든 매도헤지든 유효가격이 $F_1 - b_2$로 계산되는 것을 확인해 보자. 매입헤지의 경우 유효가격은 지불하는 가격이므로 유효가격은 t_2시점에서의 현물가격에서 선물포지션에서의 이익을 차감한 $S_2 - (F_2 - F_1) = F_1 - b_2$이다(여기서 F_1은 처음 매입포지션을 취할 때의 선물가격이고 F_2는 반대매매인 매도포지션의 선물가격임). 매도헤지의 경우 유효가격은 수령하는 가격이므로 유효가격은 t_2시점에서의 현물가격에 선물포지션에서의 이익을 가산한 $S_2 + (F_1 - F_2) = F_1 - b_2$이다(여기서 F_1은 처음 매도포지션을 취할 때의 선물가격이고 F_2는 반대매매인 매입포지션의 선물가격임). 결국, 유효가격은 선물포지션의 방향과 무관하게 항상 $F_1 - b_2$로 계산된다.[10)]

[그림 5-3]은 완전헤지와 불완전헤지를 비교한 것이다. 처음 선물계약을 체결하는 시점은 t_1시점이다. 반대매매를 하는 시점이 만기일이 아니고 t_2시점이면 불완전헤지가 이루어진다.

그림 5-3 완전헤지와 불완전헤지의 구조

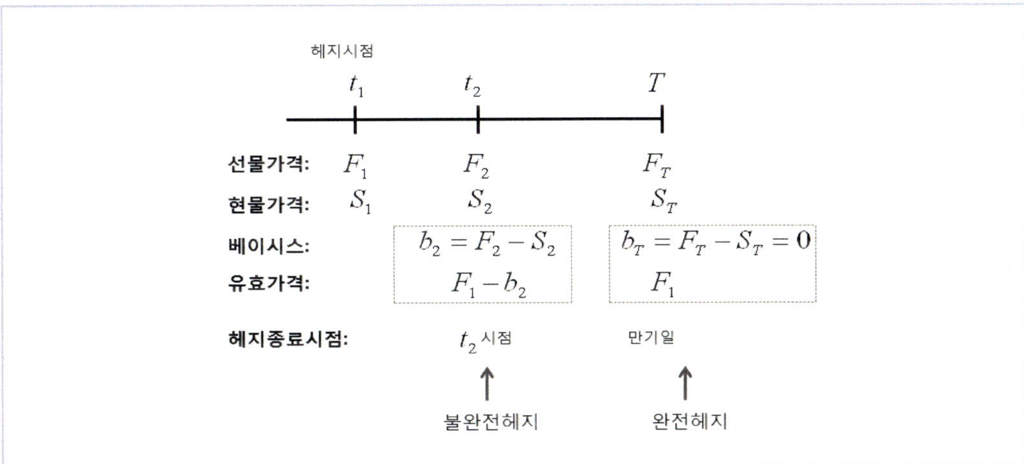

9) 완전헤지의 경우 $b_2 = 0$이므로 유효가격은 F_1이다.

10) 유효가격 계산시 매입헤지의 경우 선물포지션의 이익을 차감하고 매도헤지의 경우 선물포지션의 이익을 가산하는 예시는 [예시 5-4]와 [예시 5-5]를 참고할 것.

b_2의 불확실성으로 인해 유효가격인 $F_1 - b_2$가 사전에 확정되지 않고 확률분포를 이루게 되므로 이런 위험을 베이시스위험(basis risk)이라고 한다. 결국, 헤지는 기초자산의 큰 가격변동위험을 작은 베이시스위험으로 대체한 셈이다. 이상의 논의를 요약하면 [그림 5-4]와 같다.

그림 5-4 유효가격과 베이시스위험

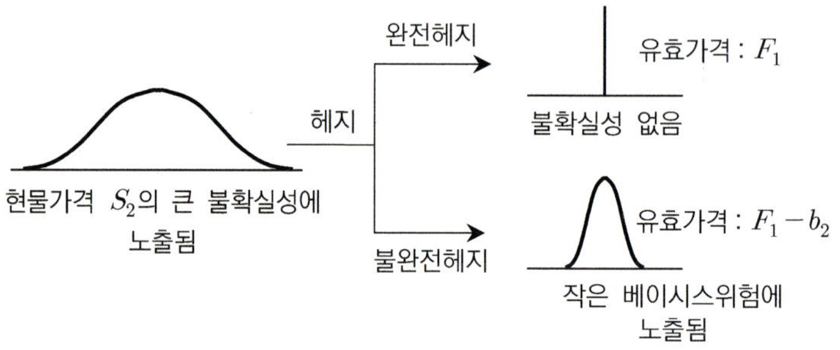

매입헤지의 경우 헤저는 유효가격을 지불하므로 유효가격이 낮을수록 유리하다. 따라서 베이시스가 증가하면 헤저의 포지션이 향상된다(즉, 헤저에게 유리하다). 반면에 매도헤지의 경우 헤저는 유효가격을 받으므로 유효가격이 높을수록 유리하다. 따라서 베이시스가 감소하면 헤저의 포지션이 향상된다.

주요 결과 #8

베이시스는 헤지에 이용된 자산의 선물가격에서 헤지대상자산의 현물가격을 차감한 값이다. 헤지대상자산과 선물의 기초자산이 상이하거나 또는 선물계약의 만기일이 헤지종료시점과 상이하면 베이시스가 0이 되지 않아, 베이시스위험에 노출되는 불완전헤지가 되며, 유효가격은 $F_1 - b_2$로 결정된다. 매입헤지(매도헤지)의 경우 베이시스가 증가하면 헤저에게 유리(불리)하다.

예시 5-4 매입헤지와 베이시스위험

7월 25일 현재, 한국의 금속기업이 10월말에 금 5kg이 필요할 것으로 예상한다. 12월물 금선물가격은 1g당 50,000원이다. 금속기업은 7월 25일에 12월물 선물 5계약을 매입하고 금 구입시 금선물을 매도하여 선물포지션을 마감할 예정이다(금선물 1계약의 크기는 1kg임). 10월말에 금 현물가격은 1g당 54,000원이고 12월물 선물가격은 55,000원으로 되었다고 하자. 1g 기준으로 답하라.

(1) 선물계약을 10월말에 마감하면 베이시스와 선물포지션으로부터의 이익은 얼마인가?

$$\text{베이시스}(b_2) = F_2 - S_2 = 55{,}000 - 54{,}000 = 1{,}000\text{원}$$

$$\begin{aligned}\text{선물포지션으로부터의 이익} &= \text{매도가격} - \text{매입가격}\\ &= F_2 - F_1 = 55{,}000 - 50{,}000 = 5{,}000\text{원}\end{aligned}$$

(2) 금의 유효가격은 얼마인가?

① 첫 번째 방법 : 유효가격은 10월말 현물가격에서 선물포지션의 이익을 차감한 49,000원이다(여기서 유효가격은 지불하는 가격이므로 선물포지션의 이익을 차감함).

$$\text{유효가격} = S_2 - (F_2 - F_1) = 54{,}000 - 5{,}000 = 49{,}000$$

② 두 번째 방법 : 헤지하는 시점에서의 선물가격(F_1)에서 t_2시점의 베이시스를 차감하면 유효가격이 계산된다.

$$\text{유효가격} = F_1 - b_2 = 50{,}000 - 1{,}000 = 49{,}000$$

(3) 만일 10월말에 12월물 선물가격이 53,000원이 되면 유효가격은 얼마인가? 55,000원인 경우에 비하여 유정기업이 유리해지는가?

베이시스가 53,000 − 54,000 = − 1,000원이므로 유효가격은 51,000원으로 증가한다. 헤저가 유효가격에 기초자산을 매입하므로 유효가격의 증가는 유정기업에 불리하게 작용한다. 매입헤지의 경우 베이시스가 작아지면 헤저에게 불리하다.

예시 5-5 매도헤지와 베이시스위험

10월 1일 현재, 한국기업이 10월말에 10만 달러를 수령할 예정이다. 선물시장에서 12월물 달러선물의 가격이 928원이다. 한국기업이 10월 1일에 12월물 10계약에 매도포지션을 취하고 10월말에 달러를 수령하면 선물계약을 마감한다고 가정하자(달러선물 1계약의 크기는 10,000달러임). 10월말에 환율이 950원이고 12월물 선물가격이 948원이라고 하자. 1달러 기준으로 답하라.

(1) 선물계약 마감시의 베이시스와 선물포지션으로부터의 이익은?

$$\text{베이시스}(b_2) = F_2 - S_2 = 948 - 950 = -2\text{원}$$

$$\begin{aligned}\text{선물포지션으로부터의 이익} &= \text{매도가격} - \text{매입가격}\\ &= F_1 - F_2 = 928 - 948 = -20\text{원}\end{aligned}$$

(2) 달러의 유효가격은 얼마인가?

① 첫 번째 방법 : 유효가격은 10월말 현물가격에 선물포지션의 이익을 더한 930원이다(여기서 유효가격은 수령하는 가격이므로 선물포지션의 이익을 가산함).

$$\text{유효가격} = S_2 + (F_1 - F_2) = 950 + (-20) = 930$$

② 두 번째 방법: 헤지하는 시점에서의 선물가격(F_1)에서 t_2시점의 베이시스를 차감하면 유효가격이 계산된다.

$$\text{유효가격} = F_1 - b_2 = 928 - (-2) = 930$$

(3) 만일 10월말에 12월물 선물가격이 950원이면 유효가격은 얼마인가?

베이시스가 0이므로 유효가격은 928원이다.

(4) 만일 10월말에 베이시스가 4원으로 증가하면 헤저는 어떻게 영향을 받는가?

베이시스가 4원이 되면 유효가격은 924원으로 감소한다. 헤저는 유효가격에 기초자산을 매도하게 되므로 헤저의 포지션은 불리해진다.

참고 역외펀드 선물환 헤지의 실패

모 투자자는 지난 2007년 11월 은행에서 약 3,000만원을 투자해 해외에서 운용하는 역외펀드에 가입했다. 은행은 앞으로 환율이 떨어질 것으로 보이니 1년 만기 선물환 계약 체결을 요구했고 투자자는 선물환이 뭔지도 모른 채 이에 따랐다. 1년 뒤 금융위기가 발생하면서 환율이 급등하자 투자자는 펀드 손실 외에 선물환 손실까지 겹치면서 단돈 70만원만 손에 남았다. 선물환에서만 1,500만원 이상의 손실이 발생하면서 투자자는 은행을 상대로 소송을 제기했다. (조선일보 2010년 4월 30일 기사에서 인용함).

미래 일정 시점에서 일정 금액의 달러를 원화로 환전하는 것이 확실한 경우 거래자는 환율하락에 따른 손해(즉, 원화금액 감소)를 우려하여 선물환 매도포지션을 취함으로써 환리스크를 완벽하게 헤지할 수 있다.

그러나 해외펀드에 투자하는 경우 투자자가 미래에 원화로 환전해야 할 달러 금액이 확정되지 않는다. 만약 최초 투자금액 전체에 대하여 헤지포지션을 취하고 투자에서 손실이 발생하였으며 환율이 예상과 달리 크게 상승하였다면, 투자자는 선물환 매도포지션 계약에 설정된 달러를 보유하지 못하므로 시장에서 비싼 가격에 매입하여 싼 가격에 매도함으로써 이중 손실을 입게 된다. 결국, 위험을 줄이기 위하여 취한 헤지포지션으로 인해 투자자가 엄청난 손해를 볼 수 있다.

4 최소분산헤지

4.1 최소분산헤지비율

지금까지 선물포지션의 크기는 현물포지션의 크기와 같았다(예를 들어, 헤저가 원유 2만 배럴의 가격위험에 노출되면 2만 배럴의 원유를 인수도하도록 선물계약에 포지션을 취함).

그러나 선물기초자산과 헤지대상자산이 상이한 교차헤지(cross hedge)의 경우 또는 동일하더라도 헤지기간과 선물의 만기간에 큰 차이가 있는 경우 선물포지션의 크기는 베이시스위험으로 인해 필요한 현물포지션의 크기와 반드시 동일하지 않다.

현물의 가격변동위험을 줄이기 위하여 선물에 얼마의 포지션을 취해야 하는가는 현물에 대한 선물포지션의 크기로 정의되는 헤지비율(hedge ratio)의 결정 문제로 귀결된다.

$$\text{헤지비율} = \frac{\text{선물포지션규모}}{\text{현물위험노출규모}} \tag{5.8}$$

최적 헤지비율(optimal hedge ratio)은 현물과 선물로 구성된 포트폴리오의 분산을 최소화하는 비율로 정의된다. 이를 최소분산헤지비율(minimum variance hedge ratio)이라고 한다. 다음과 같이 정의하자.

ΔS = 헤지대상자산인 현물가격 S의 변화

ΔF = 헤지에 사용되는 선물가격 F의 변화

σ_S = ΔS의 표준편차

σ_F = ΔF의 표준편차

최소분산헤지비율을 구하기 위하여 흔히 다음의 회귀모형을 이용한다. 회귀모형으로 추정하는 이유는 최소분산헤지비율을 구하는 식이 회귀계수 b와 동일하기 때문이다.

$$\Delta S_t = a + b \cdot \Delta F_t + \epsilon_t \tag{5.9}$$

현물가격변화를 선물가격변화에 대하여 회귀분석하여 얻은 직선의 기울기인 회귀계수 b가 최소분산헤지비율로 다음과 같이 추정된다([그림 5-5] 참조).[11)]

$$b = \frac{cov(\Delta S, \Delta F)}{\sigma_F^2} = \frac{\rho \times \sigma_S \times \sigma_F}{\sigma_F^2} = \rho\frac{\sigma_S}{\sigma_F} \tag{5.10}$$

여기서 cov는 공분산(covariance)이고 ρ는 상관계수(correlation)이다.

11) 최소분산헤지비율의 도출과정은 다음과 같다. 매도헤지의 경우 헤지된 포트폴리오의 가격변화는 $\Delta S - b\Delta F$이고(b는 헤지비율임) 헤지포트폴리오의 분산은 $\sigma_P^2 = \sigma_S^2 + b^2\sigma_F^2 - 2b\sigma_{SF}$이다($\sigma_{SF}$는 ΔS와 ΔF간 공분산임). 이를 b에 대하여 미분하고 그 값을 0으로 놓으면 최소분산헤지비율(b^*)이 도출된다.

$$\frac{d\sigma_P^2}{db} = 2b\sigma_F^2 - 2\sigma_{SF} = 0 \rightarrow b^* = \frac{\sigma_{SF}}{\sigma_F^2}$$

그림 5-5 선물가격변화에 대한 현물가격변화의 회귀선

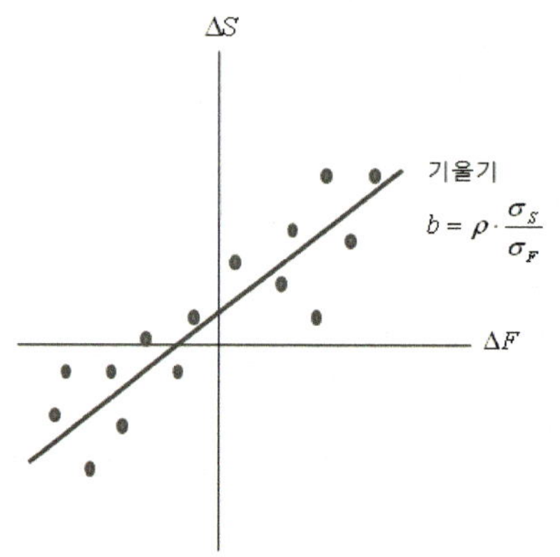

최소분산헤지비율은 ΔS와 ΔF간의 상관계수에, ΔS의 표준편차를 ΔF의 표준편차로 나눈 비율인 $\frac{\sigma_S}{\sigma_F}$을 곱한 값으로 결정된다. 만약 상관계수가 1이고 $\sigma_S = \sigma_F$이면 최소분산헤지비율은 1이다. 만약 상관계수가 1이고 $\sigma_F = 2\sigma_S$이면 선물가격이 항상 현물가격의 2배만큼 변하기 때문에 최소분산헤지비율은 당연히 0.5이다.

최소분산헤지비율은 ΔS와 ΔF 간의 상관계수에 의해 크게 영향을 받으며 상관계수가 1에 접근함에 따라 헤지비율은 증가한다. 만일 상관계수가 0이면(즉, 움직임이 상호 독립적이면) 선물포지션이 현물포지션의 위험을 전혀 상쇄시키지 못하고, 오히려 추가된 선물포지션으로 인해 전체 위험이 증가하게 되므로 이 경우 최적 헤지비율은 0이어야 한다. 상관계수가 증가함에 따라 선물포지션이 현물포지션의 위험을 더 많이 상쇄하므로 이를 최대한 활용하기 위해 최적 헤지비율도 증가해야 한다.

4.2 헤지포지션의 최적 계약수

헤지비율이 정해지면 선물계약에 취해야 하는 계약의 수(N^*)는 다음과 같이 결정된다(매도헤지를 가정하며 (−)는 선물매도포지션을 의미함).

$$N^* = -b \cdot \frac{Q_S}{Q_F} \tag{5.11}$$

여기서 Q_S는 헤지하고자 하는 현물포지션의 크기이고 Q_F는 헤지에 이용되는 선물 1계약의 크기이다. 예를 들어 보유하고 있는 포지션이 100만 달러이고 달러통화선물 1계약의 크기가 10,000달러라고 하자. 최적 헤지비율이 90%이면 최적 계약수는 $0.9 \times \dfrac{1{,}000{,}000}{10{,}000} = 90$ 계약이다.

이 식은 손익이 만기일에 한꺼번에 결제되는 선도계약의 경우 그대로 적용할 수 있으나 일일정산으로 손익이 매일 반영되는 선물계약의 경우 이자금액을 반영하여 선물포지션을 감소시키는 것이 필요하다. 특히 이자율이 높거나 또는 만기가 긴 경우 증거금계정의 잔액에 대한 이자금액이 상당히 커지므로 다음과 같은 헤지조정(tailing the hedge)을 무시하면 대체로 초과헤지(overhedge)가 발생한다.

$$\text{헤지조정} = \frac{N^*}{(1+r)^T} \tag{5.12}$$

최적 계약수를 $(1+r)^T$로 나누는 것은 $F = S(1+r)^T$에 의해 $\dfrac{S}{F}$를 곱하는 것과 동일하므로 식 (5.11)에 이 값을 곱하면 다음의 최적 선물계약수가 유도된다.[12)]

$$N^* = -b \cdot \frac{Q_S}{Q_F} \cdot \frac{S}{F} = -b \cdot \frac{P}{A} \tag{5.13}$$

여기서 P는 헤지하고자 하는 현물포지션의 가치이고(즉, $P = Q_S \times S$) A는 선물 1계약의 명목원금(즉, 선물가격 F에 계약크기 Q_F를 곱한 금액)이다. 식 (5.13)에서 마이너스는 매도포지션을 의미한다. 이 식은 투자자가 이미 현물을 보유하고 있다는 가정 하에서 매도헤지를 전제로 유도된 식이다. 미래에 매입할 자산의 가격 불확실성을 제거하기 위하여 취하는 매입헤지의 경우 매입할 선물계약수는 $N^* = b \cdot \dfrac{P}{A}$이다([예시 5-6] 참조).

주요 결과 #9

헤지비율은 현물위험노출규모에 대한 선물포지션 규모의 비율이다. 헤지비율을 1.0으로 유지하는 것이 항상 최적은 아니다. 최적 헤지비율은 현물과 선물로 구성된 포트폴리오의 분산을 최소화하는 비율로 정의되며, 최소분산헤지비율이라고도 한다. 최소분산헤지비율은 현물가격의 변화를 선물가격의 변화에 대하여 회귀분석하여 얻는 직선의 기울기로 $b = \rho\dfrac{\sigma_S}{\sigma_F}$로 추정된다. 선물계약에 취해야 하는 계약의 수는 $N^* = -b \cdot \dfrac{P}{A}$이다.

---

12) 현가계산을 하는 이유를 직관적으로 설명하기 위하여 만기가 1년인 선도와 선물 매입포지션을 고려해 보자(무위험이자율은 5% 가정). 기초자산가격이 1원 상승하면(그 후 가격변화가 없다고 가정함) 선물계약에서는 1원의 이익이 즉각 실현되고 이 금액은 1년 후 1.05원이 되지만, 선도계약에서는 만기일에 1원이 실현된다. 따라서 선도계약처럼 만기일에 1원을 실현하기 위해 필요한 선물계약수는 1/1.05 = 0.95이다.
그리고 상품선물의 경우 거래자들은 최적 선물계약수 계산에 금액 대신 수량을 이용하는 경향이 있다(즉, 식 (5.11)을 이용함).

예시 5-6 최소분산헤지(매입헤지)

미국의 델타항공사가 1개월 후에 200만 갤런의 제트연료를 구입할 예정이며 이를 헤지하기 위하여 난방유 선물계약을 이용하고자 한다. 지난 15개월 동안의 제트연료의 가격변화(ΔS)와 난방유에 대한 선물가격의 변화(ΔF)가 다음과 같다(1갤런 기준). 갤런당 현물가격은 1.95달러이고 선물가격은 2.00달러이다.

월	선물가격의 변화(ΔF)	제트연료가격의 변화(ΔS)
1	0.021	0.029
2	0.035	0.020
3	− 0.046	− 0.044
4	0.001	0.008
5	0.044	0.026
6	− 0.029	− 0.019
7	− 0.026	− 0.010
8	− 0.029	− 0.007
9	0.048	0.043
10	− 0.006	0.011
11	− 0.036	− 0.036
12	− 0.011	− 0.018
13	0.019	0.009
14	− 0.027	− 0.032
15	0.029	0.023

자료에 기초하여 $\sigma_S = 0.0263$, $\sigma_F = 0.0313$이 계산된다. 그리고 상관계수가 0.928로 계산되므로 최소분산헤지비율은 $b = 0.928 \times \frac{0.0263}{0.0313} = 0.78$이다. 따라서 최소분산헤지를 위해 매입해야 할 선물계약수는 36계약이다(난방유 선물 1계약의 크기는 42,000갤런임).

$$N^* = 0.78 \times \frac{2{,}000{,}000 \times 1.95}{42{,}000 \times 2.00} = 36.21$$

항공사가 구입하는 제트연료의 매입가격을 확정시키고자 하므로 항공사는 선물에 매입포지션을 취해야 한다.

만약 선도계약을 이용한다고 가정하면 최적계약수는 37계약이다.

$$N^* = 0.78 \times \frac{2{,}000{,}000}{42{,}000} = 37.14$$

4.3 주식포트폴리오의 최소분산헤지

금융자산의 경우 최적 계약수는 다음과 같다. 이는 식 (5.13)과 정확히 동일하다($b = \beta$임).

$$N^* = -\beta \cdot \frac{P}{A} \tag{5.14}$$

이 최적 계약수는 포트폴리오의 체계적 위험을 완전히 제거하기 위한(즉, 포지션의 β를 0으로 만들기 위한) 선물계약수이다. A 계산시 실무자들은 현물가격을 많이 이용한다.[13)] 그런데 포트폴리오의 베타를 0이 아닌 목표베타 β^*로 변경시키고자 하면 최적 계약수는 다음과 같이 계산된다.

$$N^* = -(\beta - \beta^*)\frac{P}{A} \tag{5.15}$$

목표베타가 포트폴리오의 현재 베타보다 작으면 계산된 N^*은 음수이고 이는 매도할 선물계약의 수이다. 반면에 목표베타가 포트폴리오의 현재 베타보다 크면 계산된 N^*은 양수이고 이는 포트폴리오의 위험을 증가시키기 위하여 매입해야 하는 선물계약의 수를 의미한다.

주요 결과 #10

주식포트폴리오를 헤지하기 위해 필요한 계약의 수는 $N^* = -\beta \cdot \dfrac{P}{A}$로 계산된다. 포트폴리오의 베타를 0이 아닌 목표베타 β^*로 변경시키고자 하면 최적 계약수는 $N^* = -(\beta - \beta^*)\dfrac{P}{A}$로 계산된다.

주가지수선물은 분산투자가 잘 이루어진 주식포트폴리오의 가격변동위험을 저렴한 비용으로 헤지하는데 매우 유용하다. 주식의 가격변동위험은 체계적 위험(systematic risk)과 비체계적 위험(unsystematic risk)으로 구분되는데, 분산투자에 의해 비체계적 위험은 제거되기 때문에 주가지수선물은 체계적 위험을 헤지하는데 이용된다.[14)]

---

13) 주가지수선물을 이용하는 경우 A의 계산에 선물지수 대신 현물지수를 사용하는 것이 헤지의 효과성이 높은 것으로 알려져 있다. 그리고 포트폴리오의 베타는 개별 주식의 베타를 시장가치 기준으로 가중평균하여 구한다: $\beta_P = \sum w_j \beta_j$

14) 분산투자에 의해 제거되는 위험을 특수위험(unique risk), 기업고유위험(firm-specific risk), 비체계적 위험(non-systematic risk), 분산가능위험(diversifiable risk)이라고 한다. 비체계적 위험은 기업의 특수한 상황 변화로 인해 발생하는 위험으로 개별주식 또는 소수의 주식에만 영향을 미친다.
반면에, 분산투자를 해도 제거할 수 없는 위험을 시장위험(market risk), 체계적 위험(systematic risk), 분산불가능위험(non-diversifiable risk)이라고 한다. 체계적 위험은 인플레이션, 이자율, GDP성장률과 같은 거시경제변수의 예기치 않은 변화로 인해 발생하는 위험으로 거의 모든 주식에 영향을 미친다.
그리고 시장위험과 특수위험의 합을 총위험(total risk)이라고 한다.

총위험 = 체계적 위험 + 비체계적 위험

총위험은 표준편차 또는 분산에 의해 측정되고, 시장위험은 베타에 의해 측정된다.

주식포지션의 위험을 주식선물을 이용하여 헤지하면 투자자는 헤지포지션으로부터 무위험이자율을 얻게 된다. 즉, Stock − Futures = Bond이므로 주식을 보유한 투자자가 선물을 매도하면 채권포지션이 합성된다. 주식포트폴리오를 장기간 보유할 예정인 투자자가 단기적으로 가격하락위험으로부터 보호받고자 할 때 헤지를 이용한다.

주요 결과 #11

주가지수선물은 분산투자가 잘 이루어진 주식포트폴리오의 가격변동위험을 저렴한 비용으로 헤지하는데 매우 유용하다. 주식의 가격변동위험은 체계적 위험과 비체계적 위험으로 구분되는데, 분산투자에 의해 비체계적 위험은 제거되기 때문에 주가지수선물은 체계적 위험을 헤지하는데 이용된다.

예시 5-7 주가지수선물을 이용한 최소분산헤지

매니저가 100억원 상당의 주식포트폴리오를 관리하고 있다. 주식포트폴리오의 베타는 1.1이다. 매니저는 코스피200선물을 이용하여 위험을 헤지하고자 한다. 지수는 현재 280포인트이고 선물 1계약의 승수는 250,000원이다.

매니저는 포트폴리오를 헤지하기 위해 코스피200선물 157계약에 매도포지션을 취한다. 이 경우 매니저가 취한 전체 포지션의 베타는 0이 된다.

$$-1.1 \times \frac{10{,}000{,}000{,}000}{280 \times 250{,}000} = -157.1 \approx -157$$

만약 매니저가 목표베타를 0.5로 설정하면 코스피200선물 86계약에 매도포지션을 취해야 한다.

$$-(1.1-0.5) \times \frac{10{,}000{,}000{,}000}{280 \times 250{,}000} = -85.7 \approx -86$$

반대로 목표베타를 1.5로 설정하면 코스피200선물 57계약에 매입포지션을 취해야 한다. 이처럼 주식과 주식선물에 모두 매입포지션을 취하면 투자자의 위험은 크게 증가한다.

$$-(1.1-1.5) \times \frac{10{,}000{,}000{,}000}{280 \times 250{,}000} = 57.1 \approx 57$$

핵심용어 정리

- 매수차익거래(cash-and-carry arbitrage)
- 내재환매이자율(implied repo rate)
- 매도차익거래(reverse cash-and-carry arbitrage)
- 괴리율
- 프로그램매매(program trading)
- ETF(exchange-traded fund)
- 스프레드거래(spread trading)
- 롤오버(rollover)
- 헤지(hedge)
- 매입헤지(long hedge)
- 매도헤지(short hedge)
- 베이시스위험(basis risk)
- 완전헤지(perfect hedge)
- 불완전헤지(imperfect hedge)
- 유효가격(effective price)
- 교차헤지(cross hedge)
- 헤지비율(hedge ratio)
- 최소분산헤지비율(minimum variance hedge ratio)
- 체계적 위험(systematic risk)
- 비체계적 위험(nonsystematic risk)

주요결과 정리

주요 결과 #1

현물-선물 패리티가 성립하지 않으면 차익거래가 가능하다. 선물가격이 이론적인 선물가격보다 크면 과대평가된 선물을 매도하고 과소평가된 기초자산을 매입하는 매수차익거래가 가능하다. 반대로, 선물가격이 이론적인 선물가격보다 작으면 과소평가된 선물을 매입하고 과대평가된 기초자산을 공매도하는 매도차익거래가 가능하다.

주요 결과 #2

매수차익거래는 $F > F^*$인, 즉 $r_{repo} > r$인 경우로 대출이자율을 의미하는 내재환매이자율 $r_{repo} = \frac{F-S}{S}$이 차입이자율인 무위험이자율보다 큰 경우이다. 반대로, 매도차익거래는 $F < F^*$인, 즉 $r_{repo} < r$인 경우로 차입이자율을 의미하는 내재환매이자율이 대출이자율인 무위험이자율보다 작은 경우이다.

주요 결과 #3

지수차익거래전략을 이행할 때, 주가지수와 상관성이 매우 높은 주식포트폴리오를 구성하고 이를 매입 또는 매도하게 되는데 이를 프로그램매매라고 한다. 프로그램매매는 일반적으로 시장분석을 통하여 전략을 미리 수립하고 그 내용을 컴퓨터에 프로그래밍하여 설정된 상황이 실제 발생하면 컴퓨터로 자동으로 처리하는 거래기법이다.

주요 결과 #4

통화선물 복제포트폴리오는 원화차입, 달러매입, 달러투자로 구성된다. 따라서 현재 선물환율이 균형 선물환율보다 낮으면 차익거래자는 선물을 매입하고 선물복제포트폴리오를 매도한다(즉, 달러차입, 원화매입, 원화투자).

주요 결과 #5

만기가 상이한 선물가격간에 균형관계인 $F_2^* = F_1^* + CC$의 관계가 성립해야 한다(CC는 보유비용임). 만일 $F_2 > F_2^*$이면 원월물을 매도하고 근월물을 매입하는 차익거래를 시행하고, 반대로 $F_2 < F_2^*$이면 원월물을 매입하고 근월물을 매도하는 차익거래를 시행하여 두 가격 차이를 만기일에 실현한다. 스프레드거래는 차익거래, 롤오버, 그리고 스프레드 예측에 기초한 투자포지션을 취하는데 이용된다.

주요 결과 #6

헤지는 현물의 가격변동위험을 제거하거나 또는 줄이기 위하여 선물시장에서 현물과 반대되는 포지션을 취하는 것이다. 즉, 현물포지션의 이익(손실)을 선물포지션의 손실(이익)로 상쇄시킴으로써 미래의 가격변화와 무관하게 수익을 현재 시점에서 확정시키는 거래이다.

주요 결과 #7

미래에 특정 자산을 매입할 의무가 있으면 선물을 매입하는 매입헤지를 실시하고, 반대로 특정자산을 매도할 의무가 있으면 선물을 매도하는 매도헤지를 실시한다. 사후적으로 판단할 때 헤지는 헤지하지 않은 경우와 비교하여 유리할 수도 있고 불리할 수도 있다. 헤지의 효과는 불확실성을 제거하는 것이다.

주요 결과 #8

베이시스는 헤지에 이용된 자산의 선물가격에서 헤지대상자산의 현물가격을 차감한 값이다. 헤지대상자산과 선물의 기초자산이 상이하거나 또는 선물계약의 만기일이 헤지종료시점과 상이하면 베이시스가 0이 되지 않아, 베이시스위험에 노출되는 불완전헤지가 되며, 유효가격은 $F_1 - b_2$로 결정된다. 매입헤지(매도헤지)의 경우 베이시스가 증가하면 헤저에게 유리(불리)하다.

주요 결과 #9

헤지비율은 현물위험노출규모에 대한 선물포지션 규모의 비율이다. 헤지비율을 1.0으로 유지하는 것이 항상 최적은 아니다. 최적 헤지비율은 현물과 선물로 구성된 포트폴리오의 분산을 최소화하는 비율로 정의되며, 최소분산헤지비율이라고도 한다. 최소분산헤지비율은 현물가격의 변화를 선물가격의 변화에 대하여 회귀분석하여 얻는 직선의 기울기로 $b = \rho \frac{\sigma_S}{\sigma_F}$로 추정된다. 선물계약에 취해야 하는 계약의 수는 $N^* = -b \cdot \frac{P}{A}$이다.

주요 결과 #10

주식포트폴리오를 헤지하기 위해 필요한 계약의 수는 $N^* = -\beta \cdot \frac{P}{A}$로 계산된다. 포트폴리오의 베타를 0이 아닌 목표베타 β^*로 변경시키고자 하면 최적 계약수는 $N^* = -(\beta - \beta^*)\frac{P}{A}$로 계산된다.

주요 결과 #11

주가지수선물은 분산투자가 잘 이루어진 주식포트폴리오의 가격변동위험을 저렴한 비용으로 헤지하는데 매우 유용하다. 주식의 가격변동위험은 체계적 위험과 비체계적 위험으로 구분되는데, 분산투자에 의해 비체계적 위험은 제거되기 때문에 주가지수선물은 체계적 위험을 헤지하는데 이용된다.

개념체크

1 선물가격이 균형 선물가격보다 크면 어떤 차익거래가 가능한가?

2 매수차익거래에서 어떻게 대출이자율이 확정되는가?

3 내재환매이자율이란 무엇인가?

4 $\frac{F-S}{S} > r$과 $F > S(1+r)$이 동일한 조건임을 이해하는가(만기 1년 가정)?

5 매도차익거래란 언제 가능하며 어떻게 포지션을 취하는가? 매도차익거래에서 어떻게 차입이자율이 확정되며 차입이자율과 무위험이자율은 어떤 관계를 갖는가?

6 실무에서 괴리율은 어떻게 정의되는가?

7 프로그램매매란 무엇인가?

8 배당이 지급되는 경우 선물가격과 내재환매이자율을 계산할 수 있는가?

9 통화선물 복제포트폴리오를 구성할 수 있는가?

10 선물가격이 과대평가된 통화선물 차익거래에서 원화차입금액을 계산할 수 있는가? 또한 무위험 이익을 계산할 수 있는가?

11 원월물과 근월물 가격간에 성립해야 하는 관계는 무엇인가? 스프레드거래란 무엇이며 언제 시행하는가?

12 롤오버란 무엇인가?

13 근월물과 원월물간의 스프레드가 확대될 것으로 예상하면 스프레드거래를 어떻게 취해야 하는가?

14 헤지란 무엇인가? 헤지하면 헤지하지 않은 경우와 비교하여 반드시 유리한가? 헤지의 목적은 무엇인가?

15 매입헤지와 매도헤지란 각각 무엇이며 어떤 경우에 시행하는가? 수입기업과 수출기업을 이용하여 매입헤지와 매도헤지를 설명할 수 있는가?

16 매입헤지와 매도헤지의 경우 유효가격(적용환율)을 계산할 수 있는가?

17 완전헤지와 불완전헤지는 각각 어떤 경우에 발생하는가? 각각의 경우 유효가격은 어떻게 계산되는가?

18 베이시스란 무엇인가? 베이시스위험은 어떤 위험인가?

19 유효가격이 매입헤지의 경우 $S_2-(F_2-F_1)$으로 계산되고 매도헤지의 경우 $S_2+(F_1-F_2)$으로 계산되는 것을 이해하는가?

20 매입헤지와 매도헤지의 경우 베이시스증가가 헤저에게 미치는 영향은 각각 무엇인가?

21 교차헤지란 무엇인가?

22 헤지비율이란 무엇인가?

23 최적 헤지비율과 최소분산헤지비율이란 각각 무엇인가?

24 공분산과 상관계수의 개념을 이해하는가?

25 "상관계수가 증가함에 따라 최적 헤지비율도 증가해야 한다" 이해하는가?

26 헤지조정이란 무엇이며 왜 필요한가?

27 선물계약과 선도계약의 최적 계약수를 계신할 수 있는가?

28 주식포트폴리오의 경우 최적 계약수는 어떻게 계산되는가?

29 체계적 위험과 비체계적 위험은 각각 무엇을 의미하는가?

CHAPTER

05 연습문제

객관식 유형

1 무배당 주식의 가격이 100만원이다. 그 주식을 기초자산으로 하는 선물계약의 만기가 1년이고 무위험이자율이 연 5%이다. 적정 선물가격은 얼마인가?

① 105만원　② 100만원
③ 110만원　④ 정답 없음

2 현물가격이 92만원이고 1년 만기 선물가격이 97.5만원이면 두 가격에 내재된 내재환매이자율은 얼마인가?

① 5.12%　② 5.89%
③ 5.37%　④ 정답 없음

3 선물가격이 균형 선물가격보다 작으면 ________이 가능하고 선물가격이 균형 선물가격보다 높으면 ________이 가능하다. 밑줄에 가장 적절한 것은?

① 매수차익거래, 매도차익거래　② 매수차익거래, 매입차익거래
③ 매도차익거래, 매수차익거래　④ 정답 없음

4 선물가격이 균형 선물가격보다 작은 경우에 대한 설명으로 가장 거리가 먼 것은? (무배당 기초자산을 가정함)

① reverse cash-and-carry arbitrage가 가능하다.
② 선물을 매입하고 기초자산을 공매도하는 포지션을 취하여 무위험 이익을 실현할 수 있다.
③ 차익거래를 시행하면 투자수익률을 $\frac{F-S}{S}$로 확정시킬 수 있다.
④ 내재환매이자율이 무위험이자율보다 작은 경우이다.

5 기초자산 가격이 25,000원이고 3개월, 9개월 후에 각각 500원의 배당이 예상된다. 선물계약의 만기는 1년이고 무위험이자율은 연 6%이면 균형 선물가격은 얼마인가? 단 반올림하여 정수로 답할 것.

① 25,440원 ② 25,470원
③ 25,520원 ④ 정답 없음

6 5번의 문제에서 선물가격이 25,000원이면 내재환매이자율은 얼마인가?

① 4.12% ② 4.72%
③ 4.38% ④ 정답 없음

7 기초자산이 달러인 통화선물의 복제포트폴리오는?

① 원화차입, 달러매입, 달러투자 ② 달러차입, 원화매입, 원화투자
③ 원화차입, 원화투자, 달러상환 ④ 정답 없음

8 만기가 3개월인 선물가격이 200포인트이고 만기가 6개월인 선물가격이 201.5포인트이다. 두 선물계약에 대한 설명으로 가장 거리가 먼 것은? 단, 무위험이자율은 4%이다.

① 만기가 6개월인 선물가격이 상대적으로 과소평가되어 있다.
② 차익거래 포지션은 '근월물 매도, 원월물 매입'이다.
③ 차익거래 이익은 현재시점 기준으로 0.47포인트이다.
④ 두 선물가격간 불균형을 이용하여 시행하는 차익거래 포지션을 스프레드거래라고 한다.

9 환위험을 헤지하기 위해 수입기업은 _______를 하고 수출기업은 _______를 한다. 밑줄에 가장 적절한 것은?

① 매입헤지, 매입헤지 ② 매도헤지, 매도헤지
③ 매도헤지, 매입헤지 ④ 매입헤지, 매도헤지

10 헤지와 베이시스위험에 관한 설명으로 가장 거리가 먼 것은?

① 베이시스는 선물가격에서 현물가격을 차감한 값이다.

② 완전헤지에서 유효가격은 헤지시점의 선물가격으로 확정된다.

③ 불완전헤지의 경우 유효가격은 헤지시점의 선물가격에서 헤지마감시점의 베이시스를 차감한 값이다.

④ 매입헤지의 경우 베이시스가 증가하면 헤저의 포지션이 불리해진다.

11 펀드매니저인 영수는 1,000억원 규모의 주식포트폴리오를 1년간 운용할 예정이다. 현재 이 포트폴리오의 베타는 1.5이고 영수는 향후 시장이 하락할 것으로 예상하고 주가지수선물을 이용하여 주식포트폴리오의 베타를 1.0으로 줄이고자 한다. 1년 만기 주가지수선물의 가격이 80포인트이면 어떻게 주가지수선물에 포지션을 취해야 하는가? 선물가격 1포인트는 50만원의 가치를 갖는다.

① 1,250계약 매입 ② 3,750계약 매도

③ 1,250계약 매도 ④ 정답 없음

12 구리의 주별 가격변화의 표준편차가 500원이고 선물가격 주별 변화의 표준편차가 800원이다. 최적 헤지비율이 45%이면 두 변수간 상관계수는 얼마인가?

① 0.28 ② 1.00

③ 0.72 ④ 정답 없음

13 한국기업은 10월 말에 원유 1만 배럴이 필요할 것으로 예상한다. 현재 12월 만기 원유선물가격은 70,000원이고 한국기업이 12월 만기 원유선물을 매입한다고 가정하자. 10월 말에 현물가격이 배럴당 80,000원이 되고 12월 만기 선물가격이 82,000원이 된다고 가정하자. 원유의 배럴당 유효가격은 얼마인가?

① 72,000원 ② 68,000원

③ 74,000원 ④ 정답 없음

14 현물가격과 선물가격의 변화로부터 추정된 표준편차가 각각 σ_S = 0.45, σ_F = 0.48이고 상관계수는 0.98이다. 이 자료에 근거하여 최소분산헤지비율을 추정하라.

① 0.92 ② 1.05

③ 1.00 ④ 정답 없음

15 본문의 [예시 5-2]의 상황에서 선물가격이 1,135원이면 어떤 차익거래가 가능한가? 선물 1계약(50,000달러)을 기준으로 무위험 차익을 계산하라.

① 620,124원　　② 612,605원
③ 621,589원　　④ 정답 없음

16 현재는 9월 30일이다. 한 달 후 A항공은 항공기 연료로 사용되는 100만 배럴의 제트유가 필요하며, 12월에 만기가 도래하는 난방유 선물을 이용하여 가격변동 위험을 헤지하기로 하였다. 분산으로 측정되는 헤지포지션의 위험을 최소화하기 위해 과거 24개월 동안의 역사적 자료를 이용하여 최소분산헤지비율을 구하였다. 최소분산헤지비율을 계산하기 위해 월별 현물가격의 변화를 월별 선물가격의 변화에 대해 회귀분석한 결과의 일부를 다음의 표에 제시하였다. 난방유선물 1계약 단위가 42,000 배럴일 때, A항공이 취해야 할 전략으로 가장 적절한 것은? (CPA2012)

	분산	표준편차	공분산	상관계수
선물가격변화율	0.00148	0.03841	0.00105	0.69458
현물가격변화율	0.00155	0.03936		

① 난방유선물 13계약 매입　　② 난방유선물 15계약 매도
③ 난방유선물 17계약 매입　　④ 난방유선물 19계약 매도
⑤ 난방유선물 21계약 매입

17 현재 미국의 $1에 대해서 현물환율은 1,000원이고 1년 만기 선물환율은 1,020원이다. 무위험이자율은 한국에서 연 5%이고 미국에서는 연 2%이다. 무위험이자율로 차입과 대출이 가능하고 거래비용이 없을 때, 차익거래의 방법으로 가장 적절한 것은?

(CPA2017)

① 선물 매수, 달러 차입, 원화로 환전, 원화 대출
② 선물 매수, 원화 차입, 달러로 환전, 달러 대출
③ 선물 매도, 달러 차입, 원화로 환전, 원화 대출
④ 선물 매도, 원화 차입, 달러로 환전, 달러 대출
⑤ 선물 매도, 원화 차입, 달러로 환전, 원화 대출

18 투자자 갑은 다음과 같은 주식 포트폴리오를 보유하고 있다.

주 식	주당 주식가격	보유주식수	베타계수
A	20,000원	2,000주	1.5
B	40,000원	1,000주	1.2
C	10,000원	2,000주	0.8

이 포트폴리오를 현재 선물가격이 200포인트인 KOSPI200 주가지수선물을 이용하여 헤지하고자 한다. 단순헤지비율(naive hedge ratio)을 이용해 100% 헤지하기 위한 선물계약수와 최소분산헤지비율(minimum variance hedge ratio)을 이용하여 헤지하기 위한 선물계약수를 계산하였다. 이 때, 최소분산헤지비율에 의한 선물계약수는 단순헤지비율에 의한 선물계약수의 몇 배인가? 가장 가까운 것을 선택하라. (단, 단순헤지비율은 현물과 선물을 1:1 비율로 헤지하는 것으로 주식포트폴리오의 시가총액을 주가지수선물 가치로 나눈 것이고, KOSPI200 주가지수선물의 거래승수는 1포인트당 50만원이다.) (CPA2013)

① 0.8배　② 0.9배
③ 1.0배　④ 1.2배
⑤ 1.5배

주관식 유형

1 다음의 독립된 세 개의 질문에 답하라.

1 현재 KOSPI 200 지수는 75.00포인트이고, 만기 3개월물 KOSPI 200 선물지수는 76.00포인트이다. KOSPI 200 지수를 구성하는 주식들의 평균 배당수익률은 연 4%이고 무위험이자율은 8%이다. 이런 상황에서 지수차익거래가 가능한가? 가능하다면 차익거래의 결과 어떤 변화가 예상되는가? 거래비용은 고려하지 않는다.

2 미국에 물품을 수출하고 6개월 후에 대금 1백만 달러를 받기로 한 무역업자가 있다. 이 무역업자가 사용할 수 있는 환위험 헤지 방법은 무엇인가?

3 완전헤지와 불완전헤지를 설명하라. 완전헤지가 불완전헤지보다 항상 유리한 결과를 제공하는가?

2 기초자산의 가격이 25,000원이고 3개월과 9개월 후에 각각 1,000원의 배당이 지급될 예정이다. 선물계약의 만기는 1년이고 무위험이자율은 연 4%이다.

1. 균형 선물가격은 얼마인가?
2. 선물가격이 23,500원이면 어떤 차익거래가 가능한가? 내재환매이자율은 얼마인가?
3. 선물가격이 24,300원이면 어떤 차익거래가 가능한가?
4. 3의 경우 내재환매이자율을 이용하여 차익거래기회의 존재여부를 확인하는 방법을 설명하라.

3 만기가 1년인 금선물계약을 고려해 보자. 금의 현물가격은 온스당 450달러이고 무위험이자율은 연 7%이다. 금보관비용은 연간 온스당 2달러이며 연말에 지불된다고 가정하자. 선물 1계약은 금 100온스 기준이다.

1. 금선물의 균형가격은 얼마인가?
2. 선물가격이 500달러이면 어떤 차익거래가 가능한가?
3. 선물가격이 470달러이면 어떤 차익거래가 가능한가?

4 시장에는 다음과 같은 4개 주식만이 유통되고 있으며 동민투자신탁은 다음과 같이 구성된 포트폴리오를 보유하고 있다.

주 식	주 가	보유주식수	수익률의 분산	주가지수와의 상관계수
A	20,000	2,000	0.49	0.5
B	40,000	1,000	0.36	0.7
C	30,000	1,000	0.25	0.5
D	10,000	3,000	0.64	0.4

선물시장에서는 만기가 1년인 지수선물이 110포인트에 거래되고 있으며 지수 1포인트당 가격은 500,000원이다. 지수(m) 수익률의 분산이 0.09이다. 계약단위 계산시 소수점 이하는 반올림하여 정수로 답한다. 현재 현물지수는 100포인트이다.

1. 동민투자신탁이 보유중인 포트폴리오의 베타를 구하라. 단, 베타는 $\beta_j = \dfrac{cov(r_j, r_m)}{\sigma_m^2} = \rho_{jm}\dfrac{\sigma_j}{\sigma_m}$로 계산되며 포트폴리오의 베타는 개별 베타를 가중평균하여 구한다 : $\beta_P = \sum w_j \beta_j$.

2 주가지수선물을 이용하여 보유중인 포트폴리오의 가격변동위험을 헤지하고자 한다. 매입 또는 매도해야 할 선물계약수를 구하라(선물가격을 이용할 것).

3 1년 후에 지수는 115포인트가 되었고 A, B, C, D의 가격이 각각 22,000원, 43,000원, 35,000원, 9,000원이 되었다. 헤지 결과를 설명하라.

4 **2**에서의 헤지를 무시하고 다음 질문에 답하라. 동민투자신탁은 주식포트폴리오와 지수선물로 구성된 포트폴리오의 베타를 2로 상향조정하고자 한다. 이 경우 매입 또는 매도해야 할 선물계약수를 구하라. 1년 후에 지수가 100포인트가 되었고 각 주식의 가격이 15,000원, 34,000원, 25,000원, 12,000원이 되었다면 투자성과를 설명하라. 이와 같은 투자전략을 구사하는 이유는 무엇인가?

5 만기가 3개월인 선물가격이 223포인트이고 만기가 6개월인 선물가격이 228포인트이다. 무위험이자율은 6%이다.

1 차익거래가 가능한가? 이익이 6개월 후에 실현되는 것으로 하여 표를 작성하라.

2 만약 만기가 6개월인 선물가격이 225포인트이면 어떤 차익거래가 가능한가? 이익이 6개월 후에 실현되는 것으로 하여 표를 작성하라.

6 6월 현재, 미국기업이 11월에 원유 200,000배럴이 필요할 것으로 예상한다. 12월물 원유선물가격이 배럴당 100달러이다. 원유선물 1계약은 10,000배럴이다.

1 미국기업의 헤지포지션은 무엇인가?

2 미국기업이 11월에 헤지포지션을 마감한다고 하자. 현물가격은 배럴당 110달러이고 12월물 선물가격은 112달러이다. 베이시스는 얼마인가?

3 원유의 유효가격(1배럴 기준)을 다음 두 가지 방법으로 계산하라.

① 원유의 현물가격에 선물계약의 이익을 반영하는 방법

② 베이시스를 이용하는 방법

4 만약 11월에 베이시스가 감소하면 헤저는 어떻게 영향을 받는가?

7 한국의 (주)산일은 2008년 6월 1일 현재 미국의 (주)포토맥으로부터 목재를 수입하고, 1년 후에 3,000만 달러의 수입대금을 지급하기로 하였다. 2008년 6월 1일 현재 현물환율(spot exchange rate), 선물환율(forward exchange rate), 한국과 미국의 단기금융시장에서의 이자율은 다음과 같다. 예대금리차는 없는 것으로 가정한다. 단기금융시장에서의 차입 및 투자에 세금, 거래비용, 신용위험은 없다고 가정한다. (CPA2008)

- 현물환율 : ₩1,000/US$
- 1년물 선물환율 : ₩1,100/US$
- 한국 단기금융시장의 연이자율 : 6%
- 미국 단기금융시장의 연이자율 : 4%

(주)산일은 미래 환율변동에 따른 위험을 헤지하기 위하여 1년 만기 달러선물환을 이용하거나 한국과 미국의 단기금융시장을 이용하는 두 가지 헤지방법을 고려하고 있다. (모든 계산은 반올림하여 소수점 넷째 자리까지 표시한다.)

❶ 두 가지 헤지방법 각각에 대해 1년 후인 2009년 6월 1일의 원화표시 수입대금 지급액을 계산하고 두 가지 헤지방법 중 최적 헤지방법을 선택하라.

❷ 한국과 미국의 금융시장이 균형 하에 있다고 가정한다. 위의 두 가지 헤지방법이 무차별한 1년 만기 균형 선물환율을 계산하라.

8 한국의 무위험이자율이 8%이고 미국의 무위험이자율이 4%이며, 1 US달러당 원화의 현물환율이 950원이라고 하자. 1년 만기 선도환율이 950원이라면 어떤 차익거래가 있는지를 아래의 a, b, c 순서대로 답하시오.
단, 미국에서는 10,000달러만, 한국에서는 950만원만을 무위험이자율로 차입할 수 있으며, 세금이나 거래비용이 없으며 거래관련 신용위험도 없다고 가정한다. 차익은 만기 시점에서만 발생하도록 포지션을 구성해야 한다. 이론선도환율(₩/$)은 소수점 셋째자리에서 반올림하시오. (CPA2006)

❶ 이자율패리티을 이용하여 미국달러화에 대한 1년 만기 이론선도환율 도출

❷ 구성해야 할 포지션

❸ 만기에서의 원화기준 차익

CHAPTER

05 연습문제 풀이

객관식 유형

1 ①

$$F = 100(1.05) = 105$$

2 ④

$$r = \frac{97.5}{92} - 1 = 5.98\%$$

3 ③

매도차익거래(reverse cash-and carry), 매수차익거래(cash-and-carry)

4 ③

매도차익거래에서 $\frac{F-S}{S}$로 확정되는 것은 대출이자율(투자수익률)이 아니라 차입이자율이다.

5 ②

$$F^* = \left(25{,}000 - \frac{500}{1.06^{0.25}} - \frac{500}{1.06^{0.75}}\right)(1.06) = 25{,}470$$

6 ①

$$r = \frac{25{,}000 + 500(1.06)^{0.75} + 500(1.06)^{0.25} - 25{,}000}{25{,}000} = 4.12\%$$

7 ①

원화차입, 달러매입, 달러투자

8 ③

$$F = 200(1.04)^{0.25} = 201.97$$

차익거래 이익 0.47포인트는 만기일 기준이다.

9 ④

매입헤지와 매도헤지

10 ④

매입헤지의 경우 베이시스가 증가하면 유효가격인 $F_1 - b_2$가 감소하므로 유리하다.

11 ③

$N^* = -(\beta - \beta^*)\dfrac{P}{A}$이므로 매도할 선물계약수는 1,250계약이다.

$$-(1.5 - 1.0) \times \frac{100,000,000,000}{80 \times 500,000} = -1,250$$

12 ③

$\rho \times \dfrac{500}{800} = 0.45$이므로 상관계수는 0.72이다.

13 ②

유효가격은 $F_1 - b_2 = 70,000 - (82,000 - 80,000) = 68,000$원이다. 또는 유효가격은 $S_2 - (F_2 - F_1)$으로도 계산할 수 있다.

$$80,000 - (82,000 - 70,000) = 68,000$$

14 ①

$\sigma_S = 0.45$, $\sigma_F = 0.48$이고 상관계수가 $\rho = 0.98$이므로 최소분산헤지비율은 $0.98 \times \dfrac{0.45}{0.48} = 0.92$이다.

15 ②

균형 선물가격은 $F^* = 1,150 \times \left(\dfrac{1.04}{1.05}\right)^{0.25} = 1,147.2521$원이다. 선물가격이 과소평가되었으므로 선물을 매입하고($F = 1,135$) 현물을 매도한다(현물을 매도하는 것은 달러화를 매도한다는 의미가 아니고 달러를 차입하여 원화로 투자함을 의미함). $\dfrac{50,000}{1.05^{0.25}} = 49,393.8274$달러를 차입하고 이를 $49,393.8274 \times 1,150 = 56,802,902$원으로 선환한 후 4%로 3개월 투자하면 $56,802,902 \times 1.04^{0.25} = 57,362,604$원이 된다. 50,000달러를 1,135원의 환율로 매입하는데 56,750,000원이 소요된다. 따라서 무위험이익은 $57,362,604 - 56,750,000 = 612,604$원이다. 이는 $(1,147.2521 - 1,135) \times 50,000 = 612,605$으로 직접 계산되기도 한다(1원의 오차는 반올림 오차임)

16 ③

$$\frac{Q_S}{Q_F} \times b = \frac{1,000,000}{42,000} \times 0.69458 \times \frac{0.03936}{0.03841} \cong 17$$

17 ①

적정 선물환율은 $F = 1{,}000 \times \left(\frac{1.05}{1.02}\right) = 1{,}029.41$이다. 선물이 과소평가되었으므로 차익거래는 선물을 매입하고 선물복제포트폴리오를 매도(즉, 달러차입, 원화매입, 원화투자)한다.

18 ④

시장가격 기준으로 A, B, C 세 주식의 비중이 각각 40%, 40%, 20%이고 포트폴리오의 베타는 $0.4 \times 1.5 + 0.4 \times 1.2 + 0.2 \times 0.8 = 1.24$이다. 전체 포트폴리오의 가치(P)가 1억원이고 선물 1계약의 가치가 $200 \times 500{,}000 = 100{,}000{,}000$원이므로 매도할 선물계약은 $1.24 \times \frac{100{,}000{,}000}{200 \times 500{,}000} = 1.24$개다. 그리고 단순헤지비율에 의한 계약수는 $\frac{100{,}000{,}000}{200 \times 500{,}000} = 1$개이다.

주관식 유형

1 해답 및 해설

1 균형선물지수는 $F = \left(1 + (0.08 - 0.04) \times \frac{3}{12}\right) = 75.75$이고 현재 선물지수가 76이므로 차익거래전략은 선물을 매도하고 차입하여 현물을 매입하는 것이다. 차익거래로 인해 선물지수는 하락하고 현물지수는 상승하게 된다.

2 미래에 수령한 달러를 매도해야 하므로 적절한 헤지 전략은 선물환을 매도하거나 또는 풋옵션을 매입하는 것이다. 또는 미래에 달러를 수령하기로 한 포지션은 현물매입포지션이므로 이를 헤지하려면 매도포지션(예를 들어, 달러차입)이 필요하다.

3 완전헤지가 불완전헤지보다 항상 좋은 결과를 가져오는 것은 아니다. 예를 들어, 자산가격이 유리한 방향으로 변동하는 경우 완전헤지는 이 이익을 완전히 상쇄시킬 것이다. 그러나 불완전헤지는 이익의 일부만을 상쇄시키므로 오히려 결과가 좋을 수 있다. 완전헤지의 장점은 불완전헤지에 비해 결과가 더 확실해진다는 점이다.

2 해답 및 해설

1 배당금의 현재가치가 $\frac{1{,}000}{1.04^{0.25}} + \frac{1{,}000}{1.04^{0.75}} = 1{,}961.26$원이므로 선물가격은 23,960.29원이다.

$$F = (25{,}000 - 1{,}961.26) \times 1.04 = 23{,}960.29$$

2 만일 선물가격이 23,500원이면 선물가격이 과소평가되었다. 따라서 차익거래자는 선물을 매입하고 기초자산을 공매도한다. 공매도하고 받은 25,000원 중에서 1,961.26원은 배당을 원주인에

게 돌려주는데 이용하고, 남은 금액 23,038.74원은 1년 투자된다(1년 후 금액은 23,960.29원). 만기일에 이익은 460.29원이다. 그리고 차입이자율을 의미하는 내재환매이자율은 2.16%로 무위험이자율보다 작다.

$$r_{repo} = \frac{23{,}500 + 1{,}000 \times 1.04^{0.75} + 1{,}000 \times 1.04^{0.25}}{25{,}000} - 1 = 2.16\%$$

3 선물가격이 24,300원이면 차익거래자는 과대평가된 선물을 매도하고 25,000원을 차입하여 기초자산을 매입한다. 3개월과 9개월 후에 배당을 수령한다. 만기일에서의 이익은 339.71원이다.

$$24{,}300 - 25{,}000 \times 1.04 + 1{,}000 \times 1.04^{0.75} + 1{,}000 \times 1.04^{0.25} = 339.71$$

4 대출이자율을 의미하는 내재환매이자율은 5.36%로 무위험이자율보다 크다.

$$r_{repo} = \frac{24{,}300 + 1{,}000 \times 1.04^{0.75} + 1{,}000 \times 1.04^{0.25}}{25{,}000} - 1 = 5.36\%$$

3 해답 및 해설

1 $F = \left(450 + \frac{2}{1.07}\right)(1.07) = 450(1.07) + 2 = 483.5$

2 선물가격이 너무 높으므로 45,000달러를 차입하여 100온스의 금을 매입함과 동시에 만기가 1년인 금선물 1계약을 매도한다. 만기일에 금을 인도하고 50,000달러를 수령한다. 200달러를 보관비용으로 지불해도 이익이 50,000 − 45,000(1.07) − 200 = 1,650달러이다.

3 선물가격이 너무 낮으므로 금을 보유한 투자자는 금을 45,000달러에 매도함과 동시에 금선물 1계약을 매입한다. 만기일에 47,000달러에 금을 매입하면 이익은 45,000(1.07) − 47,000 = 1,150이다. 만약에 투자자가 차익거래를 하지 않고 금을 계속 보유하였으면 보관비용 200달러를 지불해야 하므로 차익거래를 통해 투자자는 실질적으로 1,150 + 200 = 1,350달러의 이익을 얻은 셈이다. 이는 (483.5 − 470) × 100 = 1,350달러와 일치한다.

4 해답 및 해설

1 포지션의 가치는 1.4억원이다.

주 식	주 가	주식수	시장가치	구성비율	표준편차	상관계수	베 타
A	20,000	2,000	0.4억원	0.286	0.7	0.5	1.17
B	40,000	1,000	0.4억원	0.286	0.6	0.7	1.40
C	30,000	1,000	0.3억원	0.214	0.5	0.5	0.83
D	10,000	3,000	0.3억원	0.214	0.8	0.4	1.07

$\beta_A = \frac{\rho_{Am}\sigma_A}{\sigma_m} = \frac{0.5 \times 0.7}{0.3} = 1.17$, $\beta_B = \frac{0.7 \times 0.6}{0.3} = 1.40$,

$$\beta_C = \frac{0.5 \times 0.5}{0.3} = 0.83 \quad , \beta_D = \frac{0.4 \times 0.8}{0.3} = 1.07 \quad ,$$

가중평균한 베타는 1.14이다.

$$\begin{aligned}\beta_P &= \sum w_j \beta_j \\ &= (0.286 \times 1.17) + (0.286 \times 1.40) + (0.214 \times 0.83) + (0.214 \times 1.07) = 1.14\end{aligned}$$

2 선물 3계약을 매도해야 한다.

$$N^* = -\beta \frac{P}{A} = -1.14 \times \frac{140{,}000{,}000}{110 \times 500{,}000} = -2.9$$

3 현물포지션의 이익이 900만원이고 선물포지션의 손실이 750만원이므로 순이익은 150만원이다.

$$(2{,}000 \times 2{,}000) + (1{,}000 \times 3{,}000) + (1{,}000 \times 5{,}000) + (3{,}000 \times (-1{,}000)) = 9{,}000{,}000$$
$$3 \times 500{,}000 \times (110 - 115) = -7{,}500{,}000$$

4 $\beta^* = 2$를 목표로 한 최적계약수는 2계약 매입이다.

$$N^* = -(\beta - \beta^*)\frac{P}{A} = -(1.14 - 2)\ \frac{140{,}000{,}000}{110 \times 500{,}000} = 2.19$$

현물포지션의 손실이 1,500만원이고 선물포지션의 손실이 1,000만원이므로 총손실은 2,500만원이다.

$$[2{,}000 \times (-5{,}000)] + [1{,}000 \times (-6{,}000)] + [1{,}000 \times (-5{,}000)]] + [3{,}000 \times 2{,}000] = -15{,}000{,}000$$
$$2 \times 500{,}000 \times (100 - 110) = -10{,}000{,}000$$

목표베타를 2로 하기 위하여 선물에 매입포지션을 취하는 것은 매우 위험한 전략이다. 왜냐하면 현물포지션의 가치와 선물포지션의 가치가 동일 방향으로 움직이기 때문이다. 즉, 동민투자신탁은 향후 주가상승을 예측하고 매우 공격적인 포지션을 취한 것이다. 그런데 예측과 달리 주가가 많이 하락하면 큰 손실이 발생하게 된다.

5 해답 및 해설

1 $F_2^* = 223 \times 1.06^{0.25} = 226.27$이므로 원월물이 상대적으로 과대평가되어 있다. 차익거래자는 원월물을 매도하고 근월물을 매입한다. 무위험 차익은 1.73포인트이다.

차익거래전략	$t=0$	3개월 후	6개월 후
근월물 매입($F_1=223$)	0	S_1-223	
원월물 매도($F_2=228$)	0		$228-S_2$
현물 매입		$-S_1$	S_2
차입		223	−226.27
합 계	0	0	1.73

2 원월물이 상대적으로 과소평가되었으므로 차익거래자는 원월물을 매입하고 근월물을 매도하여 무위험 차익 1.27포인트를 얻는다.

차익거래전략	$t=0$	3개월 후	6개월 후
근월물 매도($F_1=223$)	0	$223-S_1$	
원월물 매입($F_2=225$)	0		S_2-225
현물 공매도		$+S_1$	$-S_2$
대출		−223	+226.27
합 계	0	0	1.27

6 해답 및 해설

1 원유선물 20계약을 매입한다.

2 베이시스는 $F_2 - S_2 = 112 - 110 = 2$달러이다.

3 유효가격은 11월 현물가격에서 선물포지션의 이익을 차감한 110 − (112 − 100) = 98달러 또는 헤지하는 시점에서의 선물가격에 베이시스를 차감한 100 − 2 = 98달러이다.

4 베이시스가 감소하면 유효가격이 상승하므로 헤저에게 불리하다.

7 해답 및 해설

1 두 헤징방법을 비교하면 다음과 같다.

① 1년 만기 달러선물환을 이용하면 1년 후 3,000만 달러를 330억원에 매입하게 된다.

② 선물환율이 너무 높은 경우이므로 선물환을 매도하고 복제포트폴리오를 매입한다. 복제포트폴리오는 원화차입, 달러전환(현물환 매입), 달러대출로 구성된다. 이 경우 3,000만 달러를 확보하는데 소요되는 원화가 305.769억원이므로 (주) 산일은 24.231억원을 절약할 수 있다.

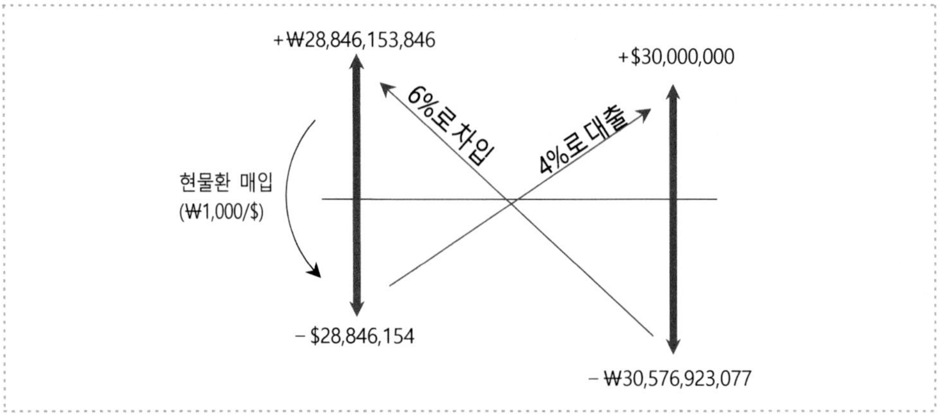

$$30,000,000 \times \left(1,000 \times \frac{1.06}{1.04}\right) = 30,576,923,077$$

2 균형 선물환율은 $1,000 \times \frac{1.06}{1.04} = 1,019.23$ 원이다. (1)에서 산일이 절약한 24.231억원은 다음과 같이 계산할 수 있다.

$$(1,100 - 1,019.23) \times 30,000,000 = 2,423,100,000\text{원}$$

8 해답 및 해설

1 이론선도환율 : $950 \times \frac{1.08}{1.04} = 986.5385$

2 선도계약이 과소평가되었으므로 선도계약을 매입하고(기초자산은 10,400달러임) 현물을 매도한다. 여기서 현물을 매도한다는 것은 10,000달러를 4%로 차입하여 이를 원화로 전환하고(1달러에 950원) 이를 8%의 이자율로 예금하는 것을 의미한다.

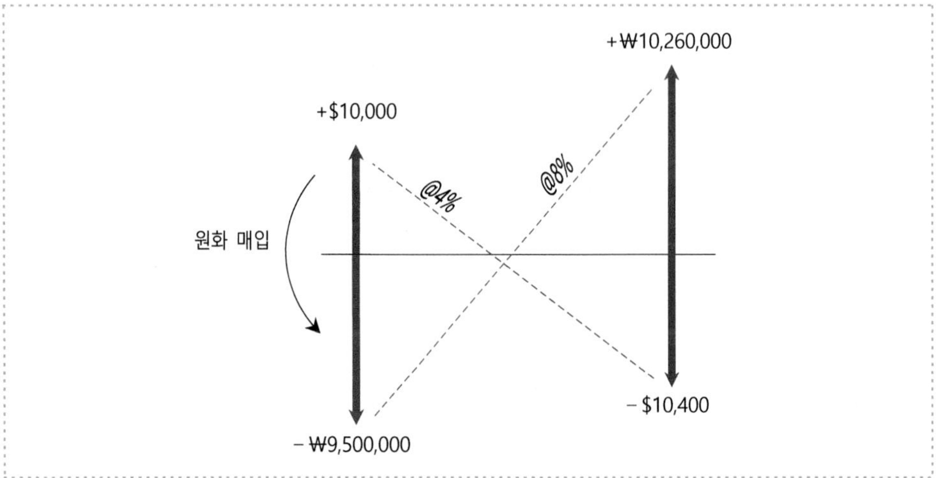

❸ 만기일 기준으로 차익거래이익은 (986.5385 − 950) × 10,400 = 380,000원이다. 여기서 S_T는 선도계약 만기일의 현물환율이다.

포지션	$CF_{t=0}$	$CF_{t=1}$
선도매입	0	$(S_T - 950) \times 10{,}400$
달러 차입	10,000×950	$-10{,}400 \times S_T$
원화 예금	−9,500,000	10,260,000
합 계	0	380,000

CHAPTER 6

스왑

CONTENTS

학습 주안점

스왑은 파생상품계약에서 가장 계약규모가 큰 상품이다. 스왑은 약정에 의해 미래에 현금흐름을 교환하는 장외파생상품이다. 6장에서는 금리스왑과 통화스왑에 대하여 설명하기로 한다. 이 장에서는 스왑이 어떻게 설계되고 이용되며 가치를 어떻게 평가할 수 있는지 논의하기로 한다.

이 장에서 여러분이 숙지해야 할 내용은 다음과 같다.

❶ 금리스왑의 기본 구조와 용어는 무엇인가?
❷ 금리스왑에 적용되는 비교우위란 무엇인가?
❸ 금리스왑은 어떻게 설계되는가? 총이익과 두 당사자에게 귀속되는 이익은 각각 어떻게 계산되는가?
❹ 금리스왑은 어떻게 이용되는가?
❺ 금리스왑의 가치를 어떻게 평가하는가? 스왑이자율은 어떻게 결정되는가?
❻ 통화스왑의 기본 구조는? 이는 외환스왑과 어떻게 상이한가?
❼ 통화스왑의 현금흐름은? 이는 금리스왑과 어떤 측면에서 상이한가?
❽ 통화스왑의 가치를 어떻게 평가하는가?

1 금리스왑의 구조

1.1 금리스왑의 조건 및 구조

금리스왑(interest rate swap: IRS)은 일정기간 동안 정해진 원금에 대해 한 당사자는 고정금리이자를 지급하고 다른 당사자는 변동금리이자를 지급함으로써 미래에 정기적으로 현금흐름을 교환하는 계약이다. 금리스왑에서 변동금리와 고정금리는 동일한 통화로 결제된다. 최초의 금리스왑은 1982년에 Sallie Mae와 ITT기업 간에 이루어졌다(최초의 스왑계약은 Salomon Brothers의 중재로 IBM과 World Bank간에 1981년 8월에 체결된 통화스왑임).

다음의 예시를 이용하여 표준금리스왑(plain-vanilla interest rate swap)의 일반적인 조건 및 구조에 대하여 살펴보자. A기업과 B기업이 [그림 6-1]과 같이 정기적으로 6개월 Libor와 고정금리 9.8%(연2회)를 교환하는 금리스왑을 체결한다고 하자(기준기간은 6개월임). 스왑의 만기는 5년이고 원금은 100억원이다. B기업은 금리스왑의 조건에 따라 다음과 같은 10번의 거래를 수행한다.

- 매 6개월마다, 기간 초에 결정된 6개월 Libor를 원금 100억원에 적용하여 이자를 계산하고 이를 A기업으로부터 수령한다.
- 매 6개월마다, 연 9.8%의 고정금리를 원금 100억원에 적용하여 계산된 이자를 A기업에 지급한다.

그림 6-1 고정금리와 변동금리의 교환

금리스왑에서 B기업처럼 고정금리를 지급하고 변동금리를 수령하는 포지션을 스왑매입포지션(swap long position 또는 payer swap)이라고 한다. 반대로 A기업처럼 고정금리를 수령하고 변동금리를 지급하는 포지션을 스왑매도포지션(swap short position 또는 receiver swap)이라고 한다.

금리스왑에서 원금은 실제로 교환되는 것이 아니고 단지 이자계산의 기준으로 사용되므로 명목원금(notional principal)이라고 한다. 금리스왑에서 사용하는 변동금리는 주로 3개월

Libor와 6개월 Libor이다. 3개월 Libor가 이용되면 변동금리 이자지급은 매 3개월마다 이루어지고, 6개월 Libor가 이용되면 변동금리 이자지급은 매 6개월마다 이루어진다. 원화는 국제통화가 아니므로 원화에 대한 Libor가 없어, 국내 91일물 CD금리가 원화 금리스왑의 기준금리로 이용된다. 이자계산은 원화의 경우 "실제일수/365"를 이용한다(윤년과 무관함).

금리스왑에서 고정금리이자와 변동금리이자의 교환은 일반적으로 차이만을 결제하는 차액결제(payment netting) 방식을 따른다. 원화 금리스왑의 경우 고정금리와 변동금리가 매 3개월마다 교환된다.

스왑시장의 발전에 은행의 역할이 매우 컸다. 초기에 은행은 두 당사자를 연결시켜주는 브로커(broker)의 역할을 수행하였으나, 지금은 스왑을 직접 매매하는 딜러(dealer)로서의 역할을 수행하여 시장에 유동성을 제공한다. 은행이 딜러의 역할을 수행하면서 스왑의 거래규모는 폭발적으로 성장하였다. 자체 포지션을 운용하며 시장조성자(market maker)의 역할을 수행하는 은행을 웨어하우스뱅크(warehouse bank)라고 하며 우리나라의 원화 스왑시장에서는 산업은행이 이 역할을 수행한다.

스왑과 같은 장외파생상품을 거래하기 위해서는 거래상대방과 ISDA Master Agreement를 체결해야 한다. ISDA는 1985년에 설립된 International Swaps and Derivatives Association의 약자로서 장외파생상품 거래의 표준계약서, 세금 및 회계 처리, 일반적 거래 관행 등을 제정하는 역할을 수행한다.

주요 결과 #1

금리스왑은 일정기간 동안 정해진 원금에 대해 한 당사자는 고정금리이자를 지급하고 다른 당사자는 변동금리이자를 지급함으로써 미래에 정기적으로 현금흐름을 교환하는 계약이다. 91일물 CD금리가 원화 금리스왑의 기준금리이며 이자 계산은 "실제일수/365"를 이용한다. 고정금리를 지급하고 변동금리를 수령하는 포지션이 금리스왑 매입포지션이다.

1.2 금리스왑의 비교우위 논리

신용등급이 상이한 두 기업이 자본시장에서 변동금리 또는 고정금리로 자금을 조달하는 경우 일반적으로 시장에서 두 기업에 제시된 고정금리 차이는 변동금리 차이보다 큰 경향이 있다. 왜냐하면 고정금리는 한번 확정되면 만기일까지 그대로 유지되는 반면에 변동금리는 시장상황에 따라 변하기 때문이다. 이러한 상황에서 신용등급이 좋은 기업이 변동금리를 원하고 신용등급이 낮은 기업이 고정금리를 원하게 되면 각 기업은 비교우위를 갖는 시장에서 차입한 후(즉, 신용등급이 좋은 기업이 고정금리차입을 하고 신용등급이 나쁜 기업이 변동금리차입을 함) 금리스왑을 이용하여 자신이 원하는 조건으로 변경시킴으로써 두 기업이 모두 조달비용을 절약할 수 있다.

예를 들어, A기업과 B기업이 금융시장에서 5년간 차입하는 조건이 다음과 같다(변동금리는 6개월 Libor임). 두 기업의 차입조건 하에서 금리스왑이 어떻게 설계되는지 살펴보자.

▸ ▸ 〈표 6-1〉 두기업의 차입조건

기 업	신용등급	원하는 조건	적용이자율	
			고정금리	변동금리
A기업	AAA	변동금리차입	10%	Libor + 0.4%
B기업	BBB	고정금리차입	11%	Libor + 1.0%

A기업이 B기업보다 높은 신용등급을 보유하므로 고정금리시장과 변동금리시장에서 보다 유리한 조건으로 차입할 수 있다. 즉, A기업이 절대우위(absolute advantage)를 갖는다.

B기업이 고정금리시장에서는 A기업보다 1%포인트 더 지급하지만 변동금리시장에서는 A기업보다 0.6%포인트만 더 지급하므로 B기업이 변동금리시장에서 비교우위(relative advantage 또는 comparative advantage)를 갖는다.[1] 반면에 A기업은 고정금리시장에서 차입하면 1%포인트 유리하고 변동금리시장에서 차입하면 0.6%포인트 유리하므로 고정금리시장에서 비교우위를 갖는다. 따라서 A기업은 고정금리로 차입하고 B기업은 변동금리로 차입한다. 그리고 금리스왑을 이용하여 A기업은 고정금리차입을 변동금리차입으로 전환하고, B기업은 변동금리차입을 고정금리차입으로 전환하면 두 기업이 모두 혜택을 보게 된다.

1.3 금리스왑의 설계

[표 6-1]의 조건을 이용하여 금리스왑을 설계해 보자. 먼저 금융기관이 중개자로서 참여하지 않았다고 가정하자.

① 1단계 : 비교우위를 갖는 시장에서 각자 차입함

먼저 각 기업이 비교우위를 갖는 시장에서 차입한다. 화살표가 밖으로 나가는 것은 기업이 이자를 지급함을 의미한다.

1) 비교우위의 논리는 1817년 리카르도에 의해 처음 제안되었으며 자세한 설명은 부록을 참고할 것.

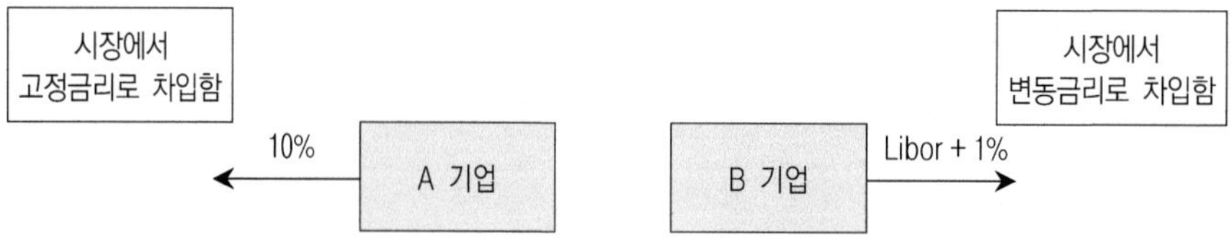

② 2단계 : 총이익을 계산하고 이를 두 기업에게 배분함

스왑계약에서의 총이익 $GAIN$을 다음과 같이 계산하고 두 기업 각각의 이익을 계산한다(고정금리스프레드가 변동금리스프레드보다 크다고 가정함).

$$총이익 : GAIN = spread_{fixed} - spread_{floating} \qquad (6.1)$$

총이익은 (11% − 10%) − (Libor + 1.0% − Libor − 0.4%) = 0.4%이다. 두 기업이 동일 비율로 이익을 얻는다고 가정하면 두 기업은 각각 0.2%의 이익을 얻는다(중개자가 없다고 가정함).

③ 3단계 : 두 기업간 적용되는 고정금리를 계산함

A기업이 변동금리차입에서 0.2%를 절약하고 B기업이 고정금리차입에서 0.2%를 절약하도록 두 기업간 현금흐름을 설계한다. 여기서 두 기업간에 적용되는 변동금리는 항상 Libor로 하며, Libor의 화살표는 시장에서 변동금리로 차입한 기업을 향하도록 한다. B기업이 A기업에 지급하는 고정금리를 x%라고 가정하자. A기업이 변동금리시장에서 직접 차입하는 것에 비하여 스왑을 통하여 20bp 절약할 수 있으므로 다음 식이 성립한다.[2)]

$$A기업\ 입장 : 10\% - x\% + Libor = (Libor + 0.4\%) - 0.2\% \rightarrow x\% = 9.8\%$$

또는 B기업 입장에서도 스왑을 통하여 20bp 절약할 수 있으므로 다음 식이 성립한다.

$$B기업\ 입장 : Libor + 1\% + x\% - Libor = 11\% - 0.2\% \rightarrow x\% = 9.8\%$$

따라서 다음과 같은 금리스왑이 최종적으로 설계된다.

2) 적용받는 이자율을 계산하므로 지급하는 현금흐름이 +의 부호를 갖도록 한다.

그림 6-2 금리스왑의 구조

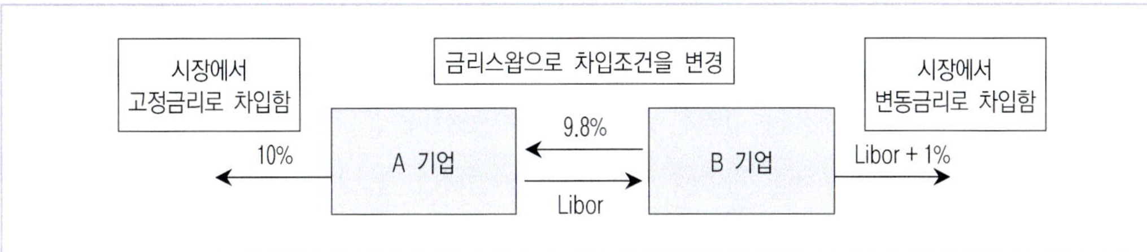

그리고 각 기업에 적용되는 이자율과 비용절감액은 [표 6-2]와 같이 정리된다.

▸▸ 〈표 6-2〉 금리스왑 포지션별 적용이자율과 비용절감액

구 분	A 기업	B 기업
적 용 이 자 율	Libor + (10% − 9.8%) = Libor + 0.2%	(Libor + 1%) − Libor + 9.8% = 10.8%
원하는 조건	변동금리차입	고정금리차입
비 용 절 감	0.2%	0.2%

이번에는 금융기관이 중개자로서 금리스왑 계약에 참여한다고 하자. 만일 금융기관이 0.1%의 이익을 얻고 남은 이익이 두 기업에 0.15%씩 균등하게 배분된다면 스왑계약은 다음과 같이 설계된다.3) 금리스왑을 통해 A기업은 Libor + 0.25%로 차입한 셈이 되고 B기업은 10.85%로 차입한 셈이 된다.

그림 6-3 금융기관이 중개자로 참여하는 경우의 금리스왑 구조

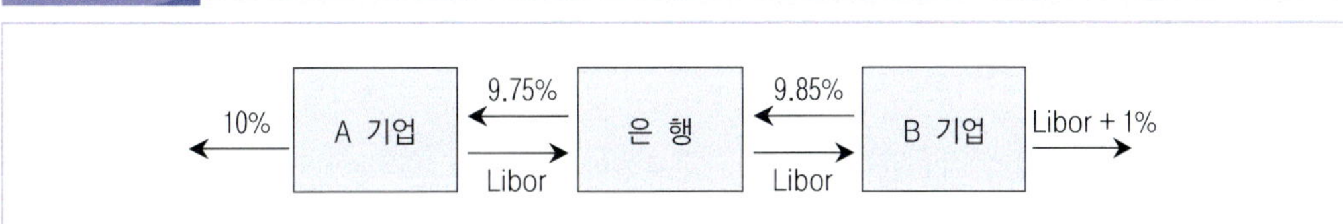

금리스왑에서 고정금리스프레드가 변동금리스프레드보다 크게 되므로 두 당사자가 모두 이익을 얻는 스왑계약이 가능하다. 스왑시장이 오랜 기간 존속하고 있으므로 스프레드차이가 차익거래를 통해 사라져야 한다고 생각할 수 있다. 금리스왑을 통한 비용절감이 금융시장의 비효율성을 의미하는가?

모든 당사자가 이익을 얻는 이유는 금융시장이 비효율적이기 때문이 아니라 차입의 성격

---

3) 총절감비용은 두 기업간에 반드시 공평하게 배분해야 하는 것은 아니다.

이 다르기 때문이다. 우리의 예시에서 고정금리는 5년 동안 확정된 이자율인 반면에, 변동금리는 6개월만 유효한 이자율이다. 만약 차입기업의 신용등급이 하락하면 대출자는 6개월마다 이자율을 재검토할 기회를 갖는다. 변동금리 대출자가 대출조건을 변경할 수 있는 권리를 갖는 반면에, 고정금리 대출자는 이러한 권리를 갖지 못한다. [그림 6-3]에서 BBB등급의 B기업이 10.85%의 좋은 조건으로 차입할 수 있는 것은 B기업이 Libor + 1%의 변동금리로 계속 차입할 수 있는 경우에만 가능하다. 만약 B기업에 적용되는 변동금리가 Libor + 1.5%로 상승하면 B기업이 부담하는 이자율은 11.35%로 증가한다.

주요 결과 #2

금융회사와 기업은 비교우위를 갖는 시장에서 각각 차입한 후 금리스왑을 통하여 자신이 원하는 조건으로 변경시킴으로써 금리스왑 매입자와 매도자가 모두 조달비용을 절약할 수 있다. 금리스왑을 통한 총 절감액은 고정금리 스프레드에서 변동금리 스프레드를 차감한 값이다. 두 당사자가 모두 조달비용을 절감할 수 있는 원천은 자본시장의 비효율성이 아니라 비교우위이다.

예시 6-1 금리스왑의 설계

본문의 예시에서 총이익의 75%를 A기업이 차지하고 나머지 25%를 B기업이 차지한다고 가정하면 금리스왑은 어떻게 설계되는가?

① 중개기관이 없는 경우
총이익 40bp의 75%인 30bp를 A기업이 차지하고 남은 10bp를 B기업이 차지하려면, A기업은 Libor를 지급하고 9.9%를 수령해야 한다.

$$Libor + 10\% - x\% = (Libor + 0.4\%) - 0.3\% \rightarrow x\% = 9.9\%$$

금리스왑 후 두 기업에 적용되는 금리는 각각 Libor + 10bp와 10.9%이다.

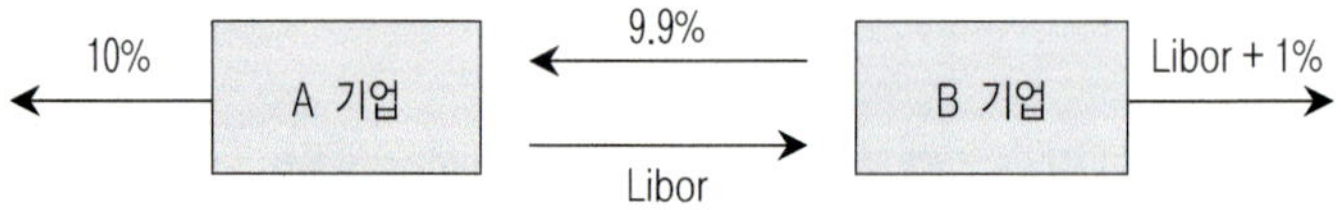

② 중개기관이 10bp를 먼저 얻고 남은 이익을 3:1로 배분하는 경우
남은 이익 30bp의 75%인 22.5bp를 A기업이 차지하고 남은 7.5bp를 B기업이 차지하는 경우 금리스왑은 다음과 같이 설계된다.

$$Libor + 10\% - x\% = (Libor + 0.4\%) - 0.225\% \rightarrow x\% = 9.825\%$$

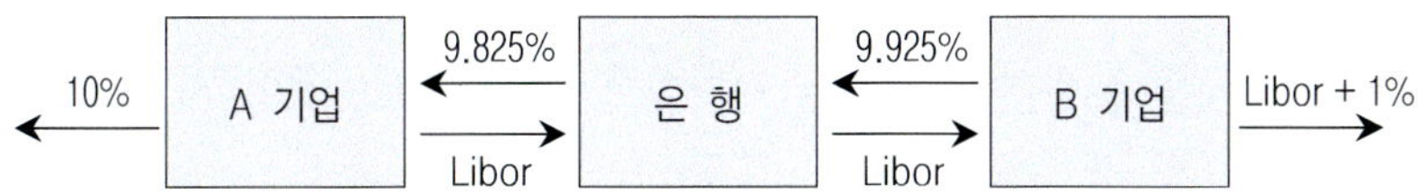

2 금리스왑의 용도

1장에서 설명했듯이, 금리스왑이 파생상품 중에서 가장 계약규모가 큰 상품이다. 2008년 6월 현재, 금리스왑의 거래 잔액은 357조 달러로 전세계 파생상품의 거래 잔액인 약 750조 달러의 48%에 해당된다. 금융회사와 기업은 가장 활발히 거래되는 금리스왑을 다음과 같은 여러 용도로 활용할 수 있다.

2.1 고정금리차입과 변동금리차입의 비교

금융회사와 기업은 금리스왑을 이용하여 고정금리차입과 변동금리차입을 비교함으로써 가장 저렴한 자금조달정책을 수립할 수 있다. 예를 들어, 기업이 다음 두 가지 자금조달방안을 고려하고 있다고 하자. 현재의 1년 Libor는 5%이다.

- 10년 만기 10% 고정금리차입
- 10년 만기 변동금리차입(이자율은 1년 Libor + 75bp임)

현재 변동금리차입에 적용되는 이자율이 낮더라도 변동금리차입이 반드시 좋다고 얘기할 수 없다. 왜냐하면 미래에 이자율이 많이 상승하게 되면 변동금리차입의 비용이 고정금리차입의 비용을 크게 초과할 수 있기 때문이다.

이 경우 금리스왑은 두 조건을 효과적으로 비교할 수 있는 방안을 제시한다. 현재 10년 만기 금리스왑에서 1년 Libor와 9.125%가 교환된다고 하자. 기업은 다음과 같이 변동금리차입과 금리스왑 매입포지션을 결합함으로써 10년 만기, $9.125\% + (Libor + 75bp - Libor) = 9.875\%$의 고정금리차입을 합성할 수 있다([그림 6-4] 참조).

- 시장에서 변동금리로 차입함(이자율: 1년 Libor + 75bp)
- 금리스왑 매입포지션을 취함(9.125% 지급, 1년 Libor 수령)
- 변동금리 차입 + 금리스왑 매입 = 고정금리 차입

이는 고정금리로 직접 차입하는 경우보다 12.5bp 낮은 수준이다. 따라서 기업은 변동금리로 차입하고 금리스왑을 통해 이를 고정금리차입으로 전환하는 것이 자금조달 측면에서 바람직하다.

그림 6-4 변동금리차입 + 금리스왑 매입포지션 = 고정금리차입

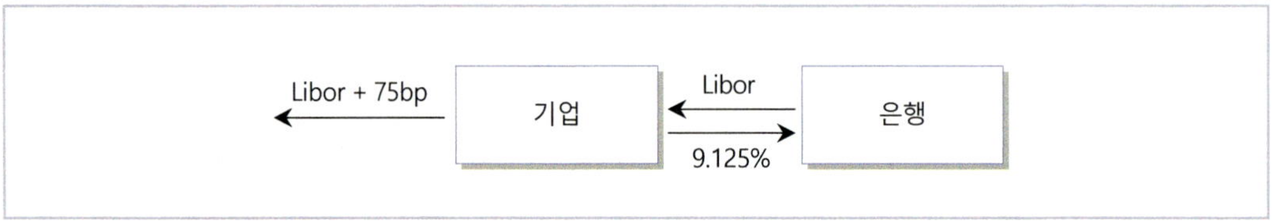

2.2 자산과 부채의 성격 전환

[그림 6-2]에서 A기업은 시장에서 10% 고정금리로 차입한 후, 금리스왑을 통하여 고정금리를 수령하고 변동금리를 지급함으로써, 고정금리차입을 효과적으로 변동금리차입으로 변경시킨다. 반면에 B기업은 금리스왑을 이용하여 변동금리차입을 고정금리차입으로 변경시킬 수 있다.

같은 논리로, [그림 6-5]의 금리스왑을 이용하면 C기업의 Libor – 0.2%의 변동금리자산을 9.6%의 고정금리자산으로 변경시킬 수 있고, D기업의 9.5%의 고정금리자산을 Libor – 0.3%의 변동금리자산으로 변경시킬 수 있다(자산을 소유하면 현금이 유입되므로 그림에서 화살표는 안으로 향함).

그림 6-5 금리스왑을 이용한 자산변형

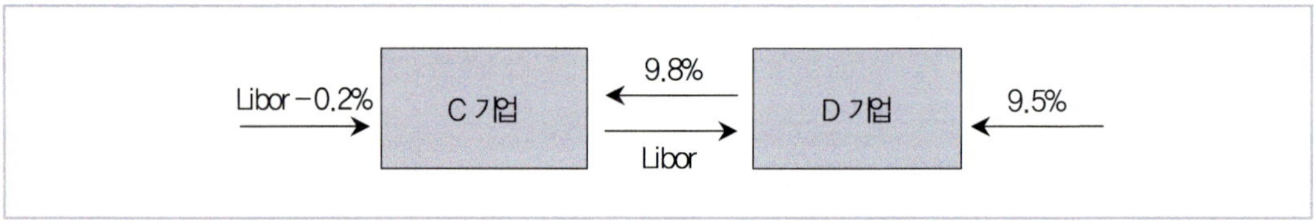

목적에 따라 금리스왑에서 취해야 하는 포지션을 표로 정리하면 다음과 같다.

▸ ▸ 〈표 6-3〉 자산과 부채의 성격 전환에 필요한 금리스왑 포지션

목 적	포지션	예 시
고정금리자산을 변동금리자산으로 전환	금리스왑 매입	[그림 6-5]의 D기업
변동금리자산을 고정금리자산으로 전환	금리스왑 매도	[그림 6-5]의 C기업
고정금리부채를 변동금리부채로 전환	금리스왑 매도	[그림 6-2]의 A기업
변동금리부채를 고정금리부채로 전환	금리스왑 매입	[그림 6-2]의 B기업

2.3 위험관리

금융회사는 금리스왑을 이용하여 다양한 유형의 금리변동위험을 헤지할 수 있다. 다음 두 경우를 살펴보자.

(1) 자산과 부채의 성격 전환

[표 6-3]에 요약되어 있듯이, 금리스왑을 이용하여 자산과 부채의 성격을 전환시킴으로써 금융회사는 위험을 효과적으로 관리할 수 있다. 예를 들어, 고정금리 자산을 보유하고 있으나 부채는 변동금리로 조달한 금융회사의 경우, 금리스왑을 통해 고정금리자산을 변동금리자산으로 변경하면 자산과 부채가 모두 변동금리에 연동되므로 금리변동위험을 헤지할 수 있다. 이 구조는 [그림 6-6]과 같다.

그림 6-6 금리스왑을 이용한 금리변동위험 헤지

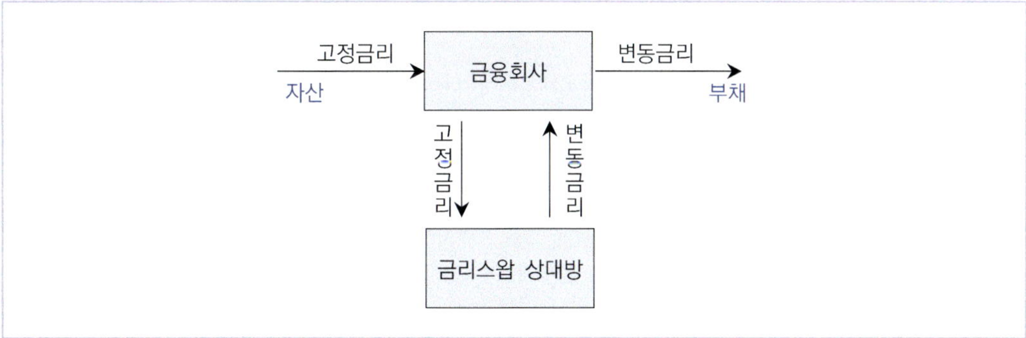

(2) 금융기관의 듀레이션갭 관리

금융기관(특히 은행)은 대체로 단기로 조달하고 장기로 운용하므로 다음과 같이 정의되는 듀레이션갭(duration gap: $GAP_{duration}$)이 0보다 크게 된다.

$$GAP_{duration} = \frac{D_A \cdot A - D_L \cdot L}{A} \tag{6.2}$$

여기서 A와 L은 각각 자산과 부채의 시장가치이고, D_A와 D_L은 각각 자산과 부채의 듀레이션이다.4)

$GAP_{duration} > 0$인 금융기관(예를 들어, 은행)은 이자율 상승시 자산가치가 부채가치보다 크게 하락하므로 자기자본가치가 감소하는 금리상승위험에 노출된다. 이 경우 금융기관이 금리스왑 매입포지션(고정금리 지급, 변동금리 수령)을 취하면 부채듀레이션은 크게 증가하지만 자산듀레이션은 조금만 증가하여 듀레이션갭을 효과적으로 감소시키거나 또는 듀레이션갭을 0으로 만들 수 있다.5)

반대로 자산의 듀레이션보다 부채의 듀레이션이 긴 생명보험회사의 경우 $GAP_{duration} < 0$이므로 이자율 하락시 자산가치가 부채가치보다 작게 상승하므로 자기자본가치가 감소하는 금리하락위험에 노출된다. 이 경우 금융기관은 금리스왑 매도포지션을 취하여 듀레이션갭을 줄일 수 있다.

$GAP_{duration} = 0$이면 이자율이 변하더라도 금융회사의 자기자본가치는 영향을 받지 않는데 이를 면역(immunization)되었다고 한다.

예시 6-2 **$GAP_{duration} = 0$인 경우 이자율의 변화가 자기자본가치에 미치는 영향**

자산의 가치가 110억원이고 자산포트폴리오의 듀레이션이 3년이다. 부채의 가치는 100억원이다. 현재의 이자율은 5%이다.

(1) 듀레이션갭을 0으로 만들려면 부채포트폴리오의 듀레이션은 얼마이어야 하는가?
$D_A \cdot A - D_L \cdot L$이 0이어야 하므로 부채의 듀레이션은 3.3년이어야 한다.

$$D_L^* = 3 \times \frac{110}{100} = 3.3$$

4) 듀레이션의 정의, 속성, 계산방법은 투자론(윤평식, 도서출판 탐진) 또는 리스크관리(윤평식, 도서출판 탐진)을 참고할 것.

5) 금리스왑 매입포지션은 고정금리를 지급하고 변동금리를 수령하는 포지션이므로 고정금리채권을 발행하고 변동금리채권을 소유한 셈이다(즉, 변동금리채권은 자산이고 고정금리채권은 부채임). 그런데 변동금리채권의 듀레이션은 대단히 작고 고정금리채권의 듀레이션은 크므로 금리스왑 매입포지션은 듀레이션갭을 효과적으로 감소시킬 수 있다.

(2) 부채의 듀레이션이 3.3년이므로 듀레이션갭이 0이라고 가정하자. 이자율이 7%로 2%포인트 상승하면 자기자본의 가치는 얼마인가? 반대로 이자율이 4%로 1%포인트 하락하면 자기자본의 가치는 얼마인가? 가치변화는 듀레이션을 이용하여 $\Delta P = -D \times P \times \frac{\Delta r}{1+r}$로 추정하라.

이자율이 2%포인트 상승하면 자산의 가치는 $3 \times 110 \times \frac{0.02}{1.05} = 6.29$억원 하락하고 부채의 가치도 $3.3 \times 100 \times \frac{0.02}{1.05} = 6.29$억원 하락하므로 자기자본의 가치는 10억원으로 변함이 없다. 반대로 이자율이 1% 포인트 하락하면 자산과 부채의 가치가 모두 $(-3) \times 110 \times \frac{-0.01}{1.05} = 3.14$억원 상승하므로 자기자본의 가치는 전혀 영향을 받지 않는다.

2.4 투기

위험에 노출되지 않은 금융회사 또는 기업은 금리스왑을 이용하여 이자율의 움직임에 대하여 베팅(betting)할 수 있다. 예를 들어, 이자율이 상승할 것으로 예상하는 투기자는 고정금리를 지급하고 변동금리를 수령하는 스왑매입포지션을 취한다. 예상대로 이자율이 상승하면 지급하는 금리는 일정하나 수령하는 변동금리가 상승하므로 투기자는 이익을 얻는다. 반면에 미래에 이자율이 하락할 것으로 예상하는 투기자는 변동금리를 지급하고 고정금리를 수령하는 스왑매도포지션을 취한다.

참고 금리스왑을 이용한 투기

금리스왑을 이용한 투기의 가장 좋은 사례는 영국 런던의 해머스미스-풀햄 구(Hammersmith-Fulham Borough : HFB)의 사례이다. HFB는 고정금리로 차입한 후 스왑을 이용하여 고정금리차입을 변동금리차입으로 전환하였다. 80년대 중반까지 이자율이 지속적으로 하락함에 따라 HFB는 상당한 이자비용을 절약하였다. 금리스왑에서 상당한 이익을 본 HFB는 마침내 차입포지션 없이 금리스왑 매도포지션(고정금리 수령, 변동금리 지급)을 취하게 된다. 이자율이 하락하면 매도포지션의 가치는 증가하지만, 불행히도 이자율이 큰 폭으로 상승하였다. 영국경기가 과열됨에 따라 이자율이 13%로 급등하였으며 HFB는 1년 예산의 7배에 달하는 손실을 입게 되었다.
손실을 감당하기 힘든 HFB의 의회는 계약을 체결한 권한이 없는 직원이 금리스왑을 체결했다는 이유로 법정에 계약무효소송을 제기하였고, 영국고등법원은 금리스왑 계약 자체가 무효라고 판결하였다. 금리스왑의 거래상대방은 이로 인해 8억 달러의 이익을 포기해야 했다.

주요 결과 #3

금리스왑은 조달비용을 절감하기 위하여, 자산과 부채의 성격을 전환하기 위하여, 금리변동위험을 헤지하고 관리하기 위하여, 그리고 투기포지션을 취하기 위하여 이용된다.

3 수익률곡선

3.1 수익률곡선의 추정

수익률곡선(yield curve)은 만기와 현물이자율 간의 관계를 보여주는 곡선이다. 수익률곡선에는 상향(upward-sloping), 하향(downward-sloping), 수평(flat), 혹모양(humped) 수익률곡선 등이 있다.

수익률곡선을 추정하는 가장 기본적인 방법은 다양한 만기의 무이표채 가격을 이용하는 것이다. 예를 들어, 1년, 2년, 3년 만기의 무위험 무이표채(원금은 10,000원) 가격이 각각 9,433.96원, 8,734.39원, 7,938.32원이라고 하자.

무이표채 가격이 $P_0^{zero} = \frac{Par}{(1+r_t)^t}$로 계산되므로($Par$는 원금임) 수익률 r_t는 다음과 같이 계산된다.

$$r_t = \left(\frac{Par}{P_0^{zero}}\right)^{\frac{1}{t}} - 1 \tag{6.3}$$

즉, 1년, 2년, 3년 만기 수익률은 각각 6%, 7%, 8%이고 이는 수익률곡선이 상향임을 의미한다.

$$\frac{10,000}{9,433.96} - 1 = 6\%,\ \left(\frac{10,000}{8,734.39}\right)^{\frac{1}{2}} - 1 = 7\%,\ \left(\frac{10,000}{7,938.32}\right)^{\frac{1}{3}} - 1 = 8\%$$

이와 같이 무이표채로부터 구한 수익률을 현물이자율(spot interest rate)이라고 한다.

주요 결과 #4

수익률곡선은 만기와 현물이자율 간의 관계를 보여주는 곡선이다. 무이표채의 가격으로부터 t년 만기 현물이자율은 $r_t = \left(\frac{Par}{P_0^{zero}}\right)^{\frac{1}{t}} - 1$로 추정된다.

예시 6-3 수익률곡선과 채권가치평가

1년 만기 무이표채 가격으로부터 1년 만기 현물이자율을 계산한다는 것은 1년 만기 현물이자율을 이용하여 1년 만기 무이표채의 가격을 구해야 함을 의미한다. 이 논리는 2년, 3년 만기 등 모든 만기의 무이표채에 적용된다.

그렇다면 이표채의 가격은 어떻게 결정되어야 하는가? 이표채의 가격은 무이표채의 가격결정원리와 일관성있게 이루어져야 한다. 왜냐하면 이표채를 분해하면 여러 개의 무이표채가 생성되기 때문이다.

만기가 3년이고 액면이자율이 5%이고 원금이 10,000원인 이표채의 가격은 얼마인가? 이표채는 그림과 같이 3개의 무이표채로 분해된다.

그림 6-7 이표채의 분해

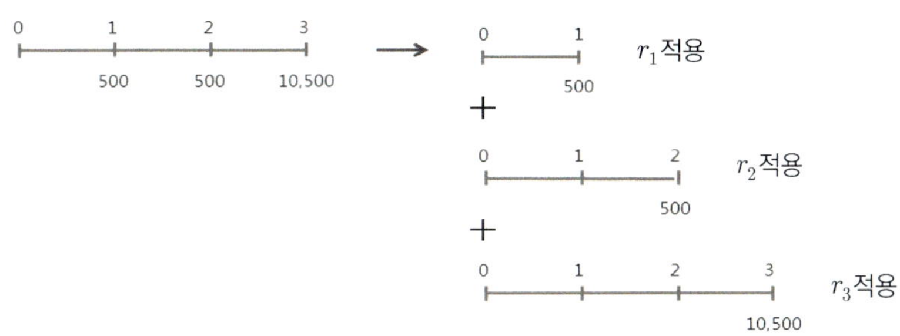

1년, 2년, 3년 만기 현물이자율이 각각 6%, 7%, 8%라고 가정하면 무이표채의 가격이 각각 $\frac{500}{1.06} = 471.698$, $\frac{500}{1.07^2} = 436.719$, $\frac{10,500}{1.08^3} = 8,335.239$원이므로 3년 만기 이표채의 가격은 3개의 무이표채 가격을 합산한 9,243.66원이어야 한다.

이를 일반화시키면 수익률곡선을 반영하는 채권가격결정공식은 다음과 같다(CF는 현금흐름이고 T는 만기임).

$$P_0 = \frac{CF_1}{(1+r_1)} + \frac{CF_2}{(1+r_2)^2} + \cdots + \frac{CF_T}{(1+r_T)^T} \tag{6.4}$$

3.2 선도이자율의 추정

수익률곡선이 추정되면 현물이자율에 내재된 미래 기간별(예를 들어, 1년 기준) 이자율을 계산할 수 있는데 이를 선도이자율(forward rate)이라고 한다. 선도이자율은 시작하는 시점과 끝나는 시점을 반영하여 각각 ${}_0f_1$, ${}_1f_2$, ${}_2f_3$, ${}_3f_4$ 등으로 표시되며(${}_0f_1$은 r_1과 같음) 현물이자율로부터 현재 시점에서 계산될 수 있는 이자율이다. $r_1 = 8\%$, $r_2 = 10\%$를 가정하자.

그림 6-8 현물이자율과 선도이자율

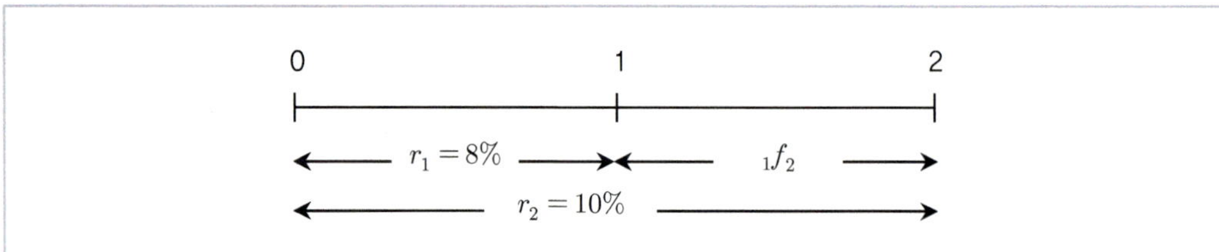

현물이자율은 현재 시점에서 산출된 미래 일정 기간 동안의 연평균수익률의 의미를 갖는다. 따라서 $r_2 = 10\%$는 1차연도의 수익률 r_1과 2차연도 수익률 ${}_1f_2$의 기하평균 수익률로 산출된다. 즉, r_2로 2년 투자하는 것과 r_1과 ${}_1f_2$로 1년씩 투자하는 것이 동일하다고 하면 다음 관계가 유도된다.

$$(1 + r_1)(1 + {}_1f_2) = (1 + r_2)^2 \tag{6.5}$$

따라서

$${}_1f_2 = \frac{(1 + r_2)^2}{1 + r_1} - 1 \tag{6.6}$$

같은 논리로, $(1 + r_1)(1 + {}_1f_2)(1 + {}_2f_3) = (1 + r_2)^2(1 + {}_2f_3) = (1 + r_3)^3$이므로 ${}_2f_3$는 $\frac{(1 + r_3)^3}{(1 + r_2)^2} - 1$로 계산된다.

이 식을 일반화시키면,

$$_{n-1}f_n = \frac{(1+r_n)^n}{(1+r_{n-1})^{n-1}} - 1 \quad (6.7)$$

현물이자율이 연평균수익률의 의미를 갖는다면, 선도이자율은 한계수익률(marginal rate of return)의 의미를 갖는다. 처음 1년 동안에 1원을 8%로 투자한 투자자가 2년 동안의 수익률이 10%가 되기 위해서 2차연도에 얻어야 하는 수익률은 얼마인가? 1원×1.08×1.1204 = 1원× 1.1^2의 관계가 성립하므로 2차연도에 얻어야 하는 수익률은 12.04%이다. 이 12.04%가 2차연도의 선도이자율이다.

주요 결과 #5

수익률곡선이 추정되면 현물이자율에 내재된 미래 기간별 이자율을 계산할 수 있는데 이를 선도이자율이라고 한다. 현물이자율이 기하평균수익률인 반면에, 선도이자율은 한계수익률이다.

예시 6-4 선도이자율의 계산

1년, 2년, 3년, 4년 만기 현물이자율이 각각 5%, 6%, 7%, 6%이면 1년 기준의 선도이자율은 각각 5.00%, 7.01%, 9.03%, 3.06%로 계산된다.

$$_0f_1 = 5.00\%,\ _1f_2 = \frac{1.06^2}{1.05} - 1 = 7.01\%,$$

$$_2f_3 = \frac{1.07^3}{1.06^2} - 1 = 9.03\%,\ _3f_4 = \frac{1.06^4}{1.07^3} - 1 = 3.06\%$$

현물이자율과 기간별 선도이자율이 적용되는 기간은 다음과 같다.

그림 6-9 현물이자율과 선도이자율의 해당 기간

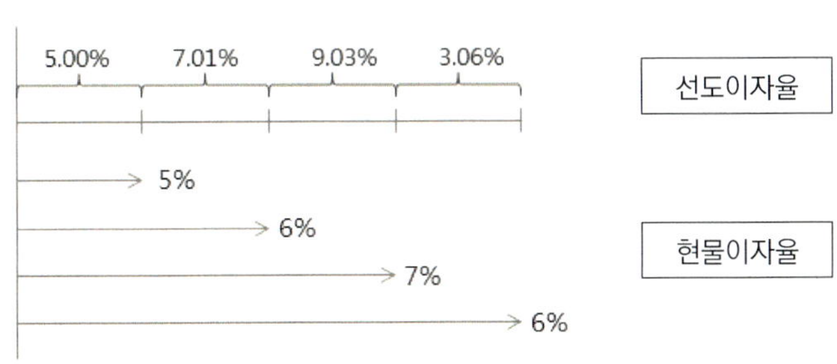

4 금리스왑의 가치평가

4.1 금리스왑의 가격 공시

시장조성자의 역할을 수행하는 웨어하우스뱅크의 금리스왑 공시가 다음과 같다고 하자.

KRW/KRW	
QTR/A365	
9M	4.45 – 4.44
1Y	4.54 – 4.52
2Y	4.62 – 4.59

KRW/KRW는 원화금리스왑을 의미하고, QTR은 매 3개월마다 이자가 교환됨을 의미하고, A365는 일자계산방식이 실제일수/365 방식을 따름을 의미한다. 2년 만기 원화금리스왑의 경우 공시가격은 "4.62 – 4.59"이다. 여기서 4.62%는 스왑딜러가 매도포지션을 취할 시 받고자 하는 고정금리인 offer rate이고, 4.59%는 스왑딜러가 매입포지션을 취할 시 지급하고자 하는 고정금리인 bid rate이다.

따라서 고정금리를 지급하고 변동금리를 수령하고자 하는 고객은 4.62%를 지급해야 하고, 고정금리를 수령하고 변동금리를 지급하고자 하는 고객은 4.59%를 수취하게 된다.

4.2 스왑이자율의 결정

금리스왑에서 현금흐름은 순현금흐름(net cash flow : NCF)으로 정산되며 원금은 실제로 교환되지 않는 명목금액(notional amount)이다. A기업이 2004년 3월 6일에 B기업과 3년 만기 스왑을 체결하고, 원금 100억원에 대하여 연 9.87%의 이자를 수령하고 동일 원금에 대하여 Libor로 이자를 지급한다고 하자. 이자는 1년마다 교환되며, 각 시점에서의 1년 만기 Libor가 각각 7.9%, 10.11%, 12.03%로 추정된다고 하면 금리스왑의 미래 현금흐름은 [표 6-4]와 같다.[6)]

6) 금리스왑에서 이자계산은 실제일수를 적용하지만 여기서는 그 관례를 무시하고 간단히 계산하기로 한다.

▸ ▸ 〈표 6-4〉 금리스왑의 순현금흐름

일 자	1년 Libor	고정현금흐름(유입)	변동현금흐름(유출)	순현금흐름(NCF)
2004.3.6	7.90%			
2005.3.6	10.11%	+9.87	−7.90	+1.97
2006.3.6	12.03%	+9.87	−10.11	−0.24
2007.3.6		+9.87	−12.03	−2.16

할인율이 각각 7.9%, 9%, 10%라고 가정하면 순현금흐름의 현재가치는 다음과 같이 0이다.

$$\frac{1.97}{1.079} + \frac{-0.24}{1.09^2} + \frac{-2.16}{1.1^3} = 0$$

금리스왑에서 고정금리 9.87%는 스왑가치가 0이 되도록(또는 순현금흐름의 현가가 0이 되도록) 결정된 것이다. 선도이자율이 각각 7.9%, 10.11%, 12.03%이면 1년, 2년, 3년 만기 현물이자율이 각각 7.9%, 9%, 10%임을 의미한다. 즉, 수익률곡선에서 1년, 2년, 3년 만기 이자율이 각각 r_1 = 7.9%, r_2 = 9%, r_3 = 10%이면 고정금리가 9.87%일 때 스왑가치가 0이 된다.7)

이처럼 고정금리 r_{fixed}는 현재의 수익률곡선 하에서 고정현금흐름(고정금리이자)의 현가와 변동현금흐름(변동금리이자)의 현가가 동일하도록, 즉 스왑가치가 0이 되도록 결정되는데 이를 스왑이자율(swap rate)이라고 한다. 여기서 변동현금흐름은 선도이자율로 결정된다고 가정한다.

$$PV(\text{변동현금흐름}) = PV(\text{고정현금흐름})$$
$$\left(\frac{{}_0f_1}{1+r_1} + \frac{{}_1f_2}{(1+r_2)^2} + \frac{{}_2f_3}{(1+r_3)^3}\right) = r_{fixed} \times \left(\frac{1}{1+r_1} + \frac{1}{(1+r_2)^2} + \frac{1}{(1+r_3)^3}\right) \tag{6.8}$$

우리의 예시에서 ${}_1f_2$ = 0.1011, ${}_2f_3$ = 0.1203이므로 r_{fixed} = 0.0987이다.8)

$$\left(\frac{0.079}{1.079} + \frac{0.1011}{1.09^2} + \frac{0.1203}{1.1^3}\right) = r_{fixed} \times \left(\frac{1}{1.079} + \frac{1}{1.09^2} + \frac{1}{1.1^3}\right)$$

---

7) 7.9%, 10.11%, 12.03%는 Libor/swap 수익률곡선(1년 만기 7.9%, 2년 만기 9%, 3년 만기 10%)에서 계산한 선도이자율이다.

$${}_1f_2 = \frac{1.09^2}{1.079} - 1 = 0.1011,\ {}_2f_3 = \frac{1.1^3}{1.09^2} - 1 = 0.1203$$

변동현금흐름은 선도이자율이 실현된다는 가정에서 추정된다(이는 불편기대가설 또는 순수기대가설이 성립한다는 가정과 동일하다).

8) 식 (6.8)을 정확히 현금흐름으로 표현한다면 양변에 원금 100을 곱해야 하며 원금은 여기서 고려하지 않는다.

금리스왑을 처음 체결할 때 금리스왑의 가치는 0이거나 0에 가깝다. 그러나 시간이 지나면 금리스왑의 가치는 양 또는 음의 값을 갖게 된다.

주요 결과 #6

금리스왑에서 원금은 실제로 교환되지 않으며 순현금흐름으로 정산된다. 금리스왑에서 고정금리는 현재의 수익률곡선 하에서 스왑가치가 0이 되도록 결정되는데 이를 스왑이자율이라고 한다.

4.3 금리스왑의 가치평가

스왑의 가치를 평가하는 방법에는 스왑을 두 채권의 차이로 간주하여 평가하는 방법과 스왑을 선도금리계약(FRA)의 포트폴리오로 간주하는 방법이 있다.

다음의 예시를 이용하여 금리스왑의 가치를 평가해 보자. 충남기업은 경북기업과 다음 조건의 금리스왑을 체결하였다(현금흐름은 [표 6-4]와 동일함).

> 액면 100억원, 만기 3년, 연 1회 이자교환
> 고정금리 9.87%, 변동금리 1년 만기 Libor
> Libor/swap 수익률곡선: 1년 만기 7.9%, 2년 만기 9.0%, 3년 만기 10.0%

고정금리를 수령하고 변동금리를 지급하는 충남기업의 입장에서 금리스왑의 가치를 평가해 보자. 금리스왑 매입포지션은 고정금리를 지급하고 변동금리를 수령하므로 금리스왑에 매입포지션을 취하는 것은 고정금리채권을 발행하고(또는 매도하고) 변동금리채권을 매입한 것과 동일하다. 즉,

$$IRS_{long} = Bond_{floating} - Bond_{fixed} \tag{6.9}$$

같은 논리로 금리스왑에 매도포지션을 취하는 것은 변동금리채권을 발행하고 고정금리채권을 매입한 것과 동일하다. 즉,

$$IRS_{short} = Bond_{fixed} - Bond_{floating} \tag{6.10}$$

고정금리를 수령하고 변동금리를 지급하는 금리스왑 매도포지션의 가치는 고정금리채권의 가치(V_{fixed})에서 변동금리채권의 가치($V_{floating}$)을 차감하여 구한다.[9] 즉,

$$V_{short\ IRS} = V_{fixed} - V_{floating} \tag{6.11}$$

다음 이자금액이 t^*시점에서 교환되고, 확정된 변동금리이자가 C^*라고 하면(원금은 Par임) 가치평가 목적상 변동금리채권은 만기가 t^*이고 원금이 $Par + C^*$인 무이표채로 간주된다.

우리의 예시에서 고정금리채권의 가치는 100억원이다.[10]

$$V_{fixed} = \frac{9.87}{1.079} + \frac{9.87}{1.09^2} + \frac{109.87}{1.1^3} = 100 \tag{6.12}$$

그리고 다음과 같이 변동금리채권의 가치도 100억원이다.[11]

$$V_{floating} = \frac{107.9}{1.079} = 100 \tag{6.13}$$

또는

$$V_{floating} = \frac{7.9}{1.079} + \frac{10.11}{1.09^2} + \frac{112.03}{1.1^3} = 100 \tag{6.14}$$

따라서 금리스왑 매도포지션의 가치는 0이다. 이 접근방법을 도식화하면 이는 [그림 6-10]과 같다.

$$V_{short\ IRS} = V_{fixed} - V_{floaing} = 0$$

---

9) 일반적으로 금융상품의 가치를 평가할 때 매입포지션의 가치를 평가한다. 그러나 금리스왑의 가치평가 공식은 관행적으로 고정금리를 수령하고 변동금리를 지급하는 금리스왑 매도포지션의 가치를 기준으로 도출된다. 금리스왑 매도포지션의 가치는 고정금리채권의 가치에서 변동금리채권의 가치를 차감하여 구한다.

10) 금리스왑에서 실제로 원금은 교환되지 않지만 고정금리채권과 변동금리채권의 가격을 계산할 때 명목원금 100억원을 고려한다.

11) 첫 번째 방법은 변동금리채권을 1년 만기 무이표채(원금은 원래의 원금에 확정된 이자를 가산한 금액)로 간주하여 평가하는 것이고 두 번째 방법은 변동금리가 선도이자율로 결정된다는 가정 하에서 가치를 평가한 것이다(10.11%와 12.03%는 각각 2차연도와 3차연도의 선도이자율임).

그림 6-10 금리스왑을 고정금리채권과 변동금리채권의 차이로 이해하는 방법

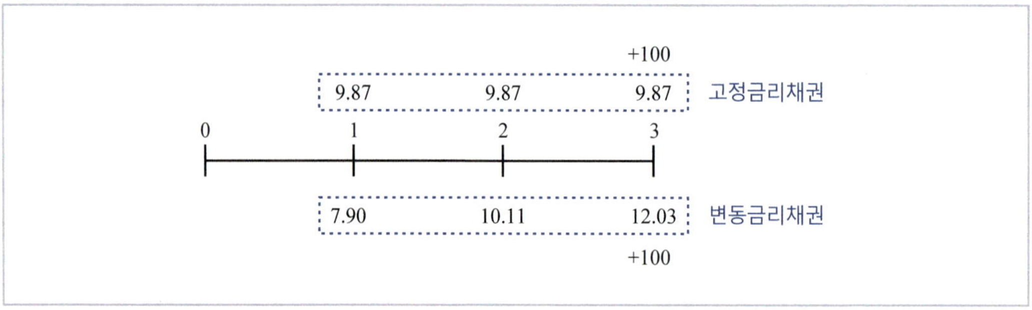

또 다른 방법은 이 책에서 자세하게 설명하지는 않지만 [그림 6-11]처럼 금리스왑을 선도금리계약(forward rate agreement: FRA)의 포트폴리오로 간주하여 가치를 평가하는 방법이다(FRA에 대한 설명은 부록을 참고할 것). 금리스왑의 가치가 개별 FRA 가치의 합이므로 우리는 금리스왑의 가치를 순현금흐름의 현가로 평가하며 그 결과는 다음과 같이 0이다.

그림 6-11 FRA 포트폴리오로서의 금리스왑

$$V_{shortIRS} = \sum V_{shortFRA} = \frac{1.97}{1.079} + \frac{-0.24}{1.09^2} + \frac{-2.16}{1.1^3} = 0 \quad (6.15)$$

4.4 이자율의 변화가 금리스왑 가치에 미치는 영향

스왑 계약 직후 이자율이 상승한다고 가정하자. 고정금리를 수령하고 변동금리를 지급하는 스왑매도포지션의 가치는 하락하는 반면에 고정금리를 지급하고 변동금리를 수령하는 스

왑매입포지션의 가치는 상승한다. 이처럼 금리스왑 매입포지션은 이자율 상승시 이익을 얻게 되어 이익패턴이 우상향 직선이 된다. [그림 6-12]는 이자율의 변화 Δr와 금리스왑의 가치변화 ΔV간의 관계를 보여준다.

그림 6-12 Δr과 금리스왑 ΔV간의 관계

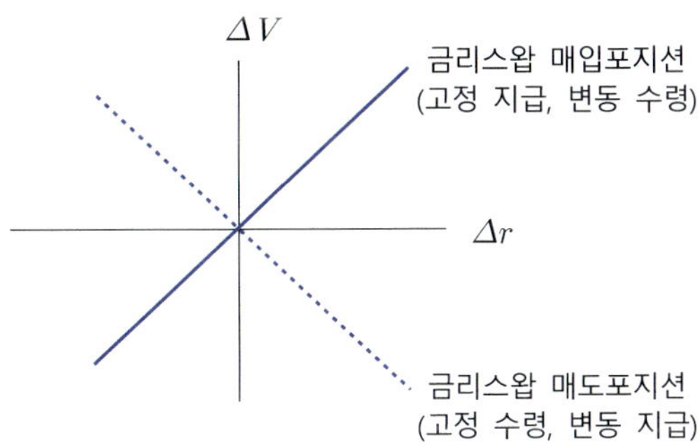

예시 6-5 이자율의 변화에 따른 스왑가치의 변화

구체적으로 1년, 2년, 3년 만기 이자율이 계약 직후 각각 8.9%, 10.0%, 11.0%로 상승한다고 가정하자(즉, 수익률곡선이 1%포인트 상향 평행이동함). 충남기업 입장에서 스왑의 가치는 1.52억원 하락한다.

$$V_{short\ IRS} = V_{fixed} - V_{floating}$$

$$= \left(\frac{9.87}{1.089} + \frac{9.87}{1.1^2} + \frac{109.87}{1.11^3}\right) - \frac{107.9}{1.089} = 97.56 - 99.08 = -1.52$$

즉, 고정금리채권의 가치는 100억원에서 97.56억원으로 2.44억원 하락하는 반면에 변동금리채권의 가치는 100억원에서 99.08억원으로 0.92억원 하락하므로 금리스왑 매도포지션의 가치는 1.52억원 하락한다.

주요 결과 #7

금리스왑 매도포지션(고정금리 수령 변동금리 지급)은 고정금리채권 매입과 변동금리채권 매도로 간주되므로 매도포지션의 가치는 고정금리채권가치에서 변동금리채권가치를 차감하여 구한다: $V_{IRS} = V_{fixed} - V_{floating}$. 계약 체결후, 이자율이 상승하면 매입포지션의 가치는 상승하고 매도포지션의 가치는 하락한다. 변동금리채권의 가치는 1년 만기 무이표채(원금은 원래의 원금에 확정된 이자를 가산한 금액)의 가치로 평가하거나 또는 선도이자율이 실현된다고 가정하고 평가한다.

5 통화스왑

5.1 통화스왑의 기본 구조

통화스왑(currency swap: CRS)은 한 나라 통화기준의 차입원금 및 이자금액과 다른 나라 통화기준의 차입원금 및 이자금액을 교환하는 스왑이다.[12] 금리스왑과 달리, 원금은 스왑계약이 시작되는 시점과 만료되는 시점에서 교환된다.

예를 들어, 2004년 2월에 연 8%의 이자율로 1,500만 달러를 차입한 A기업은 [그림 6-13]의 3년 만기 통화스왑을 B기업과 체결함으로써 11%의 이자율로 1,000만 파운드를 차입하는 거래로 변형시킬 수 있다(현재 1파운드는 1.5달러임). 여기서 A기업은 파운드화로 연 11%의 고정금리를 지급하고 달러화로 연 8%의 고정금리를 받는다. 이자는 1년에 한 번 지급되고 원금은 각각 1,500만 달러와 1,000만 파운드이다.

그림 6-13 통화스왑의 구조

A기업의 현금흐름은 [표 6-5]와 같다(+는 현금유입이고 −는 현금유출임). 표에 설명되어 있듯이 A기업은 다음과 같은 행위를 순차적으로 취하게 된다.

① 1,500만 달러(@8%)를 자본시장에서 차입한다.

② 스왑 상대방에게 1,500만 달러를 주고 1,000만 파운드를 받는다(최초의 원금교환).

③ 1,000만 파운드에 대한 이자를 정기적으로 3회 지급한다. 그리고 상대방으로부터 1,500만 달러에 대한 이자를 수령하여 최초의 대출기관에게 지급한다.

④ 상대방으로부터 1,500만 달러를 수령하여 최초의 대출기관에게 원금을 상환함과 동시에 상대방에게 1,000만 파운드를 지급한다(만기일 원금교환).

원금의 초기교환은 달러차입금을 파운드화로 전환시키고 만기일의 원금교환은 파운드화를 다시 달러화로 전환시킨다. 이처럼 거래 당사자 간에 다른 통화의 고정금리를 교환하는 통화스왑을 cross currency swap이라고 한다.

12) 우리나라에서 금리스왑은 IRS로, 통화스왑은 CRS로 주로 표기된다.

▸ ▸ 〈표 6-5〉 통화스왑의 현금흐름

일 자	달러화 현금흐름 (만 달러)	파운드화 현금흐름 (만 파운드)	비 고	행위
2004년 2월	−1,500	+1,000	최초의 원금교환	②
2005년 2월	+120	−110	첫 번째 이자교환	③
2006년 2월	+120	−110	두 번째 이자교환	③
2007년 2월	+120	−110	마지막 이자교환	③
	+1,500	−1,000	만기일 원금교환	④

예시 6-6 최초의 스왑계약

최초의 스왑계약은 세계은행과 IBM간에 체결된 통화스왑이다.[13] 1980년대 초에 세계은행(World Bank)은 독일과 스위스에서의 이자율이 미국의 이자율보다 낮아 추가 차입을 원했지만 이미 이들 국가에서 차입할 수 있는 한도까지 최대한 차입하고 있었다. 반대로 IBM은 1970년대에 독일 마르크화(DM)와 스위스 프랑화(SFr)로 차입하였는데 이후 미국 달러화(USD)가 이들 화폐에 대해 상대적으로 강세여서 차입금의 달러 기준 가치가 많이 감소하였다. 따라서 IBM은 마르크 또는 프랑 차입금을 달러 차입금으로 변경하기를 원하고 있었다.

1981년 8월 Salomon Brothers는 세계은행과 IBM간에 명목원금 290백만 달러에 대해 최초의 스왑계약을 체결하였다.

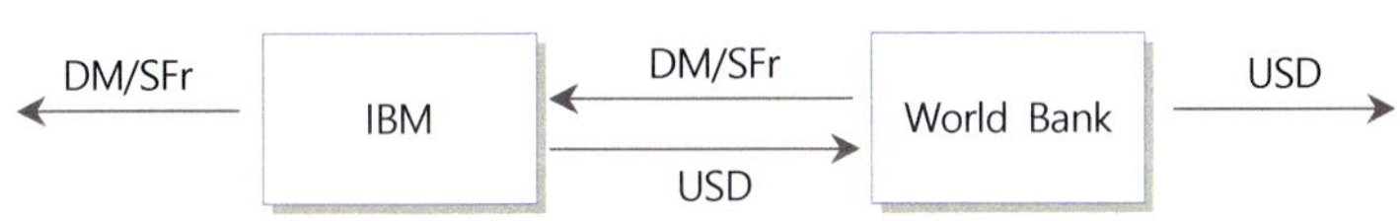

스왑계약을 통해 IBM은 DM 또는 SFr 부채를 USD 부채로 전환하였고, 세계은행은 스위스와 독일에서 차입한 효과를 얻게 되었다.

5.2 통화스왑의 비교우위 논리

미국의 Ford자동차와 인도네시아 Garuda항공의 각국 시장에서의 차입조건이 [표 6-6]과 같으며 Ford는 루피아(IDR) 차입을 원하고 Garuda항공은 USD 차입을 원한다고 가정하자.

Ford가 Garuda보다 신용등급이 높으므로 두 시장에서 모두 절대적인 우위를 갖는다. 그리고 Ford는 USD 시장에서 비교우위를 갖는 반면에 Garuda는 IDR 시장에서 비교우위를

13) 스왑은 1970년대에 유행한 평행대출(parallel loan)에서 기원한 것으로 알려져 있다. 예를 들어 한국의 삼성전자와 미국의 IBM이 각각 미국과 한국에 자회사를 가지고 있으며 자회사에 대출을 하고자 하나 외환규제로 인해 어렵다고 가정하자. 이 경우 삼성전자는 IBM의 한국 자회사에 대출하고 IBM은 삼성전자의 미국 자회사에 대출하는 평행대출을 실시하여 자신의 자회사에 직접 대출한 것과 동일한 효과를 얻을 수 있다.

갖는다. 두 기업은 각각 자신이 비교우위를 갖는 시장에서 차입한 후, 통화스왑을 이용하여 Ford는 USD 차입을 IDR 차입으로, Garuda는 IDR 차입을 USD 차입으로 변형시킨다. USD 이자율간의 차이는 2%이고 IDR 이자율간의 차이는 0.4%이므로 통화스왑에서 발생하는 총이익은 2% - 0.4% = 1.6%이다. 금융기관이 20bp의 스프레드를 얻는다는 가정 하에서 통화스왑은 [그림 6-14]와 같이 설계된다.

〈표 6-6〉 두 기업의 차입조건

기 업	국적	원하는 조건	USD	IDR	비교우위를 갖는 시장
Ford	미국	IDR 차입을 원함	5.0%	12.6%	USD
Garuda	인도네시아	USD 차입을 원함	7.0%	13.0%	IDR

그림 6-14 Ford와 Garuda의 통화스왑

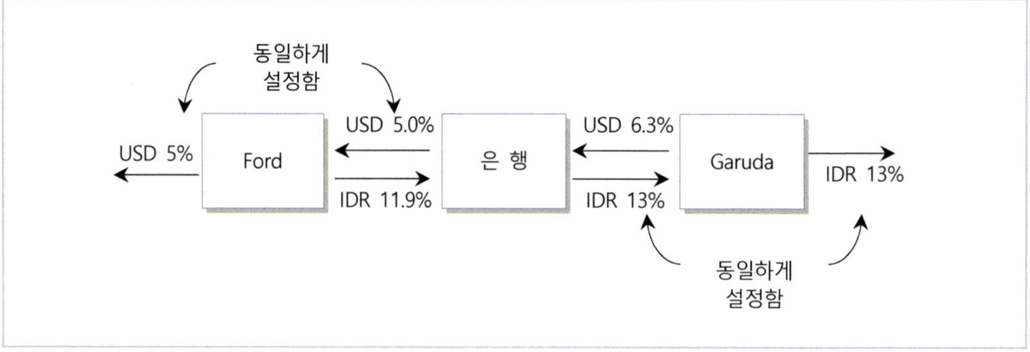

스왑거래를 통해서 Ford는 연 5%의 USD 차입을 연 11.9%의 IDR 차입으로 변형시킨다. 이로 인해 Ford는 IDR 시장에서 직접 차입할 때에 비하여 연 0.7%의 이자비용을 줄일 수 있다. 이와 유사하게, Garuda는 연 13%의 IDR 차입을 연 6.3%의 USD 차입으로 변형시킬 수 있으며 이로 인해 0.7%의 비용을 줄일 수 있다. 여기서 Ford의 USD 노출금액과 Garuda의 IDR 노출금액은 모두 0이므로 두 기업은 이들 통화에 대한 환위험을 부담하지 않는다.

5.3 이자율통화스왑

한 통화의 고정금리와 다른 통화의 변동금리를 교환하는 통화스왑을 이자율통화스왑(cross currency interest rate swap)이라고 한다. 우리나라에서 가장 보편적인 통화스왑은 달러화 Libor와 원화 고정금리를 교환하는 이자율통화스왑이다.[14)]

예를 들어 한국기업이 미국의 시티은행으로부터 2억 달러를 Libor+1%로 3년 만기 차입하여 우리은행과 통화스왑을 체결한다고 하자. 통화스왑은 달러화 Libor+1%와 원화 5.2%를 교환하며 현재의 환율은 1달러에 1,300원이라고 하자. 통화스왑을 체결한 우리은행과 한국기업간의 원금 및 이자교환 구조는 다음과 같다(연1회 이자교환 가정). 만기원금 교환에 적용되는 환율은 만기일의 환율과 무관하게 거래시점의 환율(즉, 1달러에 1,300원)이 동일하게 적용된다. 한국기업은 통화스왑을 통하여 달러화 Libor+1% 변동금리 차입을 원화 5.2% 고정금리 차입으로 전환시키는 효과를 얻는다.

그림 6-15 이자율통화스왑의 현금흐름(실선은 원금교환, 점선은 이자교환을 의미함)

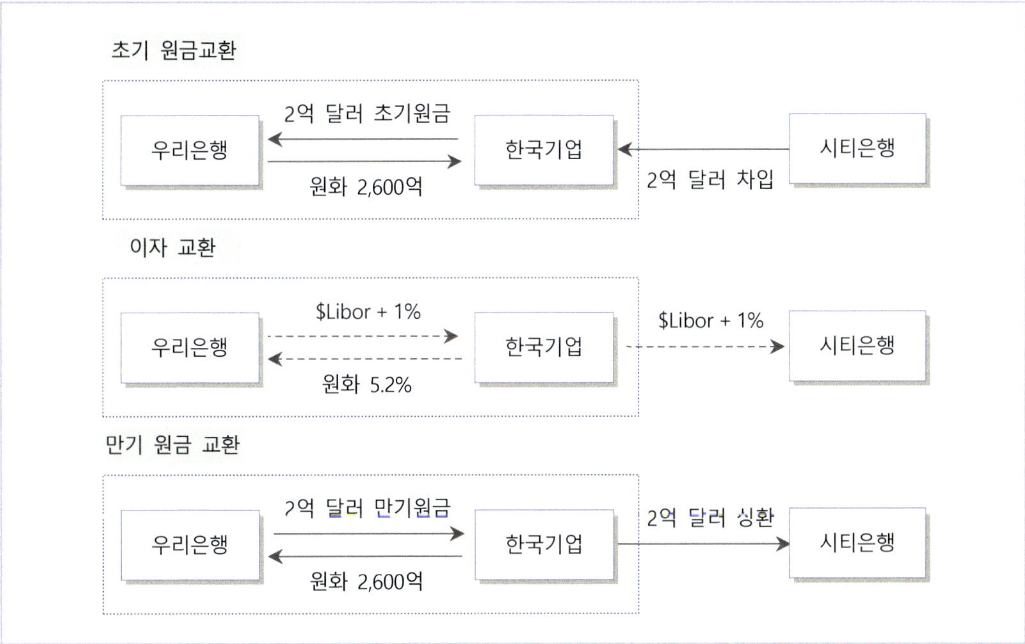

14) 변동금리와 변동금리를 주고 받으면 cross currency basis swap이라고 하고, 고정금리와 고정금리를 주고 받으면 cross currency swap이라고 한다.

통화스왑의 특성을 요약하면 다음과 같다.

- 서로 다른 통화에 대한 원금과 이자를 교환하는 계약이다.
- 금리스왑과 달리 초기원금과 만기원금의 교환이 발생한다.
- 초기원금교환은 이자교환과 반대 방향이고, 만기원금교환은 이자교환과 동일 방향이다.
- 만기일의 원금교환시 적용되는 환율은 초기 거래시점의 환율이다.

예시 6-7 외환스왑

통화스왑과 혼동하기 쉬운 상품으로 외환스왑이 있다. 외환스왑(forward exchange swap)은 거래 당사자 간에 "현물환과 현물환", "현물환과 선물환", "선물환과 선물환"을 서로 반대방향으로 동시에 매매하는 거래를 말한다. 외환스왑은 이자교환이 이루어지지 않는 단기 계약이며, 이는 원금과 이자를 모두 교환하는 장기 통화스왑과는 다르다.
예를 들어, A은행이 B은행과 현물환율 1,120원, 1개월 선물환율 1,130원에 100만 달러를 "현물환 매입/선물환 매도"의 외환스왑을 체결할 수 있다. 외환스왑을 체결한 A은행은 다음과 같은 거래를 한다.

- 거래시점에서 A은행은 B은행으로부터 100만 달러를 매입하고 11.20억원을 지급함
- 1개월 후에 A은행은 100만 달러를 매도하고 원화 11.30억원을 수령함

그렇다면 A은행이 이와 같은 외환스왑을 하는 이유는 무엇인가? 현재 100만 달러가 필요하지만 1개월 후에 수령할 예정인 A은행은 이와 같은 외환스왑을 통하여 환위험을 부담하지 않으면서 원화를 이용하여 필요한 외화자금을 조달할 수 있다.

예시 6-8 우리나라의 금리스왑과 통화스왑 거래현황

① 거래규모

(단위: 십억원)

종 류	구 분	2008년	2009년	2010년
금리스왑	거래현황	2,259,532	2,482,202	3,282,930
	잔액현황	3,044,390	3,528,366	4,326,277
	원화금리스왑	1,856,627	2,206,929	3,037,170
통화스왑	거래현황	537,557	349,466	290,560
	잔액현황	982,439	866,833	774,262
	원화통화스왑	509,470	317,600	261,897

(참고: 원화금리스왑과 원화통화스왑의 숫자는 거래금액임)

※ 자료: 2010년 파생상품 거래현황, 금감원 보도자료

② 2010년 주요 투자자별 거래현황

(단위: 십억원)

종 류	구 분	은행	증권	보험	신탁	기타
금리 스왑	거 래 현 황	3.148,062	130,025	525	3,178	200
	잔 액 현 황	4,156,328	165,167	1,639	2,743	400
	원화금리스왑	2,903,171	129,556	525	3,718	200
통화 스왑	거 래 현 황	280,209	6,356	2,724	246	819
	잔 액 현 황	741,933	14,059	16,508	355	1,407
	원화통화스왑	252,466	5,746	2,716	207	762

※ 자료: "2010년 파생상품 거래현황", 금감원 보도자료

※ 신탁 : 펀드 + 은행신탁, 기타 : 선물사 + 카드사 + 종금사

6 통화스왑의 가치평가

통화스왑의 가치평가는 근본적으로 금리스왑의 가치평가와 동일하다. 즉, 수령하는 현금흐름의 현재가치에서 지급하는 현금흐름의 현재가치를 차감한다. 예를 들어, 국내 기업이 금융기관과 달러를 수령하고 원화를 지급하는 통화스왑을 체결하면 기업 입장에서 통화스왑의 가치는 다음과 같이 평가된다. 여기서 $V_{dollar}(won)$은 수령하는 달러의 원화 가치이고, S는 원/달러 현물환율이다.

$$V_{CRS} = V_{dollar}(won) - V_{won} = V_{dollar} \times S - V_{won} \tag{6.16}$$

다음의 예시를 이용하여 통화스왑의 가치를 평가해 보자. 한국철도공사는 미국에서 USD 연 5.4%로 5억 달러를 조달한 후, 국내 금융기관과 USD 5.4%를 수령하고 ₩ 5.2%를 지급하는 통화스왑을 체결하였다. 현재 환율은 1달러에 1,000원이고 원금은 각각 5억 달러와 5,000억원이다. 통화스왑의 만기는 3년이고 연 1회 현금흐름을 교환한다. 미국의 이자율은 6%에서 수평이고 국내의 이자율은 5%에서 수평이다. 한국철도공사는 다음과 같은 일련의 거래를 시행하게 된다.

- 한국철도공사는 계약시작일에 은행에 5억 달러를 지불하고 5,000억원을 수령함
- 한국철도공사는 매년 5,000억원에 대하여 5.2%의 원화 이자를 지급함. 그리고 은행으로부터 5억 달러에 대한 5.4%의 달러 이자를 수령하여 이자를 상환함.
- 한국철도공사는 만기일에 5,000억원과 마지막 이자를 상환하고, 은행으로부터 5억 달러와 마지막 이자를 수령하여 원리금을 상환함.

한국철도공사 입장에서 통화스왑의 가치를 평가해 보자. 달러채권의 원화 가치는 4,919.81억원이고(여기서 500,000,000 × 0.054 = 27,000,000임),

$$V_{dollar} = \frac{\$27{,}000{,}000}{1.06} + \frac{\$27{,}000{,}000}{1.06^2} + \frac{\$527{,}000{,}000}{1.06^3} = \$491{,}980{,}964$$

$$V_{dollar}(won) = \$491{,}980{,}964 \times 1{,}000 = ₩491{,}980{,}964{,}000$$

원화채권의 가치는 5,027억원이므로(여기서 260억원은 5,000억원 × 0.052으로 계산됨),

$$V_{won} = \frac{260}{1.05} + \frac{260}{1.05^2} + \frac{5{,}260}{1.05^3} = 5{,}027$$

통화스왑의 가치는 달러채권 가치에서 원화채권 가치를 차감한 −107.19억원이다.

$$V_{CRS} = V_{dollar}(won) - V_{won} = 4{,}919.81 - 5{,}027 = -107.19$$

주요 결과 #8

통화스왑은 한 나라 통화기준의 차입원금 및 이자금액과 다른 나라 통화기준의 차입원금 및 이자금액을 교환하는 스왑이다. 금리스왑과 달리, 원금은 스왑계약이 시작되는 시점과 만료되는 시점에서 교환된다(초기원금교환은 이자교환과 반대방향이고 만기원금교환은 이자교환과 동일한 방향임). 만기일의 원금교환시 적용되는 환율은 거래시점의 환율이다. 우리나라에서 가장 보편적인 통화스왑은 달러화 Libor와 원화 고정금리를 교환하는 이자율통화스왑이다. 통화스왑의 가치는 두 채권가치의 차이(즉, 수령하는 현금흐름의 현가에서 지급하는 현금흐름의 현가를 차감함)로 구한다.

핵심용어 정리

- 금리스왑(interest rate swap)
- 명목원금(notional principal)
- 비교우위(comparative advantagc)
- 듀레이션갭(duration gap)
- 수익률곡선(yield curve)
- 현물이자율(spot interest rate)
- 선도이자율(forward rate)
- 스왑이자율(swap rate)
- 통화스왑(currency swap)
- 외환스왑(foreign exchange swap)
- 이자율통화스왑(cross currency interest rate swap)
- 표준금리스왑(plain-vanilla interest rate swap)
- 절대우위(absolute advantage)
- payer swap
- receiver swap
- warehouse bank
- ISDA
- cross currency swap

주요결과 정리

주요 결과 #1

금리스왑은 일정기간 동안 정해진 원금에 대해 한 당사자는 고정금리이자를 지급하고 다른 당사자는 변동금리이자를 지급함으로써 미래에 정기적으로 현금흐름을 교환하는 계약이다. 91일물 CD금리가 원화 금리스왑의 기준금리이며 이자 계산은 "실제일수/365"를 이용한다. 고정금리를 지급하고 변동금리를 수령하는 포지션이 금리스왑 매입포지션이다.

주요 결과 #2

금융회사와 기업은 비교우위를 갖는 시장에서 각각 차입한 후 금리스왑을 통하여 자신이 원하는 조건으로 변경시킴으로써 금리스왑 매입자와 매도자가 모두 조달비용을 절약할 수 있다. 금리스왑을 통한 총 절감액은 고정금리 스프레드에서 변동금리 스프레드를 차감한 값이다. 두 당사자가 모두 조달비용을 절감할 수 있는 원천은 자본시장의 비효율성이 아니라 비교우위이다.

주요 결과 #3

금리스왑은 조달비용을 절감하기 위하여, 자산과 부채의 성격을 전환하기 위하여, 금리변동위험을 헤지하고 관리하기 위하여, 그리고 투기포지션을 취하기 위하여 이용된다.

주요 결과 #4

수익률곡선은 만기와 현물이자율 간의 관계를 보여주는 곡선이다. 무이표채의 가격으로부터 t년 만기 현물이자율은 $r_t = \left(\dfrac{Par}{P_0^{zero}}\right)^{\frac{1}{t}} - 1$로 추정된다.

주요 결과 #5

수익률곡선이 추정되면 현물이자율에 내재된 미래 기간별 이자율을 계산할 수 있는데 이를 선도이자율이라고 한다. 현물이자율이 기하평균수익률인 반면에, 선도이자율은 한계수익률이다.

주요 결과 #6

금리스왑에서 원금은 실제로 교환되지 않으며 순현금흐름으로 정산된다. 금리스왑에서 고정금리는 현재의 수익률곡선 하에서 스왑가치가 0이 되도록 결정되는데 이를 스왑이자율이라고 한다.

주요 결과 #7

금리스왑 매도포지션(고정금리 수령 변동금리 지급)은 고정금리채권 매입과 변동금리채권 매도로 간주되므로 매도포지션의 가치는 고정금리채권가치에서 변동금리채권가치를 차감하여 구한다: $V_{IRS} = V_{fixed} - V_{floating}$. 계약 체결후, 이자율이 상승하면 매입포지션의 가치는 상승하고 매도포지션의 가치는 하락한다. 변동금리채권의 가치는 1년 만기 무이표채(원금은 원래의 원금에 확정된 이자를 가산한 금액)의 가치로 평가하거나 또는 선도이자율이 실현된다고 가정하고 평가한다.

주요 결과 #8

통화스왑은 한 나라 통화기준의 차입원금 및 이자금액과 다른 나라 통화기준의 차입원금 및 이자금액을 교환하는 스왑이다. 금리스왑과 달리, 원금은 스왑계약이 시작되는 시점과 만료되는 시점에서 교환된다(초기원금교환은 이자교환과 반대방향이고 만기원금교환은 이자교환과 동일한 방향임). 만기일의 원금교환시 적용되는 환율은 거래시점의 환율이다. 우리나라에서 가장 보편적인 통화스왑은 달러화 Libor와 원화 고정금리를 교환하는 이자율통화스왑이다. 통화스왑의 가치는 두 채권가치의 차이(즉, 수령하는 현금흐름의 현가에서 지급하는 현금흐름의 현가를 차감함)로 구한다.

개념체크

1 금리스왑을 정의할 수 있는가?

2 금리스왑에서 어떤 포지션이 매입포지션인가?

3 금리스왑에서 원금을 명목원금으로 부르는 이유는 무엇인가?

4 브로커의 역할과 시장조성자의 역할은 어떻게 다른가?

5 절대우위란 무엇인가? 그리고 비교우위란 무엇인가?

6 금리스왑에서 총이익은 어떻게 계산되는가?

7 총이익을 중개기간과 두 당사자에게 배분하는 경우 두 기업이 실제 적용받는 이자율을 계산할 수 있는가?

8 주어진 조건에서 금리스왑의 구조를 그릴 수 있는가?

9 금리스왑을 통한 비용절감이 금융시장의 비효율성을 의미하는가?

10 금리스왑을 이용하여 고정금리와 변동금리를 비교하는 방법을 이해하는가?

11 금리스왑을 이용하여 자산과 부채의 성격을 전환하는 방법을 이해하는가?

12 듀레이션갭은 어떻게 계산되는가?

13 면역되었다는 것은 어떤 상태를 의미하는가?

14 자산의 듀레이션이 부채의 듀레이션보다 큰 금융기관이 금리스왑을 이용하여 어떻게 듀레이션갭을 0으로 만들 수 있는가?

15 무이표채 가격으로부터 수익률곡선을 추정할 수 있는가?

16 수익률곡선이 수평이 아닌 경우 채권의 가치를 평가할 수 있는가?

17 현물이자율로부터 선도이자율을 계산할 수 있는가?

18 금리스왑 가격 공시에서 offer rate와 bid rate를 이해하는가?

19 스왑이자율이란 무엇인가? 어떻게 결정되는지 이해하는가?

20 변동금리채권의 가치를 어떻게 평가하는가?

21 금리스왑 매도포지션의 가치를 채권가격을 이용하여 평가할 수 있는가?

22 선도금리계약과 금리스왑은 어떤 관계를 갖는가?

23 금리스왑의 가치를 선도금리계약을 이용하여 평가할 수 있는가?

24 이자율의 변화가 금리스왑의 가치에 미치는 영향은 무엇인가?

25 통화스왑이란 무엇인가?

26 통화스왑의 현금흐름은 금리스왑의 현금흐름과 어떻게 상이한가?

27 이자율통화스왑이란 무엇인가?

28 통화스왑에서 원금교환이 2번 이루어짐을 이해하는가?

29 통화스왑은 외환스왑과 어떻게 다른가?

30 통화스왑의 가치를 평가하는 방법을 이해하는가?

CHAPTER

06 연습문제

객관식 유형

다음 자료를 이용하여 1번과 2번 질문에 답하라. 두 기업의 자금조달비용이 각각 다음과 같다. A기업은 고정금리 차입을 원하고 B기업은 변동금리 차입을 원한다.

	고정금리	변동금리
A기업	7.45%	Libor + 70bp
B기업	6.10%	Libor + 25bp

1 두 기업이 금리스왑을 체결하는 경우 금리스왑을 통하여 절감할 수 있는 총비용은 얼마인가?

① 60bp ② 70bp
③ 80bp ④ 정답 없음

2 만약 중개기관이 10bp의 이익을 얻고 두 기업이 이익을 동일하게 분배한다면 은행이 B기업에게 지급하는 이자율은 얼마인가?

① 6.35% ② 6.25%
③ 6.20% ④ 정답 없음

3 고정금리자산을 변동금리자산으로 전환하려면 금리스왑 ___포지션이 필요하고, 변동금리부채를 고정금리부채로 전환하려면 금리스왑 ___포지션이 필요하다. 밑줄에 가장 적절한 것은?

① 매입, 매입 ② 매도, 매입
③ 매입, 매도 ④ 매도, 매도

4 기업 A, B는 국제금융시장에서 각각 다음과 같은 조건으로 자금을 차입할 수 있다. 은행이 기업 A와 B 사이에서 스왑을 중계하고자 한다. 은행이 기업 A에게 변동금리를 지급하고 고정금리를 수취하는 스왑계약을 체결하며, 기업 B와는 그 반대의 스왑계약을 체결한다. 본 스왑으로 인한 은행의 마진은 0.2%이며, 스왑이득은 두 기업에게 동일하다. 만약 은행이 기업 A에게 LIBOR+1%를 지급한다면 기업 A는 은행에게 얼마의 고정금리를 지급해야 하는가?

	유로본드 시장	유로달러 시장
기업 A	8%	LIBOR + 1%
기업 B	9%	LIBOR + 3%

① 7.4% ② 7.8%
③ 7.6% ④ 정답 없음

5 한미기업의 미국지사와 XYZ기업의 한국지사가 자본시장에서 조달할 수 있는 조건은 다음과 같다. 한미기업은 미국 달러화 차입을 원하고, XYZ기업은 원화 차입을 원한다. 두 기업은 자신에게 유리한 조건으로 차입한 후 은행과 각각의 스왑계약을 통해 원하는 통화 차입으로 전환시키고자 한다. 은행과 두 기업이 모두 동일한 이익을 얻으며 그리고 두 기업이 환위험에 노출되지 않도록 통화스왑을 설계하라. 은행이 수령하는 달러화의 이자율은 얼마인가?

기 업	원 화	달러화
한미	12.0%	7.5%
XYZ	11.4%	6.6%

① 7.4% ② 7.3%
③ 7.5% ④ 정답 없음

6 1년 만기 금리스왑에 대한 세 은행의 공시가 다음과 같다.

A은행 : 4.40 − 4.36

B은행 : 4.42 − 4.39

C은행 : 4.43 − 4.38

스왑매입포지션을 취하고자는 하는 기업은 어떤 은행과 거래하는 것이 가장 유리한가?

① A은행　　② B은행
③ C은행　　④ 정답 없음

7 A기업은 고정금리로 미국 달러화 차입을 원하고, B기업은 고정금리로 엔화 차입을 원한다고 하자. 두 기업이 시장에서 조달할 수 있는 조건은 다음과 같다. 두 기업이 비교우위를 갖는 시장에서 각자 차입한 후 스왑계약을 이용하여 원하는 통화차입으로 전환하고자 하며 두 기업은 동일한 이익을 얻는다.

	엔화	달러화
A기업	4.5%	8.2%
B기업	5.9%	8.8%

스왑딜러가 중개자로서 20bp의 이익을 얻고 딜러가 모든 환위험을 부담하는 경우 은행이 A기업에게 지급하는 엔화 이자율은 얼마인가?

① 4.8%　　② 5.6%
③ 5.2%　　④ 정답 없음

8 1년, 2년, 3년 만기 이자율이 각각 4.1%, 4.3%, 4.9%이면 스왑이자율은 얼마인가?

① 4.43%　　② 4.69%
③ 4.87%　　④ 정답 없음

9 금리스왑의 조건이 다음과 같다. 고정금리를 수령하고 변동금리를 지급하는 기업의 입장에서 가치를 평가하라.

> 액면 100억원, 만기 3년, 연1회 이자교환
> 고정금리 4.75%, 변동금리 1년 만기 Libor
> Libor수익률곡선: 1년, 2년, 3년 만기 이자율이 각각 4.1%, 4.3%, 4.9%.

① +0.15　　② +0.35
③ −0.26　　④ −0.32

10 스왑은 계약에 의해 미래에 정기적으로 현금흐름을 교환하는 사적인 계약이다. 금리스왑의 경우 미래 현금흐름에 포함되는 것은?

① 원금　　② 이자금액
③ 원금과 이자금액　　④ 정답 없음

11 2년 만기 무이표채의 가격이 원금의 95.5%이다. 2년 만기 수익률은 얼마인가?

① 4.50%　　② 2.33%
③ 2.53%　　④ 정답 없음

12 1년, 2년, 3년 만기 현물이자율이 각각 2.1%, 2.3%, 2.7%이면 원금이 10,000원이고 만기가 3년이고 액면이자율이 2.3%인 이표채의 가격은 얼마인가? 단, 정수로 답할 것.

① 10,000원　　② 9,950원
③ 9,889원　　④ 정답 없음

13 1년 만기 현물이자율이 4.6%이고 2년 만기 현물이자율이 5.2%이면 2차연도 선도이자율은 얼마인가?

① 5.80%　　② 6.00%
③ 5.60%　　④ 정답 없음

14 원금이 100이고 만기가 1년인 무이표채의 가격이 93이고 만기가 2년인 무이표채의 가격이 86이다. 2차연도의 선도이자율은 얼마인가?

① 8.13%　　② 8.25%
③ 8.54%　　④ 정답 없음

다음 자료를 이용하여 15번과 16번의 질문에 답하라. A기업은 변동금리차입을 원하고 B기업은 고정금리차입을 원한다고 하자. 두 기업의 조달금리는 다음과 같다. 두 기업이 먼저 자신에게 유리한 조건으로 차입하고 은행을 중개자로 하여 스왑계약을 체결한다.

	고정금리	변동금리
A기업	8.1%	Libor + 30bp
B기업	9.8%	Libor + 140bp

15 은행이 0.1%를 얻고 두 기업이 남은 이익을 동등하게 배분한다면 각 기업이 절약하는 조달비용은 얼마인가?

① 50bp ② 20bp
③ 25bp ④ 정답 없음

16 은행이 0.1%를 얻고 두 기업이 남은 이익을 동등하게 배분한다면 하자. 이 경우 B기업이 은행에 지불하는 이자율은 얼마인가? 기업과 은행간 지불하는 변동금리는 Libor로 한다.

① 8.15% ② 8.05%
③ Libor ④ 정답 없음

17 은행의 자산이 8,000억원이고 부채가 7,300억원이다. 자산의 듀레이션은 2.5년이고 부채의 듀레이션은 1.5년이다. 자산과 부채에 모두 적용되는 이자율이 현재의 4%에서 6%로 상승하면 자기자본의 가치는 얼마가 되는가? 단, $\Delta P = -D \times P \times \frac{\Delta r}{1+r}$의 공식을 이용할 것.

① 480억원 ② 545억원
③ 526억원 ④ 정답 없음

18 17번의 문제에서 이자율이 변할 시 자기자본의 가치가 영향을 받지 않고자 한다면 자산 듀레이션을 얼마로 조정해야 하는가? 소수 두 자리로 구할 것.

① 1.37 ② 1.64
③ 1.55 ④ 정답 없음

19 금리스왑과 연관된 다음의 설명 중에서 틀린 것은?

① 금리스왑에서 원금은 교환되지 않는다.
② 금리스왑 매입포지션의 가치는 고정금리채권의 가치에서 변동금리채권의 가치를 차감한 값이다.
③ 계약 체결 후 이자율이 하락하면 매도포지션의 가치는 상승한다.
④ 고정금리부채를 변동금리부채로 전환하려면 금리스왑 매도포지션이 필요하다.

20 오랜 거래관계를 유지해온 한국의 기업K와 중국의 기업C는 각각 상대국에서 신규사업을 위해 중국 금융시장에서 위안화로 한국 금융시장에서 원화로 1년 만기 동일규모의 자금을 차입하고자 한다. 원화/위안화 환율은 고정환율로서 변동되지 않는다고 가정한다. 기업K와 기업C가 각국 금융시장에서 차입할 때의 시장이자율은 다음 표에서 요약된 바와 같다.

	한국 금융시장에서 원화 차입	중국 금융시장에서 위안화 차입
기업C	6.60%	4.20%
기업K	5.60%	3.83%

통화스왑 계약에서 거래비용은 존재하지 않으며 금융기관의 중개를 통하지 않고 기업K와 기업C의 양자계약(bilateral contract)의 형태를 갖는다고 가정한다. 기업K와 기업C가 1년 만기 통화스왑을 고려할 때 다음 중 옳지 않은 항목만으로 구성된 것은? (CPA2010)

a. 기업K는 기업C에 비하여 원화 및 위안화 차입에서 모두 낮은 이자율을 지급하므로 통화스왑을 맺을 경제적 유인을 갖지 않는다.

b. 기업K는 원화 차입, 기업C는 위안화 차입 후에 통화스왑을 통해 부채비용을 절감할 수 있다.

c. 기업K와 기업C가 통화스왑을 통해 절감할 수 있는 부채비용의 최대폭은 63 베이시스 포인트(basis point)이며 통화스왑 당사자들은 이를 균등하게 분할해야 한다.

d. 통화스왑의 경우 이자율스왑과는 상이하게 차입원금이 교환되며 계약상 약정된 환율에 의하여 상환되는 것이 일반적이다.

e. 본 통화스왑에서 신용위험은 존재하지 않으며, 이자율 및 환율의 변동에 따라서 스왑이자율의 조정 및 계약의 갱신 여부 등이 결정될 수 있다.

① a, c, e　　② a, d, e

③ b, c, d　　④ b, d, e

⑤ c, d, e

주관식 유형

1 다음 조건의 금리스왑을 고려해 보자. 기업은 고정금리를 지급하고 변동금리를 수령한다.

- 액면금액 100억원, 잔존만기 3년, 연1회 이자교환
- 고정금리 8.45%, 변동금리 1년 Libor
- Libor/swap 수익률곡선: 1년 만기 6.5%, 2년 만기 7.7%, 3년 만기 8.6%

❶ 채권가격을 이용하여 금리스왑의 가치를 평가하라.

❷ FRA를 이용하여 금리스왑의 가치를 평가하라(FRA는 부록을 참고할 것).

❸ 만약 수익률곡선이 갑자기 1%포인트 하향이동하면 스왑의 가치는 어떻게 영향을 받는가?

2 한국수자원공사는 미국에서 3억 달러를 연 4.2%로 조달한 후, 국내 금융기관과 달러 4.2%와 원화 4.5%를 교환하는 통화스왑을 체결하였다. 현재 환율은 1달러에 1,100원이고 원금은 각각 3억 달러와 3,300억원이다. 통화스왑의 만기는 3년이고 연1회 현금흐름을 교환한다. 미국의 이자율은 4%이고 국내 이자율은 4.5%이다. 한국수자원공사 입장에서 통화스왑을 가치를 평가하라.

❶ 한국수자원공사는 향후 3년 동안 어떤 거래를 시행하게 되는가?

❷ 채권가격을 이용하여 통화스왑의 가치를 평가하라.

3 동호기업은 2002년 1월 1일 100억원을 5년 만기, 변동금리 조건으로 A은행으로부터 차입하였다. 2004년 1월 1일 현재 동호기업의 재무담당자는 B은행으로부터 고정금리 12%로 이 채무를 스왑해 주겠다는 제의를 받았다. 1년 만기 현물이자율이 10%, 2년 만기 현물이자율이 12%, 3년 만기 현물이자율이 13%이다. 순수기대이론이 성립하며 시장참여자들은 위험중립적이라고 가정한다. 이자는 매년 말에 1회 지급한다. (CPA2003)

❶ 동호기업의 입장에서 스왑거래의 연도별 순현금흐름을 계산하라.

❷ 스왑거래의 대가로 B은행이 2.4억원의 수수료를 요구한다면 동호기업은 이 제의를 받아들일 것인가?

❸ 현재 시점에서 3년 만기 금리스왑을 새로 체결한다면 스왑이자율이 어떻게 결정되겠는가?

4 건설업종의 중견기업 (주)다비드는 100억원 규모의 3년 만기 부채조달을 고려하고 있다. 채권시장에서 다비드기업의 부채조달조건은 고정금리 10% 혹은 LIBOR+2.3%이다. 유통업종의 대기업 (주)골리앗도 3년 만기로 100억원의 부채조달을 고려하고 있는데, 조달조건은 고정금리 8% 혹은 LIBOR+1.5%로 알려져 있다. 금액은 억원 단위로 표기하고, 반올림하여 소수점 넷째 자리까지 계산하라. (CPA2009)

1 우연한 기회에 두 회사의 자금담당임원들이 만나 부채조달에 대한 의견을 나누던 중, 서로의 조달조건을 확인하고 금리스왑계약을 체결하기로 하였다. 다만, 골리앗기업은 자신의 유리한 조달조건 등을 내세워 스왑계약으로 인한 이익의 6할을 차지하고 나머지는 다비드기업 몫으로 하되, 동 스왑의 변동금리는 LIBOR금리로 하자고 제안하였다. 다비드기업이 제안을 받아들여 스왑계약이 체결될 경우, 해당 계약으로 인한 현금흐름을 그림으로 나타내라.

2 스왑계약으로 인한 이익조정문제로 두 기업의 계약체결이 지연되자, 두 기업과 동시에 거래하고 있던 방코은행이 거래중재에 나섰다. 은행은 20bp의 이익을 얻고 나머지 이익은 두 기업에게 균등하게 배분되도록 하되, 변동금리는 모두 LIBOR금리로 하자고 제안하였다. 은행중개를 통한 스왑계약이 체결될 경우, 해당 계약을 통해 은행이 두 기업에게 지급하고 지급받는 고정금리를 각각 구하라.

3 다비드기업의 입장에서 (2)에서 제시된 스왑계약의 가치를 평가하라. 스왑계약은 매년말에 한 번씩 이자지급액의 차액만을 주고받으며, 현재 LIBOR금리의 기간구조는 다음과 같다.

만기(년)	1	2	3
이자율(%)	5.5	6.0	6.5

CHAPTER

06 연습문제 풀이

객관식 유형

1 ④

총이익은 0.9% 또는 90bp이다.

$$(7.45\% - 6.10\%) - (Libor + 70bp - Libor - 25bp) = 90bp$$

2 ②

참고로 A기업에게 적용되는 이자율은 7.05%이고 B기업에게 적용되는 이자율은 Libor$-15bp$이다.

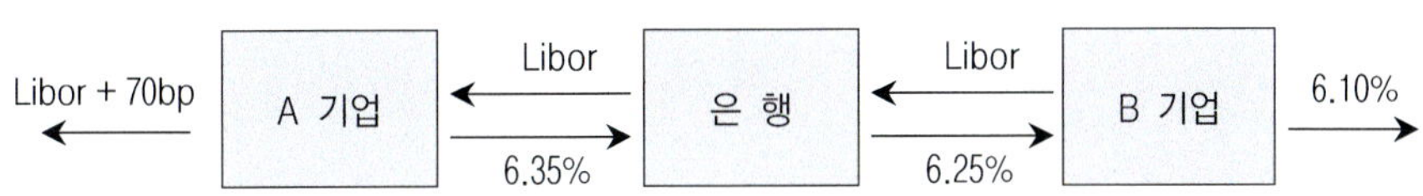

3 ①

4 ③

총이익이 1%이고 은행의 이익이 0.2%이므로 두 기업은 각각 0.4%의 이익을 얻는다. 금리스왑은 다음과 같이 설계된다. 따라서 A기업은 은행에게 7.6%를 지급해야 한다.

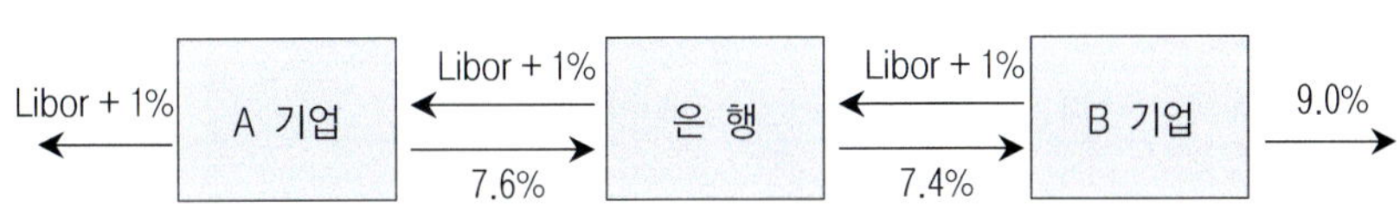

5 ①

통화스왑은 다음과 같이 설계된다.

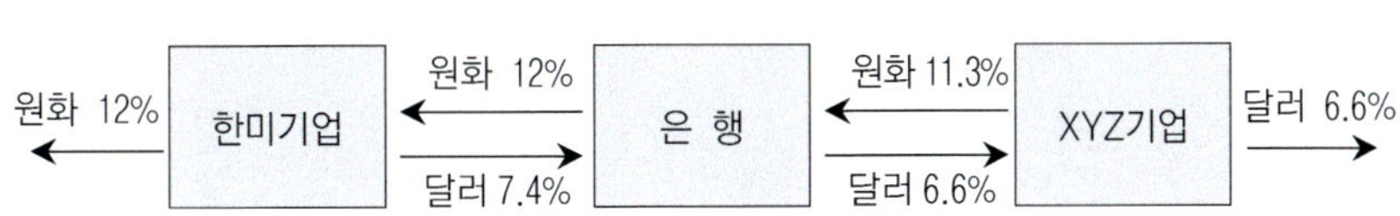

총이익이 (7.5 − 6.6) − (12.0 − 11.4) = 0.3%이므로 은행, 한미기업, XYZ기업이 각각 0.1%의 이익을 얻는다. 즉, 한미기업은 직접 달러로 차입하는 것에 비하여 0.1% 저렴하게 달러를 차입하게 되고, XYZ기업도 직접 원화로 차입하는 것에 0.1% 저렴하게 원화를 차입하게 된다. 그리고 두 기업은 차입한 통화 이외의 통화에 대한 환위험에 노출되지 않는다.

6 ①

고시가격은 offer rate-bid rate이다. offer rate는 고객이 고정금리지급(매입포지션)시 적용받는 이자율이므로 낮을수록 고객에게 유리하다. 따라서 고객은 A은행과 거래해야 한다.

7 ④

총이익은 (5.9 − 4.5) − (8.8 − 8.2) = 0.8%이다. 은행이 0.2%의 이익을 얻으면 두 기업이 각각 0.3%의 이익을 얻는다. A기업이 엔화로 시장에서 4.5%로 조달하고 엔화의 환위험을 부담하지 않으므로 은행으로부터 엔화 4.5%를 수령해야 한다.

8 ③

먼저 선도이자율이 각각 4.1%, ${}_1f_2 = \frac{1.043^2}{1.041} - 1 = 4.50\%$, ${}_2f_3 = \frac{1.049^3}{1.043^2} - 1 = 6.11\%$이다.

아래 식을 만족시키는 이자율은 4.87%이다.

$$\left(\frac{0.041}{1.041} + \frac{0.045}{1.043^2} + \frac{0.0611}{1.049^3}\right) = r_{fixed} \times \left(\frac{1}{1.041} + \frac{1}{1.043^2} + \frac{1}{1.049^3}\right)$$

9 ④

$$V_{short\,IRS} = \left(\frac{4.75}{1.041} + \frac{4.75}{1.043^2} + \frac{104.75}{1.049^3}\right) - \frac{104.1}{1.041} = 99.68 - 100 = -0.32$$

10 ②

금리스왑의 경우 미래에 교환되는 현금흐름은 이자금액이다.

11 ②

$$r_2 = \left(\frac{100}{95.5}\right)^{\frac{1}{2}} - 1 = 2.33\%(\text{원금이 100이라고 가정}).$$

12 ③

$$P_0 = \frac{230}{1.021} + \frac{230}{1.023^2} + \frac{10{,}230}{1.027^3} = 9{,}889.22 \approx 9{,}889$$

13 ①

$${}_1f_2 = \frac{1.052^2}{1.046} - 1 = 5.80\%$$

14 ①

1년 만기 현물이자율이 $\frac{100}{93} - 1 = 7.53\%$이고, 2년 만기 현물이자율이 $\left(\frac{100}{86}\right)^{0.5} - 1 = 7.83\%$이다. 따라서 선도이자율은 $\frac{1.0783^2}{1.0753} - 1 = 8.13\%$이다.

15 ③

총이익이 $(9.8-8.1)-(1.4-0.3) = 0.6\%$이다. 은행이 0.1%를 차지하면 두 기업은 각각 0.25%를 절약할 수 있다.

16 ①

B기업이 0.25%를 절약할 수 있으므로 은행에 지급하는 이자율은 $9.8\% - 1.4\% - 0.25\% = 8.15\%$이다.

17 ③

자산과 부채의 가치가 각각 $2.5 \times 8{,}000 \times \frac{0.02}{1.04} = 384.6$억원과 $1.5 \times 7{,}300 \times \frac{0.02}{1.04} = 210.6$억원 하락하여 7,615.4억원과 7,089.4억원이 되므로 자기자본의 가치는 700억원에서 526억원으로 하락한다.

18 ①

$D_A \times 8{,}000 = 1.5 \times 7{,}300$으로부터 자산듀레이션은 1.37이다.

19 ②

고정금리채권의 가치에서 변동금리채권의 가치를 차감하면 매도포지션의 가치가 산출된다.

20 ①

경제적 유인은 절대우위가 아닌 비교우위에서 나온다. 총이익을 두 당사자에게 균등하게 분할해야 하는 것은 아니다. 통화스왑을 중개기관 없이 양자계약으로 체결하면 상대방 부도리스크가 존재한다.

주관식 유형

1 해답 및 해설

❶ 금리스왑 매입포지션(고정지급, 변동수령)의 가치는 0.11억원이다.

$$V_{IRS} = \frac{106.5}{1.065} - \left(\frac{8.45}{1.065} + \frac{8.45}{1.077^2} + \frac{108.45}{1.086^3} \right) = 100 - 99.89 = 0.11$$

❷ 선도이자율이 각각 8.91%와 10.42%이다. 그리고 스왑의 가치는 0.10억원이다(0.01의 차이는 반올림 오차임)

$$_1f_2 = \frac{1.077^2}{1.065} - 1 = 8.91\%, \ _2f_3 = \frac{1.086^3}{1.077^2} - 1 = 10.42\%,$$

$$6.5 - 8.45 = -1.95,\ 8.91 - 8.45 = 0.46,\ 10.42 - 8.45 = 1.97$$

$$V_{IRS} = \frac{-1.95}{1.065} + \frac{0.46}{1.077^2} + \frac{1.97}{1.086^3} = 0.10$$

❸ $$V = \frac{106.5}{1.055} - \left(\frac{8.45}{1.055} + \frac{8.45}{1.067^2} + \frac{108.45}{1.076^3} \right) = 100.95 - 102.49 = -1.54$$

2 해답 및 해설

❶ ① 한국수자원공사는 스왑거래일에 은행에 3억 달러를 지급하고 3,300억원을 수령함; ② 한국수자원공사는 매년 3,300억원에 대하여 원화 4.5%를 지급하고, 3억 달러에 대하여 4.2%의 달러 이자를 수령하여 이자를 상환함; ③ 한국수자원공사는 만기일에 3,300억원과 마지막 이자를 상환하고, 은행으로부터 3억 달러와 마지막 이자를 수령하여 미국은행에 원리금을 상환함.

❷ 달러채권의 가치는 대략 3,318억원이다.

$$300{,}000{,}000 \times 0.042 = 12{,}600{,}000$$

$$V_{dollar} = \frac{12{,}600{,}000}{1.04} + \frac{12{,}600{,}000}{1.04^2} + \frac{312{,}600{,}000}{1.04^3} = 301{,}665{,}055\text{달러}$$

$$301{,}665{,}055 \times 1{,}100 = 331{,}831{,}560{,}100 \approx 3{,}318\text{억원}$$

원화채권의 가치는 3,300억원이다(원화 4.5%를 지급하고 국내이자율도 4.5%이므로 시장가치가 원금과 동일함)

따라서 통화스왑의 가치는 3,318.32 − 3,300 = 18.32억원이다.

3 해답 및 해설

1 먼저 현물이자율로부터 선도이자율을 계산한다. 위험중립을 가정하였으므로 불편기대가설이 성립한다. 즉, 선도이자율을 미래 단기이자율로 이용할 수 있다.

$$ {}_1f_2 = \frac{1.12^2}{1.1} - 1 = 14.04\%, \quad {}_2f_3 = \frac{1.13^3}{1.12^2} - 1 = 15.03\% $$

동호기업 입장에서 스왑의 연도별 현금흐름은 다음과 같다.

현금흐름	$t=1$	$t=2$	$t=3$
고정금리(유출)	−12.00	−12.00	−12.00
변동금리(유입)	+10.00	+14.04	+15.03
순현금흐름	−2.00	+2.04	+3.03

2 금리스왑의 가치는 1.91억원이므로 2.4억원의 수수료를 요구하는 B은행의 요구를 거절해야 한다.

$$ V_{IRS} = \frac{-2}{1.1} + \frac{2.04}{1.12^2} + \frac{3.03}{1.13^3} = 1.91 $$

3 새로 체결되는 금리스왑의 가치가 0이어야 하므로 고정금리 현금흐름 F는 다음의 식을 만족시켜야 한다.

$$ V_{IRS} = \frac{10-F}{1.1} + \frac{14.04-F}{1.12^2} + \frac{15.03-F}{1.13^3} = 0 $$

F = 12.8이므로 새 금리스왑의 고정금리인 스왑이자율은 12.8%이어야 한다.

4 해답 및 해설

1 스왑의 총이익은 200 − 80 = 120bp이다. 이 중 다비드가 40%인 48bp를 차지하고, 골리앗이 60%인 72bp를 차지한다. 따라서 다비드에게 적용되는 이자율은 10% − 0.48% = 9.52%이고, 골리앗에게 적용되는 이자율은 $Libor + 150bp - 72bp = Libor + 78bp$이다. 금리스왑의 구조는 다음과 같다.

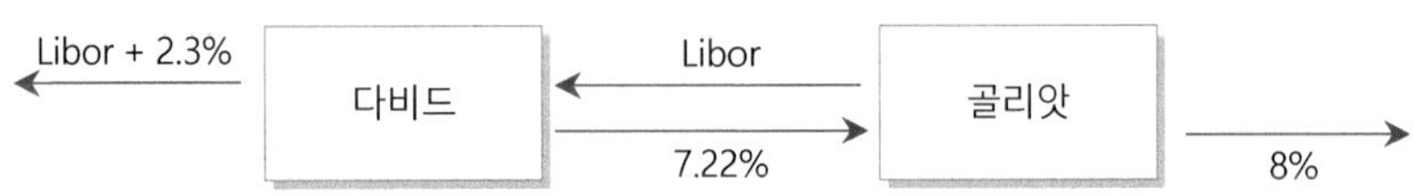

2 은행이 20bp의 이익을 얻고 두 기업이 각각 50bp씩 균등하게 이익을 배분하는 경우 다비드와 골리앗에게 적용되는 이자율은 각각 9.5%와 $Libor + 1\%$이다. 금리스왑의 구조는 다음과 같다.

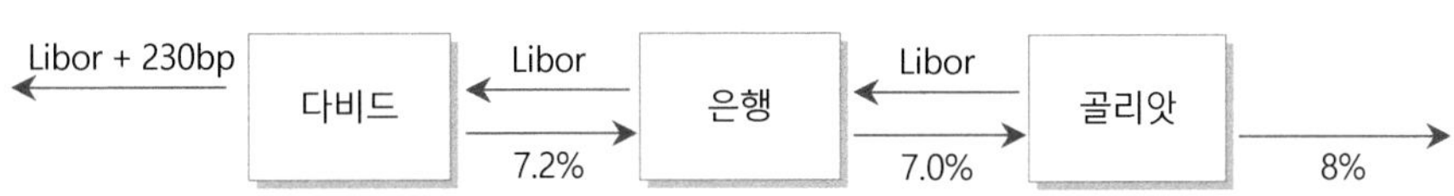

❸ 선도이자율이 각각 6.50%와 7.51%이다.

$$_1f_2 = \frac{1.06^2}{1.055} - 1 = 6.50\%, \quad _2f_3 = \frac{1.065^3}{1.06^2} - 1 = 7.51\%$$,

따라서 변동금리를 수취하고 고정금리를 지급하는 금리스왑의 가치는 −1.98억원이다.

$$V_{IRS} = \frac{(5.5 - 7.2)}{1.055} + \frac{(6.5 - 7.2)}{1.06^2} + \frac{(7.51 - 7.2)}{1.065^3} = -1.98$$

부록 6A: 비교우위의 논리

경제학에서 비교우위(comparative advantage) 논리는 1817년 리카르도(David Ricardo)에 의해 국가간 무역을 정당화시키는 논리로 제시되었다. 이 논리는 만약 어떤 국가가 다른 국가보다 모든 제품을 저렴하게 생산할 수 있다고 하더라도 각 국가가 상대적으로 보다 효율적인(즉, 상대적으로 저렴하게 생산할 수 있는) 제품을 각각 생산한 후 무역을 하는 것이 유리하다는 것이다.

예를 들어, 자동차 10대와 컴퓨터 1,000개를 생산하는데 소요되는 자원이 국가별로 각각 다음과 같다고 하자.

	한국	중국
자동차 10대	20	40
컴퓨터 1,000대	30	40

자동차와 컴퓨터를 생산하는데 있어 한국이 중국보다 적은 자원을 사용하므로 한국이 두 제품을 생산하는데 있어 절대우위를 갖는다. 그렇다면 한국이 두 제품을 모두 생산하는 것이 유리한가?

한국에서 컴퓨터 1,000대를 생산하려면 30의 자원이 필요한데 이는 자동차 15대를 포기하는 셈이다. 반면에 중국의 경우 컴퓨터 1,000대를 생산하는데 40의 자원이 필요하므로 자동차 10대를 포기하는 셈이다. 반면에 자동차 10대를 생산하기 위하여 한국과 중국에서 포기하는 컴퓨터의 수는 각각 667대와 1,000대이다. 이처럼 기회비용(opportunity costs)의 측면에서 분석하면 한국은 자동차에서 비교우위를 갖고 중국은 컴퓨터에서 비교우위를 갖는다.

	한국	중국
자동차 10대의 기회비용	컴퓨터 667대	컴퓨터 1,000대
컴퓨터 1,000대의 기회비용	자동차 15대	자동차 10대

어떻게 두 국가가 혜택을 볼 수 있는가? 한국에서 자동차 350대와 컴퓨터 10,000대를 생산하는데 700 + 300 = 1,000의 자원이 필요하다. 중국에서 자동차 140대와 컴퓨터 6,000대를 생산하는데 560 + 240 = 800의 자원이 필요하다. 만일 한국에서 1,000의 자원을 투입하여 자동차 500대를 생산하고 중국에서 800의 자원을 투입하여 컴퓨터 20,000대를 생산한

후, 자동차 145대와 컴퓨터 12,000대를 교환하기로 하자. 한국은 모두 국내 생산하는 경우와 비교하여 자동차 5대와 컴퓨터 2,000대를 추가로 소유할 수 있다. 같은 논리로 중국도 자동차 5대와 컴퓨터 2,000대를 추가로 소유할 수 있다. 두 국가는 비교우위를 갖는 상품을 생산하고 교환함으로써 같은 투입량에 비하여 더 많은 산출물을 가질 수 있다.

부록 6B: 선도금리계약

선도금리계약(forward rate agreement: FRA)은 이자율에 대한 선도계약으로, 미래 일정 기간(미래 t_1과 t_2 사이의 기간) 동안의 이자율(차입이자율 또는 대출이자율)을 선도이자율로 확정시킬 수 있는 금융상품이다($t_1 \times t_2$ FRA로 표기하고 "t_1 by t_2 FRA"로 읽음).

계약자 간에 실제로 차입/대출이 발생하지 않고 정해진 결제시점(대체로 t_1시점)에서 계약이자율과 실제이자율의 차이가 정산된다. 계약이자율(FRA rate) r_{FRA}은 t_1 만기 이자율과 t_2 만기 이자율에 내재된 t_1과 t_2 사이의 선도이자율이고, 실제이자율 r_{actual}은 t_1 시점에서 결정되는 t_1과 t_2 사이의 현물이자율이다.

그림 6B-1 선도금리계약의 구조

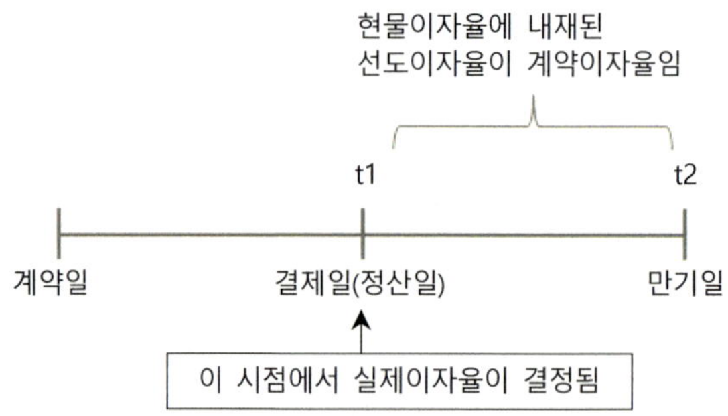

차입자는 차입이자율을 확정시키기 위하여 선도금리계약에 매입포지션을 취하고, 대출자는 대출이자율을 확정시키기 위하여 선도금리계약에 매도포지션을 취한다. 즉, FRA 매입자는 금리상승위험을 헤지하려는 당사자인 반면에, FRA 매도자는 금리하락위험을 헤지하려는 당사자이다.

포지션을 취한 후, 만약 이자율이 상승하여 t_1시점에서 실제이자율이 계약이자율보다 높으면 매도자는 매입자에게 차이만큼을 지급한다. 반대로 이자율이 하락하여 실제이자율이 계약이자율보다 낮으면 매입자는 매도자에게 차이만큼을 지급한다.

계약체결시 FRA의 가치는 0이다. 그러나 계약 체결 후 이자율이 상승하면 매입포지션의 가치는 양(+)이 되고, 매도포지션의 가치는 음(−)이 된다.

예시 6B-1 매입포지션에서의 차입이자율 확정

FRA 매입포지션을 취하면 차입이자율이 확정되는 것을 확인해 보자. 예를 들어, 계약이자율이 6%이고 실제이자율이 8%이면 매입포지션에서 이익이 발생한다. 투자자는 시장에서 8%로 차입하지만 FRA 매입포지션에서 2%의 이익을 얻어 실제로 6%로 차입한 셈이 된다. 반대로 이번에는 실제이자율이 5%로 가정하면 매입포지션에서 손실이 발생한다. 투자자는 시장에서 5%로 차입하지만 FRA 매입포지션에서 1%의 손실을 입어 실제로 6%로 차입한 셈이 된다. 이처럼 매입포지션을 취하면 차입이자율이 고정된다.

반면, 각 상황에서 매입포지션의 대출이자율은 각각 8% + 2% = 10%와 5% − 1% = 4%이므로 매입포지션을 취하는 경우 대출이자율은 확정되지 않는다. 그러나 매도포지션을 취하면 대출이자율이 각각 8% − 2% = 6%와 5% + 1% = 6%로 확정된다.

예를 들어, 차입기업이 1년 후에 1년 예정으로 차입할 예정이며 향후 이자율이 상승하여 조달비용이 증가할 것을 우려한다고 하자($t_1 = 1$, $t_2 = 2$).[15] 현재의 수익률곡선이 r_1 =5%, r_2 = 6%라고 하면 2차연도의 선도이자율은 $\frac{1.06^2}{1.05} - 1$ = 7.01%이고 이 선도이자율이 선도금리계약의 계약이자율이다. 결제금액은 다음과 같이 계산되며 t_1시점에서 정산된다.

$$\frac{(r_{actual} - r_{FRA}) \times NP}{1 + r_{actual}} \qquad (6B.1)$$

만일 액면금액(NP)이 1,000억원이고 실제이자율이 8%이면 이자율이 상승하였으므로 매입자는 $\frac{(0.08 - 0.0701) \times 1,000}{1.08}$ = 9.17억원을 매도자로부터 수령한다. 이 경우 기업은 8%로 차입하지만 선도금리계약에서의 이익으로 차입이자율이 7.01%로 하락한다. 반대로 실제이자율이 6.5%이면 이자율이 하락하였으므로 매입자는 $\frac{(0.065 - 0.0701) \times 1,000}{1.065}$ = −4.79억원을 매도자로부터 수령한다(금액이 마이너스이므로 매입자가 4.79억원을 지급해야 함). 이 경우 기업은 6.5%로 차입하지만 선도금리계약에서의 손실로 차입이자율이 7.01%로 상승한다. 결국, 실제이자율과 무관하게 선도금리계약 매입자는 차입이자율을 7.01%로 확정할 수 있다.

15) 선도금리계약은 단기 계약으로 $3m \times 6m$ 또는 $6m \times 12m$이 주로 이용되지만 여기서는 복잡한 일수계산을 피하고 FRA의 구조만을 단순하게 설명하기 위하여 $1y \times 2y$의 계약을 이용하기로 한다(여기서 m은 월을 y는 연을 의미함).

주요 결과

선도금리계약은 이자율에 대한 선도계약으로, 미래 일정 기간 동안의 이자율을 확정시킬 수 있는 금융상품이다. 차입자는 차입이자율을 확정시키기 위하여(또는 금리상승위험을 헤지하기 위하여) 선도금리계약에 매입포지션을 취한다. 포지션을 취한 후, 만약 이자율이 상승하여 실제이자율이 계약이자율보다 높으면 매도자는 매입자에게 차이만큼을 지급하므로 매입포지션의 가치는 상승한다.

예시 6B-2 FRA와 금리스왑간의 관계

FRA에서는 계약이자율과 실제이자율의 차이를 계약금액에 적용하여 계산한 금리차액만이 결제되지만 이를 고정금리와 변동금리의 교환으로 간주할 수 있다. 즉, 계약이자율을 고정금리로 간주하고, 실제이자율을 변동금리로 간주하는 것이다.

FRA 매입자는 실제이자율(r_{actual})이 계약이자율(r_{FRA})보다 높으면 차이를 수령하므로, 고정금리(r_{FRA})를 지급하고 변동금리(r_{actual})를 수취하는 포지션으로 간주될 수 있다. 즉, FRA 매입포지션은 금리스왑 매입포지션(고정금리 지급, 변동금리 수령)과 동등한 포지션이다. 차이점은 금리스왑에서 금리교환이 여러 번 발생하는 반면에 FRA에서는 단 1회 발생한다는 점이다. 따라서 금리스왑은 일련의 FRA(a series of FRAs) 또는 FRA 포트폴리오로 이해될 수 있다.

CHAPTER 7

옵션 기초

CONTENTS

학습 주안점

7장부터 12장까지 옵션에 대하여 설명하기로 한다. 7장은 옵션 기본포지션의 이득과 이익패턴, 옵션 용어, 옵션을 이용하여 선물을 합성하는 방법, 우리나라에서 거래되는 옵션계약 등에 관하여 설명한다.

이 장에서 여러분이 숙지해야 할 내용은 다음과 같다.

❶ 내가격, 등가격, 외가격 옵션이란 각각 무엇인가?
❷ 콜옵션 매입포지션과 발행포지션의 이득패턴과 이익패턴은 무엇인가?
❸ 풋옵션 매입포지션과 발행포지션의 이득패턴과 이익패턴은 무엇인가?
❹ 기초자산 가격 변화와 변동성 변화에 따른 적합한 옵션포지션은 무엇인가?
❺ 선물과 옵션의 차이는? 그리고 옵션의 용도는?
❻ 콜옵션과 풋옵션을 이용하여 선물과 주식을 합성할 수 있는가?
❼ 옵션의 결제방법에는 무엇이 있는가? 한국거래소에 상장된 옵션계약은 무엇인가?

1 옵션의 이득패턴과 이익패턴

1.1 기호 정의

1장에서 옵션의 용어와 기본 이득패턴에 대해 간략하게 설명하였다. 정확하게 내용을 기억하지 못하는 독자는 다시 1장의 옵션 부분을 공부한 후에 이 장을 공부하기 바란다.

먼저 기호를 다음과 같이 정의하자. 특별히 따로 명시하지 않는 한, 기초자산은 무배당 주식이며 옵션은 유로피언 옵션으로 가정한다.

C	유로피언 콜옵션의 현재 가격
P	유로피언 풋옵션의 현재 가격
C^A	아메리칸 콜옵션의 현재 가격
P^A	아메리칸 풋옵션의 현재 가격
r	무위험이자율
T	옵션의 잔존만기 또는 만기일
K	행사가격
S	현재시점에서의 기초자산가격(주가)
S_T	만기일에서의 기초자산가격(주가)

옵션은 기초자산가격과 행사가격간의 관계를 기준으로 내가격, 등가격, 외가격 옵션으로 구분된다.

- 내가격옵션(in-the-money(ITM) option): 소유자가 현재 권리를 행사하는 것이 유리한 옵션으로, 기초자산가격이 행사가격보다 높은 콜옵션과 기초자산가격이 행사가격보다 낮은 풋옵션
- 외가격옵션(out-of-the-money(OTM) option): 소유자가 현재 권리를 행사하는 것이 불리한 옵션으로, 기초자산가격이 행사가격보다 낮은 콜옵션과 기초자산가격이 행사가격보다 높은 풋옵션
- 등가격옵션(at-the-money(ATM) option): 기초자산가격과 행사가격이 일치하는 옵션

이를 표로 정리하면 다음과 같다.

▸▸ 〈표 7-1〉 콜옵션과 풋옵션의 내가격, 외가격, 등가격 조건

	콜옵션	풋옵션
내가격	$S > K$	$S < K$
등가격	$S = K$	$S = K$
외가격	$S < K$	$S > K$

주요 결과 #1

내가격옵션은 권리를 행사하는 것이 유리한 옵션이고, 외가격옵션은 권리를 행사하는 것이 불리한 옵션이다. 그리고 등가격옵션은 기초자산가격과 행사가격이 동일한 옵션이다. 내가격옵션은 기초자산가격이 행사가격보다 높은 콜옵션과 기초자산가격이 행사가격보다 낮은 풋옵션으로, 투자자는 내가격옵션만을 행사해야 한다.

1.2 콜옵션 이득패턴과 이익패턴

유로피언 콜옵션의 소유자는 $S_T > K$이면 옵션이 내가격에 있으므로 권리를 행사하여 $S_T - K$의 이득을 얻고, 반대로 $S_T < K$이면 옵션이 외가격에 있으므로 권리행사를 포기한다. 따라서 콜옵션의 이득은 다음과 같이 표현된다.[1] 여기서 $S_T - K$는 소유자가 S_T를 받고 K를 지불한다는 것을 의미한다.

$$Payoff_{long\ call} = \max(S_T - K, 0) = \begin{cases} S_T - K, & S_T > K\text{인 경우} \\ 0, & S_T \le K\text{인 경우} \end{cases} \tag{7.1}$$

반면에 콜옵션 발행자(또는 매도자)의 이득은 다음과 같이 표현된다. 만기일의 주가가 행사가격보다 낮으면 옵션이 행사되지 않으므로 의무가 소멸되고 이득은 0이다. 반면에 $S_T > K$이면 콜옵션 소유자가 옵션을 행사하므로 발행자는 의무를 이행하기 위하여 가치가 K를 초과하는 주식을 K에 매도하여 차이만큼 손해를 보게 되므로 이득은 $K - S_T = -(S_T - K)$이다(이 금액은 음수임)

1) 만일 $S_T = K$이면 옵션이 등가격에 있고 투자자는 옵션을 행사하는 것과 행사하지 않는 것에 대하여 무차별적(indifferent)이 되므로 아마도 권리를 행사하지 않을 것이다. 콜옵션의 이득이 0인 경우는 $S_T \le K$이고, 풋옵션의 이득이 0인 경우는 $S_T \ge K$이다. 옵션이득패턴이 연속적이므로 이득이 0인 각각의 경우를 $S_T < K$과 $S_T > K$으로 표현해도 무방하다.

$$Payoff_{short\ call} = -\max(S_T - K, 0) = \begin{cases} -(S_T - K), & S_T > K\text{인 경우} \\ 0, & S_T \le K\text{인 경우} \end{cases} \tag{7.2}$$

그런데 $-\max(S_T - K,\ 0)$가 $\min(K - S_T,\ 0)$과 동일하므로 다음 관계가 성립한다.

$$Payoff_{short\ call} = \min(K - S_T, 0) = \begin{cases} K - S_T, & S_T > K\text{인 경우} \\ 0, & S_T \le K\text{인 경우} \end{cases} \tag{7.3}$$

콜옵션 매입자는 권리를 소유하여 유리한 상황을 선택적으로 취하게 되므로 이득이 max으로 표현되는 반면에, 매도자는 불리할 때 의무를 가지므로 이득이 min으로 표현된다.

옵션매도자는 의무를 가지므로 선물계약의 매입자 및 매도자와 마찬가지로 증거금제도의 적용을 받는다. 그러나 옵션매입자는 프리미엄을 지불하고 권리를 소유하므로 증거금제도의 적용을 받지 않는다(증거금제도에 관한 설명은 3장을 참고할 것).

이득은 옵션을 행사하는 시점에서의 현금흐름만을 반영하므로, 이득에 옵션프리미엄을 차감하거나(매입자의 경우) 또는 가산하면(매도자의 경우) 이익이 계산된다.[2] 즉,

$$\begin{aligned} Profit_{long\ call} &= \max(S_T - K, 0) - C \\ Profit_{short\ call} &= \min(K - S_T, 0) + C \end{aligned} \tag{7.4}$$

그리고 매입포지션의 경우 이익을 옵션프리미엄으로 나누면 수익률(return)이 계산된다.

$$return_{call} = \frac{\max(S_T - K, 0) - C}{C} \tag{7.5}$$

콜옵션 매입포지션과 매도포지션의 이익패턴이 [그림 7-1]과 같다(x축은 만기일의 기초자산 가격임). 제로섬 게임이므로 매입포지션과 매도포지션의 이득/이익은 x축에 대하여 대칭관계이다.[3] 콜옵션의 손익분기점(break-even point: BEP)은 $K + C$이다. $S_T - K$선은 x축을 K의 값에서 통과하는 우상향 45도 직선을 의미한다(45도이면 주가가 1원 상승할 때 옵션의 이득도 1원 증가함).

$$BEP_{call} = K + C \tag{7.6}$$

2) 이익 계산시 옵션프리미엄에 대한 이자는 반영하지 않는다.

3) 콜옵션 발행자의 이득과 이익패턴은 매입자의 패턴을 x축에 대하여 대칭이동하여 구한다.

그림에서 보듯이 콜옵션 기초자산의 가격이 행사가격을 초과하면(즉, 콜옵션이 내가격에 있으면) 콜옵션 소유자는 옵션을 행사해야 한다. 그러나 옵션을 행사한다고 해서 반드시 이익이 0보다 크지는 않다(만약 이 경우 옵션을 행사하지 않으면 손실은 더 커짐). 콜옵션 매입포지션의 경우 만일 $K < S_T < K + C$이면 이득이 0보다 크나 이익은 0보다 작게 된다.

콜옵션 소유자가 옵션을 행사한다고 해서 콜옵션 매도자의 이익이 항상 0보다 작은 것은 아니다. 콜옵션 매도포지션의 경우 만일 $K < S_T < K + C$이면 이득은 0보다 작으나 이익은 0보다 크게 된다.

그림 7-1 콜옵션 매입포지션과 매도포지션의 이득패턴과 이익패턴

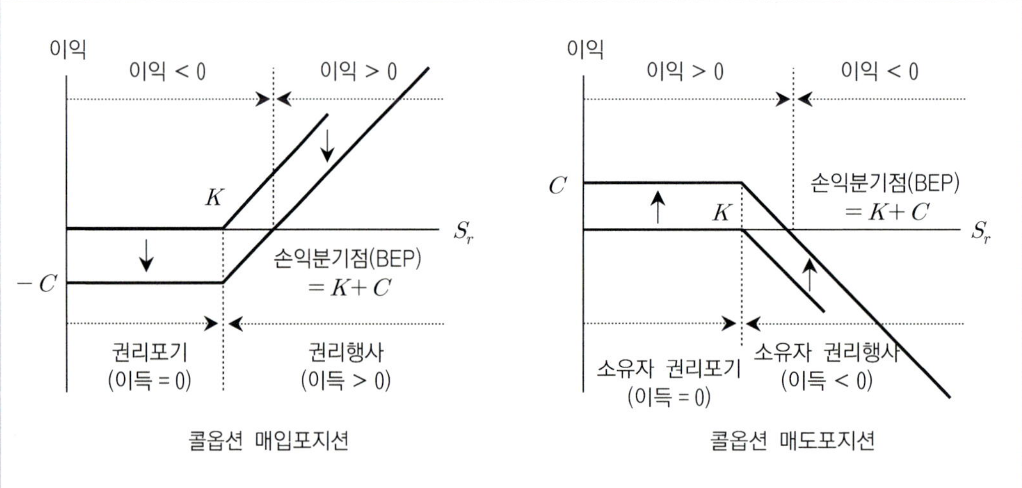

주요 결과 #2

콜옵션 소유자의 이득은 $\max(S_T - K, 0)$으로 $S_T > K$이면 권리를 행사하고 $S_T - K$는 기초자산을 수취하고 행사가격을 지불함을 의미한다. 콜옵션 발행자의 이득은 $\min(K - S_T, 0)$이다. 콜옵션의 손익분기점은 $K + C$이다.

예시 7-1 콜옵션의 이득과 이익패턴

투자자가 만기가 3개월이고 행사가격이 20,000원인 유로피언 콜옵션을 3,000원에 매입한다. 다음 질문에 답하라.

① 어떤 조건 하에서 콜옵션을 행사해야 하는가?
② 콜옵션이 외가격에 있기 위한 조건은 무엇인가?
③ 만기일의 주가가 15,000, 21,000, 30,000원일 때의 수익률을 계산하라.
④ 투자자의 최대 이익과 최대 손실은 각각 얼마인가?
⑤ 투자자의 손익분기점은 얼마인가?
⑥ 투자자가 옵션을 행사하지만 손실을 보는 주가범위는 얼마인가?
⑦ 이 콜옵션을 발행한 투자자의 최대 이익과 최대 손실은 각각 얼마인가?
⑧ 콜옵션 발행자가 기대하는 것은 무엇인가?
⑨ 콜옵션 소유자의 이득패턴과 이익패턴을 그래프에 그리시오.

풀이

① 만기일의 주가가 행사가격을 초과하면 콜옵션을 행사한다. ② 주가가 행사가격보다 작으면 콜옵션이 외가격에 있다. ③ 만기일의 주가가 15,000, 21,000, 30,000원일 때의 이익이 각각 −3,000, −2,000, 7,000원이므로 수익률은 −100%, −67%, 233%이다. ④ 최대 이익은 무제한이고 최대 손실은 옵션가격인 3,000원이다. ⑤ 투자자의 손익분기점은 행사가격에 옵션가격을 가산한 23,000원이다. ⑥ 투자자가 옵션을 행사하지만 손실을 보는 주가범위는 $20,000 < S_T < 23,000$이다. ⑦ 발행자의 최대 이익은 콜옵션가격인 3,000원이고, 최대 손실은 무제한이다. ⑧ 콜옵션 발행자는 콜옵션 매도 후 주가가 상승하지 않아 받은 프리미엄을 보존하기를 기대한다. ⑨ 이득패턴과 이익패턴은 다음과 같다.

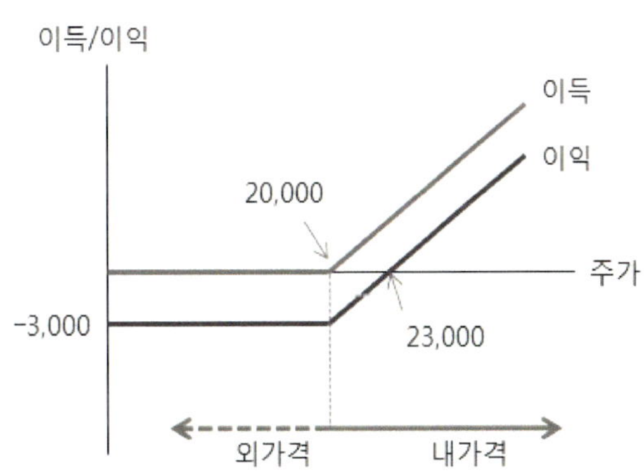

예시 7-2 콜옵션을 이용한 투기전략과 헤지전략

옵션은 위험을 줄이는 헤지전략에 이용될 수 있지만 이익을 극대화하기 위한 투기전략에도 이용될 수 있다. 예를 들어, 삼성전자 기업의 가치가 향후 3개월 후에 상승할 것으로 예상한다고 하자. 현재 주가는 80만원이다. 그리고 만기가 3개월이고 행사가격이 85만원인 콜옵션이 현재 5만원이다. 8,000만원을 소유한 투자자가 이용할 수 있는 두 가지 투자전략은 다음과 같다.

① 주식 100주 매입
② 콜옵션($K = 85$, $T = 0.25$) 1,600개 매입

만약 투자자의 예측이 정확하여 3개월 후에 주가가 100만원으로 상승한다고 하자. 직접 주식에 투자하는 첫 번째 전략의 이익은 $100 \times (100 - 80) = 2{,}000$만원이고 수익률은 25%이다. 그러나 콜옵션에 투자하는 두 번째 전략은 더 큰 이익을 제공한다. 콜옵션 1개는 주식 1주를 85만원에 살 수 있는 권리를 제공하므로 두 번째 전략의 이익은 16,000만원이고 수익률은 200%이다. 따라서 콜옵션 매입 전략의 이익은 주식매입을 통해 얻은 이익의 8배에 이른다.

$$Profit_{long\ call} = 1{,}600 \times [(100 - 85) - 5] = 16{,}000$$

그러나 예상이 빗나가면 옵션투자전략은 큰 손실을 제공한다. 예를 들어, 3개월 후 주가가 75만원으로 하락한다고 하자. 주식매입의 손실은 $100 \times (80 - 75) = 500$만원이다. 주가가 75만원으로 하락하면 콜옵션이 외가격이 되므로 콜옵션은 행사되지 않고 소멸된다. 따라서 옵션투자자는 투자금액 전부인 8,000만원의 손실을 입게 된다. 선도·선물 계약과 마찬가지로, 옵션계약도 손익확대효과인 레버리지효과를 갖는다. 즉, 좋은 결과는 더 좋게, 그리고 나쁜 결과는 더 나쁘게 한다.

콜옵션을 이용하여 위험을 줄이는 것도 가능하다. 주식을 보유한 투자자는 가격하락시의 손실을 줄이기 위하여 콜옵션을 매도하는데 이는 커버드 콜(covered call)이라고 한다(자세한 내용은 9장을 참조할 것).

1.3 풋옵션 이득패턴과 이익패턴

유로피언 풋옵션의 소유자는 $S_T < K$이면 권리를 행사하여 $K - S_T$의 이득을 얻고 반대로 $S_T \geq K$이면 권리행사를 포기하므로 이득은 다음과 같이 표현된다. 여기서 $K - S_T$는 주식을 인도하고 행사가격을 수령함을 의미한다.

$$Payoff_{long\ put} = \max(K - S_T, 0) = \begin{cases} K - S_T, & S_T < K\text{인 경우} \\ 0, & S_T \geq K\text{인 경우} \end{cases} \tag{7.7}$$

반면에 풋옵션 발행자의 이득은 $-\max(K-S_T,\ 0)\ =\ \min(S_T-K,\ 0)$으로 표현된다. 만일 만기일의 주가가 행사가격을 초과하면 풋옵션이 행사되지 않으므로 의무가 소멸되고 발행자의 이득은 0이다. 반면에 $S_T < K$이면 소유자가 옵션을 행사하므로 발행자는 가치가 K에 미달하는 주식을 K의 가격에 매입해야 하는 의무를 가지며 이득은 $S_T - K = -(K - S_T)$이다(이 금액은 음수임).

$$Payoff_{short\ put} = \min(S_T - K, 0) = \begin{cases} S_T - K, & S_T < K\text{인 경우} \\ 0, & S_T \geq K\text{인 경우} \end{cases} \qquad (7.8)$$

풋옵션 매입포지션과 발행포지션의 이익은 이득으로부터 다음과 같이 계산된다. 그리고 이익을 풋옵션 가격으로 나누면 수익률(return)이 계산된다.

$$\begin{aligned} Profit_{long\ put} &= \max(K - S_T, 0) - P \\ Profit_{short\ put} &= \min(S_T - K, 0) + P \end{aligned} \qquad (7.9)$$

풋옵션 매입포지션과 매도포지션의 이익패턴이 [그림 7-2]와 같다. 풋옵션의 손익분기점(BEP)은 $K-P$이다. $K-S_T$선은 x축을 K의 값에서 통과하는 좌상향 45도 직선이다.

$$BEP_{put} = K - P \qquad (7.10)$$

그림에서 보듯이, 풋옵션 소유자는 기초자산의 가격이 행사가격에 미달하면(즉, 풋옵션이 내가격에 있으면) 옵션을 행사해야 한다. 기초자산의 가격이 $K-P$보다 낮으면 풋옵션 매입포지션의 이익은 0보다 크게 된다. 따라서 만기일에 $K-P < S_T < K$이면 풋옵션 소유자가 권리를 행사하나 이익은 0보다 작게 된다(만약 이 경우 권리를 행사하지 않으면 손실은 더 커짐).

풋옵션 발행자의 경우, 기초자산의 가격이 $K-P$보다 높으면 이익은 0보다 크게 되고, 기초자산의 가격이 K보다 높으면 이익은 옵션가격(P)으로 일정하게 된다.

그림 7-2 풋옵션 매입포지션과 매도포지션의 이득패턴과 이익패턴

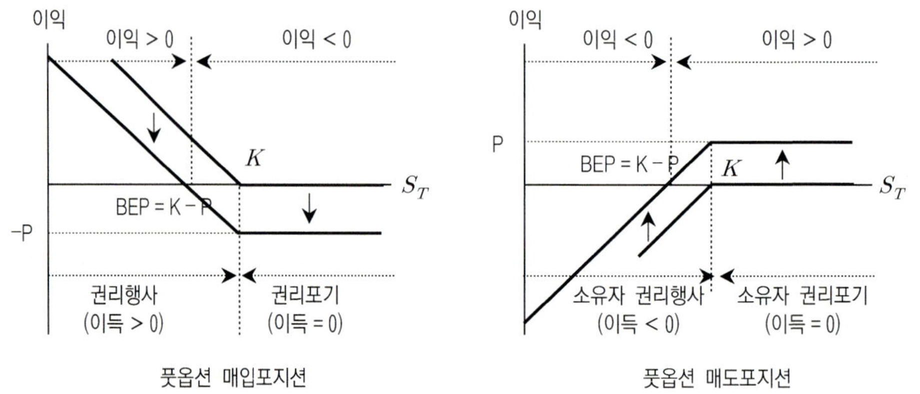

주요 결과 #3

풋옵션 소유자의 이득은 $\max(K-S_T, 0)$으로 $K > S_T$이면 권리를 행사하고 $K-S_T$는 기초자산을 주고 행사가격을 수취함을 의미한다. 풋옵션 발행자의 이득은 $\min(S_T-K, 0)$이다. 풋옵션의 손익분기점은 $K-P$이다.

예시 7-3 풋옵션의 이득과 이익패턴

투자자가 만기가 2개월이고 행사가격이 15,000원인 유로피언 풋옵션을 2,000원에 매입하였다. 다음 질문에 답하라.

① 만기일에 어떤 조건 하에서 풋옵션의 가치가 0인가?
② 풋옵션이 내가격에 있기 위한 조건은 무엇인가?
③ 만기일의 주가가 10,000, 14,000, 20,000원일 때의 수익률을 계산하라.
④ 투자자의 최대 이익과 최대 손실은 각각 얼마인가?
⑤ 투자자의 손익분기점은 얼마인가?
⑥ 투자자가 옵션을 행사하지만 손실을 보는 주가범위는 얼마인가?
⑦ 이 풋옵션을 발행한 투자자의 최대 이익과 최대 손실은 각각 얼마인가?
⑧ 풋옵션 발행자가 기대하는 것은 무엇인가?
⑨ 풋옵션 소유자의 이득패턴과 이익패턴을 그래프에 그리시오.

풀이

① 만기일의 주가가 행사가격보다 크면 풋옵션의 가치가 0이다. ② 만기일의 주가가 행사가격보다 작으면 풋옵션이 내가격에 있다. ③ 만기일의 주가가 10,000, 14,000, 20,000원이면 이익이 각각 3,000원, −1,000원, −2,000원이므로 수익률은 각각 150%, −50%, −100%이다. ④ 투자자의 최대 이익은 13,000원이고 최대 손실은 2,000원이다. ⑤ 투자자의 손익분기점은 행사가격에서 풋옵션 가격을 차감한 13,000원이다. ⑥ 투자자가 옵션을 행사하지만 손실을 보는 주가범위는 $13,000 < S_T < 15,000$원이다. ⑦ 이 풋옵션을 발행한 투자자의 최대 이익은 2,000원이고, 최대 손실은 13,000원이다. ⑧ 풋옵션 발행자가 기대하는 것은 옵션 발행 후 주가가 상승하여 수령한 풋옵션 프리미엄을 보존하는 것이다. ⑨ 풋옵션 소유자의 이득패턴과 이익패턴은 다음과 같다.

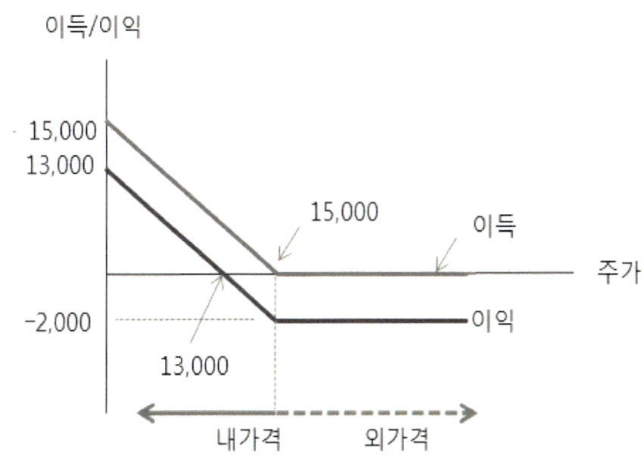

예시 7-4 풋옵션의 헤지전략

투자자는 현재 81만원인 삼성전자의 주가가 향후 3개월 동안 하락할 것을 우려하고 있다. 주식 100주를 소유하고 있는 투자자는 삼성전자에 대한 풋옵션을 매입하여 주가하락을 대비할 수 있다. 현재 만기가 3개월이고 행사가격이 80만원인 풋옵션의 가격이 3만원이라고 하자. 투자자는 풋옵션 100개를 100 × 3 = 300만원에 매입함으로써 3개월 후에 삼성전자 주식을 80만원에 매도할 수 있는 권리를 소유한다.

만일 3개월 후에 주가가 하락하면 투자자는 풋옵션을 행사하고 투자자의 전체 포지션의 가치는 (80 − 3) × 100 = 7,700만원이다(옵션매입비용 차감 후). 만일 주가가 상승하면 옵션은 행사되지 않고 소멸된다. 투자자는 풋옵션을 매입함으로써 포지션의 가치가 8,000만원 이상임을 보장받게 된다(옵션매입비용을 고려하면 7,700만원 이상임을 보장 받음).

풋옵션을 이용하여 헤지하는 경우와 헤지하지 않는 경우의 포지션가치를 비교하면 다음과 같다.

그림 7-3 풋옵션 이용한 헤지포지션

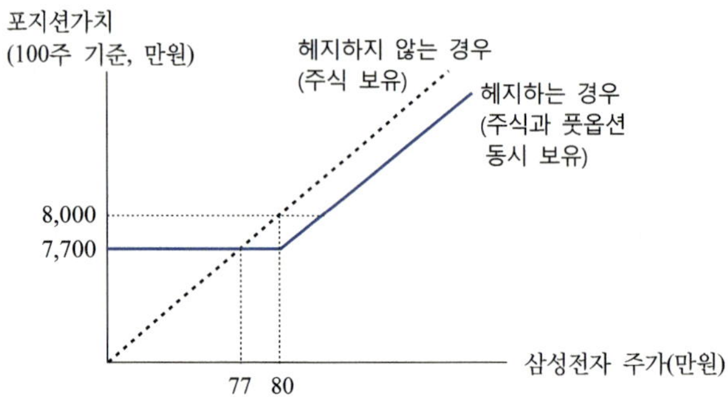

옵션포지션별 만기일의 이득패턴은 [표 7-2] 및 [그림 7-4]와 같이 요약된다.

▸ ▸ 〈표 7-2〉 옵션 기본포지션의 이득

포지션	$S_T < K$	$S_T > K$
콜옵션 매입포지션	0	$S_T - K$
콜옵션 매도포지션	0	$-(S_T - K) = K - S_T$
풋옵션 매입포지션	$K - S_T$	0
풋옵션 매도포지션	$-(K - S_T) = S_T - K$	0

그림 7-4 옵션 기본포지션의 이득패턴

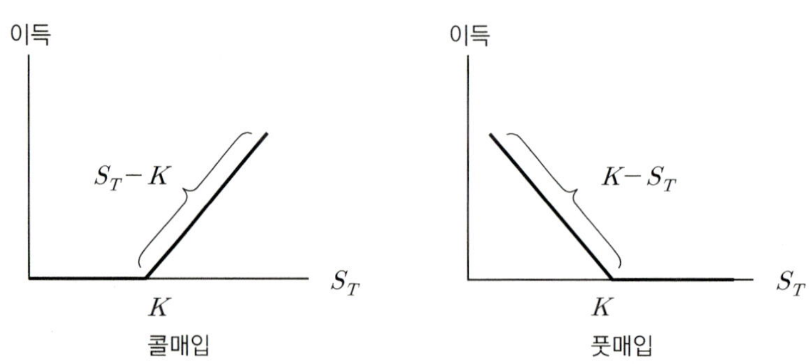

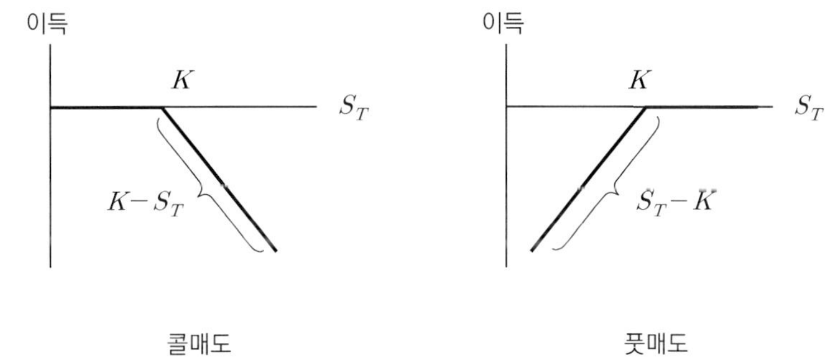

예시 7-5 옵션의 보험 기능

① 콜옵션이 매입예정자에게 제공하는 보험 기능: 1개월 후에 삼성전자 주식을 매입하고자 하는 투자자를 고려해 보자. 현재 주가는 100만원이다. 투자자는 삼성전자 주가가 향후 1개월 동안 상승할 위험에 노출된다. 만일 투자자가 행사가격을 100만원으로 하는 콜옵션을 매입하면 주가상승위험으로부터 보호된다. 즉, 주가가 100만원 이상으로 상승하면 콜옵션을 행사하여 주식을 100만원에 매입할 것이고, 주가가 100만원 이하로 하락하면 콜옵션의 가치가 0이므로 시장가격에 주식을 매입하면 된다. 따라서 투자자는 주가하락의 혜택을 그대로 누리면서 주가상승시 보호되므로 콜옵션은 투자자에게 보험을 제공한 셈이다.

② 풋옵션이 매도예정자에게 제공하는 보험 기능: 1개월 후에 삼성전자 주식을 매도하고자 하는 주식소유자를 고려해 보자. 투자자는 주가하락위험에 노출되어 있다. 투자자가 행사가격이 100만원인 풋옵션을 매입하면 주가하락위험으로부터 보호된다. 즉, 주가가 100만원 이하로 하락하면 풋옵션을 행사하여 주식을 100만원에 매도하고, 주가가 100만원 이상으로 상승하면 풋옵션의 가치는 0이 되고 투자자는 시장가격에 주식을 매도하면 된다. 따라서 투자자는 주가상승의 혜택을 그대로 누리면서 주가하락시 보호되므로 풋옵션은 투자자에게 보험을 제공한 셈이다.

2 기초자산가격과 변동성 예측에 따른 옵션포지션

콜옵션을 매입하는 투자자는 기초자산의 가격이 상승할 것을 기대하는 반면에, 풋옵션을 매입하는 투자자는 기초자산의 가격이 하락할 것을 기대한다. 콜옵션 발행자는 기초자산의 가격이 상승하지 않을 것으로 기대한다(즉, 가격이 변하지 않거나 또는 하락하여 프리미엄을 얻을 것으로 기대함). 같은 논리로, 풋옵션 발행자는 기초자산의 가격이 하락하지 않을 것으로 기대한다(즉, 가격이 변하지 않거나 상승하여 프리미엄을 얻을 것으로 기대함).

따라서 주가가 상승할 때 취하는 포지션은 이득패턴이 $S_T - K$로 표시되는 콜옵션 매입포지션과 풋옵션 발행포지션이고, 주가가 하락할 때 취하는 포지션은 이득이 $K - S_T$로 표시되는 풋옵션 매입포지션과 콜옵션 발행포지션이다.

콜옵션 매입포지션과 풋옵션 발행포지션은 모두 주가가 상승할 때 취하는 포지션이지만 두 포지션간에는 주요한 차이가 있다. 콜옵션을 매입하는 것은 보험을 매입하는 것과 동일하다. 즉, 콜옵션 매입의 경우, 현금유출액(옵션가격)은 정해져 있고 이미 지불하였지만, 현금유입은 발생할지 그리고 발생한다면 금액이 얼마일지 불확실하다. 반면에, 풋옵션 발행의 경우, 현금유입액(옵션가격)은 정해져 있고 이미 수령하였지만, 현금유출은 발생할지 그리고 발생한다면 금액이 얼마일지 불확실하다. 풋옵션 매입포지션과 콜옵션 발행포지션에도 동일한 논리를 적용할 수 있다.

이상의 결과를 정리하면 다음과 같다.

▸ ▸ 〈표 7-3〉 주가의 향후 방향과 옵션 포지션

주가 상승 예측시	주가 하락 예측시
• 콜옵션 매입 (현금유출 확정, 현금유입 불확실) • 풋옵션 매도 (현금유입 확정, 현금유출 불확실)	• 풋옵션 매입 (현금유출 확정, 현금유입 불확실) • 콜옵션 매도 (현금유입 확정, 현금유출 불확실)

1장에서 설명했듯이, 주가가 상승할 것으로 예측되면 투자자는 콜옵션을 매입하는 대신에 선물계약을 매입하여 이익을 얻을 수 있다. 반면에 주가가 하락할 것으로 예측되면 투자자는 풋옵션을 매입하는 대신에 선물계약을 매도하여 이익을 얻을 수 있다. 옵션계약이 선물계약(또는 선도계약)에 비하여 다른 점은 옵션은 변동성의 변화에 대하여 베팅할 수 있다는 점이다.

예를 들어, 행사가격이 100만원인 등가격 옵션을 고려해 보자. 미래에 주가는 현재 100만원에서 50%의 확률로 110만원으로 상승하거나 또는 50%의 확률로 90만원으로 하락한다고 가정하자. 콜옵션의 이득이 각각 10만원과 0원이므로 기대이득은 5만원이고, 풋옵션의 이득이 각각 0원과 10만원이므로 기대이득도 5만원이다. 이번에는 변동성이 증가하여 미래의 주가가 130만원 또는 70만원이 된다고 하자. 이 경우 콜옵션의 이득은 각각 30만원과 0원이므로 기대이득은 15만원이고, 풋옵션의 기대이득도 15만원이다.

그러나 선도계약은 변동성의 증가로부터 어떤 이익도 얻지 못한다. [그림 7-5]가 보여 주듯이, 변동성이 증가하면 주가가 큰 폭으로 상승할 확률과 하락할 확률이 모두 증가한다. 그런데 이에 따른 이익과 손실이 서로 상쇄되므로 선형이득패턴을 제공하는 파생상품의 가치는 변동성 증가에 의해 영향을 받지 않는다.

그림 7-5 선형이득패턴과 변동성 증가

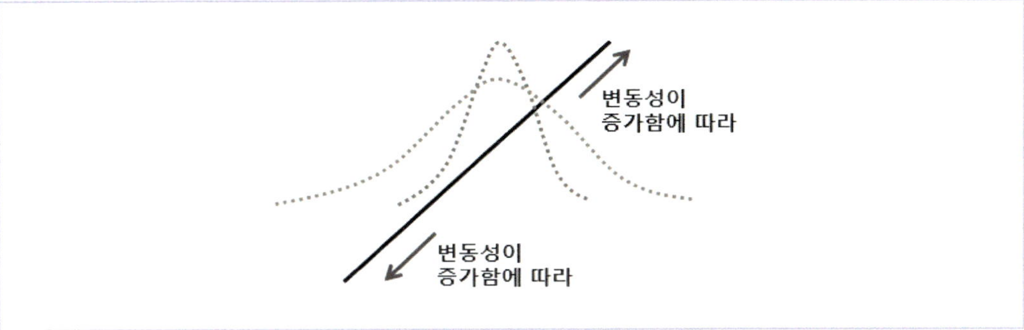

이 예는 콜옵션이든 풋옵션이든 매입포지션은 변동성의 증가로부터 이익을 얻는다는 것을 보여준다. 반면에 매도포지션의 경우 변동성이 감소함에 따라 프리미엄을 얻을 가능성이 증가하므로 옵션발행자는 이익을 본다. [그림 7-6]은 이를 시각적으로 보여준다.

그림 7-6 변동성 변화와 콜옵션 매입 및 매도 포지션의 이익

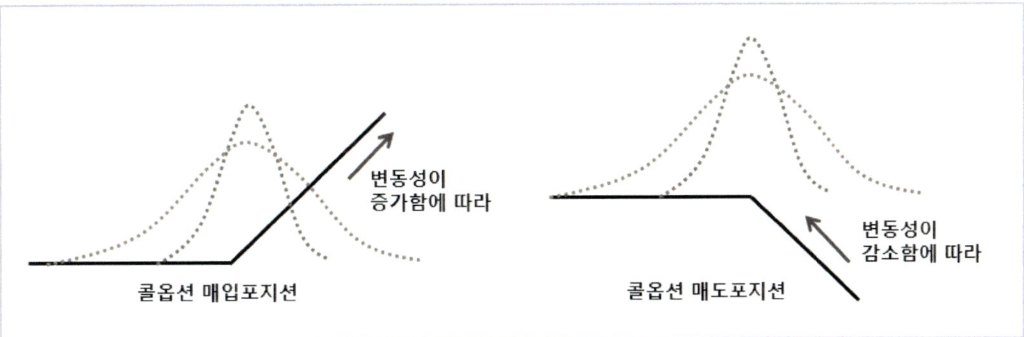

변동성 변화와 옵션 포지션간의 관계를 정리하면 [표 7-4]와 같다.

▸ ▸ 〈표 7-4〉 변동성의 향후 방향과 옵션 포지션

변동성 증가 예측시	변동성 감소 예측시
• 콜옵션 매입 • 풋옵션 매입	• 콜옵션 매도 • 풋옵션 매도

앞의 [표 7-3]과 [표 7-4]를 결합하면 [표 7-5]의 결과가 도출된다. 콜옵션 매입포지션은 주가가 상승하면서 변동성이 증가할 것으로 예측될 때 적합한 포지션이다. 풋옵션 매도포지션은 주가가 상승하지만 변동성이 감소할 것으로 예상될 때 적절한 포지션이다. 주가가 하락하지만 변동성이 증가할 것으로 예상되면 풋옵션 매입포지션이 적절한 반면에, 주가가 하락하면서 변동성이 감소할 것으로 예상되면 콜옵션 매도포지션이 적절하다.

▸ ▸ 〈표 7-5〉 주가와 변동성 예측에 따른 옵션포지션

	주가 상승 예측	주가 하락 예측
변동성 증가 예측	콜옵션 매입	풋옵션 매입
변동성 감소 예측	풋옵션 매도	콜옵션 매도

주요 결과 #4

선물계약이 기초자산 변동성의 변화에 의해 영향을 받지 않는 반면에, 옵션계약은 기초자산 변동성의 증가로부터 이익을 얻는다. 변동성이 증가할 것으로 예상되면 옵션을 매입하고 변동성이 감소할 것으로 예상되면 옵션을 매도한다. 주가가 상승할 것으로 예상되면 콜옵션을 매입하거나 풋옵션을 매도하고, 주가가 하락할 것으로 예상되면 풋옵션을 매입하거나 콜옵션을 매도한다. 결과적으로 주가와 변동성 예측에 따른 적절한 옵션포지션은 다음과 같다.

	주가 상승	주가 하락
변동성 증가	콜 매입	풋 매입
변동성 감소	풋 매도	콜 매도

예시 7-6 풋-콜 비율

풋-콜 비율(put-call ratio)은 풋옵션 거래량을 콜옵션 거래량으로 나눈 비율이다(거래량 대신에 거래대금 또는 미결제약정수를 이용하기도 함). 이 비율은 시장이 어느 방향으로 움직일 것인가에 대한 예측 지표로 이용된다. 시장이 앞으로 약세를 보일 것으로 예상되면 헤지를 위한 풋옵션 매수가 증가하거나(방어적 풋 전략을 구사함) 투기를 위한 풋옵션 매수가 증가하므로 풋-콜 비율이 상승한다. 따라서 풋-콜 비율은 향후 시장의 장세를 반영한다고 볼 수 있다. 윗 그래프는 코스피200지수의 변화이고 아래 그래프는 코스피200옵션(2011년 6월물)의 2010년 12월부터 2011년 6월까지 풋-콜 비율의 변화이다.

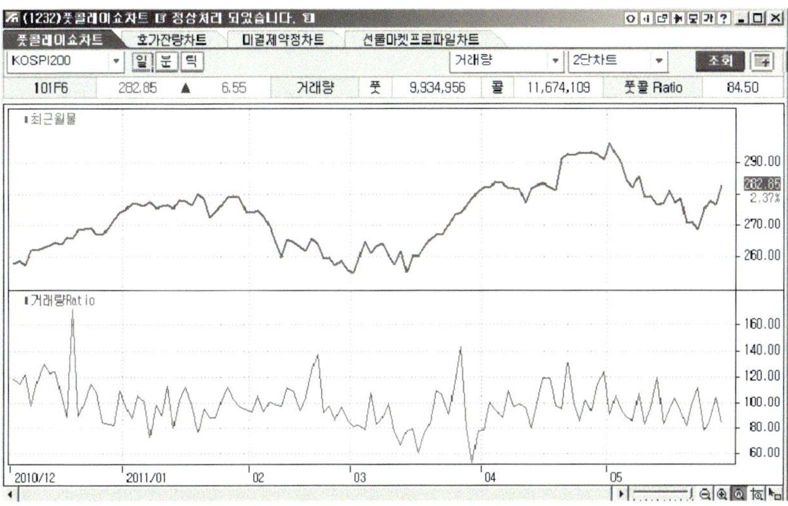

3 선물과 옵션

3.1 선물과 옵션의 차이

선도 및 선물계약과 비교하여 옵션계약은 다음과 같은 특성을 갖는다.

① 선물거래에서는 매입자와 매도자가 모두 의무를 가지므로 비용이 발생하지 않으나, 옵션거래에서는 매입자가 권리를 소유하고 매도자가 의무를 지므로 옵션프리미엄을 지불해야 한다.

② 선물계약에서는 가격상승과 가격하락에 따른 위험을 모두 부담한다. 반면에 콜옵션(풋옵션)계약에서는 가격상승(하락)에 따른 혜택을 얻고 가격하락(상승)에 따른 위험을 회피할 수 있다. 즉, 옵션은 유리한 위험(이익기회)을 취하고 불리한 위험(손실위험)을 제

거할 수 있는 반면에 선물은 두 종류의 위험을 모두 부담한다.

③ 선물계약은 변동성의 변화에 의해 영향을 받지 않는다. 반면에 콜옵션이든 풋옵션이든 매입포지션은 변동성의 증가로부터 이익을 얻는다. 즉, 옵션은 변동성베팅(volatility betting)이 가능하다.

④ 선물계약의 이득패턴은 선형이고, 옵션계약의 이득패턴은 비선형이다(즉, 옵션매입자의 최대손실은 옵션프리미엄으로 제한됨).

⑤ 선물계약의 매입자와 매도자가 모두 증거금제도의 적용을 받는다. 반면에 옵션계약의 경우 매입자는 권리를 소유하므로 증거금제도의 적용을 받지 않지만, 매도자는 의무를 가지므로 증거금을 납부해야 한다.

[표 7-6]은 선물과 옵션으로부터 구성한 여섯 가지 기본포지션의 손실과 이익의 최대값을 요약한 것이다. 선물매입과 콜매입의 경우 최대이익은 무제한(unlimited)이지만, 풋매입의 경우 행사가격에서 풋옵션가격을 차감한 값이다. 선물매입의 최대손실은 기초자산가격이 0인 경우로 F이다. 콜옵션과 풋옵션 매입의 최대손실은 옵션프리미엄으로 각각 C와 P이다. 매입포지션의 최대이익(손실)은 매도포지션의 최대손실(이익)과 동일하다.

[표 7-6]은 [그림 7-7]과 같이 표현된다. [그림 7-7]은 기초자산을 매입하는 포지션 3개의 이익패턴은 우상향 직선(S_T-F 또는 S_T-K)으로 표시되고, 기초자산을 매도하는 포지션 3개의 이익패턴은 좌상향 직선($F-S_T$ 또는 $K-S_T$)으로 표시됨을 보여준다.

▸ ▸ 〈표 7-6〉 6가지 기본포지션의 최대손실과 최대이익

포지션		최대손실	최대이익
기초자산을 매입하는 포지션	선물매입	F	무제한
	콜매입	C	무제한
	풋매도	$K-P$	P
기초자산을 매도하는 포지션	선물매도	무제한	F
	풋매입	P	$K-P$
	콜매도	무제한	C

그림 7-7 6가지 기본포지션의 이익패턴

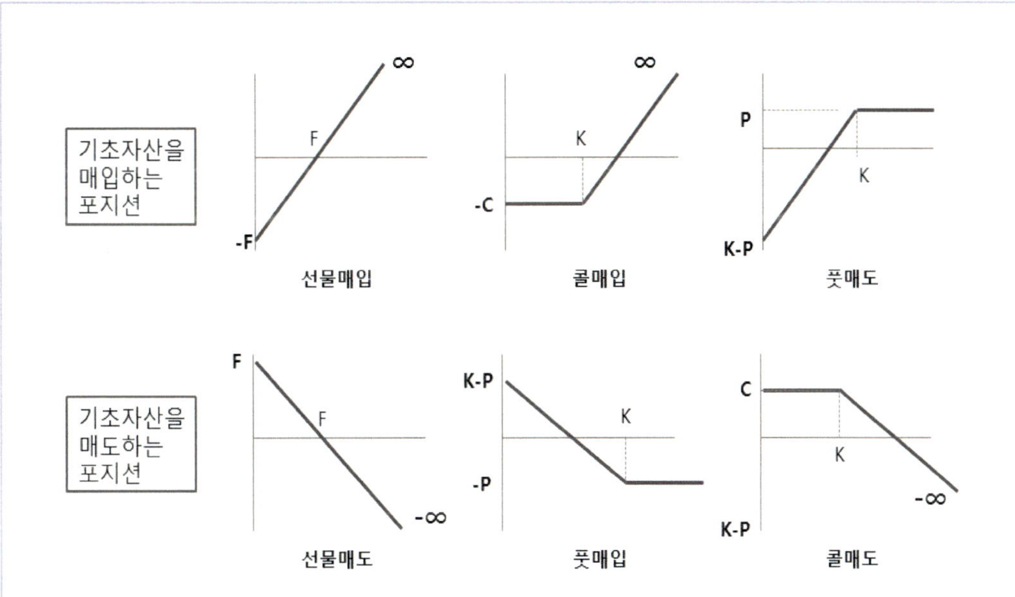

[그림 7-4]에 제시된 네 가지 기본포지션의 이득패턴을 1개의 그래프에 통합하면 이는 [그림 7-8]과 같다(행사가격, 만기, 기초자산은 동일함). 매입포지션은 권리를 소유하므로 이득이 max으로 표현되고 매도포지션은 의무를 가지므로 이득이 min으로 표현된다.

S_T-K선은 만기일의 주가를 표시하는 x축을 K의 값에서 통과하는 우상향 직선이다. 콜매입과 풋매도의 이득은 S_T-K선으로 표현된다. 반면에 $K-S_T$선은 x축을 K의 값에서 통과하는 좌상향 직선으로, 풋매입과 콜매도의 이득은 $K-S_T$선으로 표현된다.

행사가격, 만기, 기초자산이 동일한 콜옵션을 매입하고 풋옵션을 발행하면 만기일에 기초자산을 매입하게 되므로(이득은 S_T-K임) 이를 합성선물매입포지션(synthetic futures long position)이라고 한다. 그리고 행사가격, 만기, 기초자산이 동일한 풋옵션을 매입함과 동시에 콜옵션을 발행하면 만기일에 기초자산을 매도하게 되므로(이득은 $K-S_T$임) 이를 합성선물매도포지션(synthetic futures short position)이라고 한다. 두 가지 선물합성포지션은 다음 절에서 자세히 설명하기로 한다.

그림 7-8 옵션 기본포지션의 통합

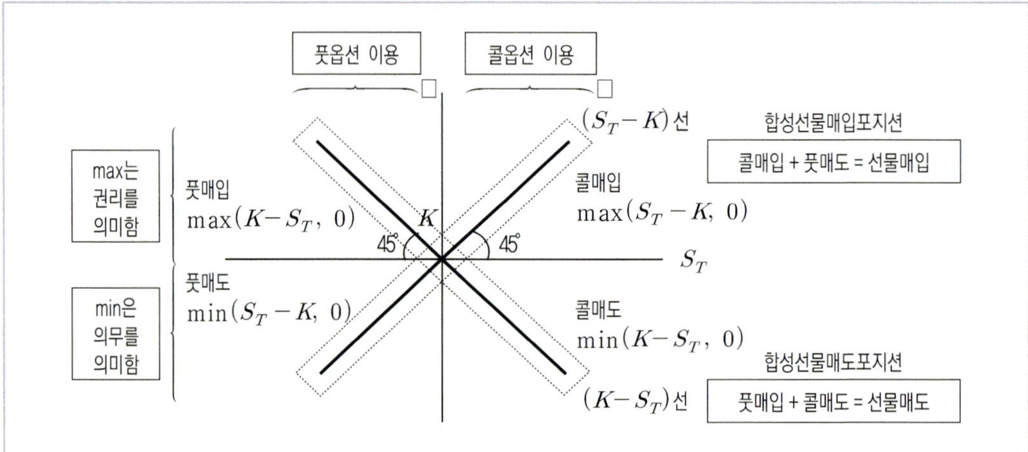

예시 7-7 옵션의 기능

옵션은 다음과 같은 다양한 기능을 수행한다.

① 다양한 투자수단 : 옵션은 기초자산이 만들어 낼 수 없는 다양한 이득패턴을 가지므로 투자자에게 다양한 투자수단을 제공하게 된다.

② 레버리지 제공 : 옵션투자는 기초자산에 직접 투자하는 것에 비하여 높은 레버리지를 제공한다.

③ 가격정보 제공 : 옵션이 높은 레버리지를 제공하기 때문에 정보를 소유하게 된 투자자는 기초자산보다 옵션에 먼저 투자하게 된다. 따라서 옵션의 가격변화가 주식의 가격변화를 선행하게 되고 투자자는 옵션의 가격변화로부터 주가변화를 예측할 수도 있다.

④ 효율적 리스크관리 : 선물과 마찬가지로 옵션도 미래의 가격위험을 헤지하는데 활용된다. 예를 들어, 현재 보유하고 있는 주식포트폴리오를 매도하기를 원하지 않거나 매도할 수 없는 경우, 옵션을 이용하여 단기적인 주가하락의 위험을 헤지할 수 있을 뿐만 아니라 낮은 비용으로 포트폴리오의 재편성 또는 포지션 조정이 가능하다. 또한 옵션을 이용하여 이자율위험과 환위험을 효과적으로 관리할 수 있다.

⑤ 차익거래 : 기초자산가격과 옵션가격간에, 그리고 옵션가격들간에 특정 관계가 유지되어야 하나, 일시적인 시장불균형으로 인하여 이 관계가 성립하지 않으면 차익거래기회가 발생할 수 있다.

⑥ 옵션개념의 활용 : 옵션가격결정모형은 기업의 주요 재무의사결정 뿐만 아니라 옵션이 내재된 다양한 증권의 가치평가에 활용된다. 특히, 주식과 채권을 옵션으로 인식하는 시각과 투자안에 포함된 실물옵션의 가치평가는 특히 중요하다.

주요 결과 #5

선물매입, 콜매입, 풋매입의 최대손실은 각각 F, C, P이고 최대이익은 각각 무제한, 무제한, $K-P$이다. 선물매도, 콜매도, 풋매도의 최대손실과 최대이익은 이와 반대로 설정된다.

주요 결과 #6

옵션소유자는 권리를 소유하므로 이득이 max로 표현되고, 옵션발행자는 의무를 가지므로 이득이 min으로 표현된다. 옵션은 다양한 투자수단 제공, 레버리지 제공, 가격정보 제공, 효율적 리스크 관리, 차익거래, 옵션개념의 활용 등 다양한 기능을 수행한다. 선물과 달리, 옵션은 변동성베팅이 가능하고 이익기회를 취하면서 손실위험을 제거할 수 있다.

3.2 옵션을 이용한 선물의 복제

선물매입, 선물매도, 콜매입, 콜매도, 풋매입, 풋매도의 6가지 기본포지션을 비교해보자. 이 중에서 기초자산의 가격상승이 유리하게 작용하는 포지션은 다음 세 포지션이다. 세 포지션은 기초자산을 원해서 매입하거나 또는 강제적으로 매입하게 되는 경우이다.

- 선물매입(유리하든 불리하든 기초자산 매입)
- 콜매입(유리한 경우 기초자산 매입)
- 풋매도(불리할 때 강제로 기초자산 매입)

[그림 7-9]는 선물매입, 콜매입, 풋매도의 이득패턴을 그린 것이다. $F=K$이면 선물매입의 만기 이득이 콜매입과 풋매도 결합의 만기 이득과 동일하므로,

$$C-P=\max(S_T-K,0)-\max(K-S_T,0)=\max(S_T-K,0)+\min(S_T-K,0)=S_T-K$$

다음 관계가 성립한다.[4)]

$$\text{Futures} = \text{Call} - \text{Put} \tag{7.11}$$

4) 이미 설명했듯이 'Forward = Stock − Bond'이다. 풋-콜 패리티에 의하면 'Stock−Bond=Call−Put'이다(8장 참조). 두 식을 이용하면 'Forward = Call − Put' 또는 'Futures = Call − Put'의 식이 유도된다.

그림 7-9 선물매입, 콜매입, 풋매도의 이득패턴

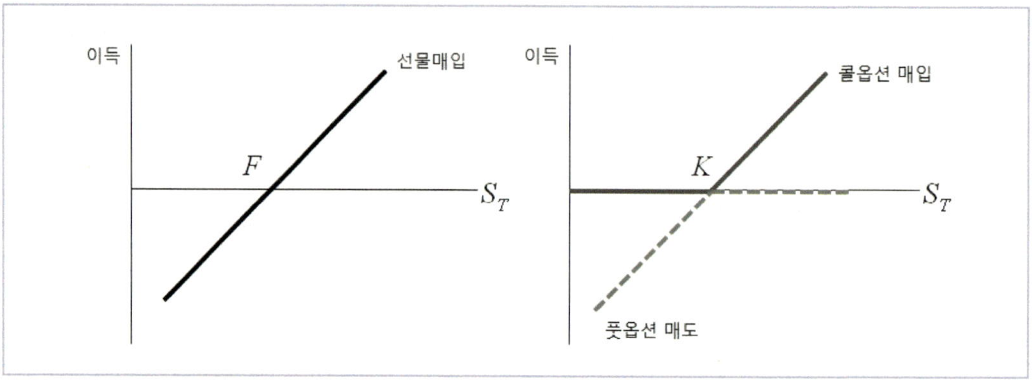

기초자산과 만기 및 행사가격이 동일한 콜옵션을 매입함과 동시에 풋옵션을 발행한 포지션을 분석해 보자(옵션은 모두 유로피언옵션임). 만약 만기일에 주가가 행사가격보다 높으면 콜옵션을 행사하여 주식을 매입한다(풋옵션의 가치는 0임). 반면에 만기일의 주가가 행사가격보다 낮으면 매도한 풋옵션을 상대방이 행사할 것이므로 손해 보면서 주식을 매입해야 한다(콜옵션의 가치는 0임). 결국 만기일의 주가와 무관하게 항상 행사가격에 주식을 매입하게 된다. 이는 만기일에 선물가격으로 주식을 의무적으로 매입하는 선물매입포지션과 동일하다. 따라서 콜옵션 매입과 풋옵션 발행을 합성선물매입포지션(synthetic futures long position)이라고 한다.5)

선물매입과 합성선물매입은 다음 두 가지 측면에서 상이하다.

① 선물매입에서는 선물가격을 지불하지만 합성선물매입에서는 행사가격을 지불한다.
② 선물매입에서 프리미엄은 0이지만(즉, 포지션을 취할 시 비용이 발생하지 않지만) 선물매입을 합성한 포지션에서는 순프리미엄(net premium)을 지불해야 한다(순프리미엄은 콜옵션 가격에서 풋옵션 가격을 차감한 값임)

만약 $F=K$이면 $C=P$이므로 순프리미엄이 0이 되고(8장 참조) 선물매입과 합성선물매입은 정확히 동일하게 된다.

제4장에서 도출된 "Futures = Stock − Bond"와 "Futures = Call − Put"을 결합하면 "Stock = Call − Put + Bond"의 관계가 유도된다. 이는 콜옵션을 매입하고, 풋옵션을 발행하고 무위

5) 콜옵션 매입과 풋옵션 매도를 합성주식매입포지션(synthetic long stock position)이라고 설명하기도 한다. 이 경우 콜매입과 풋매도는 주식매입과 동일한 이득패턴을 갖지만 미래현금흐름이 완벽하게 동일하지는 않다. 따라서 완벽하게 합성주식매입포지션을 복제하려면 "콜옵션 매입, 풋옵션 매도, 채권매입"이 필요하다(8장의 풋-콜 패리티 참조). 같은 논리로, 합성주식매도포지션(synthetic short stock position)은 "풋옵션 매입, 콜옵션 매도, 채권공매도"로 구성된다.

험채권을 매입하면 주식매입포지션이 복제됨을 의미한다. 따라서 콜매입, 풋발행, 채권매입을 합성주식매입포지션(synthetic stock long position)이라고 한다.

$$\text{Stock} = \text{Call} - \text{Put} + \text{Bond} \tag{7.12}$$

같은 맥락에서 주식공매도포지션은 풋매입, 콜발행, 채권공매도로 합성된다.

반면에 기초자산의 가격하락이 유리하게 작용하는(또는 가격상승이 불리하게 작용하는) 포지션은 다음 세 포지션이다. 세 포지션은 기초자산을 원해서 매도하거나 또는 강제적으로 매도하게 되는 경우이다.

- 선물매도(유리하든 불리하든 기초자산 매도)
- 풋매입(유리한 경우 기초자산 매도)
- 콜매도(불리할 때 강제로 기초자산 매도)

[그림 7-10]은 선물매도, 콜매도, 풋매입의 이득패턴을 그린 것이다. $F = K$이면 선물매도가 풋매입과 콜매도의 결합과 동일함을 보여준다. 즉,

$$-\text{Futures} = \text{Put} - \text{Call} \tag{7.13}$$

풋옵션을 매입하고 콜옵션을 발행하면 만기일의 주가와 무관하게 항상 기초자산을 K의 가격으로 매도하게 되므로 이를 합성선물매도포지션(synthetic futures short position)이라고 한다.

그림 7-10 선물매도, 풋매입, 콜매도의 이득패턴

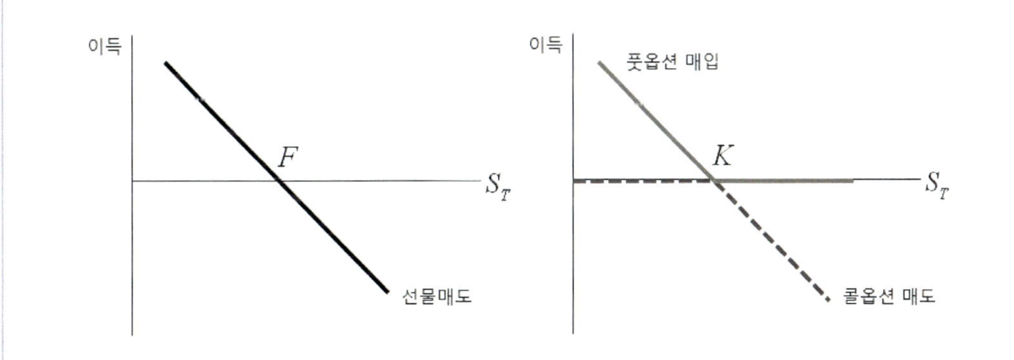

주요 결과 #7

"Futures = Call − Put"이다. 즉, 콜옵션을 매입하고 풋옵션을 매도하면 선물매입포지션이 합성된다. 같은 논리로 "−Futures = Put − Call"이므로, 풋옵션을 매입하고 콜옵션을 매도하면 선물매도포지션이 합성된다. 그리고 "Futures = Call − Put"과 "Futures = Stock − Bond"로부터 "Stock = Call − Put + Bond"이 유도된다. 즉, 콜옵션을 매입하고, 풋옵션을 발행하고 무위험채권을 매입하면 주식매입포지션이 복제된다.

예시 7-8 선물매입포지션과 주식매입포지션의 복제

현재 무배당 주식의 가격은 10,000원이고 1년 후 12,000원으로 상승하거나 또는 7,000원으로 하락할 것으로 예상된다. 무위험이자율은 8%이다. 행사가격이 10,800원이고 만기가 1년인 유로피언 콜옵션과 풋옵션의 가격이 모두 844.44원이다(10장에 설명된 1기간 이항모형 적용). 만기가 1년인 선물가격은 10,800원이다. 옵션을 이용하여 선물매입포지션과 주식매입포지션을 합성해 보자.

① 선물매입

"Futures =Call − Put"에 의해 선물매입은 콜옵션 매입과 풋옵션 발행으로 복제된다.

▸ ▸ 〈표 7-7〉 선물매입 복제포트폴리오의 구성

		현재 현금흐름	만기일 현금흐름	
			$S_T = 12,000$	$S_T = 7,000$
선물매입		0	1,200	−3,800
합성선물매입	콜옵션 매입	−844.44	1,200	0
	풋옵션 발행	+844.44	0	−3,800
	합 계	0	1,200	−3,800

② 주식매입

"Futures = Call − Put"과 "Futures = Stock − Bond"이므로 "Stock = Call − Put + Bond"에 의해 주식매입이 복제된다. 이 관계는 8장의 풋-콜 패리티 관계이다.

▸ ▸ 〈표 7-8〉 주식매입 복제포트폴리오의 구성

		현재 현금흐름	만기일 현금흐름	
			$S_T = 12,000$	$S_T = 7,000$
주식매입		−10,000.00	12,000	7,000
합성주식매입	콜옵션 매입	−844.44	1,200	0
	풋옵션 발행	+844.44	0	−3,800
	채권 매입	−10,000.00	10,800	10,800
	합 계	−10,000.00	12,000	7,000

4 옵션의 레버리지 예시

다음의 예시를 이용하여 옵션의 레버리지 효과를 살펴보자. 호남기업 무배당 주식의 가격이 현재 7,000원이다. 그리고 이 주식을 기초자산으로 하는 콜옵션($T = 1$, $K = 7{,}000$)의 가격이 1,000원이다. 700,000원을 소유한 투자자의 다음 세 전략을 고려해 보자.

- 전략1 : 주식 100주 매입
- 전략2 : 콜옵션 700개 매입
- 전략3 : 콜옵션 100개 매입 + 60만원 정부국채 투자(수익률 4%)

만기일의 주가를 S_T라고 하면 세 전략의 이익은 다음과 같이 계산된다.

- 전략1의 이익 : $100 \times (S_T - 7{,}000)$
- 전략2의 이익 : $[\max(S_T - K,\ 0) - 1{,}000] \times 700$
- 전략3의 이익 : $[\max(S_T - K,\ 0) - 1{,}000] \times 100 + 600{,}000 \times 0.04$

만기일의 주가가 6,500원, 7,000원, 7,500원, 8,000원, 9,000원. 10,000원일 때의 이익과 투자수익률이 [표 7-9]와 같이 계산된다(괄호 안의 숫자가 수익률임).

▸ ▸ 〈표 7-9〉 전략별 이익과 수익률

전 략	만기일의 주가					
	6,500원	7,000원	7,500원	8,000원	9,000원	10,000원
전략1 (주식투자)	−50,000 (−7.1%)	0 (0.0%)	50,000 (7.1%)	100,000 (14.3%)	200,000 (28.6%)	300,000 (42.9%)
전략2 (옵션투자)	−700,000 (−100%)	−700,000 (−100%)	−350,000 (−50%)	0 (0.0%)	700,000 (100%)	1,400,000 (200%)
전략3 (옵션과 채권 투자)	−76,000 (−10.9%)	−76,000 (−10.9%)	−26,000 (−3.7%)	24,000 (3.4%)	124,000 (17.7%)	224,000 (32.0%)

주가와 수익률간의 관계를 그래프로 표시하면 [그림 7-11]과 같다.

그림 7-11 전략별 이익패턴

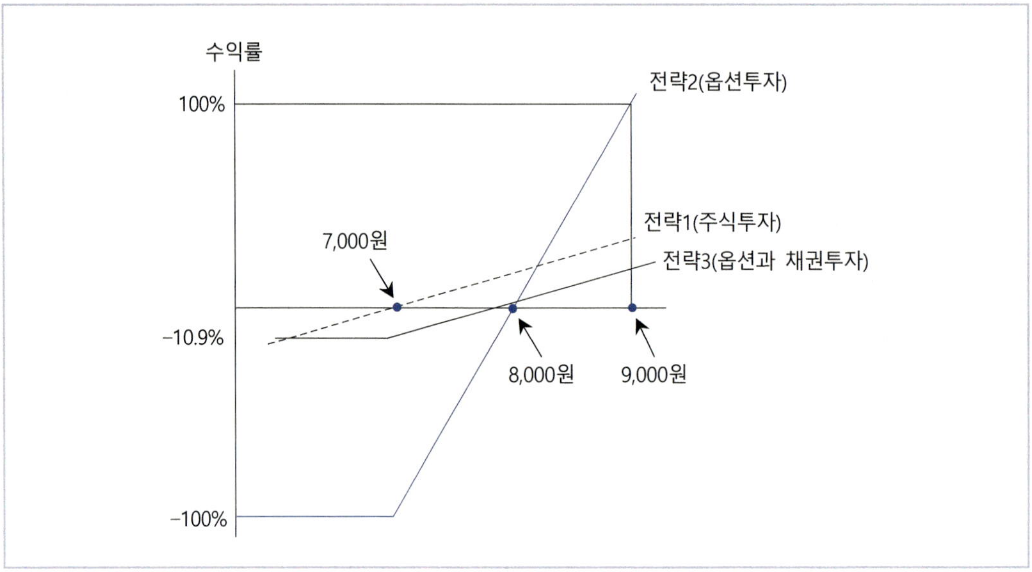

옵션투자가 높은 레버리지를 제공한다는 것을 쉽게 파악할 수 있다. 만기일의 주가가 7,000원 이하이면 투자수익률은 -100%이다. 반면에 주가가 9,000원으로 상승하면 수익률은 100%이고 10,000원으로 상승하면 수익률은 200%이다. 세 번째 전략은 옵션과 채권이 결합된 포지션으로 수익률이 -10.9% 이하로 하락하지 않는다. 즉, 하향손실 측면에서 옵션과 채권이 결합된 포지션이 주식포지션보다 안정적이지만 여기에는 비용이 수반된다(즉, 주가가 상승하는 경우의 수익률이 주식투자의 수익률보다 낮음).

5 옵션의 결제 방법과 유형

5.1 옵션의 결제 방법

옵션거래를 결제하는 방법은 권리행사, 권리포기, 반대주문의 세 가지이다. 우리나라 한국거래소에 상장된 옵션은 모두 유로피언옵션이므로 만기일에만 권리행사가 가능하다. 만기일에 옵션이 내가격에 있으면 투자자는 권리를 행사한다. 즉 콜옵션 소유자는 기초자산을 행사가격에 매입할 권리를 갖고 풋옵션 소유자는 기초자산을 행사가격에 매도할 권리를 갖는다. 우리나라의 경우 거래소에 상장된 모든 옵션이 현금결제되므로 기초자산을 직접 매입 또는 매도하지는 않는다.[6]

옵션 소유자가 만기일에 권리를 행사하지 않으면 이는 권리포기에 해당된다. 소유자가 권리를 포기하는 것은 권리를 행사하는 것이 자신에게 불리하기 때문이다. 따라서 거래소는 소유자의 특별한 지시가 없더라도 옵션행사가 소유자에게 유리하면(즉 옵션이 내가격에 있으면) 자동적으로 만기일에 권리를 행사하는 것이 관례이다.

옵션 만기일 전에 투자자는 반대주문을 통해 자신의 포지션을 청산할 수 있다(즉 옵션소유자는 동일한 옵션을 발행하는 반대주문을 하고 옵션발행자는 동일한 옵션을 매입하는 반대주문을 함).

5.2 옵션의 유형

2017년 6월말 현재, 한국거래소에 상장된 옵션은 코스피200옵션, 미니코스피200옵션, 개별주식옵션(또는 주식옵션), 달러옵션 등 4개 상품이며 모두 만기일에만 권리를 행사할 수 있는 유로피언 옵션이다. 코스피200옵션, 미니코스피200옵션, 개별주식옵션, 그리고 달러옵션은 모두 현금결제된다.[7)]

5.2.1 개별주식옵션

우리나라에서 개별주식옵션(single stock option)은 2002년 1월 28일에 33개 주식에 대해 처음 상장되었다. 2017년 6월말 현재, 한국거래소에는 30개 주식에 대한 개별주식옵션이 상장되어 있다(유가증권시장 28개, 코스닥시장 2개). 상장된 주식은 유통주식수, 소액주주수, 1년간 총거래대금, 시가총액 및 재무상태 등을 감안하여 선정된다. 주식옵션 1계약은 기초주식 10주를 매입 또는 매도할 권리를 갖는다.

개별주식옵션의 조건은 현금배당에 대해서는 조정되지 않는다. 그러나 주식배당, 주식분할, 유상증자에 대해서는 조정된다. 조정을 하는 목적은 주식배당 등이 매입자와 매도자 포지션의 가치에 영향을 미치지 않도록 하기 위함이다.

---

6) 실물인수도 결제의 경우 권리행사요구가 있으면 거래소는 발행자 중에서 특정인을 미리 정한 절차에 의해 무작위로 선정하고(이를 배정한다고 함), 선정된 발행자는 현물매매에 응해야 한다.

7) 달러옵션의 결제방법은 2013년 9월 30일부로 실물인수도에서 현금결제로 변경되었다.

5.2.2 주가지수옵션

현재 한국거래소에 상장되어 있는 주가지수옵션(stock index option)은 코스피200옵션과 미니코스피200옵션이다.[8] 코스피200옵션은 옵션 중 가장 먼저 1997년 7월 7일에 상장되었고 한때 세계에서 가장 거래가 활발한 옵션상품이었으나, 2012년 3월 거래승수가 100,000원에서 500,000원으로 상향조정된 후 거래량과 미결제약정수는 크게 감소하였다. 이후 2017년 한국거래소는 파생상품 거래를 활성화하기 위하여 거래승수를 다시 250,000원으로 하향 조정하였다.

코스피200옵션 1계약의 금액은 옵션가격에 거래승수 250,000원을 곱한 값이다.[9] 행사가격이 280포인트인 코스피200지수 콜옵션 1계약을 매입한 투자자를 고려해 보자. 만기일에 코스피200지수가 287포인트이면 콜옵션 소유자는 옵션을 행사하고 발행자로부터 (287 − 280) × 250,000 = 1,750,000원을 수령한다. 만약 매수시 콜옵션 프리미엄이 2.03포인트이었다면 이익은 (287 − 280 − 2.03) × 250,000 = 1,242,500원이다. 최종거래일은 각 결제월의 두 번째 목요일이다.

미니코스피200옵션은 코스피200옵션과 동일하지만 계약금액이 1/5에 지나지 않아 소액투자가 가능한 상품이다. 미니코스피200옵션은 2015년 7월 20일에 상장되었다.

2011년 4월 8일(금요일)의 옵션시세표로부터 구한 2011년 4월물(최종거래일은 4월 14일) 코스피200옵션의 가격과 거래량은 [표 7-10]과 같다(코스피200지수의 종가는 281.06임).

▸ ▸ 〈표 7-10〉 코스피200옵션 시세표(2011년 4월 8일)

행사가격	콜옵션			풋옵션		
	종가	전일종가 대비	거래량	종가	전일종가 대비	거래량
297.5	0.02	0.01	303,939	17.25	− 0.80	125
295.0	0.03	0.01	362,460	14.60	− 0.10	340
292.5	0.04	0.03	529,557	12.15	− 0.15	235
290.0	0.07	0.08	1,793,601	9.50	− 0.10	4,270
287.5	0.23	0.11	2,505,439	7.20	− 0.05	13,217
285.0	0.67	0.13	2,643,561	5.10	− 0.15	112,573
282.5	1.40	0.26	1,721,571	3.30	− 0.25	536,198

8) 코스닥50옵션은 2005년 11월 7일 상장폐지되었음.

9) 코스피200옵션의 거래승수는 100,000원이었으나, 2010년의 "11 · 11쇼크" 이후 금융당국은 2012년 3월부터 신규로 거래되는 결제월부터 거래승수를 500,000원으로 상향조정하였다. 승수인상 후 코스피200옵션의 거래량과 미결제약정수는 크게 감소하였고 한국거래소는 2017년 거래승수를 250,000원으로 하향조정하였다.

행사가격	콜옵션			풋옵션		
	종가	전일종가 대비	거래량	종가	전일종가 대비	거래량
280.0	2.60	0.35	484,060	2.13	−0.13	1,514,164
277.5	4.25	0.30	79,599	1.20	−0.20	1,829,605
275.0	6.10	0.20	16,712	0.69	−0.11	2,240,110
272.5	8.35	0.20	4,760	0.37	−0.08	1,218,401
270.0	10.75	0.15	3,582	0.22	−0.06	685,280
267.5	13.30	0.10	793	0.13	−0.05	569,099
265.0	15.70	0.20	874	0.10	−0.02	460,691
262.5	18.10	0.20	430	0.08	−0.01	317,237
260.0	20.85	0.05	362	0.05	−0.01	98,887

(출처: 한국거래소의 통합시장지)

5.2.3 통화옵션

통화선물이 달러화, 엔화, 위안화, 유로화를 대상으로 하는데 반하여, 통화옵션(currency option)의 경우 달러옵션만이 상장되어 있다(상장일은 1999년 4월 23일). 달러선물과 마찬가지로 달러옵션도 1계약은 10,000달러를 거래대상으로 한다. 행사가격이 1,050인 달러콜옵션의 경우 만기일의 환율이 1,100이면 콜옵션 1계약 소유자는 콜옵션을 행사하여 (1,100 − 1,050) × 10,000 = 500,000원의 이득을 얻는다. 같은 논리로, 행사가격이 1,120인 달러풋옵션의 경우 만기일의 환율이 1,100이면 풋옵션 1계약 소유자는 풋옵션을 행사하여 (1,120 − 1,100) × 10,000 = 200,000원의 이득을 얻는다.

예시 7-9 코스피200옵션의 결제월과 행사가격 설정

결제월과 행사가격이 어떻게 설정되는지 코스피200옵션을 중심으로 살펴보자. 코스피200옵션의 결제월은 분기월 7개와 그 밖의 월 4개이다. 거래기간은 3월물과 9월물은 1년, 6월물은 2년, 12월물은 3년이고, 그 밖의 결제월은 6개월이다. 예를 들어, 2017년 5월말 기준으로 상장된 결제월은 2017년 6월물, 7월물, 8월물, 9월물, 10월물, 11월물, 12월물, 2018년 3월물, 6월물, 12월물, 그리고 2019년 12월물 등 총 11개이다.

결제월이 최근 연속 6개월 이내인 경우 행사가격은 ATM을 중심으로 상하 각 12개를 2.5포인트 간격으로 설정한다(ATM 1개, ITM 12개, OTM 12개 등 총 25개). 그 외 결제월의 경우는 행사가격이 다르게 설정된다.

참고 주식워런트증권과 개별주식옵션 비교

주식워런트증권(equity linked warrant: ELW)은 경제학적인 측면에서 옵션과 동일한 상품이다. 주식워런트증권은 약정 수량의 특정 주식 또는 주가지수를 미리 정한 가격으로 매입하거나 매도할 수 있는 권리가 부여된 증권으로 매입할 수 있는 권리는 콜워런트로, 매도할 수 있는 권리는 풋워런트로 불린다.[10)]

ELW는 만기일에 권리행사가 가능한 유로피언 형이며, 발행자와 ELW소유자간 결제는 현금결제 방식을 따른다. 최근 조기종료 조건(knock-out)이 추가적으로 부여된 조기종료 ELW도 거래되고 있다. 조기종료는 기초자산가격이 조기종료 발생기준가격에 도달하거나 초과하는 경우에 발생한다. 개별주식옵션이 거의 거래되지 않는 것과는 대조적으로, 2005년 12월에 처음 거래된 ELW는 2010년 일평균 거래대금이 1.6조원을 초과할 정도로 성장하였다.[11)] 그러나 2011년 금융당국의 강력한 규제와 불공정거래에 대한 검찰의 수사가 겹치면서 이후 ELW시장은 급격히 위축되었다. 주식ELW는 경제학적인 측면에서 주식옵션과 동일한 상품이지만 다음과 같은 점에서 차이가 있다. 첫째, 우리나라에서 ELW는 유가증권(파생결합증권)으로 분류되지만 주식옵션은 장내파생상품으로 분류된다.[12)] 둘째, ELW는 금융회사(증권회사)가 발행하는데 반하여 주식옵션은 불특정 다수에 의해 발행된다. 셋째, 주식옵션의 경우 한국거래소가 결제를 보증하지만 ELW의 경우 투자자가 만기시 발행자의 신용위험을 부담하게 된다(상장된 ELW의 거래에 대한 결제는 거래소가 보증함). 넷째, 주식옵션의 경우 발행금액에 제한이 없는 반면, ELW의 경우 발행총액이 미리 정해진다. 다섯째, 주식옵션의 만기는 단기인데 반하여, ELW의 만기는 길게는 3년이다. 여섯째, 주식옵션의 경우 옵션 1개당 기초자산 1개를 매입할 수 있는데 반하여, ELW의 경우 전환비율이 명시된다. 전환비율은 만기일에 ELW 1개를 행사하여 얻을 수 있는 기초자산의 수이다.

---

10) 워런트(warrant)는 채권과 함께 발행되기도 하는데 이런 채권을 신주인수권부사채(bond with warrant: BW)라고 한다. 여기서 워런트는 주식을 매입할 수 있는 권리인 신주인수권을 의미합니다. 신주인수권이 행사되면 채권발행기업은 신주를 발행하여 투자자에게 지급한다.

11) ELW는 미국에서 1990년 Nikkei225 주가지수를 대상으로 처음 발행되었다.

12) 자본시장법에서 금융투자상품은 원금초과손실 가능성 여부에 따라 증권과 파생상품으로 구분된다(1장 참조). 그리고 증권은 다시 지분증권, 채무증권, 수익증권, 증권예탁증권, 파생결합증권, 투자계약증권으로 구분된다. ELW는 ELS(12장 참조)와 함께 파생결합증권으로 분류된다. ELW는 법적으로 유가증권시장에서 거래되는 증권이지만 사실상 옵션과 동일하다.

핵심용어 정리

- 이득패턴(payoff pattern)
- 이익패턴(profit pattern)
- 내가격(in-the-money: ITM)
- 등가격(at-the-money: ATM)
- 외가격(out-of-the-money: OTM)
- 손익분기점(break-even point: BEP)
- 풋-콜 비율(put-call ratio)
- 변동성베팅(volatility betting)
- 합성선물매입포지션(synthetic futures long position)
- 합성선물매도포지션(synthetic futures short position)
- 합성주식매입포지션(synthetic stock long position)
- 레버리지(leverage)
- 주식옵션(stock option)
- 주가지수옵션(stock index option)
- 통화옵션(currency option)

주요결과 정리

주요 결과 #1

내가격옵션은 권리를 행사하는 것이 유리한 옵션이고, 외가격옵션은 권리를 행사하는 것이 불리한 옵션이다. 그리고 등가격옵션은 기초자산가격과 행사가격이 동일한 옵션이다. 내가격옵션은 기초자산가격이 행사가격보다 높은 콜옵션과 기초자산가격이 행사가격보다 낮은 풋옵션으로, 투자자는 내가격옵션만을 행사해야 한다.

주요 결과 #2

콜옵션 소유자의 이득은 $\max(S_T - K, 0)$으로 $S_T > K$이면 권리를 행사하고 $S_T - K$는 기초자산을 수취하고 행사가격을 지불함을 의미한다. 콜옵션 발행자의 이득은 $\min(K - S_T, 0)$이다. 콜옵션의 손익분기점은 $K + C$이다.

주요 결과 #3

풋옵션 소유자의 이득은 $\max(K-S_T, 0)$으로 $K > S_T$이면 권리를 행사하고 $K-S_T$는 기초자산을 주고 행사가격을 수취함을 의미한다. 풋옵션 발행자의 이득은 $\min(S_T-K, 0)$이다. 풋옵션의 손익분기점은 $K-P$이다.

주요 결과 #4

선물계약이 기초자산 변동성의 변화에 의해 영향을 받지 않는 반면에, 옵션계약은 기초자산 변동성의 증가로부터 이익을 얻는다. 변동성이 증가할 것으로 예상되면 옵션을 매입하고 변동성이 감소할 것으로 예상되면 옵션을 매도한다. 주가가 상승할 것으로 예상되면 콜옵션을 매입하거나 풋옵션을 매도하고, 주가가 하락할 것으로 예상되면 풋옵션을 매입하거나 콜옵션을 매도한다. 결과적으로 주가와 변동성 예측에 따른 적절한 옵션포지션은 다음과 같다.

	주가 상승	주가 하락
변동성 증가	콜 매입	풋 매입
변동성 감소	풋 매도	콜 매도

주요 결과 #5

선물매입, 콜매입, 풋매입의 최대손실은 각각 F, C, P이고 최대이익은 각각 무제한, 무제한, $K-P$이다. 선물매도, 콜매도, 풋매도의 최대손실과 최대이익은 이와 반대로 설정된다.

주요 결과 #6

옵션소유자는 권리를 소유하므로 이득이 max로 표현되고, 옵션발행자는 의무를 가지므로 이득이 min으로 표현된다. 옵션은 다양한 투자수단 제공, 레버리지 제공, 가격정보 제공, 효율적 리스크관리, 차익거래, 옵션개념의 활용 등 다양한 기능을 수행한다. 선물과 달리, 옵션은 변동성베팅이 가능하고 이익기회를 취하면서 손실위험을 제거할 수 있다.

주요 결과 #7

"Futures = Call − Put"이다. 즉, 콜옵션을 매입하고 풋옵션을 매도하면 선물매입포지션이 합성된다. 같은 논리로 "−Futures = Put − Call"이므로, 풋옵션을 매입하고 콜옵션을 매도하면 선물매도포지션이 합성된다. 그리고 "Futures = Call − Put"과 "Futures = Stock − Bond"로부터 "Stock = Call − Put + Bond"이 유도된다. 즉, 콜옵션을 매입하고, 풋옵션을 발행하고 무위험채권을 매입하면 주식매입포지션이 복제된다.

개념체크

1 콜옵션은 어떤 조건에서 내가격과 외가격이 되는가? 풋옵션은 어떤 조건에서 내가격과 외가격이 되는가?

2 어떤 경우에 등가격 옵션이 되는가?

3 콜옵션 매입포지션의 이득패턴과 이익패턴은 무엇인가? 이득이 $S_T - K$가 되는 이유는 무엇인가? 이득과 이익의 차이는 무엇인가? 손익분기점은? 발행포지션의 이득과 이익은?

4 풋옵션 매입포지션의 이득패턴과 이익패턴은 무엇인가? 이득이 $K - S_T$가 되는 이유는 무엇인가? 손익분기점은? 발행포지션의 이득과 이익은?

5 옵션 소유자의 이득이 max로 발행자의 이득이 min으로 표시되는 이유는 무엇인가?

6 언제 옵션을 행사하는가? 콜옵션과 풋옵션의 경우를 모두 설명하라. 옵션을 행사하면 이득이 반드시 0보다 큰가? 옵션을 행사하고도 이익이 0보다 작을 수 있는가? 어떤 주가 범위에서 옵션을 행사하지만 손실이 발생하는가?

7 주가상승과 주가하락시에 적절한 옵션 포지션은?

8 변동성 증가와 하락시 적절한 옵션 포지션은?

9 주가변화와 변동성 변화에 따른 적절한 옵션 포지션은?

10 풋-콜 비율이란 무엇인가? 무엇을 의미하는가?

11 선물과 옵션의 차이는 무엇인가?

12 선물과 달리 옵션의 경우에만 변동성 베팅이 가능한 이유는 무엇인가?

13 선물과 달리 옵션의 경우 이득이 비선형이 되는 이유는 무엇인가?

14 "옵션의 경우 유리한 위험을 취하고 불리한 위험을 제거할 수 있다"는 말의 의미는 무엇인가? 가능한 이유는?

15 옵션 소유자가 증거금제도의 적용을 받지 않는 이유는?

16 선물매입, 콜매입, 풋매입의 최대이익과 최대손실은 각각 무엇인가?

17 $S_T - K$선과 $K - S_T$선은 그래프에서 어떻게 표시되며 무엇을 의미하는가?

18 옵션의 기능 6가지를 설명할 수 있는가?

19 "Futures = Call - Put"의 의미는?

20 파생상품 포지션 6개 중에서 기초자산의 가격 상승이 유리하게 작용하는 포지션은? 반대로 가격 하락이 유리하게 작용하는 포지션은?

21 기초자산, 만기, 행사가격이 동일한 콜옵션을 매입하고 풋옵션을 발행하면 만기일에 어떻게 되는가?

22 순프리미엄이란 무엇인가?

23 합성선물매입포지션은 어떻게 구성되는가? 반대로 합성선물매도포지션은 무엇인가?

24 합성주식매입포지션은 어떻게 구성되는가?

CHAPTER

07 연습문제

객관식 유형

1 다음 중 내가격 옵션은?

① $S > K$ 콜옵션　　② $S < K$ 콜옵션
③ $S = K$ 풋옵션　　④ $S > K$ 풋옵션

2 다음 중 등가격 옵션은?

① $S > K$ 콜옵션　　② $S < K$ 콜옵션
③ $S = K$ 풋옵션　　④ $S > K$ 풋옵션

3 은 어떤 포지션의 이득패턴인가?

① 콜매입　　② 콜매도
③ 풋매입　　④ 풋매도

4 만기가 6개월이고 행사가격이 50,000원인 유로피언 콜옵션 가격이 6,000원이다. 이 옵션을 발행한 투자자의 최대이익과 최대손실은 각각 얼마인가?

① 0, 무제한　　② 6,000원, 50,000원
③ 0, 50,000원　　④ 6,000원, 무제한

5 다음 중 틀린 것은?

① 옵션을 행사하면 이익은 항상 0보다 크다.
② 유로피언 내가격 옵션은 반드시 만기일에 행사해야 한다.
③ 내가격 옵션을 행사하면 이득은 항상 0보다 크다.
④ 콜옵션 매입자의 손익분기점은 $K+C$이다.

6 선물계약과 옵션계약을 비교한 다음의 설명 중 틀린 것은?

① 선물 매도자는 의무를 가지고 옵션 매도자는 권리를 갖는다.
② 선물계약의 이익은 변동성의 변화에 의해 영향을 받지 않는다.
③ 옵션 매입자는 선물 매입자와 달리 증거금 제도의 적용을 받지 않는다.
④ 선물의 이득패턴은 선형이고 옵션의 이득패턴은 비선형이다.

7 행사가격이 2,000원이고 만기가 3개월인 유로피언 콜옵션을 500원에 매입하였다. 다음 중 만기일에 옵션을 행사하지만 손실이 발생하는 주가는?

① 1,500원　　② 2,000원
③ 2,300원　　④ 2,600원

8 합성선물매입포지션으로 가장 적절한 것은?

① put − call　　② call − put + bond
③ call − put　　④ put − call − bond

9 주가가 하락하고 변동성이 감소할 것으로 예상되는 경우에 가장 적절한 옵션 포지션은?

① 콜매입　　② 콜매도
③ 풋매입　　④ 풋매도

10 기초자산을 매입하게 되는 포지션만을 모두 모은 것은?

A. 선물매입	B. 선물매도	C. 콜옵션 매입
D. 콜옵션 매도	E. 풋옵션 매입	F. 풋옵션 매도

① A, C　　② C, F
③ A, C, F　　④ B, D, E

11 투자자가 만기가 6개월이고 행사가격이 10,000원인 콜옵션을 2,000원에 매입하였다. 만기일에 주가가 13,500원이면 수익률은 얼마인가?

① 175%　　② 100%
③ 60%　　④ 75%

12 만기가 6개월이고 행사가격이 20,000원인 유로피언 콜옵션과 풋옵션의 가격이 각각 2,000원과 800원이다 콜옵션과 풋옵션 각각의 손익분기점은 얼마인가?

① 22,000원, 20,800원 ② 22,000원, 19,200원
③ 18,000원, 19,200원 ④ 18,000원, 20,800원

13 투자자가 만기가 3개월이고 행사가격이 40,000원인 유로피언 풋옵션을 2,000원에 매입하였다. 투자자의 최대이익과 최대손실은 각각 얼마인가?

① 38,000원, 0 ② 40,000원, 2,000원
③ 40,000원, 0 ④ 38,000원, 2,000원

14 풋옵션 매도의 최대손실은 ______이고, 선물매도의 최대이익은 ______이다. 밑줄에 가장 적절한 것은?

① P, 무제한 ② $K-P,F$
③ $K+P,F$ ④ K,F

15 본문 레버리지 예시에서 전략4로 콜옵션 300개를 매입하고 남은 금액으로 국채에 투자한 경우를 고려해 보자. 만기일의 주가가 7,000원이면 수익률은 얼마인가?

① 2% ② −41%
③ −43% ④ −65%

16 다음 중 틀린 설명은?

① 옵션을 발행하려면 반드시 기초자산을 보유해야 하는 것은 아니다.
② 옵션을 행사하면 기초자산의 발행주식수가 증가한다.
③ 우리나라의 경우 모든 옵션이 현금결제된다.
④ 옵션 중 가장 먼저 상장된 옵션은 코스피200옵션이다.

17 다음 중 이득패턴이 S_T-K로 표시되는 것만을 모두 모은 것은?

a. 콜매입 b. 콜매도 c. 풋매입 d. 풋매도

① a ② d
③ b, c ④ a, d

18 [그림 7-11]에서 주가가 얼마일 때 전략1과 전략2가 동일한 수익률을 제공하는가? 정수로 답하라.

① 8,095원 ② 8,133원
③ 8,167원 ④ 정답 없음

19 다음 포트폴리오와 동등한 포지션을 무엇인가? 모든 계약의 만기일은 동일함.

> K의 가격으로 기초자산을 매입하는 선도계약과 동일 자산을 기초자산으로 하고 행사가격이 K인 풋옵션 매입포지션

① 콜옵션 매입포지션 ② 콜옵션 매도포지션
③ 주식 매입포지션 ④ 채권 매입포지션

20 다음 표는 어느 특정일의 코스피200 주가지수 옵션시세표 중 일부이다. 다음의 설명 중 가장 적절하지 않은 것은? (단, 만기 전 배당, 거래비용, 세금은 없다고 가정한다. 1포인트는 10만원이다.) (CPA2010)

(단위: 포인트, 계약)

종 목	종가	전일 대비	고가	저가	거래량	미결제 약정수량
코스피200	213.44	3.71	213.56	212.09	–	–
C 1003 217.5	1.99	0.78	2.17	1.43	597,323	73,427
C 1003 215.0	3.05	1.15	3.25	2.31	265,900	63,076
C 1003 212.5	4.55	1.70	4.55	3.40	57,825	44,939
C 1003 210.5	5.85	1.85	6.15	4.80	34,650	30,597
P 1003 215.0	4.55	−2.95	6.10	4.35	24,324	26,032
P 1003 212.5	3.30	−2.55	4.85	3.20	39,636	21,824
P 1003 210.5	2.40	−2.15	3.50	2.34	253,298	49,416
P 1003 207.5	1.73	−1.67	2.60	1.69	329,762	33,767

① 등가격(ATM)에 가장 가까운 종목 중 행사가격이 동일한 콜과 풋옵션의 경우 콜옵션 가격이 풋옵션 가격보다 비싸다.
② 행사가격이 210.5인 풋옵션 10계약을 장 중 최저가에 매입한 후 최고가에 매도하였다면 116만원의 매매차익을 얻었을 것이다.

③ 외가격(OTM)이 심한 종목일수록 거래량이 많았다.
④ 콜옵션의 경우 내가격(ITM)이 심한 종목일수록 청산되지 않고 남아있는 수량이 적었다.
⑤ 풋콜패러티(put-call parity)를 통한 계산결과, 행사가격이 212.5인 풋옵션은 과소평가되어 있다. 단, $(1 + \text{무위험수익률})^{\text{잔존기간}}$은 1.002이다.

21 ㈜한국은 3개월 후에 미국기업에 대한 수입대금 1백만달러를 지급해야 한다. 다음 중 환위험을 헤지하기 위해 이 기업이 취할 수 있는 환위험관리전략으로 가장 적절한 것은? (CPA2009)

① 동일한 행사가격의 3개월 만기의 달러 콜옵션과 달러 풋옵션을 동시에 매도한다.
② 스왑딜러를 통해 원화 수입이 주된 소득원인 미국 현지의 A기업과 달러를 지급하고 원화를 수취하는 원-달러 통화스왑계약을 체결한다.
③ 3개월 만기의 달러 콜옵션을 매입한다.
④ 국내 유로은행에서 달러를 차입하여 이를 외환시장에 매도한다.
⑤ 3개월 만기의 달러화 선물환 매도계약을 체결한다.

22 어느 투자자가 행사가격이 25,000원인 콜옵션을 개당 4,000원에 2개 매입하였고, 행사가격이 40,000원인 콜옵션을 2,500원에 1개 발행하였다. 옵션만기일에 기초주식가격이 50,000원이라고 할 때, 이러한 투자전략의 만기가치와 투자자의 만기손익을 각각 구하라. (단, 옵션의 기초주식과 만기는 동일하며 거래비용은 무시하라) (CPA2005)

	투자전략의 만기가치	투자자의 만기손익
①	15,000원	13,500원
②	25,000원	23,500원
③	30,000원	27,000원
④	35,000원	30,000원
⑤	40,000원	34,500원

주관식 유형

1 투자자가 만기가 6개월이고 행사가격이 50,000원인 유로피언 콜옵션을 7,000원에 매입하였다. 다음 질문에 답하라.

1. 어떤 조건에서 콜옵션을 행사해야 하는가?
2. 콜옵션이 외가격과 내가격에 있기 위한 조건은 각각 무엇인가?
3. 만기일의 주가가 45,000원, 55,000원, 60,000원, 70,000원일 때의 수익률을 각각 계산하라.
4. 투자자의 최대 이익과 최대 손실은 각각 얼마인가?
5. 투자자의 손익분기점은 얼마인가?
6. 투자자가 옵션을 행사하지만 손실을 보는 주가범위는 얼마인가?
7. 이 콜옵션을 발행한 투자자의 최대 이익과 최대 손실은 각각 얼마인가?
8. 콜옵션 발행자가 기대하는 것은 무엇인가?
9. 콜옵션 소유자의 이득패턴과 이익패턴을 그래프에 그리시오.

2 투자자가 만기가 2개월이고 행사가격이 35,000원인 유로피언 풋옵션을 5,000원에 매입하였다. 다음 질문에 답하라.

1. 어떤 조건에서 풋옵션의 가치가 0인가?
2. 풋옵션이 내가격과 외가격에 있기 위한 조건은 각각 무엇인가?
3. 만기일의 주가가 20,000원, 28,000원, 33,000원, 40,000원일 때의 수익률을 각각 계산하라.
4. 투자자의 최대 이익과 최대 손실은 각각 얼마인가?
5. 투자자의 손익분기점은 얼마인가?
6. 투자자가 옵션을 행사하지만 손실을 보는 주가범위는 얼마인가?
7. 이 풋옵션을 발행한 투자자의 최대 이익과 최대 손실은 각각 얼마인가?
8. 풋옵션 발행자가 기대하는 것은 무엇인가?
9. 풋옵션 소유자의 이득패턴과 이익패턴을 그래프에 그리시오.

3 투자자가 만기가 1년이고 행사가격이 50,000원인 유로피언 콜옵션 1개를 4,000원에 발행하였다. 현재 기초자산의 가격은 47,000원이다.

1. 어떤 조건에서 옵션이 행사되는가?
2. 어떤 조건에서 투자자의 이익이 0보다 큰가?
3. 투자자의 이득패턴과 이익패턴을 그리시오.
4. 옵션소유자의 이익패턴을 그리시오.

4 현재 충남기업의 주가는 40,000원이다. 만기가 1년이고 행사가격이 41,000원인 콜옵션의 프리미엄이 2,000원이다. 400,000원을 소유한 투자자의 다음 두 전략을 고려해 보자.

> 전략1: 400,000원으로 주식 10주 매입
>
> 전략2: 400,000원으로 콜옵션 200개 매입

1. 만기일에 주가가 45,000원으로 상승하는 경우 두 전략의 이익과 수익률을 계산하라.
2. 만기일에 주가가 35,000원으로 하락하는 경우 두 전략의 이익과 수익률을 계산하라.

5 철수는 한동기업 주식 100주를 보유하고 있다. 그는 향후 6개월 동안 주가가 하락할 가능성이 매우 높다고 판단하고 주가하락으로부터 보호받고자 한다. 현재 주가는 50,000원이고, 만기가 6개월이고 행사가격이 48,000원인 풋옵션의 가격이 4,000원이다.

1. 옵션을 이용한 헤지전략에 대하여 설명하고 소요되는 비용을 추정하라.
2. 이 전략의 결과는 무엇인가?

6 현재 주가가 10,000원인 무배당 주식에 대한 콜옵션의 가격이 1,407원이고 풋옵션의 가격이 667원이다. 옵션은 만기가 1년이고 행사가격이 10,000원인 유로피언 옵션이다.

1. 콜옵션을 매입하고 풋옵션을 매도하면 만기일에 어떤 일이 발생하는가?
2. 만약 만기일의 주가가 12,000원과 8,000원이면 1의 투자수익률은 각각 얼마인가?
3. 1과 동일한 포지션을 선물계약을 이용하여 구성하라.

7 현재 무배당 주식의 가격은 50,000원이다. 1년 후 주가가 55,000원으로 상승하거나 또는 45,000원으로 하락할 것으로 예상된다. 무위험이자율은 연 5%이다. 만기가 1년이고 행사가격이 52,500원인 유로피언 콜옵션과 풋옵션의 가격이 6,000원으로 동일하다. 1년 만기 선물가격은 52,500원이다.

1. 합성선물매입포지션을 구성하고 현금흐름이 선물매입과 동일함을 표로 보이시오.
2. 주식매입의 복제포트폴리오를 옵션과 채권으로 구성하라. 주식매입과 복제포트폴리오가 동일한 현금흐름을 제공함을 표로 보이시오.

8 무배당 주식의 가격이 50,000원이다. 이 주식을 기초자산으로 하는 유로피언 등가격 콜옵션 가격이 6,500원이다. 옵션의 만기는 1년이다. 3,250만원을 소유한 투자자가 다음 세 전략을 고려하고 있다.

전략1: 모두 주식 매입

전략2: 모두 콜옵션 매입

전략3: 주식에 50%, 콜옵션에 50%를 투자함

만기일의 주가가 40,000원, 45,000원, 50,000원, 60,000원, 70,000원일 때 세 전략의 수익률을 계산하라.

CHAPTER

07 연습문제 풀이

객관식 유형

1 ①

내가격 옵션은 $S > K$ 콜옵션과 $S < K$ 풋옵션이다.

2 ③

등가격 옵션은 $S = K$인 옵션이다.

3 ④

4 ④

최대이익은 받은 옵션프리미엄이고 최대손실은 제한이 없다.

5 ①

콜옵션의 경우 주가가 $K < S_T < K + C$이면 옵션을 행사하지만 손실이 발생한다.

6 ①

옵션 매도자는 선물 매도자처럼 의무를 갖는다.

7 ③

주가가 $K < S_T < K + C$이면 옵션을 행사하지만 손실이 발행하는 구간이다.

8 ③

Futures = Call − Put

9 ②

주가가 하락할 때 적절한 포지션은 풋매입, 콜매도이고 변동성이 감소할 때 적절한 포지션은 매도 포지션이므로 정답은 콜매도이다.

10 ③

기초자산을 매입하는 포지션은 선물매입, 콜매입, 풋매도 포지션이다.

11 ④

수익률은 $\frac{13,500 - 10,000 - 2,000}{2,000} = 0.75$ 또는 75%이다.

12 ②

콜옵션의 손익분기점은 $K+C$이고 풋옵션의 손익분기점은 $K-P$이다.

13 ④

풋매입의 최대이익은 $K-P$이고 최대손실은 P이다.

14 ②

풋매도의 최대손실은 풋매입의 최대이익인 $K-P$이고 선물매도의 최대이익은 선물매입의 최대손실인 F이다.

15 ②

$$\frac{-1,000 \times 300 + 400,000 \times 0.04}{700,000} = -0.41$$

16 ②

옵션을 행사하더라도 기초자산의 발행주식수는 변하지 않는다.

17 ④

18 ③

$100(S_T - 7,000) = (S_T - 7,000 - 1,000) \times 700$으로부터 $S_T = 8,166.678$이다.

19 ①

"Futures = Call − Put"에 의해 "Futures + Put = Call"이다. 따라서 이 포트폴리오는 행사가격이 K인 콜옵션 매입포지션과 동등하다.

20 ⑤

등가격의 경우 콜가격이 풋가격보다 비싸다. $(3.5 - 2.34) \times 100,000 \times 10 = 116$만원이다. 외가격일수록 거래량이 많으며 이는 콜옵션과 풋옵션의 경우 모두 성립한다. 콜의 경우 내가격일수록 미결제약정수량이 적다. 그런데 $C+PV(K) = 4.55 + \frac{212.5}{1.002} = 216.63$과 $P+S = 3.3 + 213.44 = 216.74$이므로 $C+PV(K) < P+S$이므로 풋옵션이 상대적으로 과대평가 되었거나 또는 콜옵션이 상대적으로 과소평가되어 있다(풋-콜 패리티는 8장을 참고하라).

21 ③

수입기업은 미래에 필요한 달러를 매입해야 하므로 적절한 전략은 달러 선물매입 또는 달러 콜옵션 매입이다.

22 ⑤

만기가치는 40,000원이고 만기손익은 40,000 − 5,500 = 34,500원이다.

포지션	$CF_{t=0}$	$CF_{t=T}$
콜옵션(K=25,000) 2개 매입	−8,000	25,000 × 2 = 50,000
콜옵션(K=40,000) 1개 발행	2,500	−10,000
합계	−5,500	40,000

주관식 유형

1 해답 및 해설

① 만기일의 주가가 행사가격을 초과하면 콜옵션을 행사한다. ② 주가가 행사가격보다 작으면 콜옵션이 외가격에 있고, 주가가 행사가격보다 크면 콜옵션이 내가격에 있다. ③ 만기일의 주가가 45,000, 55,000, 60,000원, 70,000원일 때의 이익이 각각 −7,000, −2,000, 3,000원, 13,000원이므로 수익률은 −100%, −29%, 43%, 186%이다. ④ 최대 이익은 무제한이고 최대 손실은 옵션가격인 7,000원이다. ⑤ 투자자의 손익분기점은 행사가격에 옵션가격을 가산한 57,000원이다. ⑥ 투자자가 옵션을 행사하지만 손실을 보는 주가범위는 50,000 < S_T < 57,000이다. ⑦ 발행자의 최대 이익은 콜옵션가격인 7,000원이고, 최대 손실은 무제한이다. ⑧ 콜옵션 발행자는 콜옵션 매도 후 주가가 상승하지 않아 받은 프리미엄을 보존하기를 기대한다. ⑨ 이득패턴과 이익패턴은 다음과 같다.

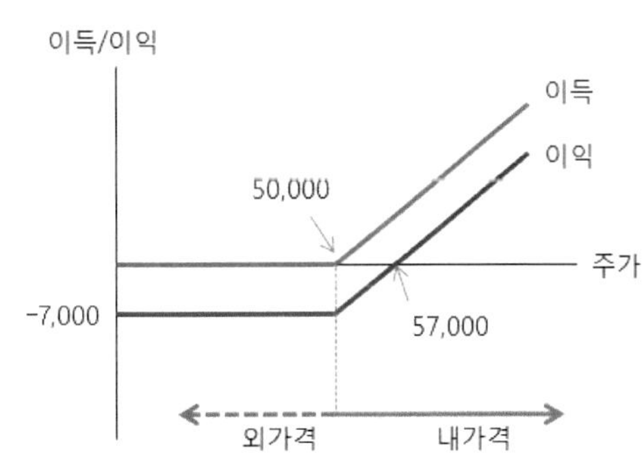

2 해답 및 해설

① 만기일의 주가가 행사가격보다 크면 풋옵션의 가치가 0이다. ② 만기일의 주가가 행사가격보다 작으면 풋옵션이 내가격에 있고, 주가가 행사가격보다 크면 외가격에 있다. ③ 만기일의 주가가 20,000, 28,000, 33,000원, 40,000원이면 이익이 각각 10,000원, 2,000원, -3,000원, -5,000원이므로 수익률은 각각 200%, 40%, -60%, -100%이다. ④ 투자자의 최대 이익은 30,000원이고 최대 손실은 5,000원이다. ⑤ 투자자의 손익분기점은 행사가격에서 풋옵션 가격을 차감한 30,000원이다. ⑥ 투자자가 옵션을 행사하지만 손실을 보는 주가범위는 $30,000 < S_T < 35,000$원이다. ⑦ 이 풋옵션을 발행한 투자자의 최대 이익은 5,000원이고, 최대 손실은 30,000원이다. ⑧ 풋옵션 발행자가 기대하는 것은 옵션 발행 후 주가가 상승하여 수령한 풋옵션 프리미엄을 보존하는 것이다. ⑨ 풋옵션 소유자의 이득패턴과 이익패턴은 다음과 같다.

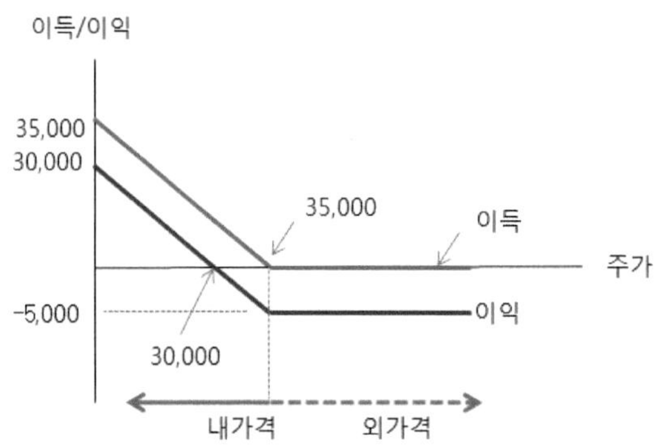

3 해답 및 해설

1 소유자는 옵션이 내가격에 있을 때 옵션을 행사한다. 콜옵션이 내가격에 있기 위한 조건은 주가가 행사가격보다 높아야 한다. 따라서 만기일에 주가가 행사가격 50,000원보다 높으면 소유자는 권리를 행사하고 발행자는 50,000원에 주식을 매도해야 할 의무가 있다.

2 투자자는 옵션을 발행하고서 4,000원을 받았으므로 만기일의 이득이 -4,000원인 점이 손익분기점이다. 콜옵션 발행자의 만기일의 이득은 $\min(K - S_T, 0)$이므로 $S_T = 54,000$원일 때 이득이 -4,000원이다. 따라서 이익이 0보다 크기 위해서는 주가가 54,000원보다 낮아야 한다.

3 옵션 발행자의 이득과 이익패턴은 다음과 같다.

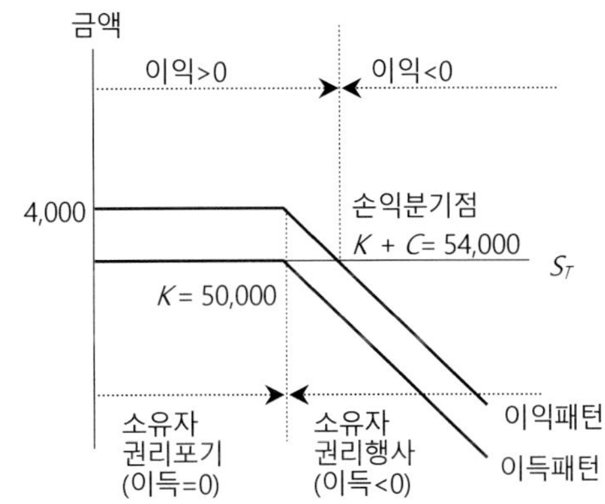

4 옵션소유자의 이익패턴은 다음과 같다.

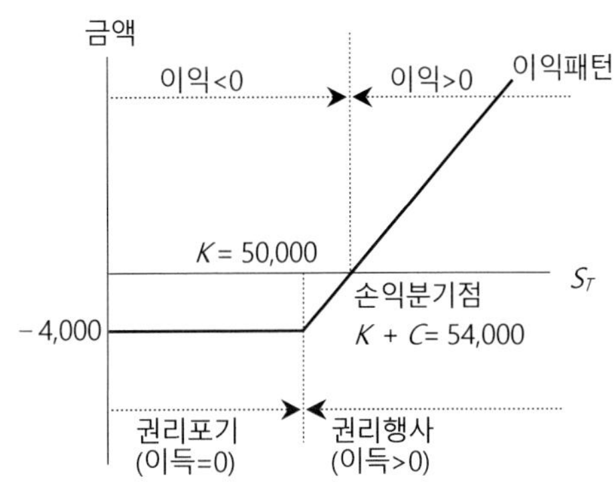

4 해답 및 해설

전략	(1) 45,000원	(2) 35,000원
주식 10주 매입	이익 : (45,000 − 40,000) × 10 = 50,000 수익률 : 12.5%	이익 : (35,000 − 40,000) × 10 = −50,000 수익률 : −12.5%
콜옵션 200개 매입	이익 : (45,000 − 41,000) × 200 − 400,000 = 400,000 수익률 : 100%	이익 : −400,000 수익률 : −100%

5 해답 및 해설

1 적절한 전략은 풋옵션 100개를 개당 4,000원에 매입하는 것이다. 소요되는 비용은 4,000 × 100 = 400,000원이다.

2 이 전략으로 철수는 옵션의 만기일까지 한동기업의 주식을 주당 최소 48,000원에 매도할 수 있도록 보호해 준다. 만일 만기일의 주가가 48,000원 이상이면, 풋옵션의 가치는 0이고 철수가 소유하고 있는 주식의 가치는 최소 주당 48,000원이다. 반대로 만기일의 주가가 48,000원 이하이면 철수는 풋옵션을 행사한다. 즉, 소유하고 있는 주식을 인도하고 주당 48,000원을 받는다. 따라서 만기일의 주가와 무관하게 철수는 주당 최소한 48,000원을 확보할 수 있다.

6 해답 및 해설

1 만기일의 주가와 무관하게 항상 주식을 매입하게 된다.

2 포지션을 취하는데 소요되는 비용이 1,407 − 667 = 740원이다. 만기일의 주가가 12,000원이면 이득이 2,000원이고 이익이 1,260원이다. 따라서 수익률은 $\frac{1,260}{740}$ = 170% 이다. 만기일의 주가가 8,000원이면 이득이 −2,000원이고 이익은 −2,740원이다. 따라서 수익률은 $\frac{-2,740}{740}$ = −370% 이다.

3 동일한 선물포지션은 행사가격을 선물가격으로 하는 선물매입이다. 선물을 매입하면 투자자는 만기일의 주가와 무관하게 K의 가격으로 주식을 매입하게 된다.

7 해답 및 해설

1 "Futures = Call − Put"에 의해 선물매입은 콜옵션 매입과 풋옵션 발행으로 복제된다.

		현재 현금흐름	만기일 현금흐름	
			S_T=55,000	S_T=45,000
선물매입		0	2,500	−7,500
합성선물매입	콜옵션 매입	−6,000	2,500	0
	풋옵션 발행	+6,000	0	−7,500
	합계	0	2,500	−7,500

2 "Stock = Call − Put + Bond"에 의해 주식매입은 콜옵션 매입, 풋옵션 발행, 채권매입으로 복제된다.

		현재 현금흐름	만기일 현금흐름	
			S_T=55,000	S_T=45,000
주식매입		−50,000	55,000	45,000
합성주식매입	콜옵션 매입	−6,000	2,500	0
	풋옵션 발행	+6,000	0	−7,500
	채권 매입	−50,000	52,500	52,500
	합계	−50,000	55,000	45,000

8 해답 및 해설

각 전략의 이익은 다음과 같이 계산된다. 3,250만원으로 주식 650주 또는 콜옵션 5,000개를 구입할 수 있다.

- 전략1 : $650 \times (S_T - 50{,}000)$
- 전략2 : $5{,}000 \times [\max(S_T - 50{,}000, 0) - 6{,}500]$
- 전략3 : $325 \times (S_T - 50{,}000) + 2{,}500 \times [\max(S_T - 50{,}000, 0) - 6{,}500]$

전 략	만기일의 주가				
	40,000원	45,000원	50,000원	60,000원	70,000원
전략1 (주식투자)	−650 (−20%)	−325 (−10%)	0	650 (20%)	1,300 (40%)
전략2 (옵션투자)	−3,250 (−100%)	−3,250 (−100%)	−3,250 (−100%)	1,750 (54%)	6,750 (208%)
전략3 (주식과 옵션 투자)	−1,950 (−60%)	−1,788 (−55%)	−1,625 (−50%)	1,200 (37%)	4,025 (124%)

(참고: 이익의 단위는 만원임)

CHAPTER 8

옵션가격과 차익거래

CONTENTS

학습 주안점

8장에서는 옵션가격과 차익거래에 대해 설명하기로 한다. 먼저 유로피언 콜옵션 가격과 풋옵션 가격 및 기초자산 가격간에 성립해야 하는 풋-콜 패리티 관계를 설명한다. 풋-콜 패리티는 매우 다양하게 활용되며 특히 합성포지션을 구성하는데 매우 유용하다. 이 장에서는 풋-콜 패리티와 더불어 옵션가격에 영향을 미치는 요인, 옵션가격의 분해, 옵션가격의 범위 및 조기행사에 대해서도 설명하기로 한다.

이 장에서 여러분이 숙지해야 할 내용은 다음과 같다.

❶ 풋-콜 패리티란 무엇인가? 어떻게 증명할 수 있는가?
❷ 풋-콜 패리티가 성립하지 않으면 어떤 차익거래가 가능한가?
❸ 풋-콜 패리티를 이용하여 주식, 채권, 콜옵션, 풋옵션의 매입 또는 매도포지션을 어떻게 합성할 수 있는가?
❹ 옵션프리미엄에 영향을 미치는 요인 6가지 무엇이며 어떤 방향으로 영향을 미치는가?
❺ 옵션프리미엄은 어떻게 분해되는가? 시간프리미엄은 항상 0보다 큰가?
❻ 콜옵션과 풋옵션의 상한가와 하한가는 각각 무엇인가? 이 범위를 벗어나면 어떤 차익거래가 가능한가?
❼ 무배당 주식에 대한 아메리칸 콜옵션과 풋옵션을 조기에 행사하는 것이 유리한가?
❽ 행사가격과 옵션프리미엄간에 어떤 관계가 성립하는가?

1 풋-콜 패리티

기초자산, 만기, 행사가격이 동일한 유로피언 콜옵션과 풋옵션 프리미엄 사이에 일정한 균형관계가 성립하는데 이를 풋-콜 패리티(put-call parity) 또는 풋-콜 등가식이라고 한다(단, 기초자산은 만기일까지 현금소득을 제공하지 않음).

7장에서 설명했듯이, 풋옵션을 매입하고 콜옵션을 발행하면 만기일에 주식의 가격과 무관하게 주식을 매도하게 되므로 합성선물매도포지션이다. 주식매입포지션을 헤지하는데 선물매도포지션이 필요하므로 $S+(P-C)$는 헤지포지션(hedge position)이다. [표 8-1]이 보여 주듯이, 이 헤지포지션은 만기일에서 일정한 가치 K(행사가격)를 갖는다.

▸ ▸ 〈표 8-1〉 무위험 포트폴리오의 구성

포트폴리오 구성	현재 가치	현재 현금흐름	만기일의 현금흐름	
			$S_T < K$	$S_T > K$
주식 1주 매입	S	$-S$	S_T	S_T
풋옵션 1개 매입	P	$-P$	$K-S_T$	0
콜옵션 1개 매도	$-C$	C	0	$-(S_T-K)$
무위험포트폴리오	$S+P-C$	$-(S+P-C)$	K	K

만기일에서 K의 가치를 갖는 포트폴리오는 가치가 주가의 변화와 무관하므로 무위험포트폴리오이고 이는 당연히 무위험이자율 r을 얻어야 한다(옵션의 만기는 T임). 즉,

$$S+P-C=\frac{K}{(1+r)^T}=PV(K) \tag{8.1}$$

만일 이 균형관계가 성립하지 않으면 차익거래기회가 발생하므로 결국 차익거래에 의해 균형관계가 성립하게 된다(섹션 2.2 참조).

예시 8-1 풋-콜 패리티

무배당 주식 가격이 4,000원이고 이 자산을 기초자산으로 하는 유럽식 콜옵션과 풋옵션 가격이 각각 97원과 508원이다(만기는 3개월이고 행사가격은 4,500원임). 이자율은 연 8.32%이다. 주식 1주를 소유한 투자자가 풋옵션을 매입하고 콜옵션을 매도하면 411원을 투자해야 한다. 투자자는 1개월 후 만기일의 주가와 무관하게 주식을 4,500원에 매도하게 된다. 포지션을 취하는 시점에서 포트폴리오의 가치는 4,000 + 508 − 97 = 4,411원이고 이는 행사가격의 현재가치와 동일하다($4{,}500/1.0832^{0.25}$ = 4,411). 투자자가 무위험포트폴리오를 구성하므로 3개월동안 연 8.32%의 무

위험이자율을 얻는다.

$$\left(\frac{4{,}500}{4{,}411}\right)^{\frac{1}{0.25}} - 1 = 0.0832$$

$S+P-C=\frac{K}{(1+r)^T}$의 풋콜 패리티 식을 다른 방법으로 증명하기 위하여 다음과 같이 변형하자.

$$P+S=C+\frac{K}{(1+r)^T} \qquad (8.2)$$

풋-콜 패리티를 증명하기 위하여 다음 두 포트폴리오를 구성하자.

- A포트폴리오 : 유로피언 풋옵션 1개와 주식 1주 매입
- B포트폴리오 : 유로피언 콜옵션 1개와 $PV(K)$의 현금(r의 이자율로 T기간 투자됨)

A포트폴리오($P+S$)와 B포트폴리오($C+PV(K)$)는 모두 만기일에 $\max(S_T, K)$의 가치를 가지므로 차익거래를 피하기 위해서는 현재 시점에서 동일한 가치를 가져야 한다. 즉, 차익거래를 배제하려면 풋-콜 패리티가 성립해야 한다.

예시 8-2　풋-콜 패리티의 증명

① A포트폴리오($P+S$): 만약 만기일에 $S_T > K$이면 풋옵션의 가치는 0이므로 포트폴리오의 가치는 $0+S_T=S_T$이다. 반대로 만약 만기일에 $S_T < K$이면 풋옵션이 내가격에 있으므로 풋옵션을 행사하고(즉, 주식을 인도하고 K를 수령함) 포트폴리오의 가치는 $(K-S_T)+S_T=K$이다. 결국 A포트폴리오의 가치는 $S_T > K$일 때 S_T의 가치를 갖고 $K > S_T$일 때 K의 가치를 가지므로 이는 $\max(S_T, K)$로 표현된다.

② B포트폴리오($C+PV(K)$): $PV(K)$는 만기일에 K가 된다. 만약 만기일에 $S_T > K$이면 콜옵션이 내가격에 있으므로 콜옵션을 행사하고(즉, K를 지불하고 S_T의 가치를 갖는 주식을 수령함) 포트폴리오의 가치는 $(S_T-K)+K=S_T$이다. 반대로 만기일에 $S_T < K$이면 콜옵션의 가치는 0이므로 포트폴리오의 가치는 $0+K=K$이다. 결국 B포트폴리오의 가치도 $\max(S_T, K)$이다.

주요 결과 #1

풋-콜 패리티 또는 풋-콜 등가식은 기초자산(무배당), 만기, 행사가격이 동일한 유로피언 콜옵션과 풋옵션 프리미엄 사이에 성립해야 하는 일정한 균형관계이다.

$$S+P-C=\frac{K}{(1+r)^T} \quad \text{또는} \quad P+S=C+\frac{K}{(1+r)^T}$$

② 풋-콜 패리티의 이용

2.1 가치평가

무배당 주식에 대한 유로피언 콜옵션(풋옵션) 가격을 알면 풋-콜 패리티를 이용하여 동일 조건의 풋옵션(콜옵션) 가격을 구할 수 있다. 예를 들어, 기초자산(무배당)의 가격이 8,000원이고 무위험이자율이 5%이다. 만기가 1년이고 행사가격이 8,000원인 유로피언 콜옵션의 가격이 1,140원이면 동일 조건의 유로피언 풋옵션 가격은 759원이다.

$$P = C + PV(K) - S = 1{,}140 + \frac{8{,}000}{1.05} - 8{,}000 = 759$$

2.2 차익거래 기회의 확인

$C + PV(K) \neq P + S$이면 차익거래 기회가 발생한다. 즉, $C + PV(K) > P + S$이면 과대평가된 콜옵션을 매도하고, 차입하여 과소평가된 풋옵션과 주식을 매입함으로써 무위험 차익을 얻을 수 있다(투자금액 $= P + S - C$). 풋옵션을 매입하고 콜옵션을 매도하면 만기일의 주가와 무관하게 주식을 행사가격(K)에 매도하게 되므로 차익거래자는 주식매입과 합성선물매도 포지션을 동시에 취한 셈이다. 주식의 매입가격과 매도가격이 확정되어 있으므로 차익거래자는 무위험 이익을 만기일에 $K - (P + S - C)(1 + r)^T$로 확정시킬 수 있다.[1)]

반대로 $C + PV(K) < P + S$이면 과소평가된 콜옵션을 매입하고 과대평가된 풋옵션과 주식을 매도(또는 공매도)한다((현금유입금액 $= P + S - C$). 콜옵션을 매입하고 풋옵션을 매도하면 만기일의 주가와 무관하게 주식을 행사가격(K)에 매입하게 되므로 차익거래자는 만기일에 무위험 차익을 $(P + S - C)(1 + r)^T - K$로 확정시킬 수 있다. 콜옵션을 매입하고 풋옵션을 매도하면 합성선물매입포지션이 복제되므로 차익거래자는 주식 공매도와 합성선물매입포지션을 동시에 취한 셈이다.

1) $C + PV(K) > P + S$이므로 만기일에 실현되는 무위험 이익인 $K - (P + S - C)(1 + r)^T$은 0보다 크다. 만약 무위험 이익을 현재 시점에서 실현한다면 무위험 이익은 $\frac{K}{(1+r)^T} - (P + S - C)$이다.

예시 8-3 $C+PV(K)<P+S$인 경우의 차익거래

$S=64{,}000$, $r=12\%$, $T=1$, $K=60{,}000$, $C=8{,}000$, $P=1{,}000$인 경우의 차익거래 과정을 설명해 보자. $P+S=1{,}000+64{,}000=65{,}000$원이고 $C+PV(K)=8{,}000+\frac{60{,}000}{1.12}=61{,}571$원이다. $C+PV(K)<P+S$이므로 과대평가된 풋옵션과 주식을 매도(공매도)하고 과소평가된 콜옵션을 매입한다. $1{,}000+64{,}000-8{,}000=57{,}000$원의 현금유입이 발생하며 이는 1년 후 $57{,}000(1.12)=63{,}840$원으로 커진다.

① $S_T>K$의 경우 : 콜옵션을 행사하여 주식을 60,000원에 매입하고 주식공매도포지션을 마감한다. 이 때 풋옵션의 가치는 0이다.

② $S_T<K$의 경우 : 풋옵션이 행사되므로 주식을 60,000원에 매입해야 한다. 매입한 주식으로 공매도포지션을 마감한다. 이 때 콜옵션의 가치는 0이다.

투자자는 만기일에서의 주가와 무관하게 항상 주식을 60,000원에 매입하므로 만기일에서의 이익은 항상 $63{,}840-60{,}000=3{,}840$원이다. 3,840원은 두 포트폴리오 가격차이의 미래가치이다 : $(65{,}000-61{,}571)(1.12)=3{,}840$. 이상의 결과를 표로 정리하면 다음과 같다.[2)]

▸▸ 〈표 8-2〉 $C+PV(K)<P+S$인 경우의 차익거래(이익실현시점은 만기일임)

포지션	현재시점의 현금흐름	만기일에서의 현금흐름($K=60{,}000$)	
		$S_T<K$	$S_T>K$
풋옵션 매도	+1,000	$-(60{,}000-S_T)$	0
주식 공매도	+64,000	$-S_T$	$-S_T$
콜옵션 매입	−8,000	0	$S_T-60{,}000$
대출(@12%)	−57,000	63,840	63,840
합 계	0	3,840	3,840

이익은 보통 만기일을 기준으로 계산하지만 다음과 같이 현재 시점 기준으로도 계산할 수 있다. 이를 위해 [표 8-2]의 대출 포지션을 수정해야 한다.

▸▸ 〈표 8-3〉 $C+PV(K)<P+S$인 경우의 차익거래(이익실현시점은 현재 시점임)

포지션	현재시점의 현금흐름	만기일에서의 현금흐름($K=60{,}000$)	
		$S_T<K$	$S_T>K$
풋옵션 매도	+1,000	$-(60{,}000-S_T)$	0
주식 공매도	+64,000	$-S_T$	$-S_T$
콜옵션 매입	−8,000	0	$S_T-60{,}000$
대출(@12%)	−53,571	60,000	60,000
합 계	3,429	0	0

2) 2장에서 설명했듯이, 대출(lending)은 무위험채권 투자 또는 매입으로, 차입(borrowing)은 무위험채권 공매도로 대체할 수 있다. 즉, $C+PV(K)$에 매입포지션을 취하는 것을 "콜옵션 매입과 대출" 또는 "콜옵션 매입과 무위험채권 매입"으로 표현할 수 있다.

(참고: $\frac{3,840}{1.12} = 3,429$, $\frac{60,000}{1.12} = 53,571$)

이번에는 콜옵션 가격이 12,000원이라고 가정하자. $C+PV(K) > P+S$이므로 투자자는 풋옵션과 주식을 매입하고 콜옵션을 발행한다. 즉, 투자자는 1,000 + 64,000 − 12,000 = 53,000원을 차입하고 1년 후 원리금 53,000(1.12)=59,360원을 상환해야 한다. 풋옵션을 매입하고 콜옵션을 발행하므로 만기일에 주식을 60,000원에 매도하여 무위험차익 640원을 실현한다.

주요 결과 #2

$C+PV(K) \neq P+S$이면 차익거래 기회가 발생한다. 즉, $C+PV(K) > P+S$이면 과대평가된 콜옵션을 매도하고, 과소평가된 풋옵션과 주식을 매입하여 무위험 차익을 $K-(P+S-C)(1+r)^T$로 확정시킬 수 있다. 반대로 $C+PV(K) < P+S$이면 과소평가된 콜옵션을 매입하고, 과대평가된 풋옵션과 주식을 매도(또는 공매도)하여 무위험 차익을 $(P+S-C)(1+r)^T-K$로 확정시킬 수 있다.

2.3 합성포지션의 구성

풋-콜 패리티 식을 이용하면 주식, 콜옵션, 풋옵션, 채권의 매입포지션과 매도포지션을 합성할 수 있는 방법을 도출할 수 있다.

① 옵션 매입포지션 : $C = P+S-PV(K)$이므로 풋옵션과 주식을 매입하고 $PV(K)$를 차입하면 콜옵션 매입포지션이 복제된다. 그리고 $P = C-S+PV(K)$이므로 콜옵션을 매입하고, 주식을 공매도하고, $PV(K)$를 대출하면 풋옵션 매입포지션이 복제된다.

② 주식매입포지션 : $S = C+PV(K)-P$이므로 콜옵션을 매입하고 무위험채권에 $PV(K)$를 투자하고(또는 무위험이자율로 $PV(K)$만큼 대출하고) 풋옵션을 발행하면 주식매입포지션이 복제된다.

③ 선물매입포지셔 : "Futures = Stock − Bond"이고 $S-PV(K) = C-P$이므로 "Futures = Call − Put"이다. 즉, 콜옵션을 매입하고 풋옵션을 발행하면 선물매입포지션이 복제된다(7장 참조).

④ 채권매입포지션 : $PV(K) = P+S-C$이므로 풋옵션과 주식을 매입하고 콜옵션을 발행하면 현재가치가 $PV(K)$인 채권포지션이 복제된다(채권의 만기는 T이고 원금은 K임).

합성매입포지션에 반대포지션을 취하면 합성매도포지션이 구성된다. 예를 들어, $S = C$ $PV(K)-P$로부터 $-S = -C-PV(K)+P$이므로 콜옵션을 발행하고, 무위험이자율로 $PV(K)$

를 차입하고 풋옵션을 매입하면 주식공매도포지션이 복제된다.

예시 8-4 대출의 합성 (최초의 금융공학 사례)

채권(bond)은 사실상 대출(loan)과 동일하므로 무위험 포트폴리오를 이용하여 무위험 대출을 합성하는 방법을 소개하기로 한다. 이는 미국의 유명한 금융가인 러셀 세이지(Russell Sage)에 의해 사용된 방법으로 추측된다. 러셀 세이지는 그 당시에 적용되고 있던 대출이자율 상한선으로 인해 높은 이자율을 부과할 수 없었다. 그러나 세이지는 풋-콜 패리티의 관계를 이용하여 법을 위반하지 않으면서 이자율 상한선을 피할 수 있는 효과적인 대출방법을 고안하였다.

세이지가 고안한 방법은 다음과 같다. 어떤 차입자가 100억원을 1년간 차입하기를 희망하며 세이지는 20%의 이자율을 희망한다고 하자. 채권 또는 대출을 합성하는 방법이 $S+(P-C)$이므로 세이지에게 필요한 포지션은 "기초자산 매입, 풋옵션 매입, 콜옵션 발행"이다. 이를 위해 차입자가 소유하고 있는 임의의 자산을 기초자산으로 간주하고 세이지는 차입자로부터 100억원에 기초자산을 매입한다. 대출을 합성하는데 있어 기초자산으로 간주되는 자산의 시장가치는 그리 중요하지 않다. 시장가치와 무관하게 어떤 자산도 기초자산의 역할을 할 수 있으나, 차입자가 채무를 이행하지 못하는 경우에는 그 자산은 담보로서의 역할을 하게 된다는 점을 기억하자. 그리고 임의의 자산에 대한 풋옵션을 매입함과 동시에 콜옵션을 발행한다. 이 때 옵션의 행사가격은 세이지가 원하는 이자율 20%를 반영하여 120억원으로 설정되어야 하며, 콜옵션과 풋옵션의 가격은 동일하다고 가정한다(풋-콜 패리티에 의해 $K=S(1+r)^T$이면 $C=P$임).

만기일에서의 세이지의 이득패턴을 분석해 보자. 현재의 현금흐름이 −100억원이고 만기일(1년 후)에서의 현금흐름이 항상 +120억원이므로 세이지는 효과적으로 20%의 이자율을 부과한 셈이다. 또한 이 거래는 대출이 아니므로 이자율 상한선의 규제를 받지 않는다.

▸ ▸ 〈표 8-4〉 대출의 합성 방법($C=P$ 가정)

포지션	현재 현금흐름	만기일의 현금흐름(K=120)	
		$S_T<K$	$S_T>K$
기초자산 매입	− 100	S_T	S_T
풋옵션 매입	$-P$	120 − S_T	0
콜옵션 매도	$+C$	0	− (S_T − 120)
합 계	− 100	120	120

주요 결과 #3

풋-콜 패리티를 이용하면 콜옵션 복제포트폴리오($P+S-PV(K)$), 풋옵션 복제포트폴리오($C-S+PV(K)$), 주식 복제포트폴리오($C+PV(K)-P$), 채권 복제포트폴리오($P+S-C$)의 구성방법을 알 수 있다.

2.4 등가격 옵션프리미엄 비교

풋-콜 패리티 식을 이용하면 유로피언 등가격 콜옵션의 가격이 등가격 풋옵션의 가격보다 높다는 것을 증명할 수 있다.[3] $K = S$이면 $C > P$이다(정확히 얘기하면, 콜옵션 가격이 풋옵션 가격보다 (기초자산가격을 차입하는 경우 발생하는) 이자금액의 현가만큼 커야 함)([예시 8-5] 참고).

$$C - P = S - \frac{S}{(1+r)^T} > 0$$

그리고 $K = S(1+r)^T$이면 풋-콜 패리티에 의해 $C - P = S - \frac{S(1+r)^T}{(1+r)^T} = 0$, 즉 $C = P$이다.

예시 8-5 등가격 콜옵션이 등가격 풋옵션보다 얼마나 비싸야 하는가?

주식의 가격이 10,000원이고 이 주식을 기초자산으로 하는 1년 만기 유로피언 등가격 콜옵션과 풋옵션의 가격이 각각 1,322.75원과 846.56원이라고 하자(무위험이자율은 5%임). 만약 콜옵션을 매입하고 풋옵션을 발행하면(즉, 합성선물매입포지션을 취하면) 투자자는 오늘 $C-P=$ 476.17원을 지불하고 1년 후에 10,000원을 지불하여 주식을 매입하게 된다. 반면에 주식을 매입하면 지금 10,000원을 지불해야 한다. 주식을 매입하는 것에 비하여 옵션을 이용하면 10,000원의 지불을 1년 연기함으로써 500원의 이자를 얻을 수 있으므로 그 금액의 현가만큼의 비용이 발생해야 한다. $\frac{500}{1.05} = 476.19$. 어떤 전략을 따르든 투자자는 1년 후 주식을 보유하게 된다. $C-P = S-PV(K)$는 콜옵션을 매입하고 풋옵션을 발행하면 만기일에 주식을 수령하고 행사가격을 지급한다는 것을 의미한다.[4]

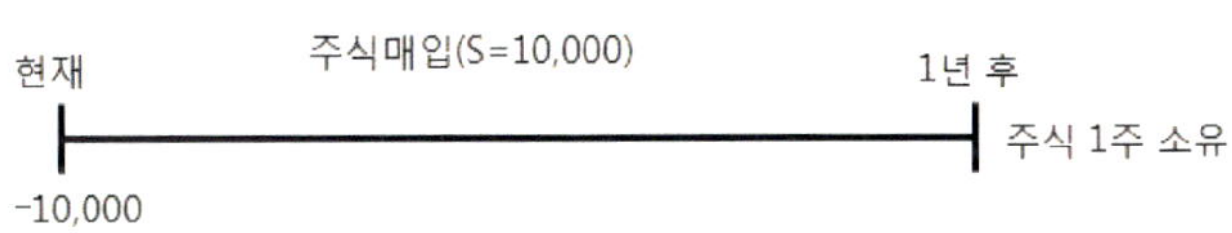

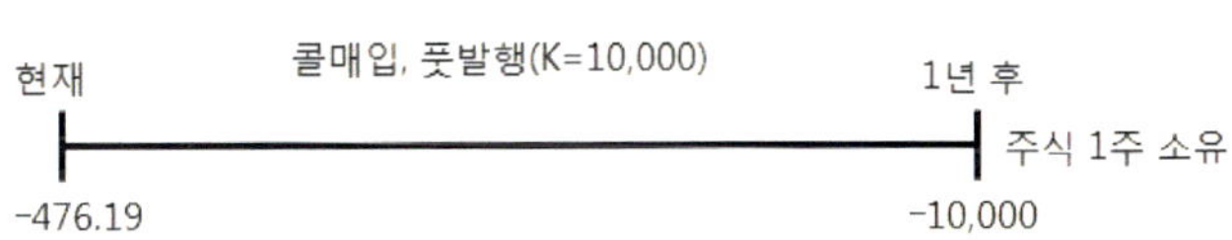

3) 이 관계는 기초자산이 선물인 선물옵션의 경우에는 적용되지 않는다.

4) 앞에서 콜옵션을 매입하고 풋옵션을 발행하면(즉, $C-P$) 만기일에 행사가격을 지불하고 주식을 매입하게 되므로(즉, $S_T - K$) 이를 합성선물매입포지션이라고 하였다. 이 관계를 현재 시점 기준으로 정리하면 $C-P = S-PV(K)$이다.

2.5 무위험포트폴리오의 구성(두 개의 행사가격 이용)

풋-콜 패리티를 이용하면 행사가격이 상이한 옵션 가격 간에 성립해야 하는 관계를 유도할 수 있다. 그리고 이 관계가 성립하지 않으면 차익거래기회가 발생한다. 예를 들어, 무위험이자율이 r이고, 행사가격이 K_1인 유로피언 풋옵션(콜옵션)의 가격이 $P_1(C_1)$이고 행사가격이 K_2인 유로피언 풋옵션(콜옵션)의 가격이 $P_2(C_2)$라고 하자($K_2 > K_1$이고 만기는 T년으로 동일함). 각 행사가격을 기준으로 다음 두 개의 풋-콜 패리티 식이 성립한다.

$$S + P_2 - C_2 = \frac{K_2}{(1+r)^T}$$

$$S + P_1 - C_1 = \frac{K_1}{(1+r)^T}$$

위 식에서 아래 식을 차감하면 다음 균형관계가 성립한다(모든 옵션의 기초자산(무배당)과 만기는 동일함).

$$(P_2 - P_1) + (C_1 - C_2) = \frac{K_2 - K_1}{(1+r)^T} \tag{8.3}$$

이 식은 P_2와 C_1을 매입하고, P_1과 C_2를 발행하는 포트폴리오를 구성하면 만기일에서의 가치가 $K_2 - K_1$으로 일정하다는 것을 보여준다(이 포트폴리오를 박스스프레드라고 함(9장 참조)). 따라서 이 포트폴리오의 현재 가치는 $PV(K_2 - K_1)$이다.

예시 8-6 박스스프레드

P_2와 C_1을 매입하고, P_1과 C_2를 발행하는 포트폴리오를 구성하면 어떤 일이 발생하는가? C_1 매입과 P_1 발행($C_1 - P_1$)이 합성선물매입포지션이므로 만기일에 K_1의 가격으로 주식을 매입한다. 그리고 P_2 매입과 C_2 발행($P_2 - C_2$)이 합성선물매도포지션이므로 만기일에 K_2의 가격으로 주식을 매도한다. 결국 만기일에 K_1의 가격으로 매입함과 동시에 K_2의 가격으로 매도하게 되므로 $K_2 - K_1$의 확정된 현금흐름을 얻게 된다. 이 포지션은 무위험 포지션이므로 이 포지션을 취하는데 소요되는 비용이 $PV(K_2 - K_1)$이어야 한다.

3 옵션프리미엄 결정요인

옵션의 프리미엄 또는 가격은 기초자산가치, 행사가격, 만기, 무위험이자율, 배당금, 기초자산의 변동성에 의해 영향을 받는다.

(1) 기초자산가격과 행사가격이 옵션프리미엄에 미치는 영향

콜옵션의 이득이 $\max(S_T - K, 0)$이므로 주가가 높을수록 콜옵션 가치는 커지고 행사가격이 높을수록 콜옵션 가치는 작아진다. 풋옵션의 이득이 $\max(K - S_T, 0)$이므로 주가가 높을수록 풋옵션의 가치는 작아지고 행사가격이 높을수록 풋옵션의 가치는 커진다.

(2) 만기가 옵션프리미엄에 미치는 영향

만기가 긴 옵션의 소유자는 만기가 짧은 옵션의 소유자가 가질 수 있는 모든 권리행사 기회 이외에도 추가적으로 옵션을 행사할 기회를 가지므로 기초자산이 무배당 주식인 경우 대체로 만기가 길수록 콜옵션과 풋옵션의 가치는 증가한다. 그리고 만기가 콜옵션 프리미엄에 미치는 영향이 풋옵션 프리미엄에 미치는 영향보다 훨씬 크다.

유로피언 풋옵션의 경우 조기행사(early exercise)가 최적일 수 있는데 만기일 이전에 권리행사가 불가능하므로 만기가 길다는 것이 오히려 불리할 수 있다(4절에 설명되어 있듯이 풋옵션의 경우 시간프리미엄이 음이 될 수 있음).

(3) 변동성이 옵션프리미엄에 미치는 영향

변동성이 커짐에 따라 주가가 큰 폭으로 상승하거나 또는 하락할 가능성이 증가한다. 주가의 상승폭이 커지면 콜옵션 소유자의 이득은 증가하는 반면 주가의 하락에서 오는 손실은 제한되어 있어 변함이 없다. 콜옵션 소유자의 경우 행사가격을 초과하는 영역만이 중요하므로 A자산에 대한 콜옵션의 가치가 B자산에 대한 콜옵션의 가치보다 크다.

그림 8-1

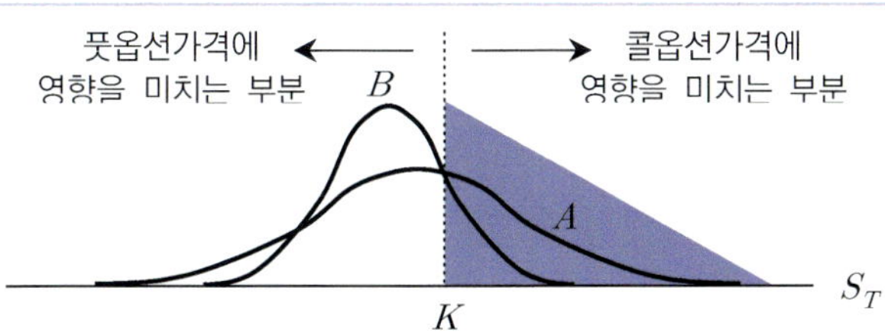

풋옵션의 경우 행사가격보다 작은 영역만이 중요하므로 A자산에 대한 풋옵션의 가치가 B자산에 대한 풋옵션의 가치보다 크다. 따라서 변동성이 증가하면 콜옵션과 풋옵션의 가치는 모두 증가한다.[5)]

(4) 무위험이자율이 옵션프리미엄에 미치는 영향

이자율이 상승하면 콜옵션 소유자가 지불할 행사가격의 현재가치가 감소하므로 콜옵션의 가치는 증가하지만, 풋옵션 소유자가 받게 될 행사가격의 현재가치가 감소하므로 풋옵션의 가치는 하락한다.

(5) 배당금이 옵션프리미엄에 미치는 영향

배당금은 배당락일(ex-dividend date)에 주가를 하락시킨다. 따라서 배당락일이 옵션의 만기에 속하는 경우 배당금의 지급으로 콜옵션의 가치는 감소하는 반면에 풋옵션의 가치는 증가한다.

가격결정요인과 옵션프리미엄간의 관계를 방향을 기준으로 요약하면 [표 8-5]와 같다.[6)]

▸ ▸ 〈표 8-5〉 결정요인과 프리미엄간의 관계

변 수	유로피언옵션		아메리칸옵션	
	콜옵션(C)	풋옵션(P)	콜옵션(C^A)	풋옵션(P^A)
주식의 가격: S	+	−	+	−
행사가격: K	−	+	−	+
만기일까지의 기간(만기): T	+	?	+	+
기초자산의 변동성(표준편차): σ	+	+	+	+
무위험이자율: r	+	−	+	−
현금배당금: Div	−	+	−	+

주요 결과 #4

옵션프리미엄은 기초자산가격, 행사가격, 무위험이자율, 배당금, 기초자산의 변동성, 만기에 의해 영향을 받는다.

콜옵션 : $S_T(+),\ K(-),\ r(+),\ Div(-),\ \sigma(+),\ T(+)$

풋옵션 : $S_T(-),\ K(+),\ r(-),\ Div(+),\ \sigma(+),\ T(+)$

5) 변동성이 옵션가격에 미치는 영향은 7장의 2절에도 설명되어 있다.

6) 유로피언옵션의 경우 콜옵션과 만기간의 관계를 '+' 대신에 '?'로 표시할 수 있다(John Hull, 파생상품의 평가와 헷징전략). 이유는 기초자산을 배당을 지급하는 경우 배당락일 직전에 권리행사가 최적일 수 있기 때문이다.

4 옵션프리미엄의 분해

옵션프리미엄은 옵션의 내재가치(intrinsic value)와 시간프리미엄(time premium)의 합이다.

$$
\begin{aligned}
\text{옵션프리미엄} &= \text{내재가치} + \text{시간프리미엄} \\
\text{시간프리미엄} &= \text{옵션프리미엄} - \text{내재가치}
\end{aligned}
\qquad (8.4)
$$

옵션의 내재가치는 권리를 행사할 때의 가치와 0 중에서 큰 값으로 정의되므로 콜옵션의 내재가치는 $\max(S-K,\ 0)$이고 풋옵션의 내재가치는 $\max(K-S,\ 0)$이다(즉, 내재가치는 옵션의 이득을 의미함). 현재 옵션이 외가격에 있더라도 만기일까지의 잔존기간 동안 주가가 유리하게 변하여 만기일에 이득을 얻을 수 있는 가능성이 있으므로 옵션은 시간프리미엄을 갖는다.

시간프리미엄은 등가격 옵션의 경우 가장 크고 등가격에서 멀어질수록 시간프리미엄은 감소한다. 콜옵션의 경우 시간프리미엄은 항상 양의 값을 갖는 반면에, 풋옵션의 경우 시간프리미엄은 음의 값을 가질 수 있다(기초자산은 무배당 주식으로 가정함). 왜냐하면, 주가가 충분히 하락하면 지금 풋옵션을 행사하여 이득을 실현하는 것이 기다리는 것보다 유리하지만 유로피언 옵션을 행사할 수 없기 때문에 시간프리미엄은 0보다 작을 수 있다.

앞에서 설명했듯이, 등가격 콜옵션 가격이 등가격 풋옵션 가격보다 항상 크다. 등가격의 경우 콜옵션과 풋옵션의 내재가치가 모두 0이므로 콜옵션의 시간프리미엄이 풋옵션의 시간프리미엄보다 당연히 커야 한다.

[표 8-6]은 무배당 주식에 대한 3개월 만기 유로피언 옵션의 가격, 내재가치, 시간프리미엄을 보여준다. 옵션가격은 블랙-숄즈 모형으로 계산하였다. 현재 주가는 10,000원이고, 변동성은 30%이고 무위험이자율(연속복리)은 4%이다. 풋옵션의 경우 행사가격에 비하여 주가가 충분히 낮으면 시간프리미엄은 0보다 작게 된다.

▸ ▸ 〈표 8-6〉 시간프리미엄 계산

(행사가격 10,000원으로 고정 : $K = 10{,}000,\ \sigma = 0.3,\ r = 0.04,\ T = 0.25$)

		주가					
		8,000	9,000	10,000	11,000	12,000	13,000
콜옵션	가 격	47	225	646	1,322	2,177	3,123
	내재가치	0	0	0	1,000	2,000	3,000
	시간프리미엄	47	225	646	322	177	123

		주가					
		8,000	9,000	10,000	11,000	12,000	13,000
풋옵션	가격	1,947	1,125	546	223	77	23
	내재가치	2,000	1,000	0	0	0	0
	시간프리미엄	−53	125	546	223	77	23

앞에서 설명했듯이, 옵션프리미엄에 영향을 미치는 요인은 기초자산가격, 행사가격, 기초자산의 변동성, 무위험이자율, 만기이다. 그리고 옵션프리미엄은 내재가치와 시간프리미엄의 합으로 분해된다. 옵션내재가치가 기초자산가격과 행사가격에 의해 결정되므로, 시간프리미엄은 변동성, 무위험이자율, 만기에 의해 결정된다.

그림 8-2 옵션프리미엄의 결정 구조

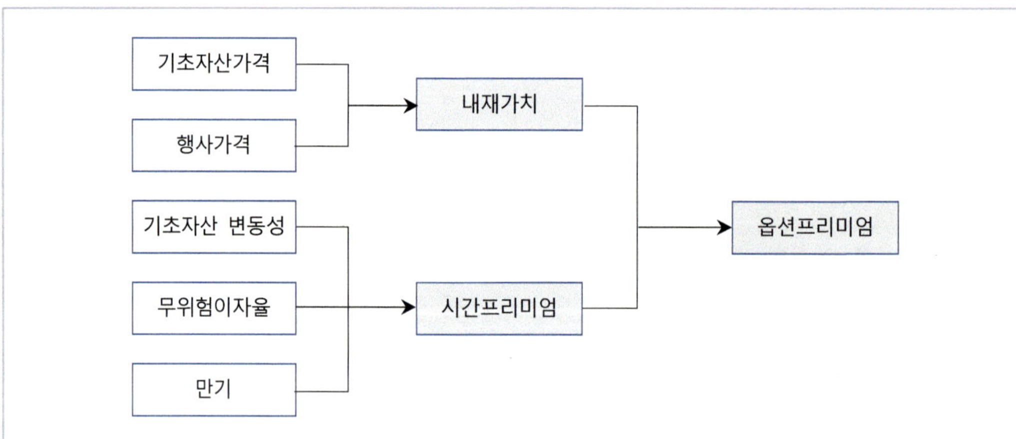

주요 결과 #5

옵션프리미엄은 내재가치와 시간프리미엄으로 분해된다. 시간프리미엄은 등가격 옵션의 경우 가장 크고, 등가격에서 멀어질수록 시간프리미엄은 감소한다. 콜옵션의 경우 시간프리미엄은 항상 양의 값을 갖는 반면에, 풋옵션의 경우 시간프리미엄이 음의 값을 가질 수 있다(주가가 많이 하락한 주식에 대한 유로피언 풋옵션의 경우). 시간프리미엄은 변동성, 무위험이자율, 만기에 의해 결정된다.

5 콜옵션 가격범위

5.1 콜옵션 상한가와 하한가

콜옵션은 행사가격에 기초자산을 매입할 권리를 가지므로 콜옵션의 가치가 기초자산의 가치보다 클 수 없다.[7] 이 상한선은 유로피언옵션과 아메리칸 옵션에 모두 적용된다.

$$C \leq S, \quad C^A \leq S \tag{8.5}$$

$C+PV(K)=P+S$에서 $P \geq 0$이므로 $C \geq S-PV(K)$이어야 한다. 그런데 옵션의 가치가 0보다 작을 수 없으므로 다음과 같은 하한가가 성립한다.

$$C \geq \max(S-PV(K),\ 0) \tag{8.6}$$

만일 콜옵션 프리미엄이 하한가보다 작으면 $C < S-PV(K)$이므로 과소평가된 콜옵션을 매입하고 과대평가된 주식을 공매도하는 차익거래 전략을 시행한다.

결론적으로 유로피언 콜옵션 가격 범위는 다음과 같다.

$$S \geq C \geq \max(S-PV(K),\ 0) \tag{8.7}$$

예시 8-7 콜옵션 가격범위와 차익거래

배당을 지급하지 않을 것으로 예상되는 충남기업의 주가는 현재 10,000원이고 무위험이자율은 연 10%이다. 유로피언 콜옵션의 행사가격은 9,000원이고 만기는 1년이다.

(1) 콜옵션의 상한가와 하한가는?

상한가는 $S=10{,}000$원이고 하한가는 1,818원이다.

$$\max(S-PV(K),\ 0) = \max\left(10{,}000 - \frac{9{,}000}{1.1} = 1818,\ 0\right) = 1{,}818$$

(2) 콜옵션의 현재가격이 1,500원인 경우의 차익거래기회를 확인하고 이익을 계산하라.

콜옵션의 현재가격이 하한가보다 낮으므로 차익거래기회가 성립한다. $C < S-PV(K)$이므로 차익거래기회는 과소평가된 콜옵션을 매입하고 과대평가된 주식을 공매도하는 것이다.

---

7) 콜옵션의 가치가 주식의 가치보다 크면 차익거래기회는 콜옵션을 매도하고 주식을 매입하는 것이다. 이때 $C-S$만큼의 현금유입이 발생한다. 만기일에 주가가 행사가격을 초과하여 콜옵션이 행사되면 소유하고 있는 주식을 인도하고 K를 받는다. 결과적으로 $K+(C-S)(1+r)^T$만큼의 무위험이익을 얻을 수 있다. 반면에 주가가 행사가격보다 낮으면 콜옵션의 가치는 0이고 투자자는 $(C-S)(1+r)^T$만큼의 현금과 주식을 소유하게 된다. 이 전략으로 자기자본을 전혀 투자하지 않고 만기일의 주가에 관계없이 이익을 얻을 수 있다.

이 때 10,000 − 1,500 = 8,500원의 현금유입이 발생한다. 이는 1년 후에 8,500(1.1) = 9,350원으로 된다.

① $S_T > K$의 경우 : 콜옵션을 행사하여 9,000원에 주식을 매입하고 공매도포지션을 마감한다. 이익은 350원이다.

② $S_T < K$의 경우 : 시장가격에 주식을 매입하여 공매도포지션을 마감한다. 이익은 9,350 − S_T인데 S_T가 9,000원보다 낮으므로 이익은 적어도 350원이다.[8)]

이를 표로 정리하면 다음과 같다.

▸ ▸ 〈표 8-7〉 콜옵션의 현재가격이 하한가보다 작은 경우의 차익거래

포지션	현재시점의 현금흐름	만기일에서의 현금흐름(K=9,000)	
		$S_T < K$	$S_T > K$
주식 공매도	+10,000	$-S_T$	$-S_T$
콜옵션 매입	−1,500	0	$S_T -$ 9,000
대출(@10%)	−8,500	9,350	9,350
합 계	0	9,350 − S_T > 350	350

이익패턴이 ╲_ 의 모양을 갖는 이유는 주식공매도포지션과 콜옵션 매입포지션을 결합하면 풋옵션 매입포지션과 동등한 이득패턴을 갖기 때문이다: $C - S = P - PV(K)$.

5.2 아메리칸 콜옵션의 조기행사

아메리칸 콜옵션(C^A)의 경우 만기일 전 권리행사(early exercise)가 최적이려면 $C^A = S - K$이어야 한다(콜옵션 프리미엄이 하한가보다 작아 차익거래가 발생하는 조건이므로 성립할 수 없음). 그런데 $C \geq S - PV(K) > S - K$이고 $C^A > C$이므로 $C^A > S - K$이다(시간프리미엄은 항상 양의 값을 가짐). 권리를 행사하면 $S - K$를 얻지만 아메리칸 콜옵션을 매도하면 $S - K$보다 큰 C^A를 수령하므로 권리행사가 최적이 아니다. 무배당 주식에 대한 아메리칸 콜옵션의 조기행사가 항상 최적이 아니므로 아메리칸 콜옵션 가격은 유로피언 콜옵션 가격과 동일하다(즉, $C^A = C$).

유로피언 콜옵션의 가격범위는 [그림 8-3]과 같다.

8) 차익거래이익 350원은 콜옵션의 현재 가격과 하한가 간의 차이인 318원의 미래가치이다.
(1,818 − 1,500) × 1.1 = 350

그림 8-3 콜옵션 가격범위

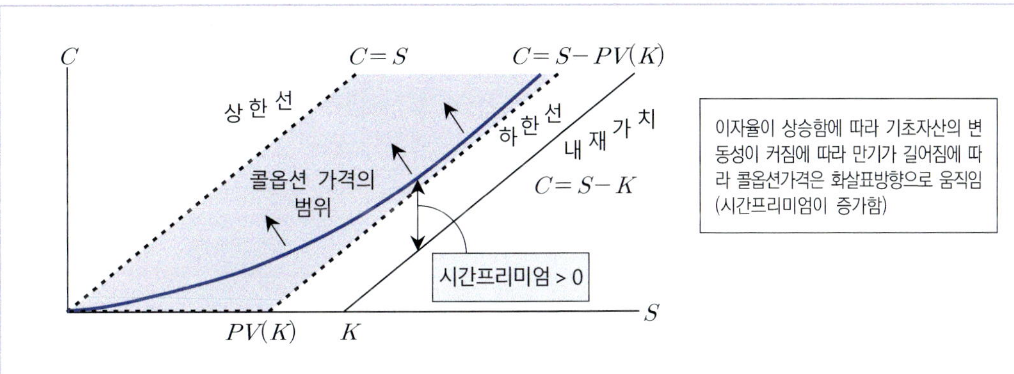

6 풋옵션 가격범위

6.1 풋옵션의 상한가와 하한가

유로피언 풋옵션은 행사가격으로 주식을 매도할 권리를 가지므로 만기일의 풋옵션의 가치는 행사가격보다 클 수 없다. 따라서 현재 시점에서는 $PV(K)$보다 클 수 없다.[9] 아메리칸 풋옵션의 경우 상한가는 K이다.

$$P \leq PV(K),\ \ P^A \leq K \tag{8.8}$$

$C+PV(K)=P+S$에서 $C \geq 0$이므로 $P \geq PV(K)-S$이어야 한다. 그런데 옵션의 가치가 0보다 작을 수 없으므로,

$$P \geq \max(PV(K)-S,\ 0) \tag{8.9}$$

만일 풋옵션 프리미엄이 하한가보다 작으면 $P < PV(K)-S$이므로 과소평가된 풋옵션과 주식을 매입하는 차익거래 전략을 시행한다.[10]

9) 만일 $P > PV(K)$이면 차익거래기회는 풋옵션을 발행하는 것이다. 풋옵션 발행으로 P의 현금유입이 발생하고 무위험이자율로 투자되어 만기일에 $P(1+r)^T$가 된다. 만일 $S_T > K$이면 풋옵션의 가치는 0이고 투자자는 $P(1+r)^T$의 현금을 소유한다. 만일 $S_T < K$이면 풋옵션이 행사되므로 투자자는 행사가격에 주식을 매입해야 하다. 그런데 $P > PV(K)$이면 $P(1+r)^T > K$이므로 투자자는 주식을 소유함과 동시에 $P(1+r)^T - K$의 현금도 소유할 수 있다.

10) 혼동을 피하기 위하여 증권의 부호가 전부 +가 되도록 식을 다음과 같이 변형한다.

$$P+S < PV(K)$$

따라서 차익거래자는 과소평가된 풋옵션과 주식을 매입한다($PV(K)$의 매도포지션은 차입 또는 무위험채권 공매도를 의미함).

결론적으로 유로피언 풋옵션의 가격 범위는 다음과 같다.

$$PV(K) \geq P \geq \max(PV(K) - S,\ 0) \tag{8.10}$$

유로피언 풋옵션의 가격범위는 [그림 8-4]와 같다. 유로피언 풋옵션 가격이 내재가치보다 작으면 시간프리미엄은 음수가 된다.

그림 8-4 유로피언 풋옵션 가격범위

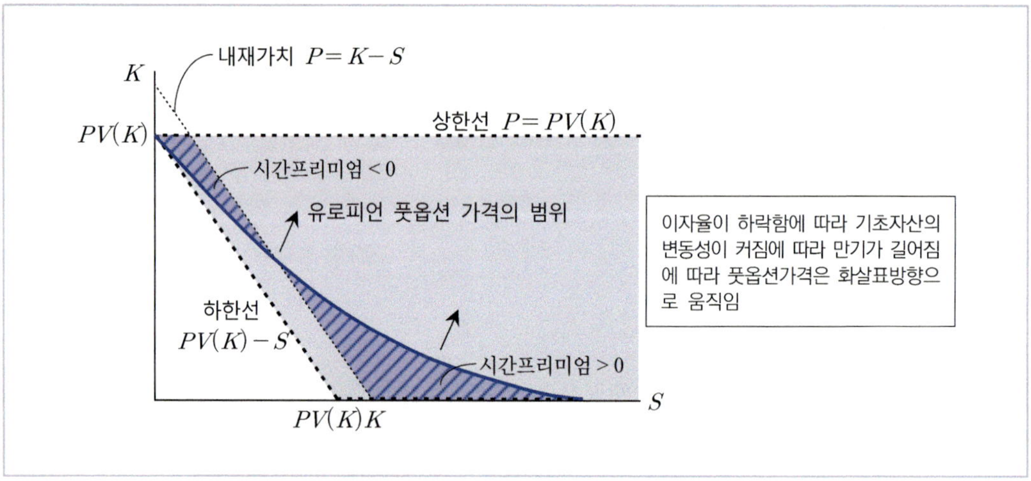

6.2 아메리칸 풋옵션의 조기행사

주가가 충분히 하락하면 권리를 행사하여 얻을 수 있는 이자소득이 풋옵션의 잠재적인 추가 가치상승보다 클 수 있으므로 조기행사가 최적일 수 있다. [그림 8-5]에서 조기행사가 최적일 수 있는 가격은 S^*보다 낮은 가격이며 여기서 $P^A = K - S$이므로 조기행사가 최적이 된다. 조기행사가 최적이므로 유로피언 풋옵션의 가치는 풋옵션 내재가치인 $K - S$보다 작을 수 있으며 $P^A > P$이다(기초자산은 무배당 주식으로 가정함).

S가 하락함에 따라, r이 상승함에 따라, 그리고 주식의 변동성이 작아짐에 따라 조기행사는 대체로 유리해진다.

그림 8-5 아메리칸 풋옵션의 가격범위

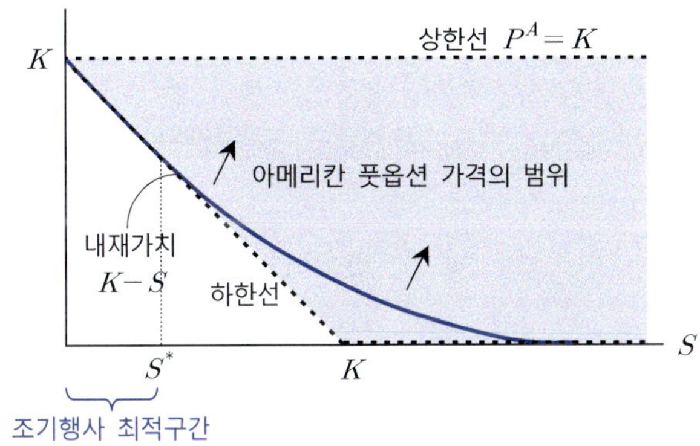

예시 8-8 풋옵션 가격범위와 차익거래

배당을 지급하지 않을 것으로 예상되는 충북기업의 주가는 현재 23,000원이고 무위험이자율은 연 5%이다. 유로피언 풋옵션의 행사가격은 25,000원이고 만기는 1년이다.

(1) 풋옵션의 상한가와 하한가는 얼마인가?
상한가는 $PV(K) = \dfrac{25,000}{1.05} = 23,810$원이고 하한가는 810원이다.

$$\max(PV(K)-S,\ 0) = \max\left(\frac{25,000}{1.05} - 23,000 = 810,\ 0\right) = 810$$

(2) 풋옵션의 현재 가격이 500원인 경우 차익거래기회를 확인하고 이익을 계산하라.
풋옵션의 가격이 하한가보다 낮으므로 차익거래기회가 성립한다. 즉, $P < PV(K) - S$이므로 차익거래기회는 과소평가된 풋옵션과 주식을 매입하는 것이다. 이를 위해 23,000 + 500 = 23,500원을 차입해야 한다.

① $S_T > K$의 경우 : 풋옵션의 가치는 0이므로 투자자는 시장가격에 주식을 매도하고 23,500(1.05) = 24,675원을 상환한다. 이익은 $S_T - 24,675$원이다. S_T가 25,000원보다 크므로 이익은 적어도 325원이다.

② $S_T < K$의 경우 : 풋옵션을 행사하여 소유하고 있는 주식을 25,000원에 매도하고 24,675원을 상환하여 325원의 이익을 얻는다.[11)]

이 결과를 표로 정리하면 다음과 같다.

11) (810 − 500) × 1.05 = 325

▸ ▸ 〈표 8-8〉 풋옵션의 현재가격이 하한가보다 작은 경우의 차익거래

포지션	현재시점의 현금흐름	만기일에서의 현금흐름(K = 25,000)	
		$S_T < K$	$S_T > K$
주식 매입	−23,000	S_T	S_T
풋옵션 매입	−500	25,000 − S_T	0
차입(@5%)	+23,500	−24,675	−24,675
합 계	0	325	S_T − 24,675 > 325

이익패턴이 _/의 모양을 갖는 이유는 주식 매입포지션과 풋옵션 매입포지션을 결합하면 방어적 풋옵션(protective put)이 되며 이는 풋-콜 패리티에 의해 콜옵션 매입포지션과 동등한 이득패턴을 갖기 때문이다: $P + S = C + PV(K)$.

주요 결과 #6

유로피언 콜옵션의 가격범위는 $\max[S - PV(K),\ 0] \le C \le S$이고, 유로피언 풋옵션의 가격범위는 $\max[PV(K) - S,\ 0] \le P \le PV(K)$이다. 옵션가격이 주어진 가격범위를 벗어나면 무위험 차익거래가 가능하다.

주요 결과 #7

무배당 주식에 대한 아메리칸 콜옵션의 경우 조기행사가 최적이 아니지만 아메리칸 풋옵션의 경우 조기행사가 최적일 수 있다. 즉, $C^A = C$, $P^A > P$.

7 행사가격과 옵션프리미엄

옵션가격은 행사가격에 의해 영향을 받게 되는데 여기서는 행사가격이 상이한 유로피언옵션의 프리미엄 사이에 어떤 균형 관계가 성립해야 하며, 그 균형관계가 성립하지 않는 경우에 어떤 차익거래기회가 가능한지 살펴보기로 하자. 설명을 위해 $K_1 < K_2$이고, 각각의 콜옵션 가격이 C_1, C_2이고, 각각의 풋옵션 가격이 P_1, P_2라고 하자. [그림 8-6]은 $C_1 > C_2$과 $P_1 < P_2$이 성립함을 명확히 보여준다.

$$C_1 > C_2,\ P_1 < P_2 \qquad (8.11)$$

① $C_1 > C_2$

낮은 행사가격을 지불하고 동일한 주식을 사는 것이 유리하므로 $C_1 > C_2$이다. 만일 이 관계가 성립하지 않으면(즉, $C_1 \le C_2$이면) 낮은 행사가격의 콜옵션을 매입하고 높은 행사가격의 콜옵션을 매도하는 강세스프레드를 취한다.[12)]

② $P_1 < P_2$

동일한 주식을 높은 행사가격으로 매도하는 것이 유리하므로 $P_1 < P_2$이다. 만일 이 관계가 성립하지 않으면(즉, $P_1 \ge P_2$이면) 높은 행사가격의 풋옵션을 매입하고 낮은 행사가격의 풋옵션을 매도하는 약세스프레드를 취한다.

그림 8-6 $C_1 > C_2$과 $P_1 < P_2$

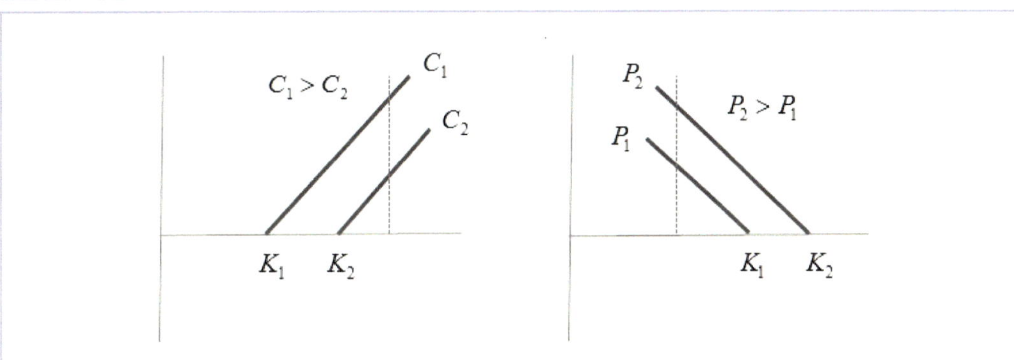

③ 콜옵션 가격 차이는 행사가격 차이의 현재가치보다 클 수 없다.

$$C_1 - C_2 \le PV(K_2 - K_1) \qquad (8.12)$$

K_2 대신에 K_1의 행사가격을 갖는 옵션을 행사함으로써(높은 K_2를 지불하지 않고 낮은 K_1을 지불함으로써) 얻을 수 있는 최대이득은 $K_2 - K_1$인데 이를 오직 만기일에서만 실현할 수 있으므로 현재 시점에서는 당연히 현가보다 클 수 없다.
만일 이 관계가 성립하지 않으면(즉, $C_1 > C_2 + PV(K_2 - K_1)$이면) 낮은 행사가격의 콜옵션을 매도하고 높은 행사가격의 콜옵션을 매입하는 약세스프레드를 취한다.

12) 여기서 설명하는 강세스프레드, 약세스프레드, 나비스프레드는 9장에 자세히 설명되어 있다.

④ 풋옵션 가격 차이는 행사가격 차이의 현재가치보다 클 수 없다.

$$P_2 - P_1 \leq PV(K_2 - K_1) \tag{8.13}$$

K_1 대신에 K_2의 행사가격을 갖는 옵션을 행사함으로써(낮은 K_1을 수령하는 대신에 높은 K_2를 수령함으로써) 얻을 수 있는 최대이득은 $K_2 - K_1$인데 유로피언 옵션의 경우 이를 만기일에서만 실현할 수 있으므로 현재 시점에서는 차이의 현가보다 클 수 없다. 만일 이 관계가 성립하지 않으면(즉, $P_2 > P_1 + PV(K_2 - K_1)$이면) 낮은 행사가격의 풋옵션을 매입하고 높은 행사가격의 풋옵션을 매도하는 강세스프레드를 취한다.

③과 ④의 관계는 앞에서 도출한 $(P_2 - P_1) + (C_1 - C_2) = \dfrac{K_2 - K_1}{(1+r)^T}$로부터 간단히 유도된다. 즉, $C_1 > C_2$이므로 $(P_2 - P_1) \leq \dfrac{K_2 - K_1}{(1+r)^T}$이고, $P_2 > P_1$이므로 $(C_1 - C_2) \leq \dfrac{K_2 - K_1}{(1+r)^T}$이다.

주요 결과 #8

$C_1 > C_2$과 $P_2 - P_1 \leq PV(K_2 - K_1)$이 성립하지 않으면 낮은 행사가격의 옵션을 매입하고 높은 행사가격의 옵션을 매도하는 강세스프레드를 취하고, $P_1 < P_2$과 $C_1 - C_2 \leq PV(K_2 - K_1)$이 성립하지 않으면 낮은 행사가격의 옵션을 매도하고 높은 행사가격의 옵션을 매입하는 약세스프레드를 취한다.

핵심용어 정리

- 풋-콜 패리티(put-call parity)
- 내재가치(intrinsic value)
- 시간프리미엄(time premium)
- 조기행사(early exercise)

주요결과 정리

주요 결과 #1

풋-콜 패리티 또는 풋-콜 등가식은 기초자산(무배당), 만기, 행사가격이 동일한 유로피언 콜옵션과 풋옵션 프리미엄 사이에 성립해야 하는 일정한 균형관계이다.

$$S + P - C = \frac{K}{(1+r)^T} \text{ 또는 } P + S = C + \frac{K}{(1+r)^T}$$

주요 결과 #2

$C+PV(K) \neq P+S$이면 차익거래 기회가 발생한다. 즉, $C+PV(K) > P+S$이면 과대평가된 콜옵션을 매도하고, 과소평가된 풋옵션과 주식을 매입하여 무위험 차익을 $K-(P+S-C)(1+r)^T$로 확정시킬 수 있다. 반대로 $C+PV(K) < P+S$이면 과소평가된 콜옵션을 매입하고, 과대평가된 풋옵션과 주식을 매도(또는 공매도)하여 무위험 차익을 $(P+S-C)(1+r)^T-K$로 확정시킬 수 있다.

주요 결과 #3

풋-콜 패리티를 이용하면 콜옵션 복제포트폴리오($P+S-PV(K)$), 풋옵션 복제포트폴리오($C-S+PV(K)$), 주식 복제포트폴리오($C+PV(K)-P$), 채권 복제포트폴리오($P+S-C$)의 구성방법을 알 수 있다.

주요 결과 #4

옵션프리미엄은 기초자산가격, 행사가격, 무위험이자율, 배당금, 기초자산의 변동성, 만기에 의해 영향을 받는다.

콜옵션 : $S_T(+)$, $K(-)$, $r(+)$, $Div(-)$, $\sigma(+)$, $T(+)$

풋옵션 : $S_T(-)$, $K(+)$, $r(-)$, $Div(+)$, $\sigma(+)$, $T(+)$

주요 결과 #5

옵션프리미엄은 내재가치와 시간프리미엄으로 분해된다. 시간프리미엄은 등가격 옵션의 경우 가장 크고, 등가격에서 멀어질수록 시간프리미엄은 감소한다. 콜옵션의 경우 시간프리미엄은 항상 양의 값을 갖는 반면에, 풋옵션의 경우 시간프리미엄이 음의 값을 가질 수 있다(주가가 많이 하락한 주식에 대한 유로피언 풋옵션의 경우). 시간프리미엄은 변동성, 무위험이자율, 만기에 의해 결정된다.

주요 결과 #6

유로피언 콜옵션의 가격범위는 $\max[S-PV(K),\ 0] \le C \le S$이고, 유로피언 풋옵션의 가격범위는 $\max[PV(K)-S,\ 0] \le P \le PV(K)$이다. 옵션가격이 주어진 가격범위를 벗어나면 무위험 차익거래가 가능하다.

주요 결과 #7

무배당 주식에 대한 아메리칸 콜옵션의 경우 조기행사가 최적이 아니지만 아메리칸 풋옵션의 경우 조기행사가 최적일 수 있다. 즉, $C^A = C$, $P^A > P$.

주요 결과 #8

$C_1 > C_2$과 $P_2 - P_1 \le PV(K_2 - K_1)$이 성립하지 않으면 낮은 행사가격의 옵션을 매입하고 높은 행사가격의 옵션을 매도하는 강세스프레드를 취하고, $P_1 < P_2$과 $C_1 - C_2 \le PV(K_2 - K_1)$이 성립하지 않으면 낮은 행사가격의 옵션을 매도하고 높은 행사가격의 옵션을 매입하는 약세스프레드를 취한다.

개념체크

1 풋-콜 패리티 식은? 어떤 경우에 성립하는 식인가?

2 본문에 설명된 A포트폴리오와 B포트폴리오의 만기일에서의 가치가 max(S_T, K)가 되는 것을 이해하는가?

3 풋-콜 패리티 식을 이용하여 콜옵션(풋옵션) 가격이 주어진 경우 풋옵션(콜옵션) 가격을 구할 수 있는가?

4 $C+PV(K) > P+S$인 경우 차익거래를 하기 위하여 취하는 포지션과 무위험 차익을 계산할 수 있는가? $C+PV(K) < P+S$인 경우에도 차익거래 과정을 설명할 수 있는가?

5 풋-콜 패리티를 이용하여 콜옵션, 풋옵션, 주식, 채권의 매입 또는 매도포지션을 합성할 수 있는가?

6 세이지가 합성한 대출의 복제포트폴리오 구성 방법을 이해할 수 있는가?

7 등가격 콜옵션이 등가격 풋옵션보다 가격이 높음을 증명할 수 있는가? 이유는 무엇인가?

8 $(P_2 - P_1) + (C_1 - C_2)$이면(즉, P_2와 C_1을 매입하고, P_1과 C_2를 발행하면) 이 포지션의 만기일에서의 가치는 얼마로 고정되는가?

9 옵션프리미엄에 영향을 미치는 여러 요인들이 콜옵션과 풋옵션 프리미엄에 미치는 영향을 설명할 수 있는가?

10 옵션프리미엄을 두 가지 요소로 분해할 수 있는가?

11 시간프리미엄은 무엇인가? 언제 크고 언제 작게 되는가? 그리고 시간프리미엄이 0보다 작을 수 있는가? 시간프리미엄 결정요인 세 가지는 무엇인가?

12 유로피언 콜옵션 가격의 상한선과 하한선은?

13 유로피언 콜옵션 가격이 하한선 아래로 내려가는 경우 어떤 차익거래가 가능한가?

14 무배당 주식에 대한 아메리칸 콜옵션의 경우 조기행사가 최적인가?

15 유로피언 풋옵션 가격의 상한선과 하한선은?

16 유로피언 풋옵션 가격이 하한선 아래로 내려가는 경우 어떤 차익거래가 가능한가?

17 무배당 주식에 대한 아메리칸 풋옵션의 경우 조기행사가 최적인가?

18 $C_1 > C_2$과 $P_1 < P_2$인 이유를 설명할 수 있는가? 만일 이 관계가 성립하지 않으면 어떤 차익거래가 가능한가?

19 $C_1 - C_2 \leq PV(K_2 - K_1)$과 $P_2 - P_1 \leq PV(K_2 - K_1)$인 이유를 설명할 수 있는가? 만일 이 관계가 성립하지 않으면 어떤 차익거래가 가능한가?

CHAPTER

08 연습문제

객관식 유형

1 풋-콜 패리티 식으로 적절한 것은?

① $S+C-P=PV(K)$　② $C+S=P+PV(K)$

③ $P+S=C+PV(K)$　④ $C-P+S=-PV(K)$

2 C기업의 주가가 10,000원이고 이를 기초자산으로 하는 만기 1년 행사가격 10,000원의 유로피언 콜옵션 가격이 2,000원이다. 동일 조건의 풋옵션 가격은 얼마인가? 액면이 1,000원인 1년 만기 무위험채권의 가격은 900원이고 기초자산은 현금소득을 제공하지 않는다. (CPA1998)

① 1,000원　② 2,000원

③ 900원　④ 1,500원

⑤ 2,400원

3 유로피언 풋옵션 1개와 주식 1주로 구성된 포트폴리오의 만기일에서의 가치를 표현한 식으로 가장 적절한 것은?

① max $(S_T-K,\ 0)$　② max$(S_T,\ K)$

③ min$(S_T,\ K)$　④ max$(K-S_T,\ 0)$

4 다음 자료에 기초하여 차익거래이익을 얻기 위해 투자자가 취할 수 있는 거래전략은 무엇인가? 무위험이자율은 5%로 가정한다. (CPA1999)

기초자산 : 무배당주식, 주가 11,000원
유로피언 콜옵션 : 행사가격 10,500원, 만기 1년, 프리미엄 1,700원
유로피언 풋옵션 : 행사가격 10,500원, 만기 1년, 프리미엄 500원

① 주식 1주 매입, 콜옵션 1개 매도, 풋옵션 1개 매입, 10,000원 차입

② 주식 1주 공매, 콜옵션 1개 매입, 풋옵션 1개 매도, 10,000원 예금
③ 주식 1주 매입, 콜옵션 1개 매입, 풋옵션 1개 매도, 10,000원 차입
④ 주식 1주 공매, 콜옵션 1개 매도, 풋옵션 1개 매도, 10,000원 예금
⑤ 차익거래기회가 존재하지 않음

5 채권 공매도 포지션을 복제하는 포지션으로 가장 적절한 것은?

① 콜옵션 발행, 풋옵션 매입, 주식 공매도
② 콜옵션 발행, 풋옵션 매입, 주식 매입
③ 콜옵션 매입, 풋옵션 발행, 주식 공매도
④ 콜옵션 매입, 풋옵션 발행, 주식 매입

6 다음 중 부(-)의 관계를 갖는 경우는? 옵션은 아메리칸옵션임.

① 주가와 콜옵션 가격
② 만기와 풋옵션 가격
③ 무위험이자율과 풋옵션 가격
④ 변동성과 콜옵션 가격

7 시간프리미엄에 대한 설명으로 가장 거리가 먼 것은? 단, 기초자산은 무배당 주식임.

① 시간프리미엄은 등가격에서 가장 크다.
② 시간프리미엄은 항상 0보다 크다.
③ 시간프리미엄은 옵션프리미엄에서 내재가치를 차감한 값이다.
④ 주가가 행사가격으로부터 멀어질수록 시간프리미엄은 감소한다.

8 시간프리미엄에 영향을 미치는 요인으로 가장 거리가 먼 것은?

① 기초자산 변동성
② 행사가격
③ 무위험이자율
④ 만기

9 무배당 주식에 대한 유로피언 콜옵션 가격의 하한가는 얼마인가? 콜옵션의 만기는 4개월이고 행사가격이 21,000원이다. 그리고 현재 주가는 20,000원이고 무위험이자율은 5%이다.

① 500원
② 325원
③ 0원
④ 128원

10 다음 중 가격 관계를 나타내는 식으로 가장 적절하지 않은 식은? 단, $K_1 < K_2 < K_3$

① $C_1 > C_2$ ② $P_1 - P_2 < PV(K_2 - K_1)$

③ $P < PV(K)$ ④ $S > C > \max(S - PV(K),\ 0)$

11 만기가 1년이고 행사가격이 10,500원인 유로피언 콜옵션과 풋옵션의 가격이 동일하다. 현재 주가가 10,000원이면 무위험이자율은 얼마인가?

① 10% ② 5%

③ 주어진 정보로는 구할 수 없음 ④ 정답 없음

12 무배당 주식에 대한 유로피언 풋옵션 가격의 상한가와 하한가 차이는 얼마인가? 풋옵션의 만기는 6개월이고 행사가격이 22,000원이다. 그리고 현재 주가는 20,000원이고 무위험이자율은 7%이다.

① 20,000원 ② 22,000원

③ 1,268원 ④ 21,000원

13 배당지급이 없는 주식에 대한 옵션가격에 관한 설명으로 가장 적절하지 않은 것은? 단, C는 콜옵션의 가격, S는 주식의 현재가치, K는 옵션행사가격이고, $PV(K)$는 행사가격의 현재가치이다. (CPA2012)

① 유럽식 콜옵션은 권리이므로 행사의 의무를 가지지 않으며, 만기일에 영(0) 아니면 양(+)의 수익을 얻는다.

② $C \geq \max[S - PV(K),\ 0]$이다. 이 조건이 충족되지 않는 경우, 투자자는 콜옵션을 매입하고 주식을 공매도하여 얻은 자금을 무위험이자율로 투자하여 차익을 얻을 수 있다.

③ 이자율이 양(+)이면, 만기 전 미국식 콜옵션의 매도가격은 행사로부터의 이득보다 크다.

④ 외가격(out of the money)이나 등가격(at the money) 옵션의 내재가치는 0이다.

⑤ 콜옵션가격의 상한선은 주식의 현재가치에서 콜옵션의 행사가격을 차감한 값이다(즉, $C \leq S - K$). 이 조건이 충족되지 않는 경우, 투자자는 콜옵션을 매도하고 주식을 매입하는 전략으로 차익을 얻을 수 있다.

14 다음 중 차익거래전략에 대한 설명 중 가장 적절하지 않은 것은? 옵션은 모두 유로피언 옵션이고 기초자산과 만기가 동일하다.

① 콜옵션 프리미엄이 하한가보다 작으면 과소평가된 콜옵션을 매입하고 과대평가된 주식을 공매도한다.

② 행사가격이 낮은 콜옵션의 가격이 행사가격이 높은 콜옵션 가격보다 작으면 행사가격이 낮은 콜옵션을 매입하고 행사가격이 높은 콜옵션을 매도한다.

③ 풋옵션 프리미엄과 주가의 합이 콜옵션 프리미엄과 행사가격의 현가의 합보다 크면 과대평가된 풋옵션과 주식을 매도하고 과소평가된 콜옵션을 매입한다.

④ 풋옵션 프리미엄이 하한가보다 작으면 과소평가된 풋옵션을 매입하고 과대평가된 주식을 공매도한다.

15 유로피언 옵션의 가격변동에 관한 설명 중 가장 적절하지 않는 것은? (CPA1997)

① 기초자산의 가격이 상승하면 풋옵션의 가격은 하락한다.

② 기초자산 수익률의 분산이 증가하면 콜옵션의 가격은 상승한다.

③ 기초자산 수익률의 분산이 증가하면 풋옵션의 가격은 하락한다.

④ 무위험이자율이 상승하면 콜옵션의 가격은 상승한다.

⑤ 기초자산의 가격이 상승하면 콜옵션의 가격은 상승한다.

16 시장은 완전하며 차익거래의 기회가 없다고 가정할 경우, 주식을 기초자산으로 하는 유럽식옵션에 관한 다음 설명 중 가장 적절하지 않은 것은? 단, 문항에서 제시한 조건이외에 다른 조건은 모두 동일하다. (CPA2006)

① 주식의 가격이 증가하면 풋옵션의 가격은 하락한다.

② 행사가격이 클수록 콜옵션의 가격은 낮게 형성된다.

③ 잔존만기가 길수록 풋옵션의 가격은 높게 형성된다.

④ 무위험이자율이 증가하면 콜옵션의 가격은 증가한다.

⑤ 예상배당이 클수록 풋옵션의 가격은 높게 형성된다.

17 옵션과 관련하여 성립하는 식으로 가장 적절하지 않은 것은?

① 콜옵션 매입포지션의 이득 = 콜옵션 매도포지션의 이득×(−1)

② 풋옵션 매입 = 콜옵션 매도 + 선도 매도

③ 옵션프리미엄 = 내재가치 + 시간프리미엄

④ 콜옵션 매입 + 풋옵션 매도 = 선도 매입

18 만기일에 $K_2 - K_1$의 가치를 갖는 포트폴리오는?

① P_2 매입, C_1 매입, P_1 발행, C_2 발행
② P_2 매입, C_1 발행, P_1 발행, C_2 매입
③ P_2 발행, C_1 발행, P_1 매입, C_2 매입
④ P_2 매입, C_1 발행, P_1 매입, C_2 발행

19 풋-콜 패리티와 현물-선물 패리티(4장)을 결합하면 순옵션프리미엄(net option premium)은 무엇과 동등한가? 기초자산은 무배당 주식, 선물가격은 F, 만기는 T, 무위험이자율은 r이다.

① $\dfrac{F-K}{(1+r)^T}$　　② $\dfrac{K-F}{(1+r)^T}$
③ $F-K$　　④ $K-F$

20 현재 주식의 가격이 4,000원이고 무위험이자율이 8%이다. 만기가 6개월인 등가격 유럽형 콜옵션은 동일 조건의 풋옵션보다 얼마나 비싸야 하는가?

① 154원　　② 200원
③ 160원　　④ 정답 없음

21 동일한 수익구조를 만들어내는 복제포트폴리오의 구성방법 중 옳은 항목만을 모두 모은 것은? (CPA2010)

a. 미 달러화 선물환 매도 = 원화채권 매입 + 현물환 매도 + 미 달러채권 매도
b. 채권 매입 = 선물 매도 + 기초자산 매입
c. 주식 공매 = 채권 매도 + 콜옵션 매도 + 풋옵션 매입

① a, b, c　　② b, c
③ a, c　　④ c
⑤ a, b

22 유럽형 옵션의 이론적 가격에 관한 설명 중 가장 적절하지 않은 것은? (CPA2017)

① 풋옵션의 가격은 행사가격의 현재가치보다 작거나 같다.
② 배당을 지급하지 않는 주식을 기초자산으로 하는 콜옵션의 가격은 주식가격(S_0)과 행사가격(X)의 현재가치와의 차이($S_0-PV(X)$)보다 크거나 같다.
③ 다른 조건이 동일할 때, 배당을 지급하는 주식을 기초자산으로 하는 콜옵션의 가격은 배

당을 지급하지 않는 주식을 기초자산으로 하는 콜옵션 가격보다 낮거나 같다.

④ 다른 조건이 동일할 때, 배당을 지급하는 주식을 기초자산으로 하는 풋옵션의 가격은 배당을 지급하지 않는 주식을 기초로 하는 풋옵션 가격보다 높거나 같다.

⑤ 다른 조건이 동일할 때, 행사가격이 높은 콜옵션의 가격은 행사가격이 낮은 콜옵션의 가격보다 높거나 같다.

주관식 유형

1 다음 각각의 경우에 차익거래자의 전략을 설명하라. 옵션은 모두 유로피언옵션이고 기초자산(무배당 주식)과 만기가 동일하다.

1. 콜옵션 프리미엄이 하한가보다 작은 경우
2. 행사가격이 낮은 콜옵션의 가격이 행사가격이 높은 콜옵션 가격보다 작은 경우
3. 풋옵션 프리미엄과 주가의 합이 콜옵션 프리미엄과 행사가격의 현가의 합보다 큰 경우
4. 풋옵션 프리미엄이 하한가보다 작은 경우
5. 풋옵션 프리미엄이 행사가격의 현재가치보다 큰 경우

2 현재 가격이 31,000원인 무배당 주식에 대해 콜옵션과 풋옵션이 거래되고 있다. 유로피언 콜옵션의 가격은 3,000원이며 유로피언 풋옵션의 가격은 2,200원이다. 이들 옵션의 행사가격은 30,000원, 만기는 1년, 무위험이자율은 3%이다. (CPA2007)

1. 콜옵션의 가격하한선 조건의 식을 쓰고 이 조건이 성립하는지 확인하라.
2. 풋-콜 패리티가 성립하는지 확인하라.
3. 공매가 가능하며 무위험이자율로 차입과 대출이 가능하다고 가정하고 차익거래를 위한 전략을 기술하라.
4. 차익거래전략을 통해 만기일에 얻게 되는 순이익을 계산하라.

3 배당을 지급하지 않는 A기업의 주가가 현재 10,000원이다. 투자자는 1년 동안 10,000원을 예금하는 경우 만기에 11,000원을 확정적으로 받게 되며 예금금리와 동일한 금리로 차입할 수 있다. 여기서 콜옵션과 풋옵션은 A주식에 대한 만기 1년의 유로피언 옵션을 의미하며 행사가격은 11,000원으로 동일하다. 콜옵션 가격은 3,000원이다. 다음 각각의 질문에 답하라.

1 풋옵션 가격이 2,000원이면 어떤 차익거래가 가능한가?

2 콜옵션 2개를 매입하고 주식 1주를 공매도함과 동시에 10,000원을 예금하는 경우, 만기에 주가가 2,500원으로 하락하거나 또는 12,500원으로 상승하면 수익률은 각각 얼마인가?

3 무위험차익거래 기회가 존재하지 않는 경우, A기업 주식에 대한 만기 1년의 아메리칸 콜옵션을 매입하는 것과 같은 효과를 얻으려면 어떤 포지션을 구성해야 하는가?

4 현재 무배당 주식의 가격은 35,000원이다. 만기가 1년이고 행사가격이 37,000원인 유로피언 콜옵션의 가격이 5,500원이다. 무위험이자율은 5%이다. 무위험 차익을 현재 시점에서 실현할 수 있도록 표를 구성하라.

1 동일 조건의 유로피언 풋옵션 가격이 5,900원인 경우, 차익거래기회를 설명하고 무위험 차익을 계산하는 표를 구성하라.

2 동일 조건의 유로피언 풋옵션 가격이 5,650원인 경우, 차익거래기회를 설명하고 무위험 차익을 계산하는 표를 구성하라.

5 (주)한반도의 무배당 주식을 기초자산으로 하는 잔존만기 3개월의 유럽형 콜옵션과 풋옵션의 시장가격을 정리하면 다음과 같다. (CPA2009)

- 행사가격이 25,000원인 콜옵션과 풋옵션의 가격이 각각 1,000원과 522원이다.
- 행사가격이 27,000원인 콜옵션과 풋옵션의 가격이 각각 244원과 1,717원이다.

또한 동일한 만기의 주식선물의 가격은 25,490원이다. 아래의 독립된 질문에 각각 답하라.

1 행사가격이 25,000원인 콜옵션을 매수하고 동일 행사가격의 풋옵션을 매도하는 합성 포지션에 대해 만기손익(profit/loss)을 그림으로 나타내고, 손익이 0이 되는 만기주가를 함께 표시하라. 시장에는 어떠한 차익거래의 기회도 존재하지 않는다고 가정하며, 옵션프리미엄의 시간가치를 고려하라.

2 (주)한반도의 주식 100주를 보유하고 있는 어느 투자자가 위에서 수어진 옵션을 이용하여 향후 주가의 변동에 상관없이 3개월 후 보유자산의 가치를 270만원에 고정시키고자 한다. 요구되는 옵션거래전략과 소요되는 초기비용(또는 수익)을 계산하라. 시장에는 어떠한 차익거래의 기회도 존재하지 않으며 초기비용(또는 수익)은 3개월 후 투자자가 보유한 자산의 가치에 영향을 주지 않는다고 가정한다.

6 차익거래에 관한 다음의 독립된 6개의 질문에 답하라. 기초자산은 배당을 지급하지 않는다고 가정한다.

1. 현재 주가는 10,000원이다. 행사가격이 9,500원이고 만기가 3개월인 아메리칸 콜옵션의 가격이 600원이다. 주식은 배당을 지급하지 않으며 무위험이자율은 12%이다. 차익거래기회가 존재하는가? 존재한다면 어떤 포지션을 취해야 하며 이익이 얼마인지 보여주는 표를 작성하라.
2. 현재 주가는 25,000원이다. 행사가격이 27,000원이고 만기가 3개월인 유로피언 풋옵션의 가격이 1,000원이다. 주식은 배당을 지급하지 않으며 무위험이자율은 9%이다. 차익거래기회가 존재하는가? 존재한다면 어떤 포지션을 취해야 하며 이익이 얼마인지 보여주는 표를 작성하라.
3. 기초자산의 가격이 20,000원이고 만기가 6개월이고 행사가격이 20,000원인 유로피언 콜옵션의 가격이 21,000원이다. 무위험이자율은 6%이다. 차익거래기회를 확인하라.
4. 기초자산의 가격이 20,000원이고 만기가 1년이고 행사가격이 20,000원인 유로피언 풋옵션의 가격이 18,300원이다. 무위험이자율은 10%이다. 차익거래기회를 확인하라.
5. 행사가격이 20,000원인 콜옵션의 가격이 3,600원이고 행사가격이 21,000원인 콜옵션의 가격이 3,700원이면 어떤 차익거래가 가능한가? 두 옵션은 유로피언옵션이고 행사가격을 제외한 다른 모든 조건은 동일하다.
6. 행사가격이 21,000원인 풋옵션의 가격이 3,000원이고 행사가격이 20,000원인 풋옵션 가격이 3,100원이면 어떤 차익거래가 가능한가? 두 옵션은 유로피언옵션이고 행사가격을 제외한 다른 모든 조건은 동일하다.

CHAPTER

08 연습문제 풀이

객관식 유형

1 ③

2 ①

무위험이자율이 $\frac{1,000}{900} - 1 = 0.1111$이므로 $PV(K) = 9,000$원이다. 풋-콜 패리티에 의해 $P = C + PV(K) - S = 2,000 + 9,000 - 10,000 = 1,000$원이다.

3 ②

4 ①

$C + PV(K) = 1,700 + \frac{10,500}{1.05} = 11,700$원이고 $P + S = 500 + 11,000 = 11,500$원이므로 차익거래전략은 콜옵션을 매도하고 주식과 풋옵션을 매입하는 것이다. 이를 위해 9,800원을 차입한다. 차익거래자는 만기일의 주가와 무관하게 보유하고 있는 주식을 10,500원에 매도하게 되고 $9,800 \times 1.05 = 10,290$원을 상환하므로 이익은 210원이다. 또는 현재시점에서 10,000원을 차입하면 만기일에서의 현금흐름이 0이 되고 현재시점에서 무위험이익 200원을 실현한다.

5 ③

$-PV(K) = C - P - S.$

6 ③

무위험이자율과 풋옵션 프리미엄간의 관계는 음(−)이다.

7 ②

풋옵션의 경우 시간프리미엄이 음수일 수 있으므로 항상 0보다 큰 것은 아니다.

8 ②

행사가격은 내재가치에 영향을 미친다.

9 ③

하한가는 $\max\left(20{,}000 - \dfrac{21{,}000}{1.05^{1/3}}, 0\right) = 0$원이다.

10 ②

정확한 관계는 $P_2 - P_1 < PV(K_2 - K_1)$이다.

11 ②

$C = P$이고 풋-콜 패리티에 의해 $S = \dfrac{10{,}500}{1+r} = 10{,}000$이므로 $r = 0.05$이다.

12 ①

$\dfrac{22{,}000}{1.07^{0.5}} = 21{,}268$원과 $21{,}268 - 20{,}000 = 1{,}268$원의 차이는 20,000원이다.

13 ⑤

콜옵션 가격의 상한선은 $S-K$가 아니라 S이다.

14 ④

$P < PV(K) - S$이면 $P + S < PV(K)$이므로 적절한 전략은 풋옵션과 주식을 모두 매입하는 것이다.

15 ③

수익률의 분산이 증가하면 콜옵션과 풋옵션의 가격이 모두 상승한다.

16 ③

유로피언 풋옵션의 경우 조기행사가 최적일 수 있으므로 만기가 길수록 풋옵션의 가격이 항상 높게 형성되는 것은 아니다.

17 ②

"풋매입 + 콜매도 = 선도매도"이므로 "풋매입 = 콜매입 + 선도매도"이다.

18 ①

만기일에 K_1의 가격에 사고 K_2의 가격에 매도하는 포지션이다.

19 ①

현물-선물 패리티에 의해 $S = \dfrac{F}{(1+r)^T}$이므로 $C - P = \dfrac{F-K}{(1+r)^T}$의 관계가 유도된다. 이 식을 합성 풋-콜 패리티라고 한다.

20 ①

등가격 콜옵션을 매입하고 풋옵션을 발행하면 투자자는 주식을 만기일에 4,000원에 매입하게 된다. 현재 주식을 4,000원에 매입하는 경우와 비교하여 4,000원에 대하여 6개월 이자인 4,000 × 0.08 × 0.5 = 160원을 얻을 수 있으므로 그 현가 만큼의 비용 $\frac{160}{1.08^{0.5}} = 154$원이 발생해야 한다.

21 ①

통화선물매입 = 원화차입 + 달러매입 + 달러예금이므로 통화선물매도는 달러차입, 원화매입, 원화투자로 복제된다. Futures = Stock − Bond 이므로 Bond = Stock − Futures이다. 그리고 $P+S=C+PV(K)$이므로 $-S=P-C-PV(K)$이다. 따라서 세 식이 모두 성립한다.

22 ⑤

행사가격이 낮은 콜옵션 가격이 행사가격이 높은 콜옵션 가격보다 높다.

주관식 유형

1 해답 및 해설

1. 과소평가된 콜옵션을 매입하고 과대평가된 주식을 공매도한다.
2. 낮은 행사가격의 콜옵션을 매입하고 높은 행사가격의 콜옵션을 매도한다.
3. 과대평가된 풋옵션과 주식을 매도하고 과소평가된 콜옵션을 매입한다.
4. $P+S<PV(K)$이므로 과소평가된 풋옵션과 주식을 매입한다.
5. 풋옵션을 발행한다.

2 해답 및 해설

1. $C>S-PV(K)=31{,}000-\frac{30{,}000}{1.03}=1{,}873.79$이므로 조건이 성립한다.
2. $C+PV(K)\neq P+S$이므로 풋-콜 패리티가 성립하지 않는다.

$$C+PV(K)=3{,}000+\frac{30{,}000}{1.03}=32{,}126.21$$

$$P+S=2{,}200+31{,}000=33{,}200$$

3. $C+PV(K)<P+S$이므로 차익거래전략은 콜매입, 풋매도, 주식공매도이다.
4. 차익거래를 통해 만기일에 1,106원의 무위험이익을 얻을 수 있다.

<table>
<tr><th rowspan="2">포지션</th><th rowspan="2">현재 현금흐름</th><th colspan="2">만기일 현금흐름</th></tr>
<tr><th>$S_T < K$</th><th>$S_T > K$</th></tr>
<tr><td>콜매입</td><td>−3,000</td><td>0</td><td>$S_T -$ 30,000</td></tr>
<tr><td>풋매도</td><td>2,200</td><td>$-(30,000 - S_T)$</td><td>0</td></tr>
<tr><td>주식공매도</td><td>31,000</td><td>$-S_T$</td><td>$-S_T$</td></tr>
<tr><td>무위험채권 투자(@3%)</td><td>−30,200</td><td>31,106</td><td>31,106</td></tr>
<tr><td>합 계</td><td>0</td><td>1,106</td><td>1,106</td></tr>
</table>

3 해답 및 해설

1 $C+PV(K)=3,000+\dfrac{11,000}{1.1}=13,000$, $P+S=12,000$이므로 콜옵션을 매도하고 풋옵션과 주식을 매입하면 1년 후 $(13,000-12,000)\times1.1=1,100$원의 이익을 얻을 수 있다.

2 결과를 표로 정리하면 다음과 같다.

	현재 현금흐름	$S_T=2,500$	$S_T=12,500$
콜옵션 2개 매입	−6,000	0	2 × 1,500 = 3,000
주식 공매도	10,000	−2,500	−12,500
예금(@10%)	−10,000	11,000	11,000
합계	−6,000	8,500	1,500
수익률		42%	−75%

3 주식 1주 매입, 풋옵션 1개 매입, 10,000원 차입은 $S+P-PV(K)$를 의미하므로 이는 풋-콜 패리티에 의해 C와 동일하다. 무배당 주식의 경우 $C=C^A$이므로 아메리칸 콜옵션을 소유한 것과 동등하다.

4 해답 및 해설

1 만약 풋옵션 가격이 5,900원이면 $C+PV(K)=40,738$원이고 $P+S=40,900$원이다. 따라서 차익거래전략은 콜옵션 매입, 풋옵션 매도, 주식공매도이다. 무위험차익은 162원이다.

<table>
<tr><th rowspan="2">포지션</th><th rowspan="2">현재시점의
현금흐름</th><th colspan="2">만기일에서의 현금흐름($K=$ 37,000)</th></tr>
<tr><th>$S_T < K$</th><th>$S_T > K$</th></tr>
<tr><td>풋옵션 매도</td><td>+5,900</td><td>$-(37,000 - S_T)$</td><td>0</td></tr>
<tr><td>주식 공매도</td><td>+35,000</td><td>$-S_T$</td><td>$-S_T$</td></tr>
<tr><td>콜옵션 매입</td><td>−5,500</td><td>0</td><td>$S_T -$ 37,000</td></tr>
<tr><td>대출(@5%)</td><td>−35,238</td><td>37,000</td><td>37,000</td></tr>
<tr><td>합 계</td><td>162</td><td>0</td><td>0</td></tr>
</table>

2 만약 풋옵션 가격이 5,650원이면 $C+PV(K)=40,738$원이고 $P+S=40,650$원이다. 따라서 차익거래전략은 콜옵션 매도, 풋옵션 매입, 주식매입이다. 무위험 차익은 88원이다.

포지션	현재시점의 현금흐름	만기일에서의 현금흐름($K=37,000$)	
		$S_T < K$	$S_T > K$
풋옵션 매입	−5,650	$37,000-S_T$	0
주식 매입	35,000	S_T	S_T
콜옵션 매도	+5,500	0	$-(S_T-37,000)$
차입(@5%)	+35,238	−37,000	−37,000
합 계	88	0	0

5 해답 및 해설

1 콜옵션을 매입하고 풋옵션을 매도하면 1,000 − 522 = 478원이 필요하며 기초자산을 25,000원에 매입하게 된다. 이는 선물가격 25,490원에 비하면 490원 저렴한 가격이고, 따라서 490원의 현재가치가 절약한 금액인 478원이다. 옵션프리미엄의 시간가치를 고려하면 손익분기점은 25,490원이다.

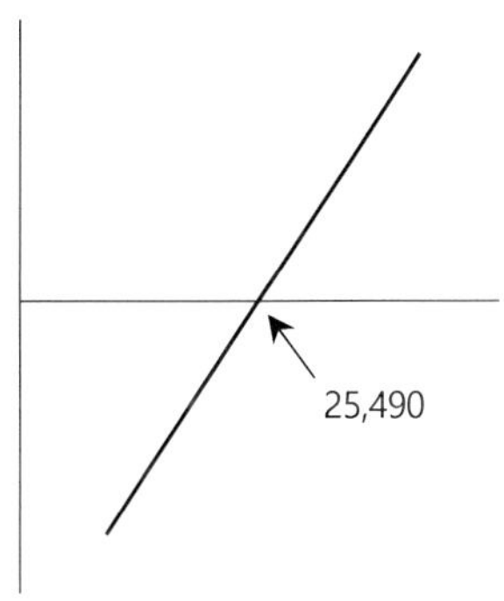

2 주식 100주를 보유하고 있는 투자자가 위험을 완벽하게 헤지하려면 주식 100주 공매도 포지션이 필요하다. 주식공매도는 풋옵션 매입과 콜옵션 매도로 복제된다. 따라서 투자자는 행사가격이 27,000원인 풋옵션 100개를 매입하고 콜옵션 100개를 발행한다. 소요되는 비용은 147,300원이다.

전략	현재현금흐름	만기일의 현금흐름	
		S_T < 27,000	S_T > 27,000
주식 100주 보유		$100S_T$	$100S_T$
풋옵션 100개 매입	−100 × 1,717	$100\times(27,000-S_T)$	0
콜옵션 100개 발행	100 × 244	0	$-100\times(S_T-27,000)$
합계	−147,300	2,700,000	2,700,000

6 해답 및 해설

1 무배당 주식에 대한 콜옵션의 경우 $C^A = C$이다. 그리고 아메리칸 콜옵션 가격은 유로피언 콜옵션의 하한가보다 당연히 커야 한다. 무배당 주식에 대한 콜옵션의 하한선가 765.38원이므로 차익거래기회가 존재한다.

$$S - PV(K) = 10{,}000 - \frac{9{,}500}{1.12^{0.25}} = 765.38$$

차익거래자는 콜옵션을 매입하고 주식을 공매도한다. 그리고 $PV(K)$를 투자한다. 이를 정리하면 다음과 같다(조기행사가 최적이 아니므로 만기일에 권리를 행사함).

	현재 현금흐름	만기일 현금흐름	
		$S_T <$ 9,500	$S_T >$ 9,500
콜옵션 매입	−600.00	0	$S_T -$ 9,500
주식 공매도	+10,000.00	$-S_T$	$-S_T$
$PV(K)$ 대출	−9,234.62	+9,500	+9,500
합계	+165.38	9,500 $- S_T > 0$	0

2 풋옵션의 가격이 하한가인 $\frac{27{,}000}{1.09^{0.25}} - 25{,}000 = 1{,}424.52$원보다 작으므로 차익거래자는 풋옵션과 주식을 매입하여 다음의 무위험 차익을 얻을 수 있다.

포지션	현재시점의 현금흐름	만기일에서의 현금흐름(K= 27,000)	
		$S_T < K$	$S_T > K$
주식 매입	−25,000	S_T	S_T
풋옵션 매입	−1,000	27,000 $- S_T$	0
차입(@9%, 3개월)	+26,000	−26,566	−26,566
합 계	0	434	$S_T -$ 26,566 > 434

(참고: $26{,}000 \times 1.09^{0.25} = 26{,}566$)

3 콜옵션 가격이 기초자산가격보다 크므로 차익거래자는 콜옵션을 매도하고 주식을 매입한다. 현재 현금흐름이 1,000원이고 미래의 현금흐름이 S_T 또는 20,000원이므로 투자자는 현재와 미래 시점에서 모두 확실한 이익을 얻는다.

포지션	현재시점의 현금흐름	만기일에서의 현금흐름(K= 20,000)	
		$S_T < K$	$S_T > K$
콜옵션 매도	+21,000	0	$-(S_T -$20,000$)$
주식 매입	−20,000	S_T	S_T
합 계	+1,000	S_T	20,000

4 풋옵션 가격이 행사가격의 현재가치인 18,182원보다 크므로 차익거래자는 풋옵션을 발행한다. 만기일에 $S_T < K$이면 차익거래자는 주식을 행사가격에 매입한다. 18,300원이 1년 후에 20,130원이 되므로 차익거래자는 주식과 130원의 현금을 보유하게 된다. 반대로 $S_T > K$이면 투자자는 20,130원의 현금을 보유한다.

포지션	현재시점의 현금흐름	만기일에서의 현금흐름(K= 20,000)	
		$S_T < K$	$S_T > K$
풋옵션 발행	+18,300	$-(20,000-S_T)$	0
대출(@10%)	−18,300	20,130	20,130
합계	0	S_T+130	20,130

5 $C_1 < C_2$인 경우이므로 차익거래자는 C_1을 매입하고 C_2매도한다.

포지션	현재 현금흐름	만기일 현금흐름		
		$S_T \le 20,000$	$20,000 < S_T < 21,000$	$S_T \ge 21,000$
C_1매입	−36,00	0	$S_T-20,000$	$S_T-20,000$
C_2매도	3,700	0	0	$-(S_T-21,000)$
합계	100	0	$1,000 > S_T-20,000 > 0$	1,000

6 $P_1 > P_2$인 경우이므로 차익거래자는 P_2을 매입하고 P_1를 매도한다.

포지션	현재 현금흐름	만기일 현금흐름		
		$S_T \le 20,000$	$20,000 < S_T < 21,000$	$S_T \ge 21,000$
P_1매도	+3,100	$-(20,000-S_T)$	0	0
P_2매입	−3,000	$21,000-S_T$	$21,000-S_T$	0
합계	100	1,000	$1,000 > 21,000-S_T > 0$	0

CHAPTER 9

옵션투자전략

CONTENTS

학습 주안점

9장에서는 옵션을 다른 자산과 함께 거래하여 얻을 수 있는 다양한 이익패턴에 대하여 살펴보기로 한다. 거래자는 미래 주가 변화에 대한 판단과 부담하고자 하는 위험의 크기에 따라 추구하는 이익패턴이 상이하다. 여러분은 옵션과 채권, 옵션과 주식, 스프레드, 콤비네이션 포지션의 구성 방법과 위험 및 손익 구조에 대하여 충분히 이해해야 한다.

이 장에서 여러분이 숙지해야 할 내용은 다음과 같다.

❶ 주식과 옵션의 기본 포지션의 이득패턴과 이익패턴은 무엇인가?
❷ 채권과 옵션을 이용하여 어떻게 원금보장 주가연계증권을 구성하는가?
❸ 주식과 옵션을 이용하여 구성할 수 있는 포지션은 무엇인가? 특히 프로텍티브풋과 커버드콜은 언제 어떻게 구성하는가?
❹ 강세스프레드, 약세스프레드, 박스스프레드, 나비스프레드는 어떻게 구성하며 이득패턴은 무엇인가?
❺ 스트래들, 스트랭글, 스트립, 스트랩은 어떻게 구성하며 이득패턴은 무엇인가?

1 기본 포지션

주식매입, 주식매도, 콜매입, 콜매도, 풋매입, 풋매도의 이득패턴과 이익패턴은 각각 [그림 9-1]과 같다.[1] 이득(payoff)은 포지션을 청산하는 시점(즉, 옵션을 행사하거나 주식을 매도하거나 또는 주식 공매포지션을 마감하는 시점)에서의 현금흐름만을 반영한다. 이익(profit)은 이득에서 투자금액(주식매입금액 또는 옵션매입금액)을 차감한 값이다(매도포지션을 취하여 초기에 현금이 유입되면 이득에 현금유입액을 가산하여 이익을 계산함).

옵션에 매입포지션을 취하면 초기투자금액이 발생하므로 이익패턴은 이득패턴을 하향이동하여 구한다. 반면에 매도포지션을 취하면 초기에 현금유입이 발생하므로 이익패턴은 이득패턴을 상향이동하여 구한다.

그림 9-1 수식, 콜옵션, 풋옵션의 이득패턴과 이익패턴

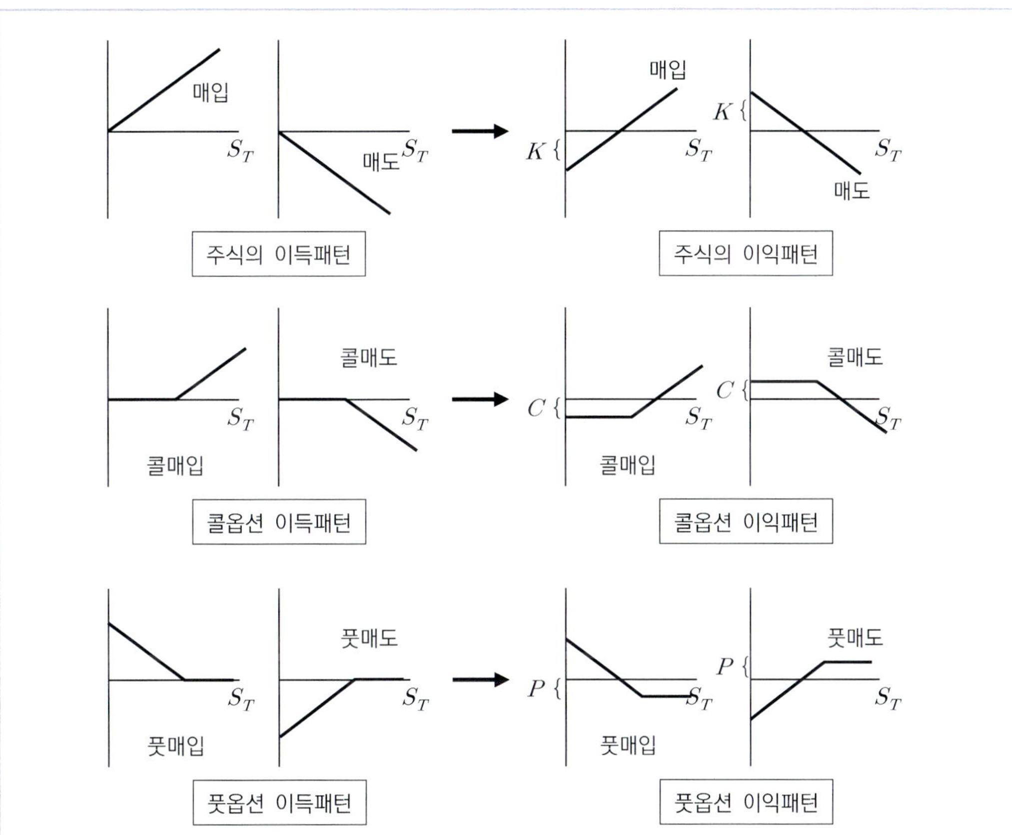

1) 주식을 매입할 때의 가격이 K라고 가정한다.

옵션을 이용한 투자전략은 크게 채권과 옵션을 결합하는 전략, 주식과 옵션을 결합하는 전략, 스프레드전략, 콤비네이션전략으로 구분된다. 스프레드전략은 2개 이상의 동일 종류의 옵션에 포지션을 취하는(즉, 콜옵션만을 이용하거나 풋옵션만을 이용하는) 전략인 반면에, 콤비네이션전략은 콜옵션과 풋옵션에 함께 포지션을 취하는 전략이다.[2] 여기서 사용하는 옵션은 모두 유로피언 옵션이다. 아메리칸 옵션의 경우 조기행사의 가능성으로 인해 약간 다른 결과가 가능하다. 만약 모든 행사가격에 대하여 옵션이 존재하면 어떤 형태의 이득패턴도 이론적으로 만드는 것이 가능하다.

그림 9-2 투자전략 구성도

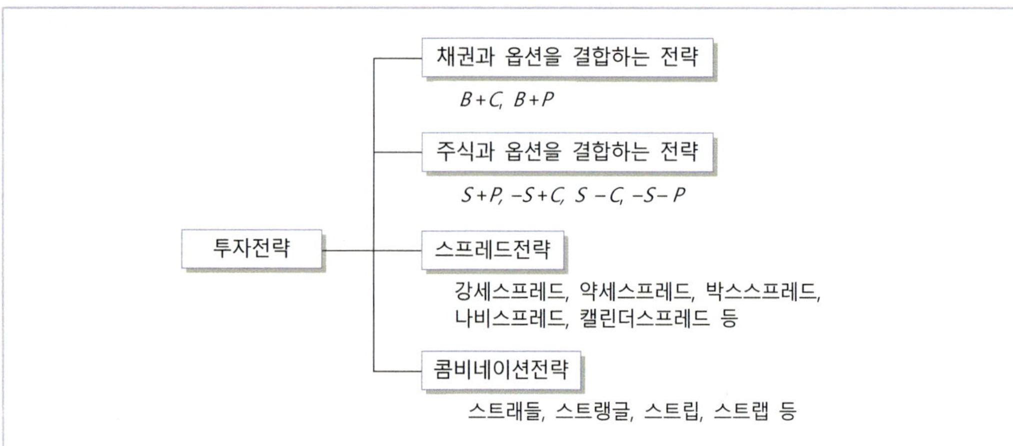

주요 결과 #1

옵션을 이용한 투자전략은 크게 채권과 옵션을 결합하는 전략, 주식과 옵션을 결합하는 전략, 스프레드전략, 콤비네이션전략으로 구분된다. 투자자는 옵션을 이용하여 시장 상황에 따라 다양한 거래전략을 수립할 수 있다.

2 채권과 옵션을 이용한 투자전략

7장의 예시를 다시 고려해 보자(이자율은 4.0119%로 조정함). 주식투자와 옵션투자 이외에 채권투자금액에 따라 4개 포트폴리오를 구성하고 각각의 주가별 이익과 수익률을 계산하

---

2) 박스스프레드는 풋옵션 약세스프레드와 콜옵션 강세스프레드가 결합된 형태이므로 박스스프레드가 콜옵션과 풋옵션을 동시에 이용하더라도 스프레드의 유형으로 분류한다.

면 다음과 같다.

▸ ▸ 〈표 9-1〉 포트폴리오의 만기일 주가별 이익과 수익률

투자전략	만기일 주가				
	6,500	7,000	7,500	8,000	9,000
주 식 투 자	−50,000 [−7.14%]	0 [0%]	50,000 [7.14%]	100,000 [14.29%]	200,000 [28.57%]
포 트 폴 리 오 1 (673,000, 27)	0 [0%]	0 [0%]	13,500 [1.93%]	27,000 [3.86%]	54,000 [7.71%]
포 트 폴 리 오 2 (550,000, 150)	−127,935 [−18.28%]	−127,935 [−18.28%]	−52,935 [−7.56%]	22,065 [3.15%]	172,065 [24.58%]
포 트 폴 리 오 3 (400,000, 300)	−283,952 [−40.56%]	−283,952 [−40.56%]	−133,952 [−19.14%]	16,048 [2.29%]	316,048 [45.15%]
포 트 폴 리 오 4 (200,000, 500)	491,976 [−70.28%]	−491,976 [−70.28%]	−241,976 [−34.57%]	8,024 [1.15%]	508,024 [72.57%]
옵 션 투 자	−700,000 [−100.00%]	−700,000 [−100.00%]	−350,000 [−50.00%]	0 [0%]	700,000 [100.00%]

(참고: 괄호안의 첫 번째 숫자는 채권투자금액이고, 두 번째 숫자는 옵션의 수임)

그림 9-3 포트폴리오별 이익패턴(점선은 채권에 투자한 경우임)

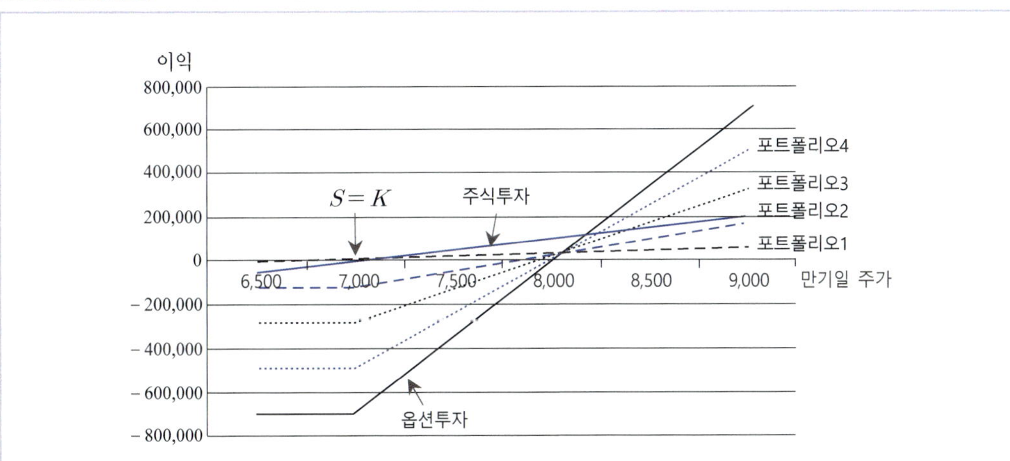

채권과 콜옵션으로 포트폴리오를 구성하는 경우 채권투자금액이 변함에 따라 다양한 위험-수익률의 구조가 생성된다. 채권투자금액이 증가함에 따라 하향손실이 감소하지만 주가상승시의 이익도 제한되는 현상이 나타난다. 특히 채권에 673,000원을 투자하는 첫 번째 포트폴

리오의 경우 이 금액이 1년 후 정확히 700,000원이 되므로 이 포트폴리오는 원금보장형 투자전략이다. 금융기관이 발행하는 원금보장형 주가연계증권(ELS)은 이렇게 채권과 콜옵션(또는 풋옵션)을 이용하여 구성된다. 원금보장증권은 원금손실 위험을 부담하지 않으면서 위험한 포지션을 취할 수 있다는 점에서 매력적이다.

3 주식과 옵션을 이용한 투자전략

3.1 개요

주식과 개별옵션을 결합하는 방법에는 다음과 같은 네 가지 방법이 있다.

$$S+P, \quad -S+C, \quad S-C, \quad -S-P$$

① $S+P$: 주식을 보유하고 있는 투자자가 풋옵션을 매입하는 경우 주가가 하락하면 주식포지션의 손실을 옵션포지션의 이익으로 상쇄시키므로 하향손실이 제한되지만 주가가 상승하면 이익을 얻는다. $S+P$는 콜옵션 매입포지션의 이득패턴을 갖는다.

② $-S+C$: 주식을 공매도한 투자자가 콜옵션을 매입하는 경우 주가가 상승하면 주식포지션의 손실을 옵션포지션의 이익으로 상쇄시키므로 하향손실이 제한되지만 주가가 하락하면 이익을 얻는다. $-S+C$는 풋옵션 매입포지션의 이득패턴을 갖는다.

③ $S-C$: 주식을 보유하고 있는 투자자가 콜옵션을 발행하면 손해 보면서 주식을 매도해야 하므로 상향이익이 제한된다. $S-C$는 풋옵션 매도포지션의 이득패턴을 갖는다.

④ $-S-P$: 주식을 공매도한 투자자가 풋옵션을 발행하면 손해 보면서 주식을 매입해야 하므로 상향이익이 제한된다. $-S-P$는 콜옵션 매도포지션의 이득패턴을 갖는다.

$S+P$와 $-S+C$의 경우처럼 주식포지션(매입 또는 공매도)이 있는 투자자가 옵션을 매입하면 하향손실이 제한되지만, $S-C$와 $-S-P$의 경우처럼 옵션을 발행하면 상향이익이 제한된다.

네 가지 포지션 중에서 가장 많이 활용되는 $S+P$와 $S-C$에 대해 자세히 살펴보기로 하자.

3.2 프로텍티브풋 : $S+P$

주식 매입과 풋옵션 매입으로 구성된 포트폴리오의 이득은 다음과 같다.

- $S_T < K$: 풋옵션이 내가격에 있으므로 가치는 $K - S_T$이고 주식의 가치가 S_T이므로 포트폴리오의 가치는 $(K - S_T) + S_T = K$이다.
- $S_T \geq K$: 풋옵션의 가치가 0이므로 포트폴리오의 가치는 S_T이다.

$S+P$ 포트폴리오는 S_T가 K보다 클 때 S_T의 가치를 갖고 K가 S_T보다 클 때 K의 가치를 가지므로 이 포트폴리오의 이득은 다음과 같이 표현된다.

$$Payoff_{protective\ put} = \max(S_T,\ K) \tag{9.1}$$

주가 하락시 주식포지션의 손실을 풋옵션 포지션에서의 이익으로 상쇄시키므로 하향손실이 제한되지만 주가 상승시의 상향이익에는 제한이 없는 매우 매력적인 포지션이다. 이 포지션을 방어적 풋옵션 또는 프로텍티브풋(protective put)이라고 한다.

[그림 9-4]는 프로텍티브풋의 이익패턴을 보여준다. 프로텍티브풋은 풋-콜 패리티 $P+S = C+PV(K)$에 의해 콜옵션 매입포지션과 동일한 모양의 이익패턴을 갖는다.

그림 9-4 프로텍티브풋($S+P$)의 이익패턴

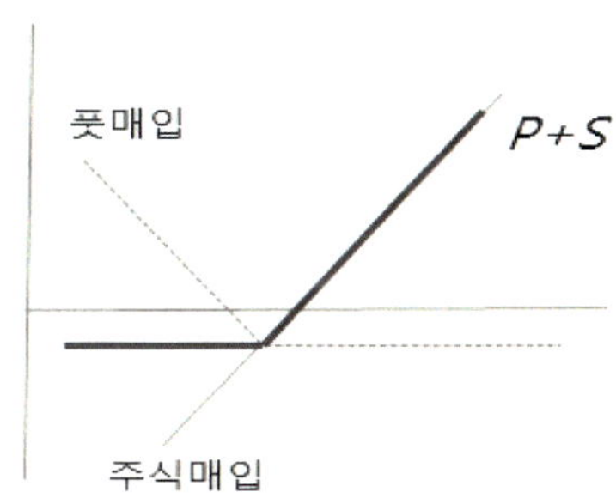

실무에서는, 풋옵션을 실제로 매입하지 않고 주식 또는 주가지수선물을 이용하여 풋옵션을 복제하는 방법이 많이 사용하는데 이를 포트폴리오보험(portfolio insurance) 전략이라고 한다(12장 참조).

주요 결과 #2

주식과 옵션을 이용한 투자전략 중 가장 보편적인 전략은 주식매입과 풋매입으로 구성된 프로텍티브풋이다. 프로텍티브풋은 주가 하락시 주식포지션의 손실을 풋옵션 포지션에서의 이익으로 상쇄시키므로 하향손실이 제한되지만 주가 상승시의 상향이익에는 제한이 없는 매우 매력적인 포지션이다.

3.3 커버드콜 : $S-C$

주식을 보유하고 있는 투자자가 콜옵션을 매도하면 커버드 콜옵션 또는 보호된 콜옵션(covered call) 포지션이 구성된다.[3] 커버드콜의 이득은 다음과 같다.

- $S_T \le K$: 콜옵션의 가치가 0이므로 커버드 콜의 가치는 S_T이다.
- $S_T > K$: 콜옵션이 행사되므로 콜옵션의 가치는 $-(S_T-K)$이고 주식의 가치가 S_T이므로 커버드 콜의 가치는 $S_T-(S_T-K)=K$이다.

$S-C$ 포트폴리오는 S_T가 K보다 작을 때 S_T의 가치를 갖고 K가 S_T보다 작을 때 K의 가치를 가지므로 커버드콜의 이득패턴은 다음과 같이 표현된다.

$$Payoff_{covered\ call} = \min(S_T,\ K) \tag{9.2}$$

그리고 풋-콜 패리티에 의해, 커버드콜의 이득패턴은 풋옵션 발행포지션의 이득패턴과 동일하다: $S-C=-P+PV(K)$. [그림 9-5]는 커버드콜의 이익패턴을 보여준다.

그림 9-5 커버드콜($S-C$)의 이익패턴

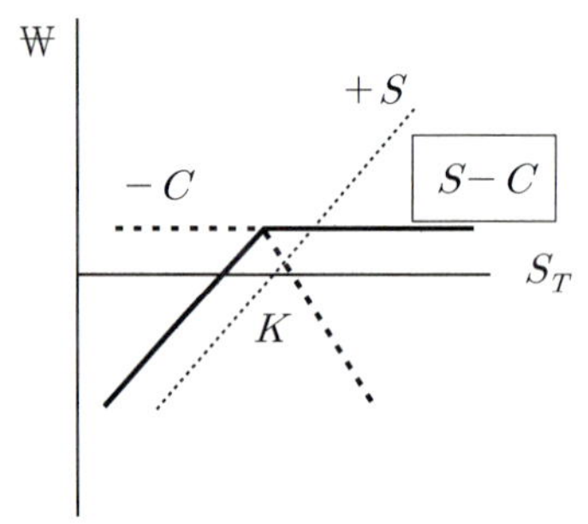

커버드콜은 변동성이 크지 않을 것으로 예상할 때 취하는 포지션이다. 예를 들어, 투자자가 주식을 소유하고 있으며, 현재 주가가 10,000원이고 향후 1개월 동안 주가변동이 크지 않을 것으로 예상하여 투자자는 가격이 309원인 등가격 콜옵션을 발행한다고 하자. 만일 주가가 콜옵션 프리미엄인 309원보다 작게 변동하면 투자자는 상대적으로 유리한 위치에 있게 된다. 즉, 주가상승이 309원보다 작으면 콜옵션 행사에 따른 손실을 옵션프리미엄으로 커버

3) 주식포지션 없이 콜옵션을 발행하면 이를 노출된 콜옵션(naked call)이라고 한다. 콜옵션 발행 후 주가가 상승하면 콜옵션이 행사되는데 이 때 인도할 주식을 보유하고 있으면 이를 인도하여 의무를 이행할 수 있으므로 콜옵션 발행포지션의 가격상승에 따른 위험을 커버(cover)한다고 하여 이를 "커버드콜" 또는 "보호된 콜옵션"이라고 한다.

할 수 있다. 그리고 주가하락이 309원보다 작으면 주가하락에 따른 손실을 옵션프리미엄으로 커버할 수 있다.

변동성이 크더라도 주가가 하락하면 콜옵션 프리미엄으로 주가하락에 따른 손실의 일부를 커버할 수 있으므로 투자자의 손실이 줄어든다. 그러나 주가상승이 309원을 초과하면 콜옵션 발행은 주가상승의 이익을 제거시키므로 투자자는 손해를 보게 된다. 주식매입과 커버드콜을 비교하면 다음과 같다(등가격 콜옵션을 발행한 것으로 가정함). 우리의 예시에서 주가가 10,309원 이상으로 상승하면 커버드콜은 주식 매입에 비하여 상대적으로 불리하다.

그림 9-6 주식매입과 커버드콜 비교

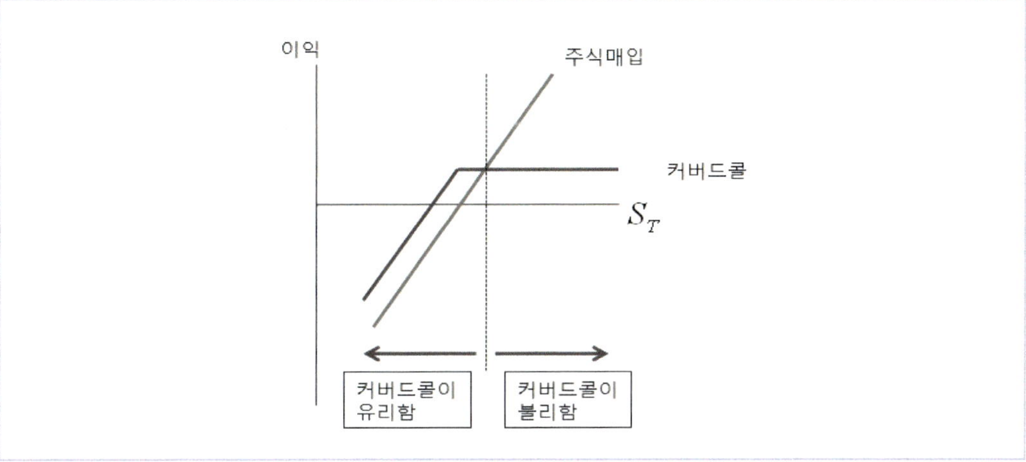

투자자는 주식을 행사가격에 매도해야 하므로 포트폴리오의 상향이익이 제한되는데, 주식에서의 목표수익률을 감안하여 행사가격을 설정하면 주가가 행사가격 이상으로 상승시 자동적으로 주식포지션을 청산시키는 효과가 있게 된다(그러나 행사가격을 높게 설정하면 콜옵션을 발행하여 수령하는 프리미엄이 감소함).

요약하면 투자자가 커버드콜 포지션을 취하는 이유는 다음과 같다.[4)]

① 목표수익률을 달성하면 무조건 포지션을 마감하고자 하는 투자자가 하향손실을 관리하고자 하는 경우

② 콜옵션이 과대평가되어 있다고 판단되는 경우

③ 보합이나 약세장에서 주식매입포지션보다 더 높은 수익률을 얻고 강세장에서 더 낮은 수익률이 발생하도록 위험-수익의 구조를 변경하고자 하는 경우

4) 파생상품과 금융공학(정대용 저, 2010), 377쪽

주요 결과 #3

커버드콜은 주식을 보유한 투자자가 콜옵션을 매도한 경우이다. 커버드콜은 주가하락에 따른 손실을 콜옵션 프리미엄으로 줄일 수 있으나 주가상승시에 이익이 제한되는 단점이 있다.

예시 9-1 커버드콜

① 커버드콜의 인기

2010년 1월의 Wall Street Journal의 보도에 의하면 미국 온라인 증권회사인 Charles Schwab을 통해 옵션을 거래하는 투자자 중 84%가 커버드콜 전략을 이용할 정도로 인기가 높다고 한다. 이는 주가 하락시 콜옵션 발행으로 수취한 프리미엄으로 주가하락에 따른 손실을 줄일 수 있다는 장점 때문이다(물론 주가가 행사가격 이상 상승하면 이익이 제한되는 단점이 있음).[5]

② 커버드콜펀드

하락장에서 전문가들이 추천하는 상품이 '커버드콜펀드'이다. 이 상품은 말 그대로 커버드콜 전략을 이용하는 펀드이다. 일반 주식형 펀드처럼 40～60개 종목에 투자해 수익을 내면서 동시에 콜옵션을 매도해 주가하락 때 손실을 줄인다. 최근에는 시장에서 주식처럼 거래할 수 있는 커버드콜 상장지수펀드까지 나와 투자 수단이 다양해졌다. 4일 펀드평가사 애프앤가이드에 따르면 '마이다스커버드콜(주식)A1' 펀드의 최근 1개월 수익률은 −3.72%이다. 같은 기간 국내 주식형 펀드(평균 −4.38%)보다는 낫지만 그래도 마이너스를 면치 못했다. 수익률이 마이너스인 것은 콜옵션 매도로 얻을 수 있는 추가 수익이 주가 하락으로 인한 손실보다 크지 않기 때문이다. 커버드콜 펀드라고 해서 하락장에서 무조건 플러스 수익을 기대하기는 어렵다는 얘기다. 다만 하락장에서 다른 주식형 펀드보다 나은 수익을 거둘 수 있다. 마이다스커버드콜(주식)A1의 최근 3년 수익률은 42.8%로 국내 주식형 펀드 평균(24.8%)을 두 배 가까이 앞섰다(2011년 3월초 중앙일보 신문기사 인용).

---

5) 증권 · 파생상품시장 지표해설(한국거래소, 2010), 286쪽에서 인용함

4 스프레드

스프레드 전략이란 2개 이상의 같은 종류의 옵션(즉, 2개 이상의 콜옵션 또는 2개 이상의 풋옵션)에 포지션을 취하는 전략이다. 여기에 설명되어 있는 강세스프레드, 약세스프레드, 나비스프레드는 콜옵션만을 이용해서도 구성할 수 있고 또한 풋옵션만을 이용해서도 구성할 수 있다. 강세스프레드, 약세스프레드, 나비스프레드는 모두 수직스프레드(가격스프레드)이다.

그림 9-7 스프레드의 유형

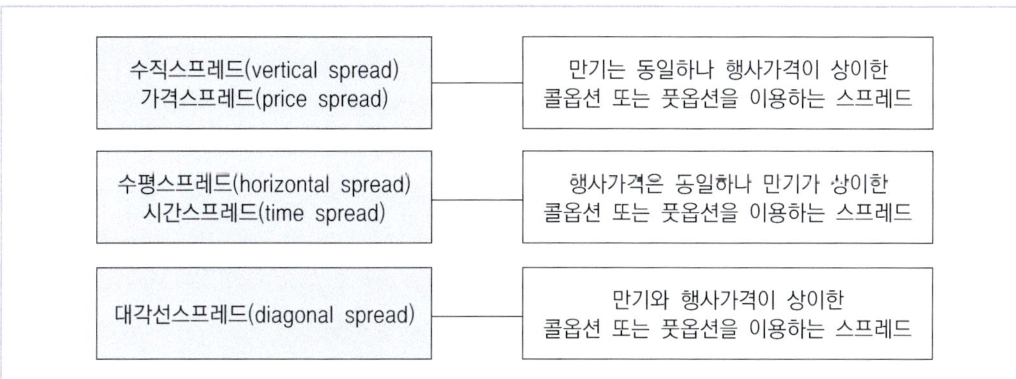

행사가격이 K_1, K_2, K_3인 콜옵션을 각각 C_1, C_2, C_3로, 풋옵션을 각각 P_1, P_2, P_3로 정의하자(단, $K_1 < K_2 < K_3$임). 그리고 $2K_2 = K_1 + K_3$의 관계가 성립한다고 하자. 우리가 설명하고자 하는 강세스프레드, 약세스프레드, 박스스프레드, 나비스프레드는 [표 9-2]에 요약된 방법으로 구성할 수 있다. 참고로 $C_1 - C_2$는 "C_1 매입, C_2 매도"를 의미한다. 강세스프레드, 약세스프레드, 나비스프레드는 콜옵션뿐만 아니라 풋옵션을 이용하여도 구성할 수 있지만 본문에서는 콜옵션을 이용하는 경우만을 설명하기로 한다.[6)]

〈표 9-2〉 수직스프레드의 구성 방법

포지션	콜옵션 이용	풋옵션 이용	비 고
강세스프레드	$C_1 - C_2$	$P_1 - P_2$	$C_1 > C_2,\ P_1 < P_2$
약세스프레드	$C_2 - C_1$	$P_2 - P_1$	
박스스프레드	$(P_2 - P_1) + (C_1 - C_2)$		풋약세스프레드와 콜강세스프레드의 결합
나비스프레드	$C_1 + C_3 - 2C_2$	$P_1 + P_3 - 2P_2$	$2C_2 \le C_1 + C_3,\ 2P_2 \le P_1 + P_3$

6) 풋옵션을 이용하여 강세스프레드, 약세스프레드, 나비스프레드를 구성하는 방법은 주관식 연습문제 1번과 2번을 참고하라.

4.1 강세스프레드

강세스프레드(bull spread)는 행사가격이 낮은 콜옵션 C_1을 매입한 투자자가 행사가격이 높은 콜옵션 C_2을 매도함으로써 주가상승에서 기대할 수 있는 이익의 일부를 포기한 전략이다. $C_1 > C_2$ 이므로 포지션을 취할시 $C_1 - C_2$의 투자금액이 필요하다([표 9-3]). 이득패턴을 하향이동하여 이익패턴을 구하며, 콜옵션 강세스프레드의 손익분기점은 $K_1 + (C_1 - C_2)$이다([그림 9-8]).

강세스프레드의 상향이익과 하향손실은 모두 일정 수준으로 제한된다. 최대이익과 최대손실은 각각 다음과 같으며 최대이익과 최대손실의 합은 행사가격의 차이와 동일하다.7)

$$\begin{aligned} &\text{손익분기점}: K_1 + (C_1 - C_2) \\ &\text{최대이익}: (K_2 - K_1) - (C_1 - C_2) \\ &\text{최대손실}: C_1 - C_2 \end{aligned} \tag{9.3}$$

그림 9-8 콜옵션 강세스프레드의 이익패턴

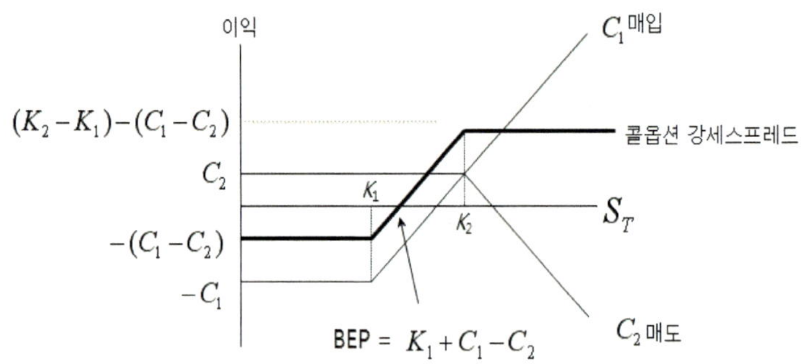

▸ ▸ 〈표 9-3〉 콜옵션 강세스프레드의 이득패턴

포지션	현재 현금흐름	만기일 현금흐름		
		$S_T \le K_1$	$K_1 < S_T < K_2$	$S_T \ge K_2$
C_1 매입	$-C_1$	0	$S_T - K_1$	$S_T - K_1$
C_2 매도	C_2	0	0	$-(S_T - K_2)$
강세스프레드의 이득	$C_2 - C_1 < 0$	0	$S_T - K_1$	$K_2 - K_1$

콜옵션을 이용하든 풋옵션을 이용하든, 낮은 행사가격의 옵션을 매입하고 높은 행사가격

7) 본 장에서 최대손실은 양수로 계산한다.

의 옵션을 매도한다. 콜옵션의 경우와 달리 풋옵션을 이용하면 포지션을 취할시 현금유입이 발생한다.

예시 9-2 강세스프레드의 최대이익과 최대손실

현재 주가는 10,000원이고 만기는 1개월인 콜옵션과 풋옵션의 가격이 각각 다음과 같다.

행사가격	콜옵션 가격	풋옵션 가격
9,500	629	89
10,000	309	267
10,500	121	577

콜강세스프레드를 구성하기 위하여 행사가격이 10,000원인 콜옵션을 매입하고 행사가격이 10,500원인 콜옵션을 발행한다. 이 경우 최대손실은 309 − 121 = 188원이고, 손익분기점은 10,000 + 188 = 10,188원이고, 최대이익은 (10,500 − 10,000) − 188 = 312원이다.

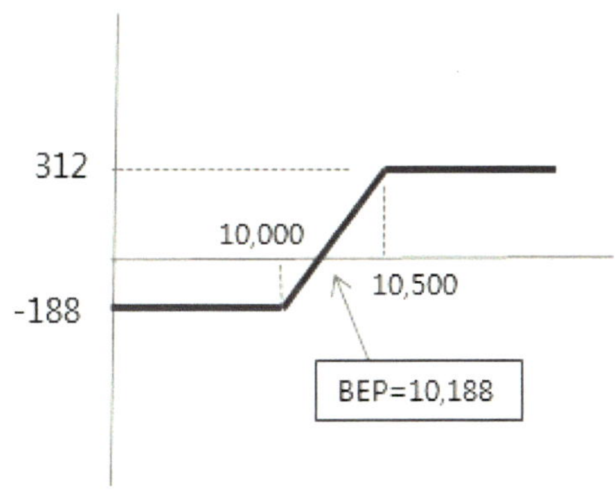

참고 Bull과 Bear

Bull(황소)은 강세장(bull market)을 의미하고 Bear(곰)는 약세장(bear market)을 의미한다. 소와 곰이 강세장과 약세장을 상징하는 이유는 일설에 의하면 두 동물이 상대방을 공격하는 모양과 연관되어 있다고 한다. 황소는 뿔을 아래에서 위로 치켜들면서 상대방을 공격하므로 주가상승을 상징한다. 그리고 곰은 위에서 아래로 주먹을 휘두르면서 상대방을 공격하므로 주가하락을 상징한다.

맨하튼 월스트리트의 상징물처럼 되어 있는 황소 조형물은 이태리 조각가 Atruro Di Modica가 만들어 1989년에 뉴욕증권거래소 앞에 허가도 받지 않고 갖다 놓은 것으로 알려져 있다. 이후 황소상은 현재의 위치(월스트리트 보울링그린파크)로 옮겨졌으며 월스트리트를 찾는 관광객들이 가장 사진을 많이 찍는 미술품이다.

4.2 약세스프레드

약세스프레드는 낮은 행사가격 콜옵션을 매도하고 높은 행사가격 콜옵션을 매입하여 취한다. 포지션을 취할 시 $(C_1 - C_2)$ 금액이 유입되므로 이익패턴은 이득패턴을 상향이동하여 구한다([표 9-4], [그림 9-9]).[8)]

약세스프레드(bear spread)는 강세스프레드와 반대로 포지션을 취한다. 즉, 약세스프레드는 강세스프레드의 매도포지션이므로, 강세스프레드의 이득패턴과 이익패턴을 x축을 기준으로 회전하면 약세스프레의 이득과 이익패턴이 구해진다. 따라서 콜강세스프레드의 최대이익(최대손실)은 콜약세스프레드의 최대손실(최대이익)이다. 그리고 강세스프레드와 마찬가지로, 약세스프레드의 상향이익과 하향손실도 모두 일정 수준으로 제한된다.

$$\begin{aligned} &\text{손익분기점}: K_1 + (C_1 - C_2) \\ &\text{최대이익}: C_1 - C_2 \\ &\text{최대손실}: (K_2 - K_1) - (C_1 - C_2) \end{aligned} \tag{9.4}$$

▸ ▸ 〈표 9-4〉 콜옵션을 이용한 약세스프레드의 이득패턴

포지션	현재 현금흐름	만기일 현금흐름		
		$S_T \le K_1$	$K_1 < S_T < K_2$	$S_T \ge K_2$
C_1 매도	C_1	0	$-(S_T - K_1)$	$-(S_T - K_1)$
C_2 매입	$-C_2$	0	0	$S_T - K_2$
약세스프레드의 이득	$C_1 - C_2 > 0$	0	$K_1 - S_T$	$K_1 - K_2$

8) 본 장에 설명되어 있는 모든 투자 포지션의 이득패턴과 이익패턴을 그릴 때에는 (이익패턴을 직접 그리기 보다는) 먼저 이득패턴을 그린 후 투자금액만큼 하향이동하여(또는 현금유입만큼 상향이동하여) 이익패턴을 그리는 것이 편리하다.

그림 9-9 콜옵션 약세스프레드의 이익패턴

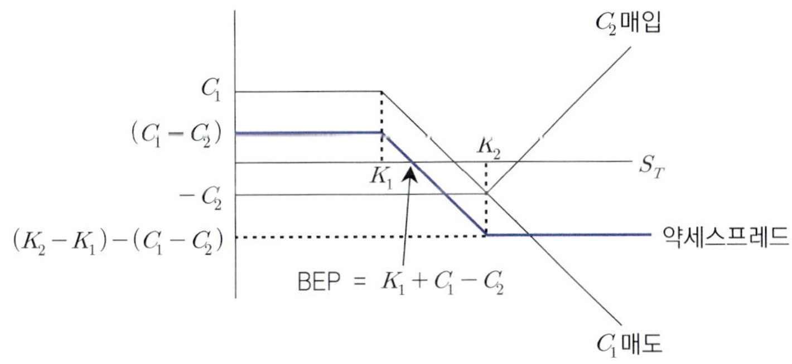

콜옵션을 이용하든 풋옵션을 이용하든, 낮은 행사가격의 옵션을 발행하고 높은 행사가격의 옵션을 매입한다(콜옵션의 경우와 달리 풋옵션을 이용하면 포지션을 취할시 투자금액이 필요함).

예시 9-3 약세스프레드의 최대이익과 최대손실

[예시 9-2]의 옵션가격을 다시 이용하자. 콜약세스프레드를 구성하기 위하여 행사가격이 9,500원인 콜옵션을 발행하고 행사가격이 10,000원인 콜옵션을 매입한다고 하자. 이 경우 최대이익은 629 − 309 = 320원이고, 손익분기점은 9,500 + 320 = 9,820원이고, 최대손실은 (10,000 − 9,500) − (629 − 309) = 180원이다.

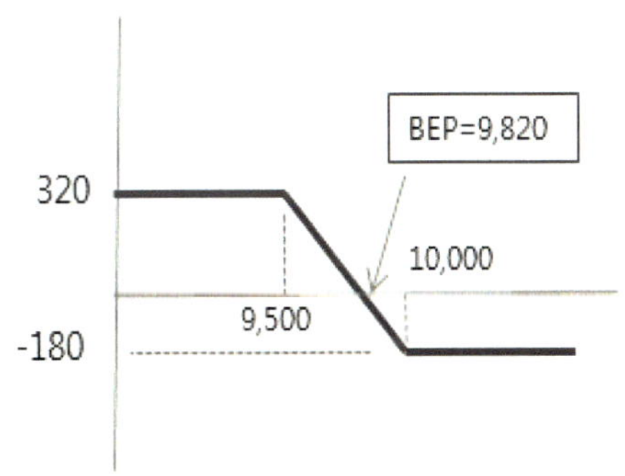

4.3 박스스프레드

풋옵션 약세스프레드와 콜옵션 강세스프레드를 결합한 포지션을 박스스프레드(box spread)라고 한다.

$$\text{풋옵션 약세스프레드} + \text{콜옵션 강세스프레드} = \text{박스스프레드} \tag{9.5}$$

박스스프레드는 $(P_2 - P_1) + (C_1 - C_2)$로 표현되는데 이 포지션의 만기일에서의 현금흐름 또는 이득은 항상 $K_2 - K_1$이다. 이유는 $C_1 - P_1$ 포지션을 취하면 K_1가격으로 주식을 매입하고 $P_2 - C_2$ 포지션을 취하면 K_2의 가격으로 주식을 매도하기 때문이다. 따라서 박스스프레드의 가치(또는 박스스프레드를 취하는데 소요되는 비용)는 항상 그 이득의 현재가치, 즉 $\frac{K_2 - K_1}{(1+r)^T}$이어야 한다. 즉,

$$(P_2 - P_1) + (C_1 - C_2) = \frac{K_2 - K_1}{(1+r)^T} \tag{9.6}$$

여기서 $P_2 - P_1$은 행사가격이 K_2인 풋옵션을 매입하고 행사가격이 K_1인 풋옵션을 발행하는 풋옵션 약세스프레드이고, $C_1 - C_2$는 행사가격이 K_1인 콜옵션을 매입하고 행사가격이 K_2인 콜옵션을 발행하는 콜옵션 강세스프레드이다.

그림 9-10 박스스프레드의 이득패턴

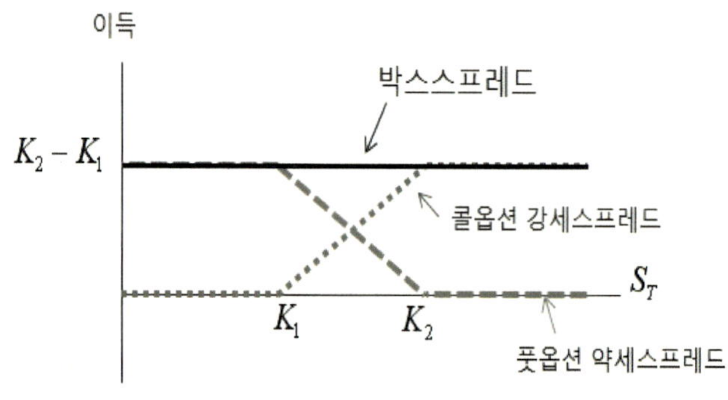

▸ ▸ 〈표 9-5〉 박스스프레드의 현금흐름

	현재 현금흐름	만기일 현금흐름		
		$S_T < K_1$	$K_1 < S_T < K_2$	$S_T > K_2$
C_1 매입	$-C_1$	0	$S_T - K_1$	$S_T - K_1$
P_2 매입	$-P_2$	$(K_2 - S_T)$	$(K_2 \quad S_T)$	0
C_2 발행	C_2	0	0	$-(S_T - K_2)$
P_1 발행	P_1	$-(K_1 - S_T)$	0	0
합 계	$(C_2 - C_1) + (P_1 - P_2)$	$K_2 - K_1$	$K_2 - K_1$	$K_2 - K_1$

예시 9-4 **박스스프레드**

[예시 9-2]의 옵션가격을 다시 이용하자. 행사가격이 9,500원과 행사가격이 10,000원인 콜옵션과 풋옵션을 이용하여 박스스프레드를 구성하면 투자금액은 498원이고 만기일의 가치는 500원이다.

$$(267 + 629) - (89 + 309) = 498$$

그리고 행사가격이 10,000원과 10,500원인 콜옵션과 풋옵션을 이용해도 투자금액은 498원으로 동일하다.

$$(309 + 577) - (267 + 121) = 498$$

4.4 나비스프레드

나비스프레드(butterfly spread)는 주가가 큰 폭으로 변하지 않을 것을 기대하는 투자자가 취하는 전략이다. 나비스프레드는 행사가격이 낮은 콜옵션 1개를 매입하고 행사가격이 높은 콜옵션 1개를 매입하고 행사가격이 중간인 콜옵션 2개를 발행하여 구성한다.

$2C_2 \le C_1 + C_3$이므로 투자금액은 $(C_1 + C_3 - 2C_2)$이고 이는 0보다 크다($K_3 - K_2 = K_2 - K_1$ 가정).[9]

$K_3 - K_2 = K_2 - K_1$인 경우 이득패턴은 [표 9-6]과 같다. 만일 $K_3 - K_2 \neq K_2 - K_1$이면 비대칭적인 패턴이 만들어진다. 나비스프레드의 손익분기점, 최대이익, 최대손실은 각각 다음과 같다.

9) 이는 $\frac{C_1 - C_2}{K_2 - K_1} \ge \frac{C_2 - C_3}{K_3 - K_2}$이라는 속성으로부터 유도된다. 즉, 콜옵션의 경우 행사가격이 커짐에 따라 프리미엄이 감소하는데 감소하는 속도가 감소한다. 풋옵션의 경우는 이와 반대로 행사가격이 커짐에 따라 프리미엄이 증가하는데 증가하는 속도가 증가한다. 이를 행사가격-옵션가격의 그래프에 그리면 옵션프리미엄은 행사가격에 대하여 볼록한 관계를 가지므로 이를 행사가격의 볼록성이라고 한다.

손익분기점 : $K_1+(C_1+C_3-2C_2)$와 $K_3-(C_1+C_3-2C_2)$

최대이익 : $(K_2-K_1)-(C_1+C_3-2C_2)$ (9.7)

최대손실 : $C_1+C_3-2C_2$

▸ ▸ 〈표 9-6〉 나비스프레드의 이득패턴

포지션	$S_T \le K_1$	$K_1 < S_T < K_2$	$K_2 < S_T < K_3$	$S_T \ge K_3$
C_1 1개 매입	0	S_T-K_1	S_T-K_1	S_T-K_1
C_2 2개 매도	0	0	$-2(S_T-K_2)$	$-2(S_T-K_2)$
C_3 1개 매입	0	0	0	S_T-K_3
나비스프레드의 이득	0	S_T-K_1	K_3-S_T	0

그림 9-11 나비스프레드의 이익패턴($K_1+K_3=2K_2$ 가정)

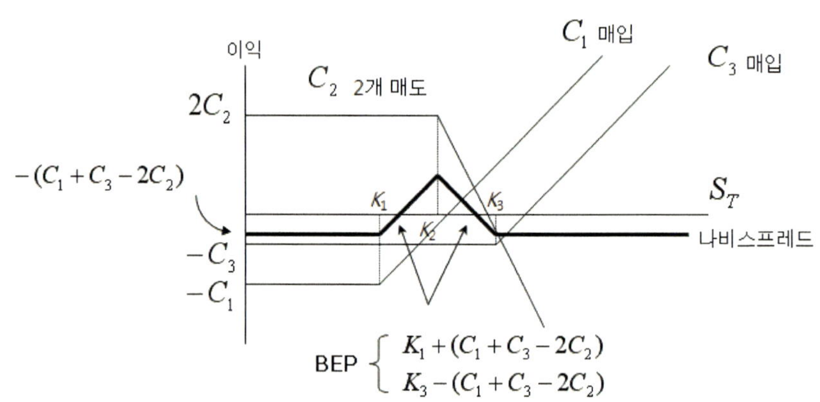

예시 9-5 나비스프레드의 구성 방법

앞에서 이용한 다음 옵션을 이용하여 나비스프레드를 구성해보자.

행사가격	콜옵션 가격	풋옵션 가격
9,500	C_1 = 629	P_1 = 89
10,000	C_2 = 309	P_2 = 267
10,500	C_3 = 121	P_3 = 577

C_1과 C_3를 각각 1개씩 매입하고 C_2 2개를 발행한다. 이를 위해 629 + 121 − 2 × 309 = 132원을 투자해야 한다. 투자자는 만기일의 주가가 9,500 + 132 = 9,632원과 10,500 − 132 = 10,368원 사이이면 이익을 얻는다. 최대이익은 500 − 132 = 368원이고 최대손실은 132원이다.
풋옵션을 이용하는 경우 P_1과 P_3를 각각 1개씩 매입하고 P_2 2개를 발행한다. 이 경우 투자금액, 손익분기점, 최대이익, 최대손실이 모두 콜옵션을 이용한 경우와 동일하다.

주요 결과 #4

스프레드는 2개 이상의 콜옵션 또는 2개 이상의 풋옵션을 이용하여 구성된다. 강세스프레드는 낮은 행사가격의 옵션을 매입하고 높은 행사가격의 옵션을 매도한다($C_1 - C_2$). 약세스프레드는 낮은 행사가격의 옵션을 매도하고 높은 행사가격의 옵션을 매입하여 구성하는데($C_2 - C_1$) 이는 강세스프레드의 매도포지션이다. 박스스프레드는 콜옵션 강세스프레드와 풋옵션 약세스프레드를 결합하여 구성된다($(C_1 - C_2) + (P_2 - P_1)$). 박스스프레드의 만기일에서의 이득은 항상 $K_2 - K_1$이다. 나비스프레드는 주가가 큰 폭으로 변하지 않을 것으로 기대하는 투자자가 취하는 포지션으로 행사가격이 낮은 옵션 1개를 매입하고 행사가격이 높은 옵션 1개를 매입하고 행사가격이 중간인 옵션 2개를 발행하여 구성한다($C_1 + C_3 - 2C_2$).

5 콤비네이션

콤비네이션은 동일한 주식에 대한 콜옵션과 풋옵션을 함께 이용하는 투자전략이다. 스트래들, 스트랭글, 스트립과 스트랩은 대표적인 콤비네이션이다.

5.1 스트래들

스트래들(straddle) 또는 스트래들매입(straddle purchase)은 행사가격과 만기가 동일한 콜옵션과 풋옵션을 동시에 매입하는 포지션이다. 이 포지션은 미래에 주가가 큰 폭으로 변할 것을 예상하나 그 방향을 예측할 수 없는 경우에 취하는 전략으로, 최대손실은 옵션매입비용(즉, $C+P$)으로 제한된다. 투자자는 만기일의 주가가 $K-(C+P)$과 $K+(C+P)$ 사이에 있을 때 손해를 본다. 반대로, 콜옵션과 풋옵션을 동시에 발행하는 포지션을 스트래들매도(straddle write)라고 한다. 같은 논리로 여기에 설명되어 있는 나비스프레드, 스트랭글, 스트립, 스트랩의 매도포지션을 취하는 것도 가능하다.

▸ ▸ 〈표 9-7〉 스트래들의 이득패턴

포지션	$S_T \le K$	$S_T > K$
C 매입	0	$S_T - K$
P 매입	$K - S_T$	0
스트래들의 이득	$K - S_T$	$S_T - K$

그림 9-12 스트래들의 이익패턴

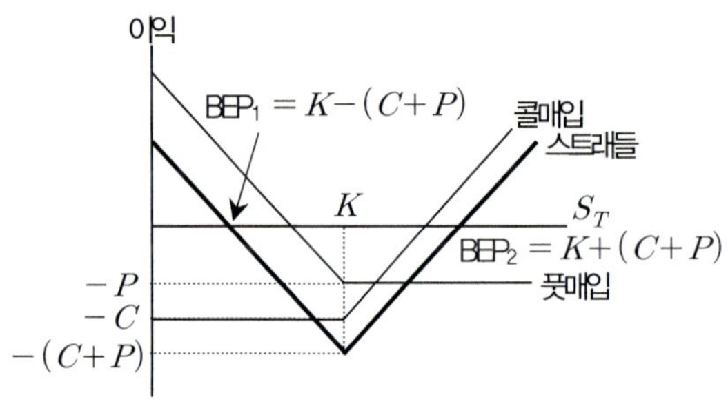

예시 9-6 스트래들의 이익

주가가 10,000원일 때, 행사가격이 10,000원이고 만기가 1개월인 콜옵션의 가격이 309원이고 동일 조건의 풋옵션 가격이 267원이다. 투자자가 두 옵션을 이용하여 스트래들 포지션을 취하면 최대손실은 만기일의 주가가 10,000원인 경우의 576원이다. 만기일의 주가가 9,424원과 10,576원 사이에서 투자자는 손해를 본다. 만기일의 주가가 10,300원이면 손실은 276원이고 주가가 9,000원이면 이익은 424원이다.

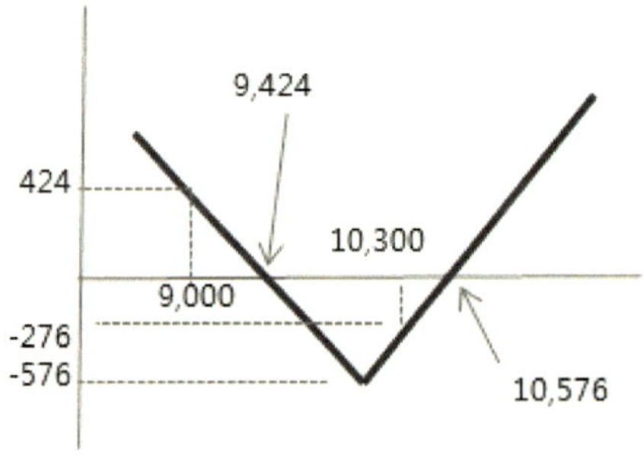

5.2 스트랭글

스트랭글(strangle)은 만기는 같으나 행사가격이 상이한 콜옵션과 풋옵션을 동시에 매입하는 포지션이다(콜옵션의 행사가격이 풋옵션의 행사가격보다 큼). 스트랭글이 이익을 얻기 위해서는 스트래들보다 주가가 큰 폭으로 변해야 한다. 즉, 투자자는 만기일의 주가가 $K_1-(C+P)$과 $K_2+(C+P)$ 사이에 있을 때 손해를 본다.

▸ ▸ 〈표 9-8〉 스트랭글의 이득패턴

포지션	$S_T \leq K_1$	$K_1 < S_T \leq K_2$	$S_T > K_2$
C_2 매입	0	0	S_T-K_2
P_1 매입	K_1-S_T	0	0
스트랭글의 이득	K_1-S_T	0	S_T-K_2

그림 9-13 스트랭글의 이익패턴

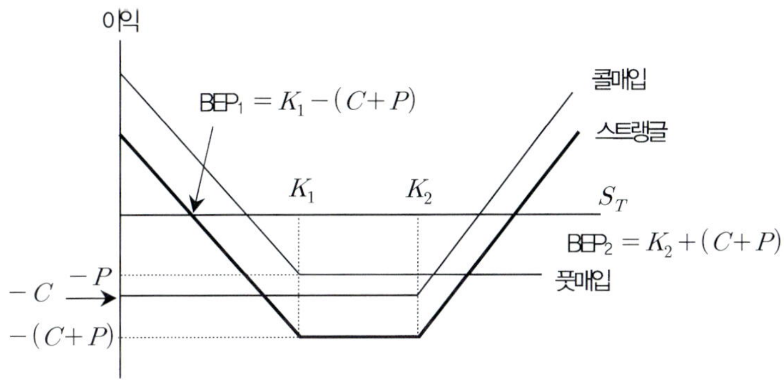

예시 9-7 스트랭글의 이익

주가가 10,000원일 때, 행사가격이 10,500원이고 만기가 1개월인 콜옵션의 가격이 121원이고 행사가격이 9,500원이고 만기가 1개월인 풋옵션의 가격이 89원이다. 투자자가 취한 스트랭글의 최대손실은 210원이다. 투자자는 만기일의 주가가 10,710원과 9,290원 사이에서 손실을 본다. 만기일의 주가가 12,000원이면 스트랭글의 이익은 1,290원이다.

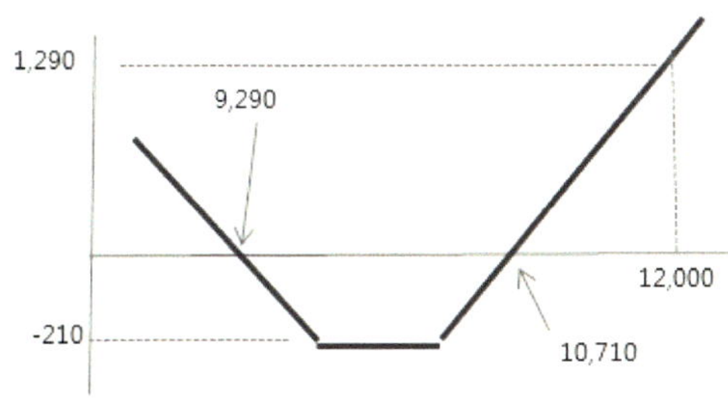

5.3 스트립과 스트랩

스트립(strip)은 콜옵션 1개와 풋옵션 2개를 결합한 포지션이고 스트랩(strap)은 콜옵션 2개와 풋옵션 1개를 결합한 포지션이다. 미래 주가의 예측방향에 따라 가능성이 큰 쪽에 더 큰 포지션을 취한다.

그림 9-14 스트립과 스트랩의 이익패턴

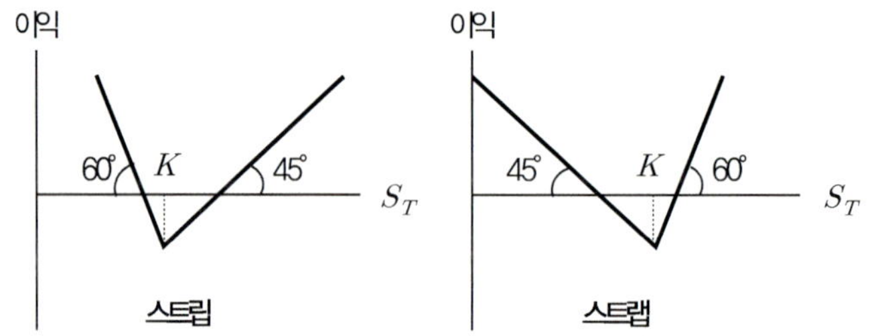

주요 결과 #5

콤비네이션은 기초자산이 동일한 콜옵션과 풋옵션에 동시에 포지션을 취하여 구성된다. 스트래들은 행사가격과 만기가 동일한 콜옵션과 풋옵션을 동시에 매입하는 포지션이다. 스트랭글은 만기는 같으나 행사가격이 상이한 콜옵션과 풋옵션을 동시에 매입하는 포지션이다. 스트립과 스트랩은 스트래들의 변형된 포지션으로, 스트립은 풋옵션 2개, 스트랩은 콜옵션 2개를 이용한다.

참고 시장에서 실제로 가장 많이 이용되는 전략은 무엇인가?

Chaput와 Ederington(2003년)은 옵션을 이용한 다양한 투자전략 중에서 어떤 전략이 가장 많이 이용되는지 살펴보기 위하여 유로달러옵션(Eurodollar option)시장의 자료를 분석하였다.[10] 주요 결과는 다음과 같다.

첫째, 100계약 이상의 대규모 거래의 경우, 스프레드와 컴비네이션이 55% 이상을 차지한다.

둘째, 총거래량 기준으로, 가장 활발하게 이용되는 전략은 거래량이 큰 순서대로 스트래들, 비율스프레드, 수직스프레드, 스트랭글이다.

셋째, 나비스프레드의 거래량은 많지 않으며, 콘도, 수평스프레드, 박스스프레드의 거래량은 매우 적다.

10) Chaput and Ederington, 2003, "Option Spread and Combination Trading", *Journal of Derivatives*, 10(4), 72-88.

결론적으로, 인기있는 옵션거래전략은 주가방향에 대해 베팅하는 전략이 아니라 변동성방향에 대해 베팅하는 전략으로 밝혀졌다. 이유는 주가방향에 베팅하는 경우 이용할 수 있는 상품이 옵션 이외에도 현물과 선물이 있지만 변동성 방향에 대해 베팅할 수 있는 상품은 옵션이 유일하기 때문이다.

핵심용어 정리

- 스프레드(spread)
- 콤비네이션(combination)
- 프로텍티브풋(protective put)
- 커버드콜(covered call)
- 강세스프레드(bull spread)
- 약세스프레드(bear spread)
- 박스스프레드(box spread)
- 나비스프레드(butterfly spread)
- 스트래들(straddle)
- 스트랭글(strangle)
- 스트립(strip)
- 스트랩(strap)

주요결과 정리

주요 결과 #1

옵션을 이용한 투자전략은 크게 채권과 옵션을 결합하는 전략, 주식과 옵션을 결합하는 전략, 스프레드전략, 콤비네이션전략으로 구분된다. 투자자는 옵션을 이용하여 시장 상황에 따라 다양한 거래전략을 수립할 수 있다.

주요 결과 #2

주식과 옵션을 이용한 투자전략 중 가장 보편적인 전략은 주식매입과 풋매입으로 구성된 프로텍티브풋이다. 프로텍티브풋은 주가 하락시 주식포지션의 손실을 풋옵션 포지션에서의 이익으로 상쇄시키므로 하향손실이 제한되지만 주가 상승시의 상향이익에는 제한이 없는 매우 매력적인 포지션이다.

주요 결과 #3

커버드콜은 주식을 보유한 투자자가 콜옵션을 매도한 경우이다. 커버드콜은 주가하락에 따른 손실을 콜옵션 프리미엄으로 줄일 수 있으나 주가상승시에 이익이 제한되는 단점이 있다.

주요 결과 #4

스프레드는 2개 이상의 콜옵션 또는 2개 이상의 풋옵션을 이용하여 구성된다. 강세스프레드는 낮은 행사가격의 옵션을 매입하고 높은 행사가격의 옵션을 매도한다($C_1 - C_2$). 약세스프레드는 낮은 행사가격의 옵션을 매도하고 높은 행사가격의 옵션을 매입하여 구성하는데($C_2 - C_1$) 이는 강세스프레드의 매도포지션이다. 박스스프레드는 콜옵션 강세스프레드와 풋옵션 약세스프레드를 결합하여 구성된다($(C_1 - C_2) + (P_2 - P_1)$). 박스스프레드의 만기일에서의 이득은 항상 $K_2 - K_1$이다. 나비스프레드는 주가가 큰 폭으로 변하지 않을 것으로 기대하는 투자자가 취하는 포지션으로 행사가격이 낮은 옵션 1개를 매입하고 행사가격이 높은 옵션 1개를 매입하고 행사가격이 중간인 옵션 2개를 발행하여 구성한다($C_1 + C_3 - 2C_2$).

주요 결과 #4

콤비네이션은 기초자산이 동일한 콜옵션과 풋옵션에 동시에 포지션을 취하여 구성된다. 스트래들은 행사가격과 만기가 동일한 콜옵션과 풋옵션을 동시에 매입하는 포지션이다. 스트랭글은 만기는 같으나 행사가격이 상이한 콜옵션과 풋옵션을 동시에 매입하는 포지션이다. 스트립과 스트랩은 스트래들의 변형된 포지션으로, 스트립은 풋옵션 2개, 스트랩은 콜옵션 2개를 이용한다.

개념체크

1 주식, 콜옵션, 풋옵션 매수 및 매도포지션의 이득패턴과 이익패턴을 그릴 수 있는가?

2 원금보장 ELS는 어떻게 구성되는가?

3 주식과 옵션을 이용한 투자전략에서 옵션을 매수하면 하향손실이 제한되고 옵션을 발행하면 상향이익이 제한됨을 이해하는가?

4 프로텍티브풋은 어떻게 구성하는가? 이득은 식으로 어떻게 표현되는가? 이득패턴은? 포트폴리오보험과 어떻게 연관되어 있는가?

5 커버드콜은 어떻게 구성하는가? 이득은 식으로 어떻게 표현되는가? 이득패턴은? 커버드콜을 구성하는 이유는 무엇인가?

6 스프레드란 무엇인가?

7 강세스프레드는 어떻게 구성되는가? 콜옵션 강세스프레드와 풋옵션 강세스프레드의 손익분기점, 최대이익, 최대손실을 계산할 수 있는가?

8 약세스프레드는 어떻게 구성되는가? 콜옵션 약세스프레드와 풋옵션 약세스프레드의 손익분기점, 최대이익, 최대손실을 계산할 수 있는가?

9 박스스프레드란 무엇인가? 박스스프레드 포지션을 식으로 표현할 수 있는가? 박스스프레드의 만기일 가치는 어떻게 확정되는가?

10 나비스프레드는 어떻게 구성하는가? 손익분기점을 구할 수 있는가?

11 콤비네이션이란 무엇인가?

12 스트래들을 구성할 수 있는가? 손익분기점과 최대손실을 계산할 수 있는가?

13 스트랭글을 구성할 수 있는가? 스트래들과 어떻게 다른가? 손익분기점과 최대손실을 계산할 수 있는가?

14 스트립과 스트랩 포지션은 무엇이며 언제 구성하는가?

CHAPTER

09 연습문제

객관식 유형

1 [예시 9-2]에서 행사가격이 9,500원인 풋옵션을 매입하고 행사가격이 10,000원인 풋옵션을 발행하면 풋강세스프레드가 구성된다. 이 경우 최대이익과 손익분기점은 각각 얼마인가?

① 178원, 9,822원　　② 322원, 9,678원
③ 178원, 9,678원　　④ 정답 없음

2 다음 중 상향이익이 제한되는 포지션은?

① 주식매입, 콜옵션 발행　　② 주식공매도, 콜옵션 매입
③ 주식매입, 풋옵션 매입　　④ 정답 없음

3 변동성이 감소할 것으로 예상되는 경우의 거래전략으로 가장 적절한 것은?

① 스트래들　　② 스트립
③ 나비스프레드　　④ 강세스프레드

4 다음의 포지션에서 이익이 발생하는 범위에 관한 설명으로 가장 적절하지 않은 것은?

① 콜옵션 강세스프레드 : $S_T > K_1 + C_1 - C_2$
② 스트래들매도 : $K-(C+P) < S_T < K+(C+P)$
③ 콜옵션 매입 : $S_T > K+C$
④ 콜옵션 약세스프레드 : $S_T < K_1 - C_1 + C_2$

5 [예시 9-4]에서 행사가격이 10,000원인 풋옵션을 발행하고 행사가격이 10,500원인 풋옵션을 매입하면 풋약세스프레드가 구성된다. 이 경우 손익분기점은 얼마인가? 그리고 최대손실과 최대이익의 합은 얼마인가? 단 최대손실은 양수로 표현함.

① 9,820원, 450원　　② 10,190원, 500원
③ 10,310원, 500원　　④ 정답 없음

6 커버드콜의 만기일에서의 이득은?

① $\max(S_T,\ K)$　　② $\max(S_T - K,\ 0)$
③ $\min(S_T,\ K)$　　④ 정답 없음

7 만기가 3개월이고 행사가격이 9,000, 10,000, 11,000원인 유로피언 콜옵션의 가격이 각각 1,269원, 646원, 277원이다. 이 옵션을 이용하여 나비스프레드를 구성하고 만기일에서의 주가가 10,500원이면 이익은 얼마인가?

① 246원　　② 254원
③ 250원　　④ 정답 없음

8 행사가격이 11,000원인 콜옵션의 가격이 277원이고 행사가격이 9,000원인 풋옵션의 가격이 179원이다. 두 옵션을 이용하여 스트랭글을 구성하라. 이 경우 투자자가 이익을 보는 가격범위는 얼마인가?

① 만기일의 주가가 8,544원보다 낮거나 또는 11,456원보다 큰 경우
② 만기일의 주가가 9,456원보다 낮거나 또는 10,544원보다 큰 경우
③ 만기일의 주가가 9,456원보다 낮거나 또는 11,456원보다 큰 경우
④ 정답 없음

9 행사가격이 19,000원과 20,000원인 콜옵션의 가격이 각각 2,954원과 2,454원이다. 두 옵션을 이용하여 강세스프레드를 구성하고 만기일의 주가가 19,300원이면 이익은 얼마인가?

① −300원　　② −200원
③ 0보다 크다　　④ 정답 없음

10 행사가격이 19,000원과 20,000원인 콜옵션의 가격이 각각 2,954원과 2,454원이다. 두 옵션을 이용하여 약세스프레드를 구성하면 최대이익은 얼마인가?

① 550원　　② 400원
③ 600원　　④ 정답 없음

11 옵션 투자전략에 관한 설명으로 가장 적절하지 않은 것은? (CPA2016)

① 보호풋(protective put) 전략과 방비콜(covered call) 전략은 일종의 헤지(hedge)전략이다.

② 약세 스프레드(bear spread) 전략은 행사가격이 낮은 옵션을 매도하고 행사가격이 높은 옵션을 매입하는 전략이다.

③ 박스 스프레드(box spread) 전략은 콜옵션을 이용한 강세 스프레드와 풋옵션을 이용한 약세 스프레드를 결합한 전략이다.

④ 스트래들(straddle) 매입 전략은 만기와 행사가격이 동일한 콜옵션과 풋옵션을 동시에 매입하는 전략이다.

⑤ 스트립(strip) 전략은 만기와 행사가격이 동일한 콜옵션을 2개 매입하고 풋옵션을 1개 매입하는 전략이다.

12 현재 옵션시장에서는 ㈜마바 주식을 기초자산으로 하고 만기가 동일하게 1년씩 남은 콜옵션과 풋옵션이 각각 거래되고 있다. 행사가격이 200,000원인 콜옵션의 가격은 20,000원이고 행사가격이 180,000원인 풋옵션의 가격은 10,000원이며 무위험이자율은 연 10%이다. 무위험이자율로 차입하여, 위의 콜옵션과 풋옵션을 각각 1개씩 매입한 투자자가 만기에 손실을 볼 수 있는 ㈜마바 주식가격(P)의 범위로 가장 적절한 것은?

(CPA2015)

① P < 147,000　　② P < 169,000

③ P > 233,000　　④ 11,000 < P < 33,000

⑤ 147,000 < P < 233,000

13 옵션 투자전략에 관한 설명으로 가장 적절하지 않은 것은? (CPA2014)

① 순수포지션(naked position) 전략은 한 가지 상품에만 투자한 경우로 헤지가 되어있지 않은 전략이다.

② 보호풋(protective put) 전략은 기초자산을 보유한 투자자가 향후 자산가격이 하락할 경우를 대비하여 풋옵션을 매입하는 전략이다.

③ 방비콜(covered call) 전략은 기초자산을 보유한 투자자가 향후 자산가격이 하락하거나 상승하지 않을 경우를 대비하여 콜옵션을 매입하는 전략이다.

④ 기초자산을 1개 매입하고 풋옵션을 1개 매입하며 콜옵션을 1개 매도하는 풋-콜 패리티(put-call parity) 전략을 이용하면, 만기시점의 기초자산 가격과 관계없이 항상 행사가격만큼 얻게 되어 가격변동위험을 완전히 없앨 수 있다.

⑤ 강세 스프레드(bull spread) 전략은 행사가격이 낮은 옵션을 매입하고 행사가격이 높은 옵션을 매도하는 전략으로 기초자산의 가격이 상승할 때 이득을 얻는 전략이다.

14 파생상품 투자주식회사의 옵션운용부에서 근무하는 A부터 E까지의 5명의 매니저가 다음과 같은 옵션거래전략을 구성하였다. 옵션을 발행한 기초자산의 주가가 향후 대폭 상승할 경우에 가장 불리한 투자결과를 가져올 것으로 예상되는 매니저는 누구인가? 단, 모든 옵션의 기초자산은 동일하고 옵션의 행사가격은 현재 주가에 근접하고 있다고 가정한다.

(CPA2002)

A : 주식을 매입함과 동시에 콜옵션을 발행함
B : 행사가격이 동일한 콜옵션을 매입함과 동시에 풋옵션을 발행함
C : 행사가격이 다른 콜옵션과 풋옵션을 동시에 매입함
D : 행사가격이 높은 콜옵션을 매입함과 동시에 행사가격이 낮은 콜옵션을 발행함
E : 주식을 매입함과 동시에 풋옵션을 매입함

① A매니저
② B매니저
③ C매니저
④ D매니저
⑤ E매니저

15 기초자산의 가격변화에 따른 옵션의 투자전략에 대한 설명 중 옳은 항목만으로 구성된 것은? (CPA2010)

a. 기초자산 가격의 변동에 따른 이익 및 손실의 범위를 한정하기 위해서는 칼라(collar)를 이용하면 된다.
b. 기초자산 가격이 큰 폭으로 변동할 것으로 예상되지만 방향을 알지 못하는 경우 스트랭글(strangle)을 매입하면 된다.
c. 기초자산 가격이 변화하지 않을 것으로 예상되는 경우 스트래들(straddle)을 매도하면 된다.
d. 기초자산 가격 변동에 따른 손익을 곡선의 형태로 실현하기 위해서는 수직스프레드(vertical spread)를 이용하면 된다.
e. 기초자산 가격이 큰 폭으로 변동하고 특히 하락보다는 상승이 예상되는 경우 스트립(strip)을 매입하면 된다.

① a, b, c
② a, c, d
③ a, d, e
④ b, c, e
⑤ b, d, e

16 투자자 갑은 3개월 만기 콜옵션 1계약과 3개월 만기 풋옵션 1계약을 이용하여 주가지수 옵션에 대한 스트랭글 매도(short strangle) 투자전략을 구사하려 한다. 현재 형성된 옵션시세는 다음과 같다. 만기 주가지수가 1,120포인트일 때, 투자자의 만기손익과 최대손익을 구하시오. (CPA2009)

a. 3개월 만기 주가지수 콜옵션 (행사가격 = 1,100포인트, 콜옵션 프리미엄 = 35원)
b. 3개월 만기 주가지수 풋옵션 (행사가격 = 1,100포인트, 풋옵션 프리미엄 = 21원)
c. 3개월 만기 주가지수 콜옵션 (행사가격 = 1,200포인트, 콜옵션 프리미엄 = 32원)
d. 3개월 만기 주가지수 풋옵션 (행사가격 = 1,200포인트, 풋옵션 프리미엄 = 27원)

	만기손익	최대손익
①	53	53
②	56	56
③	59	59
④	−60	60
⑤	−62	−62

17 주가지수를 추종하는 주식포트폴리오의 가치 하락시 하향손실(downside loss)을 일정 수준으로 한정시키면서 가치 상승시 상향이익(upside potential)을 얻을 수 있는 포트폴리오 운용전략으로 적절한 항목만을 모두 고르면? (단, 파생상품의 기초자산은 주가지수이다.) (CPA2013)

(가) 주식포트폴리오를 보유한 상태에서 풋옵션을 매수한다.
(나) 무위험채권에 투자한 상태에서 콜옵션을 매수한다.
(다) 주식포트폴리오를 보유한 상태에서 선물을 매도하고, 헤지비율을 시장상황에 따라 동적으로 변화시킨다.
(라) 주식포트폴리오와 무위험채권을 매수하고, 무위험채권의 투자비율을 시장상황에 따라 동적으로 변화시킨다.

① (가), (나)
② (다), (라)
③ (가), (나), (다)
④ (나), (다), (라)
⑤ (가), (나), (다), (라)

18 상도기업은 6개월 후 10,000달러를 수령할 예정이다. 환위험을 헤지하기 위하여 만기가 6개월이고 행사가격이 K_1인 풋옵션 1개를 매입함과 동시에 만기가 6개월이고 행사가격이 K_2인 콜옵션 1개를 매도하였다(단, $K_1 < K_2$). 상도기업이 수령하는 달러의 원화가격의 범위로 적절한 것은? x축은 6개월 후의 환율이다. (CPA1994)

①
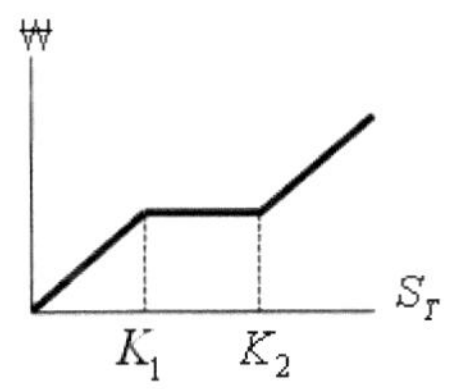

②
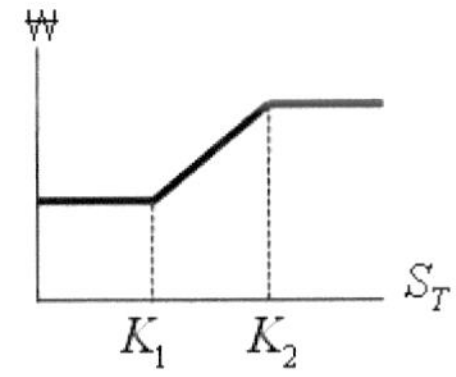

③
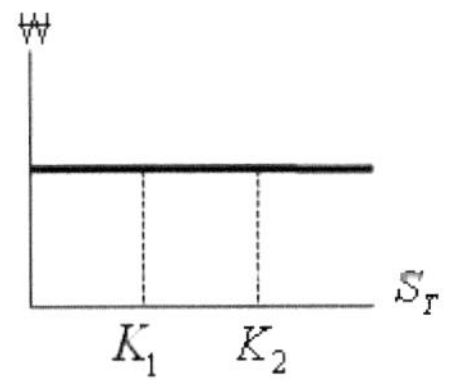

④
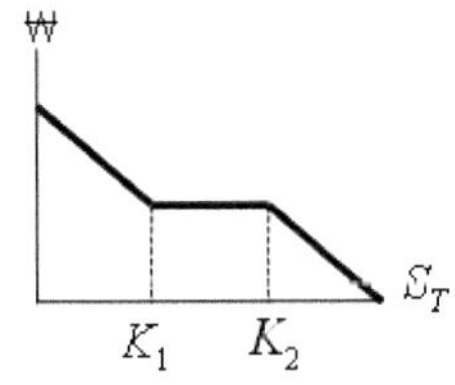

⑤
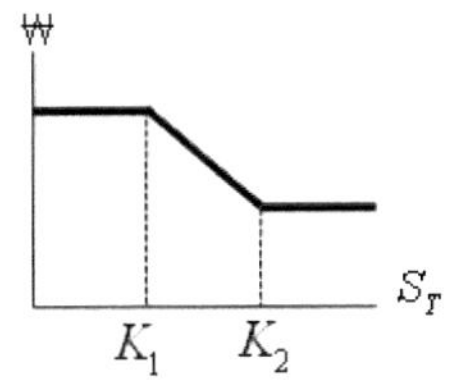

주관식 유형

1 행사가격이 20,000원과 21,000원인 풋옵션의 가격이 각각 2,009원과 2,555원이다. 두 옵션을 이용하여 약세스프레드를 구성하고자 한다.

1. 약세스프레드를 어떻게 구성할 수 있는가? 손익분기점은 얼마인가?
2. 만기일의 주가가 19,200원, 20,300원, 20,800원, 21,500원인 경우의 이익을 각각 계산하라. 그리고 풋약세스프레드의 이득과 이익패턴을 그래프에 그려라.
3. 이득패턴과 이익패턴을 표로 작성하라.
4. 두 옵션을 이용하여 강세스프레드를 구성하고 이득패턴, 이익패턴, 손익분기점, 최대이익, 최대손실을 그래프에 그려라.

2 다음의 옵션을 이용하여 질문에 답하라. 나비스프레드는 풋옵션으로 구성한다.

행사가격	콜옵션	풋옵션
19,000	2,954	1,531
20,000	2,454	2,009
21,000	2,023	2,555

1. 나비스프레드 구성시의 현금흐름은 얼마인가?
2. 나비스프레드 구성시 이익을 발생하는 주가의 범위는 얼마인가?
3. 나비스프레드의 최대이익과 최대손실은 각각 얼마인가?
4. 행사가격이 K_1, K_2, K_3인 풋옵션의 가격이 각각 P_1, P_2, P_3이다. 세 옵션을 이용하여 구성한 나비스프레드의 이득패턴을 표로 작성하라.
5. 행사가격이 20,000원과 21,000원인 콜옵션과 풋옵션을 이용하여 박스스프레드를 구성하고 이 스프레드의 만기일에서의 현금흐름을 보여주는 표를 작성하라.
6. 행사가격이 20,000원인 콜옵션의 가격이 2,600원인 경우 박스스프레드를 이용한 차익거래기회를 설명하고 이익을 계산하라. 그리고 차익거래를 보여주는 표를 작성하라.

3 만기가 1년이고 행사가격이 2,500원, 3,000원, 3,500원인 유로피언 콜옵션의 가격이 각각 892원, 560원, 328원이고, 유로피언 풋옵션의 가격이 각각 70원, 214원, 457원이다. 다음 각 포지션을 구성하고, 만기일의 종가와 포지션의 이익을 보여주는 표를 각각 작성하라.

1. 행사가격이 3,000원과 3,500원인 콜옵션을 이용한 강세스프레드
2. 행사가격이 2,500원과 3,000원인 풋옵션을 이용한 약세스프레드
3. 행사가격이 2,500원, 3,000원, 3,500원인 유로피언 콜옵션을 이용한 나비스프레드
4. 행사가격이 2,500원, 3,000원, 3,500원인 유로피언 풋옵션을 이용한 나비스프레드
5. 행사가격이 3,000원인 옵션을 이용한 스트래들
6. 행사가격이 2,500원과 3,500원인 옵션을 이용한 스트랭글
7. 행사가격이 3,000원인 옵션을 이용한 스트립

4 다음의 독립된 세 개의 질문에 답하라.

❶ 행사가격이 K_1인 풋옵션을 발행하고, 행사가격이 K_2인 콜옵션을 매입하면 어떤 포지션이 구성되는가? 이득패턴을 그래프에 그리시오.

❷ 시장에서 다음과 같이 옵션가격이 형성되어 있다. 옵션은 모두 1년 만기 유럽형이고 기초자산은 동일하다. 무위험이자율은 연간 7%이다. 단, 두 행사가격의 차이는 4,000원이다.

행사가격	콜옵션	풋옵션
K_1	4,640원	2,950원
K_2	2,470원	4,490원

주어진 조건에서 차익거래 기회가 있는지의 여부를 확인하고, 만약 있다면 차익거래 포지션을 구체적으로 기술하시오. 또한 차익을 현재가치 기준으로 계산하라.

❸ 주식의 가격이 50,000원이다. 행사가격이 60,000원이고 만기가 1년인 유로피언 콜옵션 가격이 3,000원이고, 행사가격이 40,000원이고 만기가 1년인 유로피언 풋옵션 가격이 1,500원이다. 주식 1주를 매입하고 콜옵션 1개를 발행하고 풋옵션 1개를 매입한 투자자의 손익이 만기일의 주가에 따라 어떻게 변하는지 그래프를 그려라.

CHAPTER

09 연습문제 풀이

객관식 유형

1 ①

행사가격이 9,500원인 풋옵션을 매입하고 행사가격이 10,000원인 풋옵션을 발행하면 풋강세스프레드가 구성된다. 이 경우 최대이익은 267 - 89 = 178원이고, 손익분기점은 10,000 - 178 = 9,822원이고, 최대손실은 (10,000 - 9,500) - 178 = 322원이다.

2 ①

주식에 추가되는 옵션 포지션이 발행포지션인 경우(예를 들어, $S-C$, $-S-P$) 상향이익이 제한된다.

3 ③

변동성이 증가할 것으로 예상되는 경우 취하는 포지션은 스트래들, 스트랭글, 스트립, 스트랩 등이고, 변동성이 감소할 것으로 예상되는 경우 취하는 포지션은 나비스프레드이다.

4 ④

콜옵션 강세스프레드와 약세스프레드의 손익분기점은 $K_1 + C_1 - C_2$로 동일하다.

5 ②

손익분기점은 10,500 - 310 = 10,190원이고, 최대손실은 577 - 267 = 310원이고, 최대이익은 (10,500 - 10,000) - (577 - 267) = 190원이다. 따라서 최대손실과 최대이익의 합은 500원이다.

6 ③

7 ①

만기일의 주가가 10,500원이면 이득은 500원이다. 그런데 투자한 금액이 254원이므로(1,269 + 277 - 2 × 646 = 254) 이익은 246원이다.

8 ①

투자금액은 456원이고 손익분기점이 $K_1-(C+P)$ = 8,544원과 $K_2+(C+P)$ = 11,456원이므로 만기일의 주가가 8,544원보다 낮거나 11,456원보다 높을 때 이익이 발생한다.

9 ②

손익분기점이 $K_1 + (C_1 - C_2) = 19{,}500$원이므로 주가가 19,300원이면 이익은 -200원이다.

10 ④

최대손실이 500원이므로 최대이익도 500원이다(최대손실과 최대이익의 합은 행사가격의 차이와 동일함).

11 ⑤

스트립은 콜옵션 1개와 풋옵션 2개를 결합한 포지션이다.

12 ⑤

BEP는 150,000원과 230,000원이다. 그런데 차입한 30,000원에 대하여 3,000원의 이자비용이 발생하므로 BEP는 147,000원과 233,000원으로 조정된다.

13 ③

방비콜 또는 커버드콜은 기초자산 보유와 콜옵션 발행으로 구성된다.

14 ④

A : 보호된 콜옵션 포지션으로 주가가 상승하면 투자자는 콜옵션 프리미엄을 얻는다. B : 주식합성매입포지션. C : 스트랭글. D : 약세스프레드가 구성되므로 주가가 상승하면 손실이 발생한다. E : 방어적 풋옵션.

15 ①

수직스프레드의 이득과 이익은 직선으로 나타난다(만기가 다른 수평스프레드의 경우 손익이 곡선의 형태를 가짐). 기초자산 가격이 큰 폭으로 변동하고 하락보다 상승이 예상되는 경우 적절한 포지션은 스트랩이다(풋옵션 1개, 콜옵션 2개 매입). 칼라는 주식을 보유한 투자자가 외가격 풋옵션을 매입하고 외가격 콜옵션을 발행한 포지션으로 상향이익과 하향손실이 모두 제한된다(주관식 연습문제 4번을 참고할 것).

16 ①

c와 b를 발행하여 스트랭글 매도포지션을 취하며 최대이익은 53원이다. 그리고 만기일의 주가지수가 1,120일때의 이익도 53원이다.

17 ⑤

모두 맞는 설명이다.

18 ②

행사가격이 상이한 합성선물매도포지션(풋옵션 매입, 콜옵션 발행)과 기초자산 포지션을 결합하면 ②의

패턴이 구해진다. 또는 환율이 K_1 이하로 하락하면 풋옵션을 행사하여 달러를 K_1의 가격으로 매도하고, 반대로 환율이 K_2 이상으로 상승하면 상대방이 콜옵션을 행사하므로 기업은 달러를 K_2의 가격으로 매도하고, 환율이 K_1과 K_2 사이이면 시장의 환율로 달러를 매도하므로 ②의 패턴이 구해진다.

주관식 유형

1 해답 및 해설

1 약세스프레드는 행사가격이 20,000원인 풋옵션을 매도하고 행사가격이 21,000원인 풋옵션을 매입하여 구성한다. 손익분기점은 21,000 - (2,555 - 2,009) = 20,454원이다.

2 이익은 각각 454원, 154원, -346원, -546원이다.

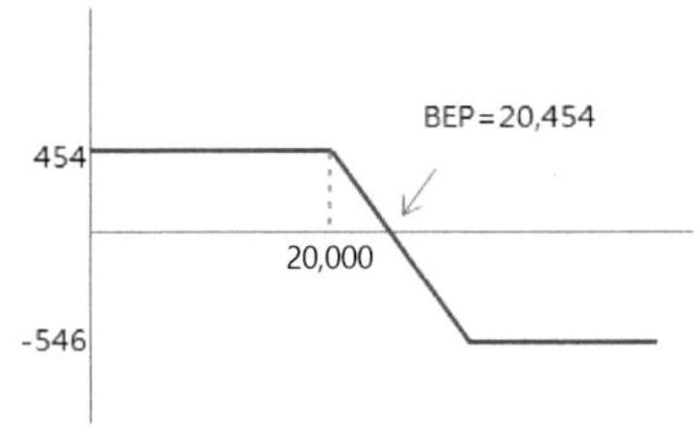

3

포지션	만기일 현금흐름		
	$S_T \le K_1$	$K_1 < S_T < K_2$	$S_T \ge K_2$
P_1 매도	$-(K_1 - S_T)$	0	0
P_2 매입	$K_2 - S_T$	$K_2 - S_T$	0
약세스프레드의 이득	$K_2 - K_1$	$K_2 - S_T$	0
$(P_2 - P_1)$ 차감	$-(P_2 - P_1)$	$-(P_2 - P_1)$	$-(P_2 - P_1)$
약세스프레드의 이익	$K_2 - K_1 - (P_2 - P_1)$	$K_2 - S_T - (P_2 - P_1)$	$-(P_2 - P_1)$

4 강세스프레드는 행사가격이 20,000원인 풋옵션을 매입하고 행사가격이 21,000원인 풋옵션을 매도하여 구성한다. 손익분기점은 20,454원이다. 최대이익은 546원이고 최대손실은 454원이다.

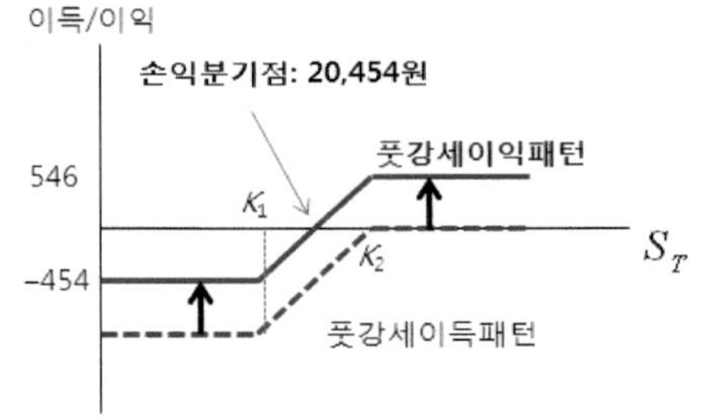

2 해답 및 해설

1 투자자는 1,531 + 2,555 − 2 × 2,009 = 68원을 투자해야 한다.

2 $19,068 < S_T < 20,932$

3 최대이익은 932원이고 최대손실은 68원이다.

4

포지션	$S_T \le K_1$	$K_1 < S_T < K_2$	$K_2 < S_T < K_3$	$S_T \ge K_3$
P_1 1개 매입	$K_1 - S_T$	0	0	0
P_2 2개 매도	$-2(K_2 - S_T)$	$-2(K_2 - S_T)$	0	0
P_3 1개 매입	$K_3 - S_T$	$K_3 - S_T$	$K_3 - S_T$	0
나비스프레드의 이득	0	$S_T - K_1$	$K_3 - S_T$	0

5

	현재 현금흐름	만기일 현금흐름		
		$S_T < 20,000$	$20,000 < S_T < 21,000$	$S_T > 21,000$
C_1 매입	−2,454	0	$S_T - 20,000$	$S_T - 20,000$
P_2 매입	−2,555	$(21,000 - S_T)$	$(21,000 - S_T)$	0
C_2 발행	+2,023	0	0	$-(S_T - 21,000)$
P_1 발행	+2,009	$-(20,000 - S_T)$	0	0
합 계	−977	1,000	1,000	1,000

6 $C_1 + P_2 > P_1 + C_2 + PV(K_2 - K_1)$이므로 C_1과 P_2를 매도하고 P_1과 C_2를 매입하여 가격오차인 146원의 무위험 차익을 실현할 수 있다.

	현재 현금흐름	만기일 현금흐름		
		$S_T < 20,000$	$20,000 < S_T < 21,000$	$S_T > 21,000$
C_1 매도	+2,600	0	$-(S_T - 20,000)$	$-(S_T - 20,000)$
P_2 매도	+2,555	$-(21,000 - S_T)$	$-(21,000 - S_T)$	0
C_2 매입	−2,023	0	0	$S_T - 21,000$
P_1 매입	−2,009	$20,000 - S_T$	0	0
대 출	−977	1,000	1,000	1,000
합 계	+146	0	0	0

3 해답 및 해설

1 행사가격이 3,000원인 콜옵션을 매입하고 행사가격이 3,500원인 콜옵션을 매도하므로 560 − 328 = 232원을 투자해야 한다.

주가범위	$S_T < 3,000$	$3,000 < S_T < 3,500$	$S_T > 3,500$
이 익	−232	$S_T - 3,232$	268

2 행사가격이 2,500원인 풋옵션을 매도하고 행사가격이 3,000원인 풋옵션을 매입하므로 214 − 72 = 142원을 투자해야 한다.

주가범위	$S_T < 2,500$	$2,500 < S_T < 3,500$	$S_T > 3,500$
이 익	358	$2,858 - S_T$	−142

3 나비스프레드를 구성하는데 소요되는 비용은 892 + 328 − 2 × 560 = 100원이다.

주가범위	$S_T < 2,500$	$2,500 < S_T < 3,000$	$3,000 < S_T < 3,500$	$S_T > 3,500$
이 익	−100	$S_T - 2,600$	$3,400 - S_T$	−100

4 소요되는 비용은 70 + 457 − 2 × 214 = 99원이다(이 금액은 **3**에서 계산한 금액과 동일해야 함, 차이는 반올림 오차임). 주가와 이익간의 관계는 **3**과 동일하다.

5 소요되는 비용은 560 + 214 = 774원이다.

주가범위	$S_T < 3,000$	$S_T > 3,000$
이 익	$2,226 - S_T$	$S_T - 3,774$

6 행사가격이 3,500원인 콜옵션과 행사가격이 2,500원인 풋옵션을 매입하면 398원이 필요하다.

주가범위	$S_T < 2,500$	$2,500 < S_T < 3,500$	$S_T > 3,500$
이 익	$2,102 - S_T$	−398	$S_T - 3,898$

7 행사가격이 3,000원인 콜옵션 1개와 풋옵션 2개를 매입하므로 560 + 2 × 214 = 988원이 필요하다.

주가범위	$S_T < 3,000$	$S_T > 3,000$
이 익	$2 \times (3,000 - S_T) - 988$	$S_T - 3,988$

(참고: 손익분기점은 2,506원과 3,988원이다.)

4 해답 및 해설

1 예를 들어, $K_1 = 25$, $K_2 = 35$인 경우 이득패턴은 다음과 같다.

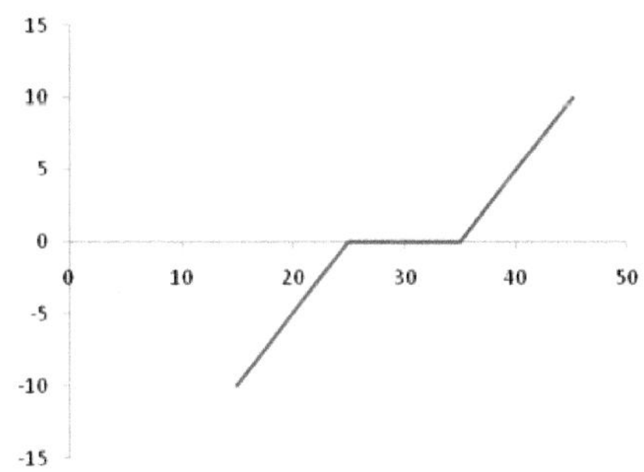

2 성립해야 하는 관계는 $P_2 + C_1 = C_2 + P_1 + PV(K_2 - K_1)$이다. 좌변항의 값이 $4{,}490 + 4{,}640 = 9{,}130$원이고 우변항의 값이 $2{,}470 + 2{,}950 + (4000/1.07) = 9{,}158.32$원이다. 따라서 차익거래 포지션은 P_2와 C_1을 매입하고, C_2와 P_1을 매도하는 것이다(채권매도 또는 차입 포지션을 추가할 수 있음). 차익은 $9{,}158.32 - 9{,}130 = 28.32$원이다.

3 주식포지션의 손익, 풋매입과 콜매도의 이득을 합산하면 점선이 구해진다.

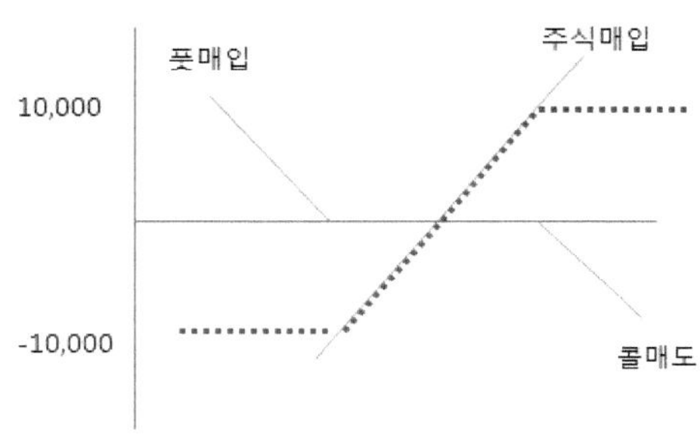

그런데 옵션포지션을 취할때 1,500원이 유입되므로 1,500원만큼 상향이동하면 아래의 이익패턴이 구해진다.

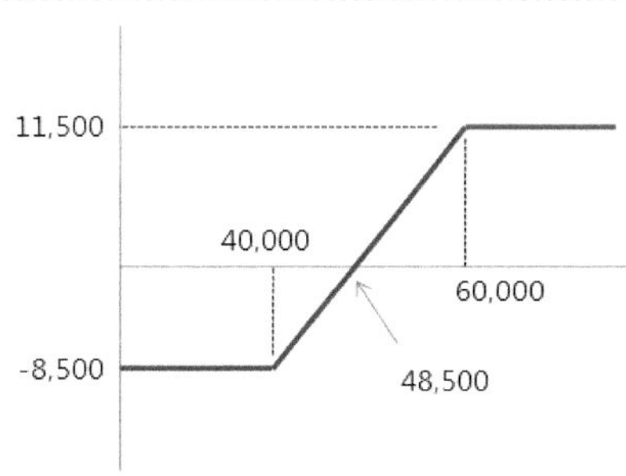

CHAPTER 10

이항옵션가격결정모형

CONTENTS

학습 주안점

10장에서는 옵션가격을 결정하는 첫 번째 모형인 이항모형을 소개한다. 이항모형은 옵션가격결정모형의 기본 원리를 잘 보여주는 모형이다. 옵션가격을 구하는 방법은 복제포트폴리오 방법, 무위험포트폴리오 방법, 그리고 위험중립가치평가방법 등 세 가지이다. 1기간 모형은 쉽게 다기간 모형으로 확장되며, 항상 만기일에서의 가치를 먼저 계산하고 현재시점으로 역행하면서 옵션가격을 추론한다.

이 장에서 여러분이 숙지해야 할 내용은 다음과 같다.

❶ 옵션가격결정모형의 기본원리는 무엇인가?

❷ 복제포트폴리오 방법, 무위험포트폴리오 방법, 그리고 위험중립가치평가방법의 기본 논리를 이해하는가?

❸ 위험중립확률이란 무엇인가?

❹ 옵션과 복제포트폴리오간에 가격 차이가 발생하는 경우 어떤 차익거래가 가능한가?

❺ 1기간 모형에서 다기간 모형으로 어떻게 확장하는가?

❻ 유로피언 옵션이 아니고 아메리칸 옵션이면 어떻게 평가모형을 수정해야 하는가?

1 기본원리

선물계약의 경우와 마찬가지로, 옵션가격결정의 기본적인 아이디어는 "복제(replication)와 차익거래(arbitrage)"이다. 즉 기초자산과 채권을 이용하여 옵션과 동일한 현금흐름을 제공하는 복제포트폴리오를 구성하고 이 포트폴리오를 이용하여 옵션의 가격을 구하는 방법이다.

앞에서 선물계약 매입포지션은 "Futures = Stock − Bond"에 의해 주식매입포지션과 채권 공매도포지션(또는 차입)에 의해 복제된다고 설명하였다. 선물계약은 기초자산을 매입 또는 매도할 의무를 가지므로 기초자산의 가격이 어떻게 변하는지에 대한 고려 없이 선물계약의 만기일의 이득을 복제할 수 있다.

그러나 옵션은 소유자에게 매입 또는 매도할 권리를 부여하므로 옵션가격을 결정하기 위해서는 기초자산의 가격이 어떻게 변하는지 모형화해야 한다. 옵션의 가치를 결정하는 주요 요인 중의 하나는 변동성(volatility)이다. 이는 가격 불확실성을 모형화하지 않고서는 옵션의 가치를 평가할 수 없음을 의미한다. 즉 가격변화과정을 정확히 모형화할수록 추정된 옵션가격의 정확성은 향상될 것이다.

옵션의 가격을 결정하는 가장 보편적인 모형이 이항모형과 블랙-숄즈의 옵션가격결정모형이다. 블랙-숄즈의 옵션가격결정모형이 가장 유명한 모형이지만, 이항모형이 이해하기가 쉽고 옵션의 조기행사를 쉽게 고려할 수 있을 뿐만 아니라 복제를 이용한 옵션가격결정의 기본구조를 명확하게 보여주므로 이항모형을 먼저 설명하기로 한다.

이항모형은 주가변화에 대해 매우 극단적인 가정을 함으로써 모형을 단순화시킨다. 즉 미래 시점에서 단 두 가격(현재 가격보다 높은 가격과 현재 가격보다 낮은 가격)만이 허용된다. 단 두 가격만이 허용되므로 이 모형은 이항모형으로 불린다. 여기서 설명하는 이항모형은 콕스-로스-루빈스타인 모형(Cox-Ross-Rubinstein model)이다.

이항모형은 가장 간단한 상황에서 옵션가격결정의 논리를 잘 보여준다. 미래의 주식수익률이 불확실하므로 미래 주가에 따라 옵션은 내가격 또는 외가격으로 마감된다. 옵션가격결정모형이 옵션이 내가격에 있는 경우와 외가격에 있는 경우를 모두 고려해야 하는 것은 당연하다. 옵션이 내가격에 있으면 투자자는 내재가치(콜옵션의 경우 $S-K$, 풋옵션의 경우 $K-S$)를 얻고 외가격으로 마감하면 가치는 0이다. 이항모형은 옵션가격을 구하기 위해서 만기일에서의 주가의 불확실성을 모형화해야 함을 보여준다.

주요 결과 #1

이항모형은 미래 옵션가격의 불확실성을 모형화하기 위하여 단 두 개의 가격만이 가능하다는 극히 단순한 가정에 기초한다. 이항모형은 이해하기가 쉽고 옵션의 조기행사를 고려할 수 있으며, 옵션가격결정의 기본원리를 명확하게 보여준다.

2 옵션가격결정의 세 가지 방법

2.1 복제포트폴리오 방법

현재 충남주식의 주가는 $S = 10{,}000$원이고 1년 후에는 다음 두 상황이 가능하다고 하자. 여기서 상승시의 주가를 S^{up}으로 하락시의 주가를 S^{down}으로 표기하자.

- 주가가 10% 상승하는 경우: 상승확률은 75%이고 주가는 $S^{up} = 11{,}000$원임
- 주가가 10% 하락하는 경우: 하락확률은 25%이고 주가는 $S^{down} = 9{,}000$원임

충남주식을 기초자산으로 하는 유로피언 옵션의 만기는 1년이고 행사가격은 $K = 10{,}000$원이다(충남주식은 향후 1년 동안 배당을 지급하지 않음). 1년 만기 무위험이자율은 $r = 2\%$이다. 콜옵션의 현재 가격은 얼마인가?

주가가 11,000원으로 상승하는 경우 만기일에서 콜옵션의 이득은 max(11,000 − 10,000, 0) = 1,000원이고, 주가가 9,000원으로 하락하는 경우 콜옵션의 이득은 max(9,000 − 10,000, 0) = 0이다. 상승시의 콜옵션 이득을 C^{up} 그리고 하락시의 콜옵션 이득을 C^{down}으로 표기하자. 현재와 만기일에서의 주식의 가치, 무위험채권(현재가격 1원, 만기 1년)의 가치, 콜옵션의 가치인 이항과정은 다음과 같다.

그림 10-1 주식, 채권, 콜옵션의 이항과정

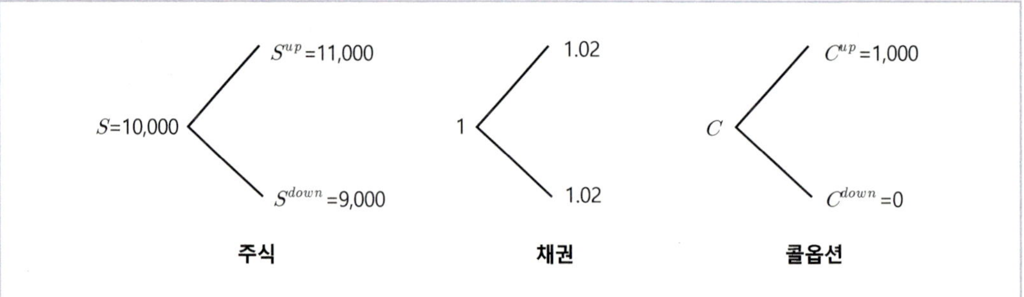

주식과 채권을 이용하여 콜옵션을 복제하기 위하여, 각 상황에서 콜옵션의 이득(또는 현금흐름)과 정확히 동일한 금액을 제공하도록 주식과 채권을 이용하여 복제포트폴리오를 구성해야 한다. 주가가 상승하는 경우 콜옵션의 이득이 1,000원이므로 다음 식이 성립하고(여기서 Δ는 콜옵션을 복제하는데 필요한 주식의 수이고 B는 채권의 현재가치임),

$$11{,}000\Delta + 1.02B = 1{,}000$$

주가가 하락하는 경우 콜옵션의 이득이 0이므로 다음 식이 성립한다.

$$9{,}000\Delta + 1.02B = 0$$

두 개의 이차방정식을 풀면 해는 다음과 같다.[1)]

$$\Delta = 0.5, \ B = -4{,}412$$

여기서 Δ(델타)는 다음과 같이 직접 계산할 수도 있으며 $\frac{1{,}000-0}{11{,}000-9{,}000} = 0.5$이다. 콜옵션의 델타 Δ_c는 항상 0과 1 사이의 값을 갖는다.

$$\Delta_c = \frac{C^{up} - C^{down}}{S^{up} - S^{down}} \qquad (10.1)$$

따라서 콜옵션 복제포트폴리오의 식은 다음과 같다.[2)3)]

$$C = 0.5S - B(\text{현재가치} = 4{,}412, \ \text{원금} = 4{,}500)$$

$\Delta = 0.5$는 주식 0.5주 매입을 의미하고 $-B = -4{,}412$는 채권(현재가치는 4,412원이고 원금은 $4{,}412 \times 1.02 = 4{,}500$원) 공매도를 의미한다(채권의 공매도를 차입으로 대체할 수 있음). 이 복제포트폴리오를 구성하는 데 소요되는 비용이 $10{,}000 \times 0.5 - 4{,}412 = 588$원이다(채권을 공매도하면 현재가치만큼 현금이 유입되므로 비용에서 차감함). 이 상황은 [그림 10-2]와 같다.[4)]

---

1) 콜옵션의 경우 Δ는 0과 1 사이의 값을 갖고 B는 음수로 계산된다. 풋옵션의 경우는 이와 반대로 Δ는 0과 -1 사이의 값을 갖고 B는 양수로 계산된다.

2) 콜옵션을 복제하는 경우 B는 항상 음수로 계산되지만 복제포트폴리오의 식은 $0.5S-B$로 표기하기로 한다(여기서 B는 4.412원임). 이유는 B를 -4.412로 인식하여 $0.5S+B$로 표기하면 풋옵션 복제포트폴리오의 $-0.5S+B$와 동일한 부호를 갖게 되기 때문이다.

3) 콜옵션 복제포트폴리오의 경우 B를 직접 계산하는 식은 $-\frac{S^{up}\times\Delta - C^{up}}{1+r} = -\frac{S^{down}\times\Delta - C^{down}}{1+r}$이다.

그림 10-2 콜옵션 복제포트폴리오의 구성

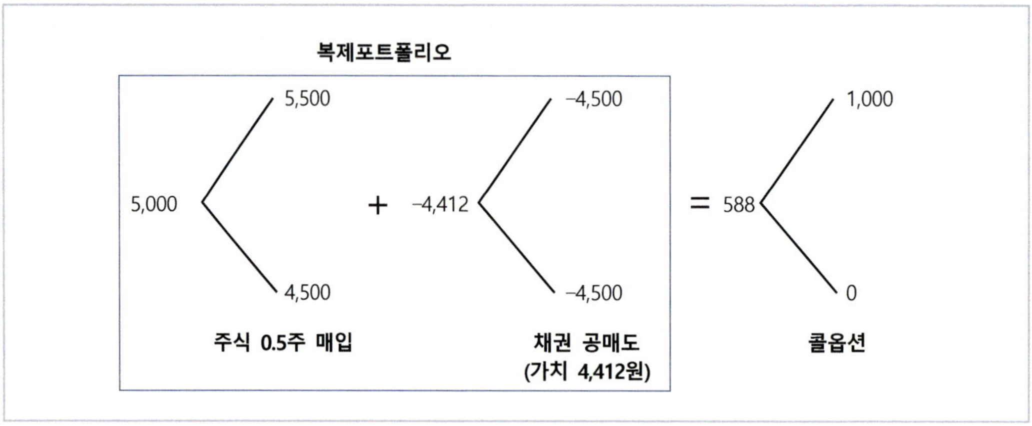

주식 0.5주를 매입하고 현가가 4,412원인 채권을 공매도하면 이 포트폴리오는 만기일에서 콜옵션과 동일한 현금흐름을 제공한다. 일물일가의 법칙(law of one price)에 의해 현재 시점에서도 동일한 가치를 가져야 하므로 콜옵션의 가치는 588원이어야 한다.

▸ ▸ 〈표 10-1〉 복제포트폴리오를 이용한 콜옵션 가격결정

<table>
<tr><th colspan="2" rowspan="2">포 지 션</th><th rowspan="2">현재시점의 현금흐름</th><th colspan="2">만기일에서의 현금흐름(K = 10,000)</th></tr>
<tr><th>S_T = 11,000</th><th>S_T = 9,000</th></tr>
<tr><td colspan="2">콜 옵 션 매 입</td><td>?</td><td>+1,000</td><td>0</td></tr>
<tr><td rowspan="3">콜 옵 션 복제포트폴리오</td><td>주식 0.5주 매입</td><td>−5,000</td><td>+5,500</td><td>+4,500</td></tr>
<tr><td>채 권 공 매 도</td><td>+4,412</td><td>−4,500</td><td>−4,500</td></tr>
<tr><td>합 계</td><td>−588</td><td>+1,000</td><td>0</td></tr>
</table>

만약 콜옵션의 가치가 588원이 아니면(즉, 콜옵션이 상대적으로 과소평가되거나 또는 상대적으로 과대평가된 경우) [예시 10-1]과 같은 차익거래가 가능하다. 이런 의미에서 이렇게 구한 옵션가격을 무차익 가격(arbitrage-free price 또는 no arbitrage price)이라고 한다.

---

4) $t = 0$에서의 5,000원과 −4,412원은 비용을 의미하므로 현금유입은 마이너스, 현금유출은 +의 부호를 갖는다. 반면에 $t = 1$에서의 금액은 이득을 의미한다.

예시 10-1 콜옵션 가격이 복제포트폴리오 가격과 상이한 경우의 차익거래

본문의 예시에서 콜옵션 가격이 550원이면 어떤 차익거래가 가능한가? 콜옵션의 가치가 과소평가되었으므로 콜옵션을 매입하고 상대적으로 비싼 콜옵션 복제포트폴리오를 매도하여(즉 주식 0.5주를 공매도하고 채권에 4,412원을 투자하여) 38원의 무위험 차익을 얻을 수 있다. 여기서 38원은 정확히 콜옵션의 가치가 과소평가된 금액이다.

▸ ▸ 〈표 10-2〉 콜옵션이 과소평가된 경우의 차익거래

포지션	현재시점의 현금흐름	만기일에서의 현금흐름(K= 10,000)	
		S_T = 11,000	S_T = 9,000
콜 옵 션 매 입	−550	+1,000	0
주식 0.5주 공매도	+5,000	−5,500	−4,500
채 권 매 입	−4,412	+4,500	+4,500
합 계	+38	0	0

반대로 콜옵션의 가치가 과대평가되면 콜옵션을 매도하고 상대적으로 저렴한 콜옵션 복제포트폴리오를 매입하여(즉, 주식 0.5주를 매입하고 가격이 4,412원인 채권을 공매도하여) 무위험 차익을 얻을 수 있다. 이 경우의 이익도 콜옵션의 가치가 과대평가된 금액과 정확히 일치한다.

2.2. 무위험포트폴리오 방법

복제포트폴리오를 구성하는 방법 이외에 무위험포트폴리오를 구성하여 콜옵션의 가격을 결정할 수 있다. 주가가 11,000원이면 만기일에서의 콜옵션의 이득이 1,000원이고 주가가 9,000원이면 이득이 0이므로, 콜옵션 발행자의 이득은 각각 −1,000원과 0이다.

주식 1주를 기준으로 무위험포트폴리오를 구성하는 경우 매도(또는 발행)해야 하는 콜옵션의 수 m은 다음과 같이 구한다(m은 앞에서 구한 콜옵션 델타(Δ_c)의 역수임).

$$m = \frac{\text{주식가격차이}}{\text{옵션이득차이}} = \frac{S^{up} - S^{down}}{C^{up} - C^{down}}$$

$$m = \frac{1}{\Delta_c} \qquad (10.2)$$

따라서 무위험포트폴리오는 주식 1주 매입과 콜옵션 $\frac{11,000 - 9,000}{1,000 - 0}$ = 2개 (또는 $\frac{1}{0.5}$ = 2개) 매도로 구성된다. 이 포트폴리오는 당연히 만기일에 주가의 움직임과 무관하게 동일

한 가치를 갖는다. 즉, 포트폴리오의 가치는 주가가 11,000원이면 $11,000 - 2 \times 1,000 =$ 9,000원이고 주가가 9,000원이면 $9,000 - 2 \times 0 = 9,000$원으로 동일하다.

주가가 상승하든 하락하든 포트폴리오의 가치가 일정하므로 이 포트폴리오는 무위험 포트폴리오이고 당연히 수익률은 무위험이자율이어야 한다([그림 10-3] 참조). 만기일의 가치가 9,000원이면 현재시점에서 당연히 $\frac{9,000}{1.02} = 8,824$원의 가치를 가져야 한다. 그런데 주가가 10,000원이므로 콜옵션의 가치는 588원이어야 한다.

$$10,000 - 2C = \frac{9,000}{1.02} = 8,824 \rightarrow C = 588$$

그림 10-3 무위험포트폴리오의 구성

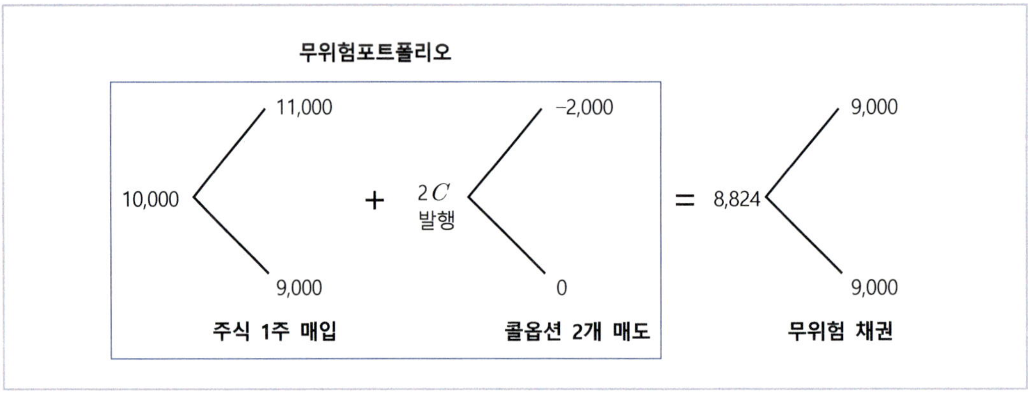

주식 1주를 매입하고 콜옵션 2개를 발행하면 무위험포트폴리오(만기일 가치는 9,000원)가 구성된다고 하였으므로 이는 $S - 2C = B$(원금 9,000원)로 표현된다. 이 식의 양변을 2로 나누고 C에 대하여 정리하면 $C = 0.5S - B$(원금 4,500원)가 도출된다. 이 식은 앞에서 구했던 식으로 콜옵션 복제포트폴리오가 주식 0.5주 매입과 $\frac{4,500}{1.02} = 4,412$원의 차입(또는 채권 공매도)으로 구성됨을 보여준다. 따라서 복제포트폴리오를 이용하여 콜옵션의 가치를 구하는 방법과 무위험포트폴리오를 이용하여 콜옵션의 가치를 구하는 방법은 완벽하게 동등한 방법이다.

주식과 콜옵션으로 무위험포트폴리오를 구성하는 경우 두 가지 사항에 주의해야 한다. 첫째, 주식과 콜옵션은 반대 방향으로 취해야 하는데, 이유는 주가가 상승하면 콜옵션의 가치도 상승하여 주식과 콜옵션이 같은 방향으로 움직이기 때문이다.[5] 둘째, 무위험포트폴리오

5) 이 책에서 무위험포트폴리오를 구성할 때 주식 매입포지션을 기준으로 구성하므로 콜옵션 매도포지션이 필요하다. 그러나 주식 공매도포지션과 콜옵션 매입포지션으로 무위험포트폴리오를 구성하는 것도 가능하다. 필요한 것은 주식과 콜옵션이 반대 방향이고 일정한 비율을 유지해야 한다는 점이다.

를 구성할 때 주식과 콜옵션의 비율이 일정해야 한다. 우리의 예시에서 콜옵션을 복제하는 식이 $C = 0.5S - B$이고 무위험포트폴리오를 구하는 식이 $S - 2C = B$이므로 그 비율이 1:2이다. 즉, 콜옵션 1개 기준이면 주식 0.5주이고, 주식 1주 기준이면 콜옵션 2개이다.

2.3 위험중립가치평가 방법

복제포트폴리오와 무위험포트폴리오를 이용하는 방법은 옵션의 가치를 결정하는 방법을 명확하고 논리적으로 보여주지만, 옵션의 만기를 여러 개의 기간으로 나누어 평가하는 경우 두 방법은 사용하기가 다소 복잡해진다. 이유는 다기간 모형(multi-period model)에서 여러 개의 이항과정이 구성되는데, 각 이항과정별로 복제포트폴리오와 무위험포트폴리오를 구성하는 방법이 상이하기 때문이다.

따라서 두 방법과 동일한 옵션가격을 제공하면서도 계산이 단순한 방법이 절실히 필요하게 되는데 이 방법이 위험중립가치평가방법(risk neutral valuation method)이다. 이 방법은 위험중립확률을 이용하는데, 위험중립 상승확률 π은 주식의 기대수익률이 무위험이자율과 같게 되는 상승확률이다.

$$\pi \times S^{up} + (1 - \pi) \times S^{down} = S \times (1 + r) \tag{10.3}$$

식 (10.3)은 현재 주식의 가치가 π와 $(1 - \pi)$를 이용하여 계산한 기대주가를 무위험이자율로 할인한 값으로 계산될 수 있음을 알려준다.

$$S = \frac{\pi \times S^{up} + (1 - \pi) \times S^{down}}{1 + r} \tag{10.4}$$

예를 들어, 현재 주가가 10,000원이고 무위험이자율이 2%이면 위험중립 상승확률은 1년 후 기대주가가 10,200원이 되는 상승확률이다. 우리의 예시에서 위험중립확률은 다음 조건을 만족시키는 상승확률 $\pi = 0.6$과 하락확률 $1 - \pi = 0.4$이다.

$$\pi \times 11{,}000 + (1 - \pi) \times 9{,}000 = 10{,}000 \times 1.02$$

앞에서 주식의 가치가 식 (10.4)에 의해 기대주가의 현재가치로 정의되듯이, 콜옵션의 가치도 π와 $(1 - \pi)$를 이용하여 계산한 옵션의 기대이득(expected payoff) 또는 기대현금흐름인 $E^{\pi}(CF)$을 무위험이자율로 할인한 가치이다(E^{π}는 위험중립에서의 기댓값을 의미함).

$$C = \frac{E^{\pi}(CF)}{1+r} = \frac{\pi \times C^{up} + (1-\pi) \times C^{down}}{1+r} \tag{10.5}$$

따라서 우리의 예시에서 콜옵션의 가치는 588원이다.

$$C = \frac{E^{\pi}(CF)}{1+r} = \frac{0.6 \times 1{,}000 + 0.4 \times 0}{1.02} = 588$$

위험중립확률의 매력은 모든 위험증권의 기대수익률을 무위험이자율로 전환시키는 점이다.[6] 따라서 이 확률을 이용하여 기대현금흐름을 추정하면 위험증권의 기대수익률을 CAPM(Capital Asset Pricing Model: 자본자산가격결정모형)과 APT(Arbitrage Pricing Theory : 차익거래가격결정모형) 등을 이용하여 계산할 필요가 없고, 기대현금흐름을 단순히 무위험이자율로 할인할 수 있다.

위험중립 상승확률 π는 다음과 같이 계산된다.

$$\pi = \frac{(1+r)-d}{u-d} \tag{10.6}$$

단, $u = \frac{S^{up}}{S}$, $d = \frac{S^{down}}{S}$이다(S^{up}는 상승시의 주가이고 S^{down}는 하락시의 주가임). 우리의 예시에서 $u = 1.1$, $d = 0.9$이다.

위험중립확률은 가상의 확률로 실제의 확률과 다르다. 실제로 주가가 상승할 확률을 q로 하면 $\pi < q$의 관계가 항상 성립해야 한다(만약 $\pi > q$이면 무위험이자율로 할인하여 동일한 가격을 구할 수 없음). 우리의 예시에서 $\pi = 0.6$, $q = 0.75$이다. 실제의 확률을 이용하여 계산한 기대현금흐름 $E(CF)$는 반드시 기대수익률 k로 할인되어야 한다.

주요 결과 #2

이항모형에 의한 가치평가는 ① 주식과 채권을 이용하여 옵션을 복제하는 복제포트폴리오 방법, ② 주식과 옵션을 이용하여 헤지포트폴리오를 구성하는 무위험포트폴리오 방법, ③ 위험중립확률을 이용하는 위험중립가치평가 방법 등 세 가지 방법으로 이루어진다.

6) 식 (10.3)에 의해 주식의 기대수익률이 무위험이자율이 되도록 위험중립확률을 결정하였으므로 위험중립확률을 이용하면 당연히 무위험이자율로 할인할 수 있다.

주요 결과 #3

위험중립확률을 이용하면 모든 위험증권의 기대수익률이 무위험이자율로 전환되므로 옵션가치는 옵션기대이득을 무위험이자율로 할인한 현재가치이다. 위험중립상승확률은 $\frac{(1+r)-d}{u-d}$로 계산된다. 복제포트폴리오와 무위험포트폴리오의 구성방법이 이항과정별로 상이한 반면, 위험중립확률은 항상 일정하므로 위험중립가치평가법이 사용하기 편리하다.

예시 10-2 **주식의 가격을 구하는 두 가지 방법**

위험중립확률($\pi = 0.6$)을 이용하면 주식의 기대현금흐름을 무위험이자율로 할인할 수 있다.

$$S = \frac{E^{\pi}(CF)}{1+r} = \frac{0.6 \times 11{,}000 + 0.4 \times 9{,}000}{1.02} = 10{,}000$$

반면에 실제 확률($q = 0.75$)을 이용하면 주식의 기대수익률(k)을 이용하여 할인해야 한다(주가가 10,000원으로 계산되려면 기대수익률이 5%이어야 함).

$$S = \frac{E(CF)}{1+k} = \frac{0.75 \times 11{,}000 + 0.25 \times 9{,}000}{1.05} = 10{,}000$$

만약 콜옵션의 기대수익률을 구할 수 있다면 실제 확률을 이용한 기대현금흐름을 기대수익률로 할인하여 콜옵션 가격을 구할 수 있다. 콜옵션 가격을 다른 방법으로 이미 구했으므로 이 가격으로부터 기대수익률을 추론할 수 있는데 [예시 10-3]은 그 수익률이 27.55%임을 보여준다.

예시 10-3 **콜옵션의 기대수익률**

콜옵션은 레버리지를 가지므로 높은 기대수익률과 높은 베타를 갖는다. 실제의 확률을 이용하면 콜옵션의 기대이득은 $E(CF) = 0.75 \times 1{,}000 + 0.25 \times 0 = 750$원이다. 콜옵션 가격이 588원이므로 콜옵션의 기대수익률은 $\frac{750}{588} - 1 = 27.55\%$이다. 즉 콜옵션 가격은 $\frac{750}{1.2755} = 588$원이다. 콜옵션의 기대수익률을 직접 구할 수 없으므로 우리는 이 방법을 이용하여 옵션의 가격을 결정할 수 없다. 따라서 위험중립가치평가법을 적용하여 무위험이자율로 할인한다.

콜옵션 복제포트폴리오는 주식 0.5주 매입과 4,412원 차입으로 구성된다. 주식 0.5주를 매입하는데 필요한 5,000원 중에서 4,412원을 차입하므로 콜옵션은 높은 레버리지를 가지며 따라서 콜옵션의 베타(beta)도 크게 된다.

본문의 예시에서 주가가 현재의 10,000원에서 11,000원으로 상승할 확률이 75%이고 9,000원으로 하락할 확률이 25%라고 가정하였다. 그런데 옵션의 가격을 결정하는 세 가지

방법 중 어떤 방법을 사용하든 실제의 상승/하락 확률은 가치평가과정에서 이용되지 않는다. 이는 옵션가격이 상승/하락 확률과 무관함을 의미한다. 그렇다면 상승/하락 확률이 옵션의 가격을 결정하는데 역할을 전혀 하지 못하는 이유는 무엇인가?

이유는 실제의 상승과 하락 확률은 이미 현재의 주가에 반영되어 있고 우리는 여기서 옵션가격을 주가를 이용하여 상대적으로 계산하므로 옵션가격결정시 실제의 상승/하락 확률을 다시 고려할 필요가 없기 때문이다.

예시 10-4　세 가지 방법에 의한 콜옵션 가격 계산

본문의 예시에서 행사가격을 10,500원으로 변경하고 세 가지 방법으로 콜옵션의 가격을 계산해 보자. 행사가격이 10,500원이면 만기일에서의 콜옵션의 이득이 각각 500원과 0이다.

① 복제포트폴리오를 이용하는 방법

만족시켜야 하는 식이 다음과 같으므로 $\Delta = 0.25$, $B = -2{,}206$이다. 즉, 복제포트폴리오는 주식 0.25주 매입과 채권공매도(가격 2,206원)로 구성된다: $C = 0.25S - B$

$$11{,}000\Delta + 1.02B = 500$$
$$9{,}000\Delta + 1.02B = 0$$

복제포트폴리오의 구성비용 $0.25 \times 10{,}000 - 2{,}206 = 294$원이 콜옵션 가격이다.

② 무위험포트폴리오를 이용하는 방법

무위험포트폴리오는 주식 1주를 매입하고 콜옵션 $\dfrac{11{,}000 - 9{,}000}{500 - 0} = 4$개를 발행하여 구성된다. 무위험포트폴리오는 만기일에 9,000원($11{,}000 - 4 \times 500$ 또는 $9{,}000 - 4 \times 0$)의 가치를 가지므로 콜옵션 가격은 294원으로 계산된다.

$$S - 4C = \frac{9{,}000}{1.02} \rightarrow C = 294$$

(별해)

$C = 0.25S - B$에 의해 주식 $\Delta = 0.25$주를 매입하고 콜옵션 1개를 발행하면 무위험포트폴리오가 구성되고 이 포트폴리오의 만기일에서의 가치가 2,250원이므로($0.25 \times 11{,}000 - 500 = 2{,}250$ 또는 $0.25 \times 9{,}000 = 2{,}250$) 콜옵션 가격은 $C = 0.25 \times 10{,}000 - \dfrac{2{,}250}{1.02} = 294$이다.

③ 위험중립가치평가법

상승주가, 하락주가, 무위험이자율이 변하지 않으므로 확률은 동일하다. 즉, $\pi = 0.6$, $1 - \pi = 0.4$이므로 콜옵션 가격은 294원이다.

$$C = \frac{0.6 \times 500 + 0.4 \times 0}{1.02} = 294$$

3 풋옵션의 가격결정

풋옵션의 가격결정에 적용되는 논리는 콜옵션의 가격결정에 적용했던 논리와 정확히 동일하다. 만기일에서 풋옵션의 이득은 주가 상승시 $P^{up} = \max(K - S_T,\ 0) = \max(10{,}000 - 11{,}000,\ 0) = 0$이고 주가 하락시 $P^{down} = \max(10{,}000 - 9{,}000,\ 0) = 1{,}000$원이다. 주식, 채권, 풋옵션의 이항과정은 [그림 10-4]와 같다.

그림 10-4 주식, 채권, 풋옵션의 이항과정

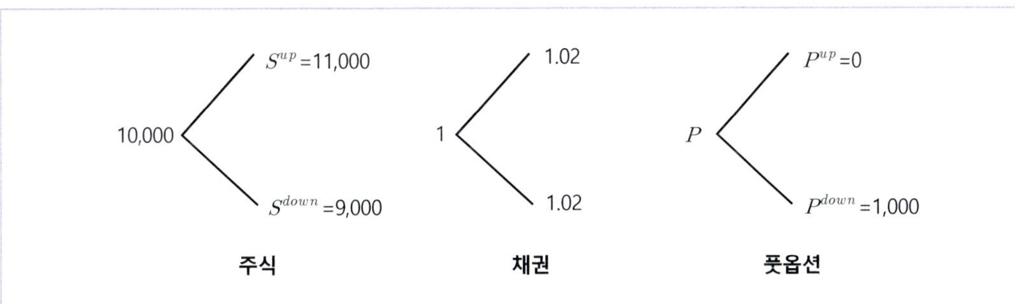

(1) 복제포트폴리오 구성 방법

주식과 채권을 이용하여 풋옵션을 복제하려면 다음 두 식이 성립해야 한다.

$$
\begin{aligned}
11{,}000\Delta + 1.02B &= 0 \\
9{,}000\Delta + 1.02B &= 1{,}000
\end{aligned}
$$

해는 $\Delta = -0.5,\ B = 5{,}392$이다. 즉,

$$P = -0.5S + B(\text{현재가치} = 5{,}392,\ \text{원금} = 5{,}500)$$

여기서 Δ(델타)는 다음과 같이 직접 계산할 수도 있으며 $\dfrac{0 - 1{,}000}{11{,}000 - 9{,}000} = -0.5$이다. $\Delta = -0.5$는 주식 0.5주의 공매도를 의미한다. Δ_p는 항상 -1과 0 사이의 값을 갖는다.

$$\Delta_p = \frac{P^{up} - P^{down}}{S^{up} - S^{down}} \tag{10.7}$$

풋옵션 복제포트폴리오는 주식 0.5주 공매도와 채권 B = 5,392원 매입(또는 대출)으로 구성된다.[7] 이 포트폴리오를 구성하는데 소요되는 비용이 $-0.5 \times 10{,}000 + 5{,}392 = 392$원이므로 이 금액이 바로 풋옵션 가격이다.

(2) 무위험포트폴리오 구성 방법

주식과 콜옵션으로 무위험포트폴리오를 구성하듯이, 무위험포트폴리오는 주식 1주 매입과 풋옵션 h개 매도로 구성된다. 이 경우 발행해야 할 풋옵션의 수는 다음과 같이 구한다(h는 앞에서 구한 풋옵션 델타 −0.5의 역수임).

$$h = \frac{S^{up} - S^{down}}{P^{up} - P^{down}}$$
$$h = \frac{1}{\Delta_p} \tag{10.8}$$

따라서 무위험포트폴리오는 주식 1주 매입과 풋옵션 $h = \dfrac{11{,}000 - 9{,}000}{0 - 1{,}000} = -2$개 매도로 구성된다. 그런데 발행할 풋옵션의 수가 마이너스이면 이는 매입을 의미하므로 무위험포트폴리오는 주식 1주와 풋옵션 2개로 구성된다(결국 매입할 풋옵션의 수는 $\left|\dfrac{S^{up} - S^{down}}{P^{up} - P^{down}}\right|$임). 이 포트폴리오의 만기일에서의 가치가 11,000원이므로 풋옵션 가격은 392원이다.

$$S + 2P = \frac{11{,}000}{1.02} \rightarrow P = 392$$

$P = -0.5S + B$에 의해 $0.5S + P = B$이므로 무위험포트폴리오는 주식 0.5주와 풋옵션 1개로 구성할 수도 있다.

$$P = -0.5S + B \rightarrow 0.5S + P = B$$

이 포트폴리오의 만기일에서의 가치가 5,500원이므로($0.5 \times 11{,}000 = 5{,}500$ 또는 $0.5 \times 9{,}000 + 1{,}000 = 5{,}500$) 풋옵션 가격은 392원이어야 한다.

$$P = B - 0.5S = \frac{5{,}500}{1.02} - 0.5 \times 10{,}000 = 392$$

---

7) 풋옵션 복제포트폴리오의 경우 B를 직접 계산하는 식은 $\dfrac{S^{up} \times |\Delta| + P^{up}}{1+r} = \dfrac{S^{down} \times |\Delta| + P^{down}}{1+r}$이다.

주식과 풋옵션으로 무위험포트폴리오를 구성하는 경우 두 가지 사항에 주의해야 한다. 첫째, 주식과 풋옵션은 동일 방향으로 취해야 하는데, 이유는 주가가 상승하면 풋옵션의 가치는 하락하여 주식과 풋옵션이 반대 방향으로 움직이기 때문이다. 둘째, 무위험포트폴리오를 구성할 때 주식과 풋옵션의 비율이 일정해야 한다. 우리의 예시에서 그 비율이 1:2이므로 풋옵션 1개 기준이면 주식 0.5주이고, 주식 1주 기준이면 풋옵션 2개이다.

(3) 위험중립가치평가법

$\pi = 0.6$, $1 - \pi = 0.4$이고 풋옵션의 이득이 각각 0과 1,000원이므로 기대이득은 400원이고,

$$E^{\pi}(CF) = 0.6 \times 0 + 0.4 \times 1{,}000 = 400$$

풋옵션 가격은 기대이득을 무위험이자율로 할인한 392원이다.

$$P = \frac{400}{1.02} = 392$$

주요 결과 #4

콜옵션 복제포트폴리오는 주식 $\Delta_c = \dfrac{C^{up} - C^{down}}{S^{up} - S^{down}}$주 매입과 차입으로 구성되므로 무위험포트폴리오는 주식 1주 매입과 콜옵션 $\dfrac{1}{\Delta_c}$개 발행으로 구성된다. 풋옵션 복제포트폴리오는 주식 $\left|\Delta_p = \dfrac{P^{up} - P^{down}}{S^{up} - S^{down}}\right|$주 공매도와 대출로 구성되므로 무위험포트폴리오는 주식 1주 매입과 풋옵션 $\dfrac{1}{|\Delta_p|}$개 매입으로 구성된다.

4 옵션 델타

옵션과 관련하여 대단히 중요한 개념 중의 하나가 델타이다. 델타(Δ)는 콜옵션을 복제하기 위하여 매입해야 하는 주식의 수를 의미한다. 우리의 예시에서 콜옵션의 델타는 0.5이고 풋옵션의 델타는 −0.5이다.

델타는 옵션의 가격을 결정하는데, 옵션을 이용하여 헤지포지션을 구성하는데, 그리고 옵션의 리스크를 관리하는데 이용되는 매우 중요한 개념이다. 델타는 기초자산(주식)의 가격변

화에 대한 옵션가격의 변화를 측정하는 민감도측정치(sensitivity measure)이다.

$$\text{델타} = \frac{\text{옵션가격변화}}{\text{주가변화}} \quad (10.9)$$

즉, 콜옵션의 델타가 0.5이면 주가가 1원 변할 때 콜옵션 가격이 0.5원 변함을 의미한다.

그림 10-5 민감도측정치로서의 델타

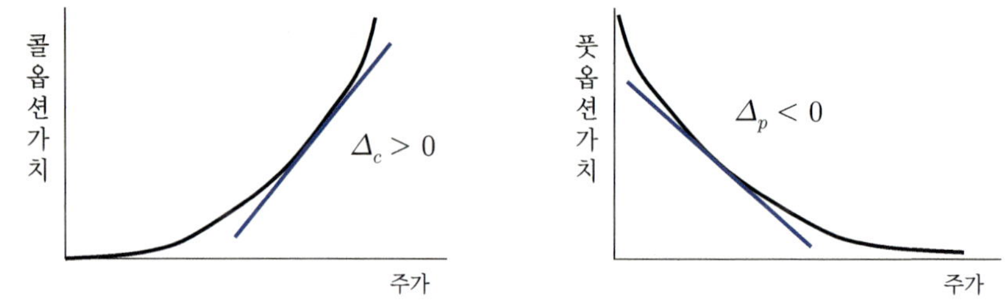

델타의 주요 속성 및 용도를 정리하면 다음과 같다.

① 콜옵션의 델타는 양수이고 풋옵션의 델타는 음수이다. 이는 콜옵션 매입포지션을 복제하는데 주식 매입포지션이 필요하고, 풋옵션 매입포지션을 복제하는데 주식 공매도포지션이 필요함을 의미한다. 콜옵션은 주가가 상승할 때 이득이 발생하는 상품이므로 이를 복제하려면 주식 매입포지션이 필요하다. 반면에 풋옵션은 주가가 하락할 때 이득이 발생하므로 이를 복제하려면 주식 공매도포지션이 필요하다.

② 이항모형에서 콜옵션과 풋옵션의 델타는 다음과 같이 계산된다(단 $C^{up} \geq C^{down}$, $P^{up} \leq P^{down}$).

$$\Delta_c = \frac{C^{up} - C^{down}}{S^{up} - S^{down}}$$
$$\Delta_p = \frac{P^{up} - P^{down}}{S^{up} - S^{down}} \quad (10.10)$$

그리고 매도포지션의 델타는 매입포지션 델타에 (−1)을 곱한 값이다. 우리의 예시에서 콜옵션의 델타는 $\frac{1,000 - 0}{11,000 - 9,000} = 0.5$이고 풋옵션의 델타는 $\frac{0 - 1,000}{11,000 - 9,000} = -0.5$이다. 매도한 콜옵션의 델타는 −0.5이고 매도한 풋옵션의 델타는 +0.5이다.

그림 10-6 콜옵션과 풋옵션의 델타 변화

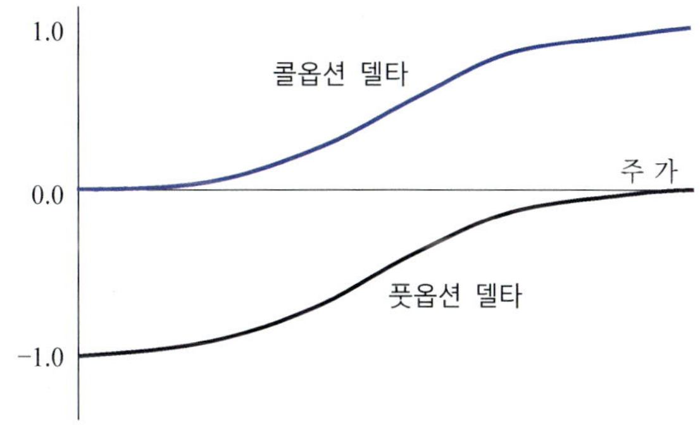

③ 콜옵션의 델타는 0과 1 사이의 값을 갖고, 풋옵션의 델타는 −1과 0 사이의 값을 갖는다. 주가가 1원 상승할 때 콜옵션 소유자가 얻을 수 있는 최대한의 이익은 1원이므로 콜옵션 복제포트폴리오에 포함되는 주식의 최대 개수는 1이다. 같은 논리로, 주가가 1원 하락할 때 풋옵션 소유자가 얻을 수 있는 최대한의 이익은 1원이므로 풋옵션 복제포트폴리오에서 공매도하는 주식의 최대 개수는 1이다.

④ 옵션의 델타는 내가격 정도(depth in-the-money)를 나타낸다. 심내가격 옵션은 델타의 절댓값이 1에 가까우며 옵션이 행사될 확률이 매우 높다. 반면에 심외가격 옵션은 델타의 절댓값이 0에 가까우며 옵션이 행사될 확률이 매우 낮다. 따라서 델타 또는 제11장의 $N(d_1)$은 정확히 '옵션이 행사될 확률'은 아니지만 상황에 따라 확률과 유사한 의미로 해석될 수도 있다.

⑤ 기초자산이 동일한 경우 델타는 합산원칙이 적용된다.

$$\Delta_{portfolio} = \sum n_j \Delta_j \tag{10.11}$$

여기서 n_j는 j옵션의 수이다. 예를 들어, 델타가 0.35인 콜옵션 30개를 매입하고, 델타가 −0.4인 풋옵션 20개를 매입하면 이 포트폴리오의 델타는 2.5이다.

$$\Delta_{portfolio} = 30 \times 0.35 + 20 \times (-0.4) = 2.5$$

이는 기초자산의 가격이 1원 변하면 포트폴리오가치는 2.5원 변함을 의미한다.

⑥ 식 (10.9)에 의해 주가변화와 옵션가격변화간에 다음 관계가 성립한다.

$$\text{옵션가격변화} = \Delta \times \text{주가변화} \qquad (10.12)$$

주가가 1,000원 상승할 때 델타가 0.55이면 옵션가격변화는 550원이다.

'옵션가격변화 = Δ · 주가변화'이므로 델타는 발행한 옵션의 위험을 헤지하기 위하여 필요한 주식의 수이다. 즉, 델타가 0.6인 콜옵션을 발행하면 이는 주식 0.6주를 공매도 한 것과 동일하므로 위험을 헤지하려면 주식 0.6주를 매입해야 한다. 이를 델타헤지(delta hedge)라고 하고 이런 의미에서 델타를 헤지비율(hedge ratio)이라고 한다. 델타 헤지된 포트폴리오의 델타는 0이므로 이런 포트폴리오를 델타중립포트폴리오(delta-neutral portfolio)라고 한다. 주식의 델타는 항상 1이므로 콜옵션 1개 발행과 주식 0.6주 매입으로 구성된 헤지포트폴리오의 델타는 0이다(매도포지션이면 개수를 음수로 처리함).

$$\begin{aligned}\Delta_{hedge\ portfolio} &= \text{콜옵션델타} \times \text{콜옵션 수} + \text{주식델타} \times \text{주식수} \\ &= 0.6 \times (-1) + 1 \times 0.6 = 0\end{aligned}$$

델타를 사용하는 경우 주의해야 할 점은 델타헤지가 주가가 아주 조금 변하는 경우에만 성립한다는 점이다. 이유는 주가가 변함에 따라 델타도 변하기 때문이다(즉 [그림 10-5]가 보여주듯 콜옵션 가격은 주가에 대하여 볼록함).

⑦ 포트폴리오의 델타는 투자전략에 이용된다. 델타가 0보다 크면 이는 기초자산가격이 상승할 때 포트폴리오가치도 상승하므로 강세포지션(bullish position)이다. 반대로 음의 델타는 기초자산가격이 상승할 때 포트폴리오가치가 하락하므로 약세포지션(bearish position)이다. 그리고 델타가 0이면 기초자산가격이 변할 때 포트폴리오의 가치가 영향을 받지 않으므로 중립포지션(neutral position)이다.

주요 결과 #5

델타는 기초자산의 가격변화에 대한 옵션가격의 변화를 측정한다. $\Delta_c = \dfrac{C^{up} - C^{down}}{S^{up} - S^{down}}$은 양수로써 0과 1 사이의 값을 갖고, 콜옵션을 복제하기 위하여 매입해야 하는 주식의 수이고, 발행한 콜옵션의 위험을 헤지하기 위하여 필요한 주식의 수이다. $\Delta_p = \dfrac{P^{up} - P^{down}}{S^{up} - S^{down}}$은 음수이고, 풋옵션을 복제하기 위하여 공매도해야 하는 주식의 수를 의미한다. 델타는 합산원칙이 적용되며, 내가격 정도 또는 행사될 확률의 지표로도 활용된다. 포트폴리오의 델타가 0이 되면 이를 델타중립 포트폴리오라고 하며 이 경우 주가가 조금 변하면 포트폴리오는 영향을 받지 않는다.

예시 10-5 콜옵션 델타와 가치변화

주가별 콜옵션의 델타가 다음과 같다고 가정하자.

주 가	1,000	1,100	1,200	1,300	1,400	1,500
콜옵션 델타	0.58	0.66	0.73	0.78	0.83	0.86

주가가 현재의 1,000원에서 1,500원으로 500원 상승한다고 하자. 현재의 델타 0.58을 이용하면 콜옵션 가치는 식 (10.12)에 의해 $0.58 \times 500 = 290$원 상승하는 것으로 추정된다(볼록한 곡선을 기울기에 의하여 추정하므로 주가변화가 크면 오차가 매우 커진다).
좀 더 정확히 추정하는 방법은 모든 가격별 델타를 이용하는 것이다. 즉, 주가가 1,000원에서 100원 상승하면 콜옵션 가치는 58원 상승하고, 다시 주가가 100원 상승하면 콜옵션 가치는 66원 상승하고, 이런 식으로 계속 계산하면 콜옵션 가치가 358원 상승하는 것으로 추정된다.

$$58 + 66 + 73 + 78 + 83 = 358$$

따라서 콜옵션 1개를 발행하고 주식 0.58주를 매입하여 델타헤지를 실시한 투자자는 주가가 500원 상승하는 경우, 발행한 콜옵션의 가치는 358원 하락하지만 주식 0.58주의 가치는 $0.58 \times 500 = 290$원 상승하게 되므로 옵션포지션 가치하락을 주식포지션 가치상승으로 상쇄하지 못한다.

5 다기간 이항모형과 아메리칸 옵션의 가격결정

5.1 모형의 확장

2기간 이항모형을 적용하기 위하여 앞의 예시를 다음과 같이 수정하자. 옵션의 만기는 2년이고 1기간은 1년이며 매기간마다 주가는 10% 상승하거나 10% 하락한다($u = 1.1$, $d = 0.9$). 2기간 이항모형에서의 주가변화는 다음과 같다. 2번 연속 상승하면 주가는 $10,000 \times 1.1 \times 1.1 = 12,100$원이고, 1번 상승 후 하락하거나 또는 1번 하락 후 상승하면 주가는 $10,000 \times 1.1 \times 0.9 = 9,900$원이고, 2번 연속 하락하면 주가는 $10,000 \times 0.9 \times 0.9 = 8,100$원이다.

그림 10-7 2기간 이항과정

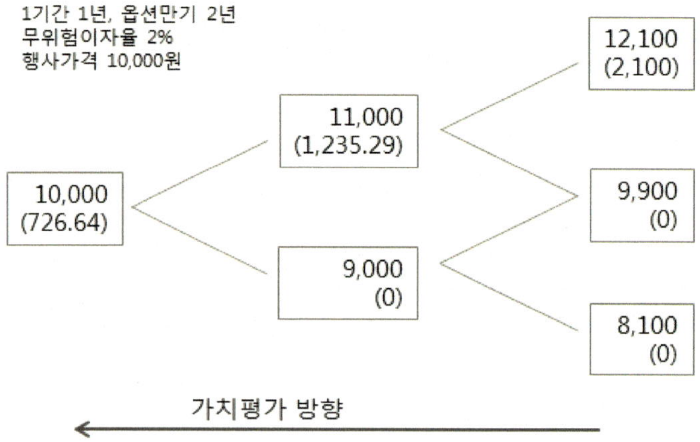

* 위의 숫자는 주가이고 아래 괄호안의 숫자는 콜옵션 가격 또는 콜옵션 이득임

먼저 만기일에서의 콜옵션 이득 max(12,100 − 10,000,0) = 2,100, max(9,900 − 10,000,0) = 0, max(8,100 − 10,000,0) = 0을 계산한다. 그리고 위험중립확률 $\pi = \dfrac{1.02 - 0.9}{1.1 - 0.9} = 0.6$을 계산한다($u$, d, r이 모두 변하지 않았으므로 확률은 동일함). 만기일에서 시작하여 시간을 역행하면서 중간가격을 포함하여 현재 시점에서의 옵션가격을 다음과 같이 계산한다. 최종적으로 콜옵션 가격은 726.64원으로 계산된다. 여기서 C_1^{up}과 C_1^{down}은 각각 1년 후 주가가 상승한 경우와 하락한 경우의 콜옵션 가격이다.

$$C_1^{up} = \frac{0.6 \times 2,100 + 0.4 \times 0}{1.02} = 1,235.29$$

$$C_1^{down} = \frac{0.6 \times 0 + 0.4 \times 0}{1.02} = 0$$

$$C = \frac{0.6 \times 1,235.29 + 0.4 \times 0}{1.02} = 726.64$$

예시 10-6 콜옵션 델타의 변화

앞에서 다기간 모형의 경우 델타가 변하므로 복제포트폴리오를 구성하는 방법을 적용하기 어렵다고 설명하였다. $\Delta_c = \dfrac{C^{up} - C^{down}}{S^{up} - S^{down}}$이므로 A, B, C의 이항과정에 적용하면 델타가 각각 0.6176, 0.9545, 0으로 계산되어 복제포트폴리오의 구성방법이 계산 변하게 된다.

$$\Delta = \frac{1{,}235.29 - 0}{11{,}000 - 9{,}000} = 0.6176$$
$$\Delta^{up} = \frac{2{,}100 - 0}{12{,}100 - 9{,}900} = 0.9545$$
$$\Delta^{down} = \frac{0 - 0}{9{,}900 - 8{,}100} = 0$$

그림 10-8 2기간 이항과정에서의 델타

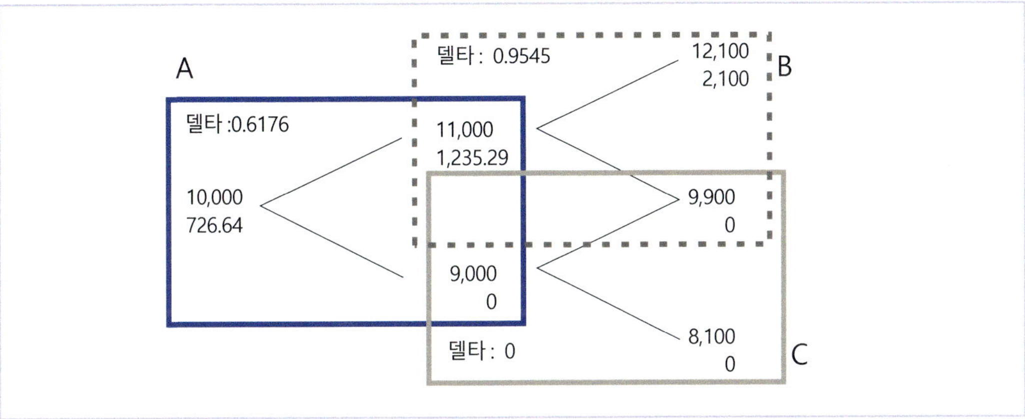

1기간이 1년이 아니고 Δt년이면 모든 계산은 1기간을 기준으로 해야 한다. 따라서 위험중립 상승확률 $\pi = \dfrac{(1+r) - d}{u - d}$에서 r은 1기간의 무위험이자율로서 연간 이자율을 $1/\Delta t$로 나눈(즉, 연간 이자율에 Δt를 곱한) 값이다. 모든 기간에서 u, d, r이 일정하므로 π은 변하지 않는다. 그리고 현재가치 계산시 사용하는 r도 1기간의 무위험이자율이다(주관식 연습문제 4번 참고). 예를 들어, 연간 이자율이 5%이고 1기간이 3개월이면 r은 $\dfrac{0.05}{1/0.25} = 0.0125$이다. $u = 1.2$, $d = 0.8$이면 $\pi = \dfrac{1.0125 - 0.8}{1.2 - 0.8} = 0.53125$이다. 그리고 만기일에서의 2,000원은 현재가치로 $\dfrac{2{,}000}{1.0125} = 1{,}975.31$원이다.

2기간 이항모형을 일반화하면 n기간 이항모형으로 확장된다. 1기간은 Δt년이고 매 기간마다 주가는 $S \times u$로 상승하거나 $S \times d$로 하락한다. 주가가 상승한 후 하락하는 경우의 주가가 하락한 후 상승하는 경우의 주가와 동일하므로 n번째 기간에서 가능한 주가는 항상 $n +$

1개이다.

n기간에서의 가치평가도 2기간의 경우와 동일하다. 즉, 먼저 만기일에서의 옵션의 이득을 계산한 후, 만기일에서 현재 시점으로 진행하면서 π와 r를 적용하여 중간 시점의 옵션가격을 계산하고, 최종적으로 현재 시점에서의 옵션가격을 계산한다.

옵션의 잔존기간을 3 ~ 4개의 기간으로 구분하여 이항모형을 적용하는 것은 전혀 현실적이지 않다. 이항모형을 실제로 이용하는 경우 대체로 30개 이상의 기간으로 세분된다. n = 30의 경우 약 10억 개의 주가변화경로를 고려할 수 있다. n이 커짐에 따라 이항모형으로 계산한 옵션 가격은 블랙-숄즈 모형으로 계산한 옵션가격에 수렴하게 된다.

주요 결과 #6

다기간 이항모형을 적용하는 경우, 만기일에서 옵션의 내재가치를 계산한 후 끝에서부터 역으로 진행하면 현재 시점에서의 옵션의 가치를 결정할 수 있다. 이 경우 델타가 계속적으로 변하므로 위험중립가치평가법을 적용해야 한다. 1기간이 Δt년이면 모든 계산은 1기간을 기준으로 한다.

5.2 u와 d의 결정

u와 d의 값은 기초자산의 변동성(σ)에 의하여 결정된다. u와 d를 결정하는 방법은 여러 가지이다. 1기간이 Δt년인 경우 u와 d를 결정하는 하나의 방법은 다음과 같다. 여기서 $u \times d = 1$이다.[8)]

$$
\begin{aligned}
u &= e^{\sigma\sqrt{\Delta t}} \\
d &= e^{-\sigma\sqrt{\Delta t}} = \frac{1}{u}
\end{aligned}
\qquad (10.13)
$$

예를 들어, 기초자산의 변동성이 30%인 경우 1기간이 1년이면 $u = e^{0.3} = 1.35$, $d = \frac{1}{u} = 0.74$로 결정한다. 만약 1기간이 6개월이면 $u = e^{0.3\times\sqrt{0.5}} = 1.24$, $d = \frac{1}{u} = 0.81$이고, 1기간이 1개월이면 $u = e^{0.3\times\sqrt{\frac{1}{12}}} = 1.09$, $d = 0.92$이다.

---

8) 이항모형의 예시에서 주가의 상승률과 하락율을 동일하다고 통상 가정하지만 $u \times d = 1$이면 주가가 상승 후 하락하여 원래의 주가로 돌아가야 하므로 상승률인 $u - 1$이 하락율이 $1 - d$보다 항상 커야한다. 예를 들어 35% 상승하면($u = 1.35$) 25.93% 하락해야 한다($d = 0.7407$).

5.3 아메리칸옵션에의 적용

이항모형을 이용하여 아메리칸옵션의 가격도 구할 수 있다. 절차는 끝에서부터 출발점으로 역행하면서 매 기간마다 옵션을 행사하는 것이 최적인지를 판단하는 것이다. 이항과정 끝에서의(즉, 만기일에서의) 아메리칸옵션의 가치는 유로피언옵션의 가치와 같다. 만기일 이외의 시점에서 아메리칸옵션의 가치는 다음 두 값 중에서 큰 값과 같다.

- 앞에서 계산한 유로피언옵션의 가치
- 고려하고 있는 시점에서 권리를 즉시 행사하여 얻을 수 있는 내재가치(콜옵션의 경우 $\max(S-K,\ 0)$이고, 풋옵션의 경우 $\max(K-S,\ 0)$임)

이를 식으로 표현하면, 만기일을 제외한 모든 시점에서 아메리칸옵션 가치와 유로피언옵션 가치간에 다음 식이 성립한다.

$$\begin{aligned} C^A &= \max(C, S-K) \\ P^A &= \max(P, K-S) \end{aligned} \tag{10.14}$$

예시 10-7 아메리칸옵션의 가격결정

본문의 예시에서 우리가 고려하는 옵션이 유로피언옵션이 아니라 아메리칸옵션이라고 하자. 주가가 11,000원인 경우의 콜옵션 가치 1,235.29원이 내재가치 1,000원보다 크므로 아메리칸옵션의 가치도 $C^A = 726.64$원이다. 8장에서 설명했듯이, 무배당 주식에 대한 유로피언 콜옵션의 가치와 아메리칸 콜옵션의 가치는 동일하다(즉, 조기행사가 최적이 아님).
그러나 풋옵션의 경우 조기행사가 최적일 수 있다. 풋옵션의 경우 만기일에서의 내재가치가 각각 0, 100, 1,900원이다. 유로피언 풋옵션의 가치는 338.33원이다.

$$P_1^{up} = \frac{0.6 \times 0 + 0.4 \times 100}{1.02} = 39.22$$

$$P_1^{dowm} = \frac{0.6 \times 100 + 0.4 \times 1{,}900}{1.02} = 803.92$$

$$P = \frac{0.6 \times 39.22 + 0.4 \times 803.92}{1.02} = 338.33$$

주가가 9,000원인 경우 내재가치가 1,000원이므로 아메리칸 풋옵션의 가치는 415.23원이다.

$$P^A = \frac{0.6 \times 39.22 + 0.4 \times 1{,}000}{1.02} = 415.23$$

주요 결과 #7

아메리칸옵션의 경우, 각 시점에서의 옵션프리미엄은 유로피언옵션의 가격과, 즉시 옵션을 행사하여 얻는 내재가치 중에서 큰 값과 같다: $C^A = \max(C, S-K)$과 $P^A = \max(P, K-S)$

핵심용어 정리

- 이항모형(binomial model)
- 무차익가격(no arbitrage price)
- 위험중립가치평가(risk neutral valuation)
- 위험중립확률(risk-neutral probability)
- 델타(delta)
- 복제포트폴리오(replication portfolio)
- 헤지포트폴리오(hedge portfolio)
- 델타헤지(delta hedge)
- 델타중립 포트폴리오(delta neutral portfolio)

주요결과 정리

주요 결과 #1

이항모형은 미래 옵션가격의 불확실성을 모형화하기 위하여 단 두 개의 가격만이 가능하다는 극히 단순한 가정에 기초한다. 이항모형은 이해하기가 쉽고 옵션의 조기행사를 고려할 수 있으며, 옵션가격결정의 기본원리를 명확하게 보여준다.

주요 결과 #2

이항모형에 의한 가치평가는 ① 주식과 채권을 이용하여 옵션을 복제하는 복제포트폴리오 방법, ② 주식과 옵션을 이용하여 헤지포트폴리오를 구성하는 무위험포트폴리오 방법, ③ 위험중립확률을 이용하는 위험중립가치평가 방법 등 세 가지 방법으로 이루어진다.

주요 결과 #3

위험중립확률을 이용하면 모든 위험증권의 기대수익률이 무위험이자율로 전환되므로 옵션가치는 옵션기대이득을 무위험이자율로 할인한 현재가치이다. 위험중립상승확률은 $\dfrac{(1+r)-d}{u-d}$로 계산된다.

복제포트폴리오와 무위험포트폴리오의 구성방법이 이항과정별로 상이한 반면, 위험중립확률은 항상 일정하므로 위험중립가치평가법이 사용하기 편리하다.

주요 결과 #4

콜옵션 복제포트폴리오는 주식 $\Delta_c = \dfrac{C^{up} - C^{down}}{S^{up} - S^{down}}$ 주 매입과 차입으로 구성되므로 무위험포트폴리오는 주식 1주 매입과 콜옵션 $\dfrac{1}{\Delta_c}$ 개 발행으로 구성된다. 풋옵션 복제포트폴리오는 주식 $\left|\Delta_p = \dfrac{P^{up} - P^{down}}{S^{up} - S^{down}}\right|$ 주 공매도와 대출로 구성되므로 무위험포트폴리오는 주식 1주 매입과 풋옵션 $\dfrac{1}{|\Delta_p|}$ 개 매입으로 구성된다.

주요 결과 #5

델타는 기초자산의 가격변화에 대한 옵션가격의 변화를 측정한다. $\Delta_c = \dfrac{C^{up} - C^{down}}{S^{up} - S^{down}}$ 은 양수로써 0과 1 사이의 값을 갖고, 콜옵션을 복제하기 위하여 매입해야 하는 주식의 수이고, 발행한 콜옵션의 위험을 헤지하기 위하여 필요한 주식의 수이다. $\Delta_p = \dfrac{P^{up} - P^{down}}{S^{up} - S^{down}}$ 은 음수이고, 풋옵션을 복제하기 위하여 공매도해야 하는 주식의 수를 의미한다. 델타는 합산원칙이 적용되며, 내가격 정도 또는 행사될 확률의 지표로도 활용된다. 포트폴리오의 델타가 0이 되면 이를 델타중립 포트폴리오라고 하며 이 경우 주가가 조금 변하면 포트폴리오는 영향을 받지 않는다.

주요 결과 #6

이항모형을 적용하는 경우, 만기일에서 옵션의 내재가치를 계산한 후 끝에서부터 역으로 진행하면 현재 시점에서의 옵션의 가치를 결정할 수 있다. 이 경우 델타가 계속적으로 변하므로 위험중립가치평가법을 적용해야 한다. 1기간이 Δt년이면 모든 계산은 1기간을 기준으로 한다.

주요 결과 #7

아메리칸옵션의 경우, 각 시점에서의 옵션프리미엄은 유로피언옵션의 가격과, 즉시 옵션을 행사하여 얻는 내재가치 중에서 큰 값과 같다 : $C^A = \max(C, S - K)$과 $P^A = \max(P, K - S)$

개념 체크

1 옵션가격결정모형의 기본 아이디어가 복제와 차익거래라는 말의 의미는 무엇인가?

2 옵션가격을 구할 때 선물가격과 달리 기초자산의 변동성을 고려해야 하는 이유는 무엇인가?

3 콜옵션 복제포트폴리오를 구할 때 사용하는 두 개의 식은 어떤 의미를 갖는가?

4 콜옵션 복제포트폴리오는 어떻게 구성되는가(기초자산과 채권의 포지션은)?

5 콜옵션이 복제포트폴리오에 비하여 과소평가된 경우 어떤 차익거래가 가능한가? 만일 과대평가되었다면 어떤 차익거래가 가능한가?

6 콜옵션을 이용한 무위험포트폴리오는 주식 1주 매입과 콜옵션 m개 발행으로 구성되는데 이때 m은 어떻게 구하는가?

7 이항모형에서 주가가 상승하는 경우와 하락하는 경우 옵션의 이득을 계산할 수 있는가? 그리고 무위험포트폴리오의 가치도 계산할 수 있는가?

8 $C = 0.5S - B$의 의미는 무엇인가? 이 식으로부터 도출된 $0.5S - C = B$의 의미는 무엇인가?

9 위험중립 상승확률을 구하는 식은 무엇인가?

10 위험중립상승확률 π은 주식의 기대수익률이 무위험이자율과 같게 되는 상승확률이다. 이를 식으로 표현할 수 있는가? 상승주가를 S^{up}, 하락주가를 S^{down}, 현재주가를 S, 그리고 무위험이자율은 r로 표시한다.

11 "위험중립확률은 가상의 확률로 실제의 확률이 아니다"라는 말의 의미는 무엇인가?

12 위험중립상승확률이 항상 실제의 상승확률보다 작아야 한다. 이유는 무엇인가?

13 실제의 주가상승확률이 옵션가격에 영향을 미치지 못하는 이유는 무엇인가?

14 풋옵션 복제포트폴리오 식은 콜옵션의 복제포트폴리오 식과 어떻게 상이한가?

15 풋옵션을 이용하여 무위험포트폴리오를 구성할 때 주식과 풋옵션을 동일 방향으로 모두 매입해야 하는 이유는 무엇인가? 같은 논리로 콜옵션의 경우 주식과 반대 방향으로 포지션을 취해야 무위험포트폴리오가 구성되는 이유는 무엇인가?

16 이항모형에서 무위험포트폴리오 또는 헤지포트폴리오는 어떤 상태의 포트폴리오를 말하는가?

17 위험중립가치평가법을 간략히 설명하라.

18 옵션의 델타는 어떻게 정의되는가? 델타가 0.3이면 어떤 의미를 갖는가?

19 매도포지션의 델타는 매입포지션의 델타와 어떤 관계를 갖는가?

20 콜옵션의 델타가 0.5일 때 콜옵션 20개로 구성된 포트폴리오의 델타는 얼마인가?

21 델타헤지란 무엇인가? 델타중립은 어떤 상태를 의미하는가?

22 주식의 델타는 1이다. 이유는 무엇인가?

23 델타가 0보다 크면 이를 강세포지션이라고 하는데 이유를 설명할 수 있는가?

24 주가의 변화가 큰 경우 콜옵션의 델타를 이용하여 콜옵션 가치 변화를 추정하면 어떤 문제가 발생하는가?

25 다기간 모형에서 만기일을 제외한 시점에서의 콜옵션 가격을 구할 수 있는가?

26 다기간 모형에서 매 기간마다 델타가 변하는 이유는 무엇인가?

27 n기간 모형에서 n번째 기간에서 가능한 주가가 n+1개인 이유는 무엇인가?

28 u와 d를 결정하는 방법을 이해하는가?

29 아메리칸 옵션의 경우 만기일 이외의 시점에서의 가치를 어떻게 계산하는가?

30 아메리칸 콜옵션의 경우 유로피언 콜옵션과 가격이 동일하지만 풋옵션의 경우 아메리칸 옵션 가격이 유로피언 옵션가격보다 큰 이유는 무엇인가? 단, 기초자산을 무배당 주식으로 가정함.

31 1기간이 1년이 아니면 π 계산과 현가 계산시 어떻게 이항모형을 적용하는가?

CHAPTER
10 연습문제

객관식 유형

1 이항모형에서 옵션의 가치와 무관한 변수는?

① 무위험이자율 ② 만기
③ 행사가격 ④ 실제로 주가가 상승할 확률

2 콜옵션을 헤지하려면 기초자산 ______포지션이 필요하고 풋옵션을 헤지하려면 기초자산 ______포지션이 필요하다.

① 매입, 공매도 ② 매입, 매입
③ 공매도, 매입 ④ 공매도, 공매도

3 현재 주가는 20,000원이고, 3개월 후에 주가는 22,000원으로 상승하거나 또는 18,000원으로 하락할 것으로 가정하자. 무위험이자율은 12%이다. 만기가 3개월이고 행사가격이 21,000원인 풋옵션을 복제하는 방법은 무엇인가? 단, 1기간이 3개월이므로 3개월 기준 무위험이자율을 이용할 것.

① 0.75주 매입, 16,019원 대출 ② 0.25주 매입, 4,369원 차입
③ 0.75주 공매도, 16,019원 차입 ④ 정답 없음

4 문제 3에서 동일 조건의 콜옵션을 복제하는 방법은 무엇인가?

① 0.25주 매입, 4,369원 차입 ② 0.25주 공매도, 4,369원 대출
③ 0.75주 매입, 4,369원 차입 ④ 정답 없음

5 현재 주가는 10,000원이고 1년 후에 주가는 20,000원으로 상승하거나 또는 5,000원으로 하락할 예정이다. 무위험이자율은 10%이다. 행사가격이 12,500원이고 만기가 1년인 유로피언 풋옵션의 가격은 얼마인가? 1기간 이항모형을 이용할 것.

① 3,529원　　② 4,136원
③ 4,091원　　④ 정답 없음

6 A포트폴리오는 주식 300주와 400개의 콜옵션으로 구성되어 있다. B포트폴리오는 동일한 주식 500주로 구성되어 있다. 콜옵션의 델타는 0.5이다. 기초자산의 가격이 1원 변할 때 A포트폴리오는 가치변화는 B포트폴리오의 가치변화보다 얼마나 큰가? 옵션의 가치변화는 델타를 이용하여 구할 것.

① 차이가 0보다 크다　　② 차이가 0보다 작다
③ 차이가 0이다　　④ 정답 없음

7 콜옵션 매도포지션의 델타는 ______이고, 풋옵션 매입포지션의 델타는 ______이다.

① 음수, 음수　　② 음수, 양수
③ 양수, 음수　　④ 양수, 양수

8 현재 주가는 10,000원이고 1년 후에 주가는 15,000원으로 상승하거나 또는 6,000원으로 하락할 예정이다. 무위험이자율은 5%이다. 위험중립 상승확률은?

① 0.5　　② 0.4
③ 0.3　　④ 정답 없음

9 콜옵션의 델타가 0.5이면 그 의미는 무엇인가?

① 기초자산 가격이 1% 변하면 옵션가격은 0.5% 변한다.
② 기초자산 가격이 1원 변하면 옵션가격은 0.5원 변한다.
③ 기초자산 가격이 1원 상승하면 옵션가격은 0.5원 하락한다.
④ 정답 없음

10 $\frac{\text{주식가격차이}}{\text{콜옵션이득차이}}$를 m으로 정의하자. m이 0.7이면 그 의미는 무엇인가?

① 매입한 주식 1주당 매도할 콜옵션의 수
② 매도한 콜옵션 1개당 매입할 주식의 수
③ 매입한 주식 1주당 매입할 콜옵션의 수
④ 정답 없음

11 현재 주가는 100만원이고 1년 후에 주가가 120만원으로 상승할 확률이 50%이고 80만원으로 하락할 확률이 50%이다. 주식은 배당을 지급하지 않으며 무위험이자율은 5%이다. 유로피언 등가격 콜옵션의 가격은 얼마인가?

① 11.90만원 ② 19.05만원
③ 10.50만원 ④ 정답 없음

12 현재 주가는 30,000원이다. 1기간은 1년이고 매 기간마다 주가가 10% 상승하거나 또는 10% 하락한다고 하자. 무위험이자율은 연 5%이다. 만기가 2년이고 행사가격이 28,000원인 유로피언 콜옵션의 가격은 얼마인가? 단, 1년 후 콜옵션 가격은 정수로 구할 것.

① 5,125원 ② 4,518원
③ 4,813원 ④ 정답 없음

13 문제 12번에서 동일 조건의 유로피언 풋옵션 가격은 얼마인가? 단, 1년 후 풋옵션 가격은 정수로 구할 것.

① 325원 ② 210원
③ 258원 ④ 정답 없음

14 문제 13번의 상황에서 아메리칸 풋옵션의 가격은 얼마인가?

① 238원 ② 210원
③ 258원 ④ 정답 없음

15 다음 포트폴리오 중에서 델타중립인 포트폴리오는?

① 주식 0.4주 매입과 델타가 0.2인 콜옵션 2개 매입
② 델타가 0.5인 콜옵션 2개 매도와 델타가 －0.5인 풋옵션 2개 매입
③ 주식 1주 공매도와 델타가 －0.4인 풋옵션 2.5개 매도
④ 정답 없음

다음 자료를 이용하여 16번과 17번의 질문에 답하라. 주가별 콜옵션의 델타가 다음과 같다고 가정하자.

주 가	1,000	1,100	1,200	1,300	1,400	1,500
콜옵션 델타	0.60	0.71	0.80	0.87	0.91	0.95

16 주가가 현재의 1,000원에서 1,500원으로 500원 상승하면 콜옵션의 가치는 어떻게 변하는가? 1,000원에서의 델타를 이용하여 콜옵션 가격변화를 추정하라.

① 300원 ② 200원
③ 350원 ④ 정답 없음

17 주가가 현재의 1,000원에서 1,500원으로 500원 상승하면 콜옵션의 가치는 어떻게 변하는가? 모든 가격별 델타를 이용하여 콜옵션 가격변화를 추정하라.

① 350원 ② 389원
③ 300원 ④ 정답 없음

18 1기간 이항모형이 성립하고 무위험이자율이 연 10%라고 가정하자. ㈜가나의 주가는 현재 9,500원이며 1년 후에는 60%의 확률로 11,000원이 되거나 40%의 확률로 9,000원이 된다. ㈜가나의 주식에 대한 풋옵션(만기 1년, 행사가격 10,000원)의 현재 이론적 가격에 가장 가까운 것은? (CPA2017)

① 350원 ② 325원
③ 300원 ④ 275원
⑤ 250원

19 현재 주가는 10,000원이고, 무위험이자율은 연 3%이다. 1년 후 주가는 15,000원으로 상승하거나 7,000원으로 하락할 것으로 예상된다. 이 주식을 기초자산으로 하는 유럽형 옵션의 만기는 1년이고 행사가격은 10,000원이며 주식은 배당을 지급하지 않는다. 1기간 이항모형을 이용하는 경우, 주식과 옵션으로 구성된 헤지포트폴리오(hedge portfolio)로 적절한 항목만을 모두 고르면? (단, 주식과 옵션은 소수 단위로 분할하여 거래가 가능하다.) (CPA2013)

(가) 주식 1주 매입, 콜옵션 $\frac{8}{5}$개 매도

(나) 주식 $\frac{5}{8}$주 매도, 콜옵션 1개 매입

(다) 주식 1주 매입, 풋옵션 $\frac{8}{3}$개 매입

(라) 주식 $\frac{3}{8}$주 매도, 풋옵션 1개 매도

① (가), (다) ② (나), (라)

③ (가), (나), (다) ④ (가), (나), (라)

⑤ (가), (나), (다), (라)

20 ㈜가나의 현재 주가는 100,000원이다. ㈜가나의 주가는 1년 후 120,000원이 될 확률이 70%이고 80,000원이 될 확률이 30%인 이항모형을 따른다. ㈜가나의 주식을 기초자산으로 하는 만기 1년, 행사가격 90,000원의 유럽형 콜옵션과 풋옵션이 현재 시장에서 거래되고 있다. 무위험이자율이 연 10%일 때 풋옵션의 델타와 콜옵션의 델타로 가장 적절한 것은? (CPA2016)

① −0.25, 0.25 ② −0.50, 0.50

③ −0.25, 0.75 ④ −0.50, 0.75

⑤ −0.75, 0.75

21 현재 ㈜다라 주식의 가격은 200,000원이다. ㈜다라 주식을 기초자산으로 하고 행사가격이 200,000원인 풋옵션의 현재가격은 20,000원이다. 풋옵션의 델타가 −0.6일 때 ㈜다라 주식의 가격이 190,000원이 되면 풋옵션의 가격은 얼마가 되겠는가? (CPA2015)

① 6,000원 ② 12,000원

③ 14,000원 ④ 26,000원

⑤ 60,000원

22 기초자산의 현재가격이 10,000원이고 이에 대한 콜옵션의 현재가격은 2,000원이다. 콜옵션의 델타가 0.8일 때 기초자산의 가격이 9,000원이 되면 콜옵션의 가격은 얼마가 되겠는가? (CPA2014)

① 300원 ② 800원

③ 1,200원 ④ 1,700원

⑤ 2,800원

주관식 유형

1 현재 주가는 10,000원이고 1년 후에 20,000원으로 상승하거나 또는 5,000원으로 하락할 것으로 기대된다. 옵션의 만기는 1년이고 행사가격은 12,500원이다. 1년 만기 무위험이자율은 8%이다. 주식은 배당을 지급하지 않으며 옵션은 유로피언 옵션이다.

1 다음 세 가지 방법으로 콜옵션의 가격을 계산하라.
① 복제포트폴리오 방법
② 무위험포트폴리오 방법
③ 위험중립가치평가 방법

2 다음 세 가지 방법으로 풋옵션의 가격을 계산하라.
① 복제포트폴리오 방법
② 무위험포트폴리오 방법
③ 위험중립가치평가 방법

3 콜옵션 가격과 풋옵션 가격간에 풋-콜 패리티가 성립함을 보여라.

2 현재 주가는 20,000원이고 1년 후 주가는 22,000원으로 상승하거나 또는 18,000원으로 하락할 것으로 기대된다. 유로피언 옵션의 만기는 1년이고 행사가격은 21,000원이다. 그리고 주식은 배당을 지급하지 않으며 무위험이자율은 3%이다. **3**~**6**의 경우에 표를 작성하여 답하라.

1 콜옵션과 풋옵션의 가격을 계산하라.

2 콜옵션과 풋옵션의 복제포트폴리오를 각각 구성하라.

3 콜옵션 가격이 600원이면 어떤 차익거래가 가능한가?

4 콜옵션 가격이 700원이면 어떤 차익거래가 가능한가?

5 풋옵션 가격이 980원이면 어떤 차익거래가 가능한가?

6 풋옵션 가격이 1,050원이면 어떤 차익거래가 가능한가?

3 현재 한국실업의 주가는 10,000원이고 1년 후에 주가가 12,000원으로 상승할 확률은 90%이고 7,000원으로 하락할 확률은 10%이다. 유로피언 콜옵션의 만기는 1년이고 행사가격은 10,000원이다. 무위험이자율은 8%이다.

1. 만기일에 주가가 상승시와 하락시의 콜옵션의 가치를 구하라.
2. 주식 1주를 매입하고 m개의 콜옵션을 매도하여 무위험포트폴리오를 구성하려고 한다. m을 구하라.
3. 2에서 구성한 포트폴리오를 기준으로 무차익논리를 이용하여 콜옵션의 가치를 구하라.
4. 주식 1주를 매입하고 $|h|$개의 풋옵션을 매입하여 무위험포트폴리오를 구성한 후 유로피언 풋옵션의 가치를 구하라. 풋옵션의 행사가격과 만기는 콜옵션의 그것과 동일하다.
5. 위험중립가치평가원칙에 근거하여 콜옵션과 풋옵션 가격을 다시 확인하라.
6. 주식의 기대수익률은 얼마인가?
7. 위험중립확률과 실제 확률을 이용하여 계산된 주가가 10,000원으로 동일함을 확인하라.
8. 풋-콜 패리티가 성립함을 보이라.
9. 콜옵션의 복제포트폴리오를 구성하고 이득패턴이 동일함을 보여라.
10. 만일 주식의 가격이 순간적으로 9,000원으로 하락하였는데 콜옵션의 가격이 그대로 1,407원이면 어떤 차익거래가 가능한가? 주식 1주를 기준으로 차익거래 포지션을 결정하고 이익을 계산하라. 미래의 주가는 변함이 없다고 가정한다.
11. 풋옵션의 복제포트폴리오를 구성하고 이득패턴이 동일함을 보이라.
12. 풋옵션의 가격이 810원이면 어떤 차익거래가 가능한가? 주식 1주를 기준으로 차익거래 포지션을 결정하라.
13. 이번에는 1기간은 6개월이고 매 기간마다 20% 상승하거나 또는 30% 하락한다고 가정하자. 무위험이자율은 연 8%이다. 콜옵션과 풋옵션의 가격을 다시 구하고 풋-콜 패리티가 성립함을 확인하라.
14. 만약 13에서 고려한 콜옵션과 풋옵션이 아메리칸옵션이면 가격은 각각 얼마인가?

4 현재 주가는 25,000원이고 1기간마다 주가는 10%씩 상승하거나 또는 10%씩 하락한다. 1기간은 3개월이고 무위험이자율은 연 6%이다. 유로피언 옵션의 만기는 6개월이고 행사가격은 24,000원이다.

1. 콜옵션의 가격은 얼마인가?
2. 풋옵션의 가격은 얼마인가?
3. 각 이항과정에서의 콜옵션의 델타를 모두 계산하라.
4. 콜옵션 가격과 풋옵션 가격간에 풋-콜 패리티가 성립함을 보여라.
5. 아메리칸 옵션이라는 가정 하에서 옵션프리미엄을 각각 계산하라.

5 현재 주가는 52,000원이고 1년 후 주가는 15% 상승하거나 또는 20% 하락할 것으로 기대된다. 유로피언 옵션의 만기는 2년이고 행사가격은 51,000원이다. 그리고 주식은 배당을 지급하지 않으며 무위험이자율은 5%이다. 각 이항과정에서의 풋옵션의 델타를 계산하라.

6 현재 주가는 40,000원이다. 1년 후에 주가가 32,000원으로 하락하거나 48,000원으로 상승할 것으로 가정하자. 무위험이자율은 연 8%이다. 유로피언 콜옵션의 만기는 1년이고 행사가격은 40,000원이다.

1. 차익거래논리에 의하여 콜옵션의 가치를 평가하라.
2. 위험중립가치평가 원칙에 근거하여 콜옵션의 가치를 평가하라.
3. 복제포트폴리오를 구성하라.
4. 1에서 구한 무위험포트폴리오의 델타는 얼마인가?

7 현재 주가는 50,000원이다. 1년 후에 주가가 55,000원으로 상승할 확률은 80%이고 45,000원으로 하락할 확률은 20%이다. 무위험이자율은 연 5%이다. 유로피언 풋옵션의 만기는 1년이고 행사가격은 49,000원이다.

1. 차익거래논리에 의하여 풋옵션의 가치를 평가하시오.
2. 위험중립가치평가 원칙에 근거하여 풋옵션의 가치를 평가하시오.
3. 복제포트폴리오를 구성하시오.
4. 1에서 구한 무위험포트폴리오의 델타는 얼마인가?
5. 만일 주가가 상승할 확률이 20%이면, 이는 옵션의 가격에 어떤 영향을 미치는가?

CHAPTER

10 연습문제 풀이

객관식 유형

1 ④

실제로 주가가 상승할 확률은 옵션가격에 영향을 미치지 않는다.

2 ③

콜옵션을 복제하려면 기초자산 매입포지션이 필요하므로 헤지하려면 반대포지션인 공매도포지션이 필요하다. 같은 논리로 풋옵션을 헤지하려면 기초자산 매입포지션이 필요하다.

3 ④

만기일에서의 이득이 각각 0과 3,000원이고 무위험이자율이 3개월 기준으로 3%이므로 다음 두 식이 성립한다.

$$22{,}000\Delta + 1.03B = 0$$
$$18{,}000\Delta + 1.03B = 3{,}000$$

두 식으로부터 구한 값이 $\Delta = -0.75$, $B = \dfrac{16{,}500}{1.03} = 16{,}019.42$이므로 풋옵션을 복제하려면 주식 0.75주를 공매도하고 16,019원을 대출한다.

4 ①

만기일에서의 이득이 각각 1,000원과 0이고 무위험이자율이 3개월 기준으로 3%이므로 다음 두 식이 성립한다.

$$22{,}000\Delta + 1.03B = 1{,}000$$
$$18{,}000\Delta + 1.03B = 0$$

두 식으로부터 구한 값이 $\Delta = 0.25$, $B = \dfrac{-4{,}500}{1.03} = -4{,}369$이므로 주식 0.25주를 매입하고, 4,369원을 차입한다.

5 ③

$u = 2$, $d = 0.5$, $r = 0.1$이고 $\pi = \dfrac{1.1 - 0.5}{2 - 0.5} = 0.4$이므로, 풋옵션의 가치는 4,091원이다.

$$\frac{0.4 \times 0 + 0.6 \times 7{,}500}{1.1} = 4{,}091$$

6 ③

A포트폴리오의 델타가 $300 \times 1 + 400 \times 0.5 = 500$이고 B포트폴리오의 델타도 $500 \times 1 = 500$이다. 주가가 1원 변할 때 두 포트폴리오의 가치 변화가 500원으로 동일하므로 차이는 0이다.

7 ①

콜옵션 매입포지션의 델타가 양수이므로 매도포지션의 델타는 음수이다. 그리고 풋옵션 매입포지션의 델타는 음수이다.

8 ①

$$\pi = \frac{1.05 - 0.6}{1.5 - 0.6} = 0.5$$

9 ②

델타는 콜옵션가격변화/기초자산가격변화이므로 델타가 0.5이면 기초자산 가격이 1원 변하면 옵션가격은 0.5원 변한다.

10 ①

m은 매입한 주식 1주당 매도할 콜옵션의 수이다.

11 ①

$\pi = \frac{1.05 - 0.8}{1.2 - 0.8} = 0.625$이고 상승시의 콜옵션 이득이 20만원이므로 콜옵션 가격은 $\frac{0.625 \times 20}{1.05} = 11.90$만원이다.

12 ③

만기일에 주가가 각각 36,300원, 29,700원, 24,300원이고 콜옵션의 만기일에서의 이득이 각각 8,300, 1,700원, 0원이다. 위험중립상승확률은 $\frac{1.05 - 0.9}{1.1 - 0.9} = 0.75$이다. 1년 후 콜옵션의 가격이 각각 6,333원과 1,214원이므로 현재 시점에서의 콜옵션 가격은 4,813원이다.

$$\frac{0.75 \times 8{,}300 + 0.25 \times 1{,}700}{1.05} = 6{,}333, \quad \frac{0.75 \times 1{,}700 + 0.25 \times 0}{1.05} = 1{,}214$$

$$\frac{0.75 \times 6{,}333 + 0.25 \times 1{,}214}{1.05} = 4{,}813$$

13 ②

만기일에서 풋옵션의 이득이 각각 0원, 0원, 3,700원이므로 1년 후 풋옵션 가격이 각각 0원과 $\frac{0.25 \times 3{,}700}{1.05} = 881$원이고 현재 시점에서의 풋옵션 가격은 $\frac{0.25 \times 881}{1.05} = 210$원이다. 이 가격은 풋-콜 패리티에 의해서도 계산된다.

$$P = C + PV(K) - S = 4{,}813 + \frac{28{,}000}{1.05^2} - 30{,}000 = 210$$

14 ①

1년후 주가가 27,000원일 때 풋옵션의 이득이 1,000원이므로 현재 시점에서의 풋옵션 가격은 $\frac{0.25 \times 1{,}000}{1.05} = 238$원이다.

15 ③

$$(-1) \times 1 + (-2.5) \times (-0.4) = 0$$

16 ①

$\Delta C = \Delta_c \times \Delta S$이므로 콜옵션 가격변화는 $0.6 \times 500 = 300$원이다.

17 ②

모든 가격별 델타를 이용하면 콜옵션 가격변화는 $60 + 71 + 80 + 87 + 91 = 389$원이다.

18 ⑤

$u = \frac{11{,}000}{9{,}500} = 1.1579,\ d = \frac{9{,}000}{9{,}500} = 0.9474$이고 $\pi = \frac{1.1 - 0.9474}{1.1579 - 0.9474} = 0.7249$이다.

풋옵션의 만기일에서의 이득이 각각 0과 1,000원이므로 풋옵션 가격은 $\frac{(1 - 0.7249) \times 1{,}000}{1.1} = 250$원이다.

19 ⑤

$m = \frac{15{,}000 - 7{,}000}{5{,}000 - 0} = \frac{8}{5},\ h = \frac{15{,}000 - 7{,}000}{0 - 3{,}000} = -\frac{8}{3}$이므로 무위험포트폴리오는 주식 1주 매입과 콜옵션 $\frac{8}{5}$개 매도, 주식 1주 매입과 풋옵션 $\frac{8}{3}$ 매입으로 구성된다. 그런데 주식 $\frac{5}{8}$주 매도와 콜옵션 1개 매입으로 구성된 포트폴리오도 주식 1주 매입과 콜옵션 $\frac{8}{5}$개 매도의 포트폴리오와 마찬가지로 델타중립 포트폴리오이므로 헤지포트폴리오이다. 같은 논리로 주식 $\frac{3}{8}$주 매도와 풋옵션 1개 매도로 구성된 포트폴리오도 다음과 같이 델타중립 포트폴리오이다.

$$\left(-\frac{3}{8}\right) \times 1 + (-1) \times \left(-\frac{3}{8}\right) = 0 \ \left(\text{여기서 } \Delta_p = \frac{0 - 3{,}000}{15{,}000 - 7{,}000} = -\frac{3}{8}\right).$$

20 ③

$$\Delta_c = \frac{30{,}000 - 0}{120{,}000 - 80{,}000} = 0.75,\ \Delta_p = \frac{0 - 10{,}000}{120{,}000 - 80{,}000} = -0.25$$

21 ④

Δ = 옵션가격변화/주가변화이다. 주가변화가 $-10,000$원이고 델타가 -0.6이므로 옵션가격변화는 6,000원이다. 현재의 풋옵션가격이 20,000원이므로 새로운 풋옵션 가격은 26,000원이다.

22 ③

Δ = 옵션가격변화/주가변화이다. 주가변화가 $-1,000$원이고 델타가 0.8이므로 옵션가격변화는 -800원이다. 콜현재의 옵션가격이 2,000원이므로 새로운 콜옵션 가격은 1,200원이다.

주관식 유형

1 해답 및 해설

1 ① $7,500 = 20,000\Delta_c + B(1.08)$와 $0 = 5,000\Delta_c + B(1.08)$의 두 식을 풀면 $\Delta_c = 0.5$, $B = -2,315$이다. 즉, 콜옵션 1개의 복제포트폴리오는 주식 0.5주를 매입하고 무위험채권(원금 2,500원, 만기 1년)을 공매도하여 구성된다. 따라서 콜옵션 가격은 $0.5 \times 10,000 - \frac{2,500}{1.08} = 2,685$원이다.

② 무위험포트폴리오는 주식 1주를 매입하고 콜옵션 $m = \frac{20,000 - 5,000}{7,500 - 0} = 2$개를 매도한 포지션이다. 이 포트폴리오의 가치는 주가의 움직임과 무관하게 항상 $20,000 - 2 \times 7,500 = 5,000$원의 갖는다. 이 포트폴리오는 무위험이자율을 얻어야 하므로 $10,000 - 2C = \frac{5,000}{1.08}$의 관계가 성립한다. 따라서 콜옵션의 가치는 $C = 2,685$원이다.

③ 위험중립확률이 $\pi = \frac{1.08 - 0.5}{2 - 0.5} = 0.3867$이므로 콜옵션 가격은 $C = \frac{0.3867 \times 7,500}{1.08} = 2,685$원이다.

2 ① $0 = 20,000\Delta_p + B(1.08)$와 $7,500 = 5,000\Delta_p + B(1.08)$의 두 식을 풀면, $\Delta_p = -0.5, B = 9,259$이다. 즉, 풋옵션 1개의 복제포트폴리오는 주식 0.5주를 공매도하고 무위험채권(원금 10,000원, 만기 1년)을 매입하는 것이다. 풋옵션 가격은 $\frac{10,000}{1.08} - 0.5 \times 10,000 = 4,259$원이다.

② 풋옵션의 경우 $h = \frac{20,000 - 5,000}{0 - 7,500} = -2$이므로 무위험포트폴리오는 주식 1주를 매입하고 풋옵션 2개를 매입한 포지션이다. 이 포트폴리오의 만기일에서의 가치가 20,000원이므로 $10,000 + 2P = \frac{20,000}{1.08}$의 관계로부터 풋옵션 가치 $P = 4,259$원이 계산된다.

③ 위험중립확률이 $\pi = \frac{1.08 - 0.5}{2 - 0.5} = 0.3867$이므로 풋옵션 가격은 $P = \frac{0.6133 \times 7,500}{1.08} = 4,259$원이다.

3 $C + PV(K) = 2,685 + \frac{12,500}{1.08} = 14,259$와 $P + S = 4,259 + 10,000 = 14,259$이므로 풋-콜 패리티가 성립한다.

2 해답 및 해설

1 $\pi = \frac{1.03 - 0.9}{1.1 - 0.9} = 0.65$, $1 - \pi = 0.35$이므로 콜옵션 가격은 $\frac{0.65 \times 1,000}{1.03} = 631.07$원이고 풋옵션 가격은 $\frac{0.35 \times 3,000}{1.03} = 1,019.42$원이다.

2 콜옵션 복제포트폴리오는 주식 $\Delta = \frac{1,000 - 0}{22,000 - 18,000} = 0.25$주 매입과 $\frac{18,000 \times 0.25}{1.03} =$ 4,368.93원 차입으로 구성된다. 그리고 풋옵션의 델타가 $\Delta = \frac{0 - 3,000}{22,000 - 18,000} = -0.75$이므로 복제포트폴리오는 주식 0.75주 공매도와 $\frac{22,000 \times 0.75}{1.03} = 16,019.42$원 대출로 구성된다.

3 콜옵션의 가격이 600원이면 다음과 같이 콜옵션을 매입하고 콜옵션 복제포트폴리오를 매도한다.

포지션	현재시점의 현금흐름	만기일에서의 현금흐름 ($K = 21,000$)	
		$S_T = 22,000$	$S_T = 18,000$
콜옵션 매입	−600.00	1,000	0
주식 0.25주 공매도	+5,000.00	−5,500	−4,500
대출(@3%)	−4,368.93	+4,500	+4,500
합계(차익거래이익)	+31.07	0	0

4 콜옵션의 가격이 700원이면 다음과 같이 콜옵션을 매도하고 콜옵션 복제포트폴리오를 매입한다.

포지션	현재시점의 현금흐름	만기일에서의 현금흐름 ($K = 21,000$)	
		$S_T = 22,000$	$S_T = 18,000$
콜옵션 매도	+700.00	−1,000	0
주식 0.25주 매입	−5,000.00	+5,500	+4,500
차입(@3%)	+4,368.93	−4,500	−4,500
합계(차익거래이익)	+68.93	0	0

5 풋옵션의 가격이 980원이면 다음과 같이 풋옵션을 매입하고 풋옵션 복제포트폴리오를 매도한다.

포지션	현재시점의 현금흐름	만기일에서의 현금흐름 ($K = 21,000$)	
		$S_T = 22,000$	$S_T = 18,000$
풋옵션 매입	−980.00	0	+3,000
주식 0.75주 매입	−15,000.00	+16,500	+13,500
차입(@3%)	+16,019.42	−16,500	−16,500
합계(차익거래이익)	+39.42	0	0

6 풋옵션의 가격이 1,050원이면 다음과 같이 풋옵션을 매도하고 풋옵션 복제포트폴리오를 매입한다.

포지션	현재시점의 현금흐름	만기일에서의 현금흐름 (K = 21,000)	
		S_T = 22,000	S_T = 18,000
풋옵션 매도	+1,050.00	0	−3,000
주식 0.745주 공매도	+15,000.00	−16,500	−13,500
대출(@3%)	−16,019.42	+16,500	+16,500
합계(차익거래이익)	+30.58	0	0

3 해답 및 해설

1 내재가치는 $\max(S_T - K, 0)$이므로 상승시에는 C^{up} = 2,000원이고 하락시에는 C^{down} =0원이다.

2 $m = \dfrac{S^{up} - S^{down}}{C^{up} - C^{down}}$ = 2.5이다. 즉, 무위험포트폴리오는 주식 1주를 매입하고 콜옵션 2.5개를 매도하여 구성한다(만일 콜옵션 1개를 기준으로 무위험포트폴리오를 구성하려면 콜옵션 1개를 매도하고 주식 $\dfrac{1}{m}$ = 0.4주를 매입한다).

3 주식 1주 매입과 콜옵션 2.5개 매도로 구성된 포트폴리오의 1년 후의 가치는 7,000원이므로(상승시 $12{,}000 - 2.5 \times 2{,}000 = 7{,}000$원 또는 하락시 $7{,}000 - 2.5 \times 0 = 7{,}000$원) $10{,}000 - 2.5C = \dfrac{7{,}000}{1.08}$의 관계가 성립한다. 콜옵션 가격은 1,407원이다.

4 주식 1주를 매입하고 풋옵션 $h = \dfrac{S^{up} - S^{down}}{P^{up} - P^{down}} = \dfrac{12{,}000 - 7{,}000}{0 - 3{,}000} = -\dfrac{5}{3}$개를 매도해야 한다. 여기서 매도해야 할 풋옵션의 수가 음수이므로 $|h|$인 $\dfrac{5}{3}$만큼 매입한다. 무위험포트폴리오의 가치가 $12{,}000 + \dfrac{5}{3} \cdot 0 = 7{,}000 + \dfrac{5}{3} \cdot 3{,}000 = 12{,}000$원이므로 $10{,}000 + \dfrac{5}{3} \cdot P = \dfrac{12{,}000}{1.08}$의 관계가 성립해야 한다. 따라서 풋옵션 가격은 667원이다.

5 $u = 1.2$, $d = 0.7$, $r = 0.08$이므로 $\pi = 0.76$이다.

$$\pi = \frac{(1+r) - d}{u - d} = \frac{1.08 - 0.7}{1.2 - 0.7} = 0.76$$

콜옵션과 풋옵션의 가치는 다음과 같다.

$$C = \frac{0.76 \times 2{,}000 + 0.24 \times 0}{1.08} = 1{,}407, \quad P = \frac{0.76 \times 0 + 0.24 \times 3{,}000}{1.08} = 667$$

6 기대주가가 $0.9 \times 12{,}000 + 0.1 \times 7{,}000 = 11{,}500$이므로 주식의 기대수익률은 15%이다. 실제로 주가가 상승할 확률 90%는 위험중립확률인 76%보다 크다.

6 위험중립확률을 이용하면 무위험이자율로 할인하고 실제의 확률을 이용하면 기대수익률로 할인한다.

위험중립 확률 : $\dfrac{0.76 \times 12{,}000 + 0.24 \times 7{,}000}{1.08} = 10{,}000$

실제 확률 이용 : $\frac{0.9 \times 12{,}000 + 0.1 \times 7{,}000}{1.15} = 10{,}000$

8 $P + S = 667 + 10{,}000 = C + PV(K) = 1{,}407 + \frac{10{,}000}{1.08} = 10{,}667$

9 콜옵션의 복제포트폴리오는 주식 Δ주를 매입하고 무위험채권을 공매도함으로써 구성된다. $\Delta = \frac{C^{up} - C^{down}}{S^{up} - S^{down}} = 0.4$이고 무위험채권의 현재가치가 2,593원이므로 콜옵션 1개를 복제하는 방법은 주식 0.4주를 매입하고 가격이 2,593원인 무위험채권(만기 1년, 원금 2,800원)을 공매도(또는 2,593원을 차입)하는 것이다.

$$B = -\frac{S^{up}\Delta - C^{up}}{1+r} = -\frac{12{,}000 \times 0.4 - 2{,}000}{1.08} = -2{,}593$$

• 참고

$S - 2.5C$가 만기일에 7,000원의 일정한 가치를 가지므로 현재 시점에서 $S - 2.5C = \frac{7{,}000}{1.08}$이 성립한다. 양변을 2.5로 나누면 $0.4S - C = 2{,}593$이다. $C = 0.4S - 2{,}593$이므로 콜옵션 복제포트폴리오는 주식 0.4주를 매입하고 2,593원을 차입함으로서 구성된다.

포지션		현재시점의 현금흐름	만기일에서의 현금흐름 ($K = 10{,}000$)	
			$S_T = 12{,}000$	$S_T = 7{,}000$
콜옵션 매입		−1,407	2,000	0
콜옵션 복제포트폴리오	주식 0.4주 매입	−4,000	4,800	2,800
	무위험채권 공매도	+2,593	−2,800	−2,800
	합 계	−1,407	2,000	0

10 콜옵션이 과대평가되었으므로(또는 주식이 과소평가되었으므로) 주식 1주를 매입하고 콜옵션 m개와 무위험채권을 공매도한다($mC + B = S$에서 왼쪽 항에 매도포지션을 취하고 오른쪽 항에 매입포지션을 취함). 이 경우 무위험이익은 다음과 같이 1,000원이다.

포지션	현재시점의 현금흐름	만기일에서의 현금흐름 ($K = 10{,}000$)	
		$S_T = 12{,}000$	$S_T = 7{,}000$
주식 1주 매입	−9,000	12,000	7,000
콜옵션 2.5개 매도($C = 1{,}407.41$이용)	3,519	−5,000	0
무위험채권 공매도(원금 7,000)	6,481	−7,000	−7,000
합계(차익거래이익)	1,000	0	0

11 풋옵션의 복제포트폴리오는 주식 $|\Delta|$주를 공매도하고 무위험채권을 매입함으로써 구성된다. $\Delta = \dfrac{P^{up} - P^{down}}{S^{up} - S^{down}} = -0.6$이고 무위험채권의 현재가치가 6,667원이므로 풋옵션 1개를 복제하는 방법은 주식 0.6주를 공매도하고 가격이 6,667원인 무위험채권(만기 1년, 원금 7,200원)을 매입(또는 6,667원을 대출)하는 것이다.

$$B = \frac{S^{up}|\Delta| + P^{up}}{1+r} = \frac{12{,}000 \times 0.6 + 0}{1.08} = 6{,}667$$

• 참고

$S + \dfrac{5}{3}P$가 만기일에 12,000원의 일정한 가치를 가지므로 현재 시점에서 $S + \dfrac{5}{3} \cdot P = \dfrac{12{,}000}{1.08}$이 성립한다. 양변에 $\dfrac{3}{5}$을 곱하여 전개하면 $P = -0.6S + 6{,}667$이다. 따라서 풋옵션 복제포트폴리오는 주식 0.6주를 공매도하고 6,667원을 대출함으로서 구성된다.

포지션		현재시점의 현금흐름	만기일에서의 현금흐름 ($K = 10{,}000$)	
			$S_T = 12{,}000$	$S_T = 7{,}000$
풋옵션 매입		−667	0	3,000
풋옵션 복제포트폴리오	주식 0.6주 공매도	+6,000	−7,200	−4,200
	무위험채권 매입	−6,667	+7,200	+7,200
	합 계	−667	0	3,000

12 풋옵션이 과대평가되었으므로 무위험채권을 매입하고 풋옵션 $|h|$개와 주식 1주를 공매도한다($S + |h|P = B$에서 왼쪽 항에 매도포지션을 취하고 오른쪽 항에 매입포지션을 취함). 이 경우 무위험이익은 다음과 같이 239원이다.

• 참고

풋옵션이 810 − 667 = 143원 과대평가되었고 풋옵션 5/3개에 포지션을 취했으므로 차익거래이익은 $143 \times \dfrac{5}{3}$ = 238원이다(1원 차이는 반올림 오차임).

포지션	현재시점의 현금흐름	만기일에서의 현금흐름 ($K = 10{,}000$)	
		$S_T = 12{,}000$	$S_T = 7{,}000$
주식 1주 공매도	10,000	−12,000	−7,000
풋옵션 $\dfrac{5}{3}$개 매도($P = 810$이용)	1,350	0	−5,000
무위험채권 매입(원금 12,000)	−11,111	12,000	12,000
합계(차익거래이익)	239	0	0

⑬ 먼저 2기간 이항과정은 다음과 같다.

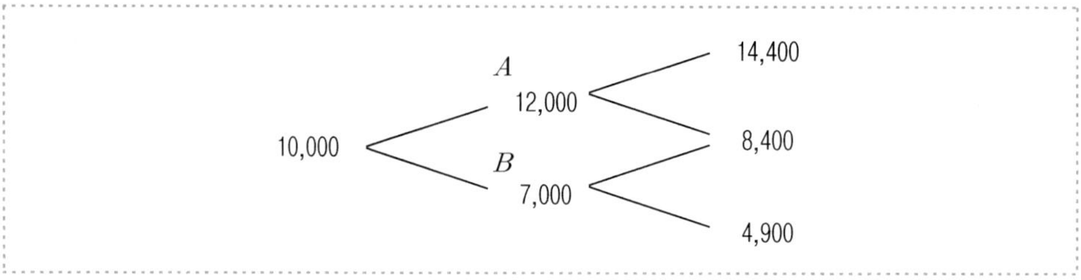

콜옵션의 만기일에서의 이득은 각각 4,400, 0, 0원이다. $\Delta t = 0.5$, $r = 0.04$이고 $\pi = 0.68$이다.

$$\pi = \frac{(1+r)-d}{u-d} = \frac{1.04-0.7}{1.2-0.7} = 0.68$$

위험중립원칙을 적용하면 콜옵션의 가격은 1,881.06원으로 계산된다.

$$C_1^{up} = \frac{0.68 \times 4{,}400 + 0.32 \times 0}{1.04} = 2{,}876.92, \quad C_1^{down} = \frac{0.68 \times 0 + 0.32 \times 0}{1.04} = 0$$

$$C = \frac{0.68 \times 2{,}876.92 + 0.32 \times 0}{1.04} = 1{,}881.06$$

풋옵션의 만기일에서의 이득은 각각 0, 1,600, 5,100원이다. 따라서 풋옵션의 가격은 1,126.63원이다.

$$P_1^{up} = \frac{0.68 \times 0 + 0.32 \times 1{,}600}{1.04} = 492.31, \quad P_1^{down} = \frac{0.68 \times 1{,}600 + 0.32 \times 5{,}100}{1.04} = 2{,}615.38$$

$$P = \frac{0.68 \times 492.31 + 0.32 \times 2{,}615.38}{1.04} = 1{,}126.63$$

그리고 풋-콜 패리티가 성립한다.

$$P + S = 1{,}126.63 + 10{,}000 = C + PV(K)$$

$$= 1{,}881.06 + \frac{10{,}000}{1.04^2} = 11{,}126.6$$

⑬ A점에서 유로피언 풋옵션의 가격은 492.31원이고 내재가치는 0원이다. 즉, A점에서의 아메리칸 풋옵션의 가치는 492.31원이다. B점에서 내재가치는 3,000원이고 이는 앞에서 계산된 2,615.38원보다 크므로 아메리칸 풋옵션의 가치는 3,000원이다. 따라서 현재 시점에서의 풋옵션의 가치는 1,245원이다.

$$P^A = \frac{0.68 \times 492.31 + 0.32 \times 3{,}000}{1.04} = 1{,}245$$

같은 논리를 콜옵션에 적용하면 아메리칸 콜옵션의 가치는 $C^A = 1{,}881.06$원으로 계산된다. 이는 무배당 주식에 대한 아메리칸 콜옵션의 조기행사가 결코 최적이 아니므로 아메리칸 콜옵션의 가치가 유로피언 콜옵션의 가치와 동일하다는 앞의 결과와 일치한다.

4

무위험이자율은 1기간(3개월) 기준 1.5%이다. 이항과정은 다음과 같다.

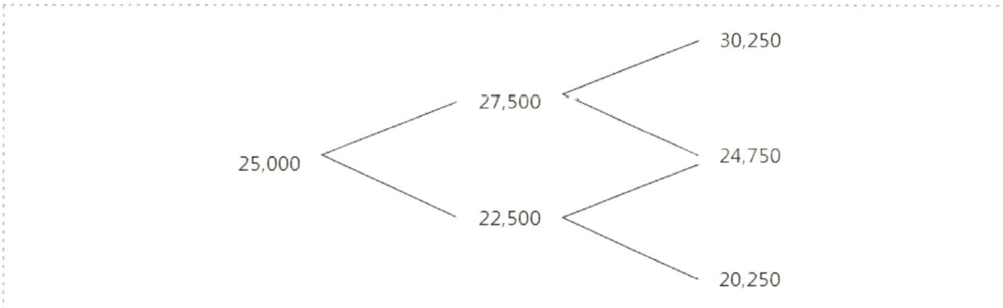

1 $\pi = \dfrac{1.015 - 0.9}{1.1 - 0.9} = 0.575,\ 1 - \pi = 0.425$이다. 행사가격이 24,000이므로 만기일에서의 이득이 각각 6,250원, 750원, 0원이다. 콜옵션 가격은 2,361.59원이다.

$$C_1^{up} = \frac{0.575 \times 6{,}250 + 0.425 \times 750}{1.015} = 3{,}854.68,\ C_1^{down} = \frac{0.575 \times 750}{1.015} = 424.88$$
$$C = \frac{0.575 \times 3{,}854.68 + 0.425 \times 424.88}{1.015} = 2{,}361.59$$

2 만기일에서의 이득이 각각 0원, 0원, 3,750원이므로 풋옵션 가격은 657.47원이다.

$$P_1^{up} = \ = 0,\ P_1^{down} = \frac{0.425 \times 3{,}750}{1.015} = 1{,}570.20$$
$$P = \frac{0.425 \times 1{,}570.2}{1.015} = 657.47$$

3 1기간 말에서의 콜옵션 가격이 각각 3,854.68원과 424.88원이다.

$$C_1^{up} = \frac{0.575 \times 6{,}250 + 0.425 \times 750}{1.015} = 3{,}854.68,\ C_1^{down} = \frac{0.575 \times 750}{1.015} = 424.88$$

따라서 콜옵션의 델타는 현재 0.6860이고, 1년 후의 델타는 각각 1과 0.1667이다.

$$\Delta = \frac{3{,}854.68 - 424.88}{27{,}500 - 22{,}500} = 0.6860,\ \Delta^{up} = \frac{6{,}250 - 750}{30{,}250 - 24{,}750} = 1$$
$$\Delta^{down} = \frac{750 - 0}{24{,}750 - 20{,}250} = 0.1667$$

4 $C + PV(K) = 2{,}361.59 + \dfrac{24{,}000}{1.015^2} = 25{,}657.47$과 $P + S = 657.47 + 25{,}000 = 25{,}657.47$이므로 풋-콜 패리티가 성립한다.

5 1기간 말에서의 콜옵션 가격이 각각 3,854.68원과 424.88원이고 옵션을 행사하는 경우의 이득이 각각 3,500원과 0원이므로 아메리칸 콜옵션의 가격은 유로피언 콜옵션의 가격과 동일하다. 풋옵션의 경우 1기간 말에서의 풋옵션 가격이 각각 0원과 $\dfrac{0.425 \times 3{,}750}{1.015} = 1{,}570.20$원이고, 행

사하는 경우의 이득이 각각 0원과 1,500원이므로 아메리칸 풋옵션의 가격도 유로피언 풋옵션의 가격과 동일하다.

5 해답 및 해설

주가의 이항과정은 다음과 같다.

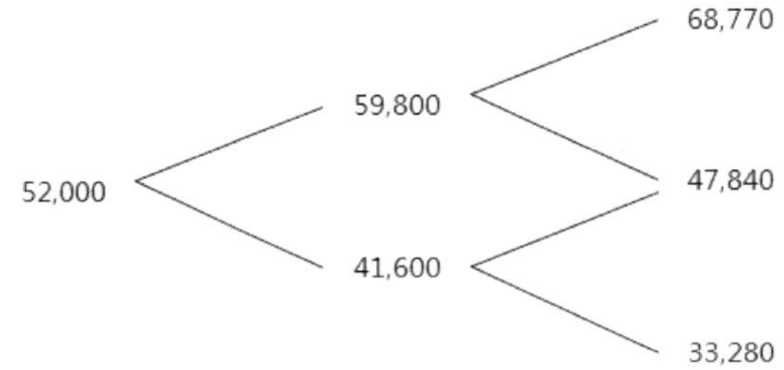

옵션의 행사가격이 51,000원이므로 만기일에서의 풋옵션 이득은 각각 0원, 3,160원, 17,720원이다. $\pi = \frac{1.05-0.8}{1.15-0.8} = 0.7143$, $1-\pi = 0.2857$이고 각 점에서의 옵션가격은 다음과 같다.

$$P_1^{up} = \frac{0.2857 \times 3{,}160}{1.05} = 859.82, \quad P_1^{down} = \frac{0.7143 \times 3{,}160 + 0.2857 \times 17{,}720}{1.05} = 6{,}971.23$$

$$P = \frac{0.7143 \times 859.82 + 0.2857 \times 6{,}971.23}{1.05} = 2{,}605.85$$

따라서 각 점에서의 풋옵션 델타는 각각 -0.3358, -0.1510, -1이다.

$$\Delta = \frac{859.82 - 6{,}971.23}{59{,}800 - 41{,}600} = -0.3358, \quad \Delta^{up} = \frac{0-3{,}160}{68{,}770-47{,}840} = -0.1510$$

$$\Delta^{down} = \frac{3{,}160 - 17{,}720}{47{,}840 - 33{,}280} = -1$$

6 해답 및 해설

1 주식 1주와 콜옵션 $\frac{48{,}000-32{,}000}{8{,}000-0} = 2$개를 발행하여 구성한 포트폴리오의 가치가 32,000원으로 일정하므로 수익률이 무위험이자율이어야 한다. $40{,}000 - 2C = \frac{32{,}000}{1.08}$로부터 구한 콜옵션 프리미엄은 5,185.19원이다.

2 $u = 1.2$, $d = 0.8$이므로 $\pi = \frac{1.08-0.8}{1.2-0.8} = 0.7$이다. 따라서 콜옵션 프리미엄은 5,185.19원이다.

$$C = \frac{0.7 \times 8{,}000 + 0.3 \times 0}{1.08} = 5{,}185.19$$

③ 복제포트폴리오는 주식 $\Delta = \frac{8,000 - 0}{48,000 - 32,000} = 0.5$주를 매입하고 원금이 24,000원이고 현재가치가 22,222.22원인 채권을 공매도하여 구성된다.

④ 무위험포트폴리오의 델타는 $1 \times 1 + (-2) \times 0.5 = 0$이다.

7 ——— 해답 및 해설

① 주식 1주와 풋옵션 $h = \left| \frac{55,000 - 45,000}{0 - 4,000} \right| = 2.5$개를 매입하여 구성한 포트폴리오의 가치가 55,000원으로 일정하므로 적정 수익률은 무위험이자율이다. 따라서 $50,000 + 2.5P = \frac{55,000}{1.05}$로부터 구한 풋옵션 가격은 952.38원이다.

② $\pi = \frac{1.05 - 0.9}{1.1 - 0.9} = 0.75$이므로 기대이득은 $0.75 \times 0 + 0.25 \times 4,000 = 1,000$원이고 풋옵션 프리미엄은 $\frac{1,000}{1.05} = 952.38$원이다.

③ 복제포트폴리오는 주식 0.4주를 공매도하고 원금이 22,000원인 채권(현재가치는 20,952.38원)을 매입하여 구성한다.

④ 무위험포트폴리오는 주식 1주와 풋옵션 2.5개로 구성된다. 풋옵션의 델타가 $\frac{0 - 4,000}{55,000 - 45,000} = -0.4$이므로 무위험포트폴리오의 델타는 $1 \times 1 + 2.5 \times (-0.4) = 0$이다.

⑤ 상승확률은 옵션가격에 영향을 미치지 않는다. 옵션가격을 구하는 과정에서 주가의 상승확률을 사용하지 않았다. 그리고 헷지확률은 위험중립에서의 주가상승확률로 이는 실제의 상승확률과 무관하다.

CHAPTER 11

블랙-숄즈 모형

CONTENTS

학습 주안점

11장에서는 1997년에 숄즈와 머튼에게 노벨경제상을 안겨준 블랙-숄즈 옵션가격결정모형을 소개한다. 이 모형은 파생상품 거래자들이 옵션의 가치를 평가하고 헤지하는 방식에 큰 영향을 미쳤다.

이 장에서는 무배당 주식에 대한 유로피언 콜옵션과 풋옵션의 가치를 평가할 수 있는 블랙-숄즈 모형을 소개한 후 옵션포지션의 위험을 관리하는데 이용되는 그릭 문자를 설명하기로 한다.

이 장에서 여러분이 숙지해야 할 내용은 다음과 같다.

❶ 블랙-숄즈 모형의 기본 원리는 무엇인가?
❷ 블랙-숄즈 모형의 주요 가정은 무엇인가?
❸ 블랙-숄즈 모형의 콜옵션과 풋옵션의 가치평가 공식은 무엇이며 어떤 의미를 갖는가?
❹ 블랙-숄즈 공식의 속성은 무엇인가?
❺ 델타란 무엇인가? 어떻게 델타중립을 이룰 수 있는가?
❻ 여러 그릭문자들은 무엇이며 무엇을 측정하는가?
❼ 내재변동성과 변동성미소는 무엇인가?

1 블랙-숄즈 모형의 기본 가정과 논리

피셔 블랙(Fischer Black)과 마이론 숄즈(Myron Scholes)는 1970년대 초 주식옵션의 가격을 결정할 수 있는 모형을 제시하였는데 이 모형이 블랙-숄즈의 옵션가격결정모형이다. 숄즈가 옵션가격결정모형에 큰 공헌을 한 로버트 머튼(Robert Merton)과 함께 1997년 노벨경제학상을 수상한 이후 이 모형은 블랙-숄즈-머튼 모형으로 불리기도 한다.

이 모형은 다음과 같은 가정에 기초한다.

- 주가는 기하적 브라운 운동(geometric Brownian motion)에 의해 변한다, 기하적 브라운 운동은 다음 두 조건을 필요로 한다: ① 주가는 점프하지 않고 연속적으로 변한다. ② 미래의 주가는 대수정규분포를 따른다. 가격이 대수정규분포를 따르면 연속복리수익률은 정규분포를 따른다. 대수정규분포(lognormal distribution)는 정규분포와 달리 오직 양의 값만을 취하는 분포로서 평균(mean), 중위수(median), 최빈수(mode)가 모두 상이한 비대칭 분포이다.
- 거래비용과 세금이 없다.
- 옵션의 만기일까지 기초자산은 배당을 지급하지 않는다.
- 무위험 차익거래기회는 존재하지 않는다.
- 증권의 거래는 연속적으로 이루어진다.
- 투자자는 무위험이자율로 차입하거나 대출할 수 있다.
- 무위험이자율은 일정하다.
- 옵션은 유로피언옵션(만기 T, 행사가격 K)이다.

블랙-숄즈-머튼의 분석은 이항모형의 분석과 매우 유사하다. 이항모형에서 기초자산과 옵션으로 무위험포트폴리오를 구성하고, 차익거래기회를 배제하기 위해서는 무위험포트폴리오가 무위험이자율의 수익률을 얻어야 한다고 설명하였다. 무위험포트폴리오를 항상 구성할 수 있는 이유는 기초자산과 옵션이 모두 같은 불확실성, 즉 기초자산의 가격변화에 의하여 영향을 받기 때문이다.

매우 짧은 기간 동안 기초자산의 가격과 콜옵션 가격은 완전 정(+)의 관계를, 기초자산의 가격과 풋옵션 가격은 완전 부(−)의 관계를 갖는다. 따라서 기초자산과 옵션을 이용하여 적절히 포트폴리오를 구성하면, 기초자산의 가격이 조금 변할 때 기초자산포지션에서의 이익(손실)은 옵션포지션에서의 손실(이익)을 정확히 상쇄하여 포트폴리오의 전체 가치는 변하지 않게 된다. 예를 들어, 기초자산의 가격이 1원 상승할 때 콜옵션의 가격이 0.4원 상승한다면 무위험포트폴리오는 매입한 기초자산 1개당 콜옵션 1/0.4 = 2.5개를 매도하여 또는 매도한 콜옵션 1개당 기초자산 0.4개를 매입하여 구성할 수 있다(여기서 0.4는 10장의 Δ이고 2.5는 m이다).

블랙-숄즈-머튼 모형의 기본 개념은 복제와 차익거래이다. 콜옵션의 복제포트폴리오를 기초자산과 무위험채권으로 구성하고 복제포트폴리오의 가치를 평가한다. 두 포지션의 미래현금흐름이 동일하므로 콜옵션의 가치가 복제포트폴리오의 가치와 동일해야 차익거래를 피할 수 있다. 이처럼 복제포트폴리오를 구성하여 옵션의 가치를 평가하는 것이 블랙-숄즈-머튼 논리의 핵심이다.

주요 결과 #1

블랙-숄즈 모형의 기본원리는 복제와 차익거래이다. 옵션의 복제포트폴리오를 기초자산과 무위험채권으로 구성하고 그 복제포트폴리오의 가치를 평가한다. 옵션과 복제포트폴리오의 미래현금흐름이 동일하므로 콜옵션의 가치가 복제포트폴리오의 가치와 동일해야 차익거래를 피할 수 있다. 기초자산과 옵션이 모두 같은 불확실성(즉, 기초자산의 가격변화)에 노출되므로 무위험포트폴리오를 구성하는 것이 항상 가능하다. 차익거래를 배제하기 위하여 무위험포트폴리오의 수익률이 무위험이자율이어야 한다는 논리를 이용해서도 옵션의 가격을 계산할 수 있다.

2 블랙-숄즈 모형의 옵션가격결정공식

무배당 주식에 대한 유로피언 콜옵션과 풋옵션의 가치를 구하는 블랙-숄즈 모형(BS모형)의 공식은 다음과 같다(여기서 r는 연속복리 기준의 무위험이자율임).

$$C = S \cdot N(d_1) - PV(K) \cdot N(d_2)$$
$$P = PV(K) \cdot N(-d_2) - S \cdot N(-d_1) \qquad (11.1)$$

단,

$$PV(K) = Ke^{-rT}$$

$$d_1 = \frac{\ln\left(\frac{S}{K}\right) + \left(r + \frac{\sigma^2}{2}\right)T}{\sigma\sqrt{T}}$$
$$d_2 = \frac{\ln\left(\frac{S}{K}\right) + \left(r - \frac{\sigma^2}{2}\right)T}{\sigma\sqrt{T}} = d_1 - \sigma\sqrt{T} \tag{11.1}$$

함수 $N(x)$는 표준정규분포(standard normal distribution)의 누적분포함수이다. 다시 말해서 $N(x)$는 표준정규분포 $\Phi(0,1)$을 따르는 변수 z가 x보다 작을 확률이다. 그리고 $\ln$은 자연대수함수(natural log function)이다.

그림 11-1 $N(x)$의 의미

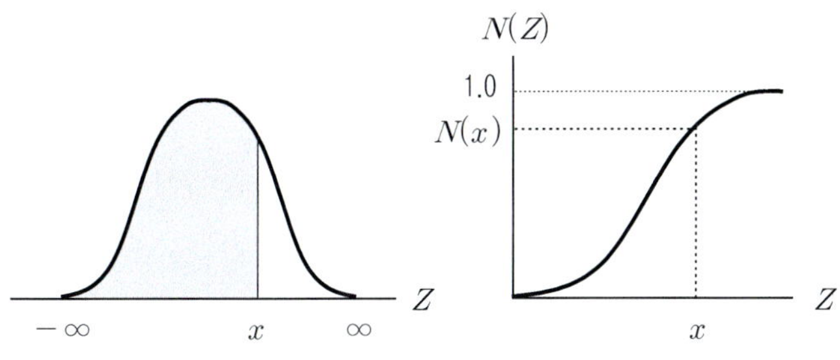

BS공식은 옵션가격이 현재 주가, 행사가격, 만기, 무위험이자율, 그리고 변동성에 의해 결정됨을 보여준다. 여기서 행사가격과 만기는 옵션계약변수이고, 무위험이자율과 주가는 시장변수이므로 직접 관찰 및 확인이 가능하다. 그러나 변동성은 직접 관찰이 불가능한 변수이다(과거의 변동성은 관찰이 가능하지만 공식에 이용되는 변동성은 미래의 변동성임). 여기서 무위험이자율과 변동성은 연 기준의 값이다.[1)]

BS공식은 언뜻 보기에 매우 복잡해 보이지만 공식의 구조를 분석해보면 쉽게 이해할 수 있다. 콜옵션의 공식은 $C = S \cdot N(d_1) - PV(K) \cdot N(d_2)$인데 $N(d_1)$은 이항모형에서의 델타(delta)이고 $N(d_2)$는 콜옵션이 내가격으로 마감될 확률(즉, 콜옵션이 행사될 확률)이다.

$$N(d_1) = \Delta_c$$
$$N(d_2) = \Pr(S_T > K) \tag{11.2}$$

1) 일별수익률(daily return) 자료로부터 계산된 표준편차인 일별 변동성에 $\sqrt{252}$를 곱하면 연간 변동성이 구해진다. 예를 들어 삼성전자 수익률자료 100개로부터 계산된 일별 변동성은 2.53%이고 이를 연간 변동성으로 전환하면 40.12%이다.

BS 콜옵션 공식의 첫 번째 항인 $S \times N(d_1)$은 현재 주가에 델타를 곱한 값으로, 옵션행사시 수령할 것으로 예상되는 기대주식의 현재가치(즉, 콜옵션에 내재된 주식의 가치)이다. 두 번째 항인 $PV(K) \times N(d_2)$는 행사가격의 현가에 옵션이 행사될 확률을 곱한 값으로, 옵션행사시 지급할 기대금액의 현재가치이다. 즉, 콜옵션의 가치는 다음과 같이 두 현재가치의 차이로 표현되는 셈이다.

콜옵션 가치 = 옵션행사시 수령할 것으로 예상되는 기대주식의 현재가치 − 옵션행사시 지급할 것으로 예상되는 기대금액의 현재가치

10장에서 콜옵션 복제포트폴리오는 주식 Δ_c주를 매입하고 채권을 공매도함으로써 구성된다고 설명하였다. 이는 $C = S\Delta_c - B$에 해당된다. Δ_c가 $N(d_1)$이고 채권의 현재가치를 $PV(K)N(d_2)$로 하면 $C = S\Delta_c - B$로부터 $C = S \cdot N(d_1) - PV(K) \cdot N(d_2)$가 도출된다. 이는 블랙-숄즈 모형이 이항모형처럼 복제포트폴리오 접근방법을 이용하고 있음을 보여준다. 풋옵션의 경우에도 같은 논리가 적용된다.

$P = C + PV(K) - S$이므로 콜옵션 공식을 풋-콜 패리티 식에 대입하여 전개하면 풋옵션 공식이 유도된다. 즉, 블랙-숄즈 모형으로 계산된 콜옵션과 풋옵션의 가치는 풋-콜 패리티를 만족시킨다($N(-d_1)$은 $1 - N(d_1)$임).

$$\begin{aligned} P &= S \times N(d_1) - PV(K)N(d_2) + PV(K) - S \\ &= PV(K)[1 - N(d_2)] - S[1 - N(d_1)] \\ &= PV(K)N(-d_2) - SN(-d_1) \end{aligned} \tag{11.3}$$

예시 11-1 BS모형에 의한 옵션가격 계산

현재 무배당 주식의 가격이 10,000원이고 연간 무위험이자율(연속복리)이 10%이다. 행사가격이 9,500원이고 만기가 3개월인 유로피언 콜옵션과 풋옵션의 가격을 BS 공식으로 구하라. 주식수익률의 표준편차는 연 50%이다.

S = 10,000, K = 9,500, r = 0.1, T = 0.25, σ = 0.5이므로 d_1과 d_2는 각각 0.4302와 0.1802이다.

$$d_1 = \frac{\ln\left(\frac{10{,}000}{9{,}500}\right) + \left(0.1 + \frac{0.5^2}{2}\right) \times 0.25}{0.5\sqrt{0.25}} = 0.4302$$

$$d_2 = 0.4302 - 0.5\sqrt{0.25} = 0.1802$$

누적표준정규확률분포표 [표 11-1]로부터 $N(0.4302) = 0.6665$와 $N(0.1802) = 0.5715$이다.[2)]

$$N(0.4302) = 0.6664 + 0.02(0.6700 - 0.6664) = 0.6665$$
$$N(0.1802) = 0.5714 + 0.02(0.5753 - 0.5714) = 0.5715$$

엑셀에서 NORMSDIST 함수를 이용하면 NORMSDIST(0.4302) = 0.6665, NORMSDIST(0.1802) = 0.5715를 직접 구할 수 있다.

▸ ▸ 〈표 11-1〉 누적표준정규확률분포표

x	.00	.01	.02	.03	.04	.05	.06	.07	.08	.09
0.0	0.5000	0.5040	0.5080	0.5120	0.5160	0.5199	0.5239	0.5279	0.5319	0.5359
0.1	0.5398	0.5438	0.5478	0.5517	0.5557	0.5596	0.5636	0.5675	0.5714	0.5753
0.2	0.5793	0.5832	0.5871	0.5910	0.5948	0.5987	0.6026	0.6064	0.6103	0.6141
0.3	0.6179	0.6217	0.6255	0.6293	0.6331	0.6368	0.6406	0.6443	0.6480	0.6517
0.4	0.6554	0.6591	0.6628	0.6664	0.6700	0.6736	0.6772	0.6808	0.6844	0.6879
0.5	0.6915	0.6950	0.6985	0.7019	0.7054	0.7088	0.7123	0.7157	0.7190	0.7224
0.6	0.7257	0.7291	0.7324	0.7357	0.7389	0.7422	0.7454	0.7486	0.7517	0.7549
0.7	0.7580	0.7611	0.7642	0.7673	0.7704	0.7734	0.7764	0.7794	0.7823	0.7852
0.8	0.7881	0.7910	0.7939	0.7967	0.7995	0.8023	0.8051	0.8078	0.8106	0.8133
0.9	0.8159	0.8186	0.8212	0.8238	0.8264	0.8289	0.8315	0.8340	0.8365	0.8389
1.0	0.8413	0.8438	0.8461	0.8485	0.8508	0.8531	0.8554	0.8577	0.8599	0.8621
1.1	0.8643	0.8665	0.8686	0.8708	0.8729	0.8749	0.8770	0.8790	0.8810	0.8830
1.2	0.8849	0.8869	0.8888	0.8907	0.8925	0.8944	0.8962	0.8980	0.8997	0.9015
1.3	0.9032	0.9049	0.9066	0.9082	0.9099	0.9115	0.9131	0.9147	0.9162	0.9177
1.4	0.9192	0.9207	0.9222	0.9236	0.9251	0.9265	0.9279	0.9292	0.9306	0.9319
1.5	0.9332	0.9345	0.9357	0.9370	0.9382	0.9394	0.9406	0.9418	0.9429	0.9441
1.6	0.9452	0.9463	0.9474	0.9484	0.9495	0.9505	0.9515	0.9525	0.9535	0.9545
1.7	0.9554	0.9564	0.9573	0.9582	0.9591	0.9599	0.9608	0.9616	0.9625	0.9633
1.8	0.9641	0.9649	0.9656	0.9664	0.9671	0.9678	0.9686	0.9693	0.9699	0.9706
1.9	0.9713	0.9719	0.9726	0.9732	0.9738	0.9744	0.9750	0.9756	0.9761	0.9767
2.0	0.9772	0.9778	0.9783	0.9788	0.9793	0.9798	0.9803	0.9808	0.9812	0.9817
2.1	0.9821	0.9826	0.9830	0.9834	0.9838	0.9842	0.9846	0.9850	0.9854	0.9857
2.2	0.9861	0.9864	0.9868	0.9871	0.9875	0.9878	0.9881	0.9884	0.9887	0.9890
2.3	0.9893	0.9896	0.9898	0.9901	0.9904	0.9906	0.9909	0.9911	0.9913	0.9916
2.4	0.9918	0.9920	0.9922	0.9925	0.9927	0.9929	0.9931	0.9932	0.9934	0.9936

BS 가격공식에 의해 콜옵션 가격은 1,370원이다.

$$C = 10{,}000 \times 0.6665 - 9{,}500e^{-0.1 \times 0.25} \times 0.5715 = 1{,}370$$

2) 관례적으로 d_1과 d_2는 소수 네 자리로 구하며 누적확률은 선형보간법을 이용하여 구한다.

그리고 $N(-0.4302) = 1 - N(0.4302) = 0.3335$이고 $N(-0.1802) = 0.4285$이므로 풋옵션 가격은 635원이다.

$$P = 9{,}500e^{-0.1\times 0.25} \times 0.4285 - 10{,}000 \times 0.3335 = 635$$

콜옵션과 풋옵션 가격은 당연히 풋-콜 패리티를 만족시킨다.

$$P + S = 635 + 10{,}000 = C + Ke^{-rT} = 1{,}370 + 9{,}500e^{-0.1\times 0.25} = 10{,}635$$

---

3 BS 공식의 속성

BS 공식은 다음과 같은 속성을 갖는다.

① $N(d_1)$은 콜옵션의 델타(Δ_c)로서 무위험포트폴리오를 구성하기 위해 매도한 콜옵션 1개당 매입해야 할 주식의 수이다. 그리고 $N(d_2)$는 만기일의 주가가 행사가격보다 높을 가능성, 즉 콜옵션이 행사될 확률 $\Pr(S_T > K)$이다. 따라서 BS의 콜옵션 공식은 다음과 같은 의미를 갖는다.

콜옵션 = [주식 1주 × 헤지비율(Δ_c)] − [행사가격의 현가×콜옵션 행사확률]	(11.4)

이는 콜옵션 프리미엄이 주식 1주의 가격에 Δ_c를 곱한 후 [행사가격의 현가 × $\Pr(S_T > K)$]를 차감한 값과 동일하다는 것을 의미한다.

$C = S \times N(d_1) - PV(K) \times N(d_2)$는 콜옵션의 복제포트폴리오가 주식 Δ_c주를 매입하고 일정 금액을 차입(또는 무위험채권 공매도)함으로써 구성될 수 있음을 의미하기도 한다(여기서 일정 금액 $PV(K) \times N(d_2)$은 무위험포트폴리오 또는 헤지포트폴리오의 현재가치임).

콜옵션 복제포트폴리오 = 주식 Δ_c주 매입 + 차입 = 주식 Δ_c주 매입 + 무위험채권 공매도	(11.5)

② 풋옵션의 델타가 $-N(-d_1) = \Delta_p$이고 풋옵션이 행사될 확률이 $1 - N(d_2) = N(-d_2)$이므로 $P = -S \times N(-d_1) + PV(K)N(-d_2)$는 풋옵션의 복제포트폴리오가 다음과 같이 구성되거나,

$$\text{풋옵션 복제포트폴리오} = \text{주식 } |-N(-d_1)|\text{주 공매도} + \text{대출} = \text{주식 } |-N(-d_1)|\text{주 공매도} + \text{무위험채권 매입} \quad (11.6)$$

또는 풋옵션 프리미엄이 주식 1주 가격에 Δ_p을 곱한 후 [행사가격의 현가 $\times \Pr(S_T < K)$]를 가산한 값과 동일함을 의미한다(여기서 Δ_p은 음수이고 $N(-d_2) = \Pr(S_T < K)$은 풋옵션이 행사될 확률임). Δ_p가 음수이므로 풋옵션 프리미엄은 [행사가격의 현가 $\times \Pr(S_T < K)$]에서 주가 $\times |\Delta_p|$를 차감한 값과 동일하다.

③ 주가가 매우 높으면 콜옵션을 행사하는 것(즉, 만기일에 K를 지불하고 주식을 수령하는 것)이 거의 확실시 된다.

$$\frac{S}{K} \to \infty \ \Rightarrow \ \ln\left(\frac{S}{K}\right) \to \infty \ \Rightarrow \ \begin{cases} d_1 \to \infty \\ d_2 \to \infty \end{cases} \Rightarrow \ \begin{cases} N(d_1) \to +1 \\ N(d_2) \to +1 \end{cases}$$

이 경우 콜옵션은 인도가격을 K로 하는 선도계약과 유사하다($F = K$). S가 매우 크면 $N(d_1)$과 $N(d_2)$는 모두 1에 접근하므로 콜옵션 가격은 하한선인 $S - \frac{K}{(1+r)^T}$에 접근한다. 반면에 풋옵션의 경우 $N(-d_1)$과 $N(-d_2)$가 모두 0에 접근하므로 풋옵션 가격도 0에 접근한다.

④ 주가가 매우 낮으면 콜옵션이 행사되지 않을 확률이 매우 커진다. $N(d_1)$과 $N(d_2)$이 모두 0에 접근하므로 콜옵션 가격도 0에 접근한다.

$$\frac{S}{K} \to 0 \ \Rightarrow \ \ln\left(\frac{S}{K}\right) \to -\infty \ \Rightarrow \ \begin{cases} d_1 \to -\infty \\ d_2 \to -\infty \end{cases} \Rightarrow \ \begin{cases} N(d_1) \to 0 \\ N(d_2) \to 0 \end{cases}$$

반면에 풋옵션의 경우 $N(-d_1)$과 $N(-d_2)$가 모두 1에 접근하므로 풋옵션 가격은 하한선인 $\frac{K}{(1+r)^T} - S$에 접근한다.

주요 결과 #2

콜옵션 복제포트폴리오가 주식 Δ_c주 매입과 차입으로 구성되고, 콜옵션 프리미엄은 주가 $\times \Delta_c$에서 [행사가격의 현가×콜옵션 행사확률]을 차감한 값과 동일하다. 같은 논리로, 풋옵션 복제포트폴리오가 주식 $|\Delta_p|$ 공매도와 대출로 구성되고, 풋옵션 프리미엄은 [행사가격의 현가 × 풋옵션 행사확률]에서 주가 × $|\Delta_p|$를 차감한 값과 동일하다. $N(d_1)$은 콜옵션의 델타이고 $N(d_2)$는 콜옵션이 행사될 확률이다. $-N(-d_1) = N(d_1) - 1$은 풋옵션의 델타이고 $N(-d_2)$는 풋옵션이 행사될 확률이다.

예시 11-2 복제포트폴리오의 구성

[예시 11-1]을 다시 고려해 보자. $S = 10{,}000$, $r = 0.1$, $T = 0.25$, $\sigma = 0.5$, $N(d_1) = 0.6665$, $N(d_2) = 0.5715$. 콜옵션 복제포트폴리오는 주식 $\Delta_c = 0.6665$주 매입과 $PV(K)N(d_2) = 5{,}295$원 차입으로 구성되므로 콜옵션 가격은 1,370원이다.

$$C = 10{,}000 \times 0.6665 - 5{,}295 = 1{,}370$$

반면에 풋옵션 복제포트폴리오는 주식 $|\Delta_p| = |-N(-d_1)| = |-0.3335| = 0.3335$주 공매도와 $PV(K)N(-d_2) = 3{,}970$원 대출로 구성되므로 풋옵션 가격은 635원이다.

$$P = 3{,}970 - 10{,}000 \times 0.3335 = 635$$

예시 11-3 등가격 콜옵션의 델타가 0.5인가?

일반적으로 등가격 콜옵션의 델타가 0.5라고 생각하는 경향이 있는데 이는 틀린 것이다. 등가격옵션의 경우 $\ln(S/K) = 0$이므로 $d_1 > 0$이 되고 $N(0) = 0.5$이므로 $N(d_1) > 0.5$가 된다. 예를 들어, $S = K = 10{,}000$, $T = 0.25$, $r = 0.03$, $\sigma = 0.3$의 경우 $N(d_1) = 0.5497$이다. 이 경우 $N(d_1) = 0.5$가 되는 기초자산의 가격은 $S = 9{,}814.259$이다.

4 그릭문자

옵션거래자들은 옵션포지션을 헤지하기 위하여 옵션의 헤지모수(hedge parameter)인 델타, 감마, 세타, 베가, 로 등의 그릭문자(Greeks)를 이용한다.

① 델타

델타(delta : Δ)는 기초자산의 가격변화에 대한 옵션가격의 변화로써 이항모형에서의 Δ와 블랙-숄즈 모형에서의 $N(d_1)$을 말한다.[3)]

$$\Delta_c = \frac{dC}{dS} = N(d_1) \tag{11.7}$$

콜옵션의 델타는 양수이고 풋옵션의 델타는 음수이다. 풋옵션의 델타가 −0.6이면 기초자산의 가격이 1원 상승할 때 풋옵션의 가격은 0.6원 하락한다. 무배당 주식에 대한 콜옵션의 델타는 $N(d_1)$이고 풋옵션의 델타는 $-N(-d_1) = N(d_1) - 1$이다.

3) 델타에 관한 일부 내용은 이미 10장에서 설명한 것이다.

$$\Delta_p = \frac{dP}{dS} = -N(-d_1) = N(d_1) - 1 \tag{11.8}$$

10장에서 설명했듯이, 주식과 옵션으로 구성된 포트폴리오의 델타를 0으로 만들면 짧은 기간 동안에 기초자산의 가격이 변해도 포트폴리오의 가치는 변하지 않는다(참고로 주식매입포지션의 델타는 항상 1임). 이를 델타헤시(delta hedge)라고 하며 이 포지션을 델타중립(delta neutral)이라고 한다.

예시 11-4 헤지포트폴리오의 델타

S = 10,000, S^{up} = 12,000, S^{down} = 7,000, r = 0.08, K = 10,000, T = 1의 경우 무위험포트폴리오는 주식 1주를 매입하고 콜옵션 $\frac{12{,}000-7{,}000}{2{,}000-0}$ = 2.5개를 매도하는 것이다. 주식 1주 매입의 델타가 1이고 콜옵션 2.5개 매도의 델타가 −2.5 × 0.4 = −1.0이므로 무위험포트폴리오의 델타는 0이다(콜옵션 1개 매입의 델타가 $\frac{2{,}000-0}{12{,}000-7{,}000}$ = 0.4이고 마이너스(−)는 매도포지션을 의미함).

$$\Delta_{portfolio} = 1 \times \Delta_{stock} + (-2.5) \times \Delta_c = 1 \times 1 + (-2.5) \times 0.4 = 0$$

예를 들어, 주식의 가격이 10원 상승하면 주식 1주 매입포지션의 가치가 10원 상승하지만 콜옵션 2.5개 매도포지션의 가치가 −2.5 × (0.4 × 10) = −10이므로(즉, 10원 하락하므로) 전체 포트폴리오의 가치는 변함이 없다.

또한 풋옵션을 이용하는 경우 무위험포트폴리오는 주식 1주를 매입하고 풋옵션 $\frac{5}{3}$개를 매입하는 것이다($h = -\frac{5}{3}$임). 주식 1주 매입의 델타가 1이고 풋옵션 $\frac{5}{3}$개 매입의 델타가 $\frac{5}{3}$ × (−0.6) = −1이므로 무위험포트폴리오의 델타는 0이다(풋옵션 1개의 델타가 $\frac{0-3{,}000}{12{,}000-7{,}000}$ = −0.6임).

$$\Delta_{portfolio} = 1 \times \Delta_{stock} + \frac{5}{3} \times \Delta_p = 1 \times 1 + \frac{5}{3} \times (-0.6) = 0$$

결국, 옵션가격결정모형에서 옵션의 가치평가에 델타헤지의 개념을 이용하고 있음을 알 수 있다.

예시 11-5 델타헤지와 유동성 고갈

금융회사가 옵션을 발행하면 주식을 매입하여 델타헤지를 시행한다. 예를 들어, 금융회사가 삼성전자 주식을 기초자산으로 하는 콜옵션 20계약을 발행하였다고 하자(즉, 1계약은 10주에 대한 권리를 가지므로 콜옵션 200개를 발행한 셈임). 주가는 현재 100만원이고 옵션의 델타는 0.55이다.

현재 옵션포지션의 델타가 0.55 × (−200) = −110이므로 금융회사는 델타중립 포지션을 만들기 위하여 삼성전자 주식 110주를 매입한다. 다음 날 주가가 110만원으로 상승하고 델타가 0.75로 변하면 옵션포지션의 델타는 0.75 × (−200) = −150이 된다. 따라서 금융회사는 델타중립을 유지하기 위하여 삼성전자 주식 40주를 추가로 매입해야 한다.
1주일 후 주가가 90만원으로 하락하고 델타가 0.25로 변하면 옵션포지션의 델타는 0.25 × (−200) = −50이 된다. 즉, 금융회사는 델타중립을 유지하기 위하여 삼성전자 주식 150 − 50 = 100주를 매도해야 한다. 이처럼 델타헤지를 시행하면 주가가 상승한 후에 주식을 매입하고 주가가 하락한 후에 주식을 매도하는 전략(buy-high, sell-low strategy)을 따르게 된다. "buy-high, sell-low" 전략이 시장을 지배하면 가격은 안정적이지 못하고 시장이 한쪽으로 치우치게 되어 시장의 유동성이 고갈된다. 예를 들어 자산가격 하락은 거래자로 하여금 자산을 매도하게 하고 이로 인해 가격은 추가로 하락하고 이는 다시 추가적으로 자산을 매도하는 악순환이 반복되게 된다.

옵션포트폴리오의 델타($\Delta_{portfolio}$)는 개별옵션 k개의 델타(Δ_j)와 각 옵션의 수(n_j)로부터 다음과 같이 계산된다.

$$\Delta_{portfolio} = \sum_{i=1}^{k} n_j \Delta_j \tag{11.9}$$

이 관계는 감마, 베가, 세타, 로에도 적용된다.

주요 결과 #3

옵션거래자들은 옵션포지션을 헤지하기 위하여 델타, 감마, 세타, 베가, 로 등의 그릭문자를 이용한다. 델타는 기초자산의 가격변화에 대한 옵션가격의 변화로써, 콜옵션의 델타는 $N(d_1)$으로 양수이고 풋옵션의 델타는 $N(d_1)-1$로 음수이다. 주식과 옵션으로 구성된 포트폴리오의 델타를 0으로 만들면 짧은 기간 동안 기초자산의 가격이 변해도 포트폴리오의 가치가 변하지 않는데 이를 델타헤지라고 하고 이 포지션을 델타중립이라고 한다. 옵션포트폴리오의 델타는 개별옵션 델타의 합으로 계산된다.

예시 11-6 옵션포트폴리오의 델타

Δ_c = 0.6인 콜옵션 20개와 Δ_p = −0.4인 풋옵션 10개로 구성된 옵션포트폴리오(옵션의 기초자산이 동일함)의 델타는 $\Delta_{portfolio}$ = 0.6 × 20 + (−0.4) × 10 = 8이다. 따라서 기초자산의 가격이 1원 상승하면 옵션포트폴리오의 가치는 8원 상승한다. 옵션포트폴리오를 델타중립으로 만들기 위해서는 풋옵션 20개를 추가로 매입해야 한다.

매입 후 옵션포트폴리오의 델타가 $\Delta_{portfolio} = 0.6 \times 20 + (-0.4) \times 30 = 0$이므로 기초자산가격이 변해도 옵션포트폴리오의 가치는 영향을 받지 않는다.

② 감마

감마(gamma: Γ)는 기초자산의 가격변화에 대한 옵션델타의 변화이다.

$$\Gamma_c = \frac{d\Delta}{dS} = \frac{d^2C}{dS^2} = \Gamma_p \tag{11.10}$$

콜옵션의 감마와 풋옵션의 감마는 동일하다. 매입포지션의 감마는 양수이고 매도포지션의 감마는 음수이다.

예시 11-7 감마의 이용한 델타의 계산

$\Delta_c = 0.5$, $\Gamma_c = 0.003$이다. 기초자산의 가격이 40원 상승하면 $d\Delta = T_c \times dS$이므로 $d\Delta = 0.003 \times 40 = 0.12$이다. 즉, 델타는 현재의 0.5에서 0.62로 상승한다. $\Delta_c = 0.5$일 때 델타중립 포트폴리오는 주식 0.5주 매입과 콜옵션 1개 발행으로 구성된다. 주가가 40원 상승하면 델타가 0.62로 상승하므로 델타중립 포트폴리오는 주식 0.62주 매입과 콜옵션 1개 발행으로 구성된다: $0.62 \times 1 + (-1) \times 0.62 = 0$. 콜옵션 발행포지션을 주식으로 헤지하는 투자자는 주가가 상승함에 따라 주식 0.12주를 추가로 매입해야 한다.

③ 세타

세타(theta: Θ)는 시간 경과에 대한 옵션가격의 변화이다.

$$\Theta_c = \frac{dC}{dT} \tag{11.11}$$

옵션의 세타는 거의 대부분 음수이다.[4] 왜냐하면 만기일까지의 기간이 감소함에 따라 옵션의 가치가 감소하는 경향이 있기 때문이다.

④ 베가

베가(vega)는 기초자산 변동성의 변화에 대한 옵션가격의 변화이다. 베가는 시그마(sigma: Σ), 람다(lambda: Λ), 카파(kappa: K) 등으로 불리기도 하는데 베가는 그리스문자가 아니므로 대신 Λ을 사용하기로 한다.

4) 무배당 주식에 대한 내가격 유로피언 풋옵션의 세타는 양수이다.

$$\Lambda_c = \frac{dC}{d\sigma} \tag{11.12}$$

옵션 매입포지션의 베가는 항상 양수이다. 그리고 주식의 베가는 0이다. 따라서 포트폴리오의 베가는 옵션포지션을 이용하여 변화시켜야 한다.

⑤ 로

로(rho: ρ)는 무위험이자율의 변화에 대한 옵션가격의 변화이다.5)

$$\rho_c = \frac{dC}{dr} \tag{11.13}$$

⑥ 옵션탄력성

옵션탄력성(option elasticity: Ω omega)은 주가의 변화율(percentage change)에 대한 옵션가격의 변화율로 정의된다.

$$\Omega_c = \frac{\%dC}{\%dS} = \frac{\frac{dC}{C}}{\frac{dS}{S}} = \frac{S}{C}\Delta_c \tag{11.14}$$

탄력성은 옵션에 내재된 레버리지효과를 측정한다. 콜옵션의 경우 $\Omega \geq 1$이다.6) 이유는 콜옵션이 "주식 Δ주 매입 + 차입"으로 복제되는데 차입이 레버리지 작용을 일으키기 때문이다. 풋옵션의 경우 $\Omega \leq 0$인데 이유는 풋옵션 복제포지션이 주식의 공매도포지션을 포함하기 때문이다. [표 11-2]는 콜옵션과 풋옵션의 레버리지효과를 보여준다(옵션가격과 델타는 블랙-숄즈 모형으로 계산함).

▸ ▸ 〈표 11-2〉 **옵션 레버리지효과**(K = 10,000, σ = 0.3, r = 0.04, T = 0.25)

		주가					
		8,000	9,000	10,000	11,000	12,000	13,000
콜 옵 션	가 격	47	225	646	1,322	2,177	3,123
	델 타 Δ_c	0.09	0.29	0.56	0.78	0.91	0.96
	옵 션 탄 력 성	15.3	11.6	8.7	6.5	5.0	4.0

5) 일반적으로 베가, 로, 세타는 1%, 1%, 1일 기준으로 측정되므로 $\frac{dC}{d\sigma}$, $\frac{dC}{dr}$를 각각 100으로 나누고 $\frac{dC}{dT}$를 252(거래일 기준)로 나누어 사용한다. 예를 들어, $S=48$, $K=50$, $r=0.05$, $\sigma=0.2$, $T=0.3846$인 경우 $\frac{dC}{dT}=-4.31$, $\frac{dC}{d\sigma}=12.1$, $\frac{dC}{dr}=8.91$이다. 따라서 1거래일이 경과하면 콜옵션 가치는 0.0171만큼 하락하고, 변동성이 1%포인트 증가하면 콜옵션 가치는 0.121만큼 증가하고, 이자율이 1%포인트 증가하면 콜옵션 가치는 0.0891만큼 증가한다.

6) 수학적으로 $C = SN(d_1) - PV(K)N(d_2)$이므로 $S\Delta_c > C$이다.

풋옵션	가격	1,947	1,125	546	223	77	23
	델타 Δ_p	−0.91	−0.71	−0.44	−0.22	−0.09	−0.04
	옵션탄력성	−3.7	−5.7	−8.1	−10.9	−14.0	−22.6

주요 결과 #4

감마는 기초자산의 가격변화에 대한 델타의 변화이다. 콜옵션의 감마와 풋옵션의 감마는 동일하며 양수이다. 델타와 감마 이외에도 보다 정교한 헤지를 위해 거래자들은 세타(시간경과에 대한 옵션가격 변화), 베가(변동성 변화에 대한 옵션가격 변화), 로(이자율 변화에 대한 옵션가격 변화), 옵션탄력성(주가의 변화율에 대한 옵션가격 변화율) 등을 계산한다.

5 내재변동성

옵션거래는 변동성베팅(volatility betting)으로 간주된다. 옵션의 시장가격은 미래 변동성에 대한 시장의 공통된 의견이 반영되어 있으므로 옵션가격에 내재된 변동성인 내재변동성(implied volatility)은 과거 자료로부터 추정된 변동성보다 더 정확한 것으로 알려져 있다. 내재변동성은 시황 및 투자판단지표로 그리고 시장리스크를 헤지할 수 있는 수단으로도 활용된다. 내재변동성은 시장의 미래 변동성에 대한 시장참여자의 의견이 종합되어 있으므로 미래 지향적(forward looking)이다.

어떤 옵션가격결정모형을 이용하든, 옵션가격은 기초자산가격, 행사가격, 만기, 기초자산의 변동성, 그리고 무위험이자율에 의해 결정된다. 따라서 옵션의 시장가격을 안다면 우리는 변동성을 제외한 다른 변수를 입력하여 옵션의 시장가격에 내재되어 있는 기초자산의 변동성을 구할 수 있다. 이 과정은 [그림 11-2]와 같다.

그림 11-2 내재변동성의 추정

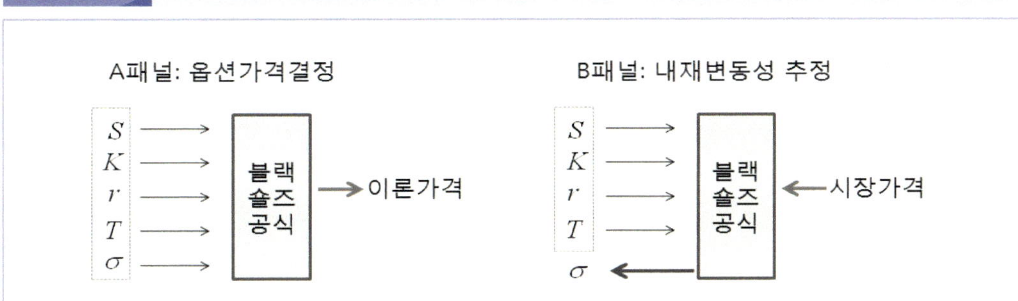

옵션가격결정모형으로부터 변동성을 구하는 식을 도출할 수 없으므로 내재변동성은 반복적 탐색절차를 거쳐 추정되어야 한다. 내재변동성을 구하는 절차는 다음과 같다.

① 임의의 변동성 값과 다른 변수의 실제 값을 옵션가격결정모형에 대입하여 옵션의 이론가격을 구한다.

② 옵션의 이론가격과 옵션의 실제 시장가격을 비교한다. 만일 이론가격이 시장가격보다 작으면(크면) 변동성은 상향(하향) 조정된다.

③ 새로 조정된 변동성을 이용하여 옵션의 이론가격을 다시 구한다.

④ 이론가격이 시장가격과 일치할 때까지 ①~③ 과정을 반복한다.

예시 11-8 내재변동성의 계산

기초자산의 가격이 400이고 무위험이자율이 10%일 때, 만기가 3개월이고 행사가격이 450인 유로피언 콜옵션의 가격이 6이다. 내재변동성은 다음 식을 만족시키는 σ이다.

$$C = 400N(d_1) - 450e^{-0.1\times0.25}N(d_2) = 6$$

$$d_1 = \frac{\ln\frac{400}{450} + \left(0.1 + \frac{\sigma^2}{2}\right)\times 0.25}{\sigma\sqrt{0.25}}$$

$$d_2 = d_1 - \sigma\sqrt{0.25}$$

먼저 $\sigma = 0.2$를 이용하면 콜옵션 가격은 4이다. 변동성이 작아 콜옵션 가격이 작게 계산되었으므로 이번에는 $\sigma = 0.25$를 이용한다. 새로 계산된 콜옵션 가격이 7이므로 변동성을 하향 조정한다. 여러 번의 시행착오 후에 구한 변동성은 $\sigma = 0.235$이다.
내재변동성은 어떤 옵션계약을 사용하는가에 의해 영향을 받는다. 일반적으로, 등가격 옵션의 내재변동성은 내가격 또는 외가격 옵션의 내재변동성보다 작다. 이를 변동성미소(volatility smile)라고 한다([그림 11-3] 참조).[7] 등가격 옵션이 내가격과 외가격 옵션보다 유동성이 풍부하고 효율적이므로, 내재변동성을 계산하는데 등가격 옵션을 이용한다.

7) [그림 11-3]의 변동성미소는 통화옵션에서 일반적으로 이용된다. 주식옵션의 경우 변동성은 행사가격이 증가함에 따라 감소하므로 주식옵션의 변동성미소는 통화옵션의 변동성미소와 약간 상이하다.

그림 11-3 변동성미소

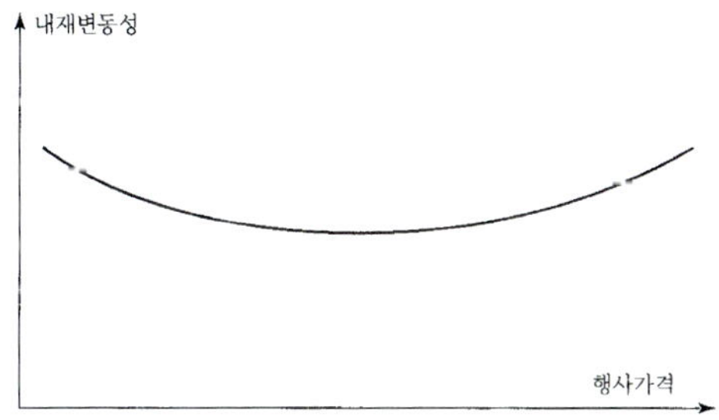

주요 결과 #5

옵션거래가 변동성베팅으로 간주되므로 거래자들은 옵션가격에 내재된 변동성인 내재변동성에 주목한다. 일반적으로 등가격 옵션의 내재변동성은 내가격과 외가격 옵션의 내재변동성보다 작은데 이를 변동성미소라고 한다. 대체로 내재변동성을 계산하는데 등가격 옵션을 이용한다.

참고 VKOSPI

한국거래소가 발표하는 변동성지수 VKOSPI는 코스피200 옵션가격을 이용하여 코스피200 옵션시장 투자자들이 예상하는 미래(30일 만기) 코스피200 지수의 내재변동성을 나타낸 지수이다. 아래 그림은 2003년초부터 2010년 7월말까지의 VKOSPI이다. 2008년 9월 리만브라더스 파산시 VKOSPI가 최고점을 기록하였다.

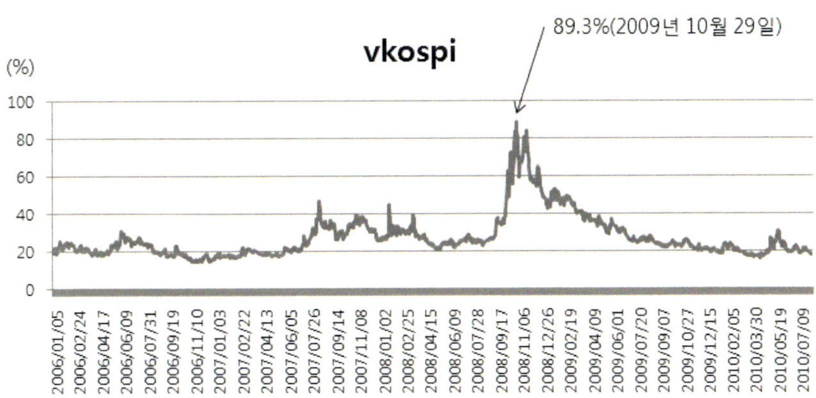

핵심용어 정리

- 블랙-숄즈 모형(Black-Scholes model)
- 기하적 브라운운동(Geometric Brownian motion)
- 대수정규분포(lognormal distribution)
- 그릭문자(Greeks)
- 델타(delta)
- 감마(gamma)
- 델타헤징(delta hedging)
- 델타중립(delta neutral)
- 세타(theta)
- 베가(vega)
- 로(rho)
- 옵션탄력성(option elasticity)
- 내재변동성(implied volatility)
- 변동성미소(volatility smile)

주요결과 정리

주요 결과 #1

블랙-숄즈 모형의 기본원리는 복제와 차익거래이다. 옵션의 복제포트폴리오를 기초자산과 무위험채권으로 구성하고 그 복제포트폴리오의 가치를 평가한다. 옵션과 복제포트폴리오의 미래현금흐름이 동일하므로 콜옵션의 가치가 복제포트폴리오의 가치와 동일해야 차익거래를 피할 수 있다.

기초자산과 옵션이 모두 같은 불확실성(즉, 기초자산의 가격변화)에 노출되므로 무위험포트폴리오를 구성하는 것이 항상 가능하다. 차익거래를 배제하기 위하여 무위험포트폴리오의 수익률이 무위험이자율이어야 한다는 논리를 이용해서도 옵션의 가격을 계산할 수 있다.

주요 결과 #2

콜옵션 복제포트폴리오가 주식 Δ_c주 매입과 차입으로 구성되고, 콜옵션 프리미엄은 주가 $\times\,\Delta_c$에서 [행사가격의 현가×콜옵션 행사확률]을 차감한 값과 동일하다. 같은 논리로, 풋옵션 복제포트폴리오가 주식 $|-\Delta_p|$ 공매도와 대출로 구성되고, 풋옵션 프리미엄은 [행사가격의 현가 × 풋옵션 행사확률]에서 주가 × $|\Delta_p|$를 차감한 값과 동일하다. $N(d_1)$은 콜옵션의 델타이고 $N(d_2)$는 콜옵션이 행사될 확률이다. $-N(-d_1) = N(d_1)-1$은 풋옵션의 델타이고 $N(-d_2)$는 풋옵션이 행사될 확률이다.

주요 결과 #3

옵션거래자들은 옵션포지션을 헤지하기 위하여 델타, 감마, 세타, 베가, 로 등의 그릭문자를 이용한다. 델타는 기초자산의 가격변화에 대한 옵션가격의 변화로써, 콜옵션의 델타는 $N(d_1)$으로 양수이고 풋옵션의 델타는 $N(d_1)-1$로 음수이다. 주식과 옵션으로 구성된 포트폴리오의 델타를 0으로 만들면 짧은 기간 동안 기초자산의 가격이 변해도 포트폴리오의 가치가 변하지 않는데 이를 델타헤시라고 하고 이 포지션을 델타중립이라고 한다. 옵션포트폴리오의 델타는 개별옵션 델타의 합으로 계산된다.

주요 결과 #4

감마는 기초자산의 가격변화에 대한 델타의 변화이다. 콜옵션의 감마와 풋옵션의 감마는 동일하며 양수이다. 델타와 감마 이외에도 보다 정교한 헤지를 위해 거래자들은 세타(시간경과에 대한 옵션가격 변화), 베가(변동성 변화에 대한 옵션가격 변화), 로(이자율 변화에 대한 옵션가격 변화), 옵션딘력성(주가의 변화율에 대한 옵션가격 변화율) 등을 계산한다.

주요 결과 #5

옵션거래가 변동성베팅으로 간주되므로 거래자들은 옵션가격에 내재된 변동성인 내재변동성에 주목한다. 일반적으로 등가격 옵션의 내재변동성은 내가격과 외가격 옵션의 내재변동성보다 작은데 이를 변동성미소라고 한다. 대체로 내재변동성을 계산하는데 등가격 옵션을 이용한다.

개념체크

1 블랙-숄즈 모형의 가정은 무엇인가?

2 블랙-숄즈 모형은 어떤 점에서 이항모형과 유사한가?

3 무배당 주식에 대한 유로피언 콜옵션과 풋옵션 가치평가모형은 무엇인가? 이 모형을 이용하여 옵션가치를 계산할 수 있는가?

4 $N(x)$는 무엇이며 계산할 수 있는가?

5 $N(d_1)$과 $N(d_2)$의 의미는 무엇인가?

6 $S \times N(d_1) - PV(K) \times N(d_2)$는 어떻게 해석할 수 있는가?

7 블랙-숄즈 모형에 의하면 콜옵션 복제포트폴리오는 어떻게 구성되는가? 이 복제포트폴리오는 이항모형에서의 복제포트폴리오와 동일한가?

8 블랙-숄즈 모형에 의하면 풋옵션 복제포트폴리오는 어떻게 구성되는가?

9 주가가 매우 높으면 콜옵션은 선도가격을 K로 하는 선도계약과 동일하다는 말의 의미는 무엇인가?

10 등가격 콜옵션의 델타가 0.5인가?

11 콜옵션과 풋옵션의 델타는? 델타헤지와 델타중립의 의미는?

12 콜옵션과 풋옵션으로 구성된 포트폴리오의 델타를 계산할 수 있는가?

13 감마는 무엇인가?

14 세타, 베가, 로, 옵션탄력성은 각각 무엇인가?

15 내재변동성은 무엇이며 어떻게 계산하는가?

16 변동성미소란 무엇인가?

CHAPTER

11 연습문제

객관식 유형

1 풋옵션의 델타는?

① $N(-d_1)$ ② $1-N(-d_1)$
③ $-N(-d_1)$ ④ $N(d_1)$

2 그릭문자에 대한 설명으로 가장 거리가 먼 것은?

① 콜옵션의 델타와 풋옵션의 델타는 부호가 반대이다.
② 콜옵션의 감마와 풋옵션의 감마는 동일하다.
③ 주식의 베가는 0이다.
④ 옵션 매입포지션의 베가는 0보다 작을 수 있다.

3 무배당 주식의 가격이 10,000원이고 변동성이 30%이다. 그 주식을 기초자산으로 하는 콜옵션의 행사가격이 12,000원이고 만기가 1년이다. 무위험이자율은 3%이다. 유로피언 콜옵션의 가격을 블랙-숄즈 모형으로 구하라. 단, 반올림하여 정수로 답할 것.

① 629원 ② 613원
③ 641원 ④ 정답 없음

4 3번 자료를 이용하여 유로피언 풋옵션의 가격을 구하라.

① 2.150원 ② 2,274원
③ 2,413원 ④ 정답 없음

5 무위험이자율의 변화에 대한 옵션가격의 변화를 의미하는 그릭문자는?

① Δ ② ρ
③ Γ ④ Θ

6 콜옵션탄력성(Ω_c)과 콜옵션의 델타(Δ_c)간에 성립하는 관계는?

① $\Omega_c = S\Delta_c$ ② $\Omega_c = \frac{C}{S}\Delta_c$

③ $\Omega_c = \frac{S}{C}\Delta_c$ ④ $\Omega_c = C\Delta_c$

7 델타가 0.7인 콜옵션 10개와 델타가 -0.35인 풋옵션 8개로 구성된 옵션포트폴리오를 델타중립으로 만들기 위해서는 풋옵션 몇 개를 추가로 구입해야 하는가?

① 0개 ② 8개

③ 12개 ④ 15개

8 주가가 매우 커지면 $N(d_1)$은 ______에 접근하고 $N(-d_2)$는 ______에 접근한다.

① ∞, 0 ② ∞, −1

③ +1, −1 ④ +1, 0

9 다음 중 부호가 다른 하나는 무엇인가?

① 콜옵션 매입포지션의 감마 ② 풋옵션 매입포지션의 델타

③ 풋옵션 매도포지션의 베가 ④ 콜옵션 매도포지션의 델타

10 블랙-숄즈 유로피언 콜옵션 공식의 속성 중에서 틀린 것은? 기초자산은 무배당 주식임.

① $N(d_1)$은 콜옵션의 델타이다

② $N(d_2)$는 콜옵션이 행사될 확률이다.

③ 기초자산 변동성이 0에 접근함에 따라 콜옵션의 가치는 하한가에 접근한다.

④ 매우 짧은 기간 동안에 기초자산 가격은 콜옵션 가격과 독립적이다.

11 A회사의 주식이 10,000원에 거래되고 있다. 이 주식에 대해 행사가격이 10,000원이며 6개월 후에 만기가 도래하는 콜옵션의 가치는 블랙-숄즈 모형을 이용해 구한 결과 2,000원이었다. 주가가 10% 올라서 11,000원이 된다면 콜옵션 가치의 변화에 대해 가장 잘 설명하는 것은 무엇인가? (CPA2008)

① 콜옵션 가치는 1,000원보다 적게 증가하고 콜옵션 가치의 증가율은 10%보다 높다.

② 콜옵션 가치는 1,000원보다 많이 증가하고 콜옵션 가치의 증가율은 10%보다 높다.

③ 콜옵션 가치는 1,000원보다 적게 증가하고 콜옵션 가치의 증가율은 10%보다 낮다.

④ 콜옵션 가치는 1,000원보다 많이 증가하고 콜옵션 가치의 증가율은 10%보다 낮다.

12 옵션의 가치와 옵션가격결정요인들에 관한 설명으로 가장 적절하지 않은 것은?

(CPA2011)

① 일반적으로 콜옵션의 델타(delta)는 양(+)의 값, 풋옵션의 델타는 음(-)의 값을 갖는다.

② 옵션의 세타(theta)는 시간이 지남에 따라 옵션가치가 변하는 정도를 나타내는 지표이다.

③ 다른 조건이 동일하다면 등가격 상태에서 콜옵션의 시간가치는 풋옵션의 시간가치보다 작다.

④ 배당 등의 현금흐름이 없는 유럽형 콜옵션의 감마(gamma)는 일반적으로 양(+)의 값을 갖는다.

⑤ 옵션의 감마값은 등가격 부근에서 크고 외가격이나 내가격으로 갈수록 감소한다.

13 배당을 지급하지 않는 주식을 기초자산으로 하는 선물과 옵션에 관한 다음 설명 중 가장 적절하지 않은 것은? (단, 시장이자율은 양수이다.) (CPA2013)

① 다른 모든 조건이 같다고 할 때, 행사가격이 주식가격과 같은 등가격 유럽형 콜옵션의 이론가격은 등가격 유럽형 풋옵션의 이론가격과 같다.

② 선물의 이론가격을 계산할 때 주식의 변동성은 고려할 필요가 없다.

③ 블랙-숄즈-머튼 모형에서 $N(d_1)$은 콜옵션의 델타이다.

④ 블랙-숄즈-머튼 모형에서 $N(d_2)$는 옵션의 만기시 콜옵션이 내가격(in-the-money)이 될 위험중립확률이다.

⑤ 주식의 가격이 아무리 상승하더라도 미국형 콜옵션을 만기 전에 조기행사하는 것은 합리적인 행위가 아니다.

주관식 유형

1 다음 포트폴리오의 델타를 계산하라.

❶ 콜옵션 2개(Δ_c = 0.5)를 매도하고 주식 1주를 매입한 포트폴리오

❷ 주식 1주를 매입하고 풋옵션 2.5개(Δ_p = −0.4)를 매입한 포트폴리오

❸ 주식 0.25주를 공매하고 콜옵션 1개(Δ_c = 0.25)를 매입한 포트폴리오

❹ 주식 0.4주를 공매하고 풋옵션 1개(Δ_p = −0.4)를 매도한 포트폴리오

❺ 콜옵션 2개(Δ_c = 0.25)를 매도하고 풋옵션 1개(Δ_p = −0.5)를 매입한 포트폴리오

2 무배당주식의 가격이 현재 50,000원이고, 무위험이자율은 4.5%이다. 행사가격이 49,000원이고 만기가 5개월인 유로피언 콜옵션과 풋옵션의 복제포트폴리오를 구성하라. 주식의 변동성은 50%이다.

3 현재 주가는 30,000원, 무위험이자율은 연 5%, 그리고 주식의 변동성은 연 25%이다. 유럽형 옵션의 행사가격은 29,000원이고 만기는 4개월이며 기초자산은 배당을 지급하지 않는다고 가정한다.

❶ 콜옵션 가격은?

❷ 풋옵션 가격은?

❸ 풋-콜 패리티가 성립하는가?

CHAPTER

11 연습문제 풀이

객관식 유형

1 ③

풋옵션의 델타는 $-N(-d_1)$이다.

2 ④

옵션 매입포지션의 베가는 항상 양수이다. 즉, 변동성이 증가하면 옵션가격은 항상 상승한다.

3 ①

$S = 10{,}000$, $K = 12{,}000$, $r = 0.03$, $T = 1$, $\sigma = 0.3$이다.
$d_1 = -0.3577$, $d_2 = -0.6577$이고 $N(d_1) = 0.3603$, $N(d_2) = 0.2554$이므로 콜옵션 프리미엄은 629원이다.

$C = 10{,}000 \times 0.3603 - 12{,}000e^{-0.03} \times 0.2554 = 629$

4 ②

$N(-d_1) = 0.6397$, $N(-d_2) = 0.7446$이므로 풋옵션 프리미엄은 2,274원이다.

$P = -10{,}000 \times 0.6397 + 12{,}000e^{-0.03} \times 0.7446 = 2{,}274$

5 ②

로가 무위험이자율의 변화에 대한 옵션가격의 변화이다.

6 ③

$$\Omega_c = \frac{\%dC}{\%dS} = \frac{\frac{dC}{C}}{\frac{dS}{S}} = \frac{S}{C}\Delta_c.$$

7 ③

$0.7 \times 10 + (-0.35) \times 20 = 0$이므로 풋옵션 12개를 추가로 매입해야 한다.

8 ④

주가가 매우 커지면 $N(d_1)$은 1에 접근하고 $N(-d_2)$는 0에 접근한다.

9 ①

①은 부호가 +이고 나머지는 모두 −부호를 가진다.

10 ④

짧은 기간 동안 기초자산가격과 콜옵션 가격은 정(+)의 관계를 갖는다.

11 ①

등가격 콜옵션의 경우 델타가 0.5보다 약간 크다. 주가가 1,000원 상승하면 콜옵션 가격 변화는 $1{,}000 \times \Delta_c$이므로 당연히 1,000원보다 작다. 그러나 콜옵션 가치의 증가율은 10%보다 높다. 만약 델타가 0.5이면 가격변화는 500원이고 증가율은 25%이다.

12 ③

등가격의 경우 콜옵션 가격이 항상 풋옵션 가격보다 크다. 등가격에서 내재가치가 0이므로 옵션가격이 시간프리미엄과 동일하다. 따라서 등가격 콜옵션 시간프리미엄이 풋옵션 시간프리미엄보다 항상 커야 한다. 감마는 주가변화에 대한 델타의 변화이므로 매입포지션의 경우 감마는 항상 양이며 등가격에서 가장 크다(등가격 근처에서 기울기의 변화가 가장 큼).

13 ①

등가격의 경우 콜옵션 가격이 항상 풋옵션 가격보다 크다(8장 참고).

주관식 유형

1 해답 및 해설

5번 포트폴리오의 델타는 $-2 \times 0.25 + 1 \times (-0.5) = -1$이다. 나머지는 모두 포트폴리오의 델타가 0인 델타중립 포트폴리오이다.

1 $-2 \times 0.5 + 1 \times 1 = 0$

2 $1 \times 1 + 2.5 \times (-0.4) = 0$

3 $(-0.25) \times 1 + 1 \times (0.25) = 0$

4 $(-0.4) \times 1 + (-1) \times (-0.4) = 0$

$N(d_1) = 0.6111$, $N(d_2) = 0.4838$이므로 콜옵션 복제포트폴리오는 주식 0.6111주를 매입하고 $PV(K)N(d_2) = 49{,}000e^{-0.045\times0.4167} \times 0.4838 = 23{,}265.82$원을 차입하여 구성된다($T = 5/12 = 0.4167$). 그리고 풋옵션 복제포트폴리오는 $|-0.3889| = 0.3889$주를 공매도하고 $49{,}000e^{-0.045\times0.4167} \times 0.5162 = 24{,}823.92$원을 대출하여 구성된다.

2

해답 및 해설

1 $S = 30{,}000$, $K = 29{,}000$, $r = 0.05$, $\sigma = 0.25$, $T = 0.3333$이므로 $d_1 = 0.4225$, $d_2 = 0.2782$이고 $N(d_1) = 0.6637$, $N(d_2) = 0.6096$이다.

$$d_1 = \frac{\ln\left(\dfrac{30{,}000}{29{,}000}\right) + \left(0.05 + \dfrac{0.25^2}{2}\right) \times 0.3333}{0.25 \times \sqrt{0.3333}} = 0.4225$$

$$d_2 = 0.4225 - 0.25 \times \sqrt{0.3333} = 0.2782$$

$$N(d_1) = 0.6628 + 0.25 \times (0.6664 - 0.6628) = 0.6637$$

$$N(d_2) = 0.6064 + 0.82 \times (0.6103 - 0.6064) = 0.6096$$

유럽형 콜옵션 가격은 2,525원이다.

$$C = 30{,}000 \times 0.6637 - 29{,}000e^{-0.05\times0.3333} \times 0.6096 = 2{,}525$$

2 유럽형 풋옵션 가격은 1,045원이다.

$$P = 29{,}000e^{-0.05\times0.3333} \times (1 - 0.6096) - 30{,}000 \times (1 - 0.6637) = 1{,}045$$

3 풋-콜 패리티가 성립한다.

$$P + S = 1{,}045 + 30{,}000 = 31{,}045$$

$$C + PV(K) = 2{,}525 + 29{,}000^{-0.05\times0.3333} = 31{,}046$$

CHAPTER 12

옵션가격결정모형의 응용

CONTENTS

학습 주안점

12장에서는 10장과 11장에서 공부한 옵션가격결정모형을 응용하는 주제인 포트폴리오보험 전략, ELS의 가치평가, 실물옵션의 가치평가, 이색옵션 등을 설명하기로 한다. 또한 주식과 채권을 콜옵션과 풋옵션으로 이해하는 방법도 함께 설명하기로 한다.

이 장에서 여러분이 숙지해야 할 내용은 다음과 같다.

❶ 방어적 풋옵션이란 무엇인가? 풋옵션의 델타를 복제하는 포트폴리오보험 전략의 기본 아이디어는 무엇인가?

❷ 주식과 채권을 콜옵션과 풋옵션으로 표현할 수 있는가?

❸ 원금보장형 ELS는 어떻게 만들 수 있는가?

❹ 실물옵션이란 무엇이며 BS모형과 이항모형으로 어떻게 가치를 평가하는가?

❺ 이색옵션이란 무엇인가? 선택옵션, 장애물옵션, 이원옵션, 샤우트옵션, 룩백옵션, 아시안옵션을 간단히 정의할 수 있는가?

1 포트폴리오보험

1.1 기본 개념

포트폴리오보험(portfolio insurance)은 9장에서 설명한 방어적 풋옵션(protective put)의 원리를 이용한 전략이다. 방어적 풋옵션 전략은 주식을 보유한 투자자가 주가하락으로부터의 손실을 풋옵션의 이익으로 상쇄시켜 하향손실을 일정 수준으로 제한하면서 상향이익을 그대로 보존하는 매력적인 전략이다.

그림 12-1 방어적 풋옵션 전략

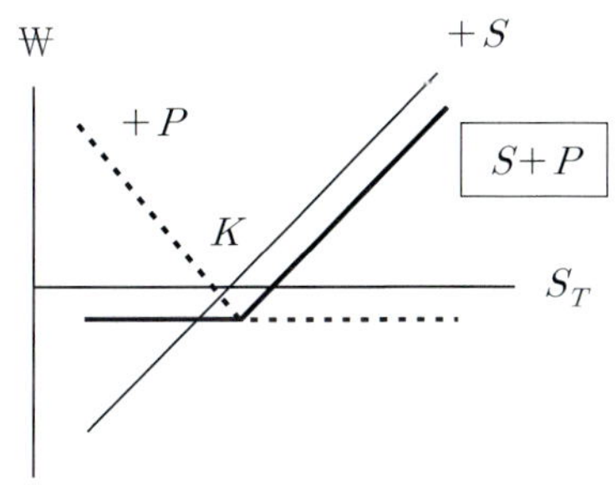

그러나 풋옵션을 매입하는데 많은 비용이 수반되므로 풋옵션을 직접 매입하는 대신에 주식 자체를 이용하거나 또는 주가지수선물을 이용하여 풋옵션을 복제하는 전략을 시행하는데 이를 포트폴리오보험이라고 한다.

예를 들어, 주식펀드의 가치가 60억원이고 KOSPI 200 지수는 120포인트이다(주가지수옵션 1계약의 크기는 지수×10만원으로 가정함). 매니저는 펀드의 가치가 3개월 동안 57억 이하로 하락하는 것을 방지하고자 한다.[1] 매니저는 행사가격이 114포인트인 주가지수 풋옵션 500계약을 매입해야 한다.

BS모형에 의한 풋옵션 가격이 6.43원이므로 보험의 비용은 500 × 100,000 × 6.43 = 3억 2,150만원이다.[2] 3개월 후에 지수가 10% 하락하여 108포인트가 되면 주식펀드의 가치도 54억원으로 하락하지만 옵션의 이득이 500 × 100,000 × (114 − 108) = 3억원이므로 포트폴리

1) 현재 가치가 60억원이고 목표가치가 57억원인 경우 이용해야 하는 풋옵션의 행사가격은 $120 \times \frac{57}{60} = 114$ 포인트이다. 그리고 필요한 계약수는 $\frac{57\text{억원}}{114 \times 100{,}000} = 500$ 개이다. 만일 60억원 이하로 하락하는 것을 방지하려면 행사가격이 120포인트인 풋옵션 $\frac{60\text{억원}}{120 \times 100{,}000} = 500$ 계약을 매입해야 한다.

2) BS모형에 이용한 값은 다음과 같다: $S = 120$, $K = 114$, $T = 0.25$, $r = 0.05$, $q = 0.04$, $\sigma = 0.4$.

오의 전체 가치는 57억원이 된다. 물론 옵션매입비용을 고려하면 포트폴리오의 가치는 53.785억원이다.

주요 결과 #1

포트폴리오보험은 방어적 풋옵션의 원리를 이용한 전략이다. 방어적 풋옵션 전략은 주식을 보유한 투자자가 주가하락으로부터의 손실을 풋옵션의 이익으로 상쇄시켜 하향손실을 일정 수준으로 제한하면서 상향이익을 그대로 보존하는 매력적인 전략이다.

1.2 풋옵션을 복제하는 방법

풋옵션의 델타를 복제하는 방법을 설명하기 위하여 다음의 예시를 고려해 보자. 현재 한국실업의 주가는 10,000원이고 1년 후에 주가가 12,000원으로 상승하거나 7,000원으로 하락할 것으로 예상된다. 옵션의 만기는 1년이고 행사가격은 10,000원이다. 무위험이자율은 8%이다. 1기간 이항모형으로 구한 유로피언 콜옵션의 가격은 1,407원이고 풋옵션의 가격은 667원이다. 그리고 콜옵션의 델타는 0.4이고 풋옵션의 델타는 −0.6이다.

한국실업 주식 1주를 보유한 투자자가 등가격 풋옵션을 667원에 매입하면 방어적 풋옵션 포지션이 구성되므로 포트폴리오의 가치가 1년 후 10,000원 이하로 하락하는 것을 방지할 수 있다.

▸ ▸ 〈표 12-1〉 $S+P$ 포트폴리오의 만기일에서의 가치

포지션	현재 가치	1년 후의 가치	
		S_T = 12,000	S_T = 7,000
주식 1주	10,000	12,000	7,000
풋옵션 1개	667	0	3,000
합계	10,667	12,000	10,000

그러나 실무적으로 옵션을 직접 구입하는 방법은 여러 문제점을 수반하므로 실무자들은 주식 또는 선물계약을 이용하여 풋옵션의 델타를 합성하는 방법을 선호하게 된다.[3] 10장과 11장에서 풋옵션을 복제하는 방법은 주식 $|\Delta_p|$ 또는 $|N(d_1)-1|$주를 공매도하고 무위험채권

3) 옵션을 시장에서 직접 매입하는 것보다 합성하는 것이 더 매력적인 데는 다음 두 가지 이유가 있다. 첫째, 옵션시장이 펀드매니저가 수행할 거래를 감당할 정도의 유동성을 유지하지 못할 수 있다. 둘째, 매니저가 필요로 하는 행사가격과 만기일이 거래되는 옵션의 그것과 일치하지 않는 경우가 거의 대부분이다.

매입하는 것이라고 설명하였다(참고로 채권의 원금은 $S^{up}|\Delta_p| + P^{up}$임).

$$\text{풋옵션 매입} = \text{주식 } |N(d_1) - 1|\text{주 공매도} + \text{무위험채권 매입} \tag{12.1}$$

따라서 풋옵션의 델타가 $N(d_1) - 1 = -0.6$이면 투자자는 주식 0.6주를 매도하여 주식 0.4주와 무위험채권 $\frac{S^{up}|\Delta_p| + P^{up}}{1+r} = 6,667$원을 보유함으로써 방어적 풋옵션 포지션을 합성할 수 있다.

[표 12-2]는 주식 0.4주 보유와 무위험채권으로 구성한 방어적 풋옵션의 만기일에서의 가치를 보여준다. 이 결과가 [표 12-1]의 결과와 동일하므로 방어적 풋옵션 포지션이 복제 또는 합성되었음을 확인할 수 있다.

▸ ▸ 〈표 12-2〉 합성한 방어적 풋옵션의 만기일에서의 가치

포지션	현재 가치	1년 후의 가치	
		S_T = 12,000	S_T = 7,000
주식 0.4주	4,000	4,800	2,800
무위험채권	6,667	7,200	7,200
합계	10,667	12,000	10,000

포트폴리오보험 전략을 구사하는 것은 특정 시점에서의 포트폴리오를 보험이 요구되는 주식포트폴리오와 무위험자산으로 배분하는 것을 의미한다. 주식의 가치가 증가하면 무위험자산의 일부를 매도하여 주식을 추가로 매입한다. 반면에 주가가 하락하면 주식을 매도하여 무위험자산에의 투자금액을 증가시킨다. 이런 보험전략의 비용은 가격이 하락한 후에 주식을 매도하고 가격이 상승한 후에 주식을 매입하는 과정에서 발생한다. 주식 대신에 주식을 기초자산으로 하는 선물계약을 이용할 수도 있다.

풋옵션 델타를 이용하여 주식과 무위험자산에의 배분비율을 설명해 보자. 풋옵션을 복제하는 것은 주식 $|\Delta_p|$주를 매도하는 것이므로 결국 (1 $|\Delta_p|$)주의 주식을 소유하고 남은 금액을 무위험채권에 투자함을 의미한다.[4] 주가가 상승하면 $|\Delta_p|$이 하락하므로 무위험채권의 일부를 매도하여 주식을 다시 매입해야 한다. 반대로 주가가 하락하면 $|\Delta_p|$이 상승하므로 주식의 일부를 매도하여 무위험채권을 추가로 매입해야 한다.

포트폴리오보험 전략은 시장의 변동성을 증가시킬 소지가 있다. 시장이 약세이면 주식 또는 주가지수선물을 매도해야 한다. 이러한 거래는 가격 하락을 더욱 가속시킨다. 이 전략은 시장

4) 정확히 표현하면, 처음에 무위험채권에 투자해야 하는 금액은 주가×$|\Delta_p|$이 아니라 주가×$|\Delta_p|$에 풋옵션 프리미엄을 가산한 금액이다. 즉, $10,000 \times |-0.6| + 667 = 6,667$원이다.

이 정상적이면 매우 효과적이다. 그러나 시장이 급격히 하락하면 전략을 구사할 수 있을 만큼 신속하게 주식과 주가지수선물을 매도할 수 없기 때문에 이 전략은 매우 비효율적이 된다.

주요 결과 #2

포트폴리오보험은 풋옵션의 델타를 주식 또는 주가지수선물을 이용하여 복제하는 방법이다. 풋옵션이 주식 $|\Delta_p|$주 공매도와 무위험채권 투자로 복제되므로, 이 방법은 특정 시점에서의 포트폴리오를 보험이 요구되는 주식포트폴리오와 무위험자산으로 동적으로 배분한다. 즉, 주가가 상승하면 주식을 추가로 매입하고, 주가가 하락하면 주식의 일부를 매도하여 무위험채권을 추가로 매입한다.

예시 12-1 포트폴리오보험 전략과 블랙 먼데이

1987년 10월 19일에 다우존스산업평균지수(Dow Jones Industrial Average Index)는 20% 이상 폭락하였다. 그리고 포트폴리오보험이 이 주가폭락에서 중요한 역할을 한 것으로 추정된다. 1987년 10월, 약 600억 달러 내지 900억 달러 상당의 주식포트폴리오가 포트폴리오보험 전략을 이용하는 것으로 추정되었다. 10월 14일부터 16일까지 지수가 약 10% 하락하였으며 이는 120억 달러 상당의 주식 또는 주가지수선물의 매도를 야기시킨 것으로 추정된다. 그러나 실제로 금융회사는 약 40억 달러만 매도할 수 있었으며 19일에 엄청난 매도물량이 다시 시장에 나오게 되었다. 포트폴리오보험 전략을 수행하는 세 금융기관으로부터의 매도물량이 전체 매도물량의 약 10%를 차지하였으며 주가지수선물 매도량의 약 21%를 점유한 것으로 추정되었다.[5)]

2 주식과 채권을 옵션으로 이해하는 방법

2.1 옵션으로서의 주식과 채권

기업의 시장가치 V는 부채의 시장가치 B와 자기자본의 시장가치 S의 합이다.

$$V = B + S$$

기업이 해산하게 되면 채권자(bondholders)는 주주(shareholders)에 우선하여 원리금을 보상받을 권리를 법적으로 소유하며, 주주는 기업이 모든 채무를 변제한 후 남은 재산에 대하여

5) 이 부분은 파생상품의 평가와 헷징전략(윤평식, 김철중, 탐진, 2010) 506쪽을 참고하였음.

청구할 수 있는 잔여재산분배청구권을 갖는다(기업이 상환해야 하는 금액은 F임). 즉, 부채 상환일에 $V>F$이면 채권자는 F를 받고 주주는 $V-F$를 갖는다. 반면에 $V \leq F$이면 채권자는 V를 받고 주주에게 귀속되는 재산은 없다. 이 경우 주주는 채권자에게 보상하지 못한 부분, 즉 $F-V$에 대해서는 책임지지 않는데 이를 주주의 유한책임(limited liability)이라고 한다.

주주는 $V>F$일 때 $V-F$를 차지하고 $V<F$일 때 아무 것도 소유하지 못하므로 자기자본의 가치는 $\max(V-F, 0)$으로 표시된다. 그리고 부채의 가치는 기업가치에서 자기자본가치를 차감한 값이며 이는 $\min(F, V)$로 표시된다.

$$\text{부채가치} = \text{기업가치} - \text{자기자본가치}$$
$$B = V - \max(V-F, 0) = V + \min(F-V, 0) = \min(F, V) \quad (12.2)$$

부채의 가치는 $\min(F, V)$로 표현되는데 이는 $V>F$이면 채권자가 F를 받고 $V<F$이면 V를 받는다는 사실을 반영한다. 자기자본가치와 부채가치를 정리하면 다음과 같다.

▸ ▸ 〈표 12-3〉 자기자본가치, 부채가치 및 기업가치

	$V \leq F$	$V>F$	일반식
자기자본가치	0	$V-F$	$S = \max(V-F, 0)$
부채가치	V	F	$B = \min(F, V)$
합계: 기업가치	V	V	V

자기자본가치와 부채가치는 주주와 채권자에게 귀속되는 현금흐름에 의해 결정되므로 S와 B를 기업현금흐름(또는 기업가치)에 대하여 표시하면 다음과 같다.

그림 12-2 자기자본가치, 부채가치, 기업가치

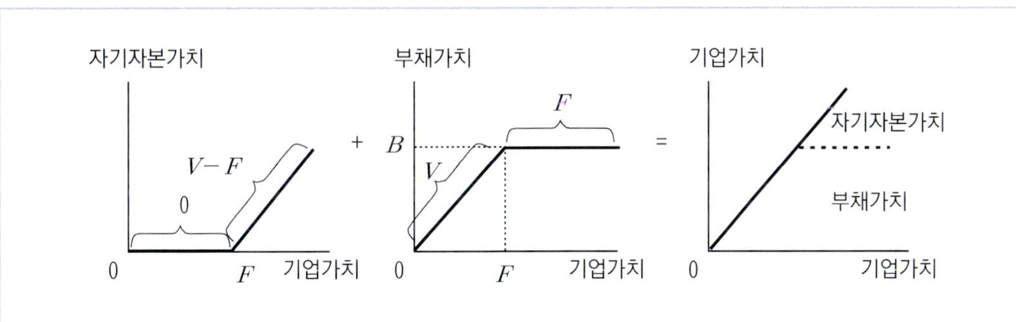

주주에게 귀속되는 현금흐름의 패턴이 콜옵션의 이득패턴과 같다. 같은 이유는 앞에서 설명한 주주의 유한책임 때문이다. 주주의 포지션이 콜옵션으로 표현된다면 풋-콜 패리티에 의

해 풋옵션으로도 표현될 수 있다. 같은 논리로 채권자의 포지션도 콜옵션 또는 풋옵션으로 표시될 수 있다. 여기서 콜옵션과 풋옵션은 모두 채권자에 의해 발행되며 행사가격은 상환해야 하는 원리금이고 만기일은 부채상환일이다. 그리고 기초자산은 기업가치이고 변동성은 기업가치의 변동성이다.

이 개념을 좀 더 쉽게 이해하기 위하여 1년 만기 회사채를 발행한 기업을 고려해 보자(1년 후 상환해야 하는 원리금은 80억원임). 투자는 1년 후에 종료되며 투자의 종료와 동시에 기업이 해산된다고 가정하자. 투자에서 발생하는 현금흐름이 어떻게 분배되는 가를 이해하기 위해 2개의 상황을 고려하자(두 상황의 확률은 동일함). 첫 번째는 투자가 성공하는 경우로 현금흐름이 100억원이고 두 번째는 실패하는 경우로 현금흐름이 60억원이다.

	성 공	실 패
원리금 상환 전의 현금흐름	100	60
채권자에게 귀속되는 현금흐름(원금과 이자)	80	60
주주에게 귀속되는 현금흐름	20	0

투자가 성공하면 채권자는 원금과 약정된 이자를 전부 받고 주주는 잔여 현금흐름 20억원을 받게 된다. 반면에 실패하면 채권자는 원리금의 일부인 60억원만 지급받게 되고 주주에게 귀속되는 현금흐름은 0이 된다.

콜옵션과 풋옵션을 이용하여 주주와 채권자의 포지션을 설명하면 다음과 같다.

(1) 콜옵션 이용

① 주주의 포지션

• 콜옵션(행사가격 : 80억원, 발행자 : 채권자, 기초자산 : 기업자산)을 소유한다.

현금흐름이 80억원 이하이면 콜옵션의 가치는 0이고 현금흐름이 80억원을 초과하면 주주는 콜옵션을 행사하여 80억원에 채권자로부터 기업을 인수한다.

② 채권자의 포지션

• 기업을 소유한다.

• 행사가격이 80억원인 콜옵션을 발행한다.

현금흐름이 80억원 이하이면 옵션은 행사되지 않고 소멸되며 채권자는 계속 기업을 소유하게 된다. 현금흐름이 80억원을 초과하면 옵션이 행사되고 채권자는 주주에게 80억원에 기업을 양도하게 된다.

(2) 풋옵션 이용

① 주주의 포지션

- 주주는 기업을 소유한다.
- 주주는 채권자에게 80억원을 상환해야 할 의무가 있다.
- 주주는 기업자산에 대한 풋옵션(행사가격: 80억원, 발행자: 채권자, 기초자산: 기업자산)을 소유한다.

현금흐름이 80억원 이하이면 주주는 풋옵션을 행사하여 기업을 채권자에게 80억원에 매각한다. 이 경우 주주는 채권자에게 80억원을 상환해야할 의무가 있으므로 기업 매각 대금으로 받은 80억원을 다시 채권자에게 돌려주어 결국 주주의 부는 0이다. 만일 현금흐름이 80억원을 초과하면 풋옵션의 가치는 0이다. 따라서 주주는 계속 기업을 소유하게 되며 80억원을 채권자에게 갚으면 된다.

② 채권자의 포지션

- 채권자는 주주로부터 80억원을 받을 권리가 있다.
- 채권자는 80억원을 행사가격으로 풋옵션을 발행한다.

현금흐름이 80억원 이하이면 주주는 풋옵션을 행사하므로 채권자는 80억원을 지불하고 기업을 인수한다. 주주는 80억원을 받아 다시 채권자에게 원금과 이자비용으로 즉시 지불하게 된다. 결과적으로 채권자는 80억원을 받지 못하고 가치가 80억원 이하인 기업을 인수한다. 현금흐름이 80억원을 초과하면 풋옵션은 행사되지 않고 채권자는 주주로부터 80억원을 받게 된다.

이상의 논의를 [표 12-4]와 같이 요약할 수 있다.

▸ ▸ 〈표 12-4〉 콜옵션과 풋옵션을 이용한 주주와 채권자 포지션의 인식

	콜옵션 이용	풋옵션 이용
주주 포지션	• 콜옵션 소유	• 기업 소유 • 풋옵션 소유 • 원금과 이자의 상환 의무
	C	$V+P-PV(F)$
채권자 포지션	• 기업 소유 • 콜옵션 발행	• 원금과 이자의 수령 권리 • 풋옵션 발행
	$V-C$	$PV(F)-P$

$C+PV(K)=P+S$의 풋-콜 패리티 식에서 S를 V로 대체하고(즉 기초자산이 보통주가 아니고 기업임) K를 F로 대체하면(행사가격이 만기일에 상환해야 하는 채무 F임) 풋-콜 패리티를 $C+PV(F)=P+V$로 표현할 수 있다. 주주의 포지션을 콜옵션 매입포지션으로 인식하면 풋-콜 패리티에 의해 $V+P-PV(F)$로도 인식할 수 있다. 부채의 가치는 기업가치에서 자기자본가치를 차감하므로 $V-C$이고 이는 $PV(F)-P$와 동일하다.

주요 결과 #3

주주의 유한책임으로 인해 주식은 콜옵션 매입포지션으로 인식된다(기초자산은 기업자산임). 채권은 기초자산(기업)을 보유하고 콜옵션을 발행한 포지션으로 인식되며 이는 풋옵션 발행과 동일한 이득패턴을 갖는다(즉, $V-C=PV(F)-P$). 따라서 부채가치는 기업가치에서 자기자본가치(콜옵션 가치)를 차감한 값이며 $V-\max(V-F,0)=\min(F,V)$이다.

2.2 지급보증의 가치

위험채권의 경우 채무불이행이 가능하다. 기업이 채무불이행하면 주주는 기업을 양도함으로써 모든 채무로부터 해방되므로 결국 주주는 행사가격에 기업을 매도할 수 있는 권리를 소유한 셈이다. 이 권리가 풋옵션이며 채무불이행할 수 있는 권리라는 의미에서 부도풋옵션(default put option)으로 부르기도 한다. 따라서 무위험채권의 가치에서 풋옵션의 가치를 차감하면 위험채권의 가치가 계산된다.

$$\text{위험채권의 가치} = \text{무위험채권의 가치} - \text{풋옵션의 가치} \tag{12.3}$$

채권자가 소유한 채권은 채무불이행이 가능한 위험채권이다. 채권자 포지션이 풋옵션 발행포지션의 이득패턴을 가지므로 채권자의 헤지포지션은 풋옵션을 매입하는 것이다.

$$\text{위험채권의 가치} + \text{풋옵션의 가치} = \text{무위험채권의 가치} \tag{12.4}$$

풋옵션이 채권의 부도위험(default risk)을 제거하므로 풋옵션의 가치는 부도위험을 제거하는데 소요되는 비용으로 이해된다. 또는 특정 기업이 발행한 회사채에 대한 정부 또는 금융기관의 지급보증도 위험채권을 무위험채권으로 전환시키므로 지급보증의 가치는 풋옵션의 가치로 평가된다. 이를 식으로 표현하면 다음과 같다.

위험채권 + 풋옵션 = 무위험채권

$$\frac{F}{(1+y)^T} + P = \frac{F}{(1+r)^T} \tag{12.5}$$

여기서 F는 만기일에 상환해야 하는 원리금(만기 T년)이고 y과 r는 각각 위험채권과 무위험채권의 수익률이다. 위험채권의 가치 B는 $\frac{F}{(1+y)^T}$이다.

주요 결과 #4

풋옵션 발행포지션의 이득패턴을 갖는 위험채권은 풋옵션을 매입하여 헤지되므로 "위험채권 + 풋옵션 = 무위험채권"의 관계가 성립한다. 풋옵션이 채권의 부도위험을 제거하므로 풋옵션 프리미엄은 부도위험을 제거하는 비용으로 인식되고 이는 지급보증의 가치와 같다.

예시 12-2 콜옵션과 풋옵션의 가치

본문의 예시에서 위험채권의 가치는 무위험채권의 가치에서 주주가 기업을 80억원에 매각할 수 있는 권리(풋옵션)의 가치를 차감한 값이다. 예를 들어, 무위험이자율이 6%이고 위험채권의 수익률이 10%이면 풋옵션의 가치는 $\frac{80}{1.06} - \frac{80}{1.1} = 2.744$억원이다. 그리고 상응하는 조건의 콜옵션의 가치는 7.27억원이다(기업가치는 $0.5 \times 100 + 0.5 \times 60 = 80$억원임).

$$C = P + V - PV(F) = 2.744 + 80 - \frac{80}{1.06} = 7.27$$

예시 12-3 펀드매니저의 옵션

(1) 펀드매니저의 봉급이 펀드의 성과에 의해 결정된다고 가정하자. 즉, 펀드에서 손실이 발생하면 펀드매니저는 봉급을 받지 못하고 이익이 발생하면 펀드매니저의 봉급은 이익에 비례한다. 펀드매니저의 봉급을 옵션으로 설명하고 이러한 봉급체계 하에서 펀드매니저가 어떻게 행동하게 되는지 설명하라.

(2) 위험을 최대한 크게 하면 펀드매니저의 봉급이 0일 가능성 또한 증가한다. 펀드매니저는 이 위험을 어떻게 피할 수 있는가?

(1) 연초의 펀드가치를 K로 하고 연말의 펀드가치를 S_T라고 하면 펀드매니저의 봉급은 다음과 같다(α는 상수임).

$$\alpha \cdot \max(S_T - K, 0)$$

즉 펀드매니저는 연말의 펀드가치에 대한 콜옵션을 소유하는 셈이다. 콜옵션의 가치를 결정하는 요인 중 펀드매니저가 통제할 수 있는 요인은 펀드가치의 변동성이다. 따라서 펀드매니저는 펀드의 변동성을 최대한 크게 하려는 유인을 갖게 된다(물론 이는 투자자가 원하는 것은 아님). 변동성을 증가시키기 위하여 펀드매니저는 예를 들어 베타가 높은 주식에 투자하거나 또는 주가지수 콜옵션을 매입할 수 있다.

(2) 펀드매니저가 펀드의 변동성을 크게 하면 펀드매니저가 노출된 위험이 증가하게 된다. 만일 펀드에서 손실이 발생하면 매니저의 봉급은 0이다. 따라서 펀드매니저가 펀드의 변동성을 크게 하지 않을 것이라고 주장하기 쉽다. 그러나 펀드매니저는 이러한 위험을 개인적으로 헤지 할 수 있다. 예를 들어, 개인적으로 주가지수 콜옵션을 매도하여 주가가 하락하는 경우를 대비할 수 있다(주가가 하락하면 주가지수 콜옵션은 행사되지 않고 매니저는 옵션을 발행하고 받은 금액을 소유할 수 있음). 물론 주가가 상승하면 매도한 콜옵션으로부터 손실이 발생하나, 봉급의 증가가 콜옵션으로부터의 손실보다 크도록 주가지수 콜옵션 포지션의 크기를 조정할 수 있다.

3 ELS(주가연계증권)

주가연계증권(ELS: equity linked security)은 연동된 주가 움직임에 의해 수익률이 결정되는 증권이다. 상품기획의 주체가 증권회사이면 ELS로, 투신사이면 ELF(equity linked fund)로, 그리고 은행이면 ELD(equity linked deposit)로 구분되지만 본질적으로 동일한 상품이다. 원금보장형 ELS의 경우 만기일에 원금을 확실하게 상환할 수 있도록 원금의 현재가치를 채권에 투자하고 남은 자금을 옵션에 투자하는 방식을 채택한다.

다음 간단한 예시를 이용하여 ELS의 가치를 평가해 보자. 현재 지수는 100포인트이고 지수의 변동성은 연 25%이고 무위험이자율은 이산복리 기준으로 연 5%이다(연속복리 기준으로는 4.879%임). 충남증권은 고객들에게 다음과 같은 조건의 ELS를 액면으로 발행할 것을 고려중이다.

- 지수가 하락하면 원금 보장
- 지수가 상승하면 지수가 10% 상승할 때마다 5%의 보너스 보장
  (즉, 이익의 절반을 보너스로 지급하므로 참여율이 50%임)

ELS의 액면은 100원이고 만기는 1년이다. ELS의 가치를 평가하고 충남증권의 입장에서 발

행 여부를 판단하라.

지수가 상승하는 경우(y%)와 하락하는 경우의 ELS의 가치는 다음과 같다. 지수가 하락하면 투자자는 원금 100을 수령하고 반면에 지수가 y%상승하면 상승폭의 절반에 해당되는 $100 \times 0.5 \times y$%를 보너스로 수령하게 된다(예를 들어, $y = 10$%이면 보너스는 5원임).

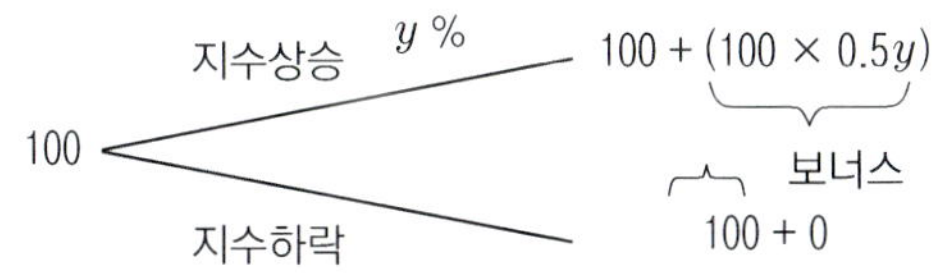

ELS의 현금흐름 또는 가치를 복제하기 위하여 다음과 같은 이득패턴을 갖는 콜옵션을 고려해 보자. 고려하는 콜옵션은 만기가 1년이고 행사가격은 100이다. 지수가 y%상승하면 콜옵션의 가치는 $100y$이고(예를 들어, 지수가 10% 상승하면 콜옵션의 이득은 $100 \times 0.1 = 10$원임) 지수가 하락하면 콜옵션의 가치는 0이다.

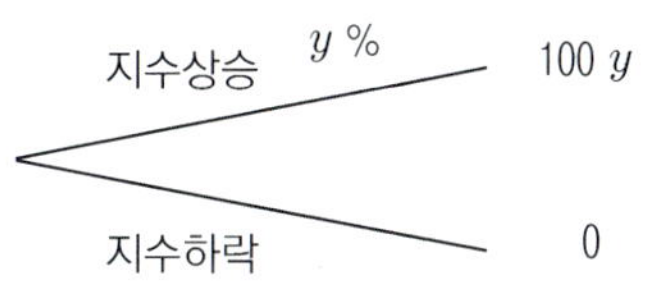

ELS의 현금흐름은 원금 100에 콜옵션 이득의 50%를 더하면 복제되므로 ELS의 가치는 원금이 100이고 만기가 1년인 국채의 가치 $\frac{100}{1.05} = 95.24$원에 콜옵션 프리미엄의 50%를 가산한 금액과 동일해야 한다([그림 12-3] 참조).

그림 12-3 주가연계증권의 복제

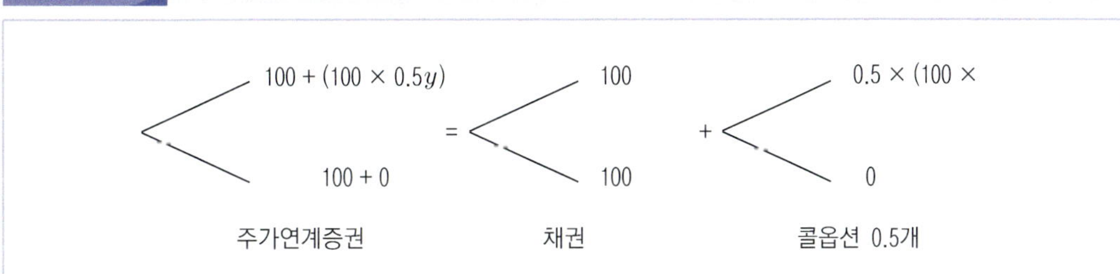

콜옵션 프리미엄은 $S = 100$, $K = 100$, $r = 0.04879$, $T = 1$, $\sigma = 0.25$를 BS공식에 대입하여 구한다.

$$d_1 = \frac{\ln\left(\frac{100}{100}\right) + \left(0.04879 + \frac{0.25^2}{2}\right) \times 1}{0.25\sqrt{1}} = 0.3202$$

$$d_2 = d_1 - \sigma\sqrt{T} = 0.0702$$

$$N(d_1) = 0.6255 + 0.02(0.6293 - 0.6255) = 0.6256$$

$$N(d_2) = 0.5279 + 0.02(0.5319 - 0.5279) = 0.5280$$

콜옵션 프리미엄은 12.27원이고,[6)]

$$C = 100 \times 0.6256 - \frac{100}{1.05} \times 0.5280 = 12.27$$

ELS의 가치는 95.24 + 0.5 × 12.27 = 101.375원이다. 따라서 충남증권은 101.375원의 가치를 갖는 ELS를 액면가 100원에 발행하지 않아야 한다. 즉, 발행의 순현가는 100 − 101.375 = −1.375원이다.

충남증권이 발행의 순현가를 0으로 하려면 참여율의 조건을 어떻게 수정해야 하는가? 순현가를 0으로 하는 참여율은 다음 식을 만족시키는 α = 38.79%이다.

$$95.24 + \alpha \times 12.27 = 100$$

주요 결과 #5

원금보장형 ELS는 원금의 현재가치를 채권에 투자하고 남은 금액을 옵션에 투자하는 방식으로 구성된다.

6) 연속복리수익률을 이용하는 경우의 계산은 다음과 같다.

$$C = 100 \times 0.6256 - 100 \times e^{-0.04879} \times 0.5280 = 12.27$$

예시 12-4 ELS의 가치평가

(1) 충남증권의 ELS가 지수상승의 30%만을 보장한다고 가정하면 충남증권은 ELS를 액면가에 발행해야 하는가?

(2) 만일 콜옵션이 존재하지 않으면 어떻게 콜옵션을 복제할 수 있는지 구체적으로 설명하라. 이 경우 콜옵션 1개의 복제비용은 얼마인가?

(1) 발행금액 100원 중에서 95.24원을 국채에 투자하여 1년 후 100원을 확보한다. 그리고 $12.27 \times 0.3 = 3.681$원을 투자하여 콜옵션 0.3개를 매입함으로써 보너스를 확보한다. 이렇게 함으로써 충남증권은 ELS의 발행에 따른 위험을 완전히 헤지하였으며 남은 금액은 $(100 - 95.24) - 3.681 = 1.079$원이다. 따라서 충남증권은 ELS를 발행해야 한다.

(2) 만약 콜옵션을 매입할 수 없으면 콜옵션을 주식 Δ주 매입과 차입으로 복제해야 한다. 델타가 0.6256이므로 $100 \times 0.6256 = 62.56$원을 지수에 투자함과 동시에 $PV(K)N(d_2) = \frac{100}{1.05} \times 0.528 = 50.29$원을 차입해야 한다. 복제포트폴리오를 구성하는데 소요되는 복제비용은 $62.56 - 50.29 = 12.27$원으로 콜옵션 가격과 동일하다.

4 실물옵션

4.1 실물옵션의 개념

실물옵션(real option)은 option on real asset을 의미하므로 경영진의 투자의사결정에 의해 가치가 영향을 받는 실물자산에 대한 옵션이다. 이는 기초자산이 증권인 금융옵션(financial option)과는 상이하다. 기업이 고려하는 대부분의 투자안은 1개 이상의 실물옵션을 가지므로 순현가법은 투자안의 가치를 대체로 과소평가하게 된다.

대표적인 실물옵션은 다음과 같다.

- 확장옵션(expansion option)
- 연장옵션(extension option)
- 축소옵션(contraction option)
- 포기옵션(abandonment option)
- 연기옵션(deferred option)

실물옵션의 가치를 평가할 수 있는 의사결정수 분석(decision-tree analysis)과 옵션가치 평가법은 모두 상황의존적인(state-contingent) 미래의 의사결정을 고려할 수 있는 평가방법이다. 두 평가법의 가장 큰 차이점은 할인율의 변화를 반영하는 가에 있다. 의사결정수 분석에서 할인율은 변하지 않는다. 반면에 옵션가치 평가법은 복제포트폴리오를 구성하거나 또는 위험중립가치평가법을 이용하므로 할인율의 변화를 묵시적으로 반영하고 있다. 따라서 다기간 모형의 경우 옵션가치 평가법을 이용하는 것이 의사결정수 분석보다 바람직하다.

4.2 블랙-숄즈 모형에 의한 실물옵션의 가치평가

블랙-숄즈의 모형으로 실물옵션의 가치를 평가하는 경우 입력변수인 기초자산, 행사가격, 만기, 변동성, 배당수익률에 대한 해석은 다음과 같다.

▸ ▸ 〈표 12-5〉 BS모형 적용시 입력변수의 의미

구 분	의 미
기 초 자 산	투자안이 제공하는 현금유입의 현재가치(투자안의 가치)
행 사 가 격	투자비용(투자안의 현금유출금액)
만 기	투자안의 확장, 연장, 축소, 포기, 연기에 대한 권리를 소유하고 있는 기간
기초자산 변동성	투자안의 가치에 영향을 미치는 변수의 변동성
배 당 수 익 률	기초자산 가치의 감소비율

천연자원의 개발권에는 가격이 하락하면 개발을 포기하거나 연기할 수 있는 옵션이 내재되어 있으므로 현금흐름할인법에 의한 순현가법은 적절하지 않다. 여기서는 금광개발권의 가치를 BS모형으로 평가하기로 하자. 매장량이 100만 온스로 추정되는 금광을 매년 5만 온스씩 채굴한다고 가정하자. 금가격은 매년 3%씩 상승할 것으로 예상된다. 이 기업은 향후 20년 동안 금광에 대한 권리를 소유한다. 최초개발비용은 1,000만 달러이고 1온스의 채굴비용은 250달러이며 이 비용은 매년 5%씩 증가할 것으로 예상된다. 금가격의 연간 표준편차는 20%이고 현재 금가격은 온스당 375달러이다. 무위험이자율은 9%이다.

BS모형의 입력변수는 다음과 같다.

- 기초자산의 가격 : 매년 5만 온스씩 생산하는 총매출액의 현재가치(금가격 상승률 3%)[7)]

$$50{,}000 \times 375 \times \left[\frac{1-\left(\frac{1.03}{1.09}\right)^{20}}{0.09-0.03}\right] = 211{,}791{,}864 \approx 21{,}179\text{만 달러}$$

---

7) n년동안 매년 g%로 성장하는 성장연금의 현재가치를 구하는 공식은 다음과 같다.

$$C \times \left[\frac{1-\left(\frac{1+g}{1+r}\right)^{n}}{r-g}\right]$$

여기서 C는 첫 번째 현금흐름, r은 할인율, g는 성장률이다.

- 행사가격 : 최초개발비용 + 채굴비용의 현재가치(채굴비용 증가율 5%)

$$10{,}000{,}000 + 50{,}000 \times 250 \times \left[\frac{1 - \left(\frac{1.05}{1.09} \right)^{20}}{0.09 - 0.05} \right] = 174{,}553{,}041 \approx 17{,}455\text{만 달러}$$

- 기초자산의 변동성 : 금가격의 변동성 20%
- 만기 : 20년
- 무위험이자율 : 9%
- 배당수익률 : 개발비율 5%(20년 동안 개발하므로 연간 개발비율은 $\frac{1}{20} = 5\%$임)

BS공식에 의한 콜옵션의 가치는 5,173만 달러이다. 이 금액은 실물옵션의 가치가 아니라 실물옵션을 포함한 투자안의 가치임에 주의해야 한다.8)

$$d_1 = 1.5578,\ N(d_1) = 0.9403,\ d_2 = 0.6634,\ N(d_2) = 0.7464$$
$$C = 21{,}179e^{-0.05\times 20} \times 0.9403 - 17{,}455e^{-0.09\times 20} \times 0.7464 = 5{,}173$$

현금흐름할인법에 의한 순현가는 21,179 − 17,455 = 3,724만 달러이고 옵션을 내재한 탄광의 가치가 5,173만 달러이므로 실물옵션의 가치는 1,449만 달러이다.

BS모형은 천연자원개발권의 가치 이외에도 특허권의 가치평가에 이용된다. 현재는 현금흐름을 제공하지 못하나 미래에 대규모 현금흐름을 제공할 수 있는 잠재력을 가진 특허권을 소유한 기업의 경우 현금흐름할인법에 의한 가치평가는 기업가치를 과소평가하게 된다. 이 경우에도 BS모형으로 특허권의 가치를 평가하는 것이 적절하다.

4.3 이항모형에 의한 실물옵션의 가치평가

실물옵션의 가치를 평가하는데 이항모형이 적용되기도 한다. BS모형과 비교하여 이항모형의 이점은 다음과 같다.

① 이항모형은 시뮬레이션과 함께 사용이 가능하다. 그러나 BS모형은 시뮬레이션을 수용할 수 없다.

8) 기초자산이 배당수익률 q%를 제공하는 경우 BS공식 콜옵션 가격은 다음과 같다.

$$C = Se^{-qT}N(d_1) - Ke^{-rT}N(d_2)$$

단,

$$d_1 = \frac{\ln\left(\frac{S}{K}\right) + \left(r - q + \frac{\sigma^2}{2}\right)T}{\sigma\sqrt{T}}$$

② BS모형은 옵션의 기초자산이 만기일 전에 현금흐름을 제공하는 경우 옵션의 가치를 정확하게 평가하지 못한다. 또한 BS모형은 아메리칸 풋옵션의 가치를 정확하게 평가하지 못한다. 반면에 이항모형은 이런 옵션들의 가치를 정확하게 평가할 수 있다.

이항모형을 다음의 예시에 적용하여 확장옵션의 가치를 평가해 보자. 정상기업은 140억원이 소요되는 공장의 건설을 고려하고 있다. 공장이 건설되면 현금흐름은 2년 후에 발생하는데 2년 연속 호황이면 200억원, 호황과 불황이 1번씩 나타나면 150억원, 그리고 2년 연속 불황이면 100억원의 현금흐름이 예상된다. 만일 1년 후 호황이면 정상기업은 동일한 공장을 추가로 건설할 수 있는 옵션을 소유한다. 추가로 건설된 공장은 1년 후에 현금흐름을 제공하며 이로 인해 현금흐름은 2배가 된다고 가정한다. 무위험이자율은 5%이다. 실물옵션 가치평가에 2기간 모형을 이용하며 시장포트폴리오 1원의 미래가치는 다음과 같다.

그림 12-4 시장포트폴리오의 미래가치

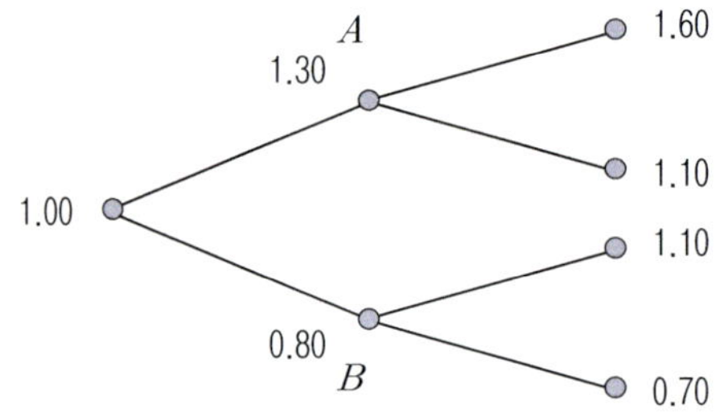

무위험이자율이 5%이므로 2기간 이항분포모형에서의 위험중립확률을 다음과 같이 계산한다.[9]

$$\frac{\pi \times 1.30 + (1-\pi) \times 0.80}{1.05} = 1 \rightarrow \pi = 0.5$$
$$\frac{\pi \times 1.60 + (1-\pi) \times 1.10}{1.05} = 1.30 \rightarrow \pi = 0.53$$
$$\frac{\pi \times 1.10 + (1-\pi) \times 0.70}{1.05} = 0.80 \rightarrow \pi = 0.35$$

먼저 확장옵션을 무시하고 위험중립확률을 적용하여 투자안의 순현가를 구하면 이는 −6.67억원이다.

9) 이항과정별로 u, d의 값이 동일하지 않으므로 위험중립확률도 동일하지 않다.

그림 12-5 확장옵션을 무시한 경우의 미래현금흐름

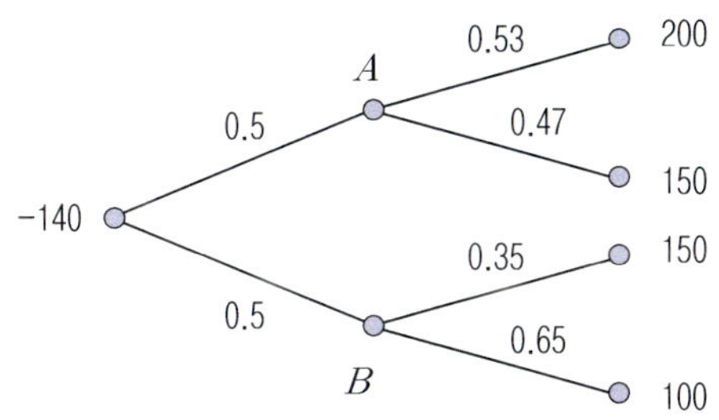

$$A에서의\ 가치: \frac{0.53 \times 200 + 0.47 \times 150}{1.05} = 168.1억원$$

$$B에서의\ 가치: \frac{0.35 \times 150 + 0.65 \times 100}{1.05} = 111.9억원$$

$$현재시점에서의\ 가치: \frac{0.5 \times 168.1 + 0.5 \times 111.9}{1.05} = 133.33억원$$

$$NPV = 133.33 - 140 = -6.67$$

이번에는 확장옵션을 고려해 보자. [그림 12-6]은 확정옵션이 반영된 미래현금흐름을 보여준다.

그림 12-6 확정옵션을 반영한 경우의 미래현금흐름

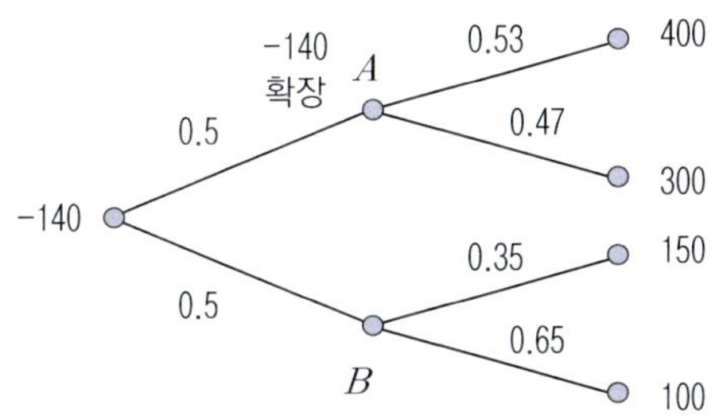

A에서 추가로 공장을 건설하므로 A에서 투자안의 가치가 196.19억원으로 증가한다.

$$-140 + \frac{0.53 \times 400 + 0.47 \times 300}{1.05} = 196.19$$

반면에 B에서는 확장하지 않으므로 가치는 111.9억원으로 변함이 없다. 현재시점에서의 가치가 146.71이므로 순현가는 6.71억원이다.

$$NPV = \frac{0.5 \times 196.19 + 0.5 \times 111.9}{1.05} - 140 = 146.71 - 140 = 6.71$$

따라서 확장옵션의 가치는 $6.71 - (-6.67) = 13.38$억원이다.

주요 결과 #6

실물옵션은 경영자의 투자의사결정에 의해 가치가 영향을 받는 실물자산에 대한 옵션으로, 대표적인 실물옵션으로 확장옵션, 연장옵션, 축소옵션, 포기옵션, 연기옵션 등이 있다. 대부분의 투자안은 실물옵션을 가지므로 실물옵션의 가치를 반영하지 못하면 투자안의 가치는 과소평가된다. 실물옵션의 가치는 블랙-숄즈 모형 또는 이항모형으로 평가된다.

5 이색옵션

이색옵션(exotic option)은 장외옵션으로 가치평가는 이 책의 범위를 벗어나지만 여기서는 어떤 종류의 이색옵션이 있는지 간단히 소개하기로 한다. 이색옵션은 상대적으로 비중은 작지만 금융회사에게는 높은 수익을 제공해주는 상품이다. 이색옵션은 헤지의 필요성에 의해서 또는 세금과 규제를 피하기 위해서 개발된다. 예를 들어 미래 일정기간 동안 여러 차례에 걸쳐 달러를 수령할 예정인 기업은 평균 환율을 보장받기 위해 아시안옵션을 선호할 수 있다.

선택옵션(chooser option)은 특정 기간이 지난 후 소유자가 옵션을 콜옵션으로 할 것인지 아니면 풋옵션으로 할 것인지를 결정할 수 있는 옵션이다. 장애물옵션(barrier option)은 기초자산의 가격이 일정 기간 동안 일정 수준에 도달했는지의 여부에 의하여 이득이 결정되는 옵션으로 실격옵션(knock-out option)과 진입옵션(knock-in option)으로 분류된다. 이원옵션(binary option)은 이득패턴이 불연속적인 옵션으로 가장 보편적인 예는 현금이원콜옵션(cash-or-nothing call option)이다. 이 옵션은 만기일에 주가가 행사가격보다 낮으면 아무 것도 지급하지 않고 반대로 주가가 행사가격보다 높으면 고정금액을 지급하는 옵션이다.

룩백옵션(lookback option)은 이득이 옵션 만기 동안의 최대 또는 최소 자산가격에 의하여 결정되는 옵션이다. 룩백콜옵션의 이득은 만기일의 최종 자산가격이 옵션 만기 동안의 최소 자산가격을 초과한 금액, 즉 $\max(S_T - S_{\min}, 0)$이다. 샤우트옵션(shout option)은 소유자가 만기 동안 단 한번 발행자에게 선언할 수 있는 옵션이다. 옵션 만기일에 소유자는 유로피언 표준옵션의 이득과 선언한 시점에서의 내재가치 중에서 큰 금액을 수령한다. 아시안옵션(Asian option)은 이득이 옵션 만기중 일부 기간 동안의 기초자산의 평균 가격에 의해 결정되는 옵션이다.

주요 결과 #7

이색옵션은 헤지의 필요성에 의해 또는 세금과 규제를 피하기 위해 개발되기도 한다. 이색옵션에는 선택옵션, 장애물옵션, 이원옵션, 룩백옵션, 샤우트옵션, 아시안옵션 등이 있다.

예시 12-5 키코옵션

KIKO(Knock-In Knock-Out)는 환율이 일정 범위 이내에 있을 경우 max[시장환율, 행사환율]로 외국통화(달러)를 매도할 수 있는 옵션이다, 보다 자세하게, 키코옵션은 환율이 지정된 가격(상단 장애물가격)에 도달하면 계약금액의 2~3배를 시장환율보다 낮은 행사환율로 매도해야 하며, 환율이 지정된 가격(하단 장애물가격)에 도달하면 계약이 무효가 되는 옵션이다. 즉, 키코옵션은 상향진입콜옵션과 하향실격풋옵션이 결합된 형태의 무비용(zero-cost) 구조이다.

대체로 행사환율은 계약시점의 환율보다 약간 높은 수준(5원 이내)이며 이 가격을 기준으로 위아래 30~40원 정도의 간격으로 상단과 하단 장애물가격이 설정된다. 예를 들어, 현재의 환율이 1,100원이면 행사환율은 1,105원, 하단 장애물가격은 1,070원, 상단 장애물가격은 1,140원으로 설정된다.

키코옵션은 환율하락에 따른 환위험을 헤지하기 위한 상품으로 개발되었다. 우리 예시에서 만기일 전에 한번 이라도 환율이 1,070원에 도달하면(또는 그 아래로 하락하면) 옵션은 실격이 되며, 1,140원에 도달하면 계약금액의 2~3배를 1,105원에 매도해야 한다(즉, 기업은 시장의 높은 환율로 매입하여 금융회사에 1,105원에 매도해야 함). 그리고 환율이 두 가격 사이에 위치하는 경우, 기업은 행사환율과 시장환율 중 유리한 환율을 적용받는다. 즉, 만기일에 환율이 1,090원이면 행사환율 1,105원을 적용받고, 만기일의 환율이 1,120원이면 1,120원의 적용을 받는다.

그림 12-7 키코옵션의 이익패턴

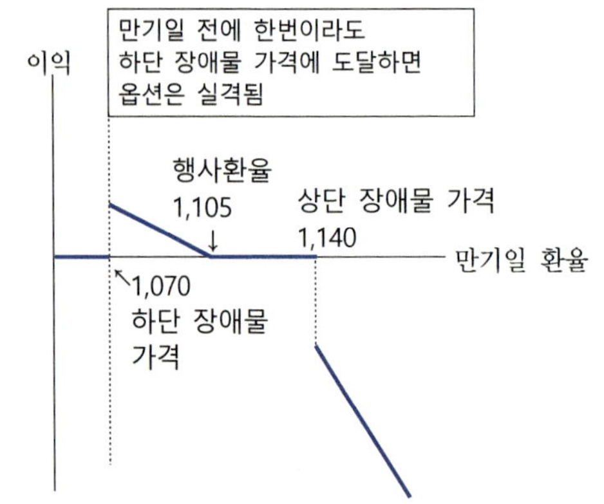

원래는 환율하락위험을 헤지하기 위해 고안되었지만 글로벌 금융위기로 환율이 급등함에 따라 기업은 시장환율보다 훨씬 낮은 행사환율로 계약금액의 2~3배를 매도할 수밖에 없어 기업의 손실이 수조원에 이르게 되었다.

핵심용어 정리

- 포트폴리오보험(portfolio insurance)
- 풋옵션 복제(put option replication)
- 부도풋옵션(default put option)
- 주가연계증권(equity linked security)
- 실물옵션(real option)
- 이색옵션(exotic option)
- 선택옵션(chooser option)
- 장애물옵션(barrier option)
- 이원옵션(birnary option)
- 룩백옵션(lookback option)
- 샤우트옵션(shout option)
- 아시안옵션(Asian option)

주요결과 정리

주요 결과 #1

포트폴리오보험은 방어적 풋옵션의 원리를 이용한 전략이다. 방어적 풋옵션 선략은 주식을 보유한 투자자가 주가하락으로부터의 손실을 풋옵션의 이익으로 상쇄시켜 하향손실을 일정 수준으로 제한하면서 상향이익을 그대로 보존하는 매력적인 전략이다.

주요 결과 #2

포트폴리오보험은 풋옵션의 델타를 주식 또는 주가지수선물을 이용하여 복제하는 방법이다. 풋옵션이 주식 $|\Delta_p|$주 매도와 무위험채권 투자로 복제되므로, 이 방법은 특정 시점에서의 포트폴리오를 보험이 요구되는 주식포트폴리오와 무위험자산으로 동적으로 배분한다. 즉, 주가가 상승하면 주식을 추가로 매입하고, 주가가 하락하면 주식의 일부를 매도하여 무위험채권을 추가로 매입한다.

주요 결과 #3

주주의 유한책임으로 인해 주식은 콜옵션 매입포지션으로 인식된다(기초자산은 기업자산임). 채권은 기초자산(기업)을 보유하고 콜옵션을 발행한 포지션으로 인식되며 이는 풋옵션 발행과 동일한 이득패턴을 갖는다(즉, $V-C=PV(F)-P$). 따라서 부채가치는 기업가치에서 자기자본가치(콜옵션 가치)를 차감한 값이며 $V-\max(V-F,0)=\min(F, V)$이다.

주요 결과 #4

풋옵션 발행포지션의 이득패턴을 갖는 위험채권은 풋옵션을 매입하여 헤지되므로 "위험채권 + 풋옵션 = 무위험채권"의 관계가 성립한다. 풋옵션이 채권의 부도위험을 제거하므로 풋옵션 프리미엄은 부도위험을 제거하는 비용으로 인식되고 이는 시급보증의 가치와 같다.

주요 결과 #5

원금보장형 ELS는 원금의 현재가치를 채권에 투자하고 남은 금액을 옵션에 투자하는 방식으로 구성된다.

주요 결과 #6

실물옵션은 경영자의 투자의사결정에 의해 가치가 영향을 받는 실물자산에 대한 옵션으로, 대표적인 실물옵션으로 확장옵션, 연장옵션, 축소옵션, 포기옵션, 연기옵션 등이 있다. 대부분의 투자안은 실물옵션을 가지므로 실물옵션의 가치를 반영하지 못하면 투자안의 가치는 과소평가된다. 실물옵션의 가치는 블랙-숄즈 모형 또는 이항모형으로 평가된다.

주요 결과 #7

이색옵션은 헤지의 필요성에 의해 또는 세금과 규제를 피하기 위해 개발되기도 한다. 이색옵션에는 선택옵션, 장애물옵션, 이원옵션, 룩백옵션, 샤우트옵션, 아시안옵션 등이 있다.

개념 체크

1 방어적 풋옵션 포지션을 이해하는가? 어떻게 구성하며 이 포지션을 취하는 이유는 무엇인가?

2 방어적 풋옵션 포지션을 취할시 주가지수옵션을 이용한다면 이용하는 풋옵션의 행사가격을 구할 수 있는가?

3 풋옵션을 주식과 채권으로 복제하는 방법은?

4 포트폴리오보험 전략이 근본적으로 주식과 채권에의 자산배분 전략이라는 점을 이해하는가?

5 풋옵션의 델타를 복제할 때, 주가가 상승하면 주식포지션을 늘리고 주가가 하락하면 주식포지션을 줄이는 이유는 무엇인가?

6 자기자본의 가치를 max$(V-F, 0)$으로 채권의 가치를 min(V, F)로 표현하는데 이를 이해하는가? 이렇게 표현되는 이유는 무엇인가?

7 주주포지션은 기업가치를 기초자산으로 하는 콜옵션 매입포지션임을 이해하는가?

8 주식이 콜옵션이라면 풋-콜 패리티에 의해 주주포지션은 “기업소유, 풋옵션 소유, 원리금 상환 의무”로 표현될 수 있다.

9 채권자포지션은 “기업소유, 콜옵션 발행” 또는 “원리금 수령 권리, 풋옵션 발행”으로 표현됨을 이해하는가?

10 위험채권을 소유한 투자자가 풋옵션을 매입하면 무위험채권이 합성되므로 행사가격에 기업을 매도할 수 있는 풋옵션의 가치는 어떻게 계산되는가?

11 원금보장형 ELS는 기본적으로 어떻게 생성되는가?

12 원금보장형 ELS는 채권과 옵션을 결합하여 구성되는데 옵션의 가치를 평가할 수 있는가?

13 실물옵션이란 무엇인가? 투자안에 내재된 실물옵션의 가치를 무시하면 어떤 오류를 범하게 되는가?

14 블랙-숄즈 모형으로 실물옵션의 가치를 평가할 때, S, K, T, σ는 어떤 의미를 갖는가?

15 이색옵션이란 무엇인가?

16 선택옵션, 장애물옵션, 이원옵션, 샤우트옵션, 룩백옵션, 아시안옵션을 간단히 정의할 수 있는가?

CHAPTER

12 연습문제

객관식 유형

1 포트폴리오보험 전략을 시행하는 경우 주가가 상승하면 ______포지션을 늘리고 주가가 하락하면 ______포지션을 늘린다.

① 주식, 채권　　② 채권, 주식
③ 주식, 주식선물　　④ 정답 없음

2 현재 주식 100주를 보유하고 있는 투자자가 델타가 -0.7인 풋옵션을 주식과 채권을 이용하여 복제하고자 한다. 방어적 풋옵션 포지션을 합성한 후에 투자자의 주식 포지션은?

① 주식 70주 매입포지션　　② 주식 30주 매입포지션
③ 주식 30주 공매도포지션　　④ 정답 없음

3 기업의 시장가치를 V, 자기자본의 시장가치를 S, 그리고 상환해야 할 채무를 F로 표현하자. 채권자에게 귀속되는 가치, 즉 부채가치를 표현한 식으로 가장 적절한 것은?

① $\max(V, F)$　　② $\min(V-F, 0)$
③ $\max(V-F, 0)$　　④ $\min(V, F)$

4 주주포지션을 풋옵션을 이용하여 표시한 것으로 가장 적절한 것은?

① 기업 소유, 풋옵션 소유, 원리금 상환 의무
② 풋옵션 소유, 원리금 상환 의무
③ 콜옵션 소유, 원리금 상환 의무
④ 기업 소유, 풋옵션 발행, 원리금 상환 의무

5 자기자본은 어떤 옵션 포지션과 동등한가?

① 자기자본가치를 기초자산으로 하는 콜옵션 매입포지션

② 자기자본가치를 기초자산으로 하는 풋옵션 매입포지션

③ 기업가치를 기초자산으로 하는 풋옵션 매입포지션

④ 기업가치를 기초자산으로 하는 콜옵션 매입포지션

6 본문의 충남증권 ELS 예시에서 지수 상승의 35%를 보장한다고 가정하면 ELS 액면가 발행의 순현가는 얼마인가? 단, 투자금액은 소수 두 자리로 구할 것.

① 0.63원　　② 0.55원

③ 0.47원　　④ 정답 없음

7 섹션 1.1의 본문 예시에서 펀드의 가치가 55억 이하로 하락하는 것을 방지하려면 이용하는 풋옵션의 행사가격은 얼마이어야 하는가?

① 110포인트　　② 105포인트

③ 115포인트　　④ 정답 없음

8 포트폴리오 보험(portfolio insurance)에 관한 설명으로 가장 적절하지 않은 것은?

(CPA2015)

① 보유하고 있는 포트폴리오의 가치가 일정수준 이하로 하락하는 것을 방지하면서 가치상승 시에는 이익을 얻도록 하는 전략이다.

② 기초자산을 보유한 투자자가 풋옵션을 매도하여 기초자산의 가치가 행사가격 이하가 되지 않도록 방지하는 포트폴리오 보험전략을 실행할 수 있다.

③ 주식포트폴리오에 대해 선물계약이 존재하는 경우 포트폴리오 보험은 선물계약과 무위험 순수할인채권의 매입으로 합성될 수 있다.

④ 보유한 자산에 대한 풋옵션이 존재하지 않거나 투자기간과 풋옵션의 만기가 일치하지 않는 경우 풋옵션 대신 주식과 채권으로 복제된 합성풋옵션을 이용하여 보호풋전략을 실행할 수 있다.

⑤ 시간이 흐름에 따라 풋옵션 델타가 변하는 경우 기초자산 투자액과 무위험대출액을 계속적으로 조정해야 하므로 합성풋옵션을 이용한 포트폴리오 보험전략은 동적헤지전략의 일종으로 볼 수 있다.

9 자기자본의 시장가치가 33.37억원이고 부채의 시장가치가 66.63억원이다. 부채는 만기가 1년이고 원금이 77억원인 무이표채이다. 무위험이자율은 10%이다. 주주는 기업이 채무불이행하면 기업을 채권자에게 양도하고 모든 채무로부터 벗어날 수 있는 권리를 갖는다. 이 권리의 가치는 얼마인가?

① 7.0억원 ② 2.58억원
③ 3.37억원 ④ 정답 없음

10 봉미기업은 새로운 기술을 개발하였는데 이 기술이 시장에서 어떤 가치를 갖게 되는지는 1년 후에 판단된다. 만약 1년 후 이 기술에 대한 수요가 많으면 미래현금흐름의 현가(1년 후 기준)는 10.5억원이고 수요가 적으면 미래현금흐름의 현가는 6억원으로 예상된다. 무위험이자율이 6%일 때 이 투자안의 가치는 9.1억원으로 평가된다. 만약 1년 후 수요가 적을 시 봉미기업이 투자안을 포기하고 이 기술을 7억원에 매각할 수 있다면 포기옵션의 가치는 얼마인가?

① 0.18억원 ② 1억원
③ 0.35억원 ④ 정답 없음

11 기업의 시장가치가 90억원인 기업이 배당을 지급하지 않는다고 가정하자. 이 기업이 5년 후에 상환해야 할 부채는 100억원이다. 자산가치의 변동성은 연 25%이고 무위험이자율은 연 6%이다. 자산가치가 대수정규분포를 따른다고 가정하고 BS모형으로 자기자본의 가치를 평가한 후 부채가치를 계산하라. 단, 자기자본의 가치를 정수로 계산할 것.

① 50억원 ② 25억원
③ 70억원 ④ 63억원

12 이득이 기초자산의 평균 가격에 의해 결정되는 옵션은?

① 장애물옵션 ② 선택옵션
③ 샤우트옵션 ④ 아시안옵션

13 실물옵션(real option)을 이용한 투자안평가 방법에 대한 다음의 설명 중 가장 적절하지 않은 것은? (CPA2008)

① 연기옵션(option to wait)의 행사가격은 투자시점 초기의 비용이다.
② 연기옵션의 가치를 고려한 투자안의 순현재가치가 양의 값을 가지더라도, 지금 투자할 경

우의 순현재가치보다 낮을 경우에는 투자를 연기하지 않는 것이 유리하다.

③ 확장옵션(expansion option)의 만기는 후속 투자안이 종료되는 시점이다.

④ 확장옵션에서 기초자산의 현재가격은 후속 투자안을 지금 실행할 경우 유입되는 현금흐름의 현재가치이다.

⑤ 포기옵션(abandonment option)은 투자안 포기에 따른 처분가치를 행사가격으로 하는 풋옵션이다.

주관식 유형

1 현재 현금흐름은 전혀 없으나 당뇨병 치료에 획기적인 효과가 있는 제품을 보유하고 있는 기업을 고려해 보자. 이 제품은 FDA의 승인을 아직 받지 못하였으나 일단 승인되더라도 유사제품을 생산하는 기업의 경쟁을 직면해야 한다. 그러나 이 기업은 25년간의 특허권을 소유하고 있다. 여러 기술적 변화와 경쟁력에 대한 상황을 설정하고 모의실험한 결과, 현금유입의 현재가치는 5,000억원으로 추정되고 분산은 0.2로 추정된다. 제품개발 비용의 현재가치는 4,000억원으로 추정된다. 무위험이자율은 7%이다. 순현가법과 BS모형으로 특허권을 소유한 기업의 가치를 각각 평가하라.

2 현재 삼성전자 주가는 100만원이고, 주가의 변동성은 연 45%이고 무위험이자율은 이산복리로 5%이다(연속복리로 4.879%). 한만증권은 다음과 같은 조건의 ELS의 액면가 발행을 고려하고 있다.

- 삼성전자 주가가 하락하면 원금 보장
- 삼성전자 주가가 상승하면 주가가 1% 상승할 때마다 0.3%의 보너스 지급(참여율 30%)

❶ ELS의 복제방법을 제시하라.

❷ ELS 발행의 순현가를 계산하라.

❸ 순현가를 0으로 하는 참여율은 얼마인가?

❹ 만약 콜옵션이 존재하지 않는다면 어떻게 복제할 수 있는가? 그리고 풋옵션은 어떻게 복제되는가? 각 옵션의 복제비용은 얼마인가? 이 복제비용은 옵션가격과 정확히 동일한가?

3 현재 주가는 20,000원이고 매년 20%씩 상승하거나 또는 하락하는 이항분포를 따른다고 가정하자. 무위험이자율은 연간 5%이고 주식은 배당을 지급하지 않는다. 2기간 이항모형을 이용하여 답하라.

1. 만기가 2년이고 행사가격이 20,000원인 유럽형 풋옵션의 가격을 구하라.
2. 주가가 20,000원일 때 풋옵션의 델타를 구하라. 그리고 델타중립 포트폴리오를 구성하고, 그 포트폴리오의 1년 후 가치를 계산하라. 델타중립 포트폴리오는 주식 1주를 기준으로 구성하고, 개수와 매입/매도 여부를 기술하라.
3. 주식 1주를 소유하고 있는 투자자가 포트폴리오보험 전략을 취하고자 한다. 이 투자자가 현재 시점에서 포지션 조정 후 보유하게 될 주식과 무위험 채권의 규모는 각각 얼마인가?

CHAPTER

12 연습문제 풀이

객관식 유형

1 ①

주가가 상승하면 채권을 매도하고 주식을 매입한다. 반대로 주가가 하락하면 주식을 매도하고 채권을 매입한다.

2 ②

풋옵션을 복제하는 방법은 $|\Delta_p|$주를 공매도하고 무위험채권을 매입하는 것이다. 따라서 투자자는 70주를 매도하므로 30주를 보유하게 된다.

3 ④

부채 상환일에 $V > F$이면 채권자는 F를 받고 반대로 $V < F$이면 V를 받으므로 $\min(V, F)$이다.

4 ①

풋-콜 패리티에 의해 주주 포지션이 콜옵션 포지션이므로 $C = P + S - PV(K)$이다.
$S + P - PV(K)$는 기업소유, 풋옵션 소유, 원리금 상환 의무로 해석된다.

5 ④

자기자본가치는 기업가치를 기초자산으로 하는 콜옵션 매입포지션이다.

6 ③

발행금액 100원 중에서 95.24원을 채권에 투자하여 1년 후 100원을 확보한다. 그리고 $12.27 \times 0.35 = 4.2945 \approx 4.29$원을 투자하여 콜옵션 0.35개를 매입하여 보너스를 확보한다. 이 경우 순현가는 $100 - 95.24 - 4.29 = 0.47$원이다.

7 ①

행사가격은 $120 \times \dfrac{55}{60} = 110$포인트이다.

8 ②

풋옵션을 매수해야 한다.

9 ③

이 권리의 가치가 풋옵션의 가치이다. 풋옵션의 가치는 무위험부채의 가치 $\frac{77}{1.1}$ = 70억원에서 위험부채의 가치 66.63억원을 차감한 3.37억원이다. 또는 풋-콜 패리티에 의해 풋옵션의 가치는 3.37억원이다.

$$P = 33.37 + \frac{77}{1.1} - (33.37 + 66.63) = 3.37$$

10 ①

위험중립 상승확률을 π라고 하면 $\frac{\pi \times 10.5 + (1-\pi) \times 6}{1.06} = 9.1$의 관계로부터 $\pi = 0.8102$가 계산된다. 봉미기업이 기술을 매각할 수 있는 옵션을 가지므로 이 옵션은 풋옵션이다. 수요가 많을 시 풋옵션의 가치는 0이고 수요가 적을 시 풋옵션의 가치는 $7-6=1$억원이므로 현재 시점에서 풋옵션, 즉 포기옵션의 가치는 0.18억원이다.

$$\frac{0.8102 \times 0 + (1-0.8102) \times 1}{1.06} = 0.18$$

11 ④

자기자본의 가치는 기업가치를 기초자산으로 하는 콜옵션이므로 BS공식을 이용한다.

$S = 90,\ K = 100,\ r = 6\%,\ \sigma = 25\%,\ T = 5$이므로,

$$d_1 = \frac{\ln\left(\frac{90}{100}\right) + \left(0.06 + \frac{0.25^2}{2}\right) \times 5}{0.25\sqrt{5}} = 0.6277$$

$$d_2 = d_1 - \sigma\sqrt{T} = 0.0687$$

$$N(d_1) = N(0.6277) = 0.7349,\ N(d_2) = N(0.0687) = 0.5274$$

따라서 유로피언 콜옵션의 가격, 즉 자기자본의 가치는 27억원이다.

$$C = 90 \times 0.7349 - 100e^{-0.06 \times 5} \times 0.5274 = 27.07 \approx 27$$

부채의 가치는 기업가치에서 자기자본의 가치를 차감한 값이므로 $90-27=63$억원이다.

12 ④

13 ③

확장옵션의 만기는 후속 투자안이 종료되는 시점이 아니라 확장에 대한 옵션을 보유하고 있는 기간이다.

주관식 유형

1 해답 및 해설

현금흐름할인법에 의한 순현가는 $NPV = 5,000 - 4,000 = 1,000$억원이다.

BS모형으로 특허권의 가치를 평가하기 위한 변수는 다음과 같다.

- 기초자산 가치 : 5,000억원
- 행사가격 : 개발비용의 현재가치인 4,000억원
- 만기 : 25년
- 분산 : 0.2
- 무위험이자율 : 7%
- 배당수익률 : 1/25 = 0.04

$S = 5,000,\ K = 4,000,\ r = 7\%,\ \sigma^2 = 0.2,\ T = 25,\ q = 0.04$이므로,

$$d_1 = \frac{\ln\left[\frac{5,000}{4,000}\right] + \left[(0.07 - 0.04) + \frac{0.2}{2}\right] \times 25}{\sqrt{0.2}\sqrt{25}} = 1.5532$$

$$d_2 = d_1 - \sigma\sqrt{T} = 0.6828$$

$$N(d_1) = 0.9398,\ N(d_2) = 0.2474$$

콜옵션의 가치는 1,557억원이다.

$$5000e^{-0.04\times25} \times 0.9398 - 4,000e^{-0.07\times25} \times 0.2474 = 1,557$$

옵션가격결정모형으로 추정한 기업가치 1,557억원은 현금흐름할인법에 의한 순현가 1,000억원보다 크다.

2 해답 및 해설

1 ELS의 현금흐름은 채권의 원금 100에 콜옵션 이득의 30%를 가산하면 복제된다.

2 콜옵션 프리미엄은 $S = 100,\ K = 100,\ r = 0.04879,\ T = 1,\ \sigma = 0.45$를 BS공식에 대입하여 구한다.

$$d_1 = \frac{\ln\left[\frac{100}{100}\right] + \left[0.04879 + \frac{0.45^2}{2}\right] \times 1}{0.45\sqrt{1}} = 0.3334$$

$$d_2 = d_1 - \sigma\sqrt{T} = -0.1166$$

$$N(d_1) = 0.6306,\ N(d_2) = 0.4536$$

콜옵션 프리미엄은 $100 \times 0.6306 - \frac{100}{1.05} \times 0.4536 = 19.86$이다. 따라서 ELS 발행의 순현가는

$100 - 95.24 + 0.3 \times 19.86 = -1.198$이다.

❸ 순현가를 0으로 하는 참여율은 $95.24 + \alpha \times 19.86 = 100$을 만족시키는 $\alpha = 23.97\%$이다.

❹ 콜옵션은 주식 Δ주 매입과 차입으로 복제된다. $\Delta = 0.6306$이므로 $100 \times 0.6306 = 63.06$원을 지수에 투자하고 $\frac{100}{1.05} \times 0.4536 = 43.2$원을 차입해야 한다. 복제포트폴리오를 구성하는데 $63.06 - 43.2 = 19.86$원이 소요된다.

동일 조건의 풋옵션 프리미엄은 $19.86 + \frac{100}{1.05} - 100 = 15.10$원이다. 풋옵션의 델타가 $0.6306 - 1 = -0.3694$이므로 풋옵션 복제포트폴리오는 $100 \times 0.3694 = 36.94$원 상당의 주식 공매도 포지션과 $\frac{100}{1.05} \times (1 - 0.4536) = 52.04$원의 대출로 구성된다. 소요되는 비용은 $52.04 - 36.94 = 15.10$원이다. 복제포트폴리오 구성에 필요한 비용은 정확히 옵션프리미엄과 일치한다.

3 해답 및 해설

❶ 만기일에서의 주가가 각각 28,800, 19,200, 12,800원이므로 이득이 각각 0, 800, 7,200원이고, 위험중립상승확률이 $\pi = \frac{1.05 - 0.8}{1.2 - 0.8} = 0.625$이다. 풋옵션 가격은 1,258.50원이다.

$$P_1^{up} = \frac{0.375 \times 800}{1.05} = 285.71, \quad P_1^{down} = \frac{0.625 \times 800 + 0.375 \times 7{,}200}{1.05} = 3{,}047.62$$

$$P = \frac{0.625 \times 285.71 + 0.375 \times 3{,}047.62}{1.05} = 1{,}258.50$$

❷ 풋옵션의 델타는 -0.3452이다.

$$\Delta_p = \frac{285.71 - 3{,}047.62}{24{,}000 - 16{,}000} = -0.3452$$

델타중립 포트폴리오는 주식 1주 매입과 풋옵션 $\left|\frac{1}{-0.3452}\right| = 2.8969$개 매입으로 구성된다.

델타중립 포트폴리오의 1년 후 가치는 24,828원으로 일정하다.

(상승시) $24{,}000 + 285.71 \times 2.8969 = 24{,}828$
(하락시) $16{,}000 + 3{,}047.62 \times 2.8969 = 24{,}829$

❸ 풋옵션의 델타가 -0.3452이고 풋옵션 프리미엄이 1,258.50원이므로 21,258.50원을 다음과 같이 배분한다.

주식 : 0.6548주 보유($0.6548 \times 20{,}000 = 13{,}096$원)
채권 : $0.3452 \times 20{,}000 + 1{,}258.50 = 8{,}162.50$원

찾아보기

참고문헌

김철중, 박경욱, 윤평식, 선물옵션투자의 이론과 전략, 피어슨에듀케이션코리아, 2012.

산업은행 트레이딩센터, 알면 신나는 파생상품 이야기, 산업은행, 2006.

윤평식, 리스크관리, 탐진, 2010.

_____, 차익거래, 충남대학교출판부, 2009.

_____, 파생상품의 원리, 2014.

_____, 재무관리의 개념원리와 연습, 탐진, 2008.

_____, 채권의 가치평가와 투자전략, 탐진, 2008.

_____, 김철중, 파생상품의 평가와 헷징전략, 피어슨에듀케이션코리아, 2014.

_____, 김철중, 정태영, 선물옵션외환, 탐진, 1998.

정대용, 금리파생상품: 투자전략과 리스크관리, 탐진, 개정판, 2009.

_____, 파생상품과 금융공학, 탐진, 2010.

한국거래소, 시장전문가들이 함께 만든 ELW 시장의 이해, 한국거래소, 2009.

________, 알기 쉬운 증권·파생상품시장 지표 해설, 한국거래소, 2010.

________, KRX Market 증권 파생상품, 2009-2011.

________, 손에 잡히는 파생상품시장: 선물옵션 투자지침서, 2017.

________, www.krx.co.kr 홈페이지 자료.

한국은행, 한국의 금융시장, 2016.

Black, Fischer and Scholes, Myron, 1973, The Pricing of Options and Corporate Liabilities, Journal of Political Economy 81, 637-654.

Boyle, Phelim and Boyle, Feidhlim, Derivatives: The Tools that Changed Finance, Risk Books, 2001.

Brealey, Richard, Myers, Stewart, and Allen, Franklin, Corporate Finance, 8th edition, McGraw-Hill, 2006.

Chaput, Scott and Ederington, Louis, 2003, Option Spread and Combination Trading, Journal of Derivatives 10, 72-88.

Cox, John, Ross, Stephen, and Rubinstein, Mark, 1979, Option Pricing: A Simplified Approach, Journal of Financial Economics 7, 229-265.

Grinblatt, Mark and Titman, Sheridan, Financial Markets and Corporate Strategy, 2nd edition, McGraw-Hill, 2002.

Jarrow, Robert and Turnbull, Stuart, Derivative Securities, 2nd edition, South-Western, 2000.

Hull, John, Fundamentals of Futures and Options Markets, Prentice Hall, 7th edition, 2011.

Kolb, Robert and Overdahl, James, Futures, Options, and Swaps, Blackwell Publishing, 5th edition, 2007.

McDonald, Robert, Fundamentals of Derivatives Markets, Prentice Hall, 2009.

________, Derivatives Markets, Prentice Hall, 2nd edition, 2006.

Merton, Robert, 1974, On the Pricing of Corporate Debt: The Risk Structure of Interest Rates, Journal of Financial Economics 3, 125-144.

Resti, Andrea and Sironi, Andrea, Risk Management and Shareholders' Value in Banking, Wiley, 2007.

Sundaram, Rangarajan and Das, Sanjiv, Derivatives: Principles and Practice, McGraw-Hill, 2011.

저자소개

저자 | 윤 평 식

· 약력

연세대학교 정법대학 정치외교학과 졸업
캐나다 York University (MBA)
미국 University of Texas at Austin (경영학박사)

현재, 충남대학교 경영학부 교수

· 저서

리스크관리(2016)
투자론(2014)
파생상품의 원리(2014)
파생상품의 평가와 헷징전략(2014)
재무관리(2010)
차익거래(2009)
재무관리의 개념원리와 연습(2008)
채권의 가치평가와 투자전략(2008)
고정수익증권론(2001)
VAR(1998)
가치평가론(1998)

· 주요논문(2015년 이후)

분리형 사모 신주인수권부사채 발행제도의 문제점, 한국증권학회지, 2015.
분리형 사모 신주인수권부사채 발행의 장단기 공시효과에 관한 연구, 한국증권학회지, 2015.
애널리스트 커버리지 중단과 기업가치의 관련성에 관한 연구, 재무관리연구, 2015.
자사주 취득과 내부자 거래의 정보신호 효과, 재무연구, 2015.
유상증자의 공시효과에 관한 고찰, 한국증권학회지, 2016.
일반공모 방식 유상증자의 수익률과 할인율에 관한 연구, 한국증권학회지, 2016.
애널리스트의 정보력과 투자자별 거래행태: IPO 기업을 대상으로, 한국증권학회지, 2016.
유상증자 공시 전 정보거래에 관한 연구, 한국증권학회지, 2017.
경영자가 나쁜 뉴스를 장후에 공시하는 것이 유리한가? 재무관리연구, 2017.
신주인수권부사채 발행기업의 이익조정, 회계정보연구, 2018.
유상증자 전후의 공매도 거래가 발행가격에 미치는 영향, 재무관리연구, 2018.

파생상품의 이해

지 은 이 · 윤 평 식
펴 낸 이 · 최 재 범
펴 낸 곳 · 도서출판 탐진
등록 1-996호(倫). 1990. 1. 12.
서울시 마포구 현석동 10-3
Tel. 715-1092 ~ 3 / Fax. 701-6391
E-mail. tamjin1990@hanmail.net / Homepage. www.tamjin.co.kr

2018. 8. 31. 초판 발행
2022. 11. 14. 초판 2쇄 발행

ISBN 978-89-5540-522-4 93320

정가 34,000원

이 책은 2016년도 충남대학교 학술연구비 지원에 의하여 출간되었음